기출이 답이다

군무원

행정법

17개년 기출문제집

시대에듀

군무원 채용 필수체크

▶ 응시자격

구분	내용	
응시연령	• **7급 이상**: 20세 이상	• **8급 이하**: 18세 이상
학력 및 경력	제한 없음	

▶ 군무원 채용과정

원서접수 … 5월 초

필기시험 … 7월 중순
- 객관식 선택형 문제로 과목당 25문항, 25분으로 진행
- **합격자 선발**: 선발예정인원의 1.5배수(150%) 범위 내(단, 선발예정인원이 3명 이하인 경우, 선발예정인원에 2명을 합한 인원의 범위)
- ※ 합격기준에 해당하는 동점자 발생 시 모두 합격 처리

필기시험 합격자 발표 … 8월 중순

면접시험 … 9월 말
- 필기시험 합격자에 한해 응시기회 부여
- **평가요소**
  - 군무원으로서의 정신자세
  - 의사표현의 정확성 · 논리성
  - 예의 · 품행 · 준법성 · 도덕성 및 성실성
  - 전문지식과 그 응용능력
  - 창의력 · 의지력 · 발전가능성
- ※ 7급 응시자는 개인발표 후 개별 면접 진행

최종합격자 발표 … 10월 초
면접시험 성적과 필기시험 성적을 각각 50% 반영하여 최종합격자 결정
※ 신원조사와 공무원 채용 신체검사 모두 '적격' 판정을 받은 자에 한함

❖ 위 채용일정은 2024년 군무원 국방부 주관 채용공고를 기준으로 작성하였으므로 세부 사항은 반드시 확정된 채용공고를 확인하시기 바랍니다.

▶ 영어능력검정시험 기준점수

구분	7급	9급
토익(TOEIC)	570점	470점
토플(TOEFL)	PBT 480점 IBT 54점	PBT 440점 IBT 41점
텝스(TEPS)	268점	211점
지텔프(G-TELP)	Level 2 47점	Level 2 32점
플렉스(FLEX)	500점	400점

※ 당해 공개경쟁채용 필기시험 시행 예정일부터 역산하여 3년이 되는 해의 1월 1일 이후에 실시된 시험으로서 필기시험 전일까지 점수(등급)가 발표된 시험에 한해 기준점수 인정
※ 응시원서 작성 시 본인이 취득한 영어능력검정시험명, 시험일자 및 점수 등을 정확히 기재
※ 응시원서 접수 시 입력한 사항에 변동이 있거나 원서 접수 후 발표된 성적 등록 시 추가등록 필수

▶ 한국사능력검정시험 기준점수

구분	7급	9급
한국사능력검정시험	3급	4급

※ 2020년 5월 이후 한국사능력검정시험 급수체계 개편에 따른 시험종류의 변동(초 · 중 · 고급 3종 → 기본 · 심화 2종)과 상관없이 기준(인증)등급을 그대로 적용
※ 당해 공개경쟁채용 필기시험 시행 예정일 전날까지 점수(등급)가 발표된 시험에 한해 기준점수(등급) 인정
※ 응시원서 작성 시 본인이 취득한 한국사능력검정시험의 종류와 등급인증번호를 정확히 기재
※ 응시원서 접수 시 입력한 사항에 변동이 있거나 원서 접수 후 발표된 성적 등록 시 추가등록 필수

❖ 위 기준점수는 군무원인사법 시행령을 기준으로 작성하였으므로 세부 사항은 반드시 확정된 채용공고를 확인하시기 바랍니다.

최신 출제 경향 리포트

▶ 2024년 출제 경향

총평 군무원 9급 행정법의 전반적인 난도는 중상 정도로 출제되었다. 선지의 문장이 길어져 시간에 맞춰 문제를 푸는 데 압박을 느꼈을 것으로 보인다. 하지만 기출문제를 기반으로 기본기를 충실하게 다진 수험생이라면 좋은 성적을 받았을 것이다. 각론과 관련된 문항은 거의 출제되지 않았으므로 각론보다는 자주 출제되는 총론에 비중을 두고 학습해야 한다.

군무원 7급 행정법의 경우 작년과 비슷한 수준으로 출제되었으며, 특히 행정기본법과 관련된 문항이 많이 출제되었다. 총론은 기출에 기반을 둔 문제가 출제되었고 각론도 평이한 수준으로 출제되었다.

9급 영역 분석

- **행정법 서론**: 법치행정의 원칙, 신뢰보호의 원칙, 행정상 법률관계 등에서 판례를 활용하여 출제
- **일반행정작용법**: 법규명령, 공법상 계약 등에서 출제
- **행정절차와 행정공개**: 개인정보보호와 관련된 문항이 출제되었으며 행정절차법은 조문을 중심으로 출제
- **행정의 실효성 확보수단**: 행정조사, 행정상 강제 등에서 출제되었으며 질서위반행위규제법, 행정심판법은 조문을 활용하여 출제
- **행정상 쟁송**: 행정소송과 관련된 판례와 조문이 고루 출제
- **행정구제법**: 행정상 손해배상 관련 문항이 출제

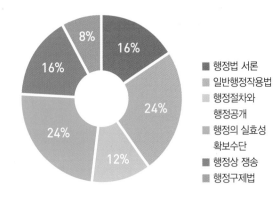

- ■ 행정법 서론 (16%)
- ■ 일반행정작용법 (24%)
- ■ 행정절차와 행정공개 (12%)
- ■ 행정의 실효성 확보수단 (24%)
- ■ 행정상 쟁송 (16%)
- ■ 행정구제법 (8%)

7급 영역 분석

- **행정법 서론**: 행정기본법과 관련된 판례와 조문이 고루 출제
- **일반행정작용법**: 행정상 입법, 행정처분 등에서 판례를 중심으로 출제
- **행정절차와 행정공개**: 행정절차법, 개인정보보호 등에서 조문을 활용하여 출제
- **행정의 실효성 확보수단**: 행정조사, 행정상 강제 등에서 조문을 활용한 지문이 출제되었고 행정벌 문항과 관련하여 판례를 중심으로 출제
- **행정상 쟁송**: 행정심판, 행정소송 등에서 출제
- **행정구제법**: 국가배상과 관련된 문제를 판례를 활용하여 출제
- **행정조직법**: 지방자치법과 행정위임은 각각 조문과 판례를 활용하여 출제

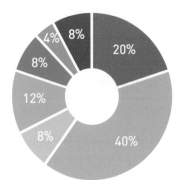

- ■ 행정법 서론 (20%)
- ■ 일반행정작용법 (40%)
- ■ 행정절차와 행정공개 (8%)
- ■ 행정의 실효성 확보수단 (12%)
- ■ 행정상 쟁송 (8%)
- ■ 행정구제법 (4%)
- ■ 행정조직법 (8%)

▶ 2023년 출제 경향

총평 군무원 9급 행정법의 전반적인 난도는 평이하였다. 어려운 문항은 없었으나 처음 출제되는 판례가 선지 중에 섞여 있어 체감 난도는 높았을 것이다. 다만, 소거법을 사용하여 문제를 풀었다면 쉽게 정답을 찾을 수 있었다. 대부분 판례 위주의 문제로 구성되었고, 각론에서의 출제는 없었다.

군무원 7급 행정법은 작년과 비슷하게 조문과 관련된 문제가 많이 출제되었다. 총론에서는 행정기본 법에 대한 문제가 다수 출제되었으며, 전체적으로 평이한 수준에서 출제되었다. 각론 또한 어렵지 않게 해결할 수 있는 문제로 출제되었다.

9급 영역 분석

- **행정법 서론**: 행정상 법률관계에 대한 문제가 판례를 중심으로 다수 출제
- **일반행정작용법**: 행정행위 관련 문항은 조문과 판례를 고루 활용하여 출제
- **행정절차와 행정공개**: 행정절차와 개인정보보호 등에서 출제
- **행정의 실효성 확보수단**: 행정상 강제에 대한 문제가 출제
- **행정상 쟁송**: 행정심판, 행정소송 등 조문과 판례를 활용하여 지문으로 출제
- **행정구제법**: 행정상 손해배상, 행정상 손실보상 등에서 조문과 판례를 활용하여 출제

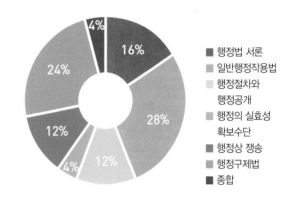

7급 영역 분석

- **행정법 서론**: 행정법상 신고와 수리, 사인의 공법행위 등에서 판례를 활용하여 출제
- **일반행정작용법**: 행정행위에서 판례를 활용하여 다수 출제
- **행정절차와 행정공개**: 행정절차법, 개인정보보호 등에서 조문과 판례를 활용한 지문이 출제
- **행정의 실효성 확보수단**: 행정상 강제 등에서 출제
- **행정상 쟁송**: 행정소송, 행정심판 등에서 조문과 판례를 활용하여 출제되었고, 사례형 문항이 출제
- **행정구제법**: 손해전보제도와 관련된 문제가 출제
- **행정조직법**: 지방자치법과 국가공무원법 등에서 출제
- **특별행정작용법**: 급부행정법과 관련된 문제를 판례를 활용하여 출제

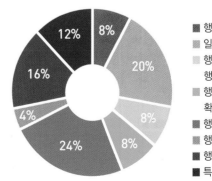

이 책의 구성과 특징 STRUCTURES

문제편

2024.07.13. 시행

2024 9급 기출문제

✔회독 CHECK 1 2 3

☑ 시험시간 25분 █ 해설편 002쪽

01 다음 중 「질서위반행위규제법」에 대한 설명으로 가장 적절하지 않은 것은?

① 고의 또는 과실이 없는 질서위반행위는 과태료를 부과하지 아니한다.

② 하나의 행위가 2 이상의 질서위반행위에 해당하는 경우에는 각 질서위반행위에 대하여 정한 과태료를 각각 부과한다.

③ 과태료는 행정청의 과태료 부과처분이나 법원의 과태료 재판이 확정된 후 5년간 징수하지 아니하거나 집행하지 아니하면 시효로 인하여 소멸한다.

④ 과태료 부과에 불복하는 당사자는 과태료 부과 통지를 받은 날부터 60일 이내에 해당 행정청에 서면으로 이의제기를 할 수 있고, 이의제기가 있는 경우에는 행정청의 과태료 부과처분은 그 효력을 상실한다.

02 다음 중 법치행정의 원칙에 대한 설명으로 가장 적절하지 않은 것은? (다툼이 있는 경우 판례에 의함)

① 법률유보원칙에서 법률이란 형식적 의미의 법률뿐만 아니라 법률상 위임에 따른 법규명령이나 조례의 경우도 포함한다.

② 법률유보원칙은 단순히 행정작용이 법률에 근거를 두기만 하면 충분한 것이 아니라, 국민의 기본권 실현과 관련된 영역에 있어서는 국민의 대표자인 입법자가 그 본질적 사항에 대해서는 스스로 결정하여야 한다는 요구까지 내포하고 있다.

③ 법률우위의 원칙은 공법적 행위에만 적용되고 사법(私法)상 행위에는 적용되지 않는다.

④ 법률우위의 원칙은 행정행위와 같은 구체적인 규율은 물론 법규명령이나 조례와 같은 행정입법에도 적용된다.

03 다음 중 행정행위에 대한 설명으로 가장 적절하지 않은 것은? (다툼이 있는 경우 판례에 의함)

① 행정청이 구 「도시 및 주거환경정비법」 등 관련 법령에 근거하여 행하는 조합설립인가처분은 법령상 요건을 갖출 경우 「도시 및 주거환경정비법」상 주택재건축사업을 시행할 수 있는 권한을 갖는 행정주체(공법인)로서의 지위를 부여하는 일종의 설권적 처분의 성격을 갖는다.

② 구 「친일반민족행위자 재산의 국가귀속에 관한 특별법」에 정한 친일재산은 친일 반민족행위자 재산조사위원회가 국가귀속결정을 하여야 비로소 국가의 소유로 되는 것이 아니다.

③ 국민건강보험공단이 甲 등에게 한 '직장가입자 자격상실 및 자격변동 안내' 통보 및 '사업장 직권탈퇴에 따른 가입자 자격상실 안내' 통보는 항고소송의 대상이 되는 처분이 아니다.

④ 교통안전공단이 그 사업목적에 필요한 재원으로 사용할 기금 조성을 위하여 구 「교통안전공단법」에 정한 분담금 납부의무자에 대하여 한 분담금 납부통지는 그 납부의무자의 구체적인 분담금 납부의무를 확정시키는 효력을 갖는 행정처분이 아니다.

04 다음 중 행정소송 판결의 형성력과 기속력에 대한 설명으로 가장 적절한 것은? (다툼이 있는 경우 판례에 의함)

① 구 「도시 및 주거환경정비법」상 주택재개발 사업조합의 조합설립인가처분이 법원의 재판에 의하여 취소된 경우 그 조합설립인가처분은 소급하여 효력을 상실하지 않는다.

② 취소소송에서 처분 등을 취소하는 확정판결의 기속력은 주로 판결의 실효성 확보를 위하여 인정되는 효력으로서 판결의 주문 외에 그 전제가 되는 처분 등의 구체적 위법사유에 관한 이유 중의 판단에 대하여는 인정되지 않는다.

③ 징계처분의 취소를 구하는 소에서 징계사유가 될 수 없다고 판결한 사유와 동일한 사유를 내세워 행정청이 다시 징계처분을 한 것은 확정판결에 저촉되지 않는 행정처분을 한 것으로서 이용될 수 없다.

④ 행정처분을 취소한다는 확정판결이 있으면 그 취소판결의 형성력에 의하여 당해 행정처분의 취소나 취소통지 등의 별도의 절차를 요하지 아니하고 당연히 취소의 효과가 발생한다.

05 다음 중 「개인정보 보호법」에 대한 설명으로 가장 적절하지 않은 것은?

① 공공위생 등 공공의 안전과 안녕을 위하여 긴급히 필요한 경우는 정보주체의 동의가 없더라도 개인정보를 수집 또는 이용할 수 있다.

② 공공기관은 등록대상이 되는 개인정보파일에 대하여는 개인정보 처리방침을 정하여야 한다.

③ 공공기관의 장은 일정한 기준에 해당하는 개인 정보파일의 운용으로 인하여 정보주체의 개인정보 침해가 우려되는 경우에는 그 위험요인의 분석과 개선 사항 도출을 위한 평가를 하고 그 결과를 정보주체에게 알려야 한다.

④ 정보주체가 자신의 개인정보에 대한 열람을 공공기관에게 요구하고자 할 때에는 공공기관에 직접 열람을 요구할 수도 있고, 아니면 개인정보 보호위원회를 통하여 열람을 요구할 수도 있다.

06 다음 중 항고소송의 소의 이익에 대한 판례의 설명으로 가장 적절하지 않은 것은?

① 부령인 시행규칙 형식으로 정한 처분기준에서 제재적 행정처분을 받은 것을 가중사유나 전제 요건으로 삼아 장래의 제재적 행정처분을 하도록 정하고 있는 경우, 선행처분인 제재적 행정처분을 받은 상대방이 그 처분에서 정한 제재기간이 경과하였다 하더라도 그 처분의 취소를 구할 법률상 이익이 있다.

② 권리보호의 필요성 유무를 판단할 때에는 국민의 재판청구권을 보장한 헌법 제27조 제1항의 취지와 행정처분으로 인한 권익침해를 효과적으로 구제하려는 「행정소송법」의 목적 등에 비추어 행정처분의 존재로 인하여 국민이 불이익을 입고 있는 경우는 물론이고 권익침해의 구제를 현실로 위험이 있는 경우에도 이를 구제하는 소송이 허용되어야 한다는 요청을 고려하여야 한다.

③ 행정처분과 동일한 사유로 위법한 처분이 반복될 위험성이 있어 행정처분의 위법성 확인 내지 불분명한 법률문제에 대한 해명이 필요한 경우에는 취소를 구할 소의 이익을 인정할 수 있는데, 그 행정처분과 동일한 사유로 위법한 처분이 반복될 위험성이 있는 경우란 해당 사건의 동일한 소송당사자 사이에서 반복될 위험이 있는 경우를 의미한다.

④ 행정처분의 무효확인 또는 취소를 구하는 소가 제소 당시에는 소의 이익이 있어 적법하였더라도, 소송 계속 중 처분청이 다툼의 대상이 되는 행정처분을 직권으로 취소하면 그 처분은 효력을 상실하여 더 이상 존재하지 않는 것이므로, 존재하지 않는 그 처분을 대상으로 한 항고소송은 원칙적으로 소의 이익이 소멸하여 부적법하다.

OMR 입력

⏱ 00 : 24 : 27
시간측정 가능!!

채점결과

성적분석

풀이 시간 측정, 자동 채점 그리고 결과 분석까지!

모바일 OMR 답안분석 서비스

문제편에 수록된 기출문제에 대한 객관적인 결과(점수, 순위)를 종합적으로 분석

❶ 스마트폰을 활용하여 QR코드 접속

❷ 시험 시간에 맞춰 풀고, 모바일 OMR로 답안 입력 (3회까지 가능)

❸ 종합적 결과 분석으로 현재 나의 합격 가능성 예측

QR코드 찍기 ▶ 로그인 ▶ 시작하기 ▶ 응시하기 ▶ 모바일 OMR 카드에 답안 입력 ▶ 채점결과&성적분석 ▶ 내 실력 확인하기

해설편

❶ 영역 분석

어떤 영역에서 출제되었는지 또는 주로 출제되는 영역은 어디인지 한눈에 확인할 수 있어요!

❷ 정답의 이유/오답의 이유

각 문제마다 정답의 이유와 오답의 이유를 수록하여 혼자서도 학습이 가능해요!

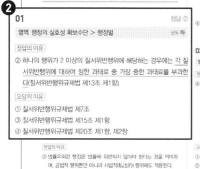

❸ 난도와 세분화된 영역

난도와 세분화된 출제 영역 분석을 통해 부족한 영역을 확인하고 보충할 수 있어요!

❹ 적중레이더

이해도를 높일 수 있도록 문제와 관련된 핵심 이론을 알기 쉽게 정리했어요!

이 책의 차례 CONTENT

행정법

문제편

2024.07.13. 시행

2024 | **9급** 기출문제

모바일
OMR
답안분석
서비스

☑ 회독 CHECK 1 2 3

☑ 시험시간 25분　☑ 해설편 002쪽

01 다음 중 「질서위반행위규제법」에 대한 설명으로 가장 적절하지 않은 것은?

① 고의 또는 과실이 없는 질서위반행위는 과태료를 부과하지 아니한다.

② 하나의 행위가 2 이상의 질서위반행위에 해당하는 경우에는 각 질서위반행위에 대하여 정한 과태료를 각각 부과한다.

③ 과태료는 행정청의 과태료 부과처분이나 법원의 과태료 재판이 확정된 후 5년간 징수하지 아니하거나 집행하지 아니하면 시효로 인하여 소멸한다.

④ 과태료 부과에 불복하는 당사자는 과태료 부과 통지를 받은 날부터 60일 이내에 해당 행정청에 서면으로 이의제기를 할 수 있고, 이의제기가 있는 경우에는 행정청의 과태료 부과처분은 그 효력을 상실한다.

02 다음 중 법치행정의 원칙에 대한 설명으로 가장 적절하지 않은 것은? (다툼이 있는 경우 판례에 의함)

① 법률유보원칙에서 법률이란 형식적 의미의 법률뿐만 아니라 법률상 위임에 따른 법규명령이나 조례의 경우도 포함한다.

② 법률유보원칙은 단순히 행정작용이 법률에 근거를 두기만 하면 충분한 것이 아니라, 국민의 기본권 실현과 관련된 영역에 있어서는 국민의 대표자인 입법자가 그 본질적 사항에 대해서 스스로 결정하여야 한다는 요구까지 내포하고 있다.

③ 법률우위의 원칙은 공법적 행위에만 적용되고 사법적(私法的) 행위에는 적용되지 않는다.

④ 법률우위의 원칙은 행정행위와 같은 구체적인 규율은 물론 법규명령이나 조례와 같은 행정입법에도 적용된다.

03 다음 중 행정행위에 대한 설명으로 가장 적절하지 않은 것은? (다툼이 있는 경우 판례에 의함)

① 행정청이 구 「도시 및 주거환경정비법」 등 관련 법령에 근거하여 행하는 조합설립인가처분은 법령상 요건을 갖출 경우 「도시 및 주거환경정비법」상 주택재건축사업을 시행할 수 있는 권한을 갖는 행정주체(공법인)로서의 지위를 부여하는 일종의 설권적 처분의 성격을 갖는다.

② 구 「친일반민족행위자 재산의 국가귀속에 관한 특별법」에 정한 친일재산은 친일 반민족행위자 재산조사위원회가 국가귀속결정을 하여야 비로소 국가의 소유로 되는 것이 아니다.

③ 국민건강보험공단이 甲 등에게 한 '직장가입자 자격상실 및 자격변동 안내' 통보 및 '사업장 직권탈퇴에 따른 가입자 자격상실 안내' 통보는 항고소송의 대상이 되는 처분이 아니다.

④ 교통안전공단이 그 사업목적에 필요한 재원으로 사용할 기금 조성을 위하여 구 「교통안전공단법」에 정한 분담금 납부의무자에 대하여 한 분담금 납부통지는 그 납부의무자의 구체적인 분담금 납부의무를 확정시키는 효력을 갖는 행정처분이 아니다.

04 다음 중 행정소송 판결의 형성력과 기속력에 대한 설명으로 가장 적절한 것은? (다툼이 있는 경우 판례에 의함)

① 구 「도시 및 주거환경정비법」상 주택재개발 사업조합의 조합설립인가처분이 법원의 재판에 의하여 취소된 경우 그 조합설립인가처분은 소급하여 효력을 상실하지 않는다.

② 취소소송에서 처분 등을 취소하는 확정판결의 기속력은 주로 판결의 실효성 확보를 위하여 인정되는 효력으로서 판결의 주문 외에 그 전제가 되는 처분 등의 구체적 위법사유에 관한 이유 중의 판단에 대하여는 인정되지 않는다.

③ 징계처분의 취소를 구하는 소에서 징계사유가 될 수 없다고 판결한 사유와 동일한 사유를 내세워 행정청이 다시 징계처분을 한 것은 확정판결에 저촉되지 않는 행정처분을 한 것으로서 허용될 수 있다.

④ 행정처분을 취소한다는 확정판결이 있으면 그 취소판결의 형성력에 의하여 당해 행정처분의 취소나 취소통지 등의 별도의 절차를 요하지 아니하고 당연히 취소의 효과가 발생한다.

05 다음 중 「개인정보 보호법」에 대한 설명으로 가장 적절하지 않은 것은?

① 공중위생 등 공공의 안전과 안녕을 위하여 긴급히 필요한 경우는 개인정보처리자는 정보주체의 동의가 없더라도 개인정보를 수집 또는 이용할 수 있다.

② 공공기관은 등록대상이 되는 개인정보파일에 대하여는 개인정보 처리방침을 정하여야 한다.

③ 공공기관의 장은 일정한 기준에 해당하는 개인 정보파일의 운용으로 인하여 정보주체의 개인정보 침해가 우려되는 경우에는 그 위험요인의 분석과 개선 사항 도출을 위한 평가를 하고 그 결과를 정보주체에게 알려야 한다.

④ 정보주체가 자신의 개인정보에 대한 열람을 공공기관에 요구하고자 할 때에는 공공기관에 직접 열람을 요구할 수도 있고, 아니면 개인정보 보호위원회를 통하여 열람을 요구할 수도 있다.

06 다음 중 항고소송의 소의 이익에 대한 판례의 설명으로 가장 적절하지 않은 것은?

① 부령인 시행규칙 형식으로 정한 처분기준에서 제재적 행정처분을 받은 것을 가중사유나 전제 요건으로 삼아 장래의 제재적 행정처분을 하도록 정하고 있는 경우, 선행처분인 제재적 행정처분을 받은 상대방이 그 처분에서 정한 제재기간이 경과하였다 하더라도 그 처분의 취소를 구할 법률상 이익이 있다.

② 권리보호의 필요성 유무를 판단할 때에는 국민의 재판청구권을 보장한 헌법 제27조 제1항의 취지와 행정처분으로 인한 권익침해를 효과적으로 구제하려는 「행정소송법」의 목적 등에 비추어 행정처분의 존재로 인하여 국민의 권익이 실제로 침해되고 있는 경우는 물론이고 권익침해의 구체적·현실적 위험이 있는 경우에도 이를 구제하는 소송이 허용되어야 한다는 요청을 고려하여야 한다.

③ 행정처분과 동일한 사유로 위법한 처분이 반복될 위험성이 있어 행정처분의 위법성 확인 내지 불분명한 법률문제에 대한 해명이 필요한 경우에는 취소를 구할 소의 이익을 인정할 수 있는데, 그 행정처분과 동일한 사유로 위법한 처분이 반복될 위험성이 있는 경우란 해당 사건의 동일한 소송당사자 사이에서 반복될 위험이 있는 경우만을 의미한다.

④ 행정처분의 무효확인 또는 취소를 구하는 소가 제소 당시에는 소의 이익이 있어 적법하였더라도, 소송 계속 중 처분청이 다툼의 대상이 되는 행정처분을 직권으로 취소하면 그 처분은 효력을 상실하여 더 이상 존재하지 않는 것이므로, 존재하지 않는 그 처분을 대상으로 한 항고소송은 원칙적으로 소의 이익이 소멸하여 부적법하다.

07 다음 중 위임명령에 대한 설명으로 가장 적절하지 않은 것은? (다툼이 있는 경우 판례에 의함)

① 위임입법의 구체성, 명확성의 요구 정도는 규율대상이 지극히 다양하거나 수시로 변화하는 성질의 것일 때에는 위임의 구체성, 명확성의 요건이 완화되어야 할 것이다.

② 국회입법의 전속사항이나 국회의 심의를 거쳐야 하는 사항으로 정해진 것은 오로지 법률로만 규율되어야 하고 법규명령으로서 정할 수 없다.

③ 벌칙규정을 법규명령에 위임하는 것도 가능하지만 법률에서 범죄 구성요건은 처벌대상인 행위가 어떠한 것인지 예측할 수 있을 정도로 구체적으로 정하고 형벌의 종류 및 그 상한과 폭을 명백히 규정하여야 한다.

④ 법률에서 위임받은 사항을 전혀 규정하지 아니하고 그대로 재위임하는 것은 허용되지 않으며 위임받은 사항에 관하여 대강을 정하고 그 중의 특정사항을 범위를 정하여 하위법령에 다시 위임하는 경우에만 재위임이 허용된다.

08 다음 중 법규명령에 대한 설명으로 가장 적절하지 않은 것은? (다툼이 있는 경우 판례에 의함)

① 일반적 · 추상적 규범으로서의 법규명령은 원칙적으로 항고소송의 대상이 될 수 없다.

② 법률이 대통령령으로 규정하도록 되어 있는 사항을 부령으로 정한다면 그 부령은 무효임을 면치 못한다.

③ 법령의 위임관계는 반드시 하위법령의 개별조항에서 위임의 근거가 되는 상위법령의 해당 조항을 구체적으로 명시하고 있어야만 하는 것은 아니다.

④ 위임의 근거가 없어 무효였던 법규명령은 사후적인 법률에 의해 유효가 될 수 없다.

09 다음 중 행정조사에 대한 설명으로 가장 적절하지 않은 것은? (다툼이 있는 경우 판례에 의함)

① 행정기관은 조사대상자의 자발적인 협조를 얻어 행정조사를 실시할 수 있는데, 이 경우에도 조사 개시 7일전까지 조사대상자에게 서면으로 통지하여야 한다.

② 「국세기본법」이 정한 세무조사대상 선정사유가 없음에도 세무조사대상으로 선정하여 과세자료를 수집하고 그에 기하여 과세처분을 하는 것은 위법하다.

③ 부과처분을 위한 과세관청의 질문조사권이 행해지는 세무조사결정이 있는 경우 납세의무 자는 세무공무원의 과세자료 수집을 위한 질문에 대답하고 검사를 수인하여야 할 법적 의무를 부담하게 된다는 점에서 세무조사결정은 항고소송의 대상이 된다.

④ 세무조사가 과세자료의 수집 또는 신고내용의 정확성 검증이라는 본연의 목적이 아니라 부정한 목적을 위하여 행하여진 것이라면 이는 세무조사에 중대한 위법사유가 있는 경우에 해당하고 이러한 세무조사에 의하여 수집된 과세자료를 기초로 한 과세처분 역시 위법하다.

10 다음 중 「행정기본법」상 처분에 대한 이의신청에 대한 설명으로 가장 적절하지 않은 것은?

① 행정청의 처분에 이의가 있는 당사자는 처분을 받은 날부터 30일 이내에 해당 행정청에 이의신청을 할 수 있다.

② 이의신청을 한 경우에도 그 이의신청과 관계없이 「행정심판법」에 따른 행정심판 또는 「행정소송법」에 따른 행정소송을 제기할 수 있다.

③ 과태료 · 과징금의 부과 및 징수에 관한 사항에 대하여는 「행정기본법」을 적용하지 않는다.

④ 다른 법률에서 이의신청과 이에 준하는 절차에 대하여 정하고 있는 경우에도 그 법률에서 규정하지 아니한 사항에 관하여는 「행정기본법」이 정하는 바에 따른다.

11 다음 중 행정상 손해배상에 대한 설명으로 가장 적절하지 않은 것은? (다툼이 있는 경우 판례에 의함)

① 이미 존재하는 하천의 제방이 계획홍수위를 넘고 있다면 그 하천은 용도에 따라 통상 갖추어야 할 안전성을 갖추고 있다고 보아야 하고, 그와 같은 하천이 그 후 새로운 하천시설을 설치할 때 기준으로 삼기 위하여 제정한 '하천 시설기준'이 정한 여유고를 확보하지 못하고 있다는 사정만으로 바로 안전성이 결여된 하자가 있다고 볼 수는 없다.

② 국토해양부장관이 하천공사를 대행하던 중 지방 하천의 관리상 하자로 인하여 손해가 발생하였다면 하천관리청이 속한 지방자치단체는 국가와 함께 「국가배상법」 제5조 제1항에 따라 지방 하천의 관리자로서 손해배상책임을 부담한다.

③ 동일한 손해가 공무원의 직무상 불법행위와 영조물 설치·관리상 하자로 인하여 발생된 경우 결국 영조물 설치·관리상 하자는 공무원의 직무와 관련된 것이므로 전자만을 근거로 국가배상을 청구하여야 한다.

④ 「국가배상법」상 배상결정을 받은 신청인은 지체 없이 그 결정에 대한 동의서를 첨부하여 국가나 지방자치단체에 배상금 지급을 청구하여야 하고 청구하지 아니한 경우에는 그 결정에 동의하지 아니한 것으로 본다.

12 다음 중 「행정심판법」상 간접강제와 직접처분에 대한 설명으로 가장 적절하지 않은 것은?

① 간접강제는 행정심판위원회가 청구인의 신청이 있는 때에만 명할 수 있고, 직권으로는 할 수 없다.

② 간접강제결정에 불복할 경우에는 청구인은 그 결정에 대하여 행정심판위원회를 상대로 행정소송을 제기할 수 있다.

③ 직접처분은 당사자의 신청을 거부하거나 부작위로 방치한 처분의 이행을 명하는 재결에 적용된다.

④ 행정심판위원회가 직접 처분을 하였을 때에는 그 사실을 해당 행정청에 통보하여야 하며, 그 통보를 받은 행정청은 행정심판위원회의 직접 처분 취지에 따라 처분을 하고 관계 법령에 따라 관리·감독 등 필요한 조치를 하여야 한다.

13 다음 중 행정상 대집행에 대한 판례의 설명으로 가장 적절하지 않은 것은?

① 하천유수인용허가신청이 불허되었음을 이유로 하천유수인용행위를 중단할 것과 이를 불이행할 경우 「행정대집행법」에 의하여 대집행을 하겠다는 내용의 계고처분은 대집행의 대상이 될 수 없는 부작위의무에 대한 것으로서 그 자체로 위법하다.

② 피수용자 등이 사업시행자에 대하여 부담하는 수용대상 토지의 인도의무는 「행정대집행법」에 의한 대집행의 대상이 될 수 있다.

③ 대집행의 실행이 완료된 경우에는 행위가 위법한 것이라는 이유로 손해배상이나 원상회복 등을 청구하는 것은 별론으로 하고 처분의 취소를 구할 법률상 이익은 없다.

④ 계고서라는 명칭의 1장의 문서로서 일정기간 내에 위법 건축물의 자진철거를 명함과 동시에 그 소정기한 내에 자진철거를 하지 아니할 때에는 대집행할 뜻을 미리 계고한 경우라도 「건축법」에 의한 철거명령과 「행정대집행법」에 의한 계고처분은 독립하여 있는 것으로서 각 그 요건이 충족되었다고 볼 것이다.

14 다음 중 공법상 계약에 대한 설명으로 가장 적절하지 않은 것은? (다툼이 있는 경우 판례에 의함)

① 시·군조합의 설립은 당사자의 의사합치로 성립한다는 점에서 공법상 계약에 해당된다.

② 공법상 계약의 이행지체, 불완전이행 등 급부 장애가 발생될 경우 민법상의 규정을 유추적용한다.

③ 공중보건의사 채용계약 해지의 의사표시에 대하여는 대등한 당사자 간의 소송형식인 공법상의 당사자소송으로 그 의사표시의 무효확인 청구할 수 있는 것이지, 이를 항고소송의 대상이 되는 행정처분이라는 전제하에서 그 취소를 구하는 항고소송을 제기할 수는 없다.

④ 공법상 계약의 해지 및 그에 따른 환수통보에 있어서 행정청이 일방적인 의사표시로 자신과 상대방 사이의 법률관계를 종료시킨 경우, 이를 행정청이 우월한 지위에서 행하는 공권력의 행사로서 행정처분에 해당한다고 단정할 수 없다.

15 다음 중 행정상 신뢰보호원칙에 관한 설명으로 가장 적절하지 않은 것은? (다툼이 있는 경우 판례에 의함)

① 도시관리계획결정만으로는 기존의 계획을 앞으로도 계속하겠다는 공적인 견해표명을 한 것으로 볼 수 없다.

② 대법원과 헌법재판소는 신뢰보호원칙이 헌법상 법치주의 원리에서 도출된다고 한다.

③ 신뢰보호원칙은 법률적·사실적 사정이 변경된 경우 그 적용이 제한될 수 있다고 보는 것이 판례의 태도이다.

④ 행정기관의 선행행위를 명시적 또는 묵시적 공적 견해의 표명에 국한시키지 않고, 추상적 질의에 대한 일반적 견해표명도 이러한 공적 견해의 표명으로 볼 수 있다.

16 다음 중 항고소송과 당사자소송에 대한 설명으로 가장 적절한 것은? (다툼이 있는 경우 판례에 의함)

① 국가 등 과세주체가 당해 확정된 조세채권의 소멸시효 중단을 위하여 납세의무자를 상대로 제기한 조세채권존재확인의 소는 공법상 당사자소송에 해당한다.

② 광주광역시립합창단원으로서 위촉기간이 만료되는 자들의 재위촉 신청에 대하여 광주광역시 문화예술회관장이 실기와 근무성적에 대한 평정을 실시하여 재위촉을 하지 아니한 것을 항고소송의 대상이 되는 불합격처분이라고 할 수는 있다.

③ 「민주화운동관련자 명예회복 및 보상 등에 관한 법률」에 따른 보상금 등의 지급을 구하는 소송은 공법상 당사자소송이다.

④ 공무원연금관리공단이 공무원연금법령의 개정사실과 퇴직연금 수급자가 퇴직연금 중 일부 금액의 지급정지대상자가 되었다는 사실을 통보한 경우, 위 통보는 항고소송의 대상이 되는 행정처분이다.

17 다음 중 공무원의 직무상 위법행위로 인한 손해 배상에 대한 설명으로 가장 적절한 것은? (다툼이 있는 경우 판례에 의함)

① 국가의 철도운행사업은 국가가 공권력의 행사로서 하는 것이 아니고 사경제적 작용이라 할 것이므로, 이로 인한 사고에 공무원이 간여하였다고 하더라도 「국가배상법」을 적용할 것이 아니고 일반 민법의 규정에 따라야 한다.

② 행정지도와 같은 비권력적 사실행위는 공무원의 직무행위의 범위에 속하지 아니한다.

③ 항고소송에서 처분이 위법하다고 확인되었다면, 국가배상청구소송에서 바로 처분을 한 공무원의 과실이 인정된다.

④ 공무원에게 경과실이 있는 경우 피해자에게 민사책임을 지지 않지만 만일 공무원이 피해자에게 배상했다면 국가에 대해 구상할 수는 없다.

18 다음 중 「공공기관의 정보공개에 관한 법률」에 대한 설명으로 가장 적절하지 않은 것은? (다툼이 있는 경우 판례에 의함)

① 공공기관은 정보공개의 청구가 있는 때에는 원칙적으로 10일 이내에 공개 여부를 결정하여야 한다.

② 청구인이 공공기관에 대하여 정보공개를 청구하였다가 거부처분을 받은 것 자체는 법률상 이익의 침해에 해당하지는 않는다.

③ 공개거부결정에 대하여 「공공기관의 정보공개에 관한 법률」상의 이의신청절차를 거치지 아니하고서도 행정심판을 청구할 수 있다.

④ 공개대상정보는 공공기관이 직무상 작성 또는 취득하여 현재 보유·관리하고 있는 문서에 한정되며, 그 문서가 반드시 원본일 필요는 없다.

19 다음 중 「행정소송법」에 대한 내용으로 가장 적절하지 않은 것은?

① 당사자소송은 원칙적으로 당해 처분을 행한 행정청을 피고로 한다.

② 민중소송은 법률이 정한 경우에 법률에 정한 자에 한하여 제기할 수 있다.

③ 기관소송은 법률이 정한 경우에 법률에 정한 자에 한하여 제기할 수 있다.

④ 국가의 사무를 위임 또는 위탁받은 공공단체 또는 그 장에 해당하는 피고에 대하여 취소소송을 제기하는 경우에는 대법원소재지를 관할하는 행정법원에 제기할 수 있다.

20 다음 중 행정행위의 부관에 대한 설명으로 가장 적절하지 않은 것은? (다툼이 있는 경우 판례에 의함)

① 부담은 행정청이 행정처분을 하면서 일방적으로 부가할 수도 있지만 부담을 부가하기 이전에 상대방과 협의하여 부담의 내용을 협약의 형식으로 미리 정한 다음 행정처분을 하면서 이를 부가할 수도 있다.

② 행정청은 처분의 재량이 없는 경우에는 법률에 근거가 있는 경우에 부관을 붙일 수 있다.

③ 기한은 연월일로 표기하지 않고 '근속기간 중' 또는 '종신'과 같은 도래시기가 확정되지 않은 방식으로 표기하는 것도 가능하다.

④ 기부채납받은 행정재산에 대한 사용·수익허가에서 공유재산의 관리청이 정한 사용·수익허가 기간은 그 허가의 효력을 제한하기 위한 행정행위의 부관으로서 이러한 사용·수익허가의 기간에 대해서는 독립하여 행정소송을 제기할 수 있다.

21 다음 중 행정벌에 대한 설명으로 가장 적절하지 않은 것은? (다툼이 있는 경우 판례에 의함)

① 양벌규정에 의한 영업주의 처벌은 독립하여 그 자신의 종업원에 대한 선임감독상의 과실로 인하여 처벌되는 것이므로 종업원의 범죄 성립이나 처벌이 영업주 처벌의 전제조건이 될 필요는 없다.

② 구 「도로교통법」에서 규정하는 경찰서장의 통고처분은 행정소송의 대상이 되는 행정처분이다.

③ 구 「관세법」상 통고처분을 할 것인지의 여부는 관세청장 또는 세관장의 재량에 맡겨져 있다.

④ 지방자치단체가 그 고유의 자치사무를 처리하는 경우 지방자치단체는 국가기관과는 별도의 독립한 공법인으로서 양벌규정에 의한 처벌 대상이 되는 법인에 해당한다.

22 다음 중 행정행위의 하자에 대한 설명으로 가장 적절하지 않은 것은? (다툼이 있는 경우 판례에 의함)

① 사법심사에 있어서 행정행위의 하자유무에 대한 판단자료는 원칙적으로 행정행위의 발급 시에 제출된 것에 한정된다.

② 행정행위의 부존재와 무효는 「행정쟁송법」상 구별된다.

③ 법률에 근거하여 행정처분이 발하여진 후에 헌법재판소가 그 행정처분의 근거가 된 법률을 위헌으로 결정하였다면 결과적으로 행정처분은 법률의 근거가 없이 행하여진 것과 마찬가지가 되어 당연무효라고 할 것이다.

④ 사업시행자가 토지소유자와 협의를 거치지 아니한 채 토지의 수용을 위한 재결을 신청하였다는 하자는 절차상 위법으로서 이의재결의 취소를 구할 수 있는 사유가 될지언정 당연무효의 사유라고 할 수는 없다.

23 다음 중 행정상 법률관계에 대한 설명으로 가장 적절하지 않은 것은? (다툼이 있는 경우 판례에 의함)

① 국·공유재산의 매각 또는 대부행위는 사법상 계약이지만, 미납된 대부료의 징수행위는 행정처분에 해당한다.

② 시립합창단원의 위촉계약은 공법상 계약이지만, 재위촉 신청을 거부하는 것은 항고소송의 대상이 되는 행정처분이다.

③ 한국산업단지공단의 산업단지 입주자에 대한 입주 계약 해지는 항고소송의 대상인 행정처분이다.

④ 행정주체와 사인 간의 입찰계약은 사법상 계약이지만, 행정기관의 입찰참가자격제한은 항고소송의 대상이 되는 행정처분이다.

24 다음 중 행정의 실효성 확보수단에 대한 설명으로 가장 적절한 것은? (다툼이 있는 경우 판례에 의함)

① 구 「공유재산 및 물품 관리법」에 따라 지방자치단체장은 행정대집행의 방법으로 공유재산에 설치한 시설물을 철거할 수 있고, 이러한 행정대집행의 절차가 인정되는 경우에는 민사소송의 방법으로 시설물의 철거를 구하는 것은 허용되지 아니한다.

② 법령에 의해 대집행권한을 위탁받은 한국토지공사(현 한국토지주택공사)가 「국가배상법」 제2조에서 말하는 공무원에 해당한다.

③ 이행강제금은 대체적 작위의무의 위반에 대하여 부과될 수 없다.

④ 「국세징수법」상 공매통지 자체는 원칙적으로 그 공매통지 자체를 항고소송의 대상으로 삼아 그 취소 등을 구할 수 있다.

25 다음 중 「행정절차법」상 청문에 대한 설명으로 가장 적절하지 않은 것은? (다툼이 있는 경우 판례에 의함)

① 행정청은 당사자가 요청한 경우에는 청문을 실시하여야 한다.

② 행정청이 당사자와 사이에 도시계획사업의 시행과 관련한 협약을 체결하면서 청문의 실시를 배제하는 조항을 둔 경우, 청문의 실시에 관한 규정의 적용이 배제되거나 청문을 실시하지 않아도 되는 예외적인 경우에 해당하지 않는다.

③ 청문 주재자는 당사자의 전부 또는 일부가 정당한 사유 없이 청문기일에 출석하지 아니하거나 의견서를 제출하지 아니한 경우에는 이들에게 다시 의견진술 및 증거제출의 기회를 주지 아니하고 청문을 마칠 수 있다.

④ 행정청은 처분시 상당한 이유가 있다고 인정하면 청문결과를 반영하여야 한다.

2024.07.13. 시행

2024 | **7급** 기출문제

모바일
OMR
답안분석
서비스

✅ 시험시간 25분 ✅ 해설편 011쪽

✔ 회독 CHECK 1 2 3

01 다음 중 「행정기본법」상 부관 중 조건에 대한 설명으로 가장 적절한 것은?

① 행정청은 처분에 재량이 있는 경우에는 조건을 붙일 수 있는데, 그러한 조건은 해당 처분과 실질적인 관련성이 있어야 하는 것은 아니다.

② 행정청은 처분에 재량이 없는 경우에는 법률에 근거가 있더라도 조건을 붙일 수 없다.

③ 행정청은 조건을 붙일 수 있는 처분이 당사자의 동의가 있는 경우에는 그 처분을 한 후에도 종전의 조건을 변경할 수 있다.

④ 행정청은 조건을 붙일 수 있는 처분이 사정이 변경되어 조건을 새로 붙이지 아니하면 해당 처분의 목적을 달성할 수 없다고 인정되는 경우에라도 그 처분을 한 후에는 조건을 새로 붙일 수는 없다.

02 다음 중 「행정조사기본법」상 행정조사에 대한 설명으로 가장 적절하지 않은 것은?

① 행정조사는 법령 등을 준수하도록 유도하기보다는 법령 등의 위반에 대한 처벌에 중점을 두어야 한다.

② 조사대상자의 자발적인 협조를 얻어 실시하는 행정조사 외에는, 행정기관은 법령 등에서 행정조사를 규정하고 있는 경우에 한하여 행정조사를 실시할 수 있다.

③ 행정기관의 장은 행정조사의 목적, 법령준수의 실적, 자율적인 준수를 위한 노력, 규모와 업종을 고려하여 명백하고 객관적인 기준에 따라 행정조사의 대상을 선정하여야 한다.

④ 조사대상자는 조사대상 선정기준에 대한 열람을 행정기관의 장에게 신청할 수 있다.

03 다음 중 「행정심판법」에 대한 설명으로 옳은 것을 모두 고른 것은?

ㄱ. 대통령의 처분 또는 부작위에 대하여는 다른 법률에서 행정심판을 청구할 수 있도록 정한 경우 외에는 행정심판을 청구할 수 없다.

ㄴ. 관계 행정기관의 장이 특별행정심판 또는 이 법에 따른 행정심판 절차에 대한 특례를 신설하거나 변경하는 법령을 제정·개정할 때에는 미리 중앙행정심판위원회와 협의하여야 한다.

ㄷ. 법인이 아닌 사단 또는 재단으로서 대표자나 관리인이 정하여져 있는 경우에는 그 사단이나 재단의 이름으로 심판청구를 할 수 있다.

ㄹ. 여러 명의 청구인이 공동으로 심판청구를 할 때에는 청구인들 중에서 7명 이하의 선정대표자를 선정할 수 있다.

ㅁ. 선정대표자로 선정된 후에는 다른 청구인들의 동의를 받지 아니하고도 다른 청구인들을 위하여 심판청구의 취하를 포함해서 그 사건에 관한 모든 행위를 할 수 있다.

① ㄱ, ㄴ, ㄷ

② ㄱ, ㄴ, ㅁ

③ ㄴ, ㄷ, ㄹ

④ ㄷ, ㄹ, ㅁ

04 지방자치단체의 사무에 관한 「지방자치법」의 규정 내용으로 가장 적절하지 않은 것은?

① 국가는 시 · 군 및 자치구가 처리하기 어려운 사무는 시 · 도의 사무로, 시 · 도가 처리하기 어려운 사무는 국가의 사무로 각각 배분하여야 한다.

② 지방자치단체는 법령을 위반하여 사무를 처리할 수 없으며, 시 · 군 및 자치구는 해당 구역을 관할하는 시 · 도의 조례 및 시장 · 도지사의 규칙을 위반하여 사무를 처리할 수 없다.

③ 국가는 지방자치단체가 사무를 종합적 · 자율적으로 수행할 수 있도록 국가와 지방자치단체 간 또는 지방자치단체 상호 간의 사무를 주민의 편익증진, 집행의 효과 등을 고려하여 서로 중복되지 아니하도록 배분하여야 한다.

④ 국가가 지방자치단체에 사무를 배분하거나 지방자치단체가 사무를 다른 지방자치단체에 재배분할 때에는 사무를 배분받거나 재배분 받는 지방자치단체가 그 사무를 자기의 책임하에 종합적으로 처리할 수 있도록 관련 사무를 포괄적으로 배분하여야 한다.

05 다음 중 「공공기관의 정보공개에 관한 법률」에 대한 설명으로 가장 적절하지 않은 것은?

① 공공기관은 정보의 공개를 청구하는 국민의 권리가 존중될 수 있도록 이 법을 운영하고 소관 관계 법령을 정비하며, 정보를 투명하고 적극적으로 공개하는 조직문화 형성에 노력하여야 한다.

② 외국인을 포함하여 모든 사람은 정보의 공개를 청구할 권리를 가진다.

③ 행정안전부장관은 공공기관의 정보공개에 관한 업무를 종합적 · 체계적 · 효율적으로 지원하기 위하여 통합정보공개시스템을 구축 · 운영하여야 한다.

④ 공공기관은 정보의 공개에 관한 사무를 신속하고 원활하게 수행하기 위하여 정보공개 장소를 확보하고 공개에 필요한 시설을 갖추어야 한다.

06 다음 중 과태료제도에 대한 설명으로 옳은 것을 모두 고른 것은?

> ㄱ. 과거에는 민사법 또는 소송법상의 질서위반을 대상으로 법원에 의해 부과되는 민사적 제재 수단으로 사용되었다.
> ㄴ. 오늘날에는 경찰벌에 대한 비범죄화조치로서 행정법상의 질서위반행위를 대상으로 부과되고 있다.
> ㄷ. 권한에 의해 부과된 과태료에 대해 이의를 제기하면, 해당 사건은 비송사건 관할법원에 원시적으로 귀속된다.
> ㄹ. 과태료는 관련 법률이 정의하고 있는 '처분'의 개념에 속하기는 하지만, 우리 판례는 행정쟁송의 대상이 되는 처분으로 보지 아니한다.

① ㄱ

② ㄱ, ㄴ

③ ㄴ, ㄷ

④ ㄱ, ㄴ, ㄷ, ㄹ

07 다음 중 「부담금관리 기본법」상 부담금에 대한 설명으로 가장 적절하지 않은 것은?

① 부담금을 신설하거나 부과대상을 확대하는 경우 그 부담금을 계속 존속시켜야 할 명백한 사유가 있는 경우 외에는 그 부담금의 존속 기한을 법령에 명시하여야 한다.

② 부담금은 설치목적을 달성하기 위하여 필요한 범위 내에서 공정하게 부과되어야 하며, 특별한 사유가 없으면 설치목적을 달성하기 위하여 하나의 부과대상에 이중으로 부과될 수 있다.

③ 부담금 납부의무자가 납부기한을 지키지 아니하는 경우에는 해당 법령에서 정하는 바에 따라 가산금 등을 부과 · 징수할 수 있다.

④ 부담금은 「부담금관리 기본법」의 별표에 규정된 법률에 따르지 아니하고는 설치할 수 없다.

08 「행정심판법」과 「행정소송법」에 대한 내용으로 가장 적절한 것은? (다툼이 있는 경우 판례에 의함)

① 그 실질이 사법권의 행사가 아니라 행정권의 행사에 속하는 '법원행정처장에 의한 처분이나 부작위 등'에 대한 행정심판의 청구가 있게 되면, 국가권익위원회에 두는 '중앙행정심판위원회'가 해당 심판청구를 심리·재결하게 된다.

② 당사자의 신청을 거부하거나 부작위로 방치한 처분에 대한 다툼과 관련하여 「행정심판법」은 행정심판위원회에 의한 직접처분을 허용하면서도, 「행정소송법」과 마찬가지로 간접강제제도를 도입하여 재결의 실효성을 담보하고 있다.

③ 당사자의 주소 등을 통상적인 방법으로 알 수 없어 「행정절차법」이 정한 바에 따라 관보와 인터넷으로 공고하여 소정의 기간이 경과하면, 그때부터 당사자는 '처분이 있음을 안' 것으로 의제되어 「행정심판법」 또는 「행정소송법」상의 불변기간이 개시된다.

④ 회사의 내부규정으로 운수회사에 부과된 과징금은 그 원인행위를 제공한 운전자가 납부하도록 되어 있다면, 해당 운전자는 부과된 과징금의 취소심판 또는 취소소송을 제기할 수 있는 법적 지위를 갖게 된다.

09 행정권한의 행사를 정하고 있는 「도로교통법」이 「병역법」 등 행정에 관한 개별법률도 자체의 총칙 규정(입법목적, 용어정의 및 다른 법률과의 관계 등)을 두고 있으나, 행정권한 행사의 전반에 걸쳐 일반적으로 통용될 수 있는 것은 아니다. 이러한 문제에 대응하여 민법 또는 형법의 총칙과 같은 기능을 수행하게 되는 가장 대표적인 법률은?

① 「행정대집행법」
② 「민원 처리에 관한 법률」
③ 「행정규제기본법」
④ 「행정기본법」

10 양도양수가 가능한 허가업을 영위하고 있는 갑은 관련 법령에 반하는 영업을 하였다는 이유로 소정의 절차를 거쳐 6월간 영업정지의 처분을 받게 되었다. 이 건 영업정지처분이 불가쟁력을 갖게 된 후에 갑은 "이건 처분은 담당 공무원의 중대한 과실로 법령요건 사실의 일부를 오인하여 행하여진 위법한 것(취소의 흠)이 있었다"는 사실을 우연히 알게 되었다. 이와 관련하여 현행 법제상 또는 판례상으로 가장 적절하지 않은 것은?

① 양도·양수가 가능한 허가업에는 대물허가와 혼합허가가 있고, 이러한 허가업에 대한 행정 제재처분은 특별한 사유가 없는 한 양수인에게 포괄승계되기도 한다.

② 위와 같은 허가업의 양도·양수와 관련하여 선의의 양수인을 보호하기 위한 법제도로는 '행정제재처분' 내지 '행정처분' 확인제도가 있다.

③ 위 처분이 불가쟁력을 갖게 되었다는 것은 「행정심판법」이나 「행정소송법」상 '처분 있음을 안 날' 또는 '처분이 있은 날'로부터 소정의 기간이 경과하여, 심판청구권이나 소송제기권이 절대적으로 소멸된 상태를 의미한다.

④ 해당 처분이 불가쟁력을 갖게 되었다는 점에서 갑은 해당 공무원의 고의·과실에 의한 위법을 이유로 하는 「국가배상법」상의 손해배상청구 소송도 제기할 수 없게 된다.

11 「행정절차법」이 적용되는 사항은? (다툼이 있는 경우 판례에 의함)

① 각급 선거관리위원회의 의결을 거쳐 행하는 사항
② 행정기관이 그 소관 사무의 범위에서 일정한 행정목적을 실현하기 위하여 특정인에게 일정한 행위를 하도록 조언 등을 하는 사항
③ 감사원이 감사위원회의 결정을 거쳐 행하는 사항
④ 심사청구, 해양안전심판, 조세심판, 특허심판, 행정심판, 그 밖의 불복절차에 따른 사항

12 다음 중 「행정기본법」상 법 적용의 기준에 대한 설명으로 가장 적절하지 않은 것은?

① 새로운 법령 등은 법령 등에 특별한 규정이 있는 경우를 제외하고는 그 법령 등의 효력 발생 전에 완성되거나 종결된 사실관계 또는 법률관계에 대해서는 적용되지 아니한다.

② 당사자의 신청에 따른 처분은 법령 등에 특별한 규정이 있거나 신청 당시의 법령 등을 적용하기 곤란한 특별한 사정이 있는 경우를 제외하고는 신청 당시의 법령 등에 따른다.

③ 법령 등을 위반한 행위의 성립과 이에 대한 제재 처분은 법령 등에 특별한 규정이 있는 경우를 제외하고는 법령 등을 위반한 행위 당시의 법령 등에 따른다.

④ 법령 등을 위반한 행위 후 법령 등의 변경에 의하여 그 행위가 법령 등을 위반한 행위에 해당하지 아니하거나 제재처분 기준이 가벼워진 경우로서 해당 법령 등에 특별한 규정이 없는 경우에는 변경된 법령 등을 적용한다.

13 다음은 '흠이 있는 행정처분'과 관련한 설명이다. 가장 적절하지 않은 것은? (다툼이 있는 경우 판례에 의함)

① 공무원에 대해 변명할 기회를 부여하지 아니하고 징계처분을 행하게 되면 「행정절차법」상 청문 절차에 반하는 것으로 '취소의 흠'이 있는 징계처분으로 된다.

② 위헌인 법률에 근거한 처분에 대해 우리 판례는 특별한 사유가 없는 한 '무효의 흠이 있는 처분'이라기보다는 '취소의 흠이 있는 처분'으로 보고 있다.

③ 위법하나 공정력이 있는 처분의 수범자가 그 처분에 따른 의무에 반하는 행위를 하더라도 '처분위반죄'로 처벌받지 아니한다는 것이 판례의 입장이다.

④ 과세처분으로 인한 조세채권을 강제징수하기 위한 체납처분에 이르러 해당 과세처분의 근거가 된 법률규정이 헌법재판소에 의해 위헌으로 선언되었다면, 해당 체납처분은 당연무효로 된다는 것이 판례의 입장이다.

14 다음 중 행정계획에 관한 판례의 내용으로 가장 적절하지 않은 것은?

① 어떠한 경우라도 토지의 사적 이용권이 배제된 상태에서 토지소유자로 하여금 10년 이상을 아무런 보상없이 수인하도록 하는 것은 공익 실현의 관점에서도 정당화될 수 없는 과도한 제한으로서 헌법상의 재산권보장에 위배된다고 보아야 한다.

② 비구속적 행정계획안이나 행정지침이라도 국민의 기본권에 직접적으로 영향을 끼치고, 앞으로 법령의 뒷받침에 의하여 그대로 실시될 것이 틀림없을 것으로 예상될 수 있을 때에는, 공권력 행위로서 예외적으로 헌법소원의 대상이 될 수 있다.

③ 장기미집행 도시계획시설결정의 실효제도는 도시계획시설부지로 하여금 도시계획시설결정으로 인한 사회적 제약으로부터 벗어나게 하는 것으로서 이와 같은 보호 제도는 헌법상 재산권으로부터 당연히 도출되는 권리이다.

④ 도시계획시설의 지정으로 말미암아 당해 토지의 이용가능성이 배제되거나 또는 토지소유자가 토지를 종래 허용된 용도대로도 사용할 수 없기 때문에 이로 말미암아 현저한 재산적 손실이 발생하는 경우에는, 원칙적으로 사회적 제약의 범위를 넘는 수용적 효과를 인정하여 국가나 지방자치단체는 이에 대한 보상을 해야 한다.

15 다음 중 영업양도와 제재사유의 승계에 관한 판례의 내용으로 가장 적절하지 않은 것은?

① 불법증차를 실행한 운송사업의 양수인에 대하여는 양수인의 지위승계 전에 불법증차에 관하여 발생한 유가보조금 부정수급액에 대해서까지 양수인을 상대로 반환명령을 할 수 있다.

② 「건축법」상의 위반행위에 대하여 건축주 등에 대하여 부과되는 이행강제금 납부의무는 상속인 기타의 사람에게 승계될 수 없는 일신전속적인 성질의 것이므로 이미 사망한 사람에게 이행강제금을 부과하는 내용의 처분이나 결정은 당연무효이다.

③ 사업정지 등의 제재처분이 사업의 전부나 일부에 대한 것으로서 대물적 처분의 성격을 갖고 있는 경우, 종전 석유판매업자가 유사석유제품을 판매함으로써 받게 되는 사업정지 등 제재처분의 승계가 포함되어 그 지위를 승계한 자에 대하여 사업정지 등의 제재처분을 취할 수 있다.

④ 양도인의 운전면허 취소가 운송사업면허의 취소사유에 해당한다는 이유로 양수인의 운송 사업면허를 취소하는 처분을 한 사안에서, 그 처분으로 인하여 공익상의 필요보다 상대방이 받게 되는 불이익 등이 막대한 경우에는 재량 권의 한계를 일탈한 것으로서 그 자체가 위법하게 된다.

16 다음 중 공법상의 당사자소송에 대한 설명으로 가장 적절하지 않은 것은? (다툼이 있는 경우 판례에 의함)

① 공법상 당사자소송에 대하여 청구의 기초가 바뀌지 아니하는 한도 안에서 민사소송으로 소 변경은 금지된다.

② 대법원은 여러 차례에 걸쳐 「행정소송법」상 항고소송으로 제기해야 할 사건을 민사소송으로 잘못 제기한 경우 수소법원으로서는 원고로 하여금 항고소송으로 소 변경을 하도록 석명권을 행사하여 「행정소송법」이 정하는 절차에 따라 심리·판단해야 한다고 판시해 왔다.

③ 당사자소송에 대하여는 「행정소송법」에 따라 「민사집행법」상 가처분에 관한 규정이 준용된다.

④ 「도시 및 주거환경정비법」상의 주택재건축 정비사업조합을 상대로 관리처분계획안 또는 사업시행계획안에 대한 조합 총회결의의 효력 등을 다투는 소송은 「행정소송법」상 당사자소송이다.

17 다음 중 행정권한의 위임 및 내부위임에 대한 설명으로 가장 적절하지 않은 것은? (다툼이 있는 경우 판례에 의함)

① 행정권한의 위임은 행정관청이 법률에 따라 특정한 권한을 다른 행정관청에 이전하여 수임 관청의 권한으로 행사하도록 하는 것이어서 권한의 법적인 귀속을 변경하는 것이므로 법률의 위임을 허용하고 있는 경우에 한하여 인정된다.

② 권한위임의 경우에는 수임관청이 자기의 이름으로 그 권한행사를 할 수 있다.

③ 내부위임의 경우에는 법률이 위임을 허용하고 있지 아니한 경우에도 허용되므로 수임관청은 자기의 이름으로 또는 위임관청의 이름으로 그 권한을 행사할 수 있다.

④ 행정권한의 내부위임은 법률이 위임을 허용하고 있지 아니한 경우에도 행정관청의 내부적인 사무처리의 편의를 도모하기 위하여 그의 보조 기관 또는 하급행정관청으로 하여금 그의 권한을 사실상 행사하게 하는 것이다.

18 자가용으로 출퇴근하던 갑(甲)은 「도로교통법」을 위반하였다는 이유로 20일의 면허정지처분과 아울러 10만원의 과태료처분을 받았으나, 별도의 이의제기 없이 각각의 처분에 따르고자 한다. 위 처분에 의한 면허정지 기간의 만료일과 과태료 납부의 만료일은 모두 해당연도의 △△월 15일(토요일)로 되어 있다. 참고로, 16일(일요일)이 법정 공휴일에 속하는 관계로 그 다음 날인 17일(월요일)은 대체공휴일로 되었다. 사정이 이와 같을 때 「행정기본법」과의 관계에서 가장 적절한 것은?

① 갑(甲)의 운전정지 기간의 만료일과 과태료 납부의 만료일은 모두 해당연도의 △△월 15일(토요일)로 된다.

② 갑(甲)의 운전정지 기간의 만료일과 과태료 납부의 만료일은 모두 해당연도의 △△월 18일(화요일)로 된다.

③ 갑(甲)의 운전정지 기간의 만료일은 해당 연도의 △△월 15일(토요일)로 되고, 과태료 납부의 만료일은 해당연도의 △△월 18일(화요일)로 된다.

④ 갑(甲)의 운전정지 기간의 만료일은 해당 연도의 △△월 18일(화요일)로 되고, 과태료 납부의 만료일은 해당연도의 △△월 15일(토요일)로 된다.

19 다음 중 「행정기본법」상 처분의 재심사가 적용되지 않는 경우로서 가장 적절하지 않은 것은?

① 공무원 인사 관계 법령에 따른 징계 등 처분에 관한 사항
② 형사, 행형 및 보안처분 관계 법령에 따라 행하는 사항
③ 외국인의 출입국 · 난민인정 · 귀화 · 국적회복에 관한 사항
④ 부담금 부과 및 징수에 관한 사항

20 다음 중 「행정기본법」상 제재처분에 대한 설명으로 가장 적절하지 않은 것은? (다툼이 있는 경우 판례에 의함)

① 제재처분의 근거가 되는 법률에는 제재처분의 주체, 사유, 유형 및 상한을 명확하게 규정하여야 한다.
② 행정청은 법령 등의 위반행위가 종료된 날부터 5년이 지나면 해당 위반행위에 대하여 인허가의 정지 · 취소 · 철회, 등록 말소, 영업소 폐쇄와 정지를 갈음하는 과징금 부과의 제재처분을 할 수 없다.
③ 선지 ②에 있어서 다른 법률에서 5년 기간보다 짧은 기간을 규정하고 있으면 그 법률에서 정하는 바에 따르고, 다른 법률에서 긴 기간을 규정하고 있으면 5년으로 한다.
④ 정당한 사유 없이 행정청의 조사 · 출입검사를 기피 · 방해 · 거부하여 제척기간이 지난 경우에는 행정청은 법령 등의 위반행위가 종료된 날부터 5년이 지난 후에도 해당 위반행위에 대하여 인허가의 정지 · 취소 · 철회, 등록 말소, 영업소 폐쇄와 정지를 갈음하는 과징금 부과의 제재처분을 할 수 있다.

21 다음 중 「행정기본법」상 이행강제금에 대한 설명으로 가장 적절하지 않은 것은?

① 행정청은 이행강제금을 부과하기 전에 미리 의무자에게 적절한 이행기간을 정하여 그 기한까지 행정상 의무를 이행하지 아니하면 이행강제금을 부과한다는 뜻을 문서로 계고(戒告)하여야 한다.
② 행정청은 의무자가 계고에서 정한 기한까지 행정상 의무를 이행하지 아니한 경우 이행강제금의 부과 금액 · 사유 · 시기를 문서로 명확하게 적어 의무자에게 통지하여야 한다.
③ 행정청은 의무자가 행정상 의무를 이행할 때까지 이행강제금을 반복하여 부과할 수 있다.
④ 의무자가 의무를 이행하면 새로운 이행강제금의 부과를 즉시 중지하고, 이미 부과한 이행강제금은 징수하지 아니한다.

22 다음 중 행정입법부작위에 관한 판례의 내용으로 가장 적절하지 않은 것은?

① 하위 행정입법의 제정 없이 상위 법령의 규정만으로도 집행이 이루어질 수 있는 경우라면 하위 행정입법을 하여야 할 헌법적 작위의무는 인정되지 아니한다.
② 입법부가 법률로써 행정부에게 특정한 사항을 위임했음에도 불구하고 행정부가 정당한 이유 없이 이를 이행하지 않는다면 권력분립의 원칙과 법치국가 내지 법치행정의 원칙에 위배되는 것으로서 위법함과 동시에 위헌적인 것이 된다.
③ 법률이 군법무관의 보수를 판사, 검사의 예에 의하도록 규정하면서 그 구체적 내용을 시행령에 위임하고 있으나 해당 시행령이 제정되지 아니하였다면, 군법무관의 상당한 수준의 보수 청구권은 인정되지 아니한다.
④ 치과전문의제도에 관한 규정이 제정된 후 20년 이상이 경과되었음에도 치과전문의제도의 실시를 위한 구체적 조치를 취하고 있지 아니한 경우, 법률의 시행에 반대하는 여론의 압력이나 이익 단체의 반대와 같은 사유는 지체를 정당화하는 사유가 될 수 없다.

23 다음 중 군인과 관련한 판례로 가장 적절하지 않은 것은?

① 「국가배상법」 제2조 단서의 군인과 관련하여, 예비군이 소집명령서를 받고 실역에 복무하기 위하여 지정된 시간과 장소에 맞추어 경로이탈 없이 곧 바로 출발하였다는 것이 합리적으로 인정된다면, 해당 예비군은 출발한 시점부터 「국가배상법」상 군인의 신분을 취득하게 된다.

② 직무집행과 관련하여 공상을 입은 군인이 먼저 「국가배상법」에 따라 손해배상금을 지급받은 다음 「보훈보상대상자 지원에 관한 법률」이 정한 보상금 등 보훈급여금의 지급을 청구할 경우, 국가보훈처장은 「국가배상법」에 따라 손해배상을 받았다는 사정을 들어 보상금 등 보훈급여금의 지급을 거부할 수 없다.

③ 공상 군인이 「국가배상법」에 의한 손해배상청구 소송 중 「국가유공자 등 예우 및 지원에 관한 법률」에 의한 국가유공자 등록신청을 하였으나 거부되고 이에 불복하지 아니한 상태로 앞의 법률상의 보상금청구권과 「군인연금법」상의 재해보상금청구권이 모두 시효완성된 경우라면, 「국가배상법」 제2조 제1항 단서 소정의 '다른 법령에 의하여 보상을 받을 수 있는 경우'에 해당되어 국가배상청구는 할 수 없다.

④ 영외에 거주하는 군인이 정기휴가 마지막날에 다음날의 근무를 위하여 휴가 목적지에서 소속 부대 및 자택이 위치한 지역으로 운전하여 귀가하던 중 교통사고를 당한 경우, 사고장소가 휴가 목적지와 소속 부대 및 자택 사이의 순리적인 경로에 있었다면 이는 '귀대중 사고'에 해당한다.

24 다음의 사안과 관련한 설명 중 가장 적절하지 않은 것은? (다툼이 있는 경우 판례에 의함)

「의료법」에서는 "각종 병원에는 응급환자와 입원환자의 진료 등에 필요한 당직의료인을 두어야 한다."라고만 규정하고 있다. 「의료법 시행령」에서는 당직의료인 수로 입원환자 숫자에 따라서 의사와 치과의사 그리고 간호사 등을 차등적으로 두도록 규정하였고, 또한 이를 위반하면 제재처분을 부과할 수 있도록 규정을 두었다. 갑은 당직의료인을 두었으나 「의료법 시행령」의 기준에는 미치지 못하여 「의료법 시행령」을 준수하지 아니한 것을 이유로 영업정지 3개월의 처분을 부과받았다. (이상의 사실관계만을 가지고 사안을 답할 것)

① 갑은 영업정지 3개월 처분에 대해서 제소기간 내에 취소소송을 제기하면서 집행정지를 동시에 신청할 수 있다.

② 「의료법 시행령」은 「의료법」의 위임 없이 「의료법」의 규정한 개인의 권리·의무에 관한 내용을 변경·보충하거나 「의료법」에서 규정하지 아니한 새로운 내용을 규정할 수는 없다.

③ 「의료법」에서는 당직의료인을 두도록 규정하고 있으나, 「의료법 시행령」에서는 입원환자 숫자에 따라서 의료인의 종류와 수를 차등적으로 두도록 규정하는 경우에 이러한 「의료법 시행령」은 무효이다.

④ 「의료법 시행령」에 대해서는 추상적 규범통제를 통해서도 다툴 수 있다.

25 재량과 판단여지에 관한 판례의 내용으로 가장 적절하지 않은 것은? (다툼이 있는 경우 판례에 의함)

① 환경오염 발생 우려와 같이 장래에 발생할 불확실한 상황과 파급효과에 대한 예측이 필요한 요건에 관한 허가권자의 재량적 판단은 형평이나 비례의 원칙에 뚜렷하게 배치되는 등의 사정이 없는 한 폭넓게 존중하여야 한다.

② 특정인에게 공유수면 이용권이라는 독점적 권리를 설정하여 주는 것과 같은 재량처분에 있어서는 재량권 행사의 기초가 되는 사실인정에 오류가 있거나 그에 대한 법령적용에 잘못이 없는 한 처분이 위법하다고 할 수 없다.

③ 공무원 임용을 위한 면접전형에서 임용신청자의 능력이나 적격성 등에 관한 판단은 면접위원의 고도의 교양과 학식, 경험에 기초한 자율적 판단에 의존하는 것으로서 오로지 면접위원의 자유재량에 속한다.

④ 「국토의 계획 및 이용에 관한 법률」상 개발행위 허가는 허가기준 및 금지요건이 불확정개념으로 규정된 부분이 많다고 하더라도 가능한 한 이를 엄격히 해석하여야 하므로, 그 요건에 해당하는지 여부는 행정청의 재량판단의 영역에 속한다고 할 수 없다.

2024 | 5급 기출문제

모바일 OMR 답안분석 서비스

회독 CHECK 1 2 3

✔ 시험시간 25분 ✔ 해설편 019쪽

01 다음 중 행정심판의 재결에 대한 설명으로 가장 적절하지 않은 것은? (다툼이 있는 경우 판례에 의함)

① 행정심판의 재결은 행정행위로서의 성질을 가지므로 재결서의 정본이 청구인에게 송달되면 형성력·불가쟁력·불가변력 등의 효력이 발생한다.

② 재결의 기속력은 인용재결에만 인정되므로 처분청은 기각재결이 있은 후 정당한 사유가 있으면 직권으로 원처분을 취소·변경·철회할 수 있다.

③ 처분청과 관계행정청은 인용재결이 있으면 재결의 취지에 반하는 행위를 하여서는 아니되므로 종전과 다른 사유로 다시 종전과 같은 내용의 처분을 할 수 없다.

④ 재결에 의하여 취소되는 처분이 당사자의 신청을 거부하는 것을 내용으로 하는 경우 그 처분청은 재결의 취지에 따라 다시 이전의 신청에 대한 처분을 하여야 한다.

02 다음 사례에서 B가 취소소송을 제기할 때 그 취소소송의 제소기간으로 가장 적절한 것은? (다툼이 있는 경우 판례에 의함)

A구청장은 B에 대하여 「식품위생법」 위반을 이유로 2월의 영업정지처분을 결정하여 2023년 5월 22일 B에게 그와 같은 내용의 처분서가 송달되었다. B는 이에 대하여 2023년 7월 28일에 행정심판을 청구하였고, 이에 행정심판위원회는 2023년 9월 11일 B에 대하여 한 2월의 영업정지처분을 1개월 영업정지처분으로 감경하는 재결을 하였다. 이후 B는 2023년 9월 22일 재결서의 정본을 송달받았다. B는 A구청장의 영업정지처분에 불복하여 처분취소소송을 제기하려고 한다.

① 2023년 5월 22일로부터 90일
② 2023년 7월 28일로부터 90일
③ 2023년 9월 11일로부터 90일
④ 2023년 9월 22일로부터 90일

03 공물에 관한 다음 설명 중 가장 적절하지 않은 것은? (다툼이 있는 경우 판례에 의함)

① 공유수면은 소위 자연공물로서 그 자체가 직접 공공의 사용에 제공되는 것이고, 공유수면의 일부가 사실상 매립되었다 하더라도 국가가 공유수면으로서의 공용폐지를 하지 아니하는 이상 법률상으로는 여전히 공유수면으로서의 성질을 보유하고 있다.

② 도로는 도로로서의 형태를 갖추고, 「도로법」에 따른 노선의 지정이나 인정의 공고 및 도로 구역 결정·고시를 한 때 또는 「국토의 계획 및 이용에 관한 법률」이나 「도시 및 주거환경정비법」이 정한 절차를 거쳐 도로를 설치하였을 때에 공공용물로서 공용개시행위가 있다고 할 수 있다.

③ 「공유재산 및 물품 관리법」상 공유재산 무단 사용·수익·점유한 자에 대한 변상금의 부과는 관리청이 공권력의 주체로서 상대방의 의사를 묻지 않고 일방적으로 행하는 행정처분에 해당한다. 그러므로 만일 무단으로 공유재산 등을 사용·수익·점유하는 자가 관리청의 변상금부과처분에 따라 그에 해당하는 돈을 납부한 경우라면 위 변상금부과처분이 당연무효이거나 행정소송을 통해 먼저 취소되기 전에는 사법상 부당이득반환청구로써 위 납부액의 반환을 구할 수 없다.

④ 하천의 점용허가권은 특허에 의한 공물사용권의 일종으로서 하천의 관리주체에 대하여 일정한 특별사용을 청구할 수 있는 채권에 그치지 아니하고 대세적 효력이 있는 물권이다.

04 다음 중 권한의 위임 또는 대리에 대한 설명으로 가장 적절하지 않은 것을 모두 고른 것은? (다툼이 있는 경우 판례에 의함)

> ㄱ. 권한의 대리가 있는 경우 대리기관이 대리관계를 표시하고 피대리 행정청을 대리하여 행정처분을 한 경우에도 이에 대한 항고소송에서 대리기관이 피고로 되어야 한다.
> ㄴ. 권한의 내부위임을 받은 수임기관이 자신의 명의로 처분을 한 경우에는 권한 없는 자에 의하여 행하여진 처분으로 취소사유임이 원칙이다.
> ㄷ. 위임전결의 경우 전결규정에 위반하여 전결권자가 아닌 자가 처분권자의 이름으로 처분을 하였으면 이는 무효의 처분이라고 할 수 없다.
> ㄹ. 개별법에 권한위임규정이 없더라도 「정부조직법」 제6조, 「행정권한의 위임 및 위탁에 관한 규정」에 근거하여 위임이나 재위임이 허용된다.

① ㄱ, ㄴ
② ㄴ, ㄷ
③ ㄱ, ㄴ, ㄷ
④ ㄱ, ㄴ, ㄷ, ㄹ

05 다음 중 지방자치단체의 구역에 대한 설명으로 가장 적절하지 않은 것은? (다툼이 있는 경우 판례에 의함)

① 지방자치단체의 구역은 지방자치단체의 권한이 미치는 지역적 범위를 말하며, 구역에는 육지와 그에 접속되는 바다표면, 기타 물의 표면도 포함된다.
② 지방자치단체의 구역의 폐치·분합은 관계 지방의회의 의견을 들어 법률로써 정하나, 주민투표를 실시한 경우에는 지방의회의 의견청취를 필요로 하지 아니한다.
③ 「공유수면 관리 및 매립에 관한 법률」에 따른 매립지가 속할 지방자치단체는 행정안전부장관이 결정하고, 장관의 결정에 이의가 있는 지방자치단체의 장은 대법원에 제소할 수 있다.
④ 지방자치단체의 경계분쟁은 관계 지방자치단체의 협의에 의하여 해결하고, 협의가 안 되면 분쟁 당사자가 시·도인 경우에는 행정안전부장관이 당사자의 신청에 따라 조정할 수 있고, 조정이 이루어지지 않으면 당사자는 대법원에 기관소송을 신청할 수 있다.

06 다음 중 사인의 공법행위로서의 신고에 대한 설명으로 가장 적절하지 않은 것은? (다툼이 있는 경우 판례에 의함)

① 행정요건적 신고에 대하여 행정청이 수리를 거부한 경우에는 신고의 효력이 발생하지 않으므로, 그 수리거부는 항고소송의 대상이 되는 행정처분에 해당하지 않는다.
② 법령 등으로 정하는 바에 따라 행정청에 일정한 사항을 통지하여야 하는 신고로서 법률에 신고의 수리가 필요하다고 명시되어 있는 행정요건적 신고의 경우에는 행정청이 수리하여야 효력이 발생한다.
③ 「건축법」상 다른 법령상 인허가의제 효과를 수반하는 건축신고와 「식품위생법」상 영업 양도·양수에 따른 지위승계신고는 행정요건적 신고이다.
④ 법령 등에서 행정청에 일정한 사항을 통지함으로써 의무가 끝나는 자기완결적 신고의 경우, 신고서의 기재사항에 흠이 없고, 필요한 구비 서류가 첨부되어 있고, 그 밖에 법령 등에 규정된 형식상의 요건에 적합하면 신고서가 접수기관에 도달된 때에 신고의무가 이행된 것으로 본다.

07 다음 중 행정입법에 대한 설명으로 가장 적절한 것은? (다툼이 있는 경우 판례에 의함)

① 「청소년보호법 시행령」상 과징금처분기준은 대외적으로 국민이나 법원을 구속하는 힘이 있는 법규명령에 해당할 뿐더러 사안에 따라 공평하게 정해져야 하므로 그 수액은 정액이 된다.
② 「여객자동차 운수사업법」의 위임에 따라 동법 시행규칙(부령)에서 정한 시외버스운송사업의 사업계획변경에 관한 절차, 인가기준은 대외적으로 구속력이 있는 법규명령에 해당한다.
③ 국토교통부장관이 「국토의 계획 및 이용에 관한 법률」에 근거하여 국토교통부훈령으로 정한 「개발행위허가운영지침」은 법규명령에 해당한다.
④ 「금융위원회의 설치 등에 관한 법률」의 위임에 따라 금융위원회가 고시한 「금융기관 검사 및 제재에 관한 규정」은 행정규칙에 불과하다.

08 다음 중 당사자소송에 대한 설명으로 가장 적절하지 않은 것은? (다툼이 있는 경우 판례에 의함)

① 「도시 및 주거환경정비법」상 주택재건축정비 사업조합을 상대로 관리처분계획안에 대한 조합 총회결의의 효력을 다투는 소송은 「행정소송법」상 당사자소송에 해당하고, 이를 본안으로 하는 가처분에 대하여는 「민사집행법」상 가처분에 관한 규정이 준용된다.

② 공무원연금법령상 급여를 받으려고 하는 자는 우선 관계 법령에 따라 공단에 급여지급을 신청하여 공무원연금관리공단이 이를 거부한 경우 그 결정을 대상으로 항고소송을 제기하는 등으로 구체적 권리를 인정받은 다음에야 당사자소송으로 그 급여의 지급을 구하여야 한다.

③ 「공익사업을 위한 토지 등의 취득 및 보상에 관한 법률」상 환매권은 상대방에 대한 의사 표시를 요하는 공법상 형성권의 일종으로서 이러한 환매권의 존부에 관한 확인을 구하는 소송은 당사자소송에 해당한다.

④ 원고가 고의 또는 중대한 과실 없이 당사자 소송으로 제기하여야 할 사건을 민사소송으로 잘못 제기한 경우, 수소법원으로서는 만약 그 당사자소송에 대한 관할도 동시에 가지고 있다면 이를 당사자소송으로 심리·판단하여야 한다.

09 다음 중 공무원법과 징계처분에 대한 설명으로 가장 적절하지 않은 것은? (다툼이 있는 경우 판례에 의함)

① 징계권자이자 임용권자인 지방자치단체장은 징계사유가 명백할 경우에도 관할 인사위원회에 징계를 요구함에 있어서 재량을 가진다.

② 「양성평등기본법」상 제3조 제2호에 따른 성희롱에 대한 징계의결 등의 요구는 10년이 지나면 하지 못한다.

③ 소청심사위원회의 취소명령 결정은 그에 따른 징계나 그 밖의 처분이 있을 때까지는 종전에 행한 징계처분 또는 징계부가금 부과처분에 영향을 미치지 아니한다.

④ 어떤 공무원이 징계를 받은 후 같은 사유로 다시 직위해제 사유에 해당되는 경우 임용권자는 새로 직위해제를 할 수 있다.

10 다음 중 행정법의 일반원칙에 관한 설명으로 가장 적절하지 않은 것은? (다툼이 있는 경우 판례에 의함)

① 당초 정구장 시설을 설치한다는 도시계획 결정을 하였다가 정구장 대신 청소년 수련 시설을 설치한다는 도시계획 변경결정 및 지적승인을 한 경우, 당초의 도시계획결정만으로는 도시계획사업의 시행자 지정을 받게 된다는 공적인 견해를 표명하였다고 할 수 없다.

② 신뢰보호원칙의 요건 중 하나인 행정청의 공적 견해표명이 있었는지의 여부를 판단하는 데 있어 반드시 행정조직상의 형식적인 권한 분장에 구애될 것은 아니고 담당자의 조직상의 지위와 임무, 당해 언동을 하게 된 구체적인 경위 및 그에 대한 상대방의 신뢰가능성에 비추어 실질에 의하여 판단하여야 한다.

③ 병무청 담당부서의 담당공무원에게 공적 견해의 표명을 구하는 정식의 서면질의 등을 하지 아니한 채 총무과 민원팀장에 불과한 공무원이 민원봉사차원에서 상담에 응하여 안내한 경우라도 입영대상자가 이를 신뢰한 경우, 신뢰보호원칙이 적용된다.

④ 행정처분이 재량준칙이 정한 바에 따라 되풀이 시행되어 행정관행이 이루어지게 되면 평등의 원칙이나 신뢰보호의 원칙에 따라 행정기관은 상대방에 대한 관계에서 그 규칙에 따라야 할 자기구속을 받게 되므로, 이러한 경우에는 특별한 사정이 없는 한 그에 반하는 처분은 평등의 원칙이나 신뢰보호의 원칙에 어긋나 재량권을 일탈·남용한 위법한 처분이 된다.

11 다음 중 「행정기본법」상 과징금과 행정강제에 대한 설명으로 가장 적절하지 않은 것은? (다툼이 있는 경우 판례에 의함)

① 과징금의 근거가 되는 법률에는 그 재량적 성격으로 인해 상한액을 명확하게 규정할 필요가 없다.

② 행정청은 이행강제금을 부과하기 전에 미리 의무자에게 적절한 이행기간을 정하여 그 기한까지 행정상 의무를 이행하지 아니하면 이행강제금을 부과한다는 뜻을 문서로 계고(戒告)하여야 한다.

③ 직접강제는 행정대집행이나 이행강제금 부과의 방법으로는 행정상 의무 이행을 확보할 수 없거나 그 실현이 불가능한 경우에 실시하여야 한다.

④ 즉시강제는 다른 수단으로는 행정목적을 달성할 수 없는 경우에만 허용되며, 이 경우에도 최소한으로만 실시하여야 한다.

12 다음 중 행정상 손실보상청구권의 성립요건에 대한 설명으로 가장 적절하지 않은 것은? (다툼이 있는 경우 판례에 의함)

① 손실보상청구권의 성립요건 중 하나인 공공필요는 국민의 재산권을 그 의사에 반하여 강제적으로라도 취득해야 할 공익적 필요성을 말한다.

② 재산권이란 재산적 가치가 있는 공권과 사권을 말하므로 영업기회나 이득가능성은 포함되지 않지만 철새도래지와 같은 자연·문화적인 학술적 가치는 특별한 재산적 가치를 높이는 것이므로 손실보상의 대상이 된다.

③ 공용수용이란 재산권의 박탈을, 공용사용이란 재산권의 박탈에 이르지 아니하는 일시적 사용을, 공용제한이란 재산권자의 사용·수익에 대한 제한을 말한다.

④ 구제역과 같은 가축전염병의 발생과 확산을 막기 위한 도축장 사용정지·제한명령은 도축장 소유자들이 수인하여야 할 사회적 제약으로서 헌법상 재산권의 내용과 한계에 해당하므로 공용제한에 해당하지 아니한다.

13 다음 중 「행정기본법」상 처분의 재심사에 관한 설명으로 가장 적절하지 않은 것은? (다툼이 있는 경우 판례에 의함)

① 과태료 부과 및 징수에 관한 사항에 대하여는 처분의 재심사청구가 인정되지 않는다.

② 당사자는 제재처분 및 행정상 강제처분 이외의 처분에 대하여 법원의 확정판결로 다툴 수 없게 된 경우 처분의 재심사를 청구할 수 있다.

③ 처분의 근거가 된 사실관계 또는 법률관계가 추후에 당사자에게 불리하게 바뀐 경우에는 처분의 재심사 사유로 인정되지 않는다.

④ 처분의 재심사 결과 중 처분을 유지하는 결과에 대해서는 행정심판, 행정소송 및 그 밖의 재송 수단을 통하여 불복할 수 없다.

14 다음 중 통고처분에 대한 설명으로 가장 적절하지 않은 것은? (다툼이 있는 경우 판례에 의함)

① 통고처분은 상대방의 임의의 승복을 그 발효요건으로 하기 때문에 그 자체만으로는 통고 이행을 강제하거나 상대방에게 아무런 권리 의무를 형성하지 않으므로 행정심판이나 행정소송의 대상으로서의 처분성을 부여할 수 없다.

② 「도로교통법」은 범칙금 납부통고서를 받은 사람이 그 범칙금을 납부한 경우 그 범칙행위에 대하여 다시 벌받지 아니한다고 규정하고 있는바, 이는 범칙금의 납부에 확정재판의 효력에 준하는 효력을 인정하는 취지로 해석하여야 한다.

③ 지방국세청장 또는 세무서장이 「조세범처벌절차법」에 따라 통고처분을 거치지 아니하고 즉시 고발하였다면 이를 시정하기 위하여 동일한 조세범칙행위에 대하여 다시 통고처분을 할 수 있다.

④ 「도로교통법」상의 통고처분을 받은 자가 그 처분에 대하여 이의가 있는 경우에는 통고처분에 따른 범칙금의 납부를 이행하지 아니함으로써 경찰서장의 즉결심판청구에 의하여 법원의 심판을 받을 수 있게 된다.

15 행정입법에 대한 내용으로 가장 적절하지 않은 것은? (다툼이 있는 경우 판례에 의함)

① 조례가 집행행위의 개입 없이도 그 자체로서 직접 국민의 구체적인 권리의무나 법적 이익에 영향을 미치는 등의 법률상 효과를 발생하는 경우 그 조례는 항고소송의 대상이 되는 행정처분에 해당하며, 이 경우 피고는 처분 등을 행한 행정청이 되어야 한다.

② 어느 시행령이나 조례의 규정이 모법에 저촉되는지가 명백하지 않은 경우에는 모법과 시행령 또는 조례의 다른 규정들과 그 입법 취지, 연혁 등을 종합적으로 살펴 모법에 합치된다는 해석도 가능한 경우라면 그 규정을 모법위반으로 무효라고 선언해서는 안 된다.

③ 법령에서 행정처분의 요건 중 일부 사항을 부령으로 정할 것을 위임한 데 따라 시행규칙 등 부령에서 이를 정한 경우에 그 부령의 규정은 국민에 대해서도 구속력이 있는 법규명령에 해당한다고 할 것이지만, 법령의 위임이 없음에도 법령에 규정된 처분 요건에 해당하는 사항을 부령에서 변경하여 규정한 경우에는 그 부령의 규정은 무효로서 행정청 내부의 사무처리 기준의 효력도 인정되지 않는다.

④ 법률의 시행령은 모법인 법률에 의하여 위임받은 사항이나 법률이 규정한 범위 내에서 법률을 현실적으로 집행하는 데 필요한 세부적인 사항만을 규정할 수 있을 뿐, 법률에 의한 위임이 없는 한 법률이 규정한 개인의 권리 · 의무에 관한 내용을 변경 · 보충하거나 법률에 규정되지 아니한 새로운 내용을 규정할 수는 없다.

16 통치행위에 관한 판례의 입장으로 옳은 것(○)과 옳지 않은 것(×)을 가장 적절하게 조합한 것은?

ㄱ. 외국에의 국군 파견결정은 그 성격상 국방 및 외교에 관련된 고도의 정치적 결단을 요하는 문제로서, 헌법과 법률이 정한 절차가 지켜진 것이라면 대통령과 국회의 판단은 존중되어야 하고 사법적 기준만으로 이를 심판하는 것은 자제되어야 한다.

ㄴ. 대통령의 '금융실명거래 및 비밀보장에 관한 긴급재정경제명령'은 국가긴급권의 일종으로서 고도의 정치적 결단에 의하여 발동되는 행위이고 그 결단을 존중하여야 할 필요성이 있는 행위라는 의미에서 통치행위이지만 그것이 국민의 기본권 침해와 직접 관련되는 경우에는 당연히 헌법재판소의 심판대상이 된다.

ㄷ. 통치행위의 개념을 인정한다고 하더라도 과도한 사법심사의 자제가 기본권을 보장하고 법치주의 이념을 구현하여야 할 법원의 책무를 태만히 하거나 포기하는 것이 되지 않도록 그 인정을 지극히 신중하게 하여야 하며, 그 판단은 오로지 사법부만에 의하여 이루어져야 한다.

ㄹ. 서훈취소는 서훈수여의 경우와는 달리 이미 발생된 서훈대상자 등의 권리 등에 영향을 미치지 않는 행위로서 관련 당사자에게 미치는 불이익의 내용과 정도 등을 고려하면 사법심사의 필요성이 크지 않다. 따라서 서훈취소는 대통령이 국가원수로서 행하는 행위로서 법원이 사법심사를 자제하여야 할 고도의 정치성을 띤 행위라고 볼 수 있다.

① ㄱ(×), ㄴ(×), ㄷ(○), ㄹ(○)
② ㄱ(○), ㄴ(○), ㄷ(×), ㄹ(×)
③ ㄱ(○), ㄴ(○), ㄷ(○), ㄹ(×)
④ ㄱ(○), ㄴ(○), ㄷ(○), ㄹ(○)

17 다음 중 행정계획에 대한 설명으로 가장 적절하지 않은 것은? (다툼이 있는 경우 판례에 의함)

① 행정청은 행정청이 수립하는 계획 중 국민의 권리·의무에 직접 영향을 미치는 계획을 수립하거나 변경·폐지할 때에는 관련된 여러 이익을 정당하게 형량하여야 한다.

② 개발제한구역의 조정을 위한 일반적인 기준을 제시하고, 개발제한구역의 운용에 대한 국가의 기본방침을 천명하는 장관의 개발제한구역제도 개선방안은 구속적 행정계획안으로 헌법소원의 대상이 되는 공권력의 행사이다.

③ 개발제한구역으로 지정될 당시부터 계속하여 해당 토지를 소유한 자는 개발제한구역의 지정에 따라 종래의 용도로 사용할 수 없어 그 효용이 현저히 감소된 경우 국토교통부장관에게 그 토지의 매수를 청구할 수 있다.

④ 도시관리계획결정·고시와 그 도면에 특정 토지가 도시관리계획에 포함되지 않았음이 명백한데도 도시관리계획을 집행하기 위한 후속 계획에서 그 토지가 도시관리계획에 포함된 것처럼 표시되어 있는 경우, 이는 실질적으로 도시관리계획결정을 변경하는 것에 해당하여 「국토의 계획 및 이용에 관한 법률」상 도시관리계획 변경절차를 거치지 않는 한 당연무효이다.

18 다음 중 행정소송에 대한 설명으로 가장 적절하지 않은 것은? (다툼이 있는 경우 판례에 의함)

① 취소소송에서 집행정지 결정은 당사자의 신청이 있는 경우뿐만 아니라 법원이 직권으로도 할 수 있다.

② 행정심판 절차에서 증여사실에 기초하여 주식 가액의 평가방법이 위법하다고 주장하다가 행정소송에서 증여사실 자체를 부인하는 것은 신의성실원칙에 반한다.

③ 취소소송에서 원고가 피고를 잘못 지정한 것으로 보이는 경우 법원으로서는 마땅히 석명권을 행사하여 원고로 하여금 정당한 피고로 경정하게 하여 소송을 진행하게 하여야 한다.

④ 무효확인을 구하는 의미의 취소소송은 허용되며 이때 제소기간의 제한을 받는다.

19 다음 「행정기본법」에 대한 설명으로 가장 적절하지 않은 것을 모두 고른 것은? (다툼이 있는 경우 판례에 의함)

> ㄱ. 처분이 아니라 법령에 의해 국민의 권익을 제한되는 경우에서 기간을 일로 정하는 것이 국민에게 불리하다고 하여도 그 기간의 첫 날을 산입한다.
>
> ㄴ. 태어난 지 1년 2개월이 지난 사람에 관해 행정 관련 나이 계산과 표시는 14개월로 한다.
>
> ㄷ. 법령 등을 위반한 행위의 성립과 이에 대한 제재처분은 법령 등에 특별한 규정이 있는 경우를 제외하고는 법령 등을 위반한 행위 당시의 법령 등에 따르고, 그 행위 후 법령 등의 변경으로 제재처분 기준이 가벼워진 경우로서 해당 법령 등에 특별한 규정이 없을 때에도 동일하다.
>
> ㄹ. 자격이나 신분 등을 취득 또는 부여할 수 없거나 인허가를 필요로 하는 영업을 할 수 없는 사유는 법률 외에 대통령령, 총리령, 부령으로도 정할 수 있다.

① ㄱ, ㄴ, ㄷ

② ㄱ, ㄷ, ㄹ

③ ㄴ, ㄷ, ㄹ

④ ㄱ, ㄴ, ㄷ, ㄹ

20 다음 중 정보공개에 대한 설명으로 가장 적절하지 않은 것은? (다툼이 있는 경우 판례에 의함)

① 「보안관찰법」상 보안관찰 관련 통계자료는 비공개대상 정보에 해당하지 아니한다.

② 한·일 군사정보보호협정 및 한·일 상호군수지원협정과 관련하여 각종 회의자료 및 회의록 등의 정보는 비공개대상 정보이고 부분공개도 가능하지 않다.

③ 공개 청구된 정보의 공개 여부를 결정하는 법적인 의무와 권한을 가진 주체는 공공기관의 장이고, 정보공개심의회는 공공기관의 장이 정보의 공개 여부를 결정하기 곤란하다고 보아 의견을 요청한 사항의 자문에 응하여 심의하는 것이다.

④ 공공기관의 비공개결정에 대해서는 행정소송 등 구제절차를 거치지 않고 직접 헌법소원을 청구하는 것은 허용되지 않는다.

21 법치행정에 관한 다음 판례의 내용 중 옳은 것은 몇 개인가?

> ㄱ. 오늘날의 법률유보원칙은 단순히 행정작용이 법률에 근거를 두기만 하면 충분한 것이 아니라, 국가공동체와 그 구성원에게 기본적이고도 중요한 의미를 갖는 영역, 특히 국민의 기본권 실현에 관련된 영역에 있어서는 의회에 맡길 것이 아니고 행정부 스스로 그 본질적 사항에 대하여 결정하여야 한다는 요구, 즉 행정유보원칙까지 내포하는 것으로 이해되고 있다.
> ㄴ. 어떠한 사안이 국회가 형식적 법률로 스스로 규정하여야 하는 본질적 사항에 해당되는지는 구체적 사례에서 관련된 이익 내지 가치의 중요성, 규제 또는 침해의 정도와 방법 등을 고려하여 개별적으로 결정하여야 하므로, 규율 대상이 국민의 기본권과 관련한 중요성을 가질수록 그리고 그에 관한 공개적 토론의 필요성 또는 상충하는 이익 사이의 조정 필요성이 클수록, 그것이 국회의 법률에 의하여 직접 규율될 필요성은 더 감소된다.
> ㄷ. 국민의 권리·의무에 관한 기본적이고 본질적인 사항은 국회가 정하여야 하고, 헌법상 보장된 국민의 자유나 권리를 제한할 때에는 적어도 그 제한의 본질적인 사항에 관하여 국회가 법률로써 스스로 규율하여야 한다.
> ㄹ. 텔레비전방송수신료는 대다수 국민의 재산권 보장의 측면이나 한국방송공사에게 보장된 방송자유의 측면에서 국민의 기본권실현에 관련된 영역에 속하지는 않지만, 수신료금액의 결정은 납부 의무자의 범위 등과 함께 수신료에 관한 본질적인 중요한 사항이므로 국회가 스스로 행하여야 하는 사항에 속하는 것이다.

① 0개
② 1개
③ 2개
④ 3개

22 다음 중 인허가의제에 대한 설명으로 가장 적절하지 않은 것은?

① 주된 인허가를 받으면 법률로 정하는 바에 따라 그와 관련된 여러 인허가를 받은 것으로 보는 인허가의제는 민원인에게 편의를 제공하고 절차를 간소화하기 위해 「행정기본법」과 「건축법」 등 개별법에서 규정하고 있다.
② 인허가의제의 경우 관련 인허가행정청은 관련 인허가의 처분기준을 주된 인허가행정청에 제출하여야 하고, 주된 인허가행정청은 제출받은 관련 인허가의 처분기준을 통합하여 공표를 하여야 한다.
③ 주된 인허가 행정청은 주된 인허가를 하기 전에 관련 인허가에 관하여 미리 관련 인허가행정청과 협의하여야 하고, 협의요청을 받은 관련 인허가 행정청은 그 요청을 받은 날부터 원칙적으로 20일 이내에 의견을 제출하여야 한다.
④ 인허가의제의 효과는 주된 인허가의 해당 법률에 규정된 관련 인허가에 한정되고, 관련 인허가행정청은 관련 인허가를 직접한 것이 아니므로 관계 법령에 따른 관리·감독 등 필요한 조치를 할 필요는 없다.

23 다음 중 「행정절차법」상 처분 절차에 대한 설명으로 가장 적절한 것은?

① 행정청이 당사자의 신청 내용을 모두 그대로 인정하는 처분을 할 때 당사자에게 그 근거와 이유를 제시하여야 한다.
② 행정청이 처분을 할 때에는 다른 법령 등에 특별한 규정이 있는 경우를 제외하고는 문서로 하여야 하며, 전자문서로 하는 경우에는 당사자의 동의가 있어야 한다.
③ 행정청은 공공의 안전 또는 복리를 위하여 긴급히 처분을 할 필요가 있는 경우에는 말이나 전화가 아닌 휴대전화를 이용한 문자 전송, 팩스 또는 전자우편 등으로 처분을 할 수 있다.
④ 행정청이 당사자에게 의무를 부과하거나 권익을 제한하는 처분을 할 때 청문과 별도로 당사자 등에게 의견제출의 기회를 주어야 한다.

24 다음 사안에 관한 판례의 입장 중 가장 적절하지 않은 것은?

> A는 2003년 모월 모일에 대령진급예정자로 선발·공표(이하 '이 사건 대령진급 선발'이라 한다)되었다. 그러나 대령진급 선발 이후인 이듬해 육군 참모총장은 A가 이 사건 대령진급 선발 이전의 군납업자로부터의 금품수수 등에 기하여 기소유예 처분 및 감봉 3월의 징계처분을 받았다는 이유로 국방부장관에게 A에 대한 진급낙천을 건의하였다.
> 이에 국방부장관은 육군참모총장의 위 건의에 따라 건의를 받은 달의 말일에 「군인사법」 제31조 등에 기하여 A에 대한 대령진급 선발을 취소하는 처분을 하였다.
> A는 위와 같이 육군참모총장이 국방부장관에게 A에 대한 진급낙천을 건의하는 과정이나 국방부 장관이 A에 대하여 대령진급 선발을 취소하는 처분을 하는 과정에서 따로 의견제출 기회나 소명기회 등을 전혀 부여받지 못하였다.

① 이 사건 처분은 공무원의 인사관계 법령인 군인사 법령에 의한 처분으로서 「행정절차법」이 적용되지 아니하는 경우에 해당하므로, 국방부장관이 이 사건 처분을 함에 있어 A에게 의견제출의 기회를 부여하지 아니하였다 하여도 처분에 절차상 하자가 있어 위법하다고 할 수 없다.

② 「군인사법」 및 그 시행령에 이 사건 처분과 같이 진급예정자 명단에 포함된 자의 진급선발을 취소하는 처분을 함에 있어 행정절차에 준하는 절차를 거치도록 하는 규정이 없을 뿐만 아니라 위 처분이 성질상 행정절차를 거치기 곤란하거나 불필요하다고 인정되는 처분이라고 보기도 어렵다.

③ A가 수사과정 및 징계과정에서 자신의 비위행위에 대한 해명기회를 가졌다는 사정만으로 이 사건 처분이 「행정절차법」상 A에게 '사전통지를 하지 않거나 의견제출의 기회를 주지 아니하여도 되는 예외적인 경우'에 해당한다고 할 수 없다.

④ 「군인사법」 및 그 시행령의 관계 규정에 따르면, A와 같이 진급예정자 명단에 포함된 자는 진급예정자 명단에서 삭제되거나 진급선발이 취소되지 않는 한 진급예정자 명단 순위에 따라 진급하게 되므로, 이 사건 처분과 같이 진급선발을 취소하는 처분은 진급예정자로서 가지는 A의 이익을 침해하는 처분이라 할 것이다.

25 다음 중 국가배상책임에 대한 설명으로 가장 적절하지 않은 것은? (다툼이 있는 경우 판례에 의함)

① 군인 등의 이중배상금지를 규정하는 「국가배상법」 제2조 제1항 단서는 헌법 제29조 제1항에 의하여 보장되는 국가배상청구권을 헌법 내재적으로 제한하는 헌법 제29조 제2항에 직접 근거하고, 실질적으로 그 내용을 같이 하는 것이므로 합헌이다.

② 군인 등이 공상을 입고 전역하였으나 장애의 정도가 「국가유공자법」이나 「군인연금법」의 적용대상 등급에 해당하지 않아 별도의 보상을 받을 수 없을 경우 「국가배상법」이 적용된다.

③ 공무원이 그 직무를 수행하기 위하여 국가 소유의 공용차를 운행하다가 인적 손해가 발생한 경우, 자동차에 대한 운행지배나 운행이익은 그 공무원이 소속한 국가에 귀속되므로 국가가 「자동차손해배상 보장법」에 따른 배상책임을 진다.

④ 피해자에게 손해를 직접 배상한 과실이 있는 공무원은 특별한 사정이 없는 한 국가에 대하여 국가의 피해자에 대한 손해배상책임의 범위 내에서 공무원이 변제한 금액에 관하여 구상권을 취득한다.

2023 | 9급 기출문제

모바일
OMR
답안분석
서비스

✅ 회독 CHECK 1 2 3

☑️ 시험시간 25분 ☑️ 해설편 029쪽

01 「행정기본법」상 행정의 법 원칙에 대한 설명으로 옳지 않은 것은?

① 행정청은 행정작용을 할 때 상대방에게 해당 행정작용과 실질적인 관련이 없는 의무를 부과해서는 아니 된다.

② 행정청은 합리적 이유 없이 국민을 차별하여서는 아니 된다.

③ 행정청은 공익을 현저히 해칠 우려가 있는 경우라도 행정에 대한 국민의 정당하고 합리적인 신뢰를 보호하여야 한다.

④ 행정청은 법령 등에 따른 의무를 성실히 수행하여야 한다.

02 행정행위의 성립과 효력발생에 대한 설명으로 옳지 않은 것은? (다툼이 있는 경우 판례에 의함)

① 상대방 있는 행정처분이 상대방에게 고지되지 아니한 경우에도 상대방이 다른 경로를 통해 행정처분의 내용을 알게 되었다면 행정처분의 효력이 발생한다고 볼 수 있다.

② 일반적으로 행정처분이 주체·내용·절차와 형식이라는 내부적 성립요건과 외부에 대한 표시라는 외부적 성립요건을 모두 갖춘 경우에는 행정처분이 존재한다.

③ 법무부장관이 입국금지에 관한 정보를 내부 전산망인 출입국관리정보시스템에 입력한 것만으로는 법무부장관의 의사가 공식적인 방법으로 외부에 표시된 것이 아니어서 위 입국금지결정은 항고소송의 대상인 처분에 해당되지 않는다.

④ 행정처분의 외부적 성립은 행정의사가 외부에 표시되어 행정청이 자유롭게 취소·철회할 수 없는 구속을 받게 되는 시점을 확정하는 의미를 가진다.

03 부관에 대한 설명으로 옳은 것은? (다툼이 있는 경우 판례에 의함)

① 행정청은 부관을 붙일 수 있는 처분의 경우 일단 그 처분을 한 후에는 당사자의 동의가 있더라도 부관을 새로 붙일 수 없다.

② 행정청은 처분에 재량이 있는 경우에도 법률에 근거가 있어야만 부관을 붙일 수 있다.

③ 철회권의 유보는 해당 처분의 목적을 달성하기 위하여 필요한 최소한의 범위여야 한다.

④ 부담은 행정행위의 불가분적인 요소로서 부담 그 자체를 행정쟁송의 대상으로 할 수 없다.

04 기속행위와 재량행위에 대한 설명으로 옳지 않은 것은? (다툼이 있는 경우 판례에 의함)

① 기속행위와 재량행위의 구분은 당해 행위의 근거가 된 법규의 체재·형식과 그 문언, 당해 행위가 속하는 행정 분야의 주된 목적과 특성, 당해 행위 자체의 개별적 성질과 유형 등을 모두 고려하여 판단하여야 한다.

② 처분의 근거 법령이 행정청에 재량을 부여하였으나 행정청이 처분으로 달성하려는 공익과 처분상대방이 입게 되는 불이익을 전혀 비교형량하지 않은 채 처분을 하였더라도 재량권 일탈·남용으로 해당 처분을 취소해야 할 위법사유가 되지는 않는다.

③ 행정청은 처분에 재량이 없는 경우에는 법률에 근거가 있는 경우에 부관을 붙일 수 있다.

④ 재량행위의 경우 법원은 독자의 결론을 도출함이 없이 당해 행위에 재량권의 일탈·남용이 있는지 여부만을 심사한다.

05 행정상 손해배상에 대한 설명으로 옳지 않은 것은? (다툼이 있는 경우 판례에 의함)

① 「국가배상법」이 정한 손해배상청구의 요건인 '공무원의 직무'에는 국가나 지방자치단체의 권력적 작용뿐만 아니라 비권력적 작용으로서 단순한 사경제의 주체로서 하는 작용도 포함된다.

② 「국가배상법」 제5조 제1항에 정하여진 '영조물의 설치 또는 관리의 하자' 요건에서 안전성을 갖추지 못한 상태의 의미에는 그 영조물이 공공의 목적에 이용됨에 있어 그 이용상태 및 정도가 일정한 한도를 초과하여 제3자에게 사회통념상 수인할 것이 기대되는 한도를 넘는 피해를 입히는 경우까지 포함된다.

③ 외국인이 피해자인 경우에는 해당 국가와 상호 보증이 있을 때에만 「국가배상법」이 적용되는데, 이때 상호보증의 요건 구비를 위해 반드시 당사국과의 조약이 체결되어 있을 필요는 없다.

④ 「국가배상법」에 따른 손해배상의 소송은 배상심의회에 배상신청을 하지 아니하고도 제기할 수 있다.

06 「공공기관의 정보공개에 관한 법률」상 정보공개제도에 대한 설명으로 옳은 것은? (다툼이 있는 경우 판례에 의함)

① 정보의 공개 및 우송에 드는 비용은 모두 정보공개 의무가 있는 공공기관이 부담한다.

② 사립대학교는 정보공개를 할 의무가 있는 공공기관에 해당하지 않는다.

③ 정보공개청구의 대상이 되는 정보를 공공기관이 보유·관리하고 있다는 점에 관하여는 정보공개를 구하는 사람에게 증명책임이 있다.

④ 국내에 사무소를 두고 있는 외국법인 또는 외국단체는 학술·연구를 위한 목적으로만 정보공개를 청구할 수 있다.

07 행정상 손실보상에 대한 설명으로 옳지 않은 것은? (다툼이 있는 경우 판례에 의함)

① 잔여지 수용청구를 받아들이지 않은 토지수용위원회의 재결에 대하여 토지소유자가 불복하여 제기하는 소송은 보상금의 증액에 관한 소송에 해당하여 사업시행자를 피고로 하여야 한다.

② 수용재결에 불복하여 취소소송을 제기하는 때에는 이의신청을 거친 경우에도 수용재결을 한 중앙토지수용위원회 또는 지방토지수용위원회를 피고로 하여 수용재결의 취소를 구하여야 한다.

③ 「공익사업을 위한 토지 등의 취득 및 보상에 관한 법률」에 의한 보상금 증감에 관한 소송은 수용재결서를 받은 날부터 90일 이내에, 이의신청을 거쳤을 때에는 이의신청에 대한 재결서를 받은 날부터 60일 이내에 각각 행정소송을 제기할 수 있다.

④ 「공익사업을 위한 토지 등의 취득 및 보상에 관한 법률」에 의한 사업인정의 고시 절차를 누락한 것을 이유로 수용재결처분의 취소를 구할 수 있다.

08 공법관계와 사법관계에 관한 판례의 내용으로 옳지 않은 것은?

① 서울특별시 지하철공사의 사장이 소속직원에게 한 징계처분에 대한 불복절차는 민사소송에 의하여야 한다.

② 공기업·준정부기관이 계약에 근거한 권리행사로서 입찰참가자격 제한 조치를 하였더라도 입찰참가자격 제한 조치는 행정처분이다.

③ 국유재산 등의 관리청이 하는 행정재산의 사용·수익에 대한 허가는 관리청이 특정인에게 행정재산을 사용할 수 있는 권리를 설정하여 주는 강학상 특허로서 공법관계이다.

④ 기부자가 기부채납한 부동산을 일정기간 무상 사용한 후에 한 사용허가기간 연장신청을 거부한 지방자치단체의 장의 행위는 사법상의 행위이다.

09 대법원 판례의 내용으로 옳지 않은 것은?

① 기업의 비업무용 부동산 보유실태에 관한 감사원의 감사 보고서의 내용은 직무상 비밀에 해당하지 않는다.

② 같은 정도의 비위를 저지른 자들 사이에 있어서 그 직무의 특성 등에 비추어, 개전의 정이 있는지 여부에 따라 징계의 종류의 선택과 양정에 있어서 차별적으로 취급하는 것은, 자의적 취급이라고 할 수 있어서 평등원칙 내지 형평에 반한다.

③ 「국가공무원법」상 직무상 비밀이라 함은 국가 공무의 민주적, 능률적 운영을 확보 하여야 한다는 이념에 비추어 볼 때 당해 사실이 일반에 알려질 경우 그러한 행정의 목적을 해할 우려가 있는지 여부를 기준으로 판단하여야 한다.

④ 수 개의 징계사유 중 일부가 인정되지 않더라도 인정되는 다른 징계사유만으로도 당해 징계처분의 타당성을 인정하기에 충분한 경우에는 그 징계처분을 유지하여도 위법하지 아니하다.

10 재건축·재개발사업에 대한 내용으로 옳지 않은 것은? (다툼이 있는 경우 판례에 의함)

① 이전고시의 효력이 발생한 이후에는 조합원 등이 해당 정비사업을 위하여 이루어진 수용재결이나 이의재결의 취소 또는 무효확인을 구할 법률상 이익이 없다.

② 「도시 및 주거환경정비법」 등 관련 법령에 의한 조합설립인가처분이 있은 후에 조합설립결의의 하자를 이유로 그 결의 부분만을 따로 떼어내어 무효 등 확인의 소를 제기하는 것이 허용되지 않는다.

③ 「도시 및 주거환경정비법」에 따른 이전고시는 공법상 처분이다.

④ 「도시 및 주거환경정비법」상 조합설립추진위원회 구성승인처분을 다투는 소송 계속 중 조합설립인가처분이 이루어진 경우에도 조합설립추진위원회 구성승인처분에 대하여 취소 또는 무효확인을 구할 법률상 이익이 있다.

11 다음 중 행정계획에 관한 설명으로 옳지 않은 것은? (다툼이 있는 경우 판례에 의함)

① 국립대학인 서울대학교의 '94학년도 대학입학고사 주요요강'은 행정계획이므로 헌법소원의 대상이 되는 공권력 행사에 해당되지 않는다.

② 행정주체가 행정계획을 입안·결정하면서 이익형량을 전혀 행하지 않거나 이익형량의 고려 대상에 마땅히 포함시켜야 할 사항을 빠뜨린 경우 또는 이익형량을 하였으나 정당성과 객관성이 결여된 경우에는 행정계획결정은 형량에 하자가 있어 위법하게 된다.

③ 개발제한구역지정처분은 그 입안·결정에 관하여 광범위한 형성의 자유를 가지는 계획재량처분이다.

④ 「도시 및 주거환경정비법」에 따른 주택재건축정비사업조합이 행정주체의 지위에서 수립하는 관리처분계획은 구속적 행정계획으로서 주택재건축정비사업조합이 행하는 독립된 행정처분에 해당한다.

12 행정행위의 취소와 철회에 대한 설명으로 옳지 않은 것은? (다툼이 있는 경우 판례에 의함)

① 한 사람이 여러 종류의 자동차운전면허를 취득하는 경우뿐 아니라 이를 취소함에 있어서도 서로 별개의 것으로 취급하는 것이 원칙이다.

② 당사자가 처분의 위법성을 중대한 과실로 알지 못한 경우에는 행정청은 당사자에게 이익을 부여하는 처분의 취소로 인하여 당사자가 입게 될 불이익을 취소로 달성되는 공익과 비교·형량하지 않아도 된다.

③ 행정청은 정당한 사유가 있는 경우에는 처분을 장래를 향하여 취소할 수 있다.

④ 처분청은 행정처분에 하자가 있는 경우에는 별도의 법적 근거가 있어야만 스스로 이를 취소할 수 있다.

13 행정지도에 대한 설명으로 옳지 않은 것은? (다툼이 있는 경우 판례에 의함)

① 행정지도를 하는 자는 그 상대방에게 그 행정지도의 취지 및 내용과 신분을 밝혀야 한다.

② 행정지도는 말로 이루어질 수 있다.

③ 행정기관은 행정지도의 상대방이 행정지도에 따르지 아니할 경우 그에 상응하는 불이익 조치를 할 수 있다.

④ 행정지도의 상대방은 해당 행정지도의 방식에 관하여 행정기관에 의견제출을 할 수 있다.

14 행정상 강제에 관한 설명으로 옳지 않은 것은? (다툼이 있는 경우 판례에 의함)

① 관계 법령상 행정대집행의 절차가 인정되어 행정청이 행정대집행의 방법으로 건물의 철거 등 대체적 작위의무의 이행을 실현할 수 있는 경우에는 따로 민사소송의 방법으로 그 의무의 이행을 구할 수 없다.

② 「행정대집행법」에 따른 행정대집행에서 건물의 점유자가 철거의무자일 때에는 별도로 퇴거를 명하는 집행권원이 필요하다.

③ 「건축법」에 위반하여 건축한 것이어서 철거의무가 있는 건물이라 하더라도 그 철거의무를 대집행하기 위한 계고처분을 하려면 다른 방법으로는 이행의 확보가 어렵고 불이행을 방치함이 심히 공익을 해하는 것으로 인정될 때에 한하여 허용되고 이러한 요건의 주장·입증책임은 처분행정청에 있다.

④ 과세관청이 체납처분으로서 행하는 공매는 우월한 공권력의 행사로서 행정소송의 대상이 되는 공법상의 행정처분이며 공매에 의하여 재산을 매수한 자는 그 공매처분이 취소된 경우에 그 취소처분의 위법을 주장하여 행정소송을 제기할 법률상 이익이 있다.

15 행정상 법률관계에 관한 설명으로 옳지 않은 것은? (다툼이 있는 경우 판례에 의함)

① 국유재산의 관리청이 그 무단점유자에 대하여 하는 변상금부과처분은 순전히 사경제 주체로서 행하는 사법상의 법률행위라 할 수 없고, 이는 관리청이 공권력을 가진 우월적 지위에서 행한 것으로서 행정소송의 대상이 되는 행정처분이다.

② 국가나 지방자치단체에 근무하는 청원경찰은 「국가공무원법」이나 「지방공무원법」상의 공무원은 아니지만, 다른 청원경찰과는 달리 그 임용권자가 행정기관의 장이고, 국가나 지방자치단체로부터 보수를 받으므로, 그 근무관계는 사법상의 고용계약관계로 보기는 어려우므로 그에 대한 징계처분의 시정을 구하는 소는 행정소송의 대상이지 민사소송의 대상이 아니다.

③ 조세채무는 법률의 규정에 의하여 정해지는 법정채무로서 당사자가 그 내용 등을 임의로 정할 수 없고, 조세채무관계는 공법상의 법률관계이고 그에 관한 쟁송은 원칙적으로 행정사건으로서 「행정소송법」의 적용을 받는다.

④ 개발부담금 부과처분이 취소된 이상 그 후의 부당이득으로서의 과오납금 반환에 관한 법률관계는 단순한 민사관계라 볼 수 없고, 행정소송 절차에 따라야 하는 행정법관계로 보아야 한다.

16 헌법재판소와 대법원 판례의 내용으로 옳지 않은 것은?

① 「감염병의 예방 및 관리에 관한 법률」제71조에 의한 예방접종 피해에 대한 국가의 보상책임은 무과실책임이지만, 질병, 장애 또는 사망이 예방접종으로 발생하였다는 점이 인정되어야 한다.

② 당사자적격, 권리보호이익 등 소송요건은 직권조사사항으로서 당사자가 주장하지 아니하더라도 법원이 직권으로 조사하여 판단하여야 하고, 사실심 변론종결 이후에 소송요건이 흠결되거나 그 흠결이 치유된 경우 상고심에서도 이를 참작하여야 한다.

③ 법령이 특정한 행정기관 등으로 하여금 다른 행정기관을 상대로 제재적 조치를 취할 수 있도록 하면서, 그에 따르지 않으면 그 행정기관에 대하여 과태료를 부과하거나 형사처벌을 할 수 있도록 정하는 경우, 제재적 조치의 상대방인 행정기관 등에게 항고소송 원고로서의 당사자능력과 원고적격을 인정할 수 없다.

④ 원고가 「행정소송법」상 항고소송으로 제기해야 할 사건을 민사소송으로 잘못 제기한 경우에 수소법원이 그 항고소송에 대한 관할을 가지고 있지 아니하여 관할법원에 이송하는 결정을 하였고, 그 이송결정이 확정된 후 원고가 항고소송으로 소 변경을 하였다면, 그 항고소송에 대한 제소기간의 준수 여부는 원칙적으로 처음에 소를 제기한 때를 기준으로 판단하여야 한다.

17 행정절차에 관한 설명으로 옳지 않은 것은? (다툼이 있는 경우 판례에 의함)

① 「국가공무원법」상 직위해제처분은 당해 행정작용의 성질상 행정절차를 거치기 곤란하거나 불필요하다고 인정되는 사항 또는 행정절차에 준하는 절차를 거친 사항에 해당하지 않으므로, 처분의 사전통지 및 의견청취 등에 관한 「행정절차법」의 규정이 적용되어야 한다.

② 군인사법령에 의하여 진급예정자명단에 포함된 자에 대하여 의견제출의 기회를 부여하지 아니한 채 진급선발을 취소하는 처분을 한 것은 절차상 하자가 있어 위법하다고 할 것이다.

③ 행정청이 침해적 행정처분을 하면서 당사자에게 행정절차법상의 사전 통지를 하거나 의견제출의 기회를 주지 않았다면, 사전 통지를 하지 않거나 의견제출의 기회를 주지 않아도 되는 예외적인 경우에 해당하지 않는 한, 그 처분은 위법하여 취소를 면할 수 없다.

④ 행정기관이 소속 공무원이나 하급행정기관에 대하여 세부적인 업무처리절차나 법령의 해석 · 적용 기준을 정해주는 '행정규칙'은 상위 법령의 구체적 위임이 있지 않는 한 조직 내부에서만 효력을 가질 뿐 대외적으로 국민이나 법원을 구속하는 효력이 없다.

18 다음 중 제3자의 원고적격에 관한 설명으로 옳지 않은 것은? (다툼이 있는 경우 판례에 의함)

① 행정처분의 직접 상대방이 아닌 제3자라도 당해 처분에 관하여 법률상 직접적이고 구체적인 이해관계를 가지는 경우에는 당해 처분 취소소송의 원고적격이 인정된다.

② 환경상 이익은 본질적으로 자연인에게 귀속되는 것으로서 단체는 환경상 이익의 침해를 이유로 행정소송을 제기할 수 없다.

③ 우리 「출입국관리법」의 해석상 외국인은 사증발급 거부처분의 취소를 구할 법률상 이익이 있다.

④ 처분 등에 의해 법률상 이익이 현저히 침해되는 경우뿐만 아니라 침해가 우려되는 경우에도 원고적격이 인정된다.

19 다음 중 공공의 영조물에 관한 설명으로 옳지 않은 것은? (다툼이 있는 경우 판례에 의함)

① 「도로교통법」 제3조 제1항에 의하여 특별시장 · 광역시장 · 제주특별자치도지사 또는 시장 · 군수의 권한으로 규정되어 있는 도로에서 경찰서장 등이 설치 · 관리하는 신호기의 하자로 인한 「국가배상법」 제5조 소정의 배상책임은 그 사무의 귀속 주체인 국가가 부담한다.

② 사실상 군민의 통행에 제공되고 있던 도로 옆의 암벽으로부터 떨어진 낙석에 맞아 사망하는 사고가 발생하였다고 하여도 동사고지점 도로가 군에 의하여 노선인정 기타 공용개시가 없었으면 이를 영조물이라 할 수 없다.

③ 국가나 지방자치단체가 영조물의 설치 · 관리의 하자를 이유로 손해배상책임을 부담하는 경우 영조물의 설치 · 관리를 맡은 자와 그 비용부담자가 동일하지 아니하면 비용부담자도 손해배상책임이 있다.

④ 경찰서지서의 숙직실에서 순직한 경찰공무원의 유족들은 「국가배상법」 및 「민법」의 규정에 의한 손해배상을 청구할 권리가 있다.

20 다음 중 행정심판의 재결의 효력에 관한 설명으로 옳지 않은 것은? (다툼이 있는 경우 판례에 의함)

① 재결의 기속력은 인용재결의 효력이며 기각재결에는 인정되지 않는다.

② 재결이 확정된 경우에는 처분의 기초가 된 사실관계나 법률적 판단이 확정되고 당사자들이나 법원이 이에 기속되어 모순되는 주장이나 판단을 할 수 없게 된다.

③ 당해 처분에 관하여 위법한 것으로 재결에서 판단된 사유와 기본적 사실관계에 있어 동일성이 인정되는 사유를 내세워 다시 동일한 내용의 처분을 하는 것은 허용되지 않는다.

④ 형성력이 인정되는 재결로는 취소재결, 변경재결, 처분재결이 있다.

21 다음 중 「개인정보 보호법」에 관한 내용으로 옳지 않은 것은? (다툼이 있는 경우 판례에 의함)

① 개인정보처리자는 개인정보를 익명 또는 가명으로 처리하여도 개인정보 수집목적을 달성할 수 있는 경우 익명처리가 가능한 경우에는 익명에 의하여, 익명처리로 목적을 달성할 수 없는 경우에는 가명에 의하여 처리될 수 있도록 하여야 한다.

② 개인정보처리자는 정보주체가 필요한 최소한의 정보 외의 개인정보 수집에 동의하지 아니한다는 이유로 정보주체에게 재화 또는 서비스의 제공을 거부할 수 있다.

③ 개인정보처리자는 공공기관이 법령 등에서 정하는 소관 업무의 수행을 위하여 불가피한 경우에는 개인정보를 수집할 수 있으며 그 수집 목적의 범위에서 이용할 수 있다.

④ 개인정보처리자는 보유기간의 경과, 개인정보의 처리 목적 달성, 가명정보의 처리 기간 경과 등 그 개인정보가 불필요하게 되었을 때에는 지체 없이 그 개인정보를 파기하여야 한다. 다만, 다른 법령에 따라 보존하여야 하는 경우에는 그러하지 아니하다.

22 헌법재판소와 대법원 판례의 내용으로 옳지 않은 것은?

① 도축장 사용정지·제한명령은 공익목적을 위하여 이미 형성된 구체적 재산권을 박탈하거나 제한하는 헌법 제23조 제3항의 수용·사용 또는 제한에 해당하는 것이 아니라, 도축장 소유자들이 수인하여야 할 사회적 제약으로서 헌법 제23조 제1항의 재산권의 내용과 한계에 해당한다.

② 토지수용위원회의 수용재결에 대한 이의절차는 실질적으로 행정심판의 성질을 갖는 것이므로 「토지수용법」에 특별한 규정이 있는 것을 제외하고는 「행정심판법」의 규정이 적용된다고 할 것이다.

③ 「공무원연금법」상 공무원연금급여 재심위원회에 대한 심사청구 제도는 사안의 전문성과 특수성을 살리기 위하여 특히 필요하여 행정심판법에 따른 일반행정심판을 갈음하는 특별한 행정불복절차, 즉 특별행정심판에 해당한다.

④ 당사자의 신청을 받아들이지 않은 거부처분이 재결에서 취소된 경우에 행정청은 종전 거부처분 또는 재결 후에 발생한 새로운 사유를 내세워 다시 거부처분을 할 수 없다.

23 다음 중 개인적 공권에 관한 설명으로 옳지 않은 것은? (다툼이 있는 경우 판례에 의함)

① 재량권이 영으로 수축하는 경우에는 무하자재량행사청구권은 행정개입청구권으로 전환되는 특성이 존재한다.

② 사회적 기본권의 성격을 가지는 연금수급권은 국가에 대하여 적극적으로 급부를 요하는 것이므로 헌법규정만으로는 이를 실현할 수 없고, 법률에 의한 형성을 필요로 한다.

③ 행정청에게 부여된 공권력 발동권한이 재량행위인 경우, 행정청의 권한행사에 이해관계가 있는 개인은 행정청에 대하여 무하자재량행사청구권을 가진다.

④ 환경부장관의 생태·자연도 등급결정으로 1등급 권역의 인근 주민들이 가지는 환경상 이익은 법률상 이익이다.

24 항고소송의 대상인 '처분'에 대한 설명으로 옳지 않은 것은? (다툼이 있는 경우 판례에 의함)

① 교육부장관이 대학에서 추천한 복수의 총장 후보자들 전부 또는 일부를 임용제청에서 제외하는 행위는 제외된 후보자들에 대한 불이익처분으로서 항고소송의 대상이 되는 처분에 해당한다고 보아야 한다.

② 법령상 토사채취가 제한되지 않는 산림 내에서의 토사채취에 대하여 국토와 자연의 유지, 환경보전 등 중대한 공익상 필요를 이유로 그 허가를 거부하는 것은 재량권을 일탈·남용하여 위법한 처분이라 할 수 있다.

③ 대학이 복수의 후보자에 대하여 순위를 정하여 추천한 경우 교육부장관이 후순위 후보자를 임용제청했더라도 이로 인하여 헌법과 법률이 보장하는 대학의 자율성이 제한된다고는 볼 수 없다.

④ 절차상 또는 형식상 하자로 무효인 행정처분에 대하여 행정청이 적법한 절차 또는 형식을 갖추어 다시 동일한 행정처분을 하였다면, 종전의 무효인 행정처분에 대한 무효확인청구는 과거의 법률관계의 효력을 다투는 것에 불과하므로 무효확인을 구할 법률상 이익이 없다.

25 행정소송에 관한 설명으로 옳지 않은 것은? (다툼이 있는 경우 판례에 의함)

① 「공기업·준정부기관 계약사무규칙」에 따른 낙찰적격 세부기준은 국민의 권리의무에 영향을 미치므로 대외적 구속력이 인정된다.

② 지적공부 소관청의 지목변경신청 반려행위는 국민의 권리관계에 영향을 미치는 것으로서 항고소송의 대상이 되는 행정처분에 해당한다.

③ 건축물대장 소관청의 용도변경신청 거부행위는 국민의 권리관계에 영향을 미치는 것으로서 항고소송의 대상이 되는 행정처분에 해당한다.

④ 「국가계약법」상 감점조치는 계약 사무를 처리함에 있어 내부규정인 세부기준에 의하여 종합취득점수의 일부를 감점하게 된다는 뜻의 사법상의 효력을 가지는 통지행위에 불과하므로 항고소송의 대상이 되지 않는다.

2023 | 7급 기출문제

✔ 회독 CHECK 1 2 3

✔ 시험시간 25분 ✔ 해설편 037쪽

01 행정법상 신고와 수리에 관한 설명으로 옳은 것은? (다툼이 있는 경우 판례에 의함)

① 법률에 행정기관의 내부 업무 처리 절차로서 수리를 규정한 경우에도 수리를 요하는 신고로 보아야 한다.

② 주민등록의 신고는 행정청에 도달하기만 하면 신고로서의 효력이 발생하는 것이 아니라 행정청이 수리한 경우에 비로소 신고의 효력이 발생한다.

③ 대규모점포의 개설 등록은 자기완결적 신고이다.

④ 시도지사 등에 대한 체육시설인 골프장회원 모집계획서 제출은 자기완결적 신고이다.

02 행정행위 부관과 확약에 관한 설명으로 옳은 것은? (다툼이 있는 경우 판례에 의함)

① 지방국토관리청장이 공유수면매립준공인가처분 중에서 일부 공유수면매립지에 대하여 한 국가 귀속처분은 법률상 효과의 일부를 배제하는 부관으로 독립하여 행정소송의 대상이 된다.

② 확약의 취소행위로서 내인가취소는 본인가신청에 대한 거부처분으로 항고소송의 대상이 되는 처분이다.

③ 법정부관에 대하여는 행정행위에 부관을 붙일 수 있는 한계에 관한 일반적인 원칙이 적용된다.

④ 행정청의 확약 또는 공적인 의사표명 그 자체에서 처분의 발령을 신청하도록 유효기간을 두었을 경우 그 후에 사실적·법률적 상태가 변경되었더라도 직권취소나 철회로 효력이 소멸되고 당연히 실효되는 것은 아니다.

03 「행정절차법」상 청문과 사전통지에 관한 설명으로 옳은 것은? (다툼이 있는 경우 판례에 의함)

① 행정청은 거부처분을 할 경우에는 상대방에게 원칙적으로 사전통지를 하여야 한다.

② 행정청은 영업자지위승계의 신고의 수리를 하기 전에 양수인에게 사전통지를 해야 한다.

③ 행정청이 침익적 처분을 하면서 청문을 하지 않았다면 「행정절차법」상 예외적인 경우에 해당하지 않는 한 그 처분은 원칙적으로 무효에 해당한다.

④ 행정청은 다수 국민의 이해가 상충되는 처분이나 다수 국민에게 불편이나 부담을 주는 처분을 하려는 경우에는 청문주재자를 2명 이상으로 선정할 수 있다.

04 「행정기본법」상 이의신청과 재심사에 관한 설명으로 옳지 않은 것은?

① 이의신청에 대한 결과를 통지받은 후 행정심판 또는 행정소송을 제기하려는 자는 그 결과를 통지받은 날부터 90일 이내에 행정심판 또는 행정소송을 제기할 수 있다.

② 공무원 인사 관계 법령에 의한 징계 등 처분에 관한 사항에 대하여도 「행정기본법」상의 이의신청 규정이 적용된다.

③ 당사자는 처분에 대하여 법원의 확정판결이 있는 경우에는 처분의 근거가 된 사실관계 또는 법률관계가 추후에 당사자에게 유리하게 바뀐 경우에도 해당 처분을 한 행정청이 처분을 취소·철회하거나 변경하여 줄 것을 신청할 수는 없다.

④ 처분을 유지하는 재심사 결과에 대하여는 행정심판, 행정소송 및 그 밖의 쟁송수단을 통하여 불복할 수 없다.

05 「국가공무원법」상 직위해제처분과 징계처분에 관한 설명으로 옳은 것은? (다툼이 있는 경우 판례에 의함)

① 직위해제처분을 한 후에 동일한 사유로 다시 해임 등 징계처분을 한다면 일사부재리의 원칙에 반한다.

② 선행 직위해제처분의 하자는 후행 직권면직처분에 승계된다.

③ 형사사건으로 기소되었다는 이유만으로 직위해제처분을 하는 것은 재량권의 범위를 일탈·남용한 것으로 볼 수 없다.

④ 직위해제처분은 공무원의 신분을 보유하게 하면서 잠정적 조치로서의 보직을 박탈하는 처분으로 징벌적 제재로서의 징계처분과는 그 성질을 달리한다.

06 행정의 실효성 확보수단에 관한 설명으로 옳지 않은 것은? (다툼이 있는 경우 판례에 의함)

① 공매처분을 하면서 체납자 등에게 공매통지를 하지 않았거나 공매통지를 하였더라도 그것이 적법하지 아니한 경우에는 절차상의 흠이 있어 그 공매처분은 위법하다.

② 행정기관의 장이 조사대상자의 자발적인 협조를 얻어 행정조사를 실시하고자 하는 경우 조사대상자는 문서·전화·구두 등의 방법으로 당해 행정조사를 거부할 수 있다.

③ 회사 분할 시 특별한 규정이 없는 한 신설 회사에 대하여 분할하는 회사의 분할 전 법 위반행위를 이유로 과징금을 부과하는 것은 허용되지 않는다.

④ 체납자 등은 다른 권리자에 대한 공매통지의 하자를 들어 공매처분의 위법사유로 주장할 수 있다.

07 「행정대집행법」상 대집행에 관한 설명으로 옳지 않은 것은? (다툼이 있는 경우 판례에 의함)

① 대집행 계고처분의 취소소송의 사실심 변론종결 전에 대집행영장에 의한 통지절차를 거쳐 대집행 실행이 완료된 경우 계고처분에 대한 취소소송의 법률상 이익이 인정된다.

② 대집행 권한을 한국토지공사에 위탁한 경우 한국토지공사는 행정주체의 지위에 있고, 「국가배상법」 제2조에서 정한 공무원에 해당한다고 볼 수 없다.

③ 대집행은 대체적 작위의무의 불이행을 요건으로 하므로, 도시공원시설 점유자의 퇴거의무는 대집행의 대상이 되는 대체적 작위의무에 해당하지 않는다.

④ 행정청이 건물철거 대집행과정에서 부수적으로 건물의 점유자에 대한 퇴거조치를 할 수 있다.

08 「공익사업을 위한 토지 등의 취득 및 보상에 관한 법률」에 관한 설명으로 옳은 것은?

① 수용재결에 대하여 불복하는 경우 이의재결을 거치지 아니하면 취소소송을 제기할 수 없다.

② 이의신청을 거쳐 중앙토지수용위원회에서 이의재결이 내려진 경우 취소소송의 대상은 이의재결이고, 수용재결을 취소소송의 대상으로 할 수 없다.

③ 이의신청을 받은 중앙토지수용위원회는 수용재결이 위법 또는 부당한 때에는 그 재결의 전부 또는 일부를 취소하거나 보상액을 변경할 수 있다.

④ 이의재결에서 보상금이 늘어난 경우 사업시행자는 재결의 취소 또는 변경의 재결서 정본을 받은 날부터 60일 이내에 보상금을 받을 자에게 그 늘어난 보상금을 지급해야 한다.

09 행정행위에 대한 설명으로 옳지 않은 것은? (다툼이 있는 경우 판례에 의함)

① 행정청이 자동차운수사업법에 의한 개인택시운송사업 면허신청에 대하여 이미 설정된 면허기준을 구체적으로 적용함에 있어서 그 해석상 당해 신청이 면허발급의 우선순위에 해당함이 명백함에도 불구하고 이를 제외시켜 면허거부처분을 하였다면 특별한 사정이 없는 한 그 거부처분은 재량권을 남용한 위법한 처분이다.

② 공무원 임용을 위한 면접전형에 있어서 임용신청자의 능력이나 적격성 등에 관한 판단은 현저하게 재량권을 일탈 내지 남용한 것이 아니라면 이를 위법하다고 할 수 없다.

③ 도로점용허가는 일반사용과 별도로 도로의 특정 부분에 대하여 특별사용권을 설정하는 설권행위이다. 도로관리청은 신청인의 적격성, 점용목적, 특별사용의 필요성 및 공익상의 영향 등을 참작하여 점용허가 여부 및 점용허가의 내용인 점용장소, 점용면적, 점용기간을 정할 수 있는 재량권을 갖는다.

④ 도로점용허가의 일부분에 위법이 있는 경우, 도로점용허가 전부를 취소하여야 하며 도로점용허가 중 특별사용의 필요가 없는 부분에 대해서만 직권취소할 수 없다.

10 판례상 취소소송에서 원고적격이 인정되는 자로 옳은 것은? (다툼이 있는 경우에 판례에 의함)

① 국민권익위원회의 조치요구의 취소를 구하는 소송을 제기한 소방청장

② 외국에서 사증발급거부의 취소를 구하는 외국인

③ 담배소매인 중에서 구내소매인 지정 처분의 취소를 구하는 일반소매인

④ 공유수면 매립목적 변경승인처분의 취소를 구하는 재단법인 수녀원

11 甲은 乙군수에게 「식품위생법」에 의한 일반음식점 영업신고를 하고 영업을 하던 중 청소년에게 주류를 판매하였다는 이유로 적발되었다. 관할 행정청인 乙군수는 「식품위생법 시행규칙」 [별표23] 행정처분 기준에 따라 사전통지 등 적법절차를 거쳐 1회 위반으로 영업정지 7일의 제재처분을 하였다. 다음 설명 중 옳지 않은 것은? (다툼이 있는 경우 판례에 의함) 〈변형〉

① 영업정지 7일의 처분에 대하여 甲이 행정심판을 제기한 경우 행정심판위원회는 심리한 결과 처분청이 경미하게 처분하였다고 판단되면 영업정지 1월의 처분으로 처분을 변경하는 재결을 내릴 수 있다.

② 甲이 취소소송을 제기하기 전 영업정지 7일의 처분이 종료한 경우로서 처분이 발해진 후 1년이 경과하여 후행 처분의 가중사유가 되지 않는 경우라면 甲은 취소소송을 제기할 협의의 소의 이익이 인정되지 않는다.

③ 甲이 제기한 행정심판에서 심리한 결과 처분이 부당하다고 인정되면 행정심판위원회는 재량행위임에도 처분의 일부를 감경하는 재결을 할 수 있다.

④ 행정심판의 경우에도 행정소송과 마찬가지로 처분사유의 추가 변경은 기본적 사실관계의 동일성이 있는 범위 내에서만 허용된다.

12 공기업 이용관계에 대한 다음 설명 중 옳지 않은 것은? (다툼이 있는 경우 판례에 의함)

① 공기업의 이용관계에 대해서는 공법관계설과 사법관계설이 있는바, 사법관계설이 통설이다.

② 관련법에 이용대가의 징수에 있어서 행정상 강제집행이 인정되도록 명시적 규정이 있는 경우 공법관계로 보아야 한다.

③ 공기업 이용관계는 보통 사법상 계약으로 부합계약의 형태로서만 성립된다.

④ 공익사업인 전기사업, 자동차운수사업, 해상운송사업 등은 특허사업이다.

13 헌법재판소와 대법원 판례의 내용으로 옳지 않은 것은?

① 지방자치단체의 구역변경이나 폐치·분합이 있는 때에는 새로 그 지역을 관할하게 된 지방자치단체가 그 사무와 재산을 승계하도록 규정되어 있는바, 여기서 '재산'이라 함은 현금 이외의 모든 재산적 가치가 있는 물건 및 권리를 말하는 것으로서 채무도 포함된다.

② 지방자치단체가 그 고유의 자치사무를 처리하는 경우 지방자치단체는 국가기관의 일부가 아니라 국가기관과는 별도의 독립한 공법인으로서 양벌규정에 의한 처벌대상이 되는 법인에 해당한다.

③ 지방의회의원이 그 의원의 자격이라기보다 지방자치단체의 전체 주민의 대표자라는 지위에서 주민의 권리신장과 공익을 위하여 행정정보공개조례안의 행정정보공개심의위원회에 집행기관의 공무원 및 전문가 등과 동수의 비율로 참여하는 것이 반드시 법령에 위배된다고 볼 수 없다.

④ 국회의원과 달리 지방의회의원을 후원회 지정권자에서 제외하고 있는 것은 불합리한 차별로서 청구인들의 평등권을 침해한다.

14 「국가배상법」상의 배상책임에 관한 설명으로 옳은 것은? (다툼이 있는 경우 판례에 의함)

① 「국가배상법」상 손해배상의 소송은 배상심의회의 배상심의를 거치지 아니하면 이를 제기할 수 없다.

② 공익근무요원도 「국가배상법」 제2조 제1항 단서의 이중배상이 금지되는 자에 해당한다.

③ 피해자에게 직접 손해를 배상한 경과실이 있는 공무원은 국가에 대해 구상권을 행사할 수 없다.

④ 국가배상청구권은 피해자나 법정대리인이 손해 및 가해자를 안 날로부터 3년간, 불법행위가 있은 날로부터 5년간 이를 행사하지 않으면 시효로 인하여 소멸된다.

15 행정행위의 하자에 대한 설명으로 옳지 않은 것은? (다툼이 있는 경우 판례에 의함)

① 과세관청이 과세처분에 앞서 납세의무자에게 보낸 과세예고통지서 등에 납세고지서의 필요적 기재사항이 제대로 기재되어 있어 납세의무자가 그 처분에 대한 불복 여부의 결정 및 불복신청에 전혀 지장을 받지 않았음이 명백하다면, 이로써 납세고지서의 하자가 보완되거나 치유될 수 있다.

② 체납취득세에 대한 압류처분권한은 도지사로부터 시장에게 권한위임된 것이고 시장으로부터 압류처분권한을 내부위임 받은 데 불과한 구청장이 자신의 명의로 한 압류처분은 권한 없는 자에 의하여 행하여진 위법무효의 처분이다.

③ 서훈취소 처분의 통지가 처분권한자인 대통령이 아니라 그 보좌기관에 의하여 이루어진 경우, 통지의 주체나 형식에 어떤 하자가 있다.

④ 환경영향평가를 거쳐야 할 대상사업에 대하여 환경영향평가를 거치지 아니하였음에도 불구하고 승인 등 처분이 이루어진다면, 이러한 행정처분의 하자는 법규의 중요한 부분을 위반한 중대한 것이고 객관적으로도 명백한 것이라고 하지 않을 수 없다.

16 「행정소송법」상 행정소송에 대한 설명으로 옳지 않은 것은? (다툼이 있는 경우 판례에 의함)

① 토지의 수용에 대한 취소소송은 그 부동산 소재지를 관할하는 행정법원에 이를 제기할 수 있다.

② 「행정소송법」을 적용함에 있어서 행정청에는 행정권한의 위임 또는 위탁을 받은 사인이 포함된다.

③ 행정소송에 대한 대법원판결에 의하여 명령·규칙이 헌법 또는 법률에 위반된다는 것이 확정된 경우에는 대법원은 지체 없이 그 사유를 국무총리에게 통보하여야 한다.

④ 원고의 고의 또는 중대한 과실 없이 행정소송이 심급을 달리하는 법원에 잘못 제기된 경우에는 관할위반을 이유로 관할법원에 이송한다.

17 조례에 대한 다음 설명 중 옳지 않은 것은? (다툼이 있는 경우 판례에 의함)

① 국가법령에서 정하고 있지 않더라도 지방자치단체가 특정사항에 대하여 그 지방의 실정에 맞게 제정한 조례는 법령의 범위를 벗어난 것으로 위법하다.

② 조례위반에 대하여 벌금 등 형벌을 과하도록 한 조례는 위헌·위법한 조례이다.

③ 자동차관리법령이 정한 자동차등록기준보다 더 높은 수준의 기준을 정한 차고지확보제도에 관한 조례안은 무효이다.

④ 기관 위임사무는 원칙적으로 조례의 규율 대상이 아니다.

18 사인의 공법행위에 대한 설명으로 옳지 않은 것은? (다툼이 있는 경우 판례에 의함)

① 국민의 적극적 행위신청에 대한 행정청의 거부행위가 항고소송의 대상이 되는 행정처분에 해당하기 위하여는 국민이 행정청에 대하여 그 행위발동을 요구할 법규상 또는 조리상의 신청권이 있어야 한다.

② 「건축법」상의 건축신고가 다른 법률에서 정한 인가·허가 등의 의제효과를 수반하는 경우, 행정행위의 효율적 측면을 고려하여 수리를 요하지 않는 신고로 볼 수 있다.

③ 건축주 등은 건축신고가 반려될 경우 건축물의 건축을 개시하면 시정명령, 이행강제금, 벌금의 대상이 되거나 당해 건축물을 사용하여 행할 행위의 허가가 거부될 우려가 있어 불안정한 지위에 놓이게 되므로, 건축신고에 대한 반려처분은 항고소송의 대상이 된다.

④ 건축주명의변경신고는 형식적 요건을 갖추어 시장, 군수에게 적법하게 건축주의 명의변경을 신고한 때에는 시장, 군수는 그 신고를 수리 하여야지 실체적인 이유를 내세워 그 신고의 수리를 거부할 수는 없다.

19 행정행위의 무효와 취소에 관한 설명으로 옳지 않은 것은? (다툼이 있는 경우 판례에 의함)

① 과세처분 이후 조세 부과의 근거가 되었던 법률규정에 대하여 헌법재판소에서 위헌결정이 내려진 후 그 조세채권의 집행을 위한 체납 처분은 당연무효이다.

② 지방자치단체의 규칙으로 정하여야 할 기관 위임사무에 대하여 당해 지방자치단체의 조례로 정한 경우 이에 근거한 처분은 당연무효이다.

③ 「행정기본법」은 직권취소에 관한 일반적 근거 규정을 두고 있어, 개별 법률의 근거가 없더라도 직권취소가 가능하다.

④ 무효인 행정처분에 기한 후속 행정처분도 당연무효이다.

20 다음은 공물(公物)에 관한 판례의 입장을 설명한 것이다. 판례의 입장과 일치하지 않는 것은?

① 일반공중의 통행에 공용(供用)되는 도로부지의 소유자가 이를 점유·관리하는 지방자치단체를 상대로 도로의 철거나 점유 이전을 청구하는 것은 허용되지 않는다.

② 「하천법」 제50조에 의한 하천수사용권은 「공익사업을 위한 토지 등의 취득 및 보상에 관한 법률」 제76조 제1항이 손실보상의 대상으로 규정하고 있는 '물의 사용에 관한 권리'에 해당하지 않는다.

③ 하천점용허가에 따라 해당 하천을 점용할 수 있는 권리는 하천의 관리주체에 대하여 일정한 특별사용을 청구할 수 있는 채권에 해당한다.

④ 공공용물에 관하여 적법한 개발행위 등이 이루어짐으로 말미암아 이에 대한 일정범위의 사람들의 일반사용이 종전에 비하여 제한받게 되었다고 하더라도 특별한 사정이 없는 한 그로 인한 불이익은 손실보상의 대상이 되는 특별한 손실에 해당된다고 할 수 없다.

21 「공공기관의 정보공개에 관한 법률」에 대한 다음 설명 중 옳지 않은 것은? (다툼이 있는 경우 판례에 의함)

① 자연인은 물론 법인도 정보공개청구를 할 수 있으나 지방 자치단체는 정보공개청구를 할 수 없다.

② 사법시험 답안지는 비공개 대상 정보가 아니다.

③ 「공공기관의 정보공개에 관한 법률」은 공공기관이 보유 · 관리하는 정보공개에 관한 일반법이지만, 국가안보에 관련되는 정보는 이 법의 적용대상이 아니다.

④ 통상적으로 정보에 포함되어 있는 개인식별 정보는 비공개 대상이나, 독립유공자 서훈 공적심사위원회 회의록이나 형사재판확정기록은 공개청구 대상이다.

22 「행정심판법」 의무이행심판에 관한 설명으로 옳지 않은 것은?

① 의무이행심판은 거부처분이나 부작위에 대하여 일정한 처분을 구할 법률상 이익이 있는 자가 청구인 적격을 갖는다.

② 당사자의 신청을 거부하거나 부작위로 방치한 처분의 이행을 명하는 재결이 있는 경우에는 처분청은 지체 없이 그 재결의 취지에 따라 다시 이전의 신청에 대한 처분을 하여야 한다.

③ 의무이행재결은 행정심판위원회가 의무이행심판의 청구가 이유 있다고 인정할 때에 지체 없이 신청에 따른 처분을 하거나 처분청에게 그 신청에 따른 처분을 할 것을 명하는 재결을 말한다.

④ 거부처분이나 부작위에 대한 의무이행심판청구는 청구기간의 제한이 있다.

23 행정소송에 관한 설명으로 옳지 않은 것은? (다툼이 있는 경우 판례에 의함)

① 행정심판청구가 부적법하지 않음에도 각하한 재결은 심판청구인의 실체심리를 받을 권리를 박탈한 것으로서 재결에 고유한 하자가 있는 경우에 해당하여 재결 자체가 취소소송의 대상이 된다.

② 항고소송은 원칙적으로 당해 처분을 대상으로 하나, 당해 처분에 대한 재결 자체에 고유한 주체, 절차, 형식 또는 내용상의 위법이 있는 경우에 한하여 그 재결을 대상으로 할 수 있다.

③ 한국자산공사가 당해 부동산을 인터넷을 통해 재공매하기로 한 결정도 항고소송의 대상이되는 행정처분이라고 볼 수 있다.

④ 병역법상 신체등위판정은 항고소송의 대상이 되는 행정처분이라 보기 어렵다.

24 훈령에 대한 다음 설명 중 옳지 않은 것은? (다툼이 있는 경우 판례에 의함)

① 훈령은 하급행정기관의 권한에 속하는 사항에 대하여 발하여야 하고 적법 · 타당 · 가능해야 한다.

② 훈령을 근거로 행정관행이 형성된 경우에는 그 관행에 위반하여 처분을 하게 되면 행정의 자기구속의 법리나 평등의 원칙의 위배로 위법한 처분이 될 수 있다.

③ 양도소득세 부과 근거인 재산제세 조사사무처리규정은 국세청 훈령이므로 그에 위반한 행정처분은 위법하지 않다.

④ 하급행정기관이 훈령에 위반하는 행정행위를 한 경우 직무상 위반행위로 징계책임을 질 수 있다.

25 취소소송에 관한 설명으로 옳지 않은 것은? (다툼이 있는 경우 판례에 의함)

① 어떠한 처분에 법령상 근거가 있는지, 「행정절차법」에서 정한 처분 절차를 준수하였는지는 본안에서 당해 처분이 적법한가를 판단하는 단계에서 고려할 요소가 아니라, 소송요건 심사단계에서 고려할 요소이다.

② 행정처분의 위법 여부는 행정처분이 있을 때의 법령과 사실 상태를 기준으로 판단하여야 하며, 법원은 행정처분 당시 행정청이 알고 있었던 자료뿐만 아니라 사실심 변론종결 당시까지 제출된 모든 자료를 종합하여 처분 당시 존재하였던 객관적 사실을 확정하고 그 사실에 기초하여 처분의 위법 여부를 판단할 수 있다.

③ 개발부담금부과처분 취소소송에 있어 당사자가 제출한 자료에 의하여 적법하게 부과될 정당한 부과금액을 산출할 수 없을 경우에는 부과처분 전부를 취소할 수밖에 없으나, 그렇지 않은 경우에는 그 정당한 금액을 초과하는 부분만 취소하여야 한다.

④ 사정판결은 당사자의 명백한 주장이 없는 경우에도 기록에 나타난 여러 사정을 기초로 직권으로 할 수 있는 것이나, 그 요건인 현저히 공공복리에 적합하지 아니한지 여부는 위법한 행정처분을 취소·변경하여야 할 필요와 그 취소·변경으로 인하여 발생할 수 있는 공공복리에 반하는 사태 등을 비교·교량하여 판단하여야 한다.

2023 | **5급** 기출문제

모바일
OMR
답안분석
서비스

✓ 시험시간 25분   ✓ 해설편 047쪽

✔ 회독 CHECK ☐1 ☐2 ☐3

01 다음 중 행정법에 대한 기본원칙으로 가장 적절하지 않은 것은? (다툼이 있는 경우 판례에 의함)

① 행정작용은 법률에 위반되어서는 아니 되며, 행정작용이 기속되는 것에는 형식적 의미의 법률뿐만 아니라 조약, 일반적으로 승인된 국제법규와 대외적 구속력을 가지는 법률 하위의 법규범(법규명령, 법령보충적 행정규칙, 조례 등)도 포함된다.

② 행정작용은 국민의 권리를 제한하거나 의무를 부과하는 경우와 그 밖에 국민생활에 중요한 영향을 미치는 경우에는 법률에 근거하여야 한다.

③ 행정청은 행정작용을 함에 있어서 국민에 대한 일체의 차별적 대우를 부정하는 절대적 평등의 원칙을 준수하여야 한다.

④ 행정작용은 행정목적을 달성하는 데 유효하고 적절해야 하고, 행정목적을 달성하는 데 필요한 최소한도에 그쳐야 하며, 행정작용으로 인한 국민의 이익 침해가 그 행정작용이 의도하는 공익보다 크지 아니해야 한다.

02 다음 중 취소소송에서의 법률상 이익이 있는 경우를 모두 고른 것은? (다툼이 있는 경우 판례에 의함)

ㄱ. 기존 시내버스의 노선 등과 일부 중복되는 시외버스 운송업계획변경인가처분에 대한 기존 시내버스업자
ㄴ. 직행형 시외버스운송사업자에 대한 사업계획변경인가처분의 취소를 구하는 기존 고속형 시외버스운송사업자
ㄷ. 쟁송취소된 공장설립 승인처분에 기초한 공장건축허가처분에 대해 취소를 구하는 인근 주민
ㄹ. 사증발급 거부처분에 대하여「출입국관리법」상 외국인
ㅁ. 인가·허가 등 수익적 행정처분을 신청한 여러 사람이 서로 경원관계에 있는 경우, 허가 등 처분을 받지 못한 사람

① ㄱ, ㄴ, ㄹ
② ㄴ, ㄷ, ㄹ
③ ㄱ, ㄴ, ㄷ, ㅁ
④ ㄱ, ㄷ, ㄹ, ㅁ

03 지방자치단체의 조례에 대한 설명으로 가장 적절하지 않은 것은? (다툼이 있는 경우 판례에 의함)

① 조례는 지방자치단체의 사무(고유사무와 단체위임사무)에 관하여는 법령의 위임 없이도 제정될 수 있으나, 기관위임사무에 관한 사항은 원칙적으로 조례의 제정범위에 속하지 않고, 법령의 위임이 있는 경우에 한하여 조례가 제정될 수 있다.

② 법률이 주민의 권리의무에 관한 사항에 관하여 구체적으로 범위를 정하지 않은 채 조례로 정하도록 포괄적으로 위임한 경우, 지방자치단체가 주민의 권리의무에 관한 사항을 조례로 제정할 수는 없다.

③ 조례가 법령이 이미 정하고 있는 사항에 대하여 법령과 동일한 목적으로 규율하고 있는 경우에도 명문의 규정으로 또는 해석상 국가법령이 조례로 지방의 실정에 맞게 별도로 규율하는 것을 용인하는 경우에는 그 조례가 국가의 법령에 위반되는 것은 아니다.

④ 조례안은 그 일부가 위법한 경우에 위법한 부분만의 일부 취소는 불가능하며 그 경우에는 조례안에 대한 재의결은 전부 효력이 부인되어야 한다.

04 다음 중 판례가 하자의 승계를 인정한 것은 모두 몇 개인가? (다툼이 있는 경우 판례에 의함)

> ㄱ. 건물철거명령과 대집행계고처분
> ㄴ. 사업인정과 수용재결
> ㄷ. 공무원의 직위해제처분과 면직처분
> ㄹ. 도시 · 군계획시설 결정과 실시계획인가
> ㅁ. 표준지공시지가결정과 수용보상금에 대한 재결

① 1개
② 2개
③ 3개
④ 4개

05 다음 중 공무원법에 대한 설명으로 가장 적절한 것은? (다툼이 있는 경우 판례에 의함)

① 국가공무원이 금고 이상의 형의 집행유예를 받아 당연퇴직한 이후 형의 선고가 효력을 잃게 되었다면 이미 발생한 당연퇴직에 대한 효력은 영향을 받게 된다.

② 정책을 수립 · 시행하는 고위공무원이 국가적인 사업을 추진하는 경우에 그 사업 추진 결과가 기대에 미치지 못하였다고 하더라도 그 사유만을 근거로 징계를 할 수 없다.

③ 「국가공무원법」상 직무상 비밀은 행정기관이 비밀이라고 형식적으로 정한 것에 따라 정해지므로, 기업의 비업무용 부동산 보유실태에 관한 감사보고서의 내용은 직무상 비밀에 해당한다.

④ 공무원의 품위 유지의 의무에서 품위란 직무에 따라서 국민의 수임자로서의 직책을 맡아 수행해 나가기에 손색이 없는 인품을 의미한다.

06 공무원의 근무관계에 있어서 공무원이 갖는 권리와 공무원이 부담하는 의무에 관한 다음의 설명 중 가장 적절하지 않은 것은? (다툼이 있는 경우 판례에 의함)

① 군인이 상관의 지시와 명령에 대하여 헌법소원 등 재판청구권을 행사하였다고 하여도 그것이 단지 위법 · 위헌인 지시와 명령을 시정하려는 데 그 목적이 있을 뿐이라면, 군인의 복종의무를 위반한 것이라고 볼 수는 없다.

② 초 · 중등학교 교원에 대하여는 정당가입을 금지하면서 대학교원에게는 허용하는 것은 평등의 원칙에 반한다.

③ 대외적으로 처분권한이 있는 처분행정청이 상급행정기관의 지시를 위반하는 처분을 하였다고 하여 그러한 사정만으로 그 처분이 곧 위법하게 되는 것은 아니다.

④ 공무원을 구성원으로 삼아 조직된 근로자 단체는 「공무원의 노동조합 설립 및 운영 등에 관한 법률」이 정한 설립신고를 갖추어 공무원 노동조합으로 설립되는 경우에 한하여 노동 기본권의 향유주체가 될 수 있다.

07 인 · 허가 의제에 관한 설명으로 가장 적절하지 않은 것은? (다툼이 있는 경우 판례에 의함)

① 주된 인 · 허가로 의제되는 인 · 허가 중 일부에 대하여만 의제되는 인 · 허가 요건을 갖추어 협의가 완료된 경우 민원인의 요청이 있으면 주된 인 · 허가를 할 수 있고 이 경우 협의가 완료된 일부 인 · 허가만 의제된다.

② 인 · 허가의제의 경우 관련 인 · 허가 행정청은 관련 인 · 허가를 직접 한 것으로 보아 관계 법령에 따른 관리 · 감독 등 필요한 조치를 하여야 한다.

③ 주된 인 · 허가가 있으면 다른 법률에 의한 인 · 허가가 있는 것으로 보는 데 그치고, 거기에서 더 나아가 다른 법률에 의하여 인 · 허가를 받았음을 전제로 하는 그 다른 법률의 모든 규정들까지 적용되는 것은 아니다.

④ 부분 인 · 허가 의제가 허용되는 경우 그 효력을 제거하기 위한 법적 수단으로 의제된 인 · 허가의 취소나 철회가 허용될 수 있지만, 그 의제된 인 · 허가에 대한 쟁송취소는 허용되지 않는다.

08 다음 중 「행정규제기본법」에 대한 설명으로 가장 적절하지 않은 것은?

① 중앙행정기관의 장은 규제를 신설하거나 강화하기 위해 작성하는 규제영향분석서에서 관련 민원사무의 구비서류 및 처리절차 등의 적정 여부는 고려하지 않아도 된다.

② 중앙행정기관의 장은 규제를 신설하거나 강화하려는 경우에 존속시켜야 할 명백한 사유가 없는 규제는 존속기한 또는 재검토기한을 설정하여 그 법령 등에 규정하여야 한다.

③ 중앙행정기관의 장은 규제를 신설하거나 강화하려면 규제개혁위원회에 심사를 요청하여야 하며, 요청 시 규제안에 규제영향분석서, 자체심사 의견, 행정기관 · 이해관계인 등의 제출의견 요지를 첨부하여 제출해야 한다.

④ 규제개혁위원회는 심사를 요청받은 날로부터 10일 이내에 그 규제가 국민의 일상생활과 사회 · 경제활동에 미치는 파급 효과를 고려하여 심사를 받아야 할 규제인지를 결정하여야 한다.

09 행정법관계에서 사법규정의 적용에 관한 설명으로 가장 적절하지 않은 것은? (다툼이 있는 경우 판례에 의함)

① 국가나 지방자치단체를 당사자로 하는 금전채권은 국가 · 지방자치단체의 채권인지 또는 국가 · 지방자치단체에 대한 채권인지를 묻지 않고 다른 법률에 특별한 규정이 없는 한, 5년간 이를 행사하지 않으면 시효로 인하여 소멸된다.

② 행정청은 법령 등의 위반행위가 종료된 날부터 5년이 지나면 해당 위반행위에 대하여 인허가의 정지 · 취소 · 철회, 등록 말소, 영업소 폐쇄와 정지를 갈음하는 과징금 부과를 할 수 없음이 원칙이다.

③ 행정청은 행정심판의 재결이나 법원의 판결에 따라 제재처분이 취소 · 철회된 경우에는 재결이나 판결이 확정된 날부터 1년(합의제행정기관은 2년)이 지나기 전까지는 그 취지에 따른 새로운 제재처분을 할 수 있다.

④ 국가가 사법상 재산권의 주체로서 국민을 대하는 사법관계에서도 사인과 국가가 본질적으로 다르다고 할 수 있으므로, 국가를 부동산 점유취득시효의 주체로 인정할 수 없다.

10 다음 중 「개인정보 보호법」에 대한 설명으로 가장 적절한 것은? (다툼이 있는 경우 판례에 의함)

① 교도소, 정신보건 시설 등 법령에 근거하여 사람을 구금하거나 보호하는 시설 중 개인의 사생활을 현저히 침해할 우려가 있는 공간에 한해서는 영상정보처리기기를 설치 · 운영하여서는 아니 된다.

② 거짓이나 그 밖의 부정한 수단이나 방법으로 개인정보를 취득하거나 그 처리에 관한 동의를 받았는지 여부를 판단함에 있어서는 개인정보처리자가 그에 관한 동의를 받는 행위 그 자체만을 분리하여 개별적으로 판단해도 된다.

③ 정보주체는 자신의 개인정보에 대한 열람, 정정, 삭제 등을 개인정보처리자에게 요구할 수 있으나, 이러한 요구를 대리인을 통하여 하게 할 수는 없다.

④ 「개인정보 보호법」상 '누설'이란 아직 개인정보를 알지 못하는 타인에게 알려주는 일체의 행위를 의미하며, 정보주체의 동의 없이 법령에 정한 절차를 거치지 않은 채로 고소 · 고발장에 다른 정보주체의 개인정보를 첨부하여 경찰서에 제출한 것은 누설에 해당한다.

11 처분의 근거법률에 대한 위헌결정이 내려진 경우 처분의 효력에 관한 설명으로 가장 적절하지 않은 것은? (다툼이 있는 경우 판례에 의함)

① 대법원에 따르면, 헌법재판소의 위헌결정의 효력은 당해사건, 동종사건과 병행사건뿐만 아니라, 위헌결정 이후 같은 이유로 제소된 일반사건에도 미친다.

② 헌법재판소에 따르면, 위헌결정의 소급효는 당해사건, 병행사건에 대해서 미칠 수 있고, 일반사건의 경우는 원칙적으로 소급효가 부정되지만, 구체적 타당성의 요청이 현저한 반면에 법적 안정성을 침해할 우려가 없고 소급효의 부인이 오히려 정의와 평등 등 헌법적 이념에 심히 배치되는 때에는 예외적으로 소급효가 인정된다.

③ 대법원에 따르면, 위헌결정의 효력이 미치는 범위가 무한정일 수는 없고, 다른 법리에 의하여 그 소급효를 제한하는 것까지 부정되는 것은 아니며, 법적 안정성의 유지나 당사자의 신뢰보호를 위하여 불가피한 경우에 위헌결정의 소급효를 제한하는 것은 오히려 법치주의의 원칙상 요청된다.

④ 대법원에 따르면, 취소소송의 제기기간을 경과하여 확정력이 발생한 행정처분의 경우 위헌결정의 소급효가 미친다고 보아야 한다.

12 행정행위의 부관에 관한 설명으로 가장 적절한 것은? (다툼이 있는 경우 판례에 의함)

① 행정청은 부관을 붙일 수 있는 처분이 법률에 근거가 있거나, 당사자의 동의가 있는 경우 그 처분을 한 후에도 부관을 새로 붙일수 있지만, 사정이 변경되어 부관을 새로 붙이지 아니하면 해당 처분의 목적을 달성할 수 없다는 이유로는 처분을 한 후에 부관을 새로 붙일 수 없다.

② 부담의 이행으로서 하게 된 사법상 매매 등의 법률행위는 부담을 붙인 행정처분과는 어디까지나 별개의 법률행위이므로 그 부담의 불가쟁력의 문제와는 별도로 법률행위가 사회질서 위반이나 강행규정에 위반되는지 여부 등을 따져보아 그 법률행위의 유효 여부를 판단하여야 한다.

③ 허가에 붙은 기한이 그 허가된 사업의 성질상 부당하게 짧은 경우에는 이를 그 허가 자체의 존속기간이 아니라 그 허가조건의 존속기간으로 보아야 하며, 이때 그 허가기간이 연장되기 위하여 그 종기가 도래하기 전에 그 허가기간의 연장에 관한 신청이 있어야 하는 것은 아니다.

④ 수익적 행정처분에 있어서는 법령에 특별한 근거규정이 없더라도 그 부관으로서 부담을 붙일 수 있지만, 그와 같은 부담을 부가하기 이전에 상대방과 협의하여 부담의 내용을 협약의 형식으로 미리 정할 수는 없다.

13 고시·훈령·예규·지침 등의 형식의 행정입법에 관한 설명으로 가장 적절한 것은? (다툼이 있는 경우 판례에 의함)

① 「행정기본법」에 따른 법령에 행정규칙의 형식은 포함되지 아니한다.

② 법률의 위임이 없이 법률의 시행을 위한 집행명령으로서 법률보충적인 구실을 하는 법규적 성질을 가진 지침을 정할 수는 없다.

③ 산업자원부 고시가 법률의 위임에 따라 법규명령으로서 효력을 가지고, 김포시장이 위 산업자원부 고시의 위임에 따라 그와 결합하여 보다 세부적인 기준을 정한 경우, 그것이 상위명령의 범위를 벗어나지 아니한다면 구속력이 있는 법규명령으로서 효력을 가진다.

④ 행정규칙의 내용이 상위법령에 반하는 것이라면 법질서의 통일성과 모순금지 원칙에 따라 상위법령의 위임이 있는 경우에도 행정규칙의 법규적 성질을 인정할 수 없고, 단지 행정내부적 효력만을 인정할 수 있다.

14 「행정절차법」의 내용에 관한 다음 설명 중 가장 적절한 것은?

① 행정청은 다수 국민의 이해가 상충되거나 다수 국민에게 불편이나 부담을 주는 처분을 하는 경우 청문주재자를 2명 이상으로 선정할 수 있다.

② 법령 등에서 당사자가 신청할 수 있는 처분을 규정하고 있는 경우 행정청은 당사자의 신청에 따라 장래에 어떤 처분을 하거나 하지 아니할 것을 내용으로 하는 의사표시인 확약을 할 수 있는바, 이 경우 확약은 문서로 하여야 하는 것이 원칙이나 구술로도 할 수 있다.

③ 온라인 정책토론의 필요성에 대한 인식이 높아져 가고 있지만, 아직까지 「행정절차법」은 '온라인 정책토론'에 관한 규정을 갖고 있지 않다.

④ 행정청이 처분을 할 때에는 문서로 하여야 하며, 당사자 등의 동의가 있는 경우에도 전자문서로는 할 수 없다.

15 다음 중 행정행위의 효력과 관련된 대법원의 판례로서 옳은 것만 모두 고른 것은?

ㄱ. 법률관계나 사실관계에 대하여 그 법률의 규정을 적용할 수 없다는 법리가 명백히 밝혀지지 아니하여 그 해석에 다툼의 여지가 있고 행정관청이 이를 잘못 해석하여 행정처분을 하였다면 해당 처분에 명백하게 하자가 있다고 판단된다.

ㄴ. 행정처분의 하자의 중대성과 명백성을 판별함에 있어서는 그 법규의 목적, 의미, 기능 등을 목적론적으로 고찰함과 동시에 구체적 사안 자체의 특수성에 관하여도 합리적으로 고찰해야 한다.

ㄷ. 임면권자와 국가정보원장과의 충분한 사전교감이 있었으며 임면권이 국가정보원장에게 내부위임되어 있다면, 5급 이상의 국가정보원 직원에 대한 의원면직 처분이 국가정보원장에 의해 행해진 것으로 위법하고 국가정보원장의 종용에 의해 이루어진 것이라 하더라도 해당 행정처분의 하자가 중대한 것이라 보기 어렵다.

ㄹ. 특별한 사정없이, 과세관청이 과세예고 통지 후 과세전 적부심사 청구나 그에 대한 결정이 있기 전에 과세처분을 한 경우에는 과세전적부심사 제도 자체를 형해화시키지 않으나, 과세전적부심사 결정과 과세처분 사이의 관계 및 불복절차를 불분명하게 할 우려가 있으므로 절차상 하자가 중대·명백하다.

① ㄱ, ㄴ

② ㄴ, ㄷ

③ ㄴ, ㄷ, ㄹ

④ ㄱ, ㄴ, ㄹ

16 「공공기관의 정보공개에 관한 법률」상의 정보공개에 관한 설명으로 가장 적절한 것은? (다툼이 있는 경우 판례에 의함)

① 사립대학교는 사립대학교에 대한 국비 지원이 한정적 · 일시적 · 국부적이라는 점을 고려하여 정보공개의무자로 볼 수 없다.

② 지방자치단체의 업무추진비 세부항목별 집행내역 및 그에 관한 증빙서류에 포함된 개인에 관한 정보는 '공개하는 것이 공익을 위하여 필요하다고 인정되는 정보'에 해당한다.

③ 구 「학교폭력예방 및 대책에 관한 법률」 및 같은 법 시행령 규정들의 내용 등에 비추어, 학교폭력대책자치위원회의 회의록은 「공공기관의 정보공개에 관한 법률」의 비공개사유인 '다른 법률 또는 법률이 위임한 명령에 의하여 비밀 또는 비공개 사항으로 규정된 정보'에 해당하지 아니한다.

④ 정보공개청구서에 청구대상정보를 기재함에 있어서는 사회일반인의 관점에서 청구대상 정보의 내용과 범위를 확정할 수 있을 정도로 특정함을 요하는데, 공개를 청구한 정보의 내용이 '대한주택공사의 특정 공공택지에 관한 수용가, 택지조성원가, 분양가, 건설원가 등 및 관련 자료 일체'인 경우, '관련 자료 일체' 부분은 그 내용과 범위가 정보공개청구 대상정보로서 특정되었다고 보기 어렵다.

17 행정상 강제에 관한 설명으로 가장 적절하지 않은 것은? (다툼이 있는 경우 판례에 의함)

① 대집행권한을 위탁받아 공무인 대집행을 실시하기 위하여 지출한 비용은 「행정대집행법」 절차에 따라 「국세징수법」의 예에 의하여 징수할 수 있다.

② 「건축법」상의 이행강제금은 간접강제의 일종으로서 그 이행강제금 납부의무는 상속인 기타의 사람에게 승계될 수 없는 일신전속적인 성질의 것이다.

③ 이행강제금 제도는 「건축법」이나 「건축법」에 따른 명령이나 처분을 위반한 건축물의 방치를 막고자 행정청이 시정조치를 명하였음에도 건축주 등이 이를 이행하지 아니한 경우에 행정명령의 실효성을 확보하기 위하여 시정명령 이행 시까지 지속해서 부과함으로써 건축물의 안전과 기능, 미관을 높여 공공복리의 증진을 도모하는 데 입법 취지가 있다.

④ 행정청은 「건축법」상 위법건축물에 대한 이행강제수단으로 대집행과 이행강제금을 선택적으로 활용할 수 없고, 재량에 의해 이들을 선택하여 활용할 경우 중첩적인 제재에 해당한다.

18 행정쟁송에서의 가구제에 관한 설명으로 가장 적절하지 않은 것은? (다툼이 있는 경우 판례에 의함)

① 「행정심판법」상 집행정지는 '중대한 손해', 「행정소송법」상 집행정지는 '회복하기 어려운 손해'를 각각 요건으로 한다는 차이점이 있다.

② 거부처분 취소소송의 경우, 「행정소송법」상 집행정지는 실효적인 가구제수단이 될 수 있으므로 요건을 충족하는 한 허용된다.

③ 「행정심판법」상 임시처분은 동법상 집행정지로 목적을 달성할 수 있는 경우에는 허용되지 아니한다.

④ 제재처분에 대한 행정쟁송절차에서 처분에 대해 집행정지결정이 이루어졌더라도 본안에서 해당 처분이 최종적으로 적법한 것으로 확정되어 집행정지결정이 실효되고 제재처분을 다시 집행할 수 있게 되면, 처분청으로서는 당초 집행정지결정이 없었던 경우와 동등한 수준으로 해당 제재처분이 집행되도록 필요한 조치를 취하여야 한다.

19 「행정심판법」상 행정심판의 재결에 관한 설명으로 가장 적절한 것은? (다툼이 있는 경우 판례에 의함)

① 행정심판위원회는 취소심판의 청구가 이유가 있다고 인정하면 처분의 취소재결, 취소명령재결, 변경재결, 변경명령재결을 할 수 있다.

② 「행정심판법」상 변경재결에서 변경이란 적극적 의미의 변경이 아니라 소극적 의미의 변경, 즉 일부취소를 뜻한다.

③ 행정심판위원회는 피청구인이 처분명령재결의 취지에 따라 이전의 신청에 대한 처분을 하지 않는 경우 당사자가 신청하면 기간을 정하여 서면으로 시정을 명하고 그 기간에 이행하지 아니하면 직접 처분을 할 수 있다.

④ 행정심판의 청구에 대하여 인용재결이 내려지는 경우 피청구인은 행정소송을 통하여 그에 불복할 수 있다.

20 무효 등 확인소송 및 부작위위법확인소송에 관한 설명으로 가장 적절하지 않은 것은? (다툼이 있는 경우 판례에 의함)

① 부작위위법확인소송에서는 소제기의 전 후를 통하여 판결시까지 행정청이 그 신청에 대하여 적극 또는 소극의 처분을 하더라도 당초 신청된 특정한 처분에 대한 부작위위법의확인을 구할 수 있어 여전히 소의 이익이 있다.

② 무효 등 확인소송의 제기에 있어서 제소기간 및 행정심판 전치의 문제가 없다.

③ 무효 등 확인소송의 제기요건으로 보충성이 요구되는 것은 아니므로 행정처분의 유·무효를 전제로 한 이행소송 등과 같은 직접적인 구제수단이 있는지 여부를 따질 필요가 없다.

④ 부작위위법확인의 소는 부작위상태가 계속되는 한 그 위법의 확인을 구할 이익이 있다고 보아야 하므로 원칙적으로 제소기간의 제한을 받지 않지만, 취소소송의 제소기간의 규정을 부작위위법확인소송에 준용하고 있는 점에 비추어 보면, 행정심판 등 전심절차를 거친 경우에는 취소소송의 제소기간 내에 부작위위법확인의 소를 제기하여야 한다.

21 다음 중 행정소송 판결의 효력에 대한 설명으로 가장 적절하지 않은 것은? (다툼이 있는 경우 판례에 의함)

① 항고소송에서 기판력은 당해 처분이 귀속하는 국가 또는 공공단체에 미친다.

② 취소소송에서 처분 등을 취소하는 확정판결의기속력은 판결의 주문에 대해 인정되나, 그 전제가 되는 처분 등의 구체적 위법사유에 관한 이유 중의 판단에 대해서는 인정되지 않는다.

③ 행정처분이 후에 항고소송에서 취소되었다고 할지라도 그 소송판결의 기판력에 의해 당해행정처분이 곧바로 공무원의 불법행위를 구성한다고 단정할 수 없다.

④ 취소소송에서 취소판결이 확정된 경우, 행정청은 해당 판결에서 확인된 위법사유를 배제한 상태에서 다시 처분을 하거나 그 밖의 위법한 결과를 제거하는 조치를 할 의무가 있다.

22 「공익사업을 위한 토지 등의 취득 및 보상에 관한 법률」에 따른 토지수용 이후의 불복절차 등에 관한 설명으로 가장 적절하지 않은 것은? (다툼이 있는 경우 판례에 의함)

① 토지수용위원회의 수용재결이 있은 후라고 하더라도 토지소유자 등과 사업시행자가 다시 협의하여 토지 등의 취득이나 사용 및 그에 대한 보상에 관하여 임의로 계약을 체결할 수 있다.

② 사업시행자, 토지소유자 또는 관계인은 수용재결에 불복할 때에는 재결서를 받은 날부터 90일 이내에, 이의신청을 거쳤을 때에는 이의신청에 대한 재결서를 받은 날부터 60일 이내에 각각 행정소송을 제기할 수 있다.

③ 수용재결에 불복하여 취소소송을 제기하는 때에는 이의신청을 거친 경우에는 이의재결을 한 중앙토지수용위원회를 피고로 하여 이의재결의 취소를 구해야 함이 원칙이다.

④ 수용재결에 불복하여 제기하는 행정소송이 보상금의 증감에 관한 소송인 경우 그 소송을 제기하는 자가 토지소유자 또는 관계인일 때에는 사업시행자를, 사업시행자일 때에는 토지소유자 또는 관계인을 각각 피고로 한다.

23 「지방자치법」상 국가와 지방자치단체 간의 관계에 관한 설명으로 가장 적절하지 않은 것은?

① 행정안전부장관은 지방자치단체의 자치사무에 관하여 보고를 받거나 서류·장부 또는 회계를 감사할 수 있지만, 감사를 하기 전에 해당 사무의 처리가 법령에 위반되는지 등을 확인하여야 한다.

② 지방자치단체나 그 장이 위임받아 처리하는 국가사무에 관하여 시·도에서는 주무부장관, 시·군 및 자치구에서는 1차로 시·도지사, 2차로 주무부장관의 지도·감독을 받는다.

③ 지방자치단체의 장은 주무부장관의 이행명령에 이의가 있으면 이행명령서를 접수한 날부터 15일 이내에 대법원에 소를 제기할 수 있다.

④ 자치사무에 관한 시정명령에 대하여 이의가 있으면 그 시정명령을 통보받은 날부터 15일 이내에 대법원에 소를 제기할 수 있다.

24 행정권한의 위임·위탁에 관한 설명으로 가장 적절하지 않은 것은? (다툼이 있는 경우 판례에 의함)

① 「정부조직법」과 「행정권한의 위임 및 위탁에 관한 규정」에 의하면, 도지사가 산업자원부장관으로부터 「석유사업법」에 따라 석유판매업자에게 사업의 정지를 명할 수 있는 행정권한을 위임받은 경우 그 위임기관의 장인 산업자원부장관의 승인을 얻어 조례가 정하는 바에 따라 군수에게 그 수임권한을 다시 위임할 수 있다.

② 기관위임사무의 경우 그에 관한 개별법령에서 일정한 사항을 조례로 정하도록 위임하고 있는 경우에는 위임받은 사항에 관하여 개별법령의 취지에 부합하는 범위 내에서 이른바 위임조례를 정할 수 있다.

③ 지방자치단체의 장은 조례나 규칙으로 정하는 바에 따라 그 권한에 속하는 사무의 일부를 보조기관, 소속 행정기관 또는 하부행정기관에 위임할 수 있다.

④ 내부위임의 경우 수임기관은 수임사무의 처리를 할 때에는 위임청의 이름으로 하거나 내부위임관계를 명시해야 하며, 내부위임의 수임기관이 자신의 이름으로 한 처분은 무권한의 행위로 무효인 행위가 된다.

25 공법상 계약에 관한 다음 설명 중 가장 적절하지 않은 것은?

① 공법상 계약은 법령 등에 위배되지 않는 범위 내에서 체결할 수 있으며, 「행정기본법」은 이를 명시적으로 규정하고 있다.

② 「행정기본법」은 공법상 계약, 특히 행정행위에 갈음하는 공법상 계약을 법률의 수권 없이 체결할 수 있는지에 관하여는 명시적으로 규정하고 있지 않다.

③ 공법상 계약은 비권력적 행위로서 반드시 문서에 의할 필요는 없으며, 「행정기본법」 또한 공법상 계약은 구술로도 체결할 수 있음을 명시적으로 규정하고 있다.

④ 공법상 계약의 효력을 다투거나 이행을 청구하는 소송은 분쟁의 실질이 손해배상액의 구체적인 산정방법·금액에 국한되는 특별한사정이 없는 한 공법상 당사자소송으로 제기하여야 한다.

2022.07.16. 시행

2022 | **9급** 기출문제

모바일
OMR
답안분석
서비스

✅ 시험시간 25분   ✅ 해설편 057쪽

✔ 회독 CHECK 1 2 3

01 다음 중 행정법의 효력에 대한 설명으로 가장 옳지 않은 것은?

① 행정법령의 시행일을 정하지 않은 경우에는 공포한 날부터 20일이 경과함으로써 효력을 발생하는데, 이 경우 공포한 날을 첫날에 산입하지 아니하고 기간의 말일이 토요일 또는 공휴일인 때에는 그 말일의 다음날로 기간이 만료한다.

② 법령을 소급적용하더라도 일반 국민의 이해에 직접 관계가 없는 경우, 오히려 그 이익을 증진하는 경우, 불이익이나 고통을 제거하는 경우 등의 특별한 사정이 있는 경우에 한하여 예외적으로 법령의 소급적용이 허용된다.

③ 신청에 따른 처분은 신청 후 법령이 개정된 경우라도 법령 등에 특별한 규정이 있거나 처분 당시의 법령을 적용하기 곤란한 특별한 사정이 있는 경우를 제외하고는 개정된 법령을 적용한다.

④ 법령상 허가를 받아야만 가능한 행위가 법령 개정으로 허가 없이 할 수 있게 되었다 하더라도 개정의 이유가 사정의 변천에 따른 규제 범위의 합리적 조정의 필요에 따른 것이라면 개정 전 허가를 받지 않고 한 행위에 대해 개정 전 법령에 따라 처벌할 수 있다.

02 다음 중 행정법의 법원에 대한 설명으로 가장 옳은 것은?

① 행정청 내부의 사무처리준칙이 제정·공표되었다면 이 자체만으로도 행정청은 자기구속을 받게 되므로 이 준칙에 위배되는 처분은 위법하게 된다.

② 헌법재판소의 위헌결정이 있다면 행정청이 개인에 대하여 공적인 견해를 표명한 것으로 볼 수 있으므로 위헌 결정과 다른 행정청의 결정은 신뢰보호원칙에 반한다.

③ 부당결부금지의 원칙은 판례에 의해 확립된 행정의 법원칙으로 실정법상 명문의 규정은 없다.

④ 법령의 규정만으로 처분 요건의 의미가 분명하지 아니한 경우에 법원이나 헌법재판소의 분명한 판단이 있음에도 합리적 근거가 없이 사법적 판단과 어긋나게 행정처분을 한 경우에 명백한 하자가 있다고 봄이 타당하다.

03 다음 중 허가에 대한 설명으로 가장 옳지 않은 것은?

① 한의사 면허는 허가에 해당하고, 한약조제시험을 통해 약사에게 한약조제권을 인정함으로써 한의사들의 영업이익이 감소되었다고 하더라도 이는 법률상 이익 침해라고 할 수 없다.

② 건축허가는 기속행위이므로 「건축법」상 허가요건이 충족된 경우에는 항상 허가하여야 한다.

③ 허가신청 후 허가기준이 변경되었다 하더라도 그 허가관청이 허가신청을 수리하고도 정당한 이유 없이 그 처리를 늦추어 그 사이에 허가기준이 변경된 것이 아닌 이상 변경된 허가기준에 따라서 처분을 하여야 한다.

④ 석유판매업 등록은 대물적 허가의 성질을 가지고 있으므로, 종전 석유판매업자가 유사석유제품을 판매한 행위에 대해 승계인에게 사업정지 등 제재처분을 할 수 있다.

04 다음 중 처분의 사전통지에 대한 설명으로 가장 옳지 않은 것은?

① 고시 등에 의한 불특정 다수를 상대로 한 권익제한이나 의무부과의 경우 사전통지 대상이 아니다.

② 수익적 처분의 신청에 대한 거부처분은 실질적으로 침익적 처분에 해당하므로 사전통지 대상이 된다.

③ 「행정절차법」은 처분의 직접상대방 외에 신청에 따라 행정절차에 참여한 이해관계인도 사전통지의 대상인 당사자에 포함시키고 있다.

④ 공무원의 정규임용처분을 취소하는 처분은 사전통지를 하지 않아도 되는 예외적인 경우에 해당하지 않는다.

05 다음 중 취소소송과 무효확인소송의 관계에 대한 설명으로 가장 옳지 않은 것은?

① 행정처분에 대한 취소소송과 무효확인소송은 단순 병합이나 선택적 병합의 방식으로 제기할 수 있다.

② 무효선언을 구하는 취소소송이라도 형식이 취소소송이므로 제소요건을 갖추어야 한다.

③ 무효확인을 구하는 소에는 당사자가 명시적으로 취소를 구하지 않는다고 밝히지 않는 한 취소를 구하는 취지가 포함되었다고 보아서 취소소송의 요건을 갖추었다면 취소판결을 할 수 있다.

④ 취소소송의 기각판결의 기판력은 무효확인소송에 미친다.

06 다음 중 판결의 효력에 대한 설명으로 가장 옳지 않은 것은?

① 취소판결 자체의 효력으로써 그 행정처분을 기초로 하여 새로 형성된 제3자의 권리까지 당연히 그 행정처분 전의 상태로 환원되는 것이라고는 할 수 없다.

② 처분의 취소를 구하는 청구에 대한 기각판결은 기판력이 발생하지 않는다.

③ 취소판결이 확정된 경우 행정청은 종전 처분과 다른 사유로 다시 처분할 수 있고, 이 경우 그 다른 사유가 종전 처분 당시 이미 존재하고 있었고 당사자가 이를 알고 있었다 하더라도 확정판결의 기속력에 저촉되지 않는다.

④ 거부처분에 대한 취소판결이 확정된 후 법령이 개정된 경우 개정된 법령에 따라 다시 거부처분을 하여도 기속력에 반하지 아니하다.

07 다음 중 행정심판에 대한 설명으로 가장 옳지 않은 것은?

① 처분청이 처분을 통지할 때 행정심판을 제기할 수 있다는 사실과 기타 청구절차 및 청구 기간 등에 대한 고지를 하지 않았다고 하여 처분에 하자가 있다고 할 수 없다.

② 행정심판청구서가 피청구인에게 접수된 경우, 피청구인은 심판청구가 이유 있다고 인정하면 직권으로 처분을 취소할 수 있다.

③ 수익적 처분의 거부처분이나 부작위에 대해 임시적 지위를 인정할 필요가 있어서 인정한 제도는 임시처분이다.

④ 의무이행심판에서 이행을 명하는 재결이 있음에도 불구하고 처분청이 이를 이행하지 아니할 때 위원회가 직접 처분을 할 수 있는데, 행정심판의 재결은 처분청을 기속하므로 지방자치단체는 직접 처분에 대해 행정심판위원회가 속한 국가기관을 상대로 권한쟁의심판을 청구할 수 없다.

08 다음 중 영조물의 설치·관리상 하자로 인한 손해배상에 대한 설명으로 가장 옳지 않은 것은?

① 공공의 영조물은 사물(私物)이 아닌 공물(公物)이어야 하지만, 공유나 사유임을 불문하고 행정주체에 의하여 특정 공공의 목적에 공여된 유체물이면 족하다.

② 도로의 설치 및 관리에 있어 완전무결한 상태를 유지할 정도의 고도의 안전성을 갖추지 아니 하였다고 하여 하자가 있다고 단정할 수는 없고, 그것을 이용하는 자의 상식적이고 질서 있는 이용 방법을 기대한 상대적인 안전성을 갖추는 것으로 족하다.

③ 하천의 홍수위가 「하천법」상 관련규정이나 하천정비계획 등에서 정한 홍수위를 충족하고 있다고 해도 하천이 범람하거나 유량을 지탱하지 못해 제방이 무너지는 경우는 안전성을 결여한 것으로 하자가 있다고 본다.

④ 공군에 속한 군인이나 군무원의 경우 일반인에 비하여 공군비행장 주변의 항공기 소음 피해에 관하여 잘 인식하거나 인식할 수 있는 지위에 있다는 이유만으로 가해자가 면책되거나 손해배상액이 감액되지는 않는다.

09 통치행위에 대한 판례의 내용으로 가장 옳지 않은 것은?

① 외국에의 국군의 파견결정과 같이 성격상 외교 및 국방에 관련된 고도의 정치적 결단이 요구되는 사안에 대한 국민의 대의기관의 결정이 사법심사의 대상이 되지 아니한다.

② 선고된 형의 전부를 사면할 것인지 또는 일부만을 사면할 것인지를 결정하는 것은 사면권자의 전권사항에 속하는 것이고, 징역형의 집행유예에 대한 사면이 병과된 벌금형에도 미치는 것으로 볼 것인지 여부는 사면의 내용에 대한 해석문제에 불과하다.

③ 남북정상회담의 개최과정에서 재정경제부장관에게 신고하지 아니하거나 통일부장관의 협력사업 승인을 얻지 아니한 채 북한 측에 사업권의 대가 명목으로 송금한 행위는 사법 심사의 대상이 되지 아니한다.

④ 비록 서훈취소가 대통령이 국가원수로서 행하는 행위라고 하더라도 법원이 사법심사를 자제하여야 할 고도의 정치성을 띤 행위라고 볼 수는 없다.

10 행정행위의 효력에 대한 설명으로 가장 옳지 않은 것은? (다툼이 있는 경우 판례에 의함)

① 일반적으로 행정처분이나 행정심판 재결이 불복 기간의 경과로 확정될 경우에는 그 처분의 기초가 된 사실관계나 법률적 판단이 확정되고 당사자들이나 법원이 이에 기속되어 모순되는 주장이나 판단을 할 수 없게 된다.

② 제소기간이 이미 도과하여 불가쟁력이 생긴 행정처분에 대하여는 개별 법규에서 그 변경을 요구할 신청권을 규정하고 있거나 관계 법령의 해석상 그러한 신청권이 인정될 수 있는 등 특별한 사정이 없는 한 국민에게 그 행정처분의 변경을 구할 신청권이 있다 할 수 없다.

③ 불가쟁력이 발생한 행정행위로 손해를 입은 국민은 그 위법성을 들어 국가배상청구를 할 수 있다.

④ 불가변력이라 함은 행정행위를 한 행정청이 당해 행정행위를 직권으로 취소 또는 변경할 수 없게 하는 힘으로 실질적 확정력 또는 실체적 존속력이라고도 한다.

11 부관에 대한 판례의 내용으로 가장 옳지 않은 것은?

① 재량행위에 있어서는 관계 법령에 명시적인 금지규정이 없는 한 행정목적을 달성하기 위하여 조건이나 기한, 부담 등의 부관을 붙일 수 있다.

② 토지소유자가 토지형질변경행위허가에 붙은 기부채납의 부관에 따라 토지를 국가나 지방자치단체에 기부채납(증여)한 경우, 토지 소유자는 원칙적으로 기부채납(증여)의 중요 부분에 착오가 있음을 이유로 증여계약을 취소 할 수 있다.

③ 당초에 붙은 기한을 허가 자체의 존속기간이 아니라 허가 조건의 존속기간으로 보더라도 그 후 당초의 기한이 상당 기간 연장되어 연장된 기간을 포함한 존속기간 전체를 기준으로 볼 경우 더 이상 허가된 사업의 성질상 부당하게 짧은 경우에 해당하지 않게 된 때에는 재량권의 행사로서 더 이상의 기간연장을 불허가할 수도 있다.

④ 일반적으로 행정처분에 효력기간이 정하여져 있는 경우에는 그 기간의 경과로 그 행정처분의 효력은 상실되며, 다만 허가에 붙은 기한이 그 허가된 사업의 성질상 부당하게 짧은 경우에는 이를 그 허가 자체의 존속기간이 아니라 그 허가조건의 존속기간으로 볼 수 있다.

12 행정계획에 대한 판례의 내용으로 가장 옳지 않은 것은?

① 관계 법령에는 추상적인 행정목표와 절차만이 규정되어 있을 뿐 행정계획의 내용에 관하여는 별다른 규정을 두고 있지 아니하므로 행정주체는 구체적인 행정계획을 입안·결정함에 있어서 비교적 광범위한 형성의 자유를 가진다.

② 행정주체가 가지는 이와 같은 형성의 자유는 무제한적인 것이 아니라 그 행정계획에 관련되는 자들의 이익을 공익과 사익 사이에서는 물론이고 공익 상호 간과 사익 상호 간에도 정당하게 비교 교량하여야 한다는 제한이 있다.

③ 판례에 따르면, 행정계획에 있어서 형량의 부존재, 형량의 누락, 평가의 과오 및 형량의 불비례 등 형량의 하자별로 위법의 판단기준을 달리하여 개별화하여 판단하고 있다.

④ 이미 고시된 실시계획에 포함된 상세계획으로 관리되는 토지 위의 건물의 용도를 상세계획 승인권자의 변경승인 없이 임의로 판매시설에서 상세계획에 반하는 일반목욕장으로 변경한 사안에서, 그 영업신고를 수리하지 않고 영업소를 폐쇄한 처분은 적법하다고 한 판례가 있다.

13 다음 중 취소소송의 대상이 되는 처분에 해당하는 것으로 옳은 것은 모두 몇 개인가?

> ㄱ. 한국마사회의 조교사나 기수에 대한 면허 취소·정지
> ㄴ. 법규성 있는 고시가 집행행위 매개 없이 그 자체로서 이해당사자의 법률관계를 직접 규율하는 경우
> ㄷ. 행정계획 변경신청의 거부가 장차 일정한 처분에 대한 신청을 구할 법률상 이익이 있는 자의 처분자체를 실질적으로 거부하는 경우
> ㄹ. 「국가공무원법」상 당연퇴직의 인사발령

① 0개
② 1개
③ 2개
④ 3개

14 행정입법부작위에 대한 설명으로 가장 옳지 않은 것은? (다툼이 있는 경우 판례에 의함)

① 현행법상 행정권의 시행명령제정의무를 규정하는 명시적인 법률규정은 없다.

② 삼권분립의 원칙, 법치행정의 원칙을 당연한 전제로 하고 있는 우리 헌법하에서 행정권의 행정입법 등 법집행의무는 헌법적 의무라고 보아야 한다.

③ 행정입법의 부작위가 위헌·위법이라고 하기 위하여는 행정청에게 행정입법을 하여야 할 작위의무를 전제로 하는 것이나, 그 작위의무가 인정되기 위하여는 행정입법의 제정이 법률의 집행에 필수불가결한 것일 필요는 없다.

④ 부작위위법확인소송의 대상이 될 수 있는 것은 구체적 권리의무에 관한 분쟁이어야 하고, 추상적인 법령에 관하여 제정의 여부 등은 그 자체로서 국민의 구체적인 권리의무에 직접적 변동을 초래하는 것이 아니어서 행정소송의 대상이 될 수 없다.

15 판례에 따르면 공법상 당사자소송과 가장 옳지 않은 것은?

① 조세부과처분의 당연무효를 전제로 하여 이미 납부한 세금의 반환청구

② 재개발조합을 상대로 조합원자격 유무에 관한 확인을 구하는 소송

③ 사업주가 당연가입자가 되는 고용보험 및 산재 보험에서 보험료 납부의무 부존재확인소송

④ 한국전력공사가 한국방송공사로부터 수신료의 징수업무를 위탁받아 자신의 고유업무와 관련된 고지행위와 결합하여 수신료를 징수할 권한이 있는지 여부를 다투는 쟁송

16 「행정소송법」의 규정내용으로 가장 옳지 않은 것은?

① 법원은 소송의 결과에 따라 권리 또는 이익의 침해를 받을 제3자가 있는 경우에는 당사자 또는 제3자의 신청 또는 직권에 의하여 결정으로써 그 제3자를 소송에 참가시킬 수 있다.

② 법원은 다른 행정청을 소송에 참가시킬 필요가 있다고 인정할 때에는 당사자 또는 당해 행정청의 신청 또는 직권에 의하여 결정으로써 그 행정청을 소송에 참가시킬 수 있다.

③ 법원이 제3자의 소송참가와 행정청의 소송참가에 관한 결정을 하는 경우에는 각각 당사자 및 제3자의 의견, 당사자와 및 당해 행정청의 의견을 들어야 한다.

④ 법원은 취소소송을 당해 처분 등에 관계되는 사무가 귀속하는 국가 또는 공공단체에 대한 당사자소송 또는 취소소송 외의 항고소송으로 변경하는 것이 상당하다고 인정할 때에는 청구의 기초에 변경이 없는 한 사실심의 변론종결 시까지 원고의 신청 또는 직권에 의하여 결정으로써 소의 변경을 허가할 수 있다.

17 판례에 따르면, 처분사유의 추가·변경 시 기본적 사실관계 동일성을 긍정한 사례로 가장 적절한 것은?

① 석유판매업허가신청에 대하여, 주유소 건축 예정 토지에 관하여 도시계획법령에 의거하여 행위제한을 추진하고 있다는 당초의 불허가처분사유와, 항고소송에서 주장한 위 신청이 토지형질변경허가의 요건 불비 및 도심의 환경보전의 공익상 필요라는 사유

② 석유판매업허가신청에 대하여, 관할 군부대장의 동의를 얻지 못하였다는 당초의 불허가사유와, 토지가 탄약창에 근접한 지점에 있어 공익적인 측면에서 보아 허가신청을 불허한 것은 적법하다는 사유

③ 온천으로서의 이용가치, 기존의 도시계획 및 공공사업에의 지장 여부 등을 고려하여 온천발견신고수리를 거부한 것은 적법하다는 사유와, 규정온도가 미달되어 온천에 해당하지 않는다는 사유

④ 이주대책신청기간이나 소정의 이주대책실시(시행)기간을 모두 도과하여 이주대책을 신청할 권리가 없고, 사업시행자가 이를 받아들여 택지나 아파트공급을 해 줄 법률상 의무를 부담한다고 볼 수 없다는 사유와, 사업지구 내 가옥 소유자가 아니라는 사유

18 다음 중 허가에 대한 설명으로 가장 옳지 않은 것은? (다툼이 있는 경우 판례에 의함)

① 개정 전 허가기준의 존속에 관한 국민의 신뢰가 개정된 허가기준의 적용에 관한 공익상의 요구보다 더 보호가치가 있다고 인정되는 경우에는 그러한 국민의 신뢰를 보호하기 위하여 개정된 허가기준의 적용을 제한할 여지가 있다.

② 법령상의 산림훼손 금지 또는 제한 지역에 해당하지 아니하더라도 중대한 공익상의 필요가 있다고 인정되는 경우, 산림훼손허가신청을 거부할 수 있다.

③ 어업에 관한 허가의 경우 그 유효기간이 경과하면 그 허가의 효력이 당연히 소멸하지만, 유효기간의 만료 후라도 재차 허가를 받게 되면 그 허가기간이 갱신되어 종전의 어업허가의 효력 또는 성질이 계속된다.

④ 요허가행위를 허가를 받지 않고 행한 경우에는 행정법상 처벌의 대상이 되지만 당해 무허가 행위의 법률상 효력이 당연히 부정되는 것은 아니다.

19 다음 중 행정행위의 철회에 대한 설명으로 가장 옳지 않은 것은? (다툼이 있는 경우 판례에 의함)

① 부담부 행정처분에 있어서 처분의 상대방이 부담을 이행하지 아니한 경우에 처분행정청으로서는 이를 들어 당해 처분을 철회할 수 있다.

② 외형상 하나의 행정처분이라 하더라도 가분성이 있거나 그 처분대상의 일부가 특정될 수 있다면 그 일부만의 취소도 가능하고 그 일부의 취소는 당해 취소부분에 관하여 효력이 생긴다.

③ 행정행위의 철회는 적법요건을 구비하여 완전히 효력을 발하고 있는 행정행위를 사후적으로 효력을 장래에 향해 소멸시키는 별개의 행정처분이다.

④ 처분 후에 원래의 처분을 그대로 존속시킬 수 없게 된 사정변경이 생긴 경우 처분청은 처분을 철회할 수 있다고 할 것이므로, 이 경우 처분의 상대방에게 그 철회·변경을 요구할 권리는 당연히 인정된다고 할 것이다.

20 다음 중 이행강제금에 대한 설명으로 가장 옳지 않은 것은? (다툼이 있는 경우 판례에 의함)

① 구 「건축법」상 이행강제금은 위반행위에 대하여 시정명령을 받은 후 시정기간 내에 당해 시정명령을 이행하지 아니한 건축주 등에 대하여 부과되는 간접강제의 일종으로서 금전제재의 성격을 가지므로 그 이행강제금 납부의무는 상속인 기타의 사람에게 승계될 수 있다.

② 행정청은 의무자가 행정상 의무를 이행할 때까지 이행강제금을 반복하여 부과할 수 있고, 의무자가 의무를 이행하면 새로운 이행강제금의 부과를 즉시 중지하되, 이미 부과한 이행강제금은 징수하여야 한다.

③ 장기 의무위반자가 이행강제금 부과 전에 그 의무를 이행하였다면 이행강제금의 부과로써 이행을 확보하고자 하는 목적은 이미 실현된 것이므로 이행강제금을 부과할 수 없다.

④ 이행강제금은 의무위반에 대하여 장래의 의무이행을 확보하는 수단이라는 점에서 과거의 의무위반에 대한 제재인 행정벌과 구별된다.

21 다음 중 행정상 손실보상에 대한 설명으로 가장 옳지 않은 것은? (다툼이 있는 경우 판례에 의함)

① 「공익사업을 위한 토지 등의 취득 및 보상에 관한 법률 시행령」에서 이주대책의 대상자에서 세입자를 제외하고 있는 것이 세입자의 재산권을 침해하는 것이라 볼 수 없다.

② 공익사업으로 인하여 영업을 폐지하거나 휴업하는 자가 구 「공익사업을 위한 토지 등의 취득 및 보상에 관한 법률」에 규정된 재결절차를 거치지 않은 채 곧바로 사업시행자를 상대로 영업손실보상을 청구할 수 없다.

③ 사업시행자 스스로 공익사업의 원활한 시행을 위하여 생활대책을 수립·실시할 수 있도록 하는 내부규정을 두고 이에 따라 생활대책 대상자 선정기준을 마련하여 생활대책을 수립·실시하는 경우, 생활대책 대상자 선정기준에 해당하는 자기 자신을 생활대책 대상자에서 제외하거나 선정을 거부한 사업시행자를 상대로 항고소송을 제기할 수 있다.

④ 보상청구권이 성립하기 위해서는 재산권에 대한 법적인 행위로서 공행정작용에 의한 침해를 말하고 사실행위는 포함되지 않는다.

22 다음 중 행정심판의 재결에 대한 설명으로 가장 옳지 않은 것은? (다툼이 있는 경우 판례에 의함)

① 조세부과처분이 국세청장에 대한 불복심사청구에 의하여 그 불복사유가 이유있다고 인정되어 취소되었음에도 처분청이 동일한 사실에 관하여 부과처분을 되풀이 한 것이라면 설령 그 부과처분이 감사원의 시정요구에 의한 것이라 하더라도 위법하다.

② 행정심판위원회는 의무이행재결이 있는 경우에 피청구인이 처분을 하지 아니한 경우에는 당사자의 신청 또는 직권으로 기간을 정하여 시정을 명하고 그 기간에 이행하지 아니하면 직접 처분을 할 수 있다.

③ 행정심판의 재결이 확정된 경우에도 처분의 기초가 된 사실관계나 법률적 판단이 확정되고 당사자들이나 법원이 이에 기속되어 모순되는 주장이나 판단을 할 수 없게 되는 것은 아니다.

④ 처분 취소재결이 있는 경우 당해 처분청은 재결의 취지에 반하지 아니하는 한 그 재결에 적시된 위법사유를 시정·보완하여 새로운 처분을 할 수 있는 것이고, 이러한 새로운 부과처분은 재결의 기속력에 저촉되지 아니한다.

23 X시의 공무원 甲은 乙이 건축한 건물이 건축허가에 위반하였다는 이유로 철거명령과 「행정대집행법」상의 절차를 거쳐 대집행을 완료하였다. 乙은 행정대집행의 처분들이 하자가 있다는 이유로 행정소송 및 손해배상소송을 제기하려고 한다. 다음 중 설명으로 가장 옳지 않은 것은? (다툼이 있는 경우 판례에 의함)

① 乙이 취소소송을 제기하는 경우, 행정대집행이 이미 완료된 것이므로 소의 이익이 없어 각하판결을 받을 것이다.

② 乙이 손해배상소송을 제기하는 경우, 민사법원은 그 행정처분이 위법인지 여부는 심사할 수 없다.

③ 「행정소송법」은 처분 등의 효력 유무 또는 존재 여부가 민사소송의 선결문제로 되는 경우 당해 민사소송의 수소법원이 이를 심리·판단할 수 있는 것으로 규정하고 있다.

④ X시의 손해배상책임이 인정된다면 X시는 고의 또는 중대한 과실이 있는 甲에게 구상할 수 있다.

24 다음 중 취소소송에 대한 설명으로 가장 옳지 않은 것은? (다툼이 있는 경우 판례에 의함)

① 제재적 행정처분의 효력이 제재기간 경과로 소멸하였더라도 관련 법규에서 제재적 행정처분을 받은 사실을 가중사유나 전제요건으로 삼아 장래의 제재적 행정처분을 하도록 정하고 있다면, 선행처분의 취소를 구할 법률상 이익이 있다.

② 행정처분의 취소소송 계속 중 처분청이 다툼의 대상이 되는 행정처분을 직권으로 취소하면 그 처분은 효력을 상실하여 더 이상 존재하지 않는 것이므로 존재하지 않는 처분을 대상으로 한 항고소송은 원칙적으로 소의 이익이 소멸하여 부적법하다.

③ 고등학교 졸업이 대학 입학 자격이나 학력 인정으로서의 의미밖에 없다고 할 수 없으므로 고등학교 졸업학력 검정고시에 합격하였다 하여 고등학교 학생으로서의 신분과 명예가 회복될 수 없는 것이니 퇴학처분을 받은 자로서는 퇴학처분의 위법을 주장하여 그 취소를 구할 소송상의 이익이 있다.

④ 소송계속 중 해당 처분이 기간의 경과로 그 효과가 소멸하더라도 예외적으로 그 처분의 취소를 구할 소의 이익을 인정할 수 있는 '행정처분과 동일한 사유로 위법한 처분이 반복될 위험성이 있는 경우'란 해당 사건의 동일한 소송 당사자 사이에서 반복될 위험이 있는 경우만을 의미한다.

25 다음 중 「행정소송법」상 집행정지결정에 대한 설명으로 가장 옳지 않은 것은? (다툼이 있는 경우 판례에 의함)

① 법원은 당사자의 신청 또는 직권에 의하여 처분 등의 효력이나 그 집행 또는 절차의 속행의 전부 또는 일부의 정지를 결정하거나, 또는 집행정지의 취소를 결정할 수 있다.

② 집행정지결정은 속행정지, 집행정지, 효력정지로 구분되고 이 중 속행정지는 처분의 집행이나 효력을 정지함으로써 목적을 달성할 수 있는 경우에는 허용되지 아니한다.

③ 과징금납부명령의 처분이 사업자의 자금 사정이나 경영 전반에 미치는 파급효과가 매우 중대하다는 이유로 인한 손해는 효력정지 내지 집행정지의 적극적 요건인 '회복하기 어려운 손해'에 해당한다.

④ 효력기간이 정해져 있는 제재적 행정처분에 대한 취소소송에서 법원이 본안소송의 판결선고 시까지 집행정지결정을 하면, 처분에서 정해 둔 효력기간은 판결선고 시까지 진행하지 않다가 판결이 선고되면 그때 집행정지결정의 효력이 소멸함과 동시에 처분의 효력이 당연히 부활하여 처분에서 정한 효력기간이 다시 진행한다.

2022 | **7급** 기출문제

모바일
OMR
답안분석
서비스

✅ 회독 CHECK 1 2 3

✅ 시험시간 25분 ✅ 해설편 068쪽

01 다음 중 「행정기본법」에 제시된 행정의 법원칙에 대한 설명으로 가장 옳지 않은 것은?

① 행정작용은 법률에 위반되어서는 아니 되며, 국민의 권리를 제한하거나 의무를 부과하는 경우와 그 밖에 국민생활에 중요한 영향을 미치는 경우에는 법률에 근거하여야 한다.

② 행정청은 어떠한 경우에도 국민을 차별하여서는 아니 된다.

③ 행정청은 행정권한을 남용하거나 그 권한의 범위를 넘어서는 아니 된다.

④ 행정청은 공익 또는 제3자의 이익을 현저히 해칠 우려가 있는 경우를 제외하고는 행정에 대한 국민의 정당하고 합리적인 신뢰를 보호하여야 한다.

02 다음 중 「질서위반행위규제법」에 대한 설명으로 가장 옳지 않은 것은?

① 행정청의 과태료 처분이나 법원의 과태료 재판이 확정된 후 법률이 변경되어 그 행위가 질서위반행위에 해당하지 아니하게 된 때에는 변경된 법률에 특별한 규정이 없는 한 과태료의 징수 또는 집행을 면제한다.

② 법률에 따르지 아니하고는 어떤 행위도 질서위반행위로 과태료를 부과하지 아니한다.

③ 신분에 의하여 성립하는 질서위반행위에 신분이 없는 자가 가담한 때에 신분이 없는 자에 대하여는 질서위반행위가 성립하지 아니한다.

④ 신분에 의하여 과태료를 감경 또는 가중하거나 과태료를 부과하지 아니하는 때에는 그 신분의 효과는 신분이 없는 자에게는 미치지 아니한다.

03 다음 중 행정행위에 대한 설명으로 가장 옳지 않은 것은? (다툼이 있는 경우 판례에 따름)

① 개별공시지가결정과 이를 기초로 한 과세처분인 양도소득세 부과처분에서는 흠의 승계는 긍정된다.

② 하자 있는 행정처분이 당연무효가 되기 위해서는 그 하자가 법규의 중요한 부분을 위반한 중대한 것으로서 객관적으로 명백한 것이어야 하며, 하자가 중대하고 명백한지 여부를 판별할 때에는 그 법규의 목적 · 의미 · 기능 등을 목적론적으로 고찰함과 동시에 구체적 사안 자체의 특수성에 관하여도 합리적으로 고찰함을 요한다.

③ 무효인 행정행위에 대하여 무효의 주장을 취소소송의 형식(무효선언적 취소)으로 제기하는 경우에 있어서, 취소소송의 형식에 의하여 제기되었더라도 이러한 소송에 있어서는 취소소송의 제소요건의 제한을 받지 아니한다.

④ 위법한 행정대집행이 완료되면 그 처분의 무효확인 또는 취소를 구할 소의 이익은 없다 하더라도, 미리 그 행정처분의 취소판결이 있어야만, 그 행정처분의 위법임을 이유로 한 손해배상 청구를 할 수 있는 것은 아니다.

04 다음 중 행정행위에 대한 설명으로 가장 옳지 않은 것은? (다툼이 있는 경우 판례에 따름)

① 행정행위를 한 처분청은 그 처분 당시에 그 행정처분에 별다른 하자가 없었고 또 그 처분 후에 이를 취소할 별도의 법적 근거가 없다 하더라도 원래의 처분을 그대로 존속시킬 필요가 없게 된 사정변경이 생겼거나 또는 중대한 공익상의 필요가 발생한 경우에는 별개의 행정행위로 이를 철회하거나 변경할 수 있다.

② 일반적으로 조례가 법률 등 상위법령에 위배된다는 사정은 그 조례의 규정을 위법하여 무효라고 선언한 대법원의 판결이 선고되지 아니한 상태에서는 그 조례 규정의 위법 여부가 해석상 다툼의 여지가 없을 정도로 명백하였다고 인정되지 아니하는 이상 객관적으로 명백한 것이라 할 수 없으므로, 이러한 조례에 근거한 행정처분의 하자는 취소사유에 해당할 뿐 무효사유가 된다고 볼 수는 없다.

③ 일반적으로 행정처분이나 행정심판 재결이 불복기간의 경과로 확정될 경우 그 확정력은, 처분으로 법률상 이익을 침해받은 자가 당해 처분이나 재결의 효력을 더 이상 다툴 수 없다는 의미이므로 확정판결에서와 같은 기판력이 인정된다.

④ 도로점용허가의 점용기간은 행정행위의 본질적인 요소에 해당한다고 볼 것이어서 부관인 점용기간을 정함에 있어서 위법사유가 있다면 이로써 도로점용허가 처분 전부가 위법하게 된다.

05 다음 중 「정부조직법」에 대한 설명으로 가장 옳지 않은 것은?

① 대통령은 정부의 수반으로서 법령에 따라 모든 중앙행정기관의 장을 지휘·감독한다.

② 대통령은 국무총리와 중앙행정기관의 장의 명령이나 처분이 위법 또는 부당하다고 인정하면 이를 중지 또는 취소할 수 있다.

③ 국무총리는 대통령의 명을 받아 각 중앙행정기관의 장을 지휘·감독한다.

④ 국무총리는 중앙행정기관의 장의 명령이나 처분이 위법 또는 부당하다고 인정될 경우에는 스스로 이를 중지 또는 취소할 수 있다.

06 다음 중 「행정조사기본법」상 행정조사에 대하여 괄호 안에 들어갈 단어로 가장 옳지 않은 것은?

행정조사는 조사목적을 달성하는 데 필요한 (ㄱ) 범위 안에서 실시하여야 하며, (ㄴ) 등을 위하여 조사권을 남용하여서는 아니 된다. 행정기관은 (ㄷ)에 적합하도록 조사대상자를 선정하여 행정조사를 실시하여야 한다. 행정기관은 유사하거나 동일한 사안에 대하여는 공동조사 등을 실시함으로써 행정조사가 (ㄹ) 아니하도록 하여야 한다. 행정조사는 법령 등의 위반에 대한 (ㅁ)보다는 법령 등을 준수하도록 (ㅂ)하는 데 중점을 두어야 한다. 다른 (ㅅ)에 따르지 아니하고는 행정조사의 대상자 또는 행정조사의 내용을 공표하거나 직무상 알게 된 비밀을 누설하여서는 아니 된다. 행정기관은 행정조사를 통하여 알게 된 정보를 다른 법률에 따라 내부에서 이용하거나 다른 기관에 제공하는 경우를 제외하고는 원래의 (ㅇ) 이외의 용도로 이용하거나 타인에게 제공하여서는 아니 된다.

① ㄱ: 적절한   ㄴ: 다른 목적
② ㄷ: 조사목적   ㄹ: 중복되지
③ ㅁ: 처벌   ㅂ: 유도
④ ㅅ: 법률   ㅇ: 조사목적

07 다음 중 원고에게 법률상 이익이 인정되는 사안으로만 묶은 것은? (다툼이 있는 경우에 판례에 따름)

> ㄱ. 주거지역 내에 법령상 제한면적을 초과한 연탄공장 건축허가처분에 대한 주거지역 외에 거주하는 거주자의 취소소송
>
> ㄴ. 지방자치단체장이 공장시설을 신축하는 회사에 대하여 사업승인 당시 부가하였던 조건을 이행할 때까지 신축공사를 중지하라는 명령을 발하였고, 회사는 중지명령의 원인사유가 해소되지 않았음에도 공사중지명령의 해제를 요구하였고, 이에 대한 지방자치단체장의 해제요구의 거부에 대한 회사의 취소소송
>
> ㄷ. 관련법령상 인가·허가 등 수익적 행정처분을 신청한 여러 사람이 서로 경원관계에 있어서 한 사람에 대한 허가 등 처분이 다른 사람에 대한 불허가 등으로 귀결될 수밖에 없는 경우에, 허가 등 처분을 받지 못한 자가 자신에 대한 거부에 대하여 제기하는 취소소송
>
> ㄹ. 이른바 예탁금회원제 골프장에 있어서, 체육시설업자가 회원모집계획서를 제출하면서 사업계획의 승인을 받을 때 정한 예정인원을 초과하여 회원을 모집하는 내용의 회원모집계획서를 제출하여 그에 대한 시·도지사 등의 검토결과 통보를 받은 경우, 기존회원이 회원모집계획서에 대한 시·도지사의 검토결과 통보에 대한 취소소송

① ㄱ, ㄷ

② ㄷ, ㄹ

③ ㄴ, ㄹ

④ ㄱ, ㄴ

08 다음 중 행정조직에 대한 설명으로 가장 옳지 않은 것은?

① 중앙행정기관에는 소관사무를 수행하기 위하여 필요한 때에는 특히 법률로 정한 경우를 제외하고는 대통령령으로 정하는 바에 따라 지방행정기관을 둘 수 있다.

② 행정기관에는 그 소관사무의 일부를 독립하여 수행할 필요가 있는 때에는 대통령령으로 정하는 바에 따라 행정위원회 등 합의제행정기관을 둘 수 있다.

③ 행정기관은 법령으로 정하는 바에 따라 그 소관사무의 일부를 보조기관 또는 하급행정기관에 위임하거나 다른 행정기관·지방자치단체 또는 그 기관에 위탁 또는 위임할 수 있다. 이 경우 위임 또는 위탁을 받은 기관은 특히 필요한 경우에는 법령으로 정하는 바에 따라 위임 또는 위탁을 받은 사무의 일부를 보조기관 또는 하급행정기관에 재위임할 수 있다.

④ 행정기관은 법령으로 정하는 바에 따라 그 소관사무 중 조사·검사·검정·관리 업무 등 국민의 권리·의무와 직접 관계되지 아니하는 사무를 지방자치단체가 아닌 법인·단체 또는 그 기관이나 개인에게 위탁할 수 있다.

09 다음 중 「국유재산법」에 대한 설명으로 가장 옳지 않은 것은?

① 국유재산에 관한 사무에 종사하는 직원은 그 처리하는 국유재산을 취득하거나 자기의 소유재산과 교환하지 못하며, 이에 위반한 행위는 취소할 수 있다.

② 국유재산은 그 용도에 따라 행정재산과 일반재산으로 구분되며, 행정재산 외의 모든 국유재산은 일반재산이다.

③ 행정재산은 처분하지 못하며, 국가 외의 자는 원칙적으로 국유재산에 건물, 교량 등 구조물과 그 밖의 영구시설물을 축조하지 못한다.

④ 사권(私權)이 설정된 재산은 판결에 따라 취득하는 경우를 제외하고는 그 사권이 소멸된 후가 아니면 국유재산으로 취득하지 못한다.

10 다음 중 행정행위의 구성요건적 효력(공정력)과 선결문제에 대한 설명으로 가장 옳지 않은 것은? (다툼이 있는 경우 판례에 의함)

① 갑이 영업정지처분이 위법하다고 주장하면서 국가를 상대로 손해배상청구소송을 제기한 경우, 법원은 취소사유에 해당하는 것을 인정하더라도 그 처분의 취소판결이 없는 한 손해배상청구를 인용할 수 없다.

② 선결문제가 행정행위의 당연무효이면 민사법원이 직접 그 무효를 판단할 수 있다.

③ 과세대상과 납세의무자 확정이 잘못되어 당연무효인 과세에 대해서는 체납이 문제될 여지가 없으므로 조세체납범이 문제되지 않는다.

④ 행정행위의 위법여부가 범죄구성요건의 문제로 된 경우에는 형사법원이 행정행위의 위법성을 인정할 수 있다.

11 다음 중 하자의 승계가 인정되는 경우는? (다툼이 있는 경우 판례에 의함)

① 국제항공노선 운수권배분 실효처분 및 노선면허 거부처분과 노선면허처분

② 보충역편입처분과 공익근무요원소집처분

③ 토지구획정리사업시행인가처분과 환지청산금부과처분

④ 대집행계고처분과 비용납부명령

12 다음 중 공무원관계에 대한 설명으로 가장 옳지 않은 것은? (다툼이 있는 경우 판례에 의함)

① 임용결격자가 공무원으로 임용되어 사실상 근무하여 온 경우 임용결격의 하자가 치유되어 「공무원연금법」이나 「근로자퇴직급여 보장법」에서 정한 퇴직급여를 청구할 수 있다.

②「국가공무원법」상 직위해제에 관한 규정은 징계절차 및 그 시행과는 관계가 없는 규정이므로 직위해제 중에 있는 자에 대하여도 징계처분을 할 수 있다.

③「국가공무원법」상 직위해제처분은 처분의 사전통지 및 의견청취 등에 관한 행정절차법 규정이 별도로 적용되지 아니한다.

④ 공무원은 자신에 대한 징계처분에 대해 항고소송을 제기하려면 반드시 소청심사위원회의 결정을 거쳐야 한다.

13 다음 중 공무원으로 임용이 될 수 있는 자는 몇 명인가?

ㄱ. 징계에 의하여 해임의 처분을 받은 때로부터 1,500일이 된 자

ㄴ. 공무원으로 재직기간 중 직무와 관련하여 「형법」 제355조 및 제356조에 규정된 죄를 범한 자로서 100만원의 벌금형을 선고받고 그 형이 확정된 후 2년이 지나지 아니한 자

ㄷ. 미성년자에 대한 「아동 · 청소년의 성보호에 관한 법률」 제2조 제2호에 따른 아동 · 청소년대상 성범죄를 저질러 해임된 사람

ㄹ. 금고 이상의 형을 선고받고 그 집행유예 기간이 끝난 날부터 1,500일이 된 자

ㅁ. 금고 이상의 실형을 선고받고 그 집행이 종료되거나 집행을 받지 아니하기로 확정된 후 1,500일이 된 자

ㅂ.「성폭력범죄의 처벌 등에 관한 특례법」 제2조에 규정된 죄를 범한 사람으로서 100만 원 이상의 벌금형을 선고받고 그 형이 확정된 후 3년이 지나지 아니한 자

① 1명
② 2명
③ 3명
④ 4명

14 다음 중 「공익사업을 위한 토지 등의 취득 및 보상에 관한 법률」에 대한 설명으로 가장 옳지 않은 것은?

① 사업시행자가 수용 또는 사용의 개시일까지 관할 토지수용위원회가 재결한 보상금을 지급하거나 공탁하지 아니하였을 때에는 해당 토지수용위원회의 재결은 효력을 상실하고, 이 경우 사업시행자는 재결의 효력이 상실됨으로 인하여 토지소유자 또는 관계인이 입은 손실을 보상하여야 한다.

② 사업시행자는 보상금을 받을 자가 그 수령을 거부하거나 보상금을 수령할 수 없을 때에는 수용 또는 사용의 개시일까지 수용하거나 사용하려는 토지 등의 소재지의 공탁소에 보상금을 공탁(供託)할 수 있다.

③ 공익사업에 필요한 토지 등의 취득 또는 사용으로 인하여 토지소유자나 관계인이 입은 손실은 국가 또는 지방자치단체가 보상하여야 한다.

④ 토지수용위원회의 재결이 있은 후 수용하거나 사용할 토지나 물건이 토지소유자 또는 관계인의 고의나 과실 없이 멸실되거나 훼손된 경우 그로 인한 손실은 사업시행자가 부담한다.

15 다음 중 「지방자치법」의 내용에 대한 설명으로 가장 옳지 않은 것은?

① 지방자치단체는 1. 특별시, 광역시, 도, 특별자치도와 2. 시, 군, 구의 두 가지 종류로 구분한다.

② 지방자치단체의 장은 주민에게 과도한 부담을 주거나 중대한 영향을 미치는 지방자치단체의 주요 결정사항 등에 대하여 주민투표에 부칠 수 있다.

③ 주민은 지방자치단체의 조례를 제정하거나 개정하거나 폐지할 것을 청구할 수 있다.

④ 주민은 그 지방자치단체의 장 및 지방의회의원(비례대표 지방의회의원은 제외한다)을 소환할 권리를 가진다.

16 다음 중 행정법상 의무의 강제방법에 대한 설명으로 가장 옳지 않은 것은? (다툼이 있는 경우 판례에 의함)

① 법인은 기관을 통하여 행위하므로 법인이 대표자를 선임한 이상 그의 행위로 인한 법률효과는 법인에게 귀속되어야 하고, 법인 대표자의 범죄행위에 대하여는 법인이 자신의 행위에 대한 책임을 부담하는 것이다.

② 행정청이 여러 개의 위반행위에 대하여 하나의 제재처분을 하였으나, 위반행위별로 제재처분의 내용을 구분하는 것이 가능하고 여러 개의 위반행위 중 일부의 위반행위에 대한 제재처분 부분만이 위법하다면, 법원은 제재처분 중 위법성이 인정되는 부분만 취소하여야 하고 제재처분 전부를 취소하여서는 아니 된다.

③ 관계 법령상 행정대집행의 절차가 인정되어 행정청이 행정대집행의 방법으로 건물의 철거 등 대체적 작위의무의 이행을 실현할 수 있는 경우에는 따로 민사소송의 방법으로 그 의무의 이행을 구할 수 없다.

④ 행정대집행은 대체적 작위의무에 대한 강제집행수단이고, 이행강제금은 부작위의무나 비대체적 작위의무에 대한 강제집행수단이므로 이행강제금은 대체적 작위의무의 위반에 대하여는 부과될 수 없다.

17 다음 중 「행정기본법」에 규정된 행정법상 원칙으로 가장 옳지 않은 것은?

① 성실의무 및 권한남용금지의 원칙

② 신뢰보호의 원칙

③ 부당결부금지의 원칙

④ 행정의 자기구속의 원칙

18 다음 중 행정처분의 효력에 대한 설명으로 가장 옳지 않은 것은? (다툼이 있는 경우 판례에 의함)

① 행정행위의 공정력이란 행정행위가 위법하더라도 취소되지 않는 한 유효한 것으로 통용되는 효력을 의미하는 것이다.

② 행정행위의 공정력은 판결의 기판력과 같은 효력은 아니지만 그 공정력의 객관적 범위에 속하는 행정행위의 하자가 취소사유에 불과한 때에는 그 처분이 취소되지 않는 한 처분의 효력을 부정하여 그로 인한 이득을 법률상 원인 없는 이득이라고 말할 수 없는 것이다.

③ 영업의 금지를 명한 영업허가취소처분 자체가 나중에 행정쟁송절차에 의하여 취소되었다면 그 영업허가취소처분 이후의 영업행위를 무허가영업이라고 볼 수는 없다.

④ 과세관청이 법령 규정의 문언상 과세처분요건의 의미가 분명함에도 합리적인 근거 없이 그 의미를 잘못 해석한 결과, 과세처분요건이 충족되지 아니한 상태에서 해당 처분을 한 경우에는 과세요건사실을 오인한 것에 불과하여 그 하자가 명백하다고 할 수 없다.

19 다음 중 행정처분의 소멸에 대한 설명으로 가장 옳지 않은 것은? (다툼이 있는 경우 판례에 의함)

① 취소심판을 제기한 경우 관할 행정심판위원회에서 취소재결하는 것은 직권취소에 해당한다.

② 도시계획시설사업의 사업자 지정을 한 관할청은 도시계획시설사업의 시행자 지정에 하자가 있는 경우, 별도의 법적 근거가 없더라도 스스로 이를 취소할 수 있다.

③ 종전 행정처분에 하자가 있음을 전제로 직권으로 이를 취소하는 행정처분의 경우 하자나 취소해야 할 필요성에 관한 증명책임은 기존이익과 권리를 침해하는 처분을 한 행정청에 있다.

④ 지방병무청장은 군의관의 신체등위판정이 금품수수에 따라 위법 또는 부당하게 이루어 졌다고 인정하는 경우, 그 신체등위판정을 기초로 자신이 한 병역처분을 직권으로 취소할 수 있다.

20 다음 중 국유재산에 대한 설명으로 옳지 않은 것은? (다툼이 있는 경우 판례에 의함)

① 기업용재산은 행정재산에 속한다.

② 국유재산은 「민법」에도 불구하고 시효취득의 대상이 되지 아니한다.

③ 국유재산이 용도폐지되기 전 종전 관리청이 부과 · 징수하지 아니한 사용료가 있는 경우, 용도폐지된 국유재산을 종전 관리청으로부터 인계받은 기획재정부장관이 사용료를 부과 · 징수할 수 있는 권한을 가진다.

④ 행정재산의 사용허가를 받은 자가 그 행정재산의 관리를 소홀히 하여 재산상의 손해를 발생하게 한 경우에는 사용료 외에 대통령령으로 정하는 바에 따라 그 사용료를 넘지 아니하는 범위에서 가산금을 징수할 수 있다.

21 다음 중 「공익사업을 위한 토지 등의 취득 및 보상에 관한 법률」상 손실보상제도에 대한 설명으로 가장 옳은 것은? (다툼이 있는 경우 판례에 의함)

① 사업시행자가 광업권 · 어업권 · 양식업권 또는 물의 사용에 관한 권리를 취득하거나 사용하는 경우에는 동법이 적용되지 않는다.

② 토지수용위원회의 수용재결이 있은 후라고 하더라도 토지소유자 등과 사업시행자가 다시 협의하여 토지 등의 취득이나 사용 및 그에 대한 보상에 관하여 임의로 계약을 체결할 수 있다.

③ 사업시행자가 수용 또는 사용의 개시일까지 관할 토지수용위원회가 재결한 보상금을 지급하거나 공탁하지 아니하였을 때에는 해당 토지수용위원회의 재결의 효력은 확정되어 더 이상 다툴 수 없다.

④ 사업시행자가 동일한 토지소유자에 속하는 일단의 토지 일부를 취득함으로 잔여지를 종래의 목적에 사용하는 것이 불가능하거나 현저히 곤란한 경우이어야만 잔여지 손실보상청구를 할 수 있다.

22 다음 중 정보공개에 대한 설명으로 가장 옳지 않은 것은? (다툼이 있는 경우 판례에 의함)

① 자연인은 물론 법인과 법인격 없는 사단·재단도 공공기관이 보유·관리하는 정보의 공개를 청구할 수 있다.

② 국내에 일정한 주소를 두고 거주하는 외국인은 정보공개청구권을 가진다.

③ 이미 다른 사람에게 공개되어 널리 알려져 있거나 인터넷을 통해 공개되어 인터넷 검색 등을 통하여 쉽게 검색할 수 있는 경우에는 공개청구의 대상이 될 수 없다.

④ 정보란 공공기관이 직무상 작성 또는 취득하여 관리하고 있는 문서(전자문서를 포함한다) 및 전자매체를 비롯한 모든 매체 등에 기록된 사항을 말한다.

23 다음 중 「행정소송법」상 사정판결에 대한 내용으로 가장 옳지 않은 것은?

> 제28조(사정판결) ① 원고의 청구가 (ㄱ)고 인정하는 경우에도 처분 등을 취소하는 것이 현저히 (ㄴ)에 적합하지 아니하다고 인정하는 때에는 법원은 원고의 청구를 (ㄷ)할 수 있다. 이 경우 법원은 그 판결의 (ㄹ)에서 그 처분 등이 (ㅁ)을 명시하여야 한다.
> ② 법원이 제1항의 규정에 의한 판결을 함에 있어서는 미리 원고가 그로 인하여 입게 될 (ㅂ)의 정도와 배상방법 그 밖의 사정을 조사하여야 한다.
> ③ 원고는 피고인 행정청이 속하는 국가 또는 공공단체를 상대로 (ㅅ), (ㅇ) 그 밖에 적당한 구제방법의 청구를 당해 취소소송 등이 계속된 법원에 병합하여 제기할 수 있다.

① ㄱ: 이유 있다   ㅇ: 제해시설의 설치
② ㄴ: 공공복리   ㅅ: 손해배상
③ ㄷ: 기각   ㅂ: 손해
④ ㄹ: 이유   ㅁ: 위법함

24 다음 중 「행정절차법」상 처분의 사전통지에 대한 설명 중 가장 옳은 것은? (다툼이 있는 경우 판례에 의함)

① 행정청은 당사자에게 사전통지를 하면서 의견제출에 필요한 기간을 10일 이상으로 고려하여 정하여 통지하여야 한다.

② 신청에 대한 거부처분은 당사자의 권익을 제한하는 처분에 해당하므로 처분의 사전통지의 대상이 된다.

③ 현장조사에서 처분상대방이 위반사실을 시인하였다면 행정청은 처분의 사전통지절차를 하지 않아도 된다.

④ 행정청은 해당 처분의 성질상 의견청취가 현저히 곤란하더라도 사전통지를 해야 한다.

25 다음 중 통치행위에 대한 설명으로 가장 옳지 않은 것은? (다툼이 있는 경우 판례에 의함)

① 국군을 외국에 파견하는 결정은 통치행위로서 고도의 정치적 결단이 요구되는 사안에 대한 대통령과 국회의 판단은 존중되어야 하고 헌법재판소가 사법적 기준만으로 이를 심판하는 것은 자제되어야 한다.

② 남북정상회담의 개최과정에서 재정경제부장관에게 신고하지 아니하고 북한 측에 사업권의 대가 명목으로 송금한 행위는 남북정상회담에 도움을 주기 위한 통치행위로서 사법심사의 대상이 되지 아니한다.

③ 대통령의 사면권행사는 형의 선고의 효력 또는 공소권을 상실시키거나 형의 집행을 면제시키는 국가원수의 고유한 권한을 의미하며, 사법부의 판단을 변경하는 제도로서 권력분립의 원리에 대한 예외이다.

④ 대통령의 긴급재정경제명령은 국가긴급권의 일종으로서 고도의 정치적 결단이나, 그것이 국민의 기본권 침해와 직접 관련되는 경우에는 당연히 헌법재판소의 심판대상이 된다.

2022.07.16. 시행

2022 | 5급 기출문제

모바일
OMR
답안분석
서비스

◆ 회독 CHECK 1 2 3

✓ 시험시간 25분 ✓ 해설편 078쪽

01 다음 중 행정의 법원칙에 대한 설명으로 가장 옳지 않은 것은? (다툼이 있는 경우 판례에 의함)

① 관할관청이 폐기물처리업 사업계획에 대하여 적정통보를 한 것만으로도 그 사업부지 토지에 대한 국토이용계획변경신청을 승인하여 주겠다는 취지의 공적인 견해표명을 한 것으로 볼 수 있다.

② 행정청은 행정작용을 할 때 상대방에게 해당 행정작용과 실질적인 관련이 없는 의무를 부과해서는 아니 된다.

③ 행정청은 권한 행사의 기회가 있음에도 불구하고 장기간 권한을 행사하지 아니하여 국민이 그 권한이 행사되지 아니할 것으로 믿을 만한 정당한 사유가 있는 경우에는 그 권한을 행사해서는 아니 되지만, 공익 또는 제3자의 이익을 현저히 해칠 우려가 있는 경우는 예외로 한다.

④ 행정청은 합리적 이유 없이 국민을 차별하여서는 아니 된다.

02 다음 중 '적극행정'에 대한 다음 관련 법령상의 설명 중 가장 옳지 않은 것은?

① '적극행정'이란 공무원이 불합리한 규제를 개선하는 등 공공의 이익을 위해 창의성과 전문성을 바탕으로 적극적으로 업무를 처리하는 행위를 말한다.

② 공무원이 적극행정을 추진한 결과에 대해 그의 행위에 고의 또는 중대한 과실이 없는 경우에는 「감사원법」 제34조의3 및 「공공감사에 관한 법률」 제23조의2에 따라 징계 요구 또는 문책 요구 등 책임을 묻지 않는다.

③ 국가와 지방자치단체는 소속 공무원이 공공의 이익을 위하여 적극적으로 직무를 수행할 수 있도록 제반 여건을 조성하고, 이와 관련된 시책 및 조치를 추진하여야 한다.

④ 행정은 현저히 공공의 이익에 반하지 않는 한 적극적으로 추진되어야 한다.

03 다음 중 행정절차에 대한 설명으로 옳지 않은 것을 모두 고른 것은? (다툼이 있는 경우 판례에 의함)

> ㄱ. 묘지공원과 화장장의 후보지를 선정하는 과정에서 서울특별시, 비영리법인, 일반 기업 등이 공동발족한 협의체인 추모공원건립추진협의회가 후보지 주민들의 의견을 청취하기 위하여 그 명의로 개최한 공청회는 「행정절차법」에서 정한 절차를 준수하여야 하는 것은 아니다.
>
> ㄴ. 구 「광업법」상 처분청이 광업용 토지수용을 위한 사업인정을 하고자 할 때에 토지소유자와 토지에 관한 권리를 가진 자의 의견을 들어야 한다고 한 것은 처분청이 그 의견에 기속되는 것이다.
>
> ㄷ. 「공무원연금법」상 퇴직연금의 환수결정은 당사자에게 의무를 과하는 처분이므로, 퇴직연금의 환수결정에 앞서 당사자에게 의견진술의 기회를 주지 아니하면 「행정절차법」에 어긋난다.
>
> ㄹ. 행정청이 당사자와 사이에 도시계획사업의 시행과 관련한 협약을 체결하면서 「행정절차법」에 규정된 청문의 실시를 배제하는 조항을 둔 경우, 이는 청문을 실시하지 않아도 되는 예외적인 경우에 해당한다.

① ㄱ, ㄴ

② ㄴ, ㄷ

③ ㄴ, ㄷ, ㄹ

④ ㄱ, ㄴ, ㄷ, ㄹ

04 다음 중 「공공기관의 정보공개에 관한 법률」에 대한 설명으로 가장 옳은 것은? (다툼이 있는 경우 판례에 의함)

① 공개를 구하는 정보를 공공기관이 한때 보유·관리하였으나 후에 그 정보가 담긴 문서 등이 폐기되어 존재하지 않게 된 것이라면 그 정보를 더 이상 보유·관리하고 있지 아니하다는 점에 대한 증명책임은 공공기관에게 있다.

② 청구인이 정보공개거부처분의 취소를 구하는 소송에서 공공기관이 청구정보를 증거 등으로 법원에 제출하여 법원을 통하여 그 사본을 청구인에게 교부 또는 송달되게 하여 결과적으로 청구인에게 정보를 공개하는 셈이 되었다면, 당해 정보의 비공개결정의 취소를 구할 소의 이익은 소멸된다.

③ 법원이 행정기관의 정보공개거부처분의 위법 여부를 심리한 결과 공개를 거부한 정보에 비공개사유에 해당하는 부분과 그렇지 않은 부분이 혼합되어 있고, 공개청구의 취지에 어긋나지 않는 범위 안에서 두 부분을 분리할 수 있음을 인정할 수 있더라도 공개가 가능한 정보에 국한하여 일부취소를 명할 수 없다.

④ 공공기관이 공개청구의 대상이 된 정보를 공개는 하되, 청구인이 신청한 공개방법 이외의 방법으로 공개하기로 하는 결정을 하였다면, 이는 정보공개청구 중 정보공개방법에 관한 부분만을 달리한 것이므로 일부 거부처분이라 할 수 없다.

05 다음 중 판례에서 공법상 당사자소송의 대상으로 본 것은 모두 몇 개인가?

> ㄱ. 부가가치세 환급세액 지급청구소송
> ㄴ. 원고는 국가로부터 태극무공훈장을 수여 받았는데 국가의 훈기부상 화랑무공훈장을 수여받은 것으로 기재되어 있으므로 피고는 원고가 태극무공훈장을 수여받은 자임을 확인하라는 소송
> ㄷ. 하천구역 편입토지에 대한 손실보상청구권에 관한 소송
> ㄹ. 「민주화운동관련자 명예회복 및 보상 등에 관한 법률」상의 보상 심의위원회의 보상금 지급신청의 기각결정에 관한 소송
> ㅁ. 공중보건의사 채용계약 해지의 무효확인의 청구를 구하는 소송

① 2개　　　　　② 3개
③ 4개　　　　　④ 5개

06 다음 중 지방자치에 대한 설명으로 옳지 않은 것은? (다툼이 있는 경우 판례에 의함)

① 지방자치단체가 자치조례를 제정할 수 있는 사항은 지방자치단체의 고유사무인 자치사무에 한하는 것이고, 개별 법령에 의하여 지방자치단체에 위임된 단체위임사무와 국가사무가 지방자치단체의 장에게 위임된 기관위임사무는 원칙적으로 자치조례의 제정범위에 속하지 않는다.

② 시·군·구의 장의 자치사무의 일종인 당해 지방자치단체 소속 공무원에 대한 승진처분이 재량권을 일탈·남용하여 위법하게 된 경우 시·도지사는 지방자치법에 따라 그에 대한 시정 명령이나 취소 또는 정지를 할 수 있다.

③ 매립지가 속할 지방자치단체를 정하는 결정에 대하여 대법원에 소송을 제기할 수 있는 주체는 관계 지방자치단체의 장일 뿐 지방자치단체가 아니다.

④ 담배소매업을 영위하는 주민들에게 자판기 설치를 제한하는 것을 내용으로 하는 조례는 주민의 직업선택의 자유 특히 직업수행의 자유를 제한하는 것이 되어 지방자치법상 주민의 권리의무에 관한 사항을 규율하는 조례라고 할 수 있으므로 지방자치단체가 이러한 조례를 제정함에 있어서는 법률의 위임을 필요로 한다.

07 다음 사안에 대한 설명 중 가장 옳은 것은? (다툼이 있는 경우는 판례에 의함)

A는 단기복무부사관으로서 복무기간만료 시점이 다가옴에 따라 복무기간연장을 신청하고자 한다. 그러나 복무기간연장을 위한 지원자심사에서 탈락하는 경우에 대비하여 전역지원서를 아울러 제출하도록 한 육군참모총장의 방침에 따라 A도 복무연장지원서와 전역지원서를 함께 제출하였다. 그 결과 A의 전역지원서가 수리되어 전역처분을 받게 되었다.

① A의 전역지원서는 공법적 효과를 발생하는 '사인의 공법행위'의 일종으로서 신고만으로 효력을 발생한다.
② A의 군복무관계는 특별권력관계이므로 그 안에서 행하여진 전역처분에 대하여는 소송을 제기할 수 없다.
③ 계속복무를 원하는 자에게 복무연장지원서를 제출하게 하면서 이와는 정반대되는 전역지원서를 함께 제출하게 하였다면 그 전역지원서를 제출하였다고 하여 전역을 원하는 의사가 있었다고는 볼 수 없다.
④ 전역지원의 의사표시가 진의 아닌 의사표시라고 하더라도 그 무효에 관한 법리를 선언한 「민법」 제107조 제1항 단서의 규정은 그 성질상 사인의 공법행위에는 적용되지 않는다 할 것이므로 그 표시된 대로 유효한 것으로 보아야 할 것이다.

08 다음은 행정법상 기본원칙에 속하는 실권(失權) 내지 실효(失效)의 법리에 대한 설명이다. 가장 옳지 않은 것은?

① 실권의 법리는 상대방이 행정권한행사를 위한 법령요건을 갖춘 시점으로부터 장기간 권한 행사를 하지 아니한 때에 인정될 수 있다는 점에서 「형사소송법」상 공소시효의 기산점과 유사성을 갖는 것으로 평가할 수 있다.
② 종래 판례에 의해 인정되었으나 현재에는 「행정기본법」 제12조 제2항에 법적 근거를 두고 있는 행정법의 일반원칙이라고 할 수 있다.
③ 국가안전보장이나 질서유지 또는 공공복리 등의 공익이나 제3자의 이익을 현저히 해칠 우려가 있는 경우에는 인정되지 않을 수도 있다는 점에서 「행정심판법」이나 「행정소송법」상 사정재결·판결과 유사성을 갖는 것으로 평가할 수 있다.
④ 제재처분의 경우에는 실권의 법리에도 불구하고 법령 등의 위반행위가 종료된 날로부터 5년이 지나면 해당 위반행위에 대한 제재처분은 허용되지 아니한다.

09 다음 중 공물에 대한 설명으로 가장 옳지 않은 것은? (다툼이 있는 경우 판례에 의함)

① 도로는 도로로서의 형태를 갖추고, 「도로법」에 따른 노선의 지정이나 인정의 공고 및 도로구역 결정·고시를 한 때 또는 「국토계획법」이나 「도시정비법」이 정한 절차를 거쳐 도로를 설치하였을 때에 공공용물로서 공용개시행위가 있다고 할 수 있다.
② 공물의 용도폐지 의사표시는 명시적이든 묵시적이든 불문하나 적법한 의사표시이어야 하고 단지 사실상 공물로서의 용도에 사용되지 아니하고 있다는 사실이나 무효인 매도행위를 가지고 용도폐지의 의사표시가 있다고 볼 수 없다.
③ 행정목적을 위하여 공용되는 행정재산은 공용폐지가 되지 않는 한 사법상 거래의 대상이 될 수 없으므로 취득시효의 대상도 될 수 없다.
④ 국유재산 등의 관리청이 하는 행정재산의 사용·수익에 대한 허가는 관리청이 공권력을 가진 우월적 지위에서 행하는 행정처분이 아니라 순전히 사경제주체로서 행하는 사법상의 행위이다.

10 다음 중 행정의 실효성 확보수단에 대한 설명으로 가장 옳지 않은 것은? (다툼이 있는 경우 판례에 의함)

① 세무조사결정은 납세의무자의 권리·의무에 직접 영향을 미치는 공권력의 행사에 따른 행정작용으로서 항고소송의 대상이 된다.

②「건축법」에 따라 시정명령을 받은 의무자가 이행강제금이 부과되기 전에 그 의무를 이행하였더라도 시정명령에서 정한 기간을 지나서 이행한 경우에는 행정청은 이행강제금을 부과할 수 있다.

③ 공매통지 자체가 그 상대방인 체납자 등의 법적 지위나 권리·의무에 직접적인 영향을 주는 행정처분에 해당한다고 할 것은 아니므로 다른 특별한 사정이 없는 한 체납자 등은 공매통지의 결여나 위법을 들어 공매처분의 취소 등을 구할 수 있는 것이지 공매통지 자체를 항고소송의 대상으로 삼아 그 취소 등을 구할 수는 없다.

④ 계고서라는 명칭의 1장의 문서로서 일정기간 내에 위법건축물의 자진철거를 명함과 동시에 그 소정기한 내에 자진철거를 하지 아니할 때에는 대집행할 뜻을 미리 계고한 경우라도 건축법에 의한 철거명령과 행정대집행법에 의한 계고처분은 독립하여 있는 것으로서 각 그 요건이 충족되었다고 볼 것이다.

11 다음 중 공무수탁사인에 관한 설명으로 가장 옳지 않은 것은?

①「도로교통법」상의 자동차견인업자와 같이 행정 임무를 자기책임하에 수행함이 없이 단순한 기술적 집행만을 행하는 사인은 공무수탁사인에 해당하지 않는다.

② 법령에 의하여 공무를 위탁받은 공무수탁사인이 행한 처분에 대하여 항고소송을 제기하는 경우 피고는 공무수탁사인이 된다.

③ 공무수탁사인이 위임받은 공무의 수행 중 위법한 행위로 타인에게 손해를 입힌 경우 손해를 입은 국민은 「국가배상법」에 따라 국가배상을 청구할 수 있다.

④「소득세법」상의 원천징수의무자는 공무수탁사인으로서 그의 원천징수행위는 법령에서 규정된 징수 및 납부의무를 이행하기 위한 것으로서, 공권력의 행사로서의 행정처분을 한 경우에 해당한다.

12 다음 중 대집행에 대한 내용으로 옳은 것은 모두 몇 개인가? (다툼이 있는 경우 판례에 의함)

> ㄱ. 피수용자 등이 기업자에 대하여 부담하는 수용대상 토지의 인도의무에 관한 구「토지수용법」에서의 '인도'에는 명도도 포함되는 것으로 보아야 하고, 이러한 명도의무는 그것을 강제적으로 실현하면서 직접적인 실력행사가 필요한 것이지 대체적 작위의무라고 볼 수 없으므로 특별한 사정이 없는 한「행정대집행법」에 의한 대집행의 대상이 될 수 있는 것이 아니다.
>
> ㄴ. 건물의 소유자에게 위법건축물을 일정기간까지 철거할 것을 명함과 아울러 불이행할 때에는 대집행한다는 내용의 철거대집행 계고처분을 고지한 후 이에 불응하자 다시 제2차, 제3차 계고서를 발송하여 일정기간까지의 자진철거를 촉구하고 불이행하면 대집행을 한다는 뜻을 고지하였다면 제2차, 제3차의 계고처분은 새로운 철거의무를 부과한 것이 아니고 다만 대집행기한의 연기통지에 불과하므로 행정처분이 아니다.
>
> ㄷ. 구「하천법」상 하천유수인용허가신청이 불허되었음을 이유로 하천유수인용행위를 중단할 것과 이를 불이행할 경우 행정대집행법에 의하여 대집행하겠다는 내용의 계고처분은 대집행의 대상이 될 수 없는 부작위의무에 대한 것으로서 그 자체로 위법하다.

① 0개

② 1개

③ 2개

④ 3개

13 다음 중 행정청의 권한에 관한 설명으로 옳은 것(○)과 옳지 않은 것(×)을 올바르게 조합한 것은? (다툼이 있는 경우 판례에 의함)

> ㄱ. 설사 행정관청 내부의 사무처리규정에 불과한 전결규정에 위반하여 원래의 전결권자 아닌 보조기관 등이 처분권자인 행정관청의 이름으로 행정처분을 하였다고 하더라도 그 처분이 권한 없는 자에 의하여 행하여진 무효의 처분이라고는 할 수 없다.
>
> ㄴ. 내부위임이나 대리권을 수여받은 데 불과하여 원행정청 명의나 대리관계를 밝히지 아니하고는 그의 명의로 처분 등을 할 권한이 없는 행정청이 권한 없이 그의 명의로 한 처분에 대하여는 처분명의자인 행정청이 피고가 되어야 할 것이다.
>
> ㄷ. 국가사무로서 지방자치단체의 장에게 위임된 이른바 기관위임사무에 해당하는 경우에는, 시·도지사가 지방자치단체의 조례에 의하여 이를 구청장 등에게 재위임할 수는 있다.
>
> ㄹ. 도로의 유지·관리에 관한 상위 지방자치단체의 행정권한이 행정권한 위임조례에 의하여 하위 지방자치단체 장에게 위임되었다면 그것은 기관위임이지 단순한 내부위임이 아니고 권한을 위임받은 하위 지방자치단체 장은 도로의 관리청이 되며 위임관청은 사무처리의 권한을 잃는다.

① ㄱ(○), ㄴ(○), ㄷ(×), ㄹ(○)

② ㄱ(○), ㄴ(×), ㄷ(○), ㄹ(○)

③ ㄱ(×), ㄴ(○), ㄷ(×), ㄹ(○)

④ ㄱ(○), ㄴ(○), ㄷ(○), ㄹ(○)

14 다음 중 「행정소송법」상 집행정지에 대한 설명으로 가장 옳지 않은 것은? (다툼이 있는 경우 판례에 의함)

① 행정처분의 집행정지는 행정처분집행부정지의 원칙에 대한 예외로서 인정되는 일시적인 응급처분이라 할 것이므로 집행정지결정을 하려면 이에 대한 본안소송이 법원에 제기되어 계속중임을 요건으로 하는 것이므로 집행정지결정을 한 후에라도 본안소송이 취하되어 소송이 계속하지 아니한 것으로 되면 집행정지결정은 당연히 그 효력이 소멸되는 것이고 별도의 취소조치를 필요로 하는 것이 아니다.

② 「행정소송법」상 집행정지의 장애사유로서의 '공공복리에 중대한 영향을 미칠 우려'라 함은 일반적·추상적인 공익에 대한 침해의 가능성이 아니라 당해 처분의 집행과 관련된 구체적·개별적인 공익에 중대한 해를 입힐 개연성을 말하는 것으로서 이러한 집행정지의 소극적 요건에 대한 주장·소명책임은 행정청에게 있다.

③ 교도소장이 접견을 불허한 처분에 대하여 효력정지를 한다 하여도 이로 인하여 위 교도소 장에게 접견의 허가를 명하는 것이 되는 것도 아니고 또 당연히 접견이 되는 것도 아니어서 접견허가거부처분에 의하여 생길 회복할 수 없는 손해를 피하는 데 아무런 보탬도 되지 아니하니 접견허가거부처분의 효력을 정지할 필요성이 없다.

④ 행정처분의 집행정지를 구하는 신청사건에서, 집행정지 사건 자체에 의하여도 신청인의 본안청구가 적법한 것이어야 한다는 것을 집행정지의 요건에 포함시키는 것이 옳지 않다.

15 다음 중 공무원법에 대한 설명으로 가장 옳지 않은 것은? (다툼이 있는 경우 판례에 의함)

① 공무원인 갑이 그 직무에 관하여 뇌물을 받았음을 징계사유로 하여 파면처분을 받은 후 그에 대한 형사사건이 항소심까지 유죄로 인정되었고 그 형사사건에서 갑이 수사기관과 법정에서 금품수수사실을 자인하였으나 그 후 대법원의 파기환송판결에 따라 무죄의 확정판결이 있었다면 위 징계처분은 근거 없는 사실을 징계사유로 삼은 것이 되어 위법하다고 할 수는 있을지언정 그것이 객관적으로 명백하다고는 할 수 없으므로 위 징계처분이 당연무효인 것은 아니다.

② 군인이 상관의 지시나 명령에 대하여 재판청구권을 행사하는 경우에 그것이 위법·위헌인 지시와 명령을 시정하려는데 목적이 있을 뿐, 군내부의 상명하복관계를 파괴하고 명령불복종 수단으로서 재판청구권의 외형만을 빌리거나 그 밖에 다른 불순한 의도가 있지 않다면, 정당한 기본권의 행사이므로 군인의 복종의무를 위반하였다고 볼 수 없다.

③ 고충심사결정 자체에 의해서도 어떠한 법률관계의 변동이나 이익의 침해가 직접적으로 생기는 것이므로 고충심사의 결정은 행정상 쟁송의 대상이 되는 행정처분이라고 할 수 있다.

④ 「국가공무원법」상 당연퇴직은 결격사유가 있을 때 법률상 당연히 퇴직하는 것이지 공무원 관계를 소멸시키기 위한 별도의 행정처분을 요하는 것이 아니며, 당연퇴직의 인사발령은 법률상 당연히 발생하는 퇴직사유를 공적으로 확인하여 알려주는 이른바 관념의 통지에 불과하고 공무원의 신분을 상실시키는 새로운 형성적 행위가 아니므로 행정소송의 대상이 되는 독립한 행정처분이라고 할 수 없다.

16 다음 사안에 대한 설명 중 가장 옳지 않은 것은?

> A는 분식점을 영업하기 위하여 「식품위생법」상의 영업허가를 신청하였다. 그러나 신청을 받은 행정청은 A의 신청에 대하여 상당한 기간이 지나도록 아무런 답변도 하지 않고 있다. 이에 A는 관련사건에 대하여 행정심판을 제기하였다.

① A는 의무이행심판을 제기할 수 있으나 처분이 존재하지 않으므로 취소심판청구는 불가능하다.

② 행정심판위원회는 당사자의 권리 및 권한의 범위 밖의 사안에 대하여도 심판청구의 신속하고 공정한 해결을 위하여 당사자의 동의를 받으면 조정을 할 수 있다.

③ 위 부작위가 위법·부당하다고 상당히 의심되는 경우로서 이 부작위 때문에 A가 받을 우려가 있는 중대한 불이익을 막기 위하여 임시 지위를 정하여야 할 필요가 있는 경우에는, 행정심판위원회는 직권으로 임시처분을 결정할 수 있다.

④ 행정심판위원회가 위 행정청의 부작위로 방치한 처분의 이행을 명하는 재결이 있었음에도 행정청이 지체 없이 이전의 신청에 대하여 재결의 취지에 따라 처분을 하지 아니하는 경우, 청구인의 신청에 의하여 결정으로 상당한 기간을 정하고 피청구인이 그 기간 내에 이행하지 아니하는 경우에는 그 지연기간에 따라 일정한 배상을 하도록 명하거나 즉시 배상을 할 것을 명할 수 있다.

17 다음 중 「병역법」과 관련한 다음 판례의 내용 중 가장 옳지 않은 것은?

① 공익근무요원 소집해제신청을 거부한 후에 원고가 계속하여 공익근무요원으로 복무함에 따라 복무기간 만료를 이유로 소집해제처분을 한 경우, 원고가 입게 되는 권리와 이익의 침해는 소집해제처분으로 해소되었으므로 위 거부처분의 취소를 구할 소의 이익이 없다.

② 현역입영대상자로서는 현실적으로 입영을 하였다고 하더라도, 입영 이후의 법률관계에 영향을 미치고 있는 현역병입영통지처분 등을 한 관할지방병무청장을 상대로 위법을 주장하여 그 취소를 구할 소송상의 이익이 있다.

③ 「병역법」상 군의관이 하는 신체등위판정은 그 자체만으로 바로 「병역법」상의 권리의무가 정하여지는 것이다. 따라서 신체등위판정에 따른 지방병무청장이 병역처분은 그에 따라 단순히 병역의무의 종류가 정하여지는 것일 뿐 항고소송의 대상이 되는 행정처분이라 보기 어렵다.

④ 지방병무청장은 군의관의 신체등위판정이 청탁이나 금품수수에 따라 위법 또는 부당하게 이루어졌다고 인정하는 경우에는 그 위법 또는 부당한 신체등위판정을 기초로 자신이 한 병역처분을 직권으로 취소할 수 있다.

18 아래와 같은 상황에서 불합격처분을 받은 수험생이 행정소송을 제기하였다고 할 경우, 시행령의 해당 규정과 관련한 법원의 입장으로 가장 옳은 것은?

> 국가자격시험에 관련한 법률의 소관 중앙행정기관이 오랜 기간 시행되었던 절대평가제를 상대평가제로 전환하는 내용으로 시행령을 개정하면서, 해당 시험을 목전에 앞둔 2개월 전에 공표·시행하는 조치를 취한 다음에 해당 시험을 실시하였다. 그 결과, 종래의 시행령에 의하면 합격의 대상이 되어야 할 '전과목 평균 60점 이상의 점수를 받은 자로서 40점 미만의 과락 과목이 없는 수험생'이 개정된 시행령에 근거하여 불합격 처분을 받는 상황이 발생하였다.

① 시험의 상대평가제를 규정한 개정 시행령의 해당 규정을 목전에 앞둔 시험에 적용할 것인지 여부는 헌법이 보장하고 있는 입법권자의 재량에 속한다고 할 것이므로 이를 헌법에 위반한 무효라고 판단할 수 없다.

② 시험의 상대평가제를 규정한 개정 시행령 해당 규정을 목전에 앞둔 시험에 시행하는 것은 헌법상 신뢰보호의 원칙에 비추어 허용될 수 없으므로, 개정 시행령의 해당 규정은 헌법에 위반되어 무효이다.

③ 수험생들이 개정 시행령의 내용에 따라 공고된 시험에 응하였다는 점에 비추어 볼 때, 사회통념상 수험생은 개정 전 시행령의 존속에 대한 일체의 신뢰이익을 포기한 것으로 단정할 수 있다.

④ 시험실시기관의 합격·불합격 처분은 '처분시법'을 기준으로 해야 한다는 점에서 개정된 시행령에 근거한 이 사건 불합격처분을 두고 위법하다고 할 수는 없다.

19 건축물의 건축과 토지의 형질변경 등을 내용으로 하는 군사시설사업 실시계획에 대해 현행 「국방·군사시설 사업에 관한 법률」은 '국방부 장관의 승인'을 비롯하여 '관련된 인가·허가 등의 의제'에 관한 규정을 두고 있다. 이와 관련하여 옳은 것을 모두 모아 놓은 것은? (다툼이 있는 경우 판례에 의함)

> ㄱ. 국방부장관의 승인이 있게 되면, 관계 행정기관의 장에 의한 '관련된 인가나 허가 등'이 있은 것으로 의제된다.
> ㄴ. 국방부장관이 관계 행정기관의 장과 '협의한 사항'에 대해 '관련된 인가나 허가 등'이 있은 것으로 의제된다.
> ㄷ. 의제가 있게 되면, 인·허가 사항과 관련하여 해당 법령이 정한 절차나 요건심사가 배제되는 실체적 효력이 발생하게 된다.
> ㄹ. 의제가 있게 되더라도, 인·허가 사항과 관련하여 해당 법령이 정한 절차나 요건심사가 배제되는 실체적 효력이 발생하는 것은 아니다.

① ㄱ, ㄷ
② ㄴ, ㄹ
③ ㄱ, ㄹ
④ ㄴ, ㄷ

20 다음 중 「도로교통법」은 운전면허의 취소처분이나 정지처분에 대하여는 행정심판을 거치지 아니하고는 행정소송을 제기할 수 없도록 규정하고 있다. 이와 관련하여 가장 옳지 않은 내용은?

① 현행 「행정소송법」은 법령이 달리 정한 바가 없는 한, 당해 처분에 대한 행정심판을 거치지 아니하고서도 취소소송의 제기를 허용하는 임의적 전치주의를 취하고 있다.

② 현행 「행정소송법」에 의하면, 위와 같은 경우에도 행정심판의 청구가 있은 날로부터 60일이 지나도 재결이 없는 때에는 재결을 거치지 아니하고서도 해당 처분에 대한 취소소송의 제기를 허용하고 있다.

③ 위와 같이 개별법령이 행정심판전치주의를 취하고 있음에도 불구하고 처분상대방이 해당 처분에 대한 취소심판과 취소소송을 동시에 제기하게 되면, 관할법원은 해당 취소소송의 제기요건을 갖추지 못한 것으로 보아 별도의 절차를 거치지 아니하고 해당 취소소송을 각하하게 된다.

④ 위와 같이 행정심판을 취소소송의 제기를 위한 필요적 전치절차로 규정하고 있음에도 불구하고 처분상대방이 해당 처분에 대한 취소심판과 취소소송을 동시에 제기한 경우라도, 판결 전까지 재결이 있게 되면 관할법원은 소송요건의 흠은 치유된 것으로 보아 본안판단을 하게 된다.

21 행정계획에 대한 설명으로 옳지 않은 것은? (다툼이 있는 경우 판례에 의함)

① 재건축정비사업조합이 행정주체의 지위에서 「도시 및 주거환경정비법」에 따라 수립하는 관리처분계획은 정비사업의 시행 결과 조성되는 대지 또는 건축물의 권리귀속에 관한 사항과 조합원의 비용 분담에 관한 사항 등을 정함으로써 조합원의 재산상 권리·의무 등에 구체적이고 직접적인 영향을 미치게 되므로, 이는 구속적 행정계획으로서 행정처분에 해당한다.

② 행정계획에 있어서 관계 법령에는 추상적인 행정목표와 절차만이 규정되어 있을 뿐 행정계획의 내용에 대하여는 별다른 규정을 두고 있지 아니하므로 행정주체는 구체적인 행정계획을 입안·결정함에 있어서 비교적 광범위한 형성의 자유를 가진다.

③ 도시계획구역 내 토지 등을 소유하고 있는 주민으로서는 입안권자에게 도시계획입안을 요구할 수 있는 법규상 또는 조리상의 신청권이 인정되지 않는다.

④ 행정주체가 행정계획을 입안·결정함에 있어서 이익형량을 전혀 행하지 아니하거나 이익 형량의 고려 대상에 마땅히 포함시켜야 할 사항을 누락한 경우 또는 이익형량을 하였으나 정당성과 객관성이 결여된 경우, 그 행정계획결정은 형량에 하자가 있어 위법하게 된다.

22 행정행위에 대한 설명으로 옳은 것은? (다툼이 있는 경우 판례에 의함)

① 공유수면의 점용·사용허가는 그 허가 상대방에게 공유수면 이용권을 부여하는 처분으로서 강학상 허가에 해당하며 그 처분의 여부 및 내용의 결정은 원칙적으로 행정청의 재량에 속한다.

② 토지거래허가는 규제지역 내의 모든 국민에게 전반적으로 토지거래의 자유를 금지하고 일정한 요건을 갖춘 경우에만 금지를 해제하여 계약체결의 자유를 회복시켜주는 강학상 특허의 성질을 갖는다.

③ 개인택시운송사업면허는 특정인에게 권리나 이익을 부여하는 재량행위이고, 행정청이 면허 발급 여부를 심사함에 있어 이미 설정된 면허기준의 해석상 당해 신청이 면허발급의 우선순위에 해당함이 명백함에도 불구하고 이를 제외시켜 면허거부처분을 하였다면 특별한 사정이 없는 한 그 거부처분은 재량권을 남용한 위법한 처분이다.

④ 행정청이 도시 및 주거환경정비법령에 근거하여 행하는 주택재건축사업 조합설립인가처분은 단순히 사인들의 조합설립행위에 대한 보충행위로서의 성질을 갖는다.

23 조세행정법에 대한 설명으로 옳지 않은 것은? (다툼이 있는 경우 판례에 의함)

① 조세법률주의의 원칙상 과세요건이거나 비과세요건 또는 조세감면요건을 막론하고 조세법규의 해석은 특별한 사정이 없는 한 법문대로 해석할 것이고, 합리적 이유 없이 확장해석하거나 유추해석하는 것은 허용되지 아니하고, 특히 감면요건 규정 가운데에 명백히 특혜규정이라고 볼 수 있는 것은 엄격하게 해석하는 것이 조세공평의 원칙에도 부합한다.

② 세무서장의 국세환급금결정이나 그 결정을 구하는 신청에 대한 환급거부결정 등은 항고소송의 대상이 되는 처분이라고 볼 수 있다.

③ 원천징수의무자에 대하여 납세의무의 단위를 달리하여 순차 이루어진 2개의 징수처분은 별개의 처분으로서 당초 처분과 증액경정 처분에 관한 법리가 적용되지 아니하므로, 당초 처분이 후행 처분에 흡수되어 독립한 존재가치를 잃는다고 볼 수 없고, 후행 처분만이 항고소송의 대상이 되는 것도 아니다.

④ 하나의 납세고지서에 의하여 본세와 가산세를 함께 부과할 때에는 납세고지서에 본세와 가산세 각각의 세액과 산출근거 등을 구분하여 기재해야 하는 것이고, 또 여러 종류의 가산세를 함께 부과하는 경우에는 그 가산세 상호간에도 종류별로 세액과 산출근거 등을 구분하여 기재함으로써 납세의무자가 납세고지서 자체로 각 과세처분의 내용을 알수 있도록 하는 것이 당연한 원칙이다.

24 다음은 무효가 아닌 단순 위법의 흠이 있는 행정처분과 관련하여 발생할 수 있는 민사 및 형사소송상의 다툼에 대한 설명이다. 학설과 판례상 옳은 것을 모두 모아 놓은 것은?

> ㄱ. 과세처분의 단순 위법성이 인정된다면, 해당 과세처분에 대해 권한 있는 기관의 취소를 기다리지 않고, 민사사건의 관할법원은 이미 납부한 세금에 대한 부당이득반환청구소송을 인용할 수 있다.
> ㄴ. 해당 처분이 불가쟁력을 갖게 된 경우라 하더라도, 처분의 위법을 이유로 하는 손해배상사건을 관할하는 민사법원은 해당 처분의 위법 여부를 판단할 수 있다.
> ㄷ. 해당 처분에 따르지 아니한 위반죄가 문제된 경우, 형사사건을 관할하는 법원은 처분의 위법성을 이유로 무죄의 판단을 할 수 있다.
> ㄹ. 해당 처분에 따르지 아니한 위반죄가 문제된 경우, 해당 처분이 갖는 공정력으로 인하여 형사사건을 관할하는 법원은 행위자의 위법성 내지 책임성을 부인할 만한 사유가 없는 한 유죄의 판단을 하게 될 것이다.

① ㄴ, ㄷ   ② ㄱ, ㄷ
③ ㄱ, ㄹ   ④ ㄴ, ㄹ

25 사익과 사익 상호 간의 조정을 목적으로 하는 민사법과 달리 행정에 관한 법령은 기본적으로 국가공권력을 배경으로 하는 공익조정법으로서의 성격을 갖는다. 이러한 점에서 행정상의 분쟁을 규율하는 절차법인 「행정심판법」이나 「행정소송법」은 「민사소송법」과 다른 특유의 제도를 두고 있다. 이에 해당하는 것을 모두 모아 놓은 것은?

> ㄱ. 행정쟁송을 제기할 수 있는 권리에 대해 불변기간 또는 제척기간의 제한을 두고 있다.
> ㄴ. 당사자처분주의에 반하지 아니하는 범위 내에서 심판기관에 대해 석명의무를 부여하고 있다.
> ㄷ. 당사자가 주장하지 아니한 사실에 대하여도 일정한 범위에서 심판기관에 의한 직권심리를 허용한다.
> ㄹ. 쟁송제기자의 주장이 타당한 경우라 하더라도 공공복리를 이유로 기각의 재결이나 판결을 할 수 있다.

① ㄴ, ㄷ, ㄹ   ② ㄱ, ㄷ, ㄹ
③ ㄱ, ㄴ, ㄹ   ④ ㄱ, ㄴ, ㄷ

2021 | 9급 기출문제

모바일 OMR 답안분석 서비스

● 회독 CHECK 1 2 3

☑ 시험시간 25분 ☑ 해설편 088쪽

01 사인의 공법행위에 대한 설명으로 옳지 않은 것은? (단, 다툼이 있는 경우 판례에 의함) 〈변형〉

① 국민이 어떤 신청을 한 경우에 그 신청의 근거가 된 조항의 해석상 행정발동에 대한 개인의 신청권을 인정하고 있다고 보이면 그 거부행위는 항고소송의 대상이 되는 처분으로 보아야 하고, 구체적으로 그 신청이 인용될 수 있는가 하는 점은 본안에서 판단하여야 할 사항이다.

② 민원사항의 신청서류에 실질적인 요건에 관한 흠이 있더라도 그것이 민원인의 단순한 착오나 일시적인 사정 등에 기한 경우에는 행정청은 보완을 요구하여야 한다.

③ 건축주 등은 건축신고가 반려될 경우 건축물의 건축을 개시하면 시정명령, 이행강제금, 벌금의 대상이 되거나 당해 건축물을 사용하여 행할 행위의 허가가 거부될 우려가 있어 불안정한 지위에 놓이게 되므로, 건축신고 반려행위는 항고소송의 대상성이 인정된다.

④ 「건축법」상의 건축신고가 다른 법률에서 정한 인가·허가 등의 의제효과를 수반하는 경우라도 특별한 사정이 없는 한 수리를 요하는 신고로 볼 수 없다.

02 평등원칙에 대한 설명으로 옳지 않은 것은? (단, 다툼이 있는 경우 판례에 의함)

① 국가기관이 채용시험에서 국가유공자의 가족에게 10%의 가산점을 부여하는 규정은 평등권과 공무담임권을 침해한다.

② 평등원칙은 동일한 것 사이에서의 평등이므로 상이한 것에 대한 차별의 정도에서의 평등을 포함하지 않는다.

③ 재량준칙이 공표된 것만으로는 행정의 자기구속의 원칙이 적용될 수 없고, 재량준칙이 되풀이 시행되어 행정관행이 성립한 경우에 적용될 수 있다.

④ 행정의 자기구속의 원칙이 인정되는 경우에는 행정관행과 다른 처분은 특별한 사정이 없는 한 위법하다.

03 행정소송제도에 대한 설명으로 옳지 않은 것은?

① 개별법령에 합의제 행정청의 장을 피고로 한다는 명문규정이 없는 한 합의제 행정청 명의로 한 행정처분의 취소소송의 피고적격자는 당해 합의제 행정청이 아닌 합의제 행정청의 장이다.

② 원고가 피고를 잘못 지정한 경우 피고경정은 취소소송과 당사자소송 모두에서 사실심 변론종결에 이르기까지 허용된다.

③ 법원은 당사자소송을 취소소송으로 변경하는 것이 상당하다고 인정할 때에는 청구의 기초에 변경이 없는 한 사실심의 변론종결시까지 원고의 신청에 의하여 결정으로써 소의 변경을 허가할 수 있다.

④ 당사자소송의 원고가 피고를 잘못 지정하여 피고경정신청을 한 경우 법원은 결정으로써 피고의 경정을 허가할 수 있다.

04 수익적 행정행위의 철회에 대한 설명으로 옳은 것은? (단, 다툼이 있는 경우 판례에 의함)

① 수익적 행정행위에 대한 취소권 등의 행사는 기득권의 침해를 정당화할 만한 중대한 공익상의 필요 또는 제3자의 이익을 보호할 필요가 있고, 이를 상대방이 받는 불이익과 비교·교량하여 볼 때 공익상의 필요 등이 상대방이 입을 불이익을 정당화할 만큼 강한 경우에 한하여 허용될 수 있다.

② 행정행위를 한 처분청은 비록 처분 당시에 별다른 하자가 없었고, 처분 후에 이를 철회할 별도의 법적 근거가 없더라도 원래의 처분을 존속시킬 필요가 없게 된 중대한 공익상 필요가 발생한 경우에도 그 효력을 상실케 하는 별개의 행정행위로 이를 철회할 수 없다.

③ 수익적 행정행위를 취소 또는 철회하거나 중지시키는 경우에는 이미 부여된 국민의 기득권을 침해하는 것이 되므로, 비록 취소 등의 사유가 있다고 하더라도 허용되지 않는다.

④ 행정행위를 한 처분청은 비록 처분 당시에 별다른 하자가 없었고, 처분 후에 이를 철회할 별도의 법적 근거가 없더라도 원래의 처분을 존속시킬 필요가 없게 된 사정변경이 생겼다는 이유만으로 그 효력을 상실케 하는 별개의 행정행위로 이를 철회하는 것은 허용되지 않는다.

05 행정법의 효력에 대한 설명으로 옳지 않은 것은?

① 조례와 규칙은 특별한 규정이 없으면 공포한 날부터 20일이 경과함으로써 효력을 발생한다.

② 행정법령은 특별한 규정이 없는 한 시행일로부터 장래에 향하여 효력을 발생하는 것이 원칙이다.

③ 법령을 소급적용하더라도 일반국민의 이해에 직접 관계가 없는 경우에는 법령의 소급적용이 허용된다.

④ 법률불소급의 원칙은 그 법률의 효력발생 전에 완성된 요건사실 뿐만 아니라 계속 중인 사실이나 그 이후에 발생한 요건사실에 대해서도 그 법률을 소급적용할 수 없다.

06 「행정절차법」상 청문에 대한 설명으로 옳지 않은 것은?

① 청문 주재자에게 공정한 청문 진행을 할 수 없는 사정이 있는 경우 당사자 등은 행정청에 기피신청을 할 수 있다.

② 청문 주재자가 청문을 시작할 때에는 먼저 예정된 처분의 내용, 그 원인이 되는 사실 및 법적 근거 등을 설명하여야 한다.

③ 청문 주재자는 직권으로 또는 당사자의 신청에 따라 필요한 조사를 할 수 있으며, 당사자 등이 주장하지 아니한 사실에 대하여는 조사할 수 없다.

④ 행정청은 청문을 마친 후 처분을 할 때까지 새로운 사정이 발견되어 청문을 재개(再開)할 필요가 있다고 인정할 때에는 청문조서 등을 되돌려 보내고 청문의 재개를 명할 수 있다.

07 행정지도에 대한 설명으로 옳지 않은 것은?

① 행정지도가 그의 한계를 일탈하지 아니하였다면, 그로 인하여 상대방에게 어떤 손해가 발생하였다 하더라도 행정기관은 그에 대한 손해배상책임이 없다.

② 위법한 건축물에 대한 단전 및 전화통화 단절조치 요청행위는 처분성이 인정되는 행정지도이다.

③ 상대방이 행정지도에 따르지 아니하였다는 것을 직접적인 이유로 하는 불이익한 조치는 위법한 행위가 된다.

④ 「국가배상법」이 정한 배상청구의 요건인 공무원의 직무에는 행정지도도 포함된다.

08 개인정보 보호에 대한 설명으로 옳지 않은 것은?

① 정보통신서비스 제공자는 이용자가 필요한 최소한의 개인정보 이외의 개인정보를 제공하지 아니한다는 이유로 그 서비스의 제공을 거부할 수 있다.

② 개인정보처리자가 집단분쟁조정을 거부하거나 집단분쟁조정의 결과를 수락하지 아니한 경우에는 법원에 권리침해 행위의 금지·중지를 구하는 단체소송을 제기할 수 있다.

③ 「개인정보 보호법」은 외국의 정보통신서비스 제공자 등에 대하여 개인정보보호규제에 대한 상호주의를 채택하고 있다.

④ 개인정보자기결정권의 보호대상이 되는 개인정보는 개인의 내밀한 영역에 속하는 영역뿐만 아니라 공적 생활에서 형성되었거나 이미 공개된 개인정보까지 포함한다.

09 「행정소송법」상 당사자소송에 대한 설명으로 옳지 않은 것은?

① 공법상 당사자소송이란 행정청의 처분 등을 원인으로 하는 법률관계에 관한 소송 그 밖에 공법상의 법률관계에 관한 소송으로서 그 법률관계의 한쪽 당사자를 피고로 하는 소송을 말한다.

② 공법상 계약의 한쪽 당사자가 다른 당사자를 상대로 효력을 다투거나 이행을 청구하는 소송은 공법상의 법률관계에 관한 분쟁이므로 분쟁의 실질이 공법상 권리·의무의 존부·범위에 관한 다툼에 관해서는 공법상 당사자소송으로 제기하여야 한다.

③ 원고가 고의 또는 중대한 과실 없이 행정소송으로 제기하여야 할 사건을 민사소송으로 잘못 제기한 경우, 수소법원으로서는 만약 그 행정소송에 대한 관할도 동시에 가지고 있다면 이를 행정소송으로 심리·판단하여야 하고, 그 행정소송에 대한 관할을 가지고 있지 아니하다면 관할법원에 이송하여야 한다.

④ 당사자소송의 경우 법원은 필요하다고 인정할 때에는 직권으로 증거조사를 할 수 있으나, 당사자가 주장하지 아니한 사실에 대하여는 판단하여서는 안 된다.

10 행정법상 허가에 대한 설명으로 옳지 않은 것은?

① 허가는 규제에 반하는 행위에 대해 행정강제나 제재를 가하기보다는 행위의 사법상 효력을 부인함으로써 규제의 목적을 달성하는 방법이다.

② 허가란 법령에 의해 금지된 행위를 일정한 요건을 갖춘 경우에 그 금지를 해제하여 적법하게 행위할 수 있게 해준다는 의미에서 상대적 금지와 관련되는 경우이다.

③ 전통적인 의미에서 허가는 원래 개인이 누리는 자연적 자유를 공익적 차원(공공의 안녕과 질서유지)에서 금지해 두었다가 일정한 요건을 갖춘 경우 그러한 공공에 대한 위험이 없다고 판단되는 경우 그 금지를 풀어줌으로써 자연적 자유를 회복시켜주는 행위이다.

④ 실정법상으로는 허가 이외에 면허, 인가, 인허, 승인 등의 용어가 사용되고 있기 때문에 그것이 학문상 개념인 허가에 해당하는지 검토할 필요가 있다.

11 「행정기본법」에 대한 설명으로 옳은 것만을 모두 고른 것은?

ㄱ. 행정은 공공의 이익을 위하여 적극적으로 추진되어야 한다.

ㄴ. 행정작용은 법률에 위반되어서는 아니 되며, 국민의 권리를 제한하거나 의무를 부과하는 경우와 그 밖에 국민 생활에 중요한 영향을 미치는 경우에는 법률에 근거하여야 한다.

ㄷ. 행정청은 합리적 이유 없이 국민을 차별하여서는 아니 된다.

ㄹ. 행정청은 행정작용을 할 때 상대방에게 해당 행정작용과 실질적인 관련이 없는 의무를 부과해서는 아니 된다.

ㅁ. 행정청은 처분에 재량이 있는 경우에는 부관(조건, 기한, 부담, 철회권의 유보 등을 말한다)을 붙일 수 있다.

① ㄱ, ㄴ, ㄷ

② ㄱ, ㄴ, ㄷ, ㄹ

③ ㄱ, ㄴ, ㄷ, ㄹ, ㅁ

④ ㄴ, ㄷ, ㄹ, ㅁ

12 행정소송의 원고적격에 대한 설명으로 옳지 않은 것은? (단, 다툼이 있는 경우 판례에 의함)

① 면허나 인·허가 등의 수익적 행정처분의 근거가 되는 법률이 해당 업자들 사이의 과당경쟁으로 인한 경영의 불합리를 방지하는 것도 그 목적으로 하고 있는 경우, 다른 업자에 대한 면허나 인·허가 등의 수익적 행정처분에 대하여 미리 같은 종류의 면허나 인·허가 등의 처분을 받아 영업을 하고 있는 기존의 업자는 당해 행정처분의 취소를 구할 원고적격이 인정될 수 있다.

② 광업권설정허가처분과 그에 따른 광산 개발로 인하여 재산상·환경상 이익의 침해를 받거나 받을 우려가 있는 토지나 건축물의 소유자와 점유자 또는 이해관계인 및 주민들은 그 처분 전과 비교하여 수인한도를 넘는 재산상·환경상 이익의 침해를 받거나 받을 우려가 있다는 것을 증명하더라도 원고적격을 인정받을 수 없다.

③ 행정처분의 직접 상대방이 아닌 제3자라 하더라도 당해 행정처분으로 인하여 법률상 보호되는 이익을 침해당한 경우에는 취소소송을 제기하여 그 당부의 판단을 받을 자격이 있다.

④ 법인의 주주가 그 처분으로 인하여 궁극적으로 주식이 소각되거나 주주의 법인에 대한 권리가 소멸하는 등 주주의 지위에 중대한 영향을 초래하게 되는데도 그 처분의 성질상 당해 법인이 이를 다툴 것을 기대할 수 없고 달리 주주의 지위를 보전할 구제방법이 없는 경우에는 주주도 그 처분에 관하여 직접적이고 구체적인 법률상 이해관계를 가진다고 보이므로 그 취소를 구할 원고적격이 있다.

13 공법상 결과제거청구권에 대한 설명으로 옳지 않은 것은?

① 공법상 결과제거청구권의 대상은 가해행위와 상당인과관계가 있는 손해이다.

② 결과제거청구는 권력작용뿐만 아니라 관리작용에 의한 침해의 경우에도 인정된다.

③ 원상회복이 행정주체에게 기대 가능한 것이어야 한다.

④ 피해자의 과실이 위법상태의 발생에 기여한 경우에는 그 과실에 비례하여 결과제거청구권이 제한되거나 상실된다.

14 행정심판의 재결에 대한 설명으로 옳지 않은 것은?

① 기각재결이 있은 후에도 원처분청은 원처분을 직권으로 취소 또는 변경할 수 있다.

② 재결의 기속력에는 반복금지효와 원상회복의무가 포함된다.

③ 행정심판에는 불고불리의 원칙과 불이익변경금지의 원칙이 인정되며, 처분청은 행정심판의 재결에 대해 불복할 수 없다.

④ 행정심판의 재결기간은 강행규정이다.

15 사례에 대한 설명으로 옳지 않은 것은? (단, 다툼이 있는 경우 판례에 의함)

> 병무청장이 법무부장관에게 '가수 甲이 공연을 위하여 국외 여행허가를 받고 출국한 후 미국 시민권을 취득함으로써 사실상 병역의무를 면탈하였으므로 재외동포 자격으로 재입국하고자 하는 경우 국내에서 취업, 가수활동 등 영리활동을 할 수 없도록 하고, 불가능할 경우 입국 자체를 금지해 달라'고 요청함에 따라 법무부장관이 甲의 입국을 금지하는 결정을 하고, 그 정보를 내부전산망인 '출입국관리정보시스템'에 입력하였으나, 甲에게는 통보하지 않았다.

① 일반적으로 처분이 주체·내용·절차와 형식의 요건을 모두 갖추고 외부에 표시된 경우에는 처분의 존재가 인정된다.

② 행정의사가 외부에 표시되어 행정청이 자유롭게 취소·철회할 수 없는 구속을 받게 되는 시점에 처분이 성립한다.

③ 그 성립 여부는 행정청이 행정의사를 공식적인 방법으로 외부에 표시하였는지를 기준으로 판단해야 한다.

④ 위 입국금지결정은 항고소송의 대상이 되는 '처분'에 해당한다.

16 계획재량에 대한 설명으로 옳지 않은 것은?

① 통상적인 재량행위와 계획재량은 양적인 점에서 차이가 있을 뿐 질적인 점에서는 차이가 없다는 견해는 형량명령이 계획재량에 특유한 하자 이론이라기보다는 비례의 원칙을 계획재량에 적용한 것이라고 한다.

② 행정주체는 그 행정계획에 관련되는 자들의 이익을 공익과 사익 사이에서는 물론이고 공익 상호간과 사익 상호간에도 정당하게 비교교량하여야 한다는 제한을 받는다.

③ 행정주체가 행정계획을 입안·결정함에 있어서 이익형량의 고려 대상에 마땅히 포함시켜야 할 사항을 누락한 경우 이익형량을 전혀 행하지 아니하는 등의 사정이 없는 한 그 행정계획결정은 형량에 하자가 있다고 보기 어렵다.

④ 행정계획과 관련하여 이익형량을 하였으나 정당성과 객관성이 결여된 경우에는 그 행정계획결정은 형량에 하자가 있어 위법하게 된다.

17 「행정조사기본법」상 행정조사의 기본원칙에 대한 설명으로 옳지 않은 것은? (단, 다툼이 있는 경우 판례에 의함)

① 행정조사는 조사목적을 달성하는 데 필요한 최소한의 범위 안에서 실시하여야 하며, 다른 목적 등을 위하여 조사권을 남용하여서는 아니 된다.

② 행정기관은 유사하거나 동일한 사안에 대하여는 공동조사 등을 실시함으로써 행정조사가 중복되지 아니하도록 하여야 한다.

③ 행정조사는 법령 등의 위반에 대한 처벌에 중점을 두되 법령 등을 준수하도록 유도하여야 한다.

④ 행정기관은 행정조사를 통하여 알게 된 정보를 다른 법률에 따라 내부에서 이용하거나 다른 기관에 제공하는 경우를 제외하고는 원래의 조사목적 이외의 용도로 이용하거나 타인에게 제공하여서는 아니 된다.

18 행정규칙에 대한 설명으로 옳지 않은 것은? (단, 다툼이 있는 경우 판례에 의함)

① 행정규칙인 고시가 법령의 수권에 의해 법령을 보충하는 사항을 정하는 경우에는 법령보충적 고시로서 근거법령 규정과 결합하여 대외적으로 구속력 있는 법규명령의 효력을 갖는다.

② 행정규칙은 행정규칙을 제정한 행정기관에 대하여는 대내적으로 법적 구속력을 갖지 않는다.

③ 사실상의 준비행위 또는 사전안내로 볼 수 있는 국립대학의 대학입학고사 주요요강은 공권력 행사이므로 항고소송의 대상이 되는 처분이다.

④ 일반적인 행정처분절차를 정하는 행정규칙은 대외적 구속력이 없다.

19 「공익사업을 위한 토지 등의 취득 및 보상에 관한 법률」상의 환매권에 대한 설명으로 옳지 않은 것은? (단, 다툼이 있는 경우 판례에 의함) 〈변형〉

① 공익사업의 폐지·변경으로 취득한 토지의 전부 또는 일부가 필요 없게 된 경우 취득일 당시의 토지소유자 또는 그 포괄승계인은 관계 법률에 따라 사업이 폐지·변경된 날부터 10년 이내에 환매권을 행사할 수 있다.

② 환매권의 발생기간을 제한한 것은 사업시행자의 지위나 이해관계인들의 토지이용에 관한 법률관계 안정, 토지의 사회경제적 이용 효율 제고, 사회일반에 돌아가야 할 개발이익이 원소유자에게 귀속되는 불합리 방지 등을 위한 것이라 하더라도, 그 입법목적은 정당하다고 할 수 없다.

③ 환매권 발생기간 '10년'을 예외 없이 유지하게 되면 토지수용 등의 원인이 된 공익사업의 폐지 등으로 공공필요가 소멸하였음에도 단지 10년이 경과하였다는 사정만으로 환매권이 배제되는 결과가 초래될 수 있다.

④ 법률조항 제91조의 위헌성은 환매권의 발생기간을 제한한 것 자체에 있다기보다는 그 기간을 10년 이내로 제한한 것에 있다. 이 사건 법률조항의 위헌성을 제거하는 다양한 방안이 있을 수 있고 이는 입법재량 영역에 속한다.

20 「국가배상법」의 내용에 대한 설명으로 옳지 않은 것은? (단, 다툼이 있는 경우 판례에 의함)

① 국가나 지방자치단체는 공무를 위탁받은 사인이 직무를 집행하면서 고의 또는 과실로 법령을 위반하여 타인에게 손해를 입힌 때에는 「국가배상법」에 따라 그 손해를 배상하여야 한다.

② 도로·하천, 그 밖의 공공의 영조물(營造物)의 설치나 관리에 하자(瑕疵)가 있기 때문에 타인에게 손해를 발생하게 하였을 때에는 국가나 지방자치단체는 그 손해를 배상하여야 한다. 이 경우 군인·군무원의 2중배상금지에 관한 규정은 적용되지 않는다.

③ 직무를 집행하는 공무원에게 고의 또는 중대한 과실이 있으면 국가나 지방자치단체는 그 공무원에게 구상(求償)할 수 있다.

④ 군인·군무원이 전투·훈련 등 직무 집행과 관련하여 전사(戰死)·순직(殉職)하거나 공상(公傷)을 입은 경우에 본인이나 그 유족이 다른 법령에 따라 재해보상금·유족연금·상이연금 등의 보상을 지급받을 수 있을 때에는 「국가배상법」 및 「민법」에 따른 손해배상을 청구할 수 없다.

21 「공공기관의 정보공개에 관한 법률」에 대한 설명으로 옳지 않은 것은?

① 정보공개의 원칙에 따라 공공기관이 보유·관리하는 정보는 국민의 알권리 보장 등을 위하여 이 법에서 정하는 바에 따라 적극적으로 공개하여야 한다.

② 모든 국민은 정보의 공개를 청구할 권리를 가진다.

③ 공공기관의 정보공개 담당자(정보공개 청구대상 정보와 관련된 업무 담당자를 포함한다)는 정보공개 업무를 성실하게 수행하여야 하며, 공개여부의 자의적인 결정, 고의적인 처리 지연 또는 위법한 공개 거부 및 회피 등 부당한 행위를 하여서는 아니 된다.

④ 공공기관은 예산집행의 내용과 사업평가 결과 등 행정감시를 위하여 필요한 정보에 대해서는 공개의 구체적 범위, 주기, 시기 및 방법 등을 미리 정하여 정보통신망 등을 통하여 알릴 필요까지는 없으나, 정기적으로 공개하여야 한다.

22 행정의 실효성 확보수단에 대한 설명으로 옳지 않은 것은? (단, 다툼이 있는 경우 판례에 의함)

① 계고서라는 명칭의 1장의 문서로서 일정기간 내에 위법 건축물의 자진철거를 명함과 동시에 그 소정기한 내에 자진철거를 하지 아니할 때에는 대집행할 뜻을 미리 계고한 경우라도 「건축법」에 의한 철거명령과 「행정대집행법」에 의한 계고처분은 독립하여 있는 것으로서 각 그 요건이 충족되었다고 볼 것이다.

② 이행강제금은 행정상 간접적인 강제집행 수단의 하나로서, 과거의 일정한 법률위반 행위에 대한 제재인 형벌이 아니라 장래의 의무이행 확보를 위한 강제수단일 뿐이어서, 범죄에 대하여 국가가 형벌권을 실행하는 과벌에 해당하지 아니한다.

③ 세무조사결정은 납세의무자의 권리·의무에 직접 영향을 미치는 공권력의 행사에 따른 행정작용으로 보기 어려우므로 항고소송의 대상이 될 수 없다.

④ 토지·건물 등의 인도의무는 비대체적 작위의무이므로 「행정대집행법」상 대집행 대상이 될 수 없다.

23 개인적 공권에 대한 설명으로 옳지 않은 것은? (단, 다툼이 있는 경우 판례에 의함)

① 한의사들이 가지는 한약조제권을 한약조제시험을 통하여 약사에게도 인정함으로써 감소하게 되는 한의사들의 영업상 이익은 법률에 의하여 보호되는 이익이라 볼 수 없다.

② 합병 이전의 회사에 대한 분식회계를 이유로 감사인 지정 제외 처분과 손해배상공동기금의 추가적립의무를 명한 조치의 효력은 합병 후 존속하는 법인에게 승계될 수 있다.

③ 당사자 사이에 「석탄산업법 시행령」 제41조 제4항 제5호 소정의 재해위로금에 대한 지급청구권에 관한 부제소합의가 있는 경우 그러한 합의는 효력이 인정된다.

④ 석유판매업 허가는 소위 대물적 허가의 성질을 갖는 것이어서 양수인이 그 양수후 허가관청으로부터 석유판매업 허가를 다시 받았다하더라도 이는 석유판매업의 양수도를 전제로 한 것이어서 이로써 양도인의 지위승계가 부정되는 것은 아니므로 양도인의 귀책사유는 양수인에게 그 효력이 미친다.

24 행정행위의 부관에 대한 설명으로 옳지 않은 것은? (단, 다툼이 있는 경우 판례에 의함)

① 재량행위에 있어서는 관계 법령에 명시적인 금지규정이 없는 한 행정목적을 달성하기 위하여 조건이나 기한, 부담 등의 부관을 붙일 수 있고, 그 부관의 내용이 이행 가능하고 비례의 원칙 및 평등의 원칙에 적합하며 행정처분의 본질적 효력을 저해하지 아니하는 이상 위법하다고 할 수 없다.

② 부담은 행정청이 행정처분을 하면서 일방적으로 부가하는 것이 일반적이므로 상대방과 협의하여 협약의 형식으로 미리 정한 다음 행정처분을 하면서 이를 부가하는 경우 부담으로 볼 수 없다.

③ 부관의 사후변경은, 법률에 명문의 규정이 있거나 그 변경이 미리 유보되어 있는 경우 또는 상대방의 동의가 있는 경우에 한하여 허용되는 것이 원칙이지만, 사정변경으로 인하여 당초에 부담을 부가한 목적을 달성할 수 없게 된 경우에도 그 목적달성에 필요한 범위 내에서 예외적으로 허용된다.

④ 건축허가를 하면서 일정 토지를 기부채납하도록 하는 내용의 허가조건은 부관을 붙일 수 없는 기속행위 내지 기속적 재량행위인 건축허가에 붙인 부담이거나 또는 법령상 아무런 근거가 없는 부관이어서 무효이다.

25 「행정소송법」상 행정입법부작위에 대한 설명으로 옳지 않은 것은?

① 행정권의 시행명령제정의무는 헌법적 의무이다.

② 시행명령을 제정해야 함에도 불구하고 제정을 거부하는 것은 법치행정의 원칙에 반하는 것이 된다.

③ 시행명령을 제정 또는 개정하였지만 그것이 불충분 또는 불완전하게 된 경우에는 행정입법부작위가 아니다.

④ 행정입법부작위는 부작위위법확인소송의 대상이 된다.

2021 | 7급 기출문제

모바일
OMR
답안분석
서비스

01 행정행위의 효력에 대한 설명으로 옳지 않은 것은? (단, 다툼이 있는 경우 판례에 의함)

① 행정처분이 아무리 위법하다고 하여도 당연무효인 사유가 있는 경우를 제외하고는 아무도 그 하자를 이유로 무단히 그 효과를 부정하지 못한다.

② 공정력의 근거를 적법성의 추정으로 보아 행정행위의 적법성은 피고인 행정청이 아니라 원고측에 입증책임이 있다.

③ 민사소송에 있어서 어느 행정처분의 당연무효 여부가 선결문제로 되는 때에는 이를 판단하여 당연무효임을 전제로 판결할 수 있고 반드시 행정소송 등의 절차에 의하여 그 취소나 무효확인을 받아야 하는 것은 아니다.

④ 어떤 법률에 의하여 행정청으로부터 시정명령을 받은 자가 이를 위반한 경우 그 때문에 그 법률에서 정한 처벌을 하기 위하여는 그 시정명령은 적법한 것이라야 한다.

02 지방자치단체의 사무에 대한 설명으로 옳지 않은 것은? (단, 다툼이 있는 경우 판례에 의함) 〈변형〉

① 부랑인선도시설 및 정신질환자요양시설에 대한 지방자치단체장의 지도 · 감독사무는 국가사무이다.

② 인천광역시장이 원고로서 인천광역시의회를 피고로 인천광역시 공항고속도로통행료지원 조례안재의결 무효확인청구소송을 제기하였는데, 이 조례안에서 지역주민에게 통행료를 지원하는 내용의 사무는 자치사무이다.

③ 법령상 지방자치단체의 장이 처리하도록 규정하고 있는 사무가 자치사무인지 기관위임사무인지를 판단할 때 그에 관한 경비부담의 주체는 사무의 성질결정의 본질적 요소가 아니므로 부차적인 것으로도 고려요소가 될 수 없다.

④ 지방자치단체의 자치사무에 관한 명령이나 처분에 대한 주무부장관 또는 시 · 도지사의 시정명령, 취소 또는 정지는 법령을 위반한 것에 한정한다.

03 행정법관계에 대한 설명으로 가장 옳은 것은? (단, 다툼이 있는 경우 판례에 의함) 〈변형〉

① 육군3사관학교의 구성원인 사관생도는 학교 입학일부터 특수한 신분관계에 놓이게 되므로 법률유보원칙은 적용되지 아니한다.

② 지방자치단체가 학교법인이 설립한 사립중학교에 의무교육대상자에 대한 교육을 위탁한 때에 그 학교법인과 해당 사립중학교에 재학 중인 학생의 재학관계는 기본적으로 공법상 계약에 따른 법률관계이다.

③ 불이익한 행정처분의 상대방은 직접 개인적 이익을 침해당한 것으로 볼 수 없으므로 처분 취소소송에서 원고적격을 바로 인정받지 못한다.

④ 「공무원연금법」상 각 규정을 종합하면 수급권은 공무원연금관리공단의 지급결정이 있어야 비로소 확정된다.

04 국유재산에 대한 설명으로 옳지 않은 것은? (단, 다툼이 있는 경우 판례에 의함)

① 국가가 국유재산의 무단점유자를 상대로 변상금의 부과 징수권의 행사와 별도로 국유재산의 소유자로서 민사상 부당이득반환청구의 소를 제기할 수 있다.

② 국유재산의 무단점유자에 대한 변상금부과는 관리청이 공권력을 가진 우월한 지위에서 행한 것으로 항고소송의 대상이 되는 행정처분의 성격을 갖는다.

③ 행정재산의 목적외 사용 · 수익허가의 법적 성질은 특정인에게 행정재산을 사용할 수 있는 권리를 설정하여 주는 강학상 특허에 해당한다.

④ 「국유재산법」에서는 행정재산의 사용 · 수익의 허가기간은 3년 이내로 한다.

05 확정된 취소판결과 무효확인판결의 효력에 대한 설명으로 옳지 않은 것은? (단, 다툼이 있는 경우 판례에 의함)

① 당사자가 확정된 취소판결의 존재를 사실심 변론종결 시까지 주장하지 아니하였다고 하더라도 상고심에서 새로이 이를 주장·입증할 수 있다.

② 취소판결이 확정된 과세처분을 과세관청이 경정하는 처분을 하였다면 당연무효의 처분이라고 할 수 없고 단순위법인 취소사유를 가진 처분이 될 뿐이다.

③ 행정처분의 무효확인 판결은 확인판결이라고 하여도 행정처분의 취소판결과 같이 소송 당사자는 물론 제3자에게도 미치는 것이다.

④ 행정처분의 취소판결이 확정되면 그 판결에서 확인된 위법사유를 배제한 상태에서 다시 처분을 하거나 그 밖에 위법한 결과를 제거하는 조치를 할 의무가 있다.

06 「행정기본법」상 법적용의 기준에 대한 설명으로 옳지 않은 것은?

① 새로운 법령은 법령에 특별한 규정이 있는 경우를 제외하고는 그 법령의 효력 발생 전에 완성되거나 종결된 사실관계 또는 법률관계에 대해서는 적용되지 아니한다.

② 당사자의 신청에 따른 처분은 법령에 특별한 규정이 있거나 처분 당시의 법령을 적용하기 곤란한 특별한 사정이 있는 경우를 제외하고는 처분 당시의 법령에 따른다.

③ 법령을 위반한 행위의 성립과 이에 대한 제재처분은 법령에 특별한 규정이 있는 경우를 제외하고는 법령을 위반한 행위 당시의 법령에 따른다.

④ 법령을 위반한 행위 후 법령의 변경에 의하여 그 행위가 법령을 위반한 행위에 해당하지 아니하는 경우에도 해당 법령에 특별한 규정이 없는 경우 변경이전의 법령을 적용한다.

07 행정조직법상 권한에 대한 설명으로 옳지 않은 것은? (단, 다툼이 있는 경우 판례에 의함)

① 체납취득세에 대한 압류처분권한은 도지사로부터 시장에게 권한위임된 것이고 시장으로부터 압류처분권한을 내부위임받은 데 불과한 구청장이 자신의 명의로 한 압류처분은 권한 없는 자에 의하여 행하여진 위법무효의 처분이다.

② 대리권을 수여받은 데 불과하여 원행정청과 대리관계를 밝히지 아니하고는 그의 명의로 처분 등을 할 권한이 없는 행정청이 권한 없이 그의 명의로 한 처분에서 그 취소소송 시 피고는 본 처분 권한이 있는 행정청이 된다.

③ 행정권한의 위임은 법률이 위임을 허용하고 있는 경우에 한하여 인정된다.

④ 권한의 위임에 관한 개별규정이 없는 경우 「정부조직법」 제6조, 「행정권한의 위임 및 위탁에 관한 규정」, 「지방자치법」 제104조와 같은 일반적 규정에 따라 행정청은 위임받은 권한을 재위임할 수 있다.

08 재량행위에 대한 설명으로 옳지 않은 것은? (단, 다툼이 있는 경우 판례에 의함)

① 행정청이 제재처분의 양정을 하면서 공익과 사익의 형량을 전혀 하지 않았거나 이익형량의 고려대상에 마땅히 포함되어야 할 사항을 누락한 경우 또는 이익형량을 하였으나 정당성·객관성이 결여된 경우에는 제재처분은 재량권을 일탈·남용한 것이라고 보아야 한다.

② 처분이 재량권을 일탈·남용하였다는 사정은 처분의 효력을 다투는 자가 주장·증명하여야 한다.

③ 「공유수면 관리 및 매립에 관한 법률」에 따른 공유수면의 점용·사용허가는 특정인에게 공유수면 이용권이라는 독점적 권리를 설정하여 주는 처분으로 원칙적으로 행정청의 재량행위에 속한다.

④ 구 「주택건설촉진법」상의 주택건설사업계획의 승인은 상대방에게 수익적 행정처분이므로 법령에 행정처분의 요건에 관하여 일의적으로 규정되어 있더라도 행정청의 재량행위에 속한다.

09 행정의 실효성확보제도에 대한 설명으로 가장 옳은 것은? (단, 다툼이 있는 경우 판례에 의함)

① 학원의 설립·운영 및 과외교습에 관한 법령상 등록을 요하는 학원을 설립·운영하고자 하는 자가 등록절차를 거치지 않은 경우 관할행정청이 직접 그 무등록 학원의 폐쇄를 위하여 출입제한 시설물의 설치와 같은 조치를 할 수 있게 규정되어 있는데, 이러한 규정은 동시에 그와 같은 폐쇄명령의 근거규정이 된다.

② 행정대집행은 대체적 작위의무에 대한 강제집행수단으로, 이행강제금은 부작위의무나 비대체적 작위의무에 대한 강제집행수단으로 이해되어 왔으므로, 이행강제금은 대체적 작위의무의 위반에 대해서는 부과될 수 없다.

③ 대집행계고처분에서 정한 의무이행기간의 이행종기인 날짜에 그 계고서를 수령하였고 행정청이 대집행영장으로써 대집행의 시기를 늦추었다고 하여도 대집행의 적법절차에 위배한 것으로 위법한 처분이다.

④ 한국자산공사의 재공매결정과 공매통지는 행정처분에 해당한다.

10 행정규칙에 대한 설명으로 옳지 않은 것은? (단, 다툼이 있는 경우 판례에 의함)

① 경찰청예규로 정해진 구「채증규칙」은 행정규칙이지만 이에 의하여 집회·시위 참가자들은 구체적인 촬영행위에 의해 비로소 기본권을 제한받게 되는 것뿐만 아니라 이 채증규칙으로 인하여 직접 기본권을 침해 받게 된다.

② 행정규칙은 적당한 방법으로 통보되고 도달하면 효력을 가지며, 반드시 국민에게 공포되어야만 하는 것은 아니다.

③ 행정규칙의 내용이 상위법령이나 법의 일반원칙에 반하는 것이라면 그것은 법질서상 당연무효이고 취소의 대상이 될 수 없다.

④ 어떠한 처분의 근거나 법적인 효과가 행정규칙에 규정되어 있다고 하더라도, 그 처분이 행정규칙의 내부적 구속력에 의하여 상대방에게 권리의 설정 또는 의무의 부담을 명하거나 기타 법적인 효과를 발생하게 하는 등으로 그 상대방의 권리 의무에 직접 영향을 미치는 행위라면, 이 경우에도 항고소송의 대상이 되는 행정처분에 해당한다.

11 행정계획에 대한 설명으로 옳지 않은 것은? (단, 다툼이 있는 경우 판례에 의함)

① 개인의 자유와 권리에 직접 영향을 미치는 계획이라도 광범위한 형성의 자유가 결부되므로 국민들에게 고시 등으로 알려져야만 대외적으로 효력을 발생하는 것이 아니다.

② 구 「도시계획법」상 도시계획안의 공고 및 공람절차에 하자가 있는 행정청의 도시계획결정은 위법하다.

③ 국토이용계획변경 신청을 거부하였을 경우 실질적으로 폐기물처리업허가신청과 같은 처분을 불허하는 결과가 되는 경우 국토이용계획변경의 입안 및 결정권자인 행정청에게 계획변경을 신청할 법규상 또는 조리상 권리를 가진다.

④ 행정기관 내부지침에 그치는 행정계획이 국민의 기본권에 직접 영향을 끼치고 법령의 뒷받침에 의하여 그대로 실시될 것이 틀림없을 것으로 예상되는 때에는 예외적으로 헌법소원의 대상이 된다.

12 공법관계와 사법관계에 대한 설명으로 옳지 않은 것은? (단, 다툼이 있는 경우 판례에 의함)

① 산림청장이 산림법령이 정하는 바에 따라 국유임야를 대부하는 행위는 사경제주체로서 하는 사법상의 행위이다.

② 건축물의 소재지를 관할하는 허가권자인 지방자치단체의 장이 국가의 건축협의를 거부한 행위는 항고소송의 대상인 거부처분에 해당한다.

③ 지방자치단체가 일반재산을 지방자치단체를 당사자로 하는 계약에 관한 법률에 따라 입찰이나 수의계약을 통해 매각하는 것은 지방자치단체가 우월적 공행정 주체로서의 지위에서 행하는 행위이다.

④ 국가가 당사자가 되는 공사도급계약에서 부정당업자에 대한 입찰참가자격 제한조치는 항고소송의 대상이 되는 처분에 해당한다.

13 공법상계약에 해당하는 것은? (단, 다툼이 있는 경우 판례에 의함)

① 지방자치단체가 사인과 체결한 자원회수 시설위탁운영 협약

② 중소기업 정보화지원사업에 따른 지원금 출연을 위하여 중소기업청장이 체결하는 협약

③ 「공익사업을 위한 토지 등의 취득 보상에 관한 법률」상의 사업시행자가 토지소유자 및 관계인과 협의가 성립되어 체결하는 계약

④ 지방자치단체의 관할구역 내에 있는 각급 학교에서 학교회계직원으로 근무하는 것을 내용으로 하는 근로계약

14 「개인정보 보호법」상 개인정보보호에 대한 설명으로 옳은 것은? (단, 다툼이 있는 경우 판례에 의함)

① 많은 양의 트위터 정보처럼 개인정보와 이에 해당하지 않은 정보가 혼재된 경우 전체적으로 「개인정보 보호법」상 개인정보에 관한 규정이 적용된다.

② 개인정보자기결정권은 자신에 관한 정보가 언제 누구에게 어느 범위까지 알려지고 또 이용되도록 할 것인지를 정보주체가 스스로 결정할 수 있는 권리로서 헌법에 명시된 권리이다.

③ 「개인정보 보호법」상 개인정보는 살아있는 개인뿐만 아니라 사자(死者)에 관한 정보로서 성명, 주민등록번호 및 영상 등을 통하여 개인을 알아볼 수 있는 정보를 말한다.

④ 「개인정보 보호법」은 민간부분의 개인정보를 규율하고 있고, 공공부분에 관하여는 「공공기관의 개인정보보호에 관한 법률」에서 규율하고 있다.

15 행정심판의 재결에 대한 설명으로 옳은 것은? (단, 다툼이 있는 경우 판례에 의함)

① 행정심판을 거친 후에 원처분에 대하여 취소소송을 제기할 경우 재결서의 정본을 송달받은 날부터 60일 이내에 제기하여야 한다.

② 의무이행심판의 청구가 이유 있다고 인정되는 경우에는 행정심판위원회는 직접 신청에 따른 처분을 할 수 없고, 피청구인에게 처분을 할 것을 명하는 재결을 할 수 있을 뿐이다.

③ 사정재결은 취소심판의 경우에만 인정되고, 의무이행심판과 무효확인심판의 경우에는 인정되지 않는다.

④ 취소심판의 심리 후 행정심판위원회는 영업허가 취소처분을 영업정지 처분으로 적극적으로 변경하는 변경재결 또는 변경명령재결을 할 수 있다.

16 공무원의 권리에 대한 설명으로 가장 옳은 것은? (단, 다툼이 있는 경우 판례에 의함)

① 고충심사결정은 행정상 쟁송의 대상이 되는 행정처분이다.

② 국가공무원에 대한 불리한 부작위에 대한 행정소송은 인사혁신처의 소청심사위원회의 심사·결정을 거치지 않아도 제기할 수 있다.

③ 공무원이 국가를 상대로 그 실질이 보수에 해당하는 금원의 지급을 구하는 경우 그 보수에 관한 법률에 지급근거인 명시적 규정이 존재하여야 하고, 해당 보수 항목이 국가예산에도 계상되어 있어야만 한다.

④ 공무원이 임용 당시 공무원 임용결격사유가 있었어도 사실상 근무에 대하여 공무원연금 법령에서 정한 퇴직급여를 청구할 수 있다.

17 행정행위의 하자에 대한 설명으로 옳지 않은 것은? (단, 다툼이 있는 경우 판례에 의함)

① 국세에 대한 증액경정처분이 있는 경우 당초 처분은 증액 경정처분에 흡수된다.

② 처분 권한을 내부위임 받은 기관이 자신의 이름으로 한 처분은 무효이다.

③ 독립유공자 甲의 서훈이 취소되고 이를 국가보훈처장이 甲의 유족에게 서훈취소 결정통지를 한 것은 통지의 주체나 형식에 하자가 있다고 보기는 어렵다.

④ 과세처분 이후 조세 부과의 근거가 되었던 법률 규정에 대해 위헌결정이 내려졌다고 하더라도, 그 조세채권의 집행을 위한 체납처분은 유효하다.

18 甲은 乙로부터 유흥주점을 양도받고 영업자지위 승계신고를 「식품위생법」 규정에 따라 관할 행정청 A에게 하였다. 이에 대한 다음의 설명 중 옳지 않은 것은? (단, 다툼이 있는 경우 판례에 의함)

① A는 이 유흥주점영업자지위승계신고를 수리함에 있어 乙에게 그 사실을 사전에 통지하여야 한다.

② A는 이 유흥주점영업자지위승계신고를 수리함에 있어 청문이 필요하다고 인정하여 청문을 실시할 때에는 신고를 수리하기 전에 청문을 하여야 한다.

③ 乙은 행정절차법상의 당사자의 지위에 있다.

④ A의 유흥주점영업자지위승계신고수리는 乙의 권익을 제한하는 처분이다.

19 A 시와 B 시는 공유수면 매립지의 경계를 두고 이견이 있다. 이에 대한 최종적인 결정권을 가진 기관은 어디인가? 〈변형〉

① 헌법재판소
② 행정안전부장관
③ 지방자치단체중앙분쟁조정위원회
④ 중앙행정심판위원회

20 손실보상에 대한 판례의 내용으로 옳지 않은 것은?

① 보상가액 산정시 공익사업으로 인한 개발이익은 토지의 객관적 가치에 포함된다.

② 개별공시지가가 아닌 표준지공시지가를 기준으로 보상액을 산정하는 것은 헌법 제23조 제3항에 위반되지 않는다.

③ 민간기업도 토지수용의 주체가 될 수 있다.

④ 공유수면매립으로 인하여 위탁판매수수료 수입을 상실한 수산업협동조합에 대해서는 법률의 보상 규정이 없더라도 손실보상의 대상이 된다.

21 판례상 행정소송에서의 법률상 이익을 인정한 경우는?

① 환지처분의 일부에 대한 취소소송

② 가중처벌에 관한 제재적 처분기준이 행정규칙의 형식으로 되어 있는 경우, 실효된 제재처분의 취소를 구하는 소송

③ 위법한 건축물에 대한 취소소송 중 건축공사가 완료된 경우

④ 교원소청심사위원회의 파면처분 취소결정에 대한 취소소송 계속 중 학교법인이 교원에 대한 징계처분을 해임으로 변경한 경우

22 「행정소송법」상 집행정지에 대한 설명으로 옳지 않은 것은? (단, 다툼이 있는 경우 판례에 의함)

① 공공복리에 중대한 영향을 미칠 우려가 있어 집행정지를 불허할 경우의 입증책임은 행정청에게 있다.

② 집행정지결정 후 본안소송이 취하되면 집행정지결정의 효력도 상실한다.

③ 무효확인소송에서는 집행정지가 인정되지 않는다.

④ 집행정지의 결정을 신청함에 있어서는 그 이유에 대한 소명이 있어야 한다.

23 「행정조사기본법」상 행정조사에 대한 설명으로 옳지 않은 것은?

① 조사대상자의 자발적 협조를 얻어 실시하는 현장조사의 경우에도 개별 법령의 이에 관한 법적 근거가 있어야 한다.

② 행정기관의 장은 조사대상자에게 장부·서류를 제출하도록 요구하는 때에는 자료제출요구서를 발송하여야 한다.

③ 행정조사는 조사목적을 달성하는 데 필요한 최소한의 범위 안에서 실시하여야 하며, 다른 목적 등을 위하여 조사권을 남용하여서는 아니 된다.

④ 행정기관의 장은 법령 등에 특별한 규정이 있는 경우를 제외하고는 행정조사의 결과를 확정한 날부터 7일 이내에 그 결과를 조사 대상자에게 통지하여야 한다.

24 아래의 법률 조항에 대한 설명으로 옳지 않은 것은?

> 「감염병의 예방 및 관리에 관한 법률」 제49조 제1항 질병관리청장, 시·도지사 또는 시장·군수·구청장은 감염병을 예방하기 위하여 다음 각 호에 해당하는 모든 조치를 하거나 그에 필요한 일부 조치를 하여야 하며, 보건복지부장관은 감염병을 예방하기 위하여 제2호, 제2호의2부터 제2호의4까지, 제12호 및 제12호의2에 해당하는 조치를 할 수 있다.
> 14. 감염병의심자를 적당한 장소에 일정한 기간 입원 또는 격리시키는 것

① 감염병의심자에 대한 격리조치는 직접강제에 해당한다.

② 그 성질상 행정상 의무의 이행을 명하는 것만으로는 행정 목적 달성이 곤란한 경우에 가능하다.

③ 다른 수단으로는 행정 목적을 달성할 수 없는 경우에만 허용된다.

④ 현장에 파견되는 집행책임자는 강제하는 이유와 내용을 고지하여야 한다.

25 甲은 청소년에게 주류를 제공하였다는 이유로 A 구청장으로부터 6개월 이내에서 영업정지처분을 할 수 있다고 규정하는 「식품위생법」 제75조, 총리령인 「식품위생법 시행규칙」 제89조 및 별표 23[행정처분의 기준]에 근거하여 영업정지 2개월 처분을 받았다. 甲은 처음으로 단속된 사람이었다. 이에 대한 다음의 설명 중 가장 옳은 것은? (단, 다툼이 있는 경우 판례에 의함)

① 위 영업정지처분은 기속행위이다.

② 위 별표는 법규명령이다.

③ A 구청장은 2개월의 영업정지처분을 함에 있어서 가중 감경의 여지는 없다.

④ A 구청장이 유사 사례와의 형평성을 고려하지 않고 3개월의 영업정지처분을 하였다면 甲은 행정의 자기구속원칙의 위반으로 위법함을 주장할 수 있다.

2021 | **5급** 기출문제

01 위헌법률에 근거한 행정행위의 효력에 관한 대법원 판례로서 옳은 것(○)과 옳지 않은 것(×)을 올바르게 조합한 것은?

ㄱ. 위헌인 법률에 근거한 행정처분이 당연무효인지의 여부는 위헌결정의 소급효와는 별개의 문제로서, 위헌결정의 소급효가 인정된다고 하여 위헌인 법률에 근거한 행정처분이 당연무효가 된다고는 할 수 없다.

ㄴ. 위헌법률심판제도에 있어서의 구체적 규범통제의 실효성을 보장한다는 차원에서 당해 사건에 대해서는 헌법재판소의 위헌결정은 장래효원칙의 예외로서 소급효를 인정해야 한다.

ㄷ. 위헌결정의 효력은 그 결정 이후에 당해 법률이 재판의 전제가 되었음을 이유로 법원에 제소된 일반사건에도 미치므로, 이미 취소소송의 제기기간을 경과하여 확정력이 발생한 행정처분의 경우에도 위헌결정의 소급효가 미친다고 보아야 할 것이다.

ㄹ. 위헌결정 이후에 조세채권의 집행을 위한 새로운 체납처분에 착수하거나 이를 속행하는 것은 더 이상 허용되지 않고, 나아가 이러한 위헌결정의 효력에 위배하여 이루어진 체납처분은 그 사유만으로 하자가 중대하고 객관적으로 명백하여 당연무효라고 보아야 한다.

① ㄱ(×), ㄴ(×), ㄷ(○), ㄹ(×)
② ㄱ(×), ㄴ(○), ㄷ(○), ㄹ(○)
③ ㄱ(×), ㄴ(○), ㄷ(×), ㄹ(○)
④ ㄱ(○), ㄴ(○), ㄷ(×), ㄹ(○)

02 행정지도에 대한 설명으로 가장 옳은 것은?

① 세무당국이 주류거래를 일정기간 중지하여 줄 것을 요청한 행위는 항고소송의 대상이 될 수 없다.

② 행정지도로 인해 상대방에게 손해가 발생하였다면 행정기관은 반드시 그에 대한 손해배상책임을 질 필요가 없다.

③ 행정관청이 건축허가시에 도로의 폭에 대해 행정지도를 하였다면 법규에 의한 도로지정이 있었던 것으로 볼 수 있다.

④ 행정지도는 과잉금지의 원칙을 따르며, 비강제적인 행위이나, 행정기관은 행정지도의 상대방이 이에 따르지 않았다는 이유로 불이익을 부과할 수 있다.

03 인허가의제에 대한 설명으로 옳지 않은 것은? (단, 다툼이 있는 경우 판례에 의함)

① 주된 인허가에 관한 사항을 규정하고 있는 법률에서 주된 인허가가 있으면 다른 법률에 의한 인허가를 받은 것으로 의제한다는 규정을 둔 경우, 주된 인허가가 있으면 다른 법률에 의한 인허가가 있는 것으로 보는 데 그치고, 거기에서 더 나아가 다른 법률에 의하여 인허가를 받았음을 전제로 하는 그 다른 법률의 모든 규정들까지 적용되는 것은 아니다.

② 주된 인허가로 의제되는 인허가 중 일부에 대하여만 의제되는 인허가 요건을 갖추어 협의가 완료된 경우 민원인의 요청이 있으면 주된 인허가를 할 수 있고, 이 경우 협의가 완료된 일부 인허가만 의제될 수는 없다.

③ 「건축법」에서 인허가의제 제도를 둔 취지는, 인허가 의제 사항과 관련하여 건축허가의 관할 행정청으로 창구를 단일화하고 절차를 간소화하며 비용과 시간을 절감함으로써 국민의 권익을 보호하려는 것이지, 인허가의제사항 관련 법률에 따른 각각의 인허가 요건에 관한 일체의 심사를 배제하려는 것으로 보기는 어렵다.

④ 주택건설사업계획 승인처분에 따라 의제된 인허가가 위법함을 다투고자 하는 이해관계인은, 주택건설사업계획 승인처분의 취소를 구할 것이 아니라 의제된 인허가의 취소를 구하여야 하며, 의제된 인허가는 주택건설사업계획 승인처분과 별도로 항고소송의 대상이 되는 처분에 해당한다.

04 공물의 사용관계에 대한 다음의 설명 중 학설이나 판례의 내용과 합치되는 것은?

① 공물의 보통사용은 공공용물의 경우에는 원칙적으로 인정되지만, 공용물과 보존공물에 대하여는 공용에 지장이 없는 범위 안에서 예외적으로 인정될 뿐이다.

② 공물의 보통사용은 그 성질상 사용료는 절대 징수할 수 없다.

③ 승용차운전자가 요금을 지불하고 터널을 이용하는 것은 공물의 사법상 계약에 의한 사용의 전형적 예에 해당한다.

④ 공물의 특허사용권은 원칙적으로 물권의 성질을 가진다. 다만 어업권·광업권은 채권적 성질을 갖는다.

05 행정행위의 하자승계에 대한 설명으로 옳지 않은 것은? (단, 다툼이 있는 경우 판례에 의함)

① 도시·군계획시설결정과 실시계획인가는 도시·군계획시설사업을 위하여 이루어지는 단계적 행정절차에서 별도의 요건과 절차에 따라 별개의 법률효과를 발생시키는 독립적인 행정처분이므로 선행처분인 도시·군계획시설결정에 하자가 있더라도 그것이 당연무효가 아닌 한 원칙적으로 후행처분인 실시계획인가에 승계되지 않는다.

② 표준지공시지가결정이 위법한 경우에는 그 자체를 행정소송의 대상이 되는 행정처분으로 보아 그 위법 여부를 다툴 수 있지만, 수용보상금의 증액을 구하는 소송에서 선행처분으로서 그 수용대상 토지 가격 산정의 기초가 된 비교표준지공시지가결정의 위법을 독립한 사유로 주장할 수 없다.

③ 「도시 및 주거환경정비법」상 사업시행계획과 관리처분계획은 서로 독립하여 별개의 법적 효과를 발생시키는 것으로서 이 사건 사업시행계획의 수립에 관한 취소사유인 하자가 이 사건 관리처분계획에 승계되지 아니하므로, 위 취소사유를 들어 이 사건 관리처분계획의 적법 여부를 다툴 수는 없다.

④ 서로 독립하여 별개의 효과를 목적으로 하는 선행처분과 후행처분의 경우 선행처분의 불가쟁력이나 구속력이 그로 인하여 불이익을 입게 되는 자에게 수인한도를 넘는 가혹함을 가져오며, 그 결과가 당사자에게 예측가능한 것이 아닌 경우에는 국민의 재판받을 권리를 보장하고 있는 헌법의 이념에 비추어 선행처분의 후행처분에 대한 구속력은 인정될 수 없다.

06 법령보충적 행정규칙에 대한 설명으로 옳지 않은 것은? (단, 다툼이 있는 경우 판례에 의함)

① 재산제세사무처리규정이 국세청장의 훈령 형식으로 되어 있다 하더라도 이에 의한 거래지정은 「소득세법 시행령」의 위임에 따라 그 규정의 내용을 보충하는 기능을 가지면서 그와 결합하여 대외적 효력을 발생하게 된다 할 것이고 그 보충규정의 내용이 위 법령의 위임한계를 벗어났다는 등 특별한 사정이 없는 한 양도소득세의 실지거래가액에 의한 과세의 법령상의 근거가 된다.

② 사회적 변화에 대응한 입법수요의 급증과 종래의 형식적 권력분립주의로는 현대사회에 대응할 수 없다는 기능적 권력분립론 등을 감안하더라도, 의회가 구체적으로 범위를 정하여 위임한 사항에 관하여는 당해 행정기관이 법정립의 권한을 갖게 되고, 이 경우 입법자가 규율의 형식을 선택할 수는 없다.

③ 법령의 규정이 특정 행정기관에게 법령 내용의 구체적 사항을 정할 수 있는 권한을 부여하면서 권한행사의 절차나 방법을 특정하지 아니한 경우에는 수임 행정기관은 행정규칙이나 규정 형식으로 법령 내용이 될 사항을 구체적으로 정할 수 있다.

④ 행정규칙이 상위법령의 위임범위를 벗어난 경우에는 법규명령으로서 대외적 구속력을 인정할 여지는 없는데, 이는 행정규칙이나 규정 '내용'이 위임범위를 벗어난 경우뿐 아니라 상위법령의 위임규정에서 특정하여 정한 권한행사의 '절차'나 '방식'에 위배되는 경우도 마찬가지이므로, 상위법령에서 세부사항 등을 시행규칙으로 정하도록 위임하였음에도 이를 고시 등 행정규칙으로 정하였다면 그 역시 대외적 구속력을 가지는 법규명령으로서 효력이 인정될 수 없다.

07 행정예고에 대한 설명으로 가장 옳은 것은?

① 국토교통부장관이 국가기간교통망계획을 수립하려는 경우에는 이를 예고할 필요가 없다.

② 행정청은 예고 내용의 성격 등을 고려할 필요 없이 행정예고의 기간을 20일 이상으로 정하여야 한다.

③ 행정청은 매년 자신이 행한 행정예고의 실시 현황과 그 결과에 대한 통계를 작성하고, 이를 관보·공보 또는 인터넷에 공고하여야 한다.

④ 행정청은 원칙적으로 국민생활에 매우 큰 영향을 주는 사항이나 많은 국민의 이해가 상충되는 사항에 대한 정책 등, 법률에 규정된 사항에 대해서만 행정예고를 시행하여야 한다.

08 행정계획에 대한 설명으로 옳지 않은 것은? (단, 다툼이 있는 경우 판례에 의함)

① 도시계획법령이 토지형질변경행위허가의 변경신청 및 변경허가에 관하여 아무런 규정을 두지 않고 있을 뿐 아니라, 처분청이 처분 후에 원래의 처분을 그대로 존속시킬 필요가 없게 된 사정변경이 생겼거나 중대한 공익상의 필요가 발생한 경우에는 별도의 법적 근거가 없어도 별개의 행정행위로 이를 철회·변경할 수 있고, 상대방에게는 그 철회·변경을 요구할 신청권이 부여된다.

② 도시계획구역 내 토지 등을 소유하고 있는 사람과 같이 당해 도시계획시설결정에 이해관계가 있는 주민으로서는 도시시설계획의 입안권자 내지 결정권자에게 도시시설계획의 입안 내지 변경을 요구할 수 있는 법규상 또는 조리상의 신청권이 있고, 이러한 신청에 대한 거부행위는 항고소송의 대상이 되는 행정처분에 해당한다.

③ 장래 일정한 기간 내에 관계 법령이 규정하는 시설 등을 갖추어 일정한 행정처분을 구하는 신청을 할 수 있는 법률상 지위에 있는 자의 국토이용계획변경신청을 거부하는 것이 실질적으로 당해 행정처분 자체를 거부하는 결과가 되는 경우에는 그 신청인에게 국토이용계획변경을 신청할 권리가 인정된다.

④ 비구속적 행정계획안이나 행정지침이라도 국민의 기본권에 직접적으로 영향을 끼치고, 앞으로 법령의 뒷받침에 의하여 그대로 실시될 것이 틀림없을 것으로 예상될 수 있을 때에는 공권력행사로서 예외적으로 헌법소원의 대상이 될 수 있다.

09 「국가공무원법」상 5급 공무원인 甲에 대하여 징계권자가 징계처분을 하는 경우에 대한 설명으로 옳지 않은 것은? (단, 다툼이 있는 경우 판례에 의함)

① 甲에 대하여 징계처분을 할 때에는 그 처분권자 또는 처분제청권자는 처분사유를 적은 설명서를 교부(交付)하여야 한다.

② 甲에 대하여 내릴 수 있는 징계는 파면·해임·강등·정직·감봉·견책(譴責)으로 구분한다.

③ 「국가공무원법」의 규정상 징계의결요구는 기속성이 있는 것은 아니어서 징계권자는 甲을 징계의결을 요구할지 여부를 판단할 수 있다.

④ 甲에 대한 징계처분에 관한 행정소송은 소청심사위원회의 심사·결정을 거치지 아니하면 제기할 수 없다.

10 행정강제의 일종인 이행강제금에 대한 설명으로 옳지 않은 것은? (단, 다툼이 있는 경우 판례에 의함)

① 이행하여야 할 행정법상 의무의 내용을 초과하는 것을 '불이행 내용'으로 기재한 이행강제금 부과 예고서에 의하여 이행강제금 부과 예고를 한 다음 이를 이행하지 않았다는 이유로 이행강제금을 부과하였다면, 초과한 정도가 근소하다는 등의 특별한 사정이 없는 한 이행강제금 부과 예고는 이행강제금 제도의 취지에 반하는 것으로서 위법하고, 이에 터 잡은 이행강제금 부과처분 역시 위법하다.

② 비록 건축주 등이 장기간 시정명령을 이행하지 아니하였더라도, 그 기간 중에는 시정명령의 이행 기회가 제공되지 아니하였다가 뒤늦게 시정명령의 이행 기회가 제공된 경우라면, 시정명령의 이행 기회 제공을 전제로 한 1회분의 이행강제금만을 부과할 수 있고, 시정명령의 이행 기회가 제공되지 아니한 과거의 기간에 대한 이행강제금까지 한꺼번에 부과할 수는 없다.

③ 이행강제금 제도는 「건축법」이나 「건축법」에 따른 명령이나 처분을 위반한 건축물의 방치를 막고자 행정청이 시정조치를 명하였음에도 건축주 등이 이를 이행하지 아니한 경우에 행정명령의 실효성을 확보하기 위하여 시정명령 이행 시까지 지속해서 부과함으로써 건축물의 안전과 기능, 미관을 높여 공공복리의 증진을 도모하는 데 입법 취지가 있다.

④ 「건축법」상의 이행강제금은 「건축법」의 위반행위에 대하여 시정명령을 받은 후 시정기간 내에 당해 시정명령을 이행하지 아니한 건축주 등에 대하여 부과되는 간접강제의 일종으로서 그 이행강제금 납부의무는 상속인에게 승계될 수 있다.

11 행정행위와 그에 붙여진 부관의 종류를 연결시킨 것 중 가장 옳지 않은 것은?

① 3개월 이내에 공사에 착수하지 않으면 그 효력을 상실한다는 부관을 붙인 공유수면 매립면허 – 정지조건
② X국으로부터의 쇠고기 수입허가 신청이 있는 경우, Y국으로부터의 수입허가를 부여하는 경우 – 수정부담
③ 청소년을 출입시키면 영업허가를 취소한다는 뜻의 디스코텍 영업허가 – 철회권의 유보
④ 격일제로 하는 택시영업허가 – 법률효과의 일부배제

12 「행정기본법」 제1장 총칙에서 규정하고 있는 기간의 계산에 대한 설명으로 옳지 않은 것은?

① 행정에 관한 기간의 계산에 관하여는 「행정기본법」 또는 다른 법령 등에 특별한 규정이 있는 경우를 제외하고는 「민법」을 준용한다.
② 법령 등 또는 처분에서 국민의 권익을 제한하거나 의무를 부과하는 경우 권익이 제한되거나 의무가 지속되는 기간의 계산에 있어 기간을 일, 주, 월 또는 년(年)으로 정한 경우에는 기간의 첫날을 산입한다.
③ 법령 등 또는 처분에서 국민의 권익을 제한하거나 의무를 부과하는 경우 권익이 제한되거나 의무가 지속되는 기간의 계산에 있어 기간의 말일이 토요일 또는 공휴일인 경우에는 기간은 그 다음 날에 만료한다.
④ 법령 등(훈령·예규·고시·지침 등을 포함한다)을 공포한 날부터 시행하는 경우에는 공포한 날을 시행일로 한다.

13 「행정절차법」상 행정절차에 대한 설명으로 옳지 않은 것은? (단, 다툼이 있는 경우 판례에 의함)

① 「행정절차법」에서 말하는 '의견청취가 현저히 곤란하거나 명백히 불필요하다고 인정될 만한 상당한 이유가 있는 경우'에 해당하는지는 해당 행정처분의 성질에 비추어 판단하여야 하며, 처분상대방이 이미 행정청에 위반사실을 시인하였다거나 처분의 사전통지 이전에 의견을 진술할 기회가 있었다는 사정을 고려하여 판단할 것은 아니다.

② 행정처분의 상대방이 통지된 청문일시에 불출석하였다는 이유만으로 행정청이 관계 법령상 그 실시가 요구되는 청문을 실시하지 아니한 채 침해적 행정처분을 할 수는 없다.

③ '고시'의 방법으로 불특정 다수인을 상대로 행해지는 처분의 경우에도 그 처분이 의무를 부과하거나 권익을 제한하는 경우라면, 「행정절차법」에 의하여 그 상대방에게 의견제출의 기회를 주어야 한다.

④ 민원사무를 처리하는 행정기관이 민원 1회 방문처리제를 시행하는 절차의 일환으로 민원사항의 심의 · 조정 등을 위한 민원조정위원회를 개최하면서 민원인에게 회의일정 등을 사전에 통지하지 아니하였다 하더라도, 이러한 사정만으로 곧바로 민원사항에 대한 행정기관의 장의 거부처분에 취소사유에 이를 정도의 흠이 존재한다고 보기는 어렵다.

14 「공공기관의 정보공개에 관한 법률」에 따른 정보공개에 대한 설명으로 옳지 않은 것은? (단, 다툼이 있는 경우 판례에 의함)

① 「공공기관의 정보공개에 관한 법률」에서 정보공개의 목적, 교육의 공공성 및 공 · 사립학교의 동질성, 사립대학교에 대한 국가의 재정 지원 및 보조 등 여러 사정과 사립대학교에 대한 국비 지원이 한정적 · 일시적 · 국부적이라는 점을 고려할 때, 같은 법 시행령이 정보공개 의무를 지는 공공기관의 하나로 사립대학교를 들고 있는 것이 모법의 위임 범위를 벗어났다고 볼 수 없지만, 사립대학교는 국비의 지원을 받는 범위 내에서만 공공기관의 성격을 가진다고 볼 수 있다.

② 공공기관이 공개청구의 대상이 된 정보를 공개는 하되, 청구인이 신청한 공개방법 이외의 방법으로 공개하기로 하는 결정을 하였다면, 이는 정보공개청구 중 정보공개방법에 관한 부분에 대하여 일부 거부처분을 한 것이고, 청구인은 그에 대하여 항고소송으로 다툴 수 있다.

③ 법원이 행정기관의 정보공개거부처분의 위법 여부를 심리한 결과 공개를 거부한 정보에 비공개사유에 해당하는 부분과 그렇지 않은 부분이 혼합되어 있고, 공개청구의 취지에 어긋나지 않는 범위 안에서 두 부분을 분리할 수 있음을 인정할 수 있을 때에는 공개가 가능한 정보에 국한하여 일부취소를 명할 수 있다.

④ 공개청구자가 특정한 바와 같은 정보를 공공기관이 보유 · 관리하고 있지 않은 경우라면 특별한 사정이 없는 한 해당 정보에 대한 공개거부처분에 대하여는 취소를 구할 법률상 이익이 없지만, 공개를 구하는 정보를 공공기관이 한때 보유 · 관리하였으나 후에 그 정보가 담긴 문서들이 폐기되어 존재하지 않게 된 것이라면 그 정보를 더 이상 보유 · 관리하고 있지 않다는 점에 대한 증명책임은 공공기관에 있다.

15 「공익사업을 위한 토지 등의 취득 및 보상에 관한 법률」에 따른 행정상 손실보상 및 그 불복절차에 대한 설명으로 옳지 않은 것은? (단, 다툼이 있는 경우 판례에 의함)

① 사업시행자, 토지소유자 또는 관계인은 토지수용위원회의 수용재결에 불복할 때에는 재결서를 받은 날부터 90일 이내에, 이의신청을 거쳤을 때에는 이의신청에 대한 재결서를 받은 날부터 60일 이내에 각각 행정소송을 제기할 수 있다.

② 사업인정은 수용권을 설정해 주는 행정처분으로서, 이에 따라 수용할 목적물의 범위가 확정되고, 수용권자가 목적물에 대한 현재 및 장래의 권리자에게 대항할 수 있는 공법상 권한이 생긴다.

③ 수용재결에 불복하여 취소소송을 제기하는 때에는 이의신청을 거친 경우에도 수용재결을 한 중앙토지수용위원회 또는 지방토지수용위원회를 피고로 하여 수용재결의 취소를 구하여야 하고, 다만 이의신청에 대한 재결 자체에 고유한 위법이 있음을 이유로 하는 경우에는 그 이의재결을 한 중앙토지수용위원회를 피고로 하여 이의재결의 취소를 구할 수 있다.

④ 토지소유자 등과 사업시행자 간의 성실한 협의 이후에 이루어지는 절차인 토지수용위원회의 수용재결이 있은 후에는 토지소유자 등과 사업시행자가 다시 협의하여 토지 등의 취득이나 사용 및 그에 대한 보상에 관하여 임의로 계약을 체결할 수 없다.

16 군사행정법에 대한 설명으로 가장 옳은 것은?

① 군무원은 봉급 외의 수당을 받을 수 없지만, 직무수행에 드는 실비는 변상 받을 수 있다.

② 공익근무요원은 특정한 목적을 위해 소집되어 공익분야에 종사하는 사람으로서 보충역에 편입되어 있는 자이므로 군인이라 판단할 수 있다.

③ 5급 이상의 일반군무원은 국방부장관의 제청으로 대통령만이 임용할 수 있으나, 6급 이하의 일반군무원은 국방부장관과 국방부장관의 위임에 따른 각 군 참모총장만이 임용할 수 있다.

④ 주한 미군에 근무하면서 북한의 음성통신을 영어로 번역하는 업무를 수행하는 한국인 군무원에 대하여 미군 측의 고용해제 통보 후 국방부장관이 행한 직권면직의 인사발령은 항고소송의 대상이 되는 행정처분이라 보기 어렵다.

17 취소소송의 대상적격에 대한 설명으로 옳지 않은 것은? (단, 다툼이 있는 경우 판례에 의함)

① 건축신고 반려행위가 이루어진 단계에서 당사자로 하여금 반려행위의 적법성을 다투어 그 법적 불안을 해소한 다음 건축행위에 나아가도록 함으로써 장차 있을지도 모르는 위험에서 미리 벗어날 수 있도록 길을 열어주고, 위법한 건축물의 양산과 그 철거를 둘러싼 분쟁을 조기에 근본적으로 해결할 수 있게 하는 것이 법치행정의 원리에 부합하므로 건축신고 반려행위는 항고소송의 대상이 된다.

② 수익적 행정행위 신청에 대한 거부처분은 당사자의 신청에 대하여 관할 행정청이 거절하는 의사를 대외적으로 명백히 표시함으로써 성립되며, 거부처분이 있은 후 당사자가 다시 신청을 한 경우에는 그 내용이 새로운 신청을 하는 취지라도 관할 행정청이 이를 다시 거절하는 것은 새로운 거부처분이 되지 아니한다.

③ 과세표준과 세액을 증액하는 증액경정처분은 당초신고나 결정에서 확정된 과세표준과 세액을 포함하여 전체로서 하나의 과세표준과 세액을 다시 결정하는 것이므로, 당초신고나 결정에 대한 불복기간의 경과 여부 등에 관계없이 오직 증액경정처분만이 항고소송의 심판대상이 된다.

④ 기존의 행정처분을 변경하는 내용의 행정처분이 뒤따르는 경우, 후속처분이 종전처분을 완전히 대체하는 것이거나 그 주요 부분을 실질적으로 변경하는 내용인 경우에는 특별한 사정이 없는 한 종전 처분은 그 효력을 상실하고 후속처분만이 항고소송의 대상이 된다.

18 행정상 입법예고절차에 대한 설명으로 가장 옳지 않은 것은?

① 행정상 입법예고의 대상은 제정·개정 또는 폐지되려는 법령을 포함한다.

② 행정청은 특별한 사유가 있다고 하더라도 예고된 입법안의 전문에 대한 열람 또는 복사의 요청에 응해야 한다.

③ 자치법규의 행정상 입법예고기간은 예고할 때 정할 수 있으나, 특별한 사정이 없으면 20일 이상으로 하여야 한다.

④ 입법내용의 성질상 예고의 필요가 없거나 곤란하다고 판단되거나, 그 내용상 국민의 권리·의무 또는 일상생활과 관련이 없다면 입법예고를 할 필요는 없다.

19 「공공데이터의 제공 및 이용 활성화에 관한 법률」에 대한 설명으로 가장 옳지 않은 것은?

① 공공기관은 해당 공공기관이 보유·관리하는 공공데이터 중 제3자의 권리가 포함된 것으로 이용허락을 받지 않은 정보인 경우에는 기술적으로 제3자의 권리가 포함된 정보를 분리할 수 있다 하더라도 제3자 보호를 위해서 제공을 하여서는 안 된다.

② 공공기관의 장은 해당 기관이 보유하고 있는 공공데이터의 목록을 행정안전부장관에게 등록하여야 하며, 행정안전부장관은 등록의 누락이 있는지를 조사하여 누락된 공공데이터 목록의 등록을 요청할 수 있다.

③ 공공데이터의 제공거부 및 제공중단을 받은 자는 공공데이터제공분쟁조정위원회에 분쟁조정신청을 할 수 있으며, 조정의 내용은 재판상 화해와 동일한 효력을 갖는다.

④ 공공기관의 장은 해당 기관이 생성 또는 취득하여 관리하는 공공데이터의 안정적 품질관리 및 적정한 품질수준의 확보를 위하여 필요한 조치를 취하여야 한다.

20 군사행정법에 대한 설명으로 가장 옳지 않은 것은?

① 모든 군무원은 형의 선고나 「군무원인사법」 또는 「국가공무원법」에서 정한 사유에 따르지 아니하고는 본인의 의사에 반하여 휴직·직위해제·강임(降任) 또는 면직을 당하지 아니한다.

② 장교, 준사관 및 부사관이 전상·공상을 제외한 심신장애로 인하여 6개월 이상 근무하지 못하게 되었을 때나 불임·난임으로 장기간의 치료가 필요하여 휴직을 신청한 때에는 임용권자는 휴직을 명하여야 한다.

③ 육군의 경우 장기복무전형에 불합격한 단기복무하사관에 대하여 일시적으로 전역 지원을 하지 아니하는 한 복무연장을 해주고 있다고 해도 이는 필요에 의한 일시적인 조치에 불과하다.

④ 음주운전을 하여 차량접촉사고를 낸 후 출동한 경찰의 음주측정에 정당한 사유 없이 불응하여 벌금을 받은 동원관리관으로 근무하던 자에 대한 품위유지의무 위반을 이유로 한 해임은 재량권의 범위를 일탈·남용한 것이라고 볼수 없어 적법하다.

21 「지방자치법」에 대한 설명으로 가장 옳지 않은 것은? (단, 다툼이 있는 경우에는 판례에 의함)

① 기관위임사무는 지방자치단체의 사무가 아니라 국가 등의 사무이므로 명문의 규정이 없는 한 조례제정의 대상이 되지 않는다.

② 수업료, 입학금의 지원에 관한 사무는 「지방자치법」에서 정한 지방자치단체 고유의 자치사무이다.

③ 교육감의 소속 교육공무원에 대한 징계사무는 지방자치단체의 자치사무에 해당한다.

④ 시·도와 시·군 및 자치구는 그 사무를 처리함에 있어서로 경합하지 아니하도록 하여야 하며, 사무가 서로 경합할 경우 시·군 및 자치구에서 먼저 처리한다.

22 행정법의 일반원칙에 대한 설명으로 가장 옳지 않은 것은? (단, 다툼이 있는 경우에는 판례에 의함)

① 상급행정기관이 하급행정기관에 대해 발하는 업무처리지침이나 법령의 해석적용에 관한 기준은 일반적으로 행정조직 내부에서만 효력을 가질 뿐 대외적 구속력을 가지는 것은 아니므로 행정처분이 그에 위반하였다 하더라도 그 사정만으로 곧바로 위법한 것으로 되는 것은 아니다.

② 수익적 행정행위의 직권취소나 철회는 개인의 신뢰보호를 위하여 제한될 수 있다는 것이 학설과 판례의 일반적 입장이다.

③ 헌법 제12조 제1항에 따른 적법절차 원칙은 형사소송절차에 국한되지 않고 모든 국가작용 전반에 대하여 적용된다.

④ 권한남용금지의 원칙은 행정의 목적과 행정권한을 행사한 행정공무원의 내심의 의도까지 통제하려는 것은 아니다.

23 경찰행정법에 대한 설명으로 가장 옳은 것은?

① 경찰의 임무에는 외국 정부기관 및 국제기구와의 국제협력이 존재하지 않는다.

② 법률에 규정된 자치경찰의 사무에는 성적 목적을 위한 다중이용장소 침입행위에 대한 수사사무는 포함되지 않는다.

③ 경찰관이 직사살수의 방법으로 집회나 시위 참가자들을 해산시키려면, 먼저 「집회 및 시위에 관한 법률」에서 정한 해산 사유를 구체적으로 고지하는 해산명령을 시행한 후에 가능하다.

④ 경찰관은 정신착란을 일으키거나 술에 만취한 사람, 자살을 시도하는 사람, 미아, 병자, 부상자와 같이 응급구호가 필요하다고 믿을 만한 상당한 이유가 있는 사람을 발견한 경우에는 보건의료기관이나 공공구호기관에 긴급구호를 요청하여야 한다.

24 「행정심판법」에 대한 설명으로 옳지 않은 것은? (단, 다툼이 있는 경우 판례에 의함)

① 집행정지의 요건을 갖춘 때에는 직권으로 또는 당사자의 신청에 의하여 처분의 효력, 처분의 집행 또는 절차의 속행의 전부 또는 일부의 정지를 결정할 수 있지만, 처분의 효력정지는 처분의 집행 또는 절차의 속행을 정지함으로써 그 목적을 달성할 수 있을 때에는 허용되지 아니한다.

② 행정심판의 청구인은 「행정심판법」이 규정하는 가구제제도인 집행정지를 이용할 수 있더라도, 처분 또는 부작위가 위법·부당하다고 상당히 의심되는 경우로서 당사자에게 생길 중대한 불이익이나 급박한 위험을 방지할 필요가 있는 경우에는 임시처분을 이용할 수 있다.

③ 행정심판위원회는 심판청구의 대상이 되는 처분 또는 부작위 외의 사항에 대하여는 재결하지 못하며, 심판청구의 대상이 되는 처분보다 청구인에게 불리한 재결을 하지 못한다.

④ 행정심판위원회는 사건의 심리를 위하여 필요하다고 인정하면 직권으로 증거조사를 할 수 있고, 당사자가 주장하지 아니한 사실에 대하여도 심리할 수 있다.

25 「국가배상법」 제2조의 책임(공무원의 위법한 직무집행행위로 인한 배상책임)에 대한 설명으로 옳지 않은 것은? (단, 다툼이 있는 경우 판례에 의함)

① 어떠한 행정처분이 후에 항고소송에서 취소되었다고 할지라도 그 기판력에 의하여 당해 행정처분이 곧바로 공무원의 고의 또는 과실로 인한 것으로서 불법행위를 구성한다고 단정할 수는 없는 것이고, 그 행정처분의 담당공무원이 보통 일반의 공무원을 표준으로 하여 볼 때 객관적 주의의무를 결하여 그 행정처분이 객관적 정당성을 상실하였다고 인정될 정도에 이른 경우이어야 한다.

② '법령에 위반하여'라고 함은 엄격하게 형식적 의미의 법령에 명시적으로 공무원의 작위의무가 정하여져 있음에도 이를 위반하는 경우만을 의미하는 것은 아니고, 인권존중·권력남용금지·신의성실과 같이 공무원으로서 마땅히 지켜야 할 준칙이나 규범을 지키지 아니하고 위반한 경우를 포함하여 널리 그 행위가 객관적인 정당성을 결여하고 있는 경우도 포함한다.

③ 「공익사업을 위한 토지 등의 취득 및 보상에 관한 법률」 및 구 「토지공사법」의 규정에 의하여, 본래 시·도지사나 시장·군수 또는 구청장의 업무에 속하는 대집행권한을 위탁받은 한국토지공사는 행정주체의 지위에 있으면서, 동시에 지방자치단체 등의 기관으로서 '공무원'에 해당한다.

④ 공무원이 고의 또는 과실로 그에게 부과된 직무상 의무를 위반하였을 경우라고 하더라도 직무상의 의무 위반과 피해자가 입은 손해 사이에 상당인과관계가 인정되기 위하여는 공무원에게 부과된 직무상 의무의 내용이 전적으로 또는 부수적으로 사회구성원 개인의 안전과 이익을 보호하기 위하여 설정된 것이어야 한다.

2020 | **9급** 기출문제

모바일
OMR
답안분석
서비스

✓ 회독 CHECK 1 2 3

✓ 시험시간 25분 ✓ 해설편 117쪽

01 행정법의 효력에 대한 설명으로 옳지 않은 것은? (다툼이 있는 경우 판례에 의함)

① 행정법규는 시행일부터 그 효력을 발생한다.

② 법령이 변경된 경우 신 법령이 피적용자에게 유리하여 이를 적용하도록 하는 경과규정을 두는 등의 특별한 규정이 없는 한 헌법 제13조 등의 규정에 비추어 볼 때 그 변경 전에 발생한 사항에 대하여는 변경 후의 신 법령이 아니라 변경 전의 구 법령이 적용되어야 한다.

③ 법령불소급의 원칙은 법령의 효력발생 전에 완성된 요건 사실에 대하여 당해 법령을 적용할 수 없다는 의미일 뿐, 계속 중인 사실이나 그 이후에 발생한 요건 사실에 대한 법령적용까지를 제한하는 것은 아니다.

④ 진정소급입법의 경우에는 신뢰보호의 이익을 주장할 수 있으나 부진정소급입법의 경우에는 신뢰보호의 이익을 주장할 수 없다.

02 행정규칙 형식의 법규명령에 대한 설명으로 옳지 않은 것은? (다툼이 있는 경우 판례에 의함)

① 헌법이 인정하고 있는 위임입법의 형식은 예시적인 것으로 보아야 할 것이고, 그것은 법률이 행정규칙에 위임하더라도 그 행정규칙은 위임된 사항만을 규율할 수 있으므로, 국회입법의 원칙과 상치되지도 않는다.

② 재산권 등과 같은 기본권을 제한하는 작용을 하는 법률이 입법위임을 할 때에는 법규명령에 위임함이 바람직하고, 금융감독위원회의 고시와 같은 행정규칙 형식으로 입법위임을 할 때에는 적어도 「행정규제기본법」 제4조 제2항 단서에서 정한 바와 같이 법령이 전문적·기술적 사항이나 경미한 사항으로서 업무의 성질상 위임이 불가피한 사항에 한정된다.

③ 법률이 행정규칙 형식으로 입법위임을 하는 경우에는 행정규칙의 특성상 포괄위임금지의 원칙은 인정되지 않는다.

④ 상위법령의 위임에 의하여 정하여진 행정규칙은 위임한 계를 벗어나지 아니하는 한 그 상위법령의 규정과 결합하여 대외적인 구속력이 있는 법규명령으로서의 효력을 갖게 된다.

03 인가에 대한 설명으로 옳지 않은 것은? (다툼이 있는 경우 판례에 의함)

① 기본행위가 적법·유효하고 보충행위인 인가처분 자체에 흠이 있다면 그 인가처분의 무효나 취소를 주장할 수 있다.

② 구 「외자도입법」에 따른 기술도입계약에 대한 인가는 기본행위인 기술도입계약을 보충하여 그 법률상 효력을 완성시키는 보충적 행정행위에 지나지 아니하므로 기본행위인 기술도입계약의 해지로 인하여 소멸되었다면 위 인가처분은 처분청의 직권취소에 의하여 소멸한다.

③ 「공유수면매립법」 등 관계법령상 공유수면매립의 면허로 인한 권리의무의 양도·양수에 있어서의 면허관청의 인가는 효력요건으로서, 면허로 인한 권리의무양도약정은 면허관청의 인가를 받지 않은 이상 법률상 아무런 효력도 발생할 수 없다.

④ 인가처분에 흠이 없다면 기본행위에 흠이 있다고 하더라도 따로 기본행위의 흠을 다투는 것은 별론으로 하고 기본행위의 흠을 내세워 바로 그에 대한 인가처분의 무효확인 또는 취소를 구할 수는 없다.

04 행정지도에 대한 설명으로 옳지 않은 것은? (다툼이 있는 경우 판례에 의함)

① 행정지도가 단순한 행정지도로서의 한계를 넘어 규제적·구속적 성격을 상당히 강하게 갖는 것이라면 헌법소원의 대상이 되는 공권력의 행사로 볼 수 있다.

② 행정관청이 「국토이용관리법」 소정의 토지거래계약 신고에 관하여 공시된 기준시가를 기준으로 매매 가격을 신고하도록 행정지도를 하여 그에 따라 피고인이 허위신고를 한 것이라면 그 범법행위는 정당화 된다.

③ 구 「남녀차별금지 및 구제에 관한 법률」상 국가인권위원회의 성희롱결정과 이에 따른 시정조치의 권고는 성희롱 행위자로 결정된 자의 인격권에 영향을 미침과 동시에 공공기관의 장 또는 사용자에게 일정한 법률상의 의무를 부담시키는 것이므로 국가인권위원회의 성희롱결정 및 시정조치권고는 행정소송의 대상이 되는 행정처분에 해당한다.

④ 적법한 행정지도로 인정되기 위해서는 우선 그 목적이 적법한 것으로 인정될 수 있어야 할 것이므로, 행정청이 행한 주식매각의 종용이 정당한 법률적 근거 없이 자의적으로 주주에게 제재를 가하는 것이라면 행정지도의 영역을 벗어난 것이라고 보아야 할 것이다.

05 헌법재판소 결정례와 대법원 판례의 내용으로 옳지 않은 것은? (다툼이 있는 경우 판례에 의함)

① 현역군인만을 국방부의 보조기관 및 차관보·보좌기관과 병무청 및 방위사업청의 보조기관 및 보좌기관에 보할 수 있도록 정하여 군무원을 제외하고 있는 정부조직법 관련 조항은 군무원인 청구인들의 평등권을 침해한다고 보아야 한다.

② 행정소송에 있어서 처분청의 처분권한 유무는 직권조사사항이 아니다.

③ 행정권한의 위임이 행하여진 때에는 위임관청은 그 사무를 처리할 권한을 잃는다.

④ 자동차운전면허시험 관리업무는 국가행정사무이고 지방자치단체의 장인 서울특별시장은 국가로부터 그 관리업무를 기관위임 받아 국가행정기관의 지위에서 그 업무를 집행하므로, 국가는 면허 시험장의 설치 및 보존의 하자로 인한 손해배상책임을 부담한다.

06 「개인정보 보호법」상 고유식별정보에 관한 설명으로 옳지 않은 것은?

① 「여권법」에 따른 여권번호나 「출입국관리법」에 따른 외국인등록번호는 고유식별정보이다.

② 고유식별정보를 처리하려면 정보주체에게 정보의 수집·이용·제공 등에 필요한 사항을 알리고 다른 개인정보의 처리에 대한 동의와 함께 일괄적으로 동의를 받아야 한다.

③ 개인정보처리자가 이 법에 따라 고유식별정보를 처리하는 경우에는 그 고유식별정보가 분실·도난·유출·위조·변조 또는 훼손되지 아니하도록 대통령령으로 정하는 바에 따라 암호화 등 안전성 확보에 필요한 조치를 하여야 한다.

④ 개인정보처리자는 다른 개인정보의 처리에 대한 동의와 별도로 동의를 받은 경우라 하더라도 주민등록번호는 법에서 정한 예외적 인정사유에 해당하지 않는 한 처리할 수 없다.

07 신뢰보호원칙에 대한 설명으로 옳지 않은 것은? (다툼이 있는 경우 판례에 의함)

① 신뢰보호원칙의 법적 근거로는 신의칙설 또는 법적 안정성을 드는 것이 일반적인 견해이다.

② 신뢰보호원칙의 실정 법적 근거로는 「행정절차법」 제4조 제2항, 「국세기본법」 제18조 제3항 등을 들 수 있다.

③ 대법원은 실권의 법리를 신뢰보호 원칙의 파생원칙으로 본다.

④ 조세법령의 규정내용 및 행정규칙 자체는 과세 관청의 공적 견해 표명에 해당하지 아니한다.

08 정보공개에 대한 설명으로 옳지 않은 것은?

① 정보의 공개를 청구하는 자는 해당 정보를 보유하거나 관리하고 있는 공공기관에 법령상의 요건을 갖춘 정보공개 청구서를 제출하거나 말로써 정보의 공개를 청구할 수 있다.

② 공공기관은 공개 청구된 공개 대상 정보의 전부 또는 일부가 제3자와 관련이 있다고 인정할 때에는 그 사실을 제3자에게 지체 없이 통지하여야 하며, 필요한 경우에는 그의 의견을 들을 수 있다.

③ 「공공기관의 정보공개에 관한 법률」 제11조 제3항에 따라 공개 청구된 사실을 통지받은 제3자는 그 통지를 받은 날부터 7일 이내에 해당 공공기관에 대하여 자신과 관련된 정보를 공개하지 아니할 것을 요청할 수 있다.

④ 「공공기관의 정보공개에 관한 법률」 제21조 제2항에 따른 비공개 요청에도 불구하고 공공기관이 공개 결정을 할 때에는 공개 결정 이유와 공개 실시일을 분명히 밝혀 지체 없이 문서로 통지하여야 하며, 제3자는 해당 공공기관에 문서로 이의신청을 하거나 행정심판 또는 행정소송을 제기할 수 있다.

09 통고처분에 대한 설명으로 옳지 않은 것은? (다툼이 있는 경우 판례에 의함)

① 지방국세청장이 조세범칙행위에 대하여 고발을 한 후에 동일한 조세범칙행위에 대하여 통고처분을 하여 조세범칙행위자가 이를 이행하였다면 고발에 따른 형사절차의 이행은 일사부재리의 원칙에 반하여 위법하다.

② 「도로교통법」에 따른 경찰서장의 통고처분은 행정소송의 대상이 되는 행정처분이 아니다.

③ 통고처분은 상대방의 임의의 승복을 그 발효요건으로 하는 것으로서 상대방의 재판받을 권리를 침해하는 것으로 인정되지 않는다.

④ 「관세법」상 통고처분을 할 것인지의 여부는 관세청장 또는 세관장의 재량에 맡겨져 있고, 따라서 관세청장 또는 세관장이 관세범에 대하여 통고처분을 하지 아니한 채 고발하였다는 것만으로는 그 고발 및 이에 기한 공소의 제기가 부적법하게 되는 것은 아니다.

10 다음은 1993년 8월12일에 발하여진 대통령의 금융실명거래 및 비밀보장에 관한 긴급재정경제 명령(이하 '긴급재정경제명령'이라 칭함)에 관한 위헌확인소원에서 헌법재판소가 내린 결정 내용이다. 옳지 않은 것은? (다툼이 있는 경우 판례에 의함)

① 대통령의 긴급재정경제명령은 국가긴급권의 일종으로서 고도의 정치적 결단에 의하여 발동되는 행위이다.

② 대통령의 긴급재정경제명령은 이른바 통치행위에 속한다고 할 수 있다.

③ 통치행위를 포함하여 모든 국가작용은 국민의 기본권적 가치를 실현하기 위한 수단이라는 한계를 반드시 지켜야 한다.

④ 국민의 기본권 침해와 직접 관련되는 경우라도 그 국가작용이 고도의 정치적 결단에 의하여 행해진다면 당연히 헌법재판소의 심판대상이 되지 않는다.

11 다음 중 대법원 판례의 내용과 다른 것은? (다툼이 있는 경우 판례에 의함)

① 일정한 자격을 갖추고 소정의 절차에 따라 국립대학의 장에 의하여 임용된 조교는 법정된 근무기간 동안 신분이 보장되는 「교육공무원법」상의 교육공무원 내지 「국가공무원법」상의 특정직 공무원 지위가 부여되지만, 근무관계는 공법상 근무 관계가 아닌 사법상의 근로계약관계에 해당한다.

② 행정규칙의 내용이 상위법령에 반하는 것이라면 법치국가원리에서 파생되는 법질서의 통일성과 모순금지 원칙에 따라 그것은 법질서상 당연무효이고, 행정내부적 효력도 인정될 수 없다.

③ 계약직공무원에 관한 현행 법령의 규정에 비추어 볼 때, 계약직공무원 채용계약해지의 의사표시는 일반공무원에 대한 징계처분과는 달라서 항고소송의 대상이 되는 처분 등의 성격을 가진 것으로 인정되지 아니한다.

④ 「국가공무원법」상 당연퇴직은 결격사유가 있을 때 법률상 당연히 퇴직하는 것이지, 공무원관계를 소멸시키기 위한 별도의 행정처분을 요하는 것이 아니며, 당연퇴직의 인사발령은 법률상 당연히 발생하는 퇴직사유를 공적으로 확인하여 알려주는 이른바 관념의 통지에 불과하고 공무원의 신분을 상실시키는 새로운 형성적 행위가 아니므로 행정소송의 대상이 되는 독립한 행정처분이라고 할 수 없다.

12 「병역법」에 관련한 설명으로 옳지 않은 것은? (다툼이 있는 경우 판례에 의함)

① 현역입영대상자인 피고인이 정당한 사유 없이 병역의무 부과통지서인 현역입영통지서의 수령을 거부하고 입영기일부터 3일이 경과하여도 입영하지 않은 경우 통지서 수령거부에 대한 처벌만 인정될 뿐 입영의 기피에 대한 처벌은 인정되지 않는다.

② 병역의무부과통지서인 현역입영통지서는 그 병역 의무자에게 이를 송달함이 원칙이고, 이러한 송달은 병역의무자의 현실적인 수령행위를 전제로 하고 있다고 보아야 하므로, 병역의무자가 현역입영통지의 내용을 이미 알고 있는 경우에도 여전히 현역입영통지서의 송달은 필요하다.

③ 현역입영대상자로서는 현실적으로 입영을 하였다고 하더라도, 입영 이후의 법률관계에 영향을 미치고 있는 현역병입영통지처분 등을 한 관할지방병무청장을 상대로 위법을 주장하여 그 취소를 구할 소송상의 이익이 있다.

④ 「병역법」상 보충역편입처분과 공익근무요원소집처분이 각각 단계적으로 별개의 법률효과를 발생하는 독립된 행정처분이 아니므로, 불가쟁력이 생긴 보충역 편입처분의 위법을 이유로 공익근무요원소집처분의 효력을 다툴 수 있다.

13 다수의 당사자 등이 공동으로 행정절차에 관한 행위를 할 때에 정하는 대표자에 관한 「행정절차법」의 규정 내용으로 옳지 않은 것은?

① 당사자 등은 대표자를 변경하거나 해임할 수 있다.

② 대표자는 각자 그를 대표자로 선정한 당사자 등을 위하여 행정절차에 관한 모든 행위를 할 수 있다. 다만, 행정절차를 끝맺는 행위에 대하여는 당사자 등의 동의를 받아야 한다.

③ 대표자가 있는 경우에는 당사자 등은 그 대표자를 통하여서만 행정절차에 관한 행위를 할 수 있다.

④ 다수의 대표자가 있는 경우 그 중 1인에 대한 행정청의 행위는 모든 당사자 등에게 효력이 있다. 다만, 행정청의 통지는 대표자 1인에게 하여도 그 효력이 있다.

14 사실행위에 관한 판례의 내용으로 옳지 않은 것은? (다툼이 있는 경우 판례에 의함)

① 교도소장이 수형자를 '접견내용 녹음·녹화 및 접견 시 교도관 참여대상자'로 지정한 행위는 수형자의 구체적 권리의무에 직접적 변동을 가져오는 행정청의 공법상 행위로서 항고소송의 대상이 되는 '처분'에 해당한다.

② 구청장이 사회복지법인에 특별감사 결과, 지적 사항에 대한 시정지시와 그 결과를 관계서류와 함께 보고하도록 지시한 경우, 그 시정지시는 항고소송의 대상이 되는 행정처분에 해당하지 아니한다.

③ 교도소 수형자에게 소변을 받아 제출하게 한 것은, 형을 집행하는 우월적인 지위에서 외부와 격리된 채 형의 집행에 관한 지시, 명령을 복종하여야 할 관계에 있는 자에게 행해진 것으로서 권력적 사실행위이다.

④ 「국세징수법」에 의한 체납처분의 집행으로서 한 압류처분은, 행정청이 한 공법상의 처분이고, 따라서 그 처분이 위법이라고 하여 그 취소를 구하는 소송은 행정소송이다.

15 다음 중 대법원 판례의 내용과 다른 것은? (다툼이 있는 경우 판례에 의함)

① 방사능에 오염된 고철을 타인에게 매도하는 등으로 유통시킴으로써 거래 상대방이나 전전 취득한 자가 방사능오염으로 피해를 입게 되었더라도 그 원인자는 방사능오염 사실을 모르고 유통시켰을 경우에는 「환경정책기본법」 제44조 제1항에 따라 피해자에게 피해를 배상할 의무는 없다.

② 토양은 폐기물 기타 오염물질에 의하여 오염될 수 있는 대상일 뿐 오염토양이라 하여 동산으로서 '물질'인 폐기물에 해당한다고 할 수 없고, 나아가 오염토양은 법령상 절차에 따른 정화 대상이 될 뿐 법령상 금지되거나 그와 배치되는 개념인 투기나 폐기 대상이 된다고 할 수 없다.

③ 행정청이 폐기물처리사업계획서 부적합 통보를 하면서 처분서에 불확정개념으로 규정된 법령상의 허가기준 등을 충족하지 못하였다는 취지만을 간략히 기재하였다면, 부적합 통보에 대한 취소소송절차에서 행정청은 그 처분을 하게 된 판단 근거나 자료 등을 제시하여 구체적 불허가사유를 분명히 하여야 한다.

④ 불법행위로 영업을 중단한 자가 영업 중단에 따른 손해배상을 구하는 경우 영업을 중단하지 않았으면 얻었을 순이익과 이와 별도로 영업 중단과 상관없이 불가피하게 지출해야 하는 비용도 특별한 사정이 없는 한 손해배상의 범위에 포함될 수 있다.

16 행정법규 위반에 대한 제재조치의 설명으로 옳지 않은 것은? (다툼이 있는 경우 판례에 의함)

① 행정법규 위반에 대한 제재조치는 행정목적의 달성을 위하여 행정법규 위반이라는 객관적 사실에 착안하여 가하는 제재이므로, 반드시 현실적인 행위자가 아니라도 법령상 책임자로 규정된 자에게 부과되며, 그러한 제재조치의 위반자에게 고의나 과실이 있어야 부과할 수 있다.

② 법규가 예외적으로 형사소추 선행 원칙을 규정하고 있지 않은 이상 형사판결 확정에 앞서 일정한 위반사실을 들어 행정처분을 하였다고 하여 절차적 위반이 있다고 할 수 없다.

③ 제재적 행정처분은 권익침해의 효과를 가져오므로 철회권이 유보되어 있거나, 법률유보의 원칙상 명문의 근거가 있어야 하며, 행정청이 이러한 권한을 갖고 있다고 하여도 그러한 권한의 행사는 의무에 합당한 재량에 따라야 한다.

④ 세무서장 등은 납세자가 허가·인가·면허 및 등록을 받은 사업과 관련된 소득세, 법인세 및 부가가치세를 대통령령으로 정하는 사유 없이 체납하였을 때에는 해당 사업의 주무관서에 그 납세자에 대하여 허가 등의 갱신과 그 허가 등의 근거 법률에 따른 신규 허가 등을 하지 아니할 것을 요구할 수 있다.

17 행정심판법의 규정 내용으로 옳지 않은 것은?

① 관계 행정기관의 장이 특별행정심판 또는 「행정심판법」에 따른 행정심판 절차에 대한 특례를 신설하거나 변경하는 법령을 제정·개정할 때에는 미리 법무부장관과 협의하여야 한다.

② 행정청의 처분 또는 부작위에 대하여는 다른 법률에 특별한 규정이 있는 경우 외에는 이 법에 따라 행정심판을 청구할 수 있다.

③ 대통령의 처분 또는 부작위에 대하여는 다른 법률에서 행정심판을 청구할 수 있도록 정한 경우 외에는 행정심판을 청구할 수 없다.

④ 행정청이란 행정에 관한 의사를 결정하여 표시하는 국가 또는 지방자치단체의 기관, 그 밖에 법령 또는 자치법규에 따라 행정 권한을 가지고 있거나 위탁을 받은 공공단체나 그 기관 또는 사인(私人)을 말한다.

18 행정소송의 대상이 되는 처분에 관한 판례의 내용으로 옳지 않은 것은? (다툼이 있는 경우 판례에 의함)

① 당사자가 지방노동위원회의 처분에 대하여 불복하기 위해서는 처분 송달일로부터 10일 이내에 중앙노동위원회에 재심을 신청하고 중앙노동위원회의 재심판정서 송달일로부터 15일 이내에 고용노동부 장관을 피고로 하여 재심판정취소의 소를 제기하여야 할 것이다.

② 지방의회 의장에 대한 불신임의결은 의장으로서의 권한을 박탈하는 행정처분의 일종으로서 항고소송의 대상이 된다.

③ 조례가 집행행위의 개입 없이도 그 자체로서 직접 국민의 구체적인 권리의무나 법적 이익에 영향을 미치는 등의 법률상 효과를 발생하는 경우 그 조례는 항고소송의 대상이 되는 행정처분에 해당한다.

④ 항정신병 치료제의 요양급여 인정기준에 관한 보건복지부 고시가 다른 집행행위의 매개 없이 그 자체로서 제약회사, 요양기관, 환자 및 국민건강보험공단 사이의 법률관계를 직접 규율 한다는 이유로 항고소송의 대상이 되는 행정처분에 해당한다.

19 소의 이익에 관한 판례의 내용으로 옳지 않은 것은? (다툼이 있는 경우 판례에 의함)

① 소음·진동배출시설에 대한 설치허가가 취소된 후 그 배출시설이 어떠한 경위로든지 철거되어 다시 복구 등을 통하여 배출시설을 가동할 수 없는 상태라면 이는 배출시설 설치허가의 대상이 되지 아니하므로 외형상 설치허가취소행위가 잔존하고 있다고 하여도 특단의 사정이 없는 한 이제 와서 굳이 위 처분의 취소를 구할 법률상의 이익이 없다.

② 원자로 및 관계 시설의 부지사전승인처분은 나중에 건설허가처분이 있게 되더라도 그 건설허가처분에 흡수되어 독립된 존재가치를 상실하는 것이 아니하므로, 부지사전승인 처분의 취소를 구할 이익이 있다.

③ 법인세 과세표준과 관련하여 과세관청이 법인의 소득처분 상대방에 대한 소득처분을 경정하면서 증액과 감액을 동시에 한 결과 전체로서 소득 처분금액이 감소된 경우, 법인이 소득금액변동 통지의 취소를 구할 소의 이익이 없다.

④ 건물철거대집행계고처분 취소소송 계속 중 건물철거대집행의 계고처분에 이어 대집행의 실행으로 건물에 대한 철거가 이미 사실행위로서 완료된 경우에는 원고로서는 계고처분의 취소를 구할 소의 이익이 없게 된다.

20 재결 자체에 고유한 위법이 있는 경우와 관련된 내용으로 옳지 않은 것은? (다툼이 있는 경우 판례에 의함)

① 권한이 없는 행정심판위원회에 의한 재결의 경우가 그 예이다.

② 재결 자체의 내용상 위법도 재결 자체에 고유한 위법이 있는 경우에 포함된다.

③ 제3자효를 수반하는 행정행위에 대한 행정심판청구의 인용재결은 원처분과 내용을 달리하는 것이므로 그 인용재결의 취소를 구하는 것은 원처분에는 없는 재결에 고유한 하자를 주장하는 것이라고 하더라도 당연히 항고소송의 대상이 되는 것은 아니다.

④ 행정처분에 대한 행정심판의 재결에 이유모순의 위법이 있다는 사유는 재결처분 자체에 고유한 하자로서 재결처분의 취소를 구하는 소송에서는 그 위법사유로서 주장할 수 있으나, 원처분의 취소를 구하는 소송에서는 그 취소를 구할 위법사유로서 주장할 수 없다.

21 「공공기관의 정보공개에 관한 법률」의 내용으로 옳지 않은 것은? (다툼이 있는 경우 판례에 의함)

① 정보공개를 거부하기 위해서는 반드시 그 정보가 진행 중인 재판의 소송기록 그 자체에 포함된 내용의 정보일 필요는 없으나, 재판에 관련된 일체의 정보가 그에 해당하는 것은 아니고 진행 중인 재판의 심리 또는 재판 결과에 구체적으로 영향을 미칠 위험이 있는 정보에 한정된다고 보는 것이 타당하다.

② 처분청이 처분 당시에 적시한 구체적 사실을 변경하지 아니하는 범위 내에서 단지 그 처분의 근거법령만을 추가 · 변경하거나 당초의 처분사유를 구체적으로 표시하는 것에 불과한 경우에는 새로운 처분사유를 추가하거나 변경하는 것이라고 볼 수 없다.

③ 학교환경위생구역 내 금지행위(숙박시설) 해제 결정에 관한 학교환경위생정화위원회의 회의록에 기재된 발언내용에 대한 해당 발언자의 인적 사항 부분에 관한 정보는 「공공기관의 정보공개에 관한 법률」 제7조 제1항 제5호 소정의 비공개 대상에 해당한다고 볼 수 없다.

④ 의사결정과정에 제공된 회의관련자료나 의사결정 과정이 기록된 회의록 등은 의사가 결정되거나 의사가 집행된 경우에는 더 이상 의사결정과정에 있는 사항 그 자체라고는 할 수 없으나, 의사결정과정에 있는 사항에 준하는 사항으로서 비공개 대상 정보에 포함될 수 있다.

22 「국가배상법」 제2조와 관련한 내용으로 옳지 않은 것은? (다툼이 있는 경우 판례에 의함)

① 국 · 공립대학 교원에 대한 재임용거부처분이 재량권을 일탈 · 남용한 것으로 평가되어 그것이 불법행위가 됨을 이유로 국 · 공립대학 교원 임용권자에게 손해배상책임을 묻기 위해서는 당해 재임용거부가 국 · 공립대학 교원 임용권자의 고의 또는 과실로 인한 것이라는 점이 인정되어야 한다.

② 입법부가 법률로써 행정부에게 특정한 사항을 위임했음에도 불구하고 행정부가 정당한 이유 없이 이를 이행하지 않는다면 권력분립의 원칙과 법치국가 내지 법치행정의 원칙에 위배되는 것으로서 위법함과 동시에 위헌적인 것이 된다.

③ 유흥주점에 감금된 채 윤락을 강요받으며 생활하던 여종업원들이 유흥주점에 화재가 났을 때 미처 피신하지 못하고 유독가스에 질식해 사망한 사안에서, 지방자치단체의 담당 공무원이 위 유흥주점의 용도변경, 무허가 영업 및 시설기준에 위배된 개축에 대하여 시정명령 등 식품위생법상 취하여야 할 조치를 게을리 한 직무상 의무위반행위와 위 종업원들의 사망 사이에 상당인과관계가 존재한다.

④ 「국가배상법」 제2조 제1항의 '법령을 위반하여'라고 함은 엄격하게 형식적 의미의 법령에 명시적으로 공무원의 행위의무가 정하여져 있음에도 이를 위반하는 경우만을 의미하는 것은 아니고, 인권존중 · 권력남용금지 · 신의성실과 같이 공무원으로서 마땅히 지켜야 할 준칙이나 규범을 지키지 아니하고 위반한 경우를 비롯하여 널리 그 행위가 객관적인 정당성을 결여하고 있는 경우도 포함한다.

23 무효와 취소의 구별실익에 관한 내용으로 옳지 않은 것은?

① 취소할 수 있는 행정행위에 대하여서만 사정재결, 사정판결이 인정된다.

② 행정심판전치주의는 무효선언을 구하는 취소소송과 무효확인소송 모두에 적용되지 않는다.

③ 무효확인판결에 간접강제가 인정되지 않는 것은 입법의 불비라는 비판이 있다.

④ 판례에 따르면, 무효선언을 구하는 취소소송은 제소기간의 제한이 인정된다고 한다.

24 이행강제금에 대한 설명으로 옳지 않은 것은? (다툼이 있는 경우 판례에 의함)

① 현행 「건축법」상 위법건축물에 대한 이행강제수단으로 대집행과 이행강제금이 인정되고 있는데, 행정청은 개별사건에 있어서 위반내용, 위반자의 시정의지 등을 감안하여 대집행과 이행강제금을 선택적으로 활용할 수 있다.

② 「건축법」에서 무허가 건축행위에 대한 형사 처벌과 「건축법」 제80조 제1항에 의한 시정명령위반에 대한 이행강제금의 부과는 헌법 제13조 제1항이 금지하는 이중처벌에 해당한다고 할 수 없다.

③ 비록 건축주 등이 장기간 시정명령을 이행하지 아니하였더라도, 그 기간 중에는 시정명령의 이행 기회가 제공되지 아니하였다가 뒤늦게 시정명령의 이행 기회가 제공된 경우라면, 시정명령의 이행 기회가 제공되지 아니한 과거의 기간에 대한 이행강제금까지 한꺼번에 부과할 수 있다.

④ 「부동산 실권리자명의 등기에 관한 법률」상 장기 미등기자가 이행강제금 부과 전에 등기신청의무를 이행하였다면 이행강제금의 부과로써 이행을 확보하고자 하는 목적은 이미 실현된 것이므로 이 법상 규정된 기간이 지나서 등기신청의무를 이행한 경우라 하더라도 이행강제금을 부과할 수 없다.

25 처분의 신청에 관한 「행정절차법」의 규정 내용으로 옳지 않은 것은?

① 행정청에 처분을 구하는 신청은 문서로 하여야 한다. 다만, 다른 법령 등에 특별한 규정이 있는 경우와 행정청이 미리 다른 방법을 정하여 공시한 경우에는 그러하지 아니하다.

② 행정청은 신청에 필요한 구비서류, 접수기관, 처리기간, 그 밖에 필요한 사항을 게시(인터넷 등을 통한 게시를 포함)하거나 이에 대한 편람을 갖추어두고 누구나 열람할 수 있도록 하여야한다.

③ 행정청은 신청에 구비서류의 미비 등 흠이 있는 경우에는 보완에 필요한 상당한 기간을 정하여 지체 없이 신청인에게 보완을 요구할 수 있다.

④ 행정청은 신청인의 편의를 위하여 다른 행정청에 신청을 접수하게 할 수 있다. 이 경우 행정청은 다른 행정청에 접수할 수 있는 신청의 종류를 미리 정하여 공시하여야 한다.

2020 | 7급 기출문제

✔ 회독 CHECK 1 2 3

☑ 시험시간 25분 ☑ 해설편 128쪽

01 행정상 손해배상에 대한 설명으로 옳지 않은 것은? (다툼이 있는 경우 판례에 의함)

① 자기책임설은 공무원의 직무상 행위의 위법 여부와 상관없이 국가가 자기의 행위에 대한 배상책임을 지는 것으로 보는 견해이다.

② 법관의 재판에 법령의 규정을 따르지 아니한 잘못이 있는 경우에는 이로써 바로 그 재판상 직무행위가 「국가배상법」 제2조 제1항에서 말하는 위법한 행위로 되어 국가의 손해배상책임이 발생한다.

③ 과실의 기준은 당해 공무원이 아니라 당해 직무를 담당하는 평균적 공무원을 기준으로 한다는 견해는 과실의 객관화(과실 개념을 객관적으로 접근)를 위한 시도라 할 수 있다.

④ 손해는 법익침해로 인한 모든 불이익을 말하며, 재산상의 손해이든 비재산적 손해(생명·신체·정신상의 손해)이든, 적극적 손해이든 소극적 손해이든 불문한다.

02 부작위위법확인소송에 대한 설명으로 옳지 않은 것은? (다툼이 있는 경우 판례에 의함)

① 부작위위법확인소송의 확정판결은 제3자에 대하여도 효력이 있다.

② 부작위위법확인의 소는 부작위상태가 계속되는 한 그 위법의 확인을 구할 이익이 있다고 보아야 하므로 원칙적으로 제소기간의 제한을 받지 않는다.

③ 부작위위법확인의 소는 신청에 대한 부작위의 위법을 확인하여 소극적인 위법상태를 제거하는 동시에 신청의 실체적 내용이 이유 있는 것인가도 심리하는 것을 목적으로 한다.

④ 부작위위법확인소송에 있어서의 판결은 행정청의 특정 부작위의 위법 여부를 확인하는 데 그치고, 적극적으로 행정청에 대하여 일정한 처분을 할 의무를 직접 명하지는 않는다.

03 행정의 주요 행위형식에 대한 설명으로 옳지 않은 것은? (다툼이 있는 경우 판례에 의함)

① 행정청인 관리권자로부터 관리업무를 위탁받은 공단이 우월적 지위에서 일정한 법률상 효과를 발생하게 하는 공단입주 변경계약은 공법계약으로 이의 취소는 공법상 당사자소송으로 해야 한다.

② 어업권면허에 선행하는 우선순위결정은 행정청이 우선권자로 결정된 자의 신청이 있으면 어업권면허처분을 하겠다는 것을 약속하는 행위로서 강학상 확약에 불과하다.

③ 행정사법작용에 관한 법적 분쟁은 특별한 규정이 없는 한 민사소송을 통해 구제를 도모하여야 한다.

④ 행정자동결정이 행정사실행위에 해당한다고 하게 되면 그것은 직접적인 법적 효과는 발생하지 않으며 다만 국가배상청구권의 발생 등 간접적인 법적 효과만 발생함이 원칙이다.

04 재량행위에 대한 설명으로 옳지 않은 것은? (다툼이 있는 경우 판례에 의함)

① 재량행위의 경우 행정청은 재량권의 한계 내에서는 법이 정한 요건을 충족하더라도 그 행위를 해야 할 의무는 없는 것이다.

② 재량권의 일탈·남용 여부에 대한 법원의 심사는 사실오인, 비례·평등의 원칙 위배, 당해 행위의 목적 위반이나 동기의 부정 유무 등을 그 판단 대상으로 한다.

③ 「국토의 계획 및 이용에 관한 법률」이 정한 용도지역 안에서의 건축허가는 개발행위허가의 성질도 갖는데, 개발행위허가는 허가기준 및 금지요건이 불확정개념으로 규정된 부분이 많아 그 요건에 해당하는지 여부는 행정청의 판단여지에 속한다.

④ 자유재량에 있어서도 그 범위의 넓고 좁은 차이는 있더라도 법령의 규정뿐만 아니라 관습법 또는 일반적 조리에 의한 일정한 한계가 있는 것으로서 위 한계를 벗어난 재량권의 행사는 위법하다.

05 행정청의 권한의 위임에 대한 설명으로 옳지 않은 것은? (다툼이 있는 경우 판례에 의함)

① 행정권한의 위임은 법률이 위임을 허용하고 있는 경우에 한하여 인정된다.

② 시·도지사는 지방자치단체의 조례에 의하여 기관위임사무를 구청장 등에게 재위임할 수는 없다.

③ 수임사무의 처리가 부당한지 여부의 판단은 위법성 판단과 달리 합목적적·정책적 고려도 포함된다.

④ 전결규정에 위반하여 원래의 전결권자가 아닌 보조기관 등이 처분권자인 행정관청의 이름으로 행한 행정처분은 무효의 처분이다.

06 허가에 대한 설명으로 옳지 않은 것은? (다툼이 있는 경우 판례에 의함)

① 건축허가는 대물적 성질을 갖는 것이어서 행정청으로서는 허가를 할 때에 건축주 또는 토지소유자가 누구인지 등 인적요소에 관하여는 형식적 심사만 한다.

② 구 「학원의 설립·운영에 관한 법률」 제5조 제2항에 의한 학원의 설립인가는 강학상의 이른바 인가에 해당하는 것으로서 그 인가를 받은 자에게 특별한 권리를 부여하는 것이고 일반적인 금지를 특정한 경우에 해제하여 학원을 설립할 수 있는 자유를 회복시켜 주는 것이 아니다.

③ 유료직업 소개사업의 허가갱신은 허가취득자에게 종전의 지위를 계속 유지시키는 효과를 갖는 것에 불과하고 갱신 후에는 갱신 전의 법위반사항을 불문에 붙이는 효과를 발생하는 것이 아니므로 일단 갱신이 있은 후에도 갱신 전의 법위반 사실을 근거로 허가를 취소할 수 있다.

④ 허가 등의 행정처분은 원칙적으로 처분 시의 법령과 허가기준에 의하여 처리되어야 하고 허가신청 당시의 기준에 따라야 하는 것은 아니며, 비록 허가신청 후 허가기준이 변경되었다 하더라도 그 허가관청이 허가신청을 수리하고도 정당한 이유 없이 그 처리를 늦추어 그 사이에 허가기준이 변경된 것이 아닌 이상 변경된 허가기준에 따라서 처분을 하여야 한다.

07 행정절차에 대한 설명으로 옳지 않은 것은? (다툼이 있는 경우 판례에 의함)

① 당사자 등은 인허가 등의 취소, 신분·자격의 박탈, 법인이나 조합 등의 설립허가의 취소에 관한 처분 시 의견제출 기한 내에 청문의 실시를 신청할 수 있다.

② 행정청은 처분을 함에 있어 국민생활에 큰 영향을 미치는 처분으로서 대통령령으로 정하는 처분에 대하여 대통령령으로 정하는 수 이상의 당사자 등이 공청회 개최를 요구하는 경우 공청회를 개최한다.

③ 행정청은 국민생활에 매우 큰 영향을 주는 사항, 많은 국민의 이해가 상충되는 사항, 많은 국민에게 불편이나 부담을 주는 사항, 그 밖에 널리 국민의 의견을 수렴할 필요가 있는 사항에 대한 정책, 제도 및 계획을 수립·시행하거나 변경하려는 경우에 한해 이를 예고할 의무가 있다.

④ 판례는 당사자가 신청하는 허가 등을 거부하는 처분을 하면서 당사자가 그 근거를 알 수 있을 정도로 이유를 제시한 경우에는 처분의 근거와 이유를 구체적으로 명시하지 않았더라도 그로 인해 처분이 위법하게 되는 것은 아니라고 보았다.

08 취소소송에 대한 설명으로 옳지 않은 것은? (다툼이 있는 경우 판례에 따름)

① 처분성이 인정되는 국민권익위원회의 조치요구에 대해 소방청장은 취소소송을 제기할 당사자 능력과 원고적격을 갖는다.

② 사증발급의 법적 성질과 「출입국관리법」의 입법 목적을 고려할 때 외국인은 사증발급 거부처분의 취소를 구할 법률상 이익이 있다.

③ 거부처분이 행정심판의 재결을 통해 취소된 경우 재결에 따른 후속처분이 아니라 그 재결의 취소를 구하는 것은 분쟁해결의 유효적절한 수단이라고 할 수 없어 소의 이익이 없다.

④ 병무청장의 병역의무 기피자의 인적사항 공개 결정은 취소소송의 대상이 되는 처분에 해당한다.

09 행정상 강제집행에 대한 설명으로 옳지 않은 것은? (다툼이 있는 경우 판례에 의함)

① 군수가 군사무위임조례의 규정에 따라 무허가 건축물에 대한 철거대집행사무를 하부 행정 기관인 읍·면에 위임하였다면, 읍·면장에게는 관할구역 내의 무허가 건축물에 대하여 그 철거대집행을 위한 계고처분을 할 권한이 있다.

② 이행강제금은 간접적인 행정상 강제집행 수단이며, 대체적 작위의무 위반에 대하여도 부과될 수 있다.

③ 직접강제는 대체적 작위의무뿐만 아니라 비대체적 작위의무·부작위의무·수인의무 등 일체의 의무의 불이행에 대해 행할 수 있다.

④ 「개발제한구역의 지정 및 관리에 관한 특별조치법」에 따르면, 이행강제금을 부과·징수할 때마다 그에 앞서 시정명령 절차를 다시 거쳐야 한다.

10 「지방자치법」에 대한 설명으로 옳지 않은 것은? (다툼이 있는 경우 판례에 의함)

① 법률의 위임 없이 보육시설 종사자의 정년을 규정한 조례안에 대한 재의결은 무효이다.

② 위임사무에 관한 명령이나 처분의 시정명령의 경우에는 그의 위법·부당성이 사유가 되나, 자치사무에 관한 명령이나 처분의 시정명령의 경우에는 그의 위법성만이 사유가 된다.

③ 법률이 주민의 권리의무에 관한 사항에 관하여 구체적으로 범위를 정하지 않은 채 조례로 정하도록 포괄적으로 위임한 경우에도 지방자치단체는 법령에 위반되지 않는 범위 내에서 각 지역의 실정에 맞게 주민의 권리의무에 관한 사항을 조례로 제정할 수 있다.

④ 지방의회의 의결이 법령에 위반되거나 공익을 현저히 해친다고 판단되면 주무부장관은 시·도에 대하여 재의를 요구하게 할 수 있는 동시에 그 시·도지사에게 그 의결에 대한 제소를 지시하거나 직접 제소 및 집행정지결정을 신청할 수 있다.

11 공법과 사법의 구별에 대한 설명으로 옳지 않은 것은? (다툼이 있는 경우 판례에 의함)

① 「국유재산법」상 국유재산의 무단점유자에 대한 변상금 부과는 공권력을 가진 우월적 지위에서 행하는 행정처분이다.

② 국가나 지방자치단체에 근무하는 청원경찰은 「국가공무원법」이나 「지방공무원법」상의 공무원은 아니므로 그 근무관계는 사법상의 고용계약 관계로 볼 수 있다.

③ 구 「예산회계법」상 입찰보증금의 국고귀속조치는 국가가 사법상의 재산권의 주체로서 행위 하는 것이다.

④ 조세채무관계는 공법상의 법률관계이고 그에 관한 쟁송은 원칙적으로 행정사건으로서 「행정소송법」의 적용을 받는다.

12 강학상 특허에 대한 설명으로 옳지 않은 것은? (다툼이 있는 경우 판례에 의함)

① 「관세법」상 보세구역의 설영특허는 보세구역의 설치, 경영에 관한 권리를 설정하는 이른바 공기업의 특허로서 그 특허의 부여 여부는 행정청의 자유재량에 속한다.

② 하천의 점용허가를 받은 사람은 그 하천부지를 권원 없이 점유·사용하는 자에 대하여 직접 부당이득의 반환 등을 구할 수도 있다.

③ 「여객자동차 운수사업법」에 의한 개인택시운송사업면허는 특정인에게 권리나 이익을 부여하는 행정행위로서 법령에 특별한 규정이 없는 한 재량행위이다.

④ 행정청이 「도시 및 주거환경정비법」 등 관련 법령에 근거하여 행하는 조합설립인가처분은 단순히 사인들의 조합설립행위에 대한 보충행위로서의 성질을 갖는 것에 그치고 법령상 요건을 갖출 경우 「도시 및 주거환경정비법」상 주택재건축사업을 시행할 수 있는 권한을 갖는 행정주체(공법인)로서의 지위를 부여하는 일종의 설권적 처분의 성격을 갖지 않는다.

13 행정입법에 대한 설명으로 옳지 않은 것은? (다툼이 있는 경우 판례에 의함)

① 법령의 위임이 없음에도 법령에 규정된 처분 요건에 해당하는 사항을 부령에서 변경하여 규정한 경우에는 그 부령의 규정은 행정청 내부의 사무처리 기준 등을 정한 것으로서 행정조직 내에서 적용되는 행정명령의 성격을 지닐 뿐 국민에 대한 대외적 구속력은 없다고 보아야 한다.

② 조례에 대한 법률의 위임은 법규명령에 대한 법률의 위임과 같이 반드시 구체적으로 범위를 정하여 할 필요가 없으며 포괄적인 것으로 족하다.

③ 법률이 공법적 단체 등의 정관에 자치법적 사항을 위임한 경우에도 헌법 제75조가 정하는 포괄적인 위임입법의 금지는 원칙적으로 적용된다.

④ 법규명령의 위임의 근거가 되는 법률에 대하여 위헌결정이 선고되면 그 위임규정에 근거하여 제정된 법규명령도 원칙적으로 효력을 상실한다.

14 행정벌에 대한 설명으로 옳지 않은 것은? (다툼이 있는 경우 판례에 의함)

① 「조세범 처벌절차법」에 의하여 범칙자에 대한 세무관서의 통고처분은 행정소송의 대상이다.

② 고의 또는 과실이 없는 질서위반행위는 과태료를 부과하지 아니한다.

③ 자신의 행위가 위법하지 아니한 것으로 오인하고 행한 질서위반행위는 그 오인에 정당한 이유가 있는 때에 한하여 과태료를 부과하지 아니한다.

④ 행정청은 당사자가 납부기한까지 과태료를 납부하지 아니한 때에는 납부기한을 경과한 날부터 체납된 과태료에 대하여 100분의 3에 상당하는 가산금을 징수한다.

15 행정상 손실보상에 대한 설명으로 옳지 않은 것은? (다툼이 있는 경우 판례에 의함)

① 수용에 따른 손실보상액 산정의 경우 헌법 제23조 제3항에 따른 정당한 보상이란 원칙적으로 피수용재산의 객관적인 재산가치를 완전하게 보상하여야 한다는 완전보상을 뜻한다.

② 「공익사업을 위한 토지 등의 취득 및 보상에 관한 법률」상 잔여지 수용청구를 받아들이지 않은 토지수용위원회의 재결에 대하여 토지소유자가 불복하여 제기하는 소송은 항고소송에 해당하여 토지수용위원회를 피고로 하여야 한다.

③ 「공익사업을 위한 토지 등의 취득 및 보상에 관한 법률」에 의한 보상합의는 공공기관이 사경제주체로서 행하는 사법상 계약의 실질을 가지는 것이다.

④ 공익사업으로 인하여 영업을 폐지하거나 휴업하는 자는 「공익사업을 위한 토지 등의 취득 및 보상에 관한 법률」상의 재결절차를 거치지 않은 채 곧바로 사업시행자를 상대로 손실보상을 청구하는 것은 허용되지 않는다.

16 준법률행위적 행정행위에 대한 설명으로 옳지 않은 것은? (다툼이 있는 경우 판례에 의함)

① 수리는 행정청이 타인의 행위를 유효한 것으로서 수령하는 인식의 표시행위이며, 공무원의 사표수리는 "형성적 행위"로서의 성질을 갖는다고 볼 수 있다.

② 토지수용에 있어서의 사업인정의 고시는 이미 성립한 행정행위의 효력발생요건으로서의 통지에 해당한다.

③ 선거인명부에의 등록은 공증으로 법령에 정해진 바에 따라 권리행사의 요건이 된다.

④ 확인은 특정한 사실 또는 법률관계의 존재 여부 또는 정당성 여부를 공적으로 확정하는 효과를 발생시키므로 확인행위에는 일반적으로 불가변력(실질적 존속력)이 발생한다.

17 「지방자치법」에 대한 설명으로 옳지 않은 것은? (다툼이 있는 경우 판례에 의함) 〈변형〉

① 국가사무가 지방자치단체의 장에게 위임된 기관위임사무와 같이 지방자치단체의 장이 국가기관의 지위에서 수행하는 사무라고 할 수 있는 것은 원칙적으로 자치조례의 제정범위에 속한다.

② 지방자치단체는 법인으로 한다.

③ 지방자치단체는 법령을 위반하여 그 사무를 처리할 수 없다.

④ 지방자치단체는 조례를 위반한 행위에 대하여 조례로써 1천만 원 이하의 과태료를 정할 수 있다.

18 당사자소송에 대한 설명으로 옳지 않은 것은? (다툼이 있는 경우 판례에 따름)

① 당사자소송에는 취소소송의 직권심리에 관한 규정이 준용된다.

② 당사자소송으로 제기해야 할 사건을 민사소송으로 잘못 제기한 경우, 수소법원이 행정소송에 대한 관할을 가지고 있지 않다면 당해 소송이 당사자소송으로서의 소송요건을 갖추지 못하였음이 명백하지 않는 한 당사자소송의 관할법원으로 이송하여야 한다.

③ 당사자소송에는 취소소송의 피고적격에 관한 규정이 준용된다.

④ 당사자소송에는 취소소송의 행정심판에 관한 규정이 준용되지 않는다.

19 행정법의 법원에 대한 설명으로 옳지 않은 것은?

① 행정법은 그 대상인 행정의 다양성과 전문성 등으로 인하여 단일법전화되어 있지 않다.

② 독일의 법학자인 프리츠 베르너(Fritz Werner)는 '행정법은 구체화된 헌법'이라고 표현하였다.

③ 대통령은 법률에서 구체적으로 범위를 정하여 위임받은 사항과 법률을 집행하기 위하여 필요한 사항에 관하여 대통령령을 발할 수 있다.

④ 지방자치단체는 법률의 위임이 있는 경우에 자치사무에 관한 사항을 조례로 정할 수 있다.

20 행정법의 일반원칙에 대한 설명으로 옳지 않은 것은? (다툼이 있는 경우 판례에 의함)

① 헌법재판소는 국·공립학교 채용시험에 국가유공자와 그 가족이 응시하는 경우 만점의 10퍼센트를 가산하도록 했던 구 「국가유공자 등 예우 및 지원에 관한 법률」 및 「5·18민주유공자 예우에 관한 법률」의 규정이 일반 응시자들의 평등권을 침해한다고 보았다.

② 헌법재판소는 납세자가 정당한 사유 없이 국세를 체납하였을 경우 세무서장이 허가, 인가, 면허 및 등록과 그 갱신이 필요한 사업의 주무관서에 그 납세자에 대하여 허가 등을 하지 않을 것을 요구할 수 있도록 한 「국세징수법」상 관허사업 제한 규정이 부당결부금지 원칙에 반하여 위헌이라고 판단하였다.

③ 행정의 자기구속의 원칙을 적용함에 있어 종전 행정관행의 내용이 위법적인 경우에는 위법인 수익적 내용의 평등한 적용을 요구하는 청구권은 인정될 수 없다.

④ 같은 정도의 비위를 저지른 자들임에도 불구하고 그 직무의 특성 등에 비추어 개전의 정이 있는지 여부에 따라 징계 종류의 선택과 양정에서 다르게 취급하는 것은 평등의 원칙에 반하지 않는다.

21 행정심판에 대한 설명으로 옳지 않은 것은? (다툼이 있는 경우 판례에 의함)

① 「행정심판법」에 따르면, 심판청구에 대한 재결이 있는 경우에는 당해 재결 및 동일한 처분 또는 부작위에 대하여 다시 심판청구를 제기할 수 없다.

② 재결청이 취소심판의 청구가 이유 있다고 인정하여 처분청에 처분을 취소할 것을 명하면 처분청으로서는 재결의 취지에 따라 처분을 취소하여야 한다.

③ 「행정심판법」은 심판청구의 심리·재결에 있어서 불고불리 및 불이익변경금지원칙을 조문으로 명문화 하고 있다.

④ 행정심판청구에는 행정소송제기와는 달리 처분의 효력이나 그 집행 또는 절차의 속행에 영향을 미치는 집행정지원칙이 적용된다.

22 토지행정법에 대한 설명으로 옳지 않은 것은? (다툼이 있는 경우 판례에 의함)

① 표준지로 선정된 토지의 공시지가에 불복하기 위하여는 구 「지가공시 및 토지 등의 평가에 관한 법률」의 이의신청 절차를 밟지 아니한 채 그 표준지에 대한 조세부과처분의 취소를 구하는 소송에서 그 공시지가의 위법성을 다툴 수는 없다.

② 구 「지가공시 및 토지 등의 평가에 관한 법률」에 의하여 시장, 군수, 구청장이 한 개별토지가액의 결정은 행정소송의 대상이 되는 행정처분으로 보아야 할 것이다.

③ 토지거래계약허가제에 있어서 허가란 규제지역 내의 모든 국민에게 전반적으로 토지거래의 자유를 원칙적으로 금지하고 일정한 요건을 갖춘 경우에만 사후에 금지를 해제하여 계약체결의 자유를 회복시켜 주는 성질의 것이다.

④ 토지거래계약에 관한 허가구역의 지정은 개인의 권리 내지 법률상의 이익을 구체적으로 규제하는 효과를 가져 오게 하는 행정청의 처분에 해당하고, 따라서 이에 대하여는 원칙적으로 항고소송을 제기할 수 있다.

23 공물의 사용관계에 대한 설명으로 옳지 않은 것은? (다툼이 있는 경우 판례에 의함)

① 자유(보통, 일반)사용에 놓이는 공물은 사후에 사용허가를 요하지 아니하며, 국공립학교 운동장의 사용은 일반인의 자유(보통, 일반)사용의 대상이 되는 것이 원칙이다.

② 도로의 특별사용은 반드시 독점적, 배타적인 것이 아니라 그 사용목적에 따라서는 도로의 일반사용과 병존이 가능한 경우도 있다.

③ 공물관리권은 적극적으로 공물 본래의 목적을 달성시킴을 목적으로 하며, 공물경찰권은 소극적으로 공물상의 안녕과 질서에 대한 위해를 방지함을 목적으로 한다.

④ 하천의 점용허가권은 하천의 관리주체에 대하여 일정한 특별사용을 청구할 수 있는 채권에 지나지 아니하고 대세적 효력이 있는 물권이라 할 수 없다.

24 민중소송과 기관소송에 대한 설명으로 옳지 않은 것은? (다툼이 있는 경우 판례에 의함)

① 「공직선거법」상 선거소송은 민중소송에 해당한다.

② 민중소송 또는 기관소송으로써 처분 등의 취소를 구하는 소송에는 그 성질에 반하지 아니하는 한 취소소송에 관한 규정을 준용한다.

③ 「지방자치법」상 지방의회 재의결에 대해 지방자치단체장이 제기하는 소송은 기관소송에 해당한다.

④ 「행정소송법」은 민중소송에 대해서는 법률이 정한 경우에 법률이 정한 자에 한하여 제기하도록 하는 법정주의를 취하고 있으나, 기관소송에 대해서는 이러한 제한을 두지 않아 기관소송의 제기가능성은 일반적으로 인정된다.

25 행정정보공개 및 개인정보보호에 대한 설명으로 옳지 않은 것은? (다툼이 있는 경우 판례에 의함)

① 정보공개심의회는 공공기관의 장의 자문에 응하여 공개 청구된 정보의 공개 여부를 결정하는 법적인 의무와 권한을 가진 주체이다.

② 정보공개청구권은 법률상 보호되는 구체적인 권리이므로 청구인이 공공기관에 대하여 정보 공개를 청구하였다가 거부처분을 받은 것 자체가 법률상 이익의 침해에 해당한다.

③ 의사결정과정에 제공된 회의 관련자료나 의사결정과정이 기록된 회의록 등은 의사가 결정되거나 의사가 집행된 경우에는 더 이상 의사결정과정에 있는 사항 그 자체라고는 할 수 없으나, 의사결정과정에 있는 사항에 준하는 사항으로서 비공개 대상 정보에 포함될 수 있다.

④ 개인정보자기결정권의 보호대상이 되는 개인정보는 인격주체성을 특징짓는 사항으로서 개인의 동일성을 식별할 수 있게 하는 일체의 정보를 의미하며, 반드시 개인의 내밀한 영역에 속하는 정보에 국한되지 않고 공적생활에서 형성되었거나 이미 공개된 개인정보까지도 포함한다.

2019 추가채용 기출문제

회독 CHECK 1 2 3

시험시간 25분 ✔ 해설편 139쪽

01 다음 중 사법관계에 해당하는 것으로 옳은 것은?

① 국유재산에 대한 사용 · 수익 허가
② 산업단지 입주변경계약의 취소
③ 중학교 의무교육 위탁관계
④ 국유일반재산의 대부료 납입고지

02 다음 중 인 · 허가 의제제도에 관한 설명으로 옳은 것은? (다툼이 있는 경우 판례에 의함)

① 인 · 허가 의제가 인정되는 경우 의제되는 법률에 규정된 주민의 의견청취 등의 절차를 거칠 필요는 없다.
② 채광계획인가로 공유수면점용허가가 의제되는 경우 공유수면관리청이 재량적 판단에 의하여 불허가를 결정하였더라도 채광계획 인가관청은 채광계획인가를 할 수 있다.
③ 인 · 허가의제는 행정청의 소관사항과 관련하여 권한행사의 변경을 가져오므로 법령의 근거를 필요로 하지 않는다.
④ 사업시행자가 주택건설사업계획 승인을 받음으로써 도로점용허가가 의제된 경우 당연히 「도로법」상의 도로점용료 납부의무를 부담한다.

03 다음 중 법률유보원칙에 관한 설명으로 옳지 않은 것은?

① 법률유보원칙은 의회민주주의원리, 법치국가원리, 기본권 보장을 그 이념적 기초로 한다.
② 법률우위원칙은 법 자체의 체계와 관련된 것이지만, 법률유보원칙은 입법과 행정과 관련되어 있다.
③ 법률유보원칙에서 법률이란 국회에서 제정한 형식적 의미의 법률뿐만 아니라 법률에서 구체적으로 위임을 받은 법규명령도 포함된다.
④ 헌법재판소는 한국방송공사 수신료 사건과 관련하여 법률유보원칙과 행정유보원칙 모두를 인정하였다.

04 다음 중 공법상 계약으로 옳지 않은 것은? (다툼이 있는 경우 판례에 의함)

① 「공익사업법」상의 협의취득 또는 보상합의
② 별정우체국장의 지정
③ 공무를 위탁받은 사인과 일반 사인이 체결하는 계약
④ 국가 또는 지방자치단체와 국민사이에 체결되는 공해방지협정 또는 환경보전협정

05 다음 중 행정법상 시효 및 기간에 관한 설명으로 옳지 않은 것은? (다툼이 있는 경우 판례에 의함)

① 국가나 지방자치단체를 당사자로 하는 금전채권은 다른 법률에 특별한 규정이 없는 한 5년간 이를 행사하지 않을 때에는 시효로 인하여 소멸한다.

② 「국회법」에 따른 기간을 계산할 때에는 첫날을 산입하지 아니하며, 「공무원연금법」에 따른 급여를 받을 권리는 급여의 사유가 발생한 날부터 3년간 행사하지 아니하면 시효로 인하여 소멸한다.

③ 행정법상 시효의 중단과 정지에 관해서는 다른 법령에 특별한 규정이 없는 한 민법의 규정이 준용된다.

④ 「국세기본법」 또는 세법에서 규정하는 기간의 계산은 국세기본법 또는 그 세법에 특별한 규정이 있는 것을 제외하고는 「민법」에 따른다.

06 다음 중 행정주체로 옳지 않은 것은?

① 대한민국
② 강원도의회
③ 도시 및 주거환경 정비법상의 주택재건축 정비사업조합
④ 한국토지주택공사

07 다음 중 행정지도에 관한 설명으로 옳지 않은 것은?

① 행정지도를 하는 자는 그 상대방이 행정지도에 따르도록 강제할 수 있으며, 이에 따르지 않을 경우 불이익한 조치를 할 수 있다.

② 행정지도의 상대방은 해당 행정지도의 방식·내용 등에 관하여 행정기관에 의견을 제출할 수 있다.

③ 행정기관이 같은 행정목적을 실현하기 위하여 많은 상대방에게 행정지도를 하려는 경우에는 특별한 사정이 없으면 행정지도에 공통적인 내용이 되는 사항을 공표하여야 한다.

④ 행정지도가 말로 이루어지는 경우에 상대방이 서면의 교부를 요구하면 그 행정지도를 하는 자는 직무 수행에 특별한 지장이 없으면 이를 교부하여야 한다.

08 다음 중 행정상 법률관계에서 당사자에 관한 설명으로 옳지 않은 것은? (다툼이 있는 경우 판례에 의함)

① 행정청이 행정소송의 피고적격이 인정되는 경우 행정주체가 된다.

② 공공단체의 행정주체로서의 지위는 국가로부터 전래된 것이다.

③ 대한상공회의소, 국립의료원, 정신문화연구원 등은 공공단체로서 행정객체의 지위가 인정될 수도 있다.

④ 취소소송은 다른 법률에 특별한 규정이 없는 한 그 처분 등을 행한 행정청을 피고로 하며, 당사자소송은 국가·공공단체 그 밖의 권리주체를 피고로 한다.

09 다음 중 통치행위에 대한 설명으로 옳지 않은 것은? (다툼이 있는 경우 판례에 의함)

① 금융실명제에 관한 대통령의 긴급재정경제명령은 통치행위에 해당하지만, 그것이 국민의 기본권 침해와 직접 관련되는 경우에는 헌법재판소의 심판대상이 된다.

② 대통령의 독립유공자 서훈취소는 법원이 사법심사를 자제하여야 할 고도의 정치성을 띤 행위라고 볼 수는 없다.

③ 통치행위는 고도의 정치적 작용에 해당하므로 사법적 통제·정치적 통제로부터 자유롭다.

④ 남북정상회담의 개최는 고도의 정치적 성격을 지니고 있는 행위라 할 것이므로 특별한 사정이 없는 한 그 당부를 심판하는 것은 사법권의 내재적·본질적 한계를 넘어서는 것이 되어 적절하지 못하다.

10 다음 중 「행정절차법」에 관한 설명으로 옳지 않은 것은? (다툼이 있는 경우 판례에 의함)

① 행정청은 당사자에게 의무를 부과하거나 권익을 제한하는 처분을 하는 경우에는 미리 일정한 사항을 당사자 등에게 통지하고 의견청취를 하여야 한다.

② 침익적 행정처분을 하는 경우 청문이나 공청회를 필요적으로 거쳐야 하는 경우에 해당하지 않는다면 의견제출절차도 거치지 않아도 된다.

③ 해당 처분의 성질상 의견청취가 현저히 곤란하거나 명백히 불필요하다고 인정될 만한 상당한 이유가 있는 경우에는 사전통지 및 의견청취 절차를 거치지 아니할 수 있다.

④ 처분에 대한 사전통지를 하고 의견제출의 기회를 준다면 많은 액수의 손실보상금을 기대하여 공사를 강행할 우려가 있다는 사정만으로 이 사건 처분이 "당해 처분의 성질상 의견청취가 현저히 곤란하거나 명백히 불필요하다고 인정될만한 상당한 이유가 있는 경우"에 해당한다고 볼 수 없다.

11 다음 중 「지방자치법」상 주민투표에 관한 설명으로 옳지 않은 것은? (다툼이 있는 경우 판례에 의함) 〈변형〉

① 「지방자치법」상 주민투표권은 법률상 권리이다.

② 주민투표의 실시여부는 지방자치단체의 장의 임의적 재량에 속한다.

③ 중앙행정기관의 장은 지방자치단체의 국가정책의 수립에 관하여 주민의 의견을 듣기 위하여 필요하다고 인정하는 때에는 주민투표의 실시구역을 정하여 관계 지방자치단체의 장에게 주민투표의 실시를 요구할 수 있으나, 지방자치단체의 장은 중앙행정기관의 장에게 주민투표의 실시를 요구할 수 없다.

④ 지방자치단체의 장이 주민의 의견을 듣기 위하여 필요하다고 판단하는 경우에는 주민투표를 실시하여야 한다.

12 다음 중 「행정대집행법」상의 대집행이 가능한 경우에 해당하는 것으로 옳은 것은? (다툼이 있는 경우 판례에 의함)

① 「주택건설촉진법」상 주민들의 휴식공간으로 사용하기 위하여 설치된 조경시설 등을 훼손하여 유치원 어린이 놀이터로 만들고 주민들의 출입을 통제하는 울타리를 둘러 주민의 출입을 막았는데, 원상복구 시정명령을 위한 별도의 법적인 근거가 없는 경우

② 행정청이 토지구획정리사업의 환지예정지를 지정하고 그 사업에 편입되는 건축물 등 지장물의 소유자 또는 임차인에게 지장물의 자진 이전을 요구한 후 이에 응하지 않자 지장물의 이전에 대한 대집행을 계고하고 다시 대집행영장을 통지한 경우, 별도의 근거규정이 없는 경우

③ 협의취득 시 건물소유자가 매매대상 건물에 대한 철거의무를 부담하겠다는 취지의 약정을 하였으나 이를 행하지 않은 경우

④ 군청 내 일반공무원들의 휴게실 겸 회의실 등의 용도로도 함께 사용되어 오던 중, 위 직장협의회 소속 공무원들이 법외 단체인 전국공무원노동조합에 가입하고 사무실로 임의 사용하자, 수차에 걸친 자진폐쇄 요청하였음에도 이에 응하지 않은 경우

13 다음 중 법적 성질이 다른 하나로 옳은 것은? (다툼이 있는 경우 판례에 의함)

① 공유수면매립면허

② 조세부과처분

③ 학교법인 임원선임에 대한 감독청의 취임승인

④ 재임용거부취지의 임용기간만료통지

14 다음은 행정입법에 관한 헌법재판소의 결정의 일부이다. 괄호 안에 들어갈 것으로 옳은 것으로만 묶인 것은? (다툼이 있는 경우 판례에 의함)

> 오늘날 의회의 입법독점주의에서 (   )로 전환하여 일정한 범위 내에서 행정입법을 허용하게 된 동기가 사회적 변화에 대응한 입법수요의 급증과 종래의 형식적 권력분립주의로는 현대 사회에 대응할 수 없다는 기능적 권력분립론에 있다는 점 등을 감안하여 헌법 제40조와 헌법 제75조, 제95조의 의미를 살펴보면, 국회입법에 의한 수권이 입법기관이 아닌 행정기관에게 법률 등으로 구체적인 범위를 정하여 위임한 사항에 관하여는 당해 행정기관에게 법정립의 권한을 갖게 되고, 입법자가 규율의 형식도 선택할 수도 있다 할 것이므로, 헌법이 인정하고 있는 (   )의 형식은 (   )인 것으로 보아야 할 것이고, 그것은 법률이 행정규칙에 위임하더라도 그 행정규칙은 위임된 사항만을 규율할 수 있으므로, 국회입법의 원칙과 상치되지도 않는다.

〈보 기〉
ㄱ 위임입법금지주의 ㄴ 입법중심주의
ㄷ 법규명령 ㄹ 위임입법
ㅁ 예시적 ㅂ 열거적

① ㄱ, ㄷ, ㅁ
② ㄱ, ㄹ, ㅂ
③ ㄴ, ㄹ, ㅁ
④ ㄴ, ㄷ, ㅂ

15 다음 중 「개인정보 보호법」에 관한 설명으로 옳지 않은 것은? (다툼이 있는 경우 판례에 의함)

① 개인정보를 처리하거나 처리하였던 자가 업무상 알게 된 개인정보를 누설하거나 권한 없이 다른 사람이 이용하도록 제공한 것이라는 사정을 알면서도 영리 또는 부정한 목적으로 개인정보를 제공받은 자라면, 개인정보를 처리하거나 처리하였던 자로부터 직접 개인정보를 제공받지 아니하더라도 '개인정보를 제공 받은 자'에 해당한다.

② 이미 공개된 개인정보를 정보주체의 동의가 있었다고 객관적으로 인정되는 범위 내에서 수집·이용·제공 등 처리를 할 때는 정보주체의 별도의 동의는 불필요하다고 보아야 한다.

③ 피해자의 의사와 무관하게 주민등록번호가 유출된 경우에는 조리상 주민등록번호의 변경을 요구할 신청권을 인정함이 타당하고, 구청장의 주민등록번호 변경신청 거부행위는 항고소송의 대상이 되는 행정처분에 해당한다.

④ 개인정보처리자의 고의 또는 중대한 과실로 인하여 개인정보가 분실·도난·유출·위조·변조 또는 훼손된 경우로서 정보주체에게 손해가 발생한 때에는 법원은 그 손해액의 3배를 넘지 아니하는 범위에서 손해배상액을 정할 수 있다. 이 경우 일반손해배상을 청구한 정보주체는 사실심 변론종결시까지 법정손해배상의 청구로 변경할 수 없다.

16 다음 중 지방자치단체의 장에 고유한 권한사항으로 옳은 것으로만 묶인 것은? (다툼이 있는 경우 판례에 의함)

> ㉠ 주민투표부의권
> ㉡ 규칙제정권
> ㉢ 재의요구권
> ㉣ 청원의 접수 및 수리
> ㉤ 조례제정권
> ㉥ 행정감사권
> ㉦ 예산의 심의·확정 및 결산의 승인
> ㉧ 소속직원에 대한 임면 및 지휘·감독

① ㉠, ㉡, ㉢, ㉣
② ㉠, ㉡, ㉢, ㉧
③ ㉡, ㉢, ㉣, ㉤
④ ㉡, ㉢, ㉣, ㉥

17 대한민국 국민인 갑은 A대학교 총장에게 해당 학교 체육특기생들의 3년간 출석 및 성적 관리에 대한 정보공개청구를 하였으나, A대학교 총장은 제3자에 관한 정보라는 이유로 이를 거부하였다. 다음 설명 중 옳지 않은 것은? (다툼이 있는 경우 판례에 의함)

① 대한민국 국민인 갑은 해당 정보에 대한 공개를 청구할 권리를 가진다.
② 갑이 정보공개를 청구하였다가 거부처분을 받은 것 자체가 법률상 이익의 침해에 해당한다.
③ 체육특기생들의 비공개요청이 있는 경우 A대학교 총장은 해당 정보를 공개하여서는 아니 된다.
④ 정보공개의무를 지는 공공기관에는 국·공립대학교뿐만 아니라 사립대학교도 포함된다.

18 다음 중 「개인정보 보호법」에 대한 설명으로 옳지 않은 것은? (다툼이 있는 경우 판례에 의함)

① 「개인정보 보호법」의 적용을 받는 것은 생존하는 개인의 정보에 국한되므로 사망한 사람이나 법인의 정보는 이에 해당하지 않는다.
② 인간의 존엄과 가치, 행복추구권에서 도출되는 일반적 인격권 및 사생활의 비밀과 자유에 의하여 보장되는 개인정보자기결정권은 자신에 관한 정보가 언제 누구에게 어느 범위까지 알려지고 또 이용되도록 할 것인지를 정보주체가 스스로 결정할 수 있는 권리이다.
③ 개인정보자기결정권의 보호대상이 되는 개인정보는 개인의 신체, 신념, 사회적 지위, 신분 등과 같이 개인의 인격 주체성을 특징짓는 사항으로서 개인의 동일성을 식별할 수 있게 하는 일체의 정보로서 개인의 내밀한 영역에 속하는 정보에 국한되고, 공적 생활에서 형성되었거나 이미 공개된 개인정보는 포함되지 않는다.
④ 개인정보는 살아 있는 개인에 관한 정보로서 성명, 주민등록번호 및 영상 등을 통하여 개인을 알아볼 수 있는 정보를 말하며 해당정보만으로 특정 개인을 알아볼 수 없더라도 다른 정보와 쉽게 결합하여 알아 볼 수 있는 것을 포함한다.

19 다음 중 행정행위의 취소와 철회에 대한 설명으로 옳은 것은? (다툼이 있는 경우 판례에 의함)

① 행정행위의 철회는 일단 유효하게 성립한 행정행위를 그 행위에 위법 또는 부당한 하자가 있음을 이유로 소급하여 그 효력을 소멸시키는 별도의 행정처분이다.

② 행정행위의 취소사유는 행정행위의 성립 당시에 존재하였던 하자를 말하고, 철회사유는 행정행위가 성립된 이후에 새로이 발생한 것으로서 행정행위의 효력을 존속시킬 수 없는 사유를 말한다.

③ 행정행위의 취소는 적법요건을 구비하여 완전히 효력을 발하고 있는 행정행위를 사후적으로 그 행위의 효력의 전부 또는 일부를 장래에 향해 소멸시키는 행정처분이다.

④ 수익적 행정처분의 하자가 당사자의 사실은폐나 기타 사위의 방법에 의한 신청행위에 기인한 것이라면 행정청이 당사자의 신뢰이익을 고려하지 않고 취소하였다면 재량권 남용이다.

20 다음 중 행정의 실효성 확보수단에 관한 설명으로 옳지 않은 것은? (다툼이 있는 경우 판례에 의함)

① 과징금은 의무위반행위로 인한 불법적인 이익을 박탈하기 위하여 부과하는 것으로서, 과징금부과처분을 할 때 위반자의 고의 또는 과실을 요건으로 한다.

② 대집행은 타인이 대신하여 행할 수 있는 행위를 의무자가 이행하지 아니하는 경우 다른 수단으로써 그 이행을 확보하기 곤란하고 또한 그 불이행을 방치함이 심히 공익을 해할 것으로 인정될 때 실시할 수 있다.

③ 행정법규위반에 대하여 벌금 이외에 과징금을 부과하는 것은 이중처벌금지의 원칙에 반하지 않는다.

④ 이행강제금은 대체적 작위의무의 위반에 대하여도 부과될 수 있다.

21 다음 중 행정소송에 관한 설명으로 옳지 않은 것은? (다툼이 있는 경우 판례에 의함)

① 개발제한구역제도 개선방안을 발표한 행위도 대내외적 효력이 없는 단순한 사실행위에 불과하므로 공권력의 행사라고 할 수 없다.

② 정부의 수도권 소재 공공기관의 지방이전 시책을 추진하는 과정에서 도지사가 도내 특정시를 혁신도시 최종입지로 선정한 행위는 소송의 대상이 되는 행정처분에 해당한다.

③ 행정처분 취소소송에 있어서는 처분청은 당초의 처분사유와 기본적 사실관계에 있어서 동일성이 인정되는 한도 내에서만 새로운 처분사유를 추가하거나 변경할 수 있다.

④ 국가배상법에 의한 배상심의회의 결정은 행정처분이 아니므로 행정소송의 대상이 아니다.

22 다음 중 행정심판에 관한 설명으로 옳지 않은 것은? (다툼이 있는 경우 판례에 의함)

① 행정심판의 재결에 대하여 피청구인인 처분 행정청은 행정소송을 제기하지 못한다고 해석하더라도 헌법에 위반되는 것은 아니다.

② 행정심판의 경우에도 국선대리인 제도가 인정되므로 청구인이 경제적 능력으로 대리인을 선임할 수 없는 경우에는 행정심판위원회가 선정하여 지원할 수 있다.

③ 처분명령재결이 내려졌는데도 피청구인이 처분을 하지 아니하면 직접 처분이 가능하므로 간접강제는 허용되지 않는다.

④ 감사원의 처분에 대해서는 감사원 소속 행정심판위원회에 행정심판을 제기하여야 한다.

23 다음 중 행정절차법상 입법예고에 대한 설명으로 옳지 않은 것은? (다툼이 있는 경우 판례에 의함)

① 입법예고기간은 예고할 때 정하되, 특별한 사정이 없으면 20일, 자치법규는 15일 이상으로 한다.

② 행정청은 대통령령을 입법예고하는 경우 국회 소관 상임위원회에 이를 제출하여야 한다.

③ 행정청은 입법예고를 할 때에 입법안과 관련이 있다고 인정되는 중앙행정기관, 지방자치단체, 그 밖의 단체 등이 예고사항을 알 수 있도록 예고사항을 통지하거나 그 밖의 방법으로 알려야 한다.

④ 행정청은 예고된 입법안의 전문에 대한 열람 또는 복사를 요청받았을 때에는 특별한 사유가 없으면 그 요청에 따라야 하며, 복사에 드는 비용을 복사를 요청한 자에게 부담시킬 수 있다.

25 다음 중 사정재결과 사정판결에 대한 설명으로 옳지 않은 것은? (다툼이 있는 경우 판례에 의함)

① 사정재결은 심판청구가 이유가 있다고 인정하는 경우에도 이를 인용하는 것이 공공복리에 크게 위배된다고 인정하면 그 심판청구를 기각하는 재결을 말한다.

② 사정재결을 하는 경우 위원회는 재결의 주문에서 그 처분 또는 부작위가 적법하거나 부당하다는 것을 구체적으로 밝혀야 하고, 사정재결을 할 때에는 청구인에 대하여 상당한 구제방법을 취하거나 상당한 구제방법을 취할 것을 피청구인에게 명할 수 있다.

③ 사정판결이란 원고의 청구가 이유 있다고 인정하는 경우 처분 등을 취소하는 것이 원칙이지만, 현저히 공공복리에 적합하지 아니하다고 인정하는 때 법원이 원고의 청구를 기각하는 판결을 말한다.

④ 사정판결의 적용요건인 현저히 공공복리에 적합하지 아니한가는 위법·부당한 행정처분을 취소·변경하여야 할 필요와 그 취소·변경으로 인하여 발생할 수 있는 공공복리에 반하는 사태 등을 비교 교량하여 그 적용여부를 판단하여야 한다.

24 불법 시위에 대하여 경찰서장은 해산명령을 내릴 수 있다. 다음 중 해산명령의 법적 성질로 옳은 것은? (다툼이 있는 경우 판례에 의함)

① 행정지도
② 하명
③ 통지
④ 허가

2019 | 기출문제

모바일
OMR
답안분석
서비스

✅ 회독 CHECK 1 2 3

✅ 시험시간 25분 ✅ 해설편 150쪽

01 다음 중 행정정보공개에 대한 판례의 입장으로 옳지 않은 것은?

① 법원 이외의 공공기관이 「공공기관의 정보공개에 관한 법률」 제9조 제1항 제4호에서 정한 '진행 중인 재판에 관련된 정보'에 해당한다는 사유로 정보공개를 거부하기 위하여는 반드시 그 정보가 진행 중인 재판의 소송기록 자체에 포함된 내용일 필요는 없다.

② 피청구인이 청구인에 대한 형사재판이 확정된 후 그중 제1심 공판정심리의 녹음물을 폐기한 행위는 법원행정상의 구체적인 사실행위로서 헌법소원심판의 대상이 되는 공권력의 행사로 볼 수 있다.

③ 「방송법」에 의하여 설립·운영되는 한국방송공사(KBS)는 「공공기관의 정보공개에 관한 법률 시행령」 제2조 제4호의 '특별법에 의하여 설립된 특수법인'으로서 정보공개의무가 있는 공공기관에 해당한다.

④ 오로지 공공기관의 담당공무원을 괴롭힐 목적으로 정보공개청구를 하는 경우처럼 권리의 남용에 해당하는 것이 명백한 경우에는 정보공개청구권의 행사를 허용하지 아니한다.

02 다음 중 판례의 입장으로 옳지 않은 것은?

① 「도로법 시행규칙」의 개정으로 도로경계선으로부터 15m를 넘지 않는 접도구역에서 송유관을 설치하는 행위가 관리청의 허가를 얻지 않아도 되는 행위로 변경되어 더 이상 그 행위에 부관을 붙일 수 없게 되었다 하더라도, 종전 시행규칙에 의하여 적법하게 행해진 허가와 접도구역 내 송유시설 이설비용 지급의무에 관한 부담이 개정 시행규칙의 시행으로 그 효력을 상실하게 되는 것은 아니다.

② 일반적으로 법률의 위임에 의하여 효력을 갖는 법규명령의 경우, 구법에 위임의 근거가 없어 무효였더라도 사후에 법개정으로 위임의 근거가 부여되면 그때부터는 유효한 법규명령이 된다.

③ 지하철공사의 근로자가 지하철 연장운행 방해행위로 유죄판결을 받은 경우라면 그 후 공사와 노조가 위 연장운행과 관련하여 조합간부 및 조합원의 징계를 최소화하며 해고자가 없도록 한다는 내용의 합의를 하였다 하더라도 이를 해고의 면에서 그 행위자를 면책하기로 한다는 합의로 볼 수는 없으므로, 공사가 취업규칙에 근거하여 해당 근로자에 대하여 한 당연퇴직조치는 면책합의에 배치된다고 볼 수 없다.

④ 「행정소송법」상 행정청이 일정한 처분을 하지 못하도록 부작위를 구하는 청구는 허용되지 않는 부적법한 소송이라 할 것이다.

03 다음 중 행정행위의 부관에 관한 설명으로 옳지 않은 것은?(다툼이 있는 경우 판례에 의함)

① 조건이나 부담은 행정행위의 효과를 제한하거나 의무를 부과하는 종된 의사표시이다.

② 부관 중 부담은 부종성이 약하므로 독립쟁송이 가능하다.

③ 운행시간과 구역을 제한하여 행한 택시영업의 허가는 부담부 행정행위에 해당한다.

④ 통상적으로 부관은 제한 · 조건 · 기간 등의 용어로 사용되기도 한다.

04 다음 중 법규명령의 통제에 대한 설명으로 옳지 않은 것은? (다툼이 있는 경우 판례에 의함)

① 국민권익위원회는 법령의 위임에 따른 훈령 · 예규 · 고시 · 공고 등 행정규칙의 부패유발요인을 분석 · 검토하여 그 법령 등의 소관 기관의 장에게 그 개선을 위하여 필요한 사항을 권고할 수 있다.

② 대법원은 구체적 규범통제를 행하면서 법규명령의 특정 조항이 위헌 · 위법인 경우 무효라고 판시하였고, 이 경우 무효로 판시된 당해 조항은 일반적으로 효력이 부인된다.

③ 「행정소송법」은 행정소송에 대한 대법원 판결에 의하여 명령 · 규칙이 헌법 또는 법률에 위반된다는 것이 확정된 경우에는 대법원은 지체 없이 그 사유를 행정안전부장관에게 통보하여야 하고, 통보를 받은 행정안전부장관은 지체 없이 이를 관보에 게재하여야 한다고 규정하고 있다.

④ 재량권 행사의 준칙인 행정규칙이 그 정한 바에 따라 되풀이 시행되어 행정관행이 성립되어 평등의 원칙이나 신뢰보호의 원칙에 따라 행정기관이 그 상대방에 대한 관계에서 그 규칙에 따라야 할 자기구속을 받게 되는 경우에는 대외적인 구속력을 가지게 되어 헌법소원의 대상이 된다.

05 다음 중 개인적 공권에 대한 설명으로 옳지 않은 것은? (다툼이 있는 경우 판례에 의함)

① 공무원연금수급권은 국가에 대하여 적극적으로 급부를 요구하는 것이므로 헌법 규정만으로는 이를 실현할 수 없어 법률에 의한 형성이 필요하고, 그 구체적인 내용 즉, 수급 요건, 수급권자의 범위 및 급여금액 등은 법률에 의하여 비로소 확정된다.

② 행정처분에 있어서 불이익처분의 상대방은 직접 개인적 이익의 침해를 받은 자로서 원고적격이 인정되지만 수익처분의 상대방은 그의 권리나 법률상 보호되는 이익이 침해되었다고 볼 수 없으므로 달리 특별한 사정이 없는 한 취소를 구할 이익이 없다.

③ 청구인의 주거지와 건축선을 경계로 하여 인정하고 있는 건축물이 「건축법」을 위반하여 청구인의 일조권을 침해하는 경우 피청구인에게 건축물에 대하여 「건축법」 제79조, 제80조에 근거하여 시정명령을 하여 줄 것을 청구했으나, 피청구인이 시정명령을 하지 아니하였다면 피청구인의 시정명령 불행사는 위법하다.

④ 경찰은 국민의 생명, 신체 및 재산의 보호 등과 기타 공공의 안녕과 질서유지도 직무로 하고 있고 그 직무의 원활한 수행을 위한 권한은 일반적으로 경찰관의 전문적 판단에 기한 합리적인 재량에 위임되어 있는 것이나, 그 취지와 목적에 비추어 볼 때 구체적인 사정에 따라 경찰관이 그 권한을 행사하여 필요한 조치를 취하지 아니하는 것이 현저하게 불합리하다고 인정되는 경우에는 그러한 권한의 불행사는 직무상의 의무를 위반한 것이 되어 위법하게 된다.

06 다음 중 「공공기관의 정보공개에 관한 법률」상의 정보공개에 대한 설명으로 옳지 않은 것은? (다툼이 있는 경우 판례에 의함) 〈변형〉

① 모든 국민은 정보의 공개를 청구할 권리를 가지고, 여기의 국민에는 자연인과 법인뿐만 아니라 권리능력 없는 사단도 포함된다.

② "정보"란 공공기관이 직무상 작성 또는 취득하여 관리하고 있는 문서(전자문서를 포함한다) 및 전자매체를 비롯한 모든 형태의 매체 등에 기록된 사항을 말한다.

③ 청구인이 정보공개 청구 후 20일이 경과하도록 정보공개 결정이 없는 때에는 정보공개 청구 후 20일이 경과한 날부터 30일 이내에 해당 공공기관에 문서로 이의신청을 할 수 있다.

④ 정보공개 청구인이 공공기관에 대하여 정보공개를 청구하였다가 거부처분을 받은 것 자체는 법률상 이익의 침해에 해당한다고 볼 수 없다.

07 다음 중 행정소송의 소송요건에 대한 설명으로 옳지 않은 것은?

① 원고 적격, 소의 이익, 처분성 등은 행정소송의 소송요건에 해당한다.

② 소송요건을 갖추지 못한 경우라면 이는 부적법한 소로서 각하판결을 내려야 한다.

③ 소송요건은 불필요한 소송을 배제하여 법원의 부담을 경감하기 위하여 요구되는 것으로서 당사자가 이를 주장·입증하여야 한다.

④ 소송요건을 갖추었는지 여부를 심리하는 것을 요건심리라 한다.

08 다음 중 판례의 입장으로 옳지 않은 것은?

① 어업권면허에 선행하는 우선순위결정은 행정청이 우선권자로 결정된 자의 신청이 있으면 어업권면허처분을 하겠다는 것을 약속하는 행위로서 강학상 확약에 불과하고 행정처분은 아니다.

② 계약직공무원 채용계약해지의 의사표시는 일반공무원에 대한 징계처분과는 달라서 항고소송이 되는 처분 등의 성격을 가진 것으로 인정되지는 않지만, 행정처분과 마찬가지로 행정절차법에 의하여 근거와 이유는 제시하여야 한다.

③ 위법한 행정지도에 따라 행한 사인의 행위는 법령에 명시적으로 정하지 않는 한 그 위법행위가 정당화될 수 없다.

④ 국가가 사인과 계약을 체결할 때에는 국가계약법령에 따른 계약서를 따로 작성하는 등 요건과 절차를 이행하여야 할 것이고, 설령 국가와 사인 사이에 계약이 체결되었더라도 이러한 법령상 요건과 절차를 거치지 아니한 계약은 효력이 없다.

09 다음 중 「개인정보 보호법」상 개인정보 보호에 대한 설명으로 옳지 않은 것은?

① 「개인정보 보호법」상 '개인정보'란 살아 있는 개인에 관한 정보로서 사자(死者)나 법인의 정보는 포함되지 않는다.

② 「개인정보 보호법」은 민간에 의하여 처리되는 정보까지는 보호대상으로 하지 않는다.

③ 「행정절차법」도 사생활이나 경영상 또는 거래상의 비밀을 정당한 이유 없이 누설하면 안 된다는 개인정보 보호에 관한 규정을 두고 있다.

④ 정보주체는 개인정보처리자가 「개인정보 보호법」을 위반한 행위로 손해를 입으면 개인정보처리자에게 손해배상을 청구할 수 있으며, 이 경우 그 개인정보처리자는 고의 또는 과실이 없음을 입증하지 아니하면 책임을 면할 수 없다.

10 다음 중 행정계획에 대한 설명으로 옳지 않은 것은? (다툼이 있는 경우 판례에 의함)

① 비구속적 행정계획은 원칙적으로 행정소송의 대상이 될 수 없으나 국민의 기본권에 직접적으로 영향을 끼치고 앞으로 법령의 뒷받침에 의하여 그대로 실시될 것이 틀림없을 것으로 예상되는 경우에는 예외적으로 헌법소원의 대상이 될 수 있다.

② 위법한 행정계획으로 인하여 구체적으로 손해를 입은 경우에는 국가를 상대로 손해배상을 청구할 수 있다.

③ 대법원은 택지개발 예정지구 지정처분을 일종의 행정계획으로서 재량행위에 해당한다고 보았다.

④ 행정계획의 개념은 강학상의 것일 뿐 대법원 판례에서 이를 직접적으로 정의한 바는 없다.

11 다음은 「부동산 거래신고 등에 관한 법률」 조문의 일부이다. 이에 대한 설명으로 옳지 않은 것은? (다툼이 있는 경우 판례에 의함)

> 「부동산 거래신고 등에 관한 법률」 제11조(허가구역 내 토지거래에 대한 허가) ① 허가구역에 있는 토지에 관한 소유권·지상권(소유권·지상권의 취득을 목적으로 하는 권리를 포함한다)을 이전하거나 설정(대가를 받고 이전하거나 설정하는 경우만 해당한다)하는 계약(예약을 포함한다. 이하 "토지거래계약"이라 한다)을 체결하려는 당사자는 공동으로 대통령령으로 정하는 바에 따라 시장·군수 또는 구청장의 허가를 받아야 한다. 허가받은 사항을 변경하려는 경우에도 또한 같다.
> ⑥ 제1항에 따른 허가를 받지 아니하고 체결한 토지거래계약은 그 효력이 발생하지 아니한다.

① 토지거래허가의 대상은 사법적(私法的) 법률행위이다.

② 토지거래허가구역으로 지정된 토지에 대한 토지거래허가는 사인 간의 사법상 법률행위의 효과를 완성시켜 주는 행정행위이다.

③ 무효인 토지거래계약에 대하여 토지거래허가를 받았다면 토지거래계약이 무효이므로 그에 대한 토지거래허가처분도 위법하게 된다.

④ 토지거래허가는 「건축법」상의 건축허가와는 달리 인가의 성격을 갖고 있다.

12 다음 중 「행정절차법」상 행정절차에 대한 설명으로 옳지 않은 것은?

① 「행정절차법」은 감사원이 감사위원회의의 결정을 거쳐 행하는 사항에 대하여는 적용하지 아니한다.

② 행정청은 대통령령·부령을 입법예고하는 경우에는 이를 국회 소관 상임위원회에 제출하여야 한다.

③ 적법한 요건을 갖춘 신고서가 접수기관에 도달된 때에는 신고의 의무가 이행된 것으로 본다.

④ 행정청은 신고에 구비서류의 미비 등 흠이 있는 경우에는 보완에 필요한 상당한 기간을 정하여 지체 없이 신고인에게 보완을 요구하여야 하며 신고인이 일정한 기간 내에 보완을 하지 아니하였을 때에는 그 이유를 구체적으로 밝혀 해당 신고서를 되돌려 보내야 한다.

13 다음 중 행정의 자동결정에 대한 설명으로 옳지 않은 것은? (다툼이 있는 경우 판례에 의함)

① 행정의 자동결정의 예로는 신호등에 의한 교통신호, 컴퓨터를 통한 중·고등학생의 학교 배정 등을 들 수 있다.

② 행정의 자동결정도 행정작용의 하나이므로 행정의 법률적합성과 행정법의 일반원칙에 의한 법적 한계를 준수하여야 한다.

③ 교통신호기의 고장으로 사고가 발생하여 손해가 발생한 경우 「국가배상법」에 따른 국가배상청구가 가능하다.

④ 행정의 자동결정은 컴퓨터를 통하여 이루어지는 자동적 결정이기 때문에 행정행위의 개념적 요소를 구비하는 경우에도 행정행위로서의 성격을 인정하는 데 어려움이 있다.

14 다음 중 소송에 대한 설명으로 옳지 않은 것은? (다툼이 있는 경우 판례에 의함)

① 공무원연금관리공단의 인정에 의하여 퇴직연금을 지급받아 오던 중 구 공무원연금법령의 개정 등으로 퇴직연금 중 일부 금액의 지급이 정지된 경우에는 당연히 개정된 법령에 따라 퇴직연금이 확정되는 것이지 공무원연금관리공단의 퇴직연금 결정과 통지에 의하여 비로소 그 금액이 확정되는 것이 아니므로 공무원연금관리공단이 퇴직연금 중 일부 금액에 대하여 지급거부의 의사표시를 하였다면 이는 거부처분으로서 항고소송의 대상이 된다.

② 사업주가 당연가입자가 되는 고용보험 및 산재보험에서 보험료납부의무부존재확인의 소는 공법상의 법률관계 자체를 다투는 소송으로서 공법상 당사자소송이다.

③ 원고가 고의 또는 중대한 과실 없이 당사자소송으로 제기하여야 할 것을 항고소송으로 잘못 제기한 경우에, 당사자소송으로서의 소송요건을 결하고 있음이 명백하여 당사자소송으로 제기되었더라도 어차피 부적법하게 되는 경우가 아닌 이상, 법원으로서는 원고가 당사자소송으로 소 변경을 하도록 하여 심리·판단하여야 한다.

④ 지방자치단체가 보조금 지급결정을 하면서 일정 기한 내에 보조금을 반환하도록 하는 교부조건을 부가한 사안에서, 이러한 부관상 의무는 보조사업자가 지방자치단체에 부담하는 공법상 의무이므로 보조사업자에 대한 지방자치단체의 보조금반환청구는 당사자소송의 대상이다.

15 다음 중 「국가배상법」 제5조에 따른 배상책임에 대한 설명으로 옳지 않은 것은? (다툼이 있는 경우 판례에 의함)

① 영조물의 설치 또는 관리의 하자란 공물이 그 용도에 따라 통상 갖추어야 할 안전성을 갖추지 못한 것을 말한다.

② 「국가배상법」 제5조 소정의 공공의 영조물이란 공유나 사유임을 불문하고 행정주체에 의하여 특정 공공의 목적에 공여된 유체물 또는 물적 설비를 의미하므로 만약 사고지점 도로가 군민의 통행에 제공되었다면 도로관리청에 의하여 노선 인정 기타 공용개시가 없었더라도 이를 영조물이라 할 수 있다.

③ 가변차로에 설치된 두 개의 신호등에서 서로 모순되는 신호가 들어오는 오작동이 발생하였고 그 고장이 현재의 기술수준상 부득이한 것이라고 가정하더라도 그와 같은 사정만으로 손해발생의 예견가능성이나 회피가능성이 없어 영조물의 하자를 인정할 수 없는 경우라고 단정할 수 없다.

④ 영조물의 설치 및 관리에 있어서 항상 완전무결한 상태를 유지할 정도의 고도의 안전성을 갖추지 아니하였다고 하여 영조물의 설치 또는 관리에 하자가 있다고 단정할 수는 없다.

16 다음 중 행정상 손해배상에 대한 설명으로 옳지 않은 것은? (다툼이 있는 경우 판례에 의함)

① 근대국가의 성립 초기에는 국가무책임의 원칙이 지배적이었다.

② 재량위반이 부당에 그치는 경우에는 국가는 배상책임이 없다.

③ 헌법은 공무원의 직무상 불법행위로 인한 배상책임만 규정하고 있다.

④ 직무행위 여부의 판단기준은 외형 및 공무원의 주관적 의사에 의한다는 것이 통설·판례의 입장이다.

17 다음 중 부작위위법확인소송에 대한 설명으로 옳지 않은 것은? (다툼이 있는 경우 판례에 의함)

① 부작위위법확인소송은 처분의 신청을 한 자로서 부작위의 위법의 확인을 구할 법률상 이익이 있는 자만이 제기할 수 있다.

② 부작위가 성립되기 위해서는 당사자의 신청이 있어야 하며 신청의 내용에는 사경제적 계약의 체결 요구나 비권력적 사실행위의 요구 등도 포함된다.

③ 부작위의 직접 상대방이 아닌 제3자라 하여도 당해 행정처분의 부작위위법확인을 구할 법률상의 이익이 있는 경우에는 원고적격이 인정된다.

④ 부작위상태가 계속되는 한 부작위위법의 확인을 구할 이익이 있다고 보아야 하므로 제소기간의 제한을 받지 않는다.

18 다음 중 행정법의 일반원칙에 대한 설명으로 옳지 않은 것은? (다툼이 있는 경우 판례에 의함)

① 제1종 보통면허로 운전할 수 있는 차량을 음주운전한 경우에는 제1종 보통면허의 취소 외에 동일인이 소지하고 있는 제1종 대형면허와 원동기장치자전거면허까지 취소할 수 있다.

② 재량권 행사의 준칙인 행정규칙이 그 정한 바에 따라 되풀이 시행되어 행정관행이 이루어지게 되면 평등의 원칙이나 신뢰보호의 원칙에 따라 행정기관은 그 상대방에 대한 관계에서 그 규칙에 따라야 할 자기구속을 받게 된다.

③ 위법한 행정처분이라 하더라도 수차례에 걸쳐 반복적으로 행하여진 경우라면 행정의 자기구속의 원칙이 적용된다.

④ 지방자치단체장이 사업자에게 주택사업계획승인을 하면서 그 주택사업과는 아무런 관련이 없는 토지를 기부채납하도록 하는 부관을 주택사업계획승인에 붙인 경우, 그 부관은 부당결부금지의 원칙에 위반되어 위법이다.

19 다음 중 「행정심판법」에 따른 행정심판에 관한 설명으로 가장 옳은 것은? (다툼이 있는 경우 판례에 의함)

① "부작위"란 행정청이 당사자의 신청에 대하여 상당한 기간 내에 일정한 처분을 하여야 할 법령상 의무가 있는 데도 처분을 하지 아니하는 것을 말한다.

② 여러 명의 청구인이 공동으로 심판청구를 할 때에는 청구인들 중에서 5명 이하의 선정대표자를 선정할 수 있다.

③ 재결은 피청구인 또는 위원회가 심판청구서를 받은 날부터 90일 이내에 하여야 한다.

④ 행정심판 청구의 변경은 서면으로 신청하여야 한다.

20 다음 중 행정강제에 대한 설명으로 옳지 않은 것은? (다툼이 있는 경우 판례에 의함)

① 행정상 강제집행은 법률에 근거하여서만 행해질 수 있다.

② 비대체적 작위의무 또는 부작위의무를 이행하지 아니하는 경우에 그 의무자에게 심리적 압박을 가하여 의무의 이행을 강제하기 위해 과하는 금전벌을 직접강제라 한다.

③ 대집행을 위해서는 먼저 의무의 이행을 최고하는 행위로서의 계고를 하여야 한다.

④ 강제징수를 위한 독촉은 통지행위인 점에서 대집행에 있어서의 계고와 성질이 같다.

21 다음 중 행정행위의 하자의 승계에 대한 설명으로 옳지 않은 것은? (다툼이 있는 경우 판례에 의함)

① 하자의 승계를 인정하면 인정하지 않는 경우에 비하여 국민의 권익구제의 범위가 더 넓어지게 된다.

② 선행행위에 무효의 하자가 존재하는 경우 선행행위와 후행행위가 결합하여 하나의 법적 효과를 목적으로 하는 경우에는 하자의 승계가 인정된다.

③ 과세처분과 체납처분 사이에는 취소사유인 하자의 승계가 인정되지 않는다.

④ 제소기간이 경과하여 선행행위에 불가쟁력이 발생하였다면 하자의 승계는 문제되지 않는다.

22 다음 중 대집행에 대한 설명으로 옳지 않은 것은? (다툼이 있는 경우 판례에 의함)

① 대집행이 인정되기 위해서는 대체적 작위의무의 불이행이 있어야 하고 다른 수단으로는 그 의무이행의 확보가 곤란하여야 하며 불이행을 방치하는 것이 심히 공익을 해하는 것으로 인정되어야 한다.

② 1장의 문서로 위법건축물의 자진철거를 명함과 동시에 소정 기한 내에 철거의무를 이행하지 않을 시 대집행할 것을 계고할 수 있다.

③ 판례는 반복된 계고의 경우 1차 계고뿐만 아니라 제2차·제3차 계고처분의 처분성도 인정된다고 보고 있다.

④ 공법상 의무의 불이행에 대해 행정상 강제집행절차가 인정되는 경우에는 따로 민사소송의 방법으로 의무이행을 구할 수는 없다.

23 다음 중 행정상 공법관계로 옳은 것으로만 묶인 것은? (다툼이 있는 경우 판례에 의함)

> 가. 국유(잡종)재산에 관한 대부료 납입고지
> 나. 입찰보증금 국고귀속조치
> 다. 창덕궁 비원 안내원의 채용계약
> 라. 지방자치단체에서 근무하는 청원경찰의 근무관계
> 마. 국유재산 무단점유자에 대한 변상금 부과처분

① 가, 나
② 가, 라
③ 라, 마
④ 다, 마

24 다음 중 「질서위반행위규제법」의 내용에 대한 설명으로 옳지 않은 것은? (다툼이 있는 경우 판례에 의함)

① 행정청이 질서위반행위에 대하여 과태료를 부과하고자 하는 때에는 미리 당사자에게 대통령령으로 정하는 사항을 통지하고, 10일 이상의 기간을 정하여 의견을 제출할 기회를 주어야 한다.

② 판례에 따르면, 질서위반행위를 한 자가 자신의 책임 없는 사유로 위반행위에 이르렀다고 주장한다 하더라도 법원이 그 내용을 살펴 행위자에게 고의나 과실이 있는지 여부를 따져보아야 하는 것은 아니다.

③ 행정청의 과태료 부과처분을 받은 자가 그 통지를 받은 날부터 60일 이내에 해당 행정청에 서면으로 이의를 제기하면 행정청의 과태료 부과처분은 그 효력을 상실한다.

④ 행정청의 과태료 처분이나 법원의 과태료 재판이 확정된 후 법률이 변경되어 그 행위가 질서위반행위에 해당하지 아니하게 된 때에는 변경된 법률에 특별한 규정이 없는 한 과태료의 징수 또는 집행을 면제한다.

25 다음 중 공법상 부당이득에 대한 설명으로 옳지 않은 것은? (다툼이 있는 경우 판례에 의함)

① 공법상 부당이득이란 법률상 원인 없이 타인의 재산 또는 노무로 인하여 이득을 얻고 타인에게 손해를 가한 자에 대하여 그 이득의 반환의무를 과하는 것을 말한다.

② 개발부담금 부과처분이 취소된 이상 그 후의 부당이득으로서의 과오납금반환에 관한 법률관계는 단순한 민사관계에 불과한 것이 아니므로, 행정소송절차에 따라 반환청구를 하여야 한다.

③ 원천징수의무자가 원천납세의무자로부터 원천징수대상이 아닌 소득에 대하여 세액을 징수·납부하였거나 징수하여야 할 세액을 초과하여 징수·납부하였다면, 국가는 원천징수의무자로부터 이를 납부 받는 순간 아무런 법률상의 원인 없이 보유하는 부당이득이 된다.

④ 조세부과처분이 무효임을 전제로 하여 이미 납부한 세금의 반환을 청구하는 것은 민사상의 부당이득반환청구로서 민사소송절차에 따라야 한다.

2018 | 기출문제

● 회독 CHECK 1 2 3

☑ 시험시간 25분   ☑ 해설편 160쪽

01 다음 중 이행강제금에 관한 설명으로 옳지 않은 것은? (다툼이 있는 경우 판례에 의함)

① 이행강제금은 과거의 의무위반에 대한 제재보다는 장래의 의무이행의 확보에 주안점을 두기 때문에 행정벌과는 그 취지를 달리한다.

② 「건축법」상의 위법건축물에 대한 이행강제수단으로 대집행과 이행강제금이 인정되고 있으며, 이는 행정청이 합리적인 재량에 의해 선택적으로 활용할 수 있는 이상 중첩적 제재에 해당한다고 볼 수 없다.

③ 구 「건축법」상 이행강제금 납부의무는 상속인 기타의 사람에게 승계될 수 없는 일신전속적인 성질의 것이므로 이미 사망한 사람에게 이행강제금을 부과하는 내용의 처분이나 결정은 당연무효이다.

④ 구 「건축법」상 이행강제금의 부과에 대한 불복은 법률의 규정여부에도 불구하고 비송사건절차법에 따른다.

02 다음 중 행정입법에 관한 설명으로 옳지 않은 것은? (다툼이 있는 경우 판례에 의함)

① 조례는 집행행위의 개입 없이 그 자체로서 직접 국민의 권리·의무나 법적 이익에 영향을 미치더라도 항고소송의 대상이 될 수 없다.

② 군법무관임용 등에 관한 법률이 군법무관의 보수를 법관 및 검사의 예에 준하도록 규정하면서 그 구체적 내용을 시행령에 위임하고 있음에도 불구하고 행정부가 정당한 이유 없이 시행령을 제정하지 않았다면 이는 군법무관의 보수청구권을 침해하는 것으로서 「국가배상법」상 불법행위에 해당한다.

③ 법령보충적 행정규칙은 행정기관에 법령의 구체적 사항을 정할 수 있는 권한을 부여한 상위법령과 결합하여 대외적 효력을 갖게 된다.

④ 법률이 주민의 권리의무에 관한 사항을 조례에 위임하는 경우에는 헌법 제75조에서 정한 포괄적인 위임입법의 금지는 원칙적으로 적용되지 않는다.

03 다음 중 판례가 통치행위로 본 사례로 옳은 것으로만 묶은 것은? (다툼이 있는 경우 판례에 의함)

> ㄱ. 대북송금행위
> ㄴ. 이라크 파병
> ㄷ. 대통령의 서훈취소

① ㄱ
② ㄴ
③ ㄴ, ㄷ
④ ㄱ, ㄷ

04 다음 중 하자의 승계가 인정되는 경우로 옳은 것은? (다툼이 있는 경우 판례에 의함)

① 개별공시지가결정과 개발부담금부과처분
② 과세처분과 체납처분
③ 도시계획결정과 수용재결
④ 직위해제처분과 면직처분

05 다음 중 행정지도에 관한 설명으로 옳지 않은 것은? (다툼이 있는 경우 판례에 의함)

① 행정지도는 그 목적 달성에 필요한 최소한도에 그쳐야 하며, 행정지도의 상대방의 의사에 반하여 부당하게 강요하여서는 아니 된다.
② 행정기관은 상대방이 행정지도에 따르지 않았다는 이유로 불이익한 조치를 취하여서는 아니 된다.
③ 위법한 행정지도라 할지라도 행정지도에 따라 행한 행위라면 위법성이 조각된다.
④ 행정지도가 행정기관의 권한 범위 내에서 이루어진 정당한 행위인 경우라면 비록 손해가 발생하였다 하더라도 그 손해에 대하여 배상책임이 없다.

06 다음 중 행정계획에 관한 설명으로 옳지 않은 것은? (다툼이 있는 경우 판례에 의함)

① 행정주체가 행정계획을 입안하고 결정함에 있어서 이익형량을 전혀 행하지 아니하거나 이익형량의 고려대상에 마땅히 포함시켜야 할 사항을 누락한 경우 또는 이익형량을 하였으나 정당성과 객관성이 결여된 경우에는 그 행정계획결정은 형량에 하자가 있어 위법하다.
② 비구속적 행정계획이라도 국민의 기본권에 직접적으로 영향을 끼치고, 앞으로 법령의 뒷받침에 의하여 그대로 실시될 것이 틀림없을 것으로 예상될 수 있을 때에는, 공권력행위로서 예외적으로 헌법소원의 대상이 될 수 있다.
③ 폐기물처리사업의 적정통보를 받은 자가 폐기물처리업 허가를 받기 위해서 국토이용계획의 변경이 선행되어야 하는 경우, 폐기물처리사업의 적정통보를 받은 자는 국토이용계획변경의 입안 및 결정권자인 관계행정청에 대하여 그 계획변경을 신청할 법규상 또는 조리상 권리를 가진다.
④ 확정된 행정계획이라도 사정변경이 있는 경우에는 일반적으로 조리상 계획변경청구권이 인정된다.

07 다음 중 「행정심판법」상 재결의 효력으로 옳지 않은 것은?

① 불가변력
② 형성력
③ 기속력
④ 사정재결력

08 다음 중 사인의 공법행위에 관한 설명으로 옳지 않은 것은? (다툼이 있는 경우 판례에 의함)

① 군인사정책상의 필요에 따라 복무연장지원서와 전역지원서를 동시에 제출한 경우, 복무연장지원의 의사표시를 우선하되, 그것이 받아들여지지 아니하는 경우에 대비하여 원에 의하여 전역하겠다는 조건부 의사표시를 한 것이므로 그 전역지원의 의사표시도 유효한 것으로 보아야 한다.

② 전역지원의 의사표시가 진의 아닌 의사표시라면 그 무효에 관한 법리를 선언한 「민법」 제107조 제1항 단서의 규정에 따라 무효로 보아야 한다.

③ 공무원이 강박에 의하여 사직서를 제출한 경우, 사직의 의사표시는 그 강박의 정도에 따라 무효 또는 취소사유가 되며, 그 정도가 의사결정의 자유를 박탈할 정도에 이른 것이라면 사직의 의사표시는 무효가 될 것이다.

④ 범법행위를 한 공무원이 수사기관으로부터 사직종용을 받고 형사처벌을 받아 징계파면될 것을 염려하여 사직서를 제출한 경우 그 사직의사결정을 강요에 의한 것으로 볼 수는 없다.

09 다음 중 행정계약에 관한 설명으로 옳지 않은 것은? (다툼이 있는 경우 판례에 의함)

① 「공익사업을 위한 토지 등의 취득 및 보상에 관한 법률」에 따른 토지 등의 협의취득은 공법상 계약이 아닌 사법상의 법률행위에 해당한다.

② 「행정절차법」은 공법상 계약의 체결절차에 관한 기본적인 사항을 규율하고 있다.

③ 서울특별시립무용단원의 위촉 및 해촉은 공법상 계약이라고 할 것이고, 그 단원의 해촉에 대해서는 공법상 당사자소송으로 그 무효확인을 청구할 수 있다.

④ 국립의료원 부설주차장에 관한 위탁관리용역 운영계약은 관리청이 사경제주체로서 행하는 사법상의 계약이라 할 수 없다.

10 다음 중 행정행위의 취소와 철회에 관한 설명으로 옳지 않은 것은? (다툼이 있는 경우 판례에 의함)

① 수익적 행정행위의 경우에는 그 처분을 취소하여야 할 공익상 필요가 취소로 인하여 당사자가 입게 될 불이익을 정당화할 만큼 강한 경우에 한하여 취소할 수 있다.

② 하자 없이 성립한 행정행위의 효력을 장래에 향하여 소멸시키는 것을 행정행위의 취소라 하고, 일단 유효하게 성립한 행정행위를 그 행위에 위법 또는 부당한 하자가 있음을 이유로 소급하여 그 효력을 소멸시키는 별도의 행정행위를 행정행위의 철회라고 한다.

③ 취소권을 행사함에 있어서 법령상의 근거가 필요한지 여부에 대하여 판례는 별도의 법적 근거가 없더라도 처분청은 스스로 취소가 가능하다고 본다.

④ 행정행위의 철회는 처분청만이 할 수 있으며, 감독청은 법률에 근거가 있는 경우에 한하여 철회권을 가진다.

11 다음 중 「행정소송법」상 항고소송의 대상이 되는 처분으로 옳은 것은? (다툼이 있는 경우 판례에 의함)

① 민원사무처리에 관한 법률이 정한 '거부처분에 대한 이의신청'을 받아들이지 않는 취지의 기각 결정

② 지적공부소관청이 토지대장을 직권으로 말소한 행위

③ 수도권매립지관리공사가 행한 입찰참가자격 제한조치

④ 중소기업 정보화지원사업에 따른 지원금 출연을 위하여 중소기업청장이 체결한 협약의 해지 및 지급받은 정부지원금에 대한 환수통보

12 다음 중 신고에 관한 설명으로 옳지 않은 것은? (다툼이 있는 경우 판례에 의함)

① 행위요건적 신고에 대하여 관할 행정청의 신고필증의 교부가 없더라도 적법한 신고가 있는 이상 신고의 법적효력에는 영향이 없다.

②「건축법」에 따른 건축신고를 반려하는 행위는 항고소송의 대상이 되지 않는다.

③ 정보제공형 신고를 하지 않고 신고의 대상이 된 행위를 한 경우 과태료 등의 제재가 가능하지만 신고 없이 행한 행위 자체의 효력은 유효하다.

④ 영업양도에 따른 지위승계신고를 수리하는 행정청의 행위는 양도·양수인 사이의 영업양도사실의 신고를 접수하는 행위에 그치는 것이 아니라, 영업허가자의 변경이라는 법률효과를 발생시키는 행위이다.

13 다음 중 「행정절차법」상 사전통지에 대한 설명으로 옳지 않은 것은?

① 신청에 대한 거부처분은 당사자의 권익을 제한하는 처분에 해당하므로 처분의 사전통지의 대상이 된다.

② 행정청은 「식품위생법」 규정에 의하여 영업자지위승계신고 수리처분을 함에 있어서 종전의 영업자에 대하여 행정절차법상 사전통지를 하고 의견제출 기회를 주어야 한다.

③「국가공무원법」상 직위해제처분을 하는 경우, 처분의 사전통지 및 의견청취 등에 관한 「행정절차법」 규정은 별도로 적용되지 않는다.

④「건축법」상의 공사중지명령에 대해 미리 사전통지를 하고 의견제출의 기회를 준다면 많은 액수의 손실보상금을 기대하여 공사를 강행할 우려가 있다는 사정은 처분의 사전통지 및 의견제출절차의 예외사유에 해당하지 않는다.

14 다음 중 공공기관의 정보공개에 관한 설명으로 옳지 않은 것은? (다툼이 있는 경우 판례에 의함)

① 정보공개 청구권은 법률상 보호되는 구체적인 권리이므로 청구인이 공공기관에 대하여 정보공개를 청구하였다가 거부처분을 받은 것 자체가 법률상 이익의 침해에 해당한다.

② 정보공개를 청구하는 자가 공공기관에 대해 출력물의 교부 등 공개방법을 특정하여 정보공개 청구를 한 경우에 법률상 예외사유에 해당하지 않는다면 공개청구를 받은 공공기관으로서는 다른 공개방법을 선택할 재량권이 없다.

③ 정보공개 청구권자인 국민에는 자연인은 물론 법인, 권리능력 없는 사단·재단도 포함되고, 법인, 권리능력 없는 사단·재단 등의 경우에는 설립목적을 불문한다.

④ 정보공개거부처분에 대한 정보공개 청구소송에서 정보공개거부처분에 대한 취소판결이 확정되었다면 행정청에 대해 판결의 취지에 따른 재처분의무가 인정될 뿐 그에 대하여 간접강제까지 허용되는 것은 아니다.

15 다음 중 고시에 관한 설명으로 옳지 않은 것은? (다툼이 있는 경우 판례에 의함)

① 고시 또는 공고의 법적 성질은 일률적으로 판단될 것이 아니라 고시에 담겨진 내용에 따라 구체적인 경우마다 달리 결정된다.

② 고시가 일반·추상적 성격을 가질 때는 법규명령 또는 행정규칙에 해당하지만, 고시가 구체적인 규율의 성격을 갖는다면 행정처분에 해당한다.

③ 고시 또는 공고에 의하여 행정처분을 하는 경우에는 고시 또는 공고가 효력을 발생하는 날에 행정처분이 있음을 알았다고 보아야 한다.

④ 헌법상 위임입법의 형식은 열거적이기 때문에, 국민의 권리·의무에 관한 사항을 고시 등 행정규칙으로 정하도록 위임한 법률 조항은 위헌이다.

16 다음 중 공무원의 징계에 관한 설명으로 옳지 않은 것은? (다툼이 있는 경우 판례에 의함)

① 상급자와 다투고 폭언하는 행위에 대하여 장관이 행한 서면 경고는 「국가공무원법」상의 징계처분에 해당한다.

② 경찰공무원이 그 단속의 대상이 되는 신호위반자에게 1만 원을 요구하여 금품을 수수한 행위에 대하여 해임처분을 한 것은 징계재량권의 일탈·남용이라 할 수 없다.

③ 공무원은 직무와의 관련 여부를 떠나 공무원의 체면이나 위신을 떨어뜨리는 행동을 하면 「국가공무원법」상 징계의 사유에 해당한다.

④ 지방공무원의 동의 없는 전출명령은 위법하여 취소되어야 하므로, 전출명령이 적법함을 전제로 내린 당해 지방공무원에 대한 징계처분은 징계양정에 있어 재량권을 일탈하여 위법하다.

17 다음 중 행정행위의 부관에 관한 설명으로 옳은 것으로만 묶인 것은? (다툼이 있는 경우 판례에 의함)

> ㄱ. 부관은 기속행위에만 붙일 수 있고, 재량행위에는 붙일 수 없다.
> ㄴ. 부관이 붙은 행정행위 전체를 쟁송의 대상으로 하면서 부관만의 취소를 구하는 부진정일부취소소송은 허용되지 않는다.
> ㄷ. 사정변경으로 인하여 당초에 부담을 부가한 목적을 달성할 수 없게 된 경우에는 원칙적으로 사후부관이 가능하다.
> ㄹ. 행정청은 부담을 부가하기 이전에 상대방과 협의하여 부담의 내용을 협약의 형식으로 미리 정한 다음 행정처분을 하면서 이를 부가할 수는 없다.
> ㅁ. 부담과 조건의 구분이 명확하지 않을 경우, 부담이 당사자에게 조건보다 유리하기 때문에 원칙적으로 부담으로 추정해야 한다.

① ㄱ, ㄴ, ㅁ   ② ㄴ, ㅁ
③ ㄴ, ㄷ, ㅁ   ④ ㄱ, ㄷ, ㄹ, ㅁ

18 다음 중 행정권한의 위임에 관한 설명으로 옳지 않은 것은? (다툼이 있는 경우 판례에 의함)

① 권한을 위임하기 위해서는 법적 근거가 있어야 하고, 법령의 근거가 없는 권한의 위임은 무효이다.

② 권한의 위임은 권한의 일부를 위임하는 것에 한정되고, 권한의 전부를 위임하는 것은 허용되지 않는다.

③ 권한의 위임 및 재위임에 관하여 규정하고 있는 「정부조직법」 제6조 제1항의 규정은 개별적인 권한 위임의 법률상 근거가 될 수 없다.

④ 내부위임을 받아 원행정청 명의를 밝히지 아니하고는 그의 명의로 처분 등을 할 권한이 없는 행정청이 권한 없이 그의 명의로 한 처분에 대하여 항고소송이 제기된 경우, 처분명의자인 행정청이 피고가 된다.

19 다음 중 「행정절차법」상 청문을 하여야 하는 경우로 옳지 않은 것은?

① 다른 법령 등에서 청문을 하도록 규정하고 있는 경우

② 행정청이 필요하다고 인정하는 경우

③ 인허가 등을 취소하는 처분시 의견제출기한 내에 당사자 등의 신청이 있는 경우

④ 법인이나 조합 등의 설립허가를 취소

20 다음 중 공물에 관한 설명으로 옳지 않은 것은? (다툼이 있는 경우 판례에 의함)

① 행정재산을 관재당국이 모르고 매각하는 처분을 한 경우, 그 매각처분은 무효이다.

② 행정재산이 본래의 용도에 제공되지 않는 상태에 있다는 사정만으로는 이에 대한 공용폐지의 의사표시가 있다고 볼 수 없다.

③ 도로의 특별사용이란 도로의 특정부분을 유형적·고정적으로 특정한 목적을 위하여 사용하는 것을 의미하므로, 반드시 독점적·배타적인 것이어야 한다.

④ 국유재산의 무단점유자에 대한 변상금부과처분에 따라 발생하는 변상금징수권은 공법상의 법률관계에 기한 공법상의 권리이다.

21 다음 중 행정상 손실보상에 관한 설명으로 옳지 않은 것은? (다툼이 있는 경우 판례에 의함)

① 이주대책은 헌법 제23조 제3항에 규정된 정당한 보상에 포함되는 것이라기보다는 생활보상의 일환으로서 국가의 정책적인 배려에 의하여 마련된 제도로서 이주대책의 실시 여부는 입법자의 입법정책적 재량의 영역에 속한다.

② 법률이 이주대책의 대상자에서 세입자를 제외하고 있다 하더라도 세입자의 재산권을 침해하여 위헌이라고는 할 수 없다.

③ 이주대책에 의한 수분양권은 법률의 규정만으로 직접 발생한다.

④ 토지의 일부가 접도구역으로 지정·고시됨으로써 사용가치 및 교환가치의 하락 등이 발생하더라도 잔여지 손실보상의 대상에 해당하지 않는다.

22 다음 중 「국가배상법」 제5조에 의한 영조물의 설치·관리의 하자로 인한 손해배상에 관한 설명으로 옳지 않은 것은? (다툼이 있는 경우 판례에 의함)

① 「국가배상법」에는 영조물 점유자의 면책규정이 있는 데 반하여 「민법」에는 공작물 점유자의 면책규정이 없다.

② 「국가배상법」 제5조상의 영조물이란 국가 또는 지방자치단체에 의하여 특정 공공의 목적에 공여된 유체물 내지 물적 설비를 말하며, 국가 또는 지방자치단체가 소유권, 임차권, 그 밖의 권한에 기하여 관리하고 있는 경우뿐만 아니라 사실상 관리하고 있는 경우도 포함된다.

③ 영조물의 설치 또는 관리의 하자란 공공의 목적에 제공된 영조물이 그 용도에 따라 통상 갖추어야 할 안전성을 갖추지 못한 상태에 있음을 말한다.

④ 학생이 담배를 피우기 위하여 3층 건물의 화장실 밖의 난간을 지나가다가 실족하여 사망한 경우, 학교시설의 설치·관리상의 하자는 인정되지 않는다.

23 다음 중 원고의 청구가 이유 있음에도 불구하고 공익을 이유로 기각하는 판결로 옳은 것은?

① 사정판결　　　　　② 취소판결
③ 유효확인판결　　　④ 무효확인판결

24 다음 중 신뢰보호원칙에 관한 설명으로 옳지 않은 것은? (다툼이 있는 경우 판례에 의함)

① 신뢰보호원칙이 적용되기 위한 행정기관의 공적인 견해표명 여부를 판단할 때는 행정조직상의 형식적인 권한분장에 의하여 판단하여야 한다.

② 신뢰의 대상인 행정청의 선행조치는 반드시 문서의 형식으로 행하여질 필요는 없으며 구두에 의해서도 가능하다.

③ 귀책사유의 유무는 상대방과 그로부터 신청행위를 위임받은 수임인 등 관계자 모두를 기준으로 판단한다.

④ 행정청의 확약 또는 공적 견해표명이 있은 후에 사실적·법률적 상태가 변경되었다면, 그와 같은 확약 또는 공적 의사표명은 행정청의 별다른 의사표시를 기다리지 않고 실효된다.

25 다음 중 행정법에 관한 설명으로 옳지 않은 것은? (다툼이 있는 경우 판례에 의함)

① 재량준칙이 공표된 것만으로는 자기구속의 원칙이 적용될 수 없고, 재량준칙이 되풀이 시행되어 행정관행이 성립한 경우이어야 자기구속의 원칙이 적용될 수 있다.

② 판례는 행정의 자기구속의 원리의 근거를 평등의 원칙이나 신뢰보호원칙에서 찾고 있다.

③ 재량준칙이 정한 바에 따라 되풀이 시행되어 행정관행이 이루어지게 되면 행정기관은 상대방에 대한 관계에서 그 규칙에 따라야 할 자기구속을 받게 되므로, 이러한 경우에는 특별한 사정이 없는 한 그에 반하는 처분은 재량권을 일탈·남용한 위법한 처분이 된다.

④ 주택사업을 승인하면서 입주민이 이용하는 진입도로의 개설 및 확장 등의 기부채납의무를 부담으로 부과하는 것은 부당결부금지의 원칙에 반한다.

2017 | 기출문제

☑ 회독 CHECK 1 2 3

☑ 시험시간 25분   ☑ 해설편 171쪽

01 다음 중 통치행위에 관한 설명으로 옳은 것은? (다툼이 있는 경우 판례에 의함)

① 헌법재판소는 이라크파병 결정을 통치행위로 보지 않았다.
② 국회는 통치행위의 주체가 될 수 없다.
③ 대법원은 계엄선포를 통치행위로 인정했다.
④ 통치행위는 이로 인하여 직접 국민의 기본권 침해가 이루어졌다 해도 헌법소원의 대상으로 볼 수 없다.

02 다음 중 행정쟁송에 관한 설명으로 옳은 것은?

① 행정심판위원회의 재결은 대법원의 확정판결과 비슷한 효력을 가진다.
② 소송요건은 사실심 변론종결 시까지 유지되어야 한다.
③ 통고처분은 행정소송의 대상이 되는 처분에 속한다.
④ 예외적·필요적 행정심판전치주의에 해당하는 경우 취소소송과 취소심판을 동시에 제기하면 그 즉시 각하판결을 하여야 한다.

03 다음 중 병역의무와 관련된 내용으로 옳지 않은 것으로만 묶인 것은?

ㄱ. 병역징집의 주체는 국가이다.
ㄴ. 강제징집이 원칙이지만, 지원병제도도 배제하고 있지 않다.
ㄷ. 병무청장의 처분으로 병역의무를 지는 국민의 법적 지위가 구체화된다.
ㄹ. 병무청장은 중앙행정기관이므로 부령을 발할 수 있다.
ㅁ. 병무청장은 국방부 소속이다.

① ㄱ, ㄴ   ② ㄷ
③ ㄷ, ㅁ   ④ ㄹ

04 다음 중 행정입법에 관한 설명으로 옳지 않은 것은? (다툼이 있는 경우 판례에 의함)

① 법규명령 자체에 대한 항고소송은 인정하지 않는 것이 원칙이다.
② 법규명령이 헌법소원의 대상이 될 것인가에 대하여 이를 긍정하는 것이 헌법재판소의 입장이다.
③ 법규명령이 법률에 위반되었는지 여부가 재판의 전제가 된 경우에는 모든 법원에 판단권이 있으나, 대법원만이 최종적으로 심사할 권한을 갖는다.
④ 법령보충적 행정규칙은 상위 법령과 결합하더라도 법규성이 부정된다.

05 다음 중 행정상 손실보상청구에 관한 설명으로 옳지 않은 것은?

① 비재산적 법익침해에 대한 희생보상청구권은 판례에 따르면 일반적으로 인정되고 있다.

② 손실보상은 헌법 제23조 제3항에 따라 법률로써 하고 이때의 법률은 국회가 제정한 형식적 의미의 법률을 의미한다.

③ 판례에 의하면 손실보상청구소송은 민사소송에 의하는 것이 원칙이다.

④ 징발물이 국유재산 또는 공유재산인 경우에는 보상을 하지 아니한다.

06 다음 중 「질서위반행위규제법」에서 규정한 과태료에 대한 설명으로 옳지 않은 것은?

① 신분에 의하여 성립하는 질서위반행위에 신분이 없는 자가 가담한 때에는 신분이 없는 자에 대하여도 질서위반행위가 성립한다.

② 행정청이 질서위반행위에 대하여 과태료를 부과하고자 하는 때에는 미리 당사자에게 10일 이상의 기간을 정하여 의견을 제출할 기회를 주어야 한다.

③ 과태료는 행정청의 과태료 부과처분이나 법원의 과태료 재판이 확정된 후 3년간 징수하지 아니하거나 집행하지 아니하면 시효로 인하여 소멸한다.

④ 자신의 행위가 위법하지 아니한 것으로 오인하고 행한 질서위반행위는 그 오인에 정당한 이유가 있는 때에 한하여 과태료를 부과하지 아니한다.

07 다음 중 상대방의 동의에 의한 특별권력관계의 성립에서 그 성질이 가장 다른 하나를 고른 것은?

① 공무원 채용관계의 설정

② 국공립대학교 입학

③ 국공립도서관 이용관계의 설정

④ 학령아동의 초등학교 취학

08 다음 중 적법한 건축물에 철거명령이 내려진 경우 원고가 취소소송을 제기하면서 취할 수 있는 가장 적절한 권리구제수단으로 옳은 것은?

① 철거명령 자체의 효력정지를 구해야 한다.

② 강제집행절차인 계고처분의 전부나 일부정지로 속행을 중지하여야 한다.

③ 효력정지와 집행정지 둘 다 가능하다.

④ 계고처분의 취소소송에서 철거명령의 하자를 주장하는 것으로 충분하다.

09 다음 중 병역법의 내용으로 옳지 않은 것은?

① 병역의무에 대한 특례를 인정하지 않고 있다.

② 현역병이 징역·금고·구류의 형을 받은 경우에는 그 형의 집행일수는 현역 복무기간에 산입(算入)하지 아니한다.

③ 예비군, 민방위도 국방의 의무에 포함된다.

④ 군 복무 중 재해로 인하여 발생한 손실에 대해서는 관련 법률이 정하는 바에 의하여 보상금을 지급한다.

10 다음 중 공법상 시효제도에 관한 설명으로 옳지 않은 것은? (다툼이 있는 경우 판례에 의함)

① 금전채권의 소멸시효에 관해서 「국가재정법」과 「지방재정법」은 다른 법률에 특별한 규정이 없는 한 5년으로 정하고 있다.

② 공법상 부당이득반환청구권은 원칙적으로 사권에 해당하므로 10년의 소멸시효가 적용된다.

③ 국유재산 무단점유자에 대하여 행한 변상금부과처분에 대해 변상금이 체납된 경우 변상금청구권 역시 5년의 소멸시효가 적용된다.

④ 국세징수권자의 납입고지에 의하여 발생한 시효중단의 효력은 그 납입고지에 의한 부과처분이 취소되더라도 소멸되는 것은 아니다.

11 다음 중 수리를 요하는 신고로 옳지 않은 것은?

① 골프장 회원 모집 계획 신고
② 납골당 설치 신고
③ 골프장 이용료 변경 신고
④ 양수인 양도인 지위승계 신고

12 다음 중 시보 임용 기간에 있는 공무원에 관한 설명으로 옳은 것은?

① 시보 임용 기간 중에는 공무원법상 신분보장을 받지 못함이 원칙이다.
② 5급 공무원을 신규 채용하는 경우에는 6개월, 6급 이하의 공무원을 신규 채용하는 경우에는 3개월간 각각 시보(試補)로 임용한다.
③ 성실의 의무는 명문규정은 없지만 당연히 지켜야 한다.
④ 시보 임용 당시 결격사유가 있었다면 정규 공무원 임용 당시 결격사유가 사라지더라도 그 임용행위는 당연무효이다.

13 다음 중 의무불이행의 방치가 심히 공익을 해칠 수 있어 대집행이 가능한 것으로 옳은 것은?

① 불법 증축한 부분을 철거할 경우 헬기의 안전 이착륙에 지장이 있게 되는 경우
② 건축허가 면적보다 0.02평방미터 초과한 불법 증축의 경우
③ 구조변경허가와 달리 증·개축된 건물이 공사 전보다 건물모양이 산뜻해지고, 안정감이 증대한 반면, 법위반부분을 철거하는 경우 건물의 외관만을 손상시키고 쓰임새가 줄어드는 경우
④ 개발제한구역 내 불법 건축된 교회 건물

14 다음 중 「공공기관의 정보공개에 관한 법률」상 정보공개에 대한 설명으로 옳은 것은?

① 단순히 공무원을 괴롭힐 목적으로 정보공개를 요청하는 경우에도 응하여야 한다.
② 전자적 형태로 보유·관리하는 정보에 대하여 청구인이 전자적 형태로 공개하여 줄 것을 요청하는 경우에는 그 정보의 성질상 현저히 곤란한 경우를 제외하고는 청구인의 요청에 따라야 한다.
③ 「검찰보존사무규칙」에서 불기소사건 기록 등의 열람·등사 등을 제한하는 것은 공공기관의 정보공개에 관한 법률에 따른 '다른 법률 또는 명령에 의하여 비공개사항으로 규정된 경우'에 해당되어 적법하다.
④ 공공기관은 비공개 대상 정보에 해당하는 부분과 공개가 가능한 부분이 혼합되어 있는 경우 정보공개를 거부하여야 한다.

15 다음 중 행정행위의 부관에 관한 설명으로 옳은 것은? (다툼이 있는 경우 판례에 의함)

① 부담이 무효인 경우 부담의 이행으로 한 사법상 법률행위의 효력은 당연무효이다.
② 통설·판례에 따르면 부담만을 대상으로 하여 독자적으로 취소소송을 제기할 수 없다.
③ 법률효과의 일부배제는 부관이 아니라는 것이 판례의 태도이다.
④ 행정행위의 부관은 행정행위의 조건, 기한 등을 법령이 직접 규정하고 있는 법정부관과 구별된다.

16 다음 중 아래 지문에 해당되는 행정법의 일반원칙을 순서대로 바르게 나열한 것은?

> 가. 행정청은 법령 등의 해석 또는 행정청의 관행이 일반적으로 국민들에게 받아들여졌을 때에는 공익 또는 제3자의 정당한 이익을 현저히 해칠 우려가 있는 경우를 제외하고는 새로운 해석 또는 관행에 따라 소급하여 불리하게 처리하여서는 아니 된다.
>
> 나. 경찰관의 직권은 그 직무 수행에 필요한 최소한도에서 행사되어야 하며 남용되어서는 아니 된다.

① 비례원칙, 부당결부금지원칙
② 신뢰보호원칙, 평등원칙
③ 비례원칙, 평등원칙
④ 신뢰보호원칙, 비례원칙

17 다음 중 서울지방경찰청장이 서초구경찰서장에게 내부 위임한 사무를 서초구경찰서장이 적법한 절차와 형식에 따른 처분을 한 경우 이에 대한 취소소송의 피고로 옳은 것은?

① 서울지방경찰청
② 서울지방경찰청장
③ 서초구경찰서
④ 서초구경찰서장

18 다음 중 공무수탁사인에 대한 설명으로 옳지 않은 것은?

① 판례는 소득세의 원천징수의무자를 공무수탁사인으로 인정하고 있다.
② 공무수탁사인의 위법한 처분은 행정쟁송의 대상이 된다.
③ 교육법에 의하여 학위를 수여하는 사립대학총장은 공무수탁사인에 해당한다.
④ 공무수탁사인의 위법한 행위에 대한 손해는 행정상 손해배상청구가 가능하다.

19 다음 중 하자의 승계가 가능한 것으로 옳은 것은?

① 직위해제 – 직권면직
② 표준공시지가결정 – 수용재결
③ 보충역편입처분 – 사회복무요원 소집처분
④ 상이등급결정 – 상이등급개정

20 다음 중 「국가배상법」에 대한 설명으로 옳지 않은 것은? (다툼이 있는 경우 판례에 의함)

① 구청 공무원의 시영아파트 입주권 매매행위는 직무행위에 해당하므로 국가배상청구가 가능하다.
② 공무원의 허위 아파트입주권 부여 대상 확인을 믿고 아파트입주권을 매입하여 매수인이 손해를 입은 경우라면 국가배상청구의 대상이 된다.
③ 피해자가 손해를 입은 동시에 이익을 얻은 경우에는 손해배상액에서 그 이익에 상당하는 금액을 빼야 한다.
④ 군인과 군무원의 경우 이중배상은 금지된다.

21 다음 중 「공공기관의 정보공개에 관한 법률」에 대한 설명 중 a~d에 들어갈 숫자로 옳은 것은?

> 가. 공공기관은 정보공개 청구를 받으면 그 청구를 받은 날부터 (a)일 이내로 공개 여부를 결정하여야 한다.
>
> 나. 청구인이 정보공개와 관련한 공공기관의 비공개 결정 또는 부분 공개 결정에 불복이 있거나, 정보공개 청구 후 (b)일이 경과하도록 정보공개 결정이 없는 때에는, 공공기관으로부터 정보공개 여부의 결정 통지를 받은 날 또는 정보공개 청구 후 (c)일이 경과한 날부터 (d)일 이내에 해당 공공기관에 문서로 이의신청을 할 수 있다.

	a	b	c	d
①	10	20	20	30
②	10	10	10	30
③	20	10	20	30
④	10	20	10	20

22 다음 중 ⓒ, ⓔ에 들어갈 수 있는 내용으로 옳은 것은?

무효등확인소송 (「행정소송법」 제38조 제1항)	부작위위법확인소송 (「행정소송법」 제38조 제2항)
취소소송의 규정이 대부분 적용 되나, ① (ⓐ) ② (ⓑ) ③ 재량처분의 취소 ④ 사정판결 등에 관한 규정은 준용되지 않는다.	취소소송의 규정이 대부분 적용 되나, ① (ⓒ) ② (ⓓ) ③ 사정판결 ④ 사정판결 시 피고의 소송비 용부담 등에 관한 규정은 준 용되지 않는다.

① 예외적 행정심판전치주의, 처분변경으로 인한 소의 변경

② 제소기간의 제한, 집행정지결정 · 집행정지취소결정

③ 처분변경으로 인한 소의 변경, 집행정지결정 · 집행정지
취소결정

④ 제소기한의 제한, 처분변경으로 인한 소의 변경

23 다음 중 빈칸에 들어갈 내용으로 가장 옳은 것은?

"행정처분취소청구를 기각하는 판결이 확정된 경우에 당해
처분이 위법하지 아니하다는 점이 판결에서 확정된 이상 원
고가 다시 이를 무효라 하여 무효확인소송을 제기할 수 없
다."는 법원의 판결에 부여되는 효력을 (   )이라
한다.

① 구속력   ② 기판력

③ 불가쟁력   ④ 형성력

24 다음 중 처분에 관한 설명으로 옳은 것은? (다툼이 있는
경우 판례에 의함)

① 「행정절차법」상 처분의 사전통지의 대상이 되는 '당사자
에게 의무를 부과하거나 권익을 제한하는 처분'에는 '신청
에 대한 거부처분'이 포함되지 않는다.

② 법률에 따라 통고처분을 할 수 있으면 행정청은 통고처분
을 하여야 하며, 통고처분 이외의 조치를 할 재량은 없다.

③ 해당 처분의 성질상 의견청취가 현저히 곤란하거나 명백
히 불필요하다고 인정될 만한 상당한 이유가 있는 경우 사
전통지를 아니할 수 있으며, 이 경우 행정청은 처분 후에
당사자 등에게 통지를 하지 아니한 사유를 알려야 한다.

④ 도로법 제25조 제3항에 의한 도로구역변경고시의 경우는
행정절차법상 사전통지나 의견청취의 대상이 되는 처분
에 해당한다.

25 다음 중 「행정절차법」상 청문의 실시에 대한 설명으로
옳은 것은?

① 개별법에 청문을 하도록 규정해 놓은 경우에도 당사자의
신청이 있어야만 청문을 할 수 있다.

② 행정청은 청문을 하려면 청문이 시작되는 날부터 7일 전
까지 당사자 등에게 통지하여야 한다.

③ 행정청과 당사자 사이에 「행정절차법」상 규정된 청문절차
를 배제하는 내용의 협약이 체결되었다고 하여, 그러한
협약이 청문의 실시에 관한 행정절차법 규정의 적용이 배
제된다거나 청문을 실시하지 않아도 되는 예외적인 경우
에 해당한다고 할 수 없다.

④ 행정청은 처분 후 1개월 이내에 당사자 등이 요청하는 경
우에는 청문 · 공청회 또는 의견제출을 위하여 제출받은
서류나 그 밖의 물건을 반환하여야 한다.

2016 | 기출문제

✅ 회독 CHECK 1 2 3

✅ 시험시간 25분 ✅ 해설편 179쪽

01 다음 중 통치행위에 관한 설명으로 옳지 않은 것은? (다툼이 있는 경우 판례에 의함)

① 남북정상회담의 개최는 고도의 정치적 성격을 지니고 있는 행위에 해당하므로 통치행위에 해당한다.

② 대통령의 긴급재정경제명령은 고도의 정치적 결단에 의하여 발동되는 통치행위에 속하지만 그것이 국민의 기본권 침해와 직접 관련되는 경우에는 헌법재판소의 심판대상이 된다.

③ 남북정상회담의 개최과정에서 법률이 정한 절차를 위반하여 이루어진 대북송금행위라도 통치행위에 해당하므로 사법심사의 대상이 되지 않는다.

④ 비상계엄의 선포와 그 확대행위가 국헌문란의 목적을 달성하기 위하여 행하여진 경우 법원은 그 자체가 범죄행위에 해당하는지 여부에 관하여 심사할 수 있다.

02 다음 중 변상금에 대한 설명으로 옳지 않은 것은? (다툼이 있는 경우 판례에 의함)

① 판례는 변상금 부과처분을 행정처분으로 보고 있다.

② 국유재산의 무단점유자에 대한 변상금의 징수는 기속행위이다.

③ 국유재산의 무단점유자에 대하여 변상금을 부과하면서 동시에 민사상 부당이득반환청구소송을 할 수는 없다.

④ 변상금 부과처분은 행정청이 공권력의 주체로서 상대방의 의사를 묻지 않고 일방적으로 행하는 공법행위이다.

03 다음 중 「행정절차법」상 명문규정이 있는 것으로 옳은 것은?

┌─────────────────────┐
│ ⓐ 철회 및 직권취소   │
│ ⓑ 행정쟁송   │
│ ⓒ 고지   │
│ ⓓ 온라인공청회   │
└─────────────────────┘

① ⓐ, ⓑ   ② ⓐ, ⓒ

③ ⓑ, ⓓ   ④ ⓒ, ⓓ

04 다음 중 「공공기관의 정보공개에 관한 법률」상의 내용으로 옳지 않은 것은?

① 국가안전보장에 관련되는 정보 및 보안 업무를 관장하는 기관에서 국가안전보장과 관련된 정보의 분석을 목적으로 수집하거나 작성한 정보에 대해서는 이 법을 적용하지 아니한다.

② 공공기관은 공개 청구된 공개 대상 정보의 전부 또는 일부가 제3자와 관련이 있다고 인정할 때에는 그 사실을 제3자에게 지체 없이 통지하여야 하며, 필요한 경우에는 그의 의견을 들을 수 있다.

③ 공개될 경우 부동산 투기, 매점매석 등으로 특정인에게 이익 또는 불이익을 줄 우려가 있다고 인정되는 정보는 비공개 대상 정보이다.

④ 학술·연구를 위해 일시 방문 중인 외국인은 정보공개를 청구할 수 없다.

05 다음 중 행정상 손실보상에 관한 설명으로 옳은 것은?

① 단순히 사회적인 제약이 가하여진 경우에도 원칙적으로 보상이 인정된다.

② 손실보상은 적법행위로 인한 손실뿐만 아니라 위법행위로 인한 손해도 그 보상의 대상으로 하고 있다.

③ 손실보상은 재산상 손실에 대한 보상뿐만 아니라 생명·신체의 침해에 대한 보상도 포함한다.

④ 민간사업시행자도 손실보상의 주체가 될 수 있다.

06 다음 중 소의 이익이 인정되는 것으로 옳지 않은 것은? (다툼이 있는 경우 판례에 의함)

① 현역입영대상자가 입영한 후에 현역병입영통지처분의 취소를 구하는 경우

② 공익근무요원의 소집해제신청이 거부되어 계속 근무하였고 복무기간 만료로 소집해제처분을 받은 후에 위 거부처분의 취소를 구하는 경우

③ 징계처분으로서 감봉처분이 있은 후 공무원의 신분이 상실된 경우에 위법한 감봉처분의 취소를 구하는 경우

④ 대학입학고사 불합격처분의 취소를 구하는 소송계속 중 당해 연도의 입학시기가 지나버린 경우

07 다음 설명 중 옳지 않은 것은? (다툼이 있는 경우 판례에 의함)

① 과세처분이 있은 후 당초 과세처분에 대한 증액경정처분이 있는 경우, 당초 처분은 증액경정처분에 흡수되어 당연히 소멸한다.

② 과세처분이 있은 후 증액경정처분이 있는 경우 그 증액경정처분만이 쟁송의 대상이 된다.

③ 감액경정처분의 경우 당초 처분은 불가쟁력이 발생하여 다툴 수 없다.

④ 감액경정처분의 경우 전심절차나 제소기간의 준수여부는 당초 처분을 기준으로 결정하여야 한다.

08 다음 중 행정심판에 대한 설명으로 옳지 않은 것은?

① 행정심판의 청구는 서면으로 하여야 한다.

② 심판청구는 처분의 효력이나 그 집행 또는 절차의 속행에 영향을 주지 않는다.

③ 행정심판은 정당한 이익이 있는 자에 한하여 제기할 수 있다.

④ 청구인이 사망한 경우에는 상속인이나 그 밖에 법령에 따라 심판청구의 대상에 관계되는 권리나 이익을 승계한 자가 청구인의 지위를 승계한다.

09 다음 중 공물에 관한 설명으로 옳지 않은 것은? (다툼이 있는 경우 판례에 의함)

① 예산부족 등 설치·관리자의 재정사정은 배상책임 판단에 있어 참작사유는 될 수 있으나 안전성을 결정지을 절대적 요건은 아니다.

② 공공의 영조물이란 국가 또는 지방자치단체가 소유권, 임차권 그 밖의 권한에 기하여 관리하고 있는 경우뿐만 아니라 사실상의 관리를 하고 있는 경우도 포함한다.

③ 「국가배상법」상 영조물의 관리상 하자로 인한 책임은 무과실책임이고 「민법」상 면책규정이 적용되지 않는다.

④ 편도 2차선 도로의 1차선상에 교통사고의 원인이 될 수 있는 크기의 돌멩이가 방치되어 있는 경우, 도로의 점유·관리자가 그에 대한 관리 가능성이 없다는 입증을 하지 못하더라도 도로의 관리·보존상의 하자가 있다고 볼 수는 없다.

10 다음 중 「질서위반행위규제법」상 과태료에 대한 설명으로 옳지 않은 것은?

① 과태료의 부과에는 그 위반자의 고의·과실을 요하지 않는다.

② 과태료 부과처분은 행정소송의 대상이 되는 행정처분이 아니다.

③ 과태료 재판은 검사의 명령으로써 집행한다.

④ 행정청의 과태료 부과에 불복하는 당사자는 과태료 부과 통지를 받은 날부터 60일 이내에 해당 행정청에 서면으로 이의제기를 할 수 있다.

11 다음 중 사업승인과 관련한 형량명령에 관한 설명으로 옳지 않은 것은?

① 이익형량의 고려 대상에 당연히 포함시켜야 할 사항을 누락한 사업승인 결정은 형량의 하자로 인하여 위법하다.

② 이익형량을 하기는 하였으나 정당성과 객관성이 결여된 사업승인 결정은 형량의 하자로 인하여 위법하다.

③ 사업승인과 관련하여 결정을 할 때 이익형량을 전혀 하지 않은 경우라면 형량의 하자로 인하여 위법한 결정이 된다.

④ 사업승인과 관련하여 이익을 형량한 결과 공익에 해가 가지 않을 정도의 경미한 흠이 있다 하더라도 이러한 흠 있는 사업승인은 무조건 취소하여야 한다.

12 다음 중 특별권력관계에 대한 설명으로 옳지 않은 것은?

① 특별권력관계에서는 법률유보의 원칙이 제한되지만 사법심사는 광범위하게 인정된다.

② 공무원의 파면은 권력주체의 일방적 배제에 의해 특별권력관계가 소멸되는 경우를 말한다.

③ 국고관계란 국가나 공공단체 등의 행정주체가 우월적인 지위에서가 아닌 재산권의 주체로서 사인과 맺는 법률관계를 말한다.

④ 특별권력관계를 기본관계와 경영수행관계로 나누는 견해에 따르면, 공무원에 대한 직무상 명령에 대해 사법심사가 가능하게 된다.

13 다음 중 기속행위와 재량행위에 대한 설명으로 옳지 않은 것은? (다툼이 있는 경우 판례에 의함)

① 재량행위의 경우 법원은 독자의 결론을 도출함이 없이 당해 행위에 재량권의 일탈·남용이 있는지 여부만을 심사한다.

② 「대기환경보전법」상 배출시설의 설치에 대한 주무관청의 허가는 기속행위이므로 공익상 문제가 있더라도 허가하여야 한다.

③ 법률에서 정한 귀화요건을 갖춘 귀화신청에 대하여 법무부장관이 귀화를 허가할 것인지 여부는 재량행위에 해당한다.

④ 행정청의 재량에 속하는 처분이라도 재량권의 한계를 넘거나 그 남용이 있는 때에는 법원은 이를 취소할 수 있다.

14 다음 설명 중 옳지 않은 것은? (다툼이 있는 경우 판례에 의함)

① 비과세관행이 성립되었다고 하려면 상당한 기간에 걸쳐 과세를 하지 않은 객관적 사실이 존재하여야 한다.

② 조세에 관한 사항은 행정조사기본법이 적용되지 않는다.

③ 세액의 산출근거가 기재되지 아니한 납세고지서에 의한 부과처분은 그 후 부과된 세금을 자진납부하면 치유된다.

④ 과세처분을 취소하는 판결이 확정되면 그 과세처분은 처분시에 소급하여 소멸하는 것이므로 과세처분을 취소하는 판결이 확정된 뒤에는 그 과세처분을 경정하는 이른바 경정처분을 할 수 없다.

15 다음 중 행정소송에 대한 설명으로 옳지 않은 것은? (다툼이 있는 경우 판례에 의함)

① 판례는 행정처분의 적법 여부는 특별한 사정이 없는 한 그 처분 당시를 기준으로 판단하여야 한다는 입장이다.

② 사정판결에 관한 「행정소송법」 규정은 무효등확인소송에는 준용되지 않는다.

③ 취소소송에 대한 판결이 확정된 후 그 확정판결의 기속력에 반하는 행정청의 행위는 위법하며 무효원인에 해당한다는 것이 판례의 입장이다.

④ 무효등확인소송과 부작위위법확인소송에는 거부처분취소판결의 간접강제에 관한 규정이 준용된다.

16 다음 중 공무원의 징계에 대한 설명으로 옳지 않은 것은? (다툼이 있는 경우 판례에 의함)

① 공무원에 대한 의원면직의 경우, 수리 전까지는 철회가 가능하다.

② 소청심사위원회의 취소명령 또는 변경명령 결정은 그에 따른 징계나 그 밖의 처분이 있을 때까지는 종전에 행한 징계처분에 영향을 미치지 않는다.

③ 공무원이 징계에 불복하는 경우 소청심사위원회의 심사 · 결정을 거치지 아니하면 바로 행정소송을 제기할 수 없다.

④ 계약직 공무원의 보수를 감봉하거나 삭감할 때는 공무원법의 처분절차를 거치지 않고 할 수 있다.

17 다음 중 「행정절차법」상 행정절차에 관한 사항으로 옳지 않은 것은?

① 송달은 다른 법령 등에 특별한 규정이 있는 경우를 제외하고는 해당 문서가 송달받을 자에게 도달됨으로써 그 효력이 발생한다.

② 「행정절차법」은 청문 주재자의 제척 · 기피 · 회피에 관하여 명문규정을 두고 있다.

③ 「행정절차법」상의 '의견제출'에는 공청회와 청문회가 포함된다.

④ 행정청은 법령상 청문실시의 사유가 있는 경우에도 당사자가 의견진술의 기회를 포기한다는 뜻을 명백히 표시한 경우에는 의견청취를 하지 않을 수 있다.

18 다음 중 포괄적 위임금지의 원칙에 대한 설명으로 옳지 않은 것은? (다툼이 있는 경우 판례에 의함)

① 조례에 대한 법률의 위임은 포괄적인 것으로 족하다.

② 공법적 단체 등의 정관에 대한 자치법적 사항의 위임이라도 국민의 권리 · 의무에 관한 본질적이고 기본적인 사항은 국회가 정하여야 한다.

③ 수권법률의 예측가능성 유무를 판단함에 있어서는 수권규정과 이와 관계된 조항, 수권법률 전체의 취지, 입법목적의 유기적 · 체계적 해석 등을 통하여 종합 판단하여야 한다.

④ 일반적인 급부행정법규는 처벌법규나 조세법규의 경우보다 그 위임의 요건과 범위가 더 엄격하게 제한적으로 규정되어야 한다.

19 다음 중 공권에 대한 설명으로 옳지 않은 것은? (다툼이 있는 경우 판례에 의함)

① 국가유공자로 보호받을 권리는 일신전속적인 권리이므로 상속의 대상이 되지 않는다.

② 석유판매업자의 지위를 승계한 자에 대하여 종전의 석유판매업자가 유사석유제품을 판매하는 위법행위를 하였다는 이유로 사업정지 등 제재처분을 취할 수 없다.

③ 공중위생영업에 대하여 그 영업을 정지할 위법사유가 있다면, 관할 행정청은 그 영업이 양도·양수되었다 하더라도 그 업소의 양수인에 대하여 영업정지처분을 할 수 있다.

④ 공권이 침해된 경우 소송을 통해 구제가 가능하나, 반사적 이익이 침해된 경우 소송을 통한 구제가 가능하지 않다.

20 다음 중 행정행위의 하자에 관한 설명으로 옳지 않은 것은? (다툼이 있는 경우 판례에 의함)

① 행정처분이 있은 후에 집행단계에서 그 처분의 근거된 법률이 위헌으로 결정되는 경우 그 처분의 집행이나 집행력을 유지하기 위한 행위는 위헌결정의 기속력에 위반되어 허용되지 않는다.

② 행정처분에 대하여 그 행정처분의 근거가 된 법률이 위헌이라는 이유로 무효확인청구의 소가 제기된 경우에는 다른 특별한 사정이 없는 한 법원으로서는 그 법률이 위헌인지 여부에 대하여는 판단할 필요 없이 그 무효확인청구를 각하하여야 한다.

③ 법률에 근거하여 행정청이 행정처분을 한 후에 헌법재판소가 그 법률을 위헌으로 결정하였다면 결과적으로 그 행정처분은 하자가 있는 것이 된다고 할 것이나, 특별한 사정이 없는 한 이러한 하자는 위 행정처분의 취소사유에 해당할 뿐 당연무효사유는 아니라고 봄이 상당하다.

④ 법률이 위헌으로 결정된 후 그 법률에 근거하여 발령되는 행정처분은 위헌결정의 기속력에 반하므로 그 하자가 중대하고 명백하여 당연무효가 된다.

21 다음 중 행정행위의 효력에 대한 설명으로 옳지 않은 것은? (다툼이 있는 경우 판례에 의함)

① 행정행위가 쟁송취소된 경우에는 내용적 구속력이 인정되며 이는 행정청 및 관계행정청 등을 구속한다.

② 삼청교육대 피해자들에게 피해보상을 하겠다는 대통령 담화와 국방부장관의 공고를 믿고 피해신청을 한 피해자들에게 보상하지 않는 것은 신뢰보호의 원칙에 위배된다.

③ 처분 등의 취소, 무효등확인, 부작위위법확인의 소의 확정판결은 제3자에게도 효력이 있다.

④ 불가쟁력이 발생한 행정행위이더라도 불가변력이 발생하지 않는 한 처분청은 직권으로 취소·변경할 수 있음이 원칙이다.

22 다음 중 공법상 계약에 대한 설명으로 옳지 않은 것은?

① 공법상 계약은 복수 당사자의 동일한 방향의 의사표시가, 공법상 합동행위는 복수 당사자의 반대 방향의 의사표시가 요구된다.

② 공법상 계약은 원칙적으로 비권력적 행정작용이므로 법률상 근거 없이도 체결이 가능하다.

③ 공법상 계약의 해지는 행정처분이 아니므로 행정절차법을 따르지 않아도 된다.

④ 공법상 계약에는 공정력이 인정되지 않는다.

23 다음 중 행정행위의 직권취소에 대한 설명으로 옳지 않은 것은?

① 위법·침익적인 행정행위에 대하여 불가쟁력이 발생한 이후에도 당해 행정행위의 위법을 이유로 직권취소할 수 있다.

② 행정행위의 위법이 치유된 경우에는 그 위법을 이유로 당해 행정행위를 직권취소할 수 없다.

③ 행정처분을 한 처분청은 그 행위에 하자가 있는 경우에는 원칙적으로 별도의 법적 근거가 없더라도 스스로 이를 직권으로 취소할 수 있다.

④ 직권취소는 행정절차법상 처분의 절차가 적용되지 않는다.

24 다음 중 행정심판에 대한 설명으로 옳지 않은 것은?

① 행정심판의 재결은 재결 자체에 고유한 위법이 있는 경우에 한하여 다시 행정심판을 청구할 수 있다.

② 행정심판위원회는 당사자의 신청에 의한 경우는 물론 직권으로도 임시처분을 결정할 수 있다.

③ 행정청의 위법·부당한 거부처분이나 부작위에 대하여 일정한 처분을 하도록 하는 의무이행심판은 현행법상 인정된다.

④ 행정심판위원회는 심판청구의 대상이 되는 처분보다 청구인에게 불리한 재결을 하지 못한다.

25 다음 중 판단여지와 재량을 구별하는 입장에서 재량에 대한 설명으로 옳지 않은 것은?

① 재량은 법률효과에서 인정된다.

② 재량의 존재 여부가 법해석으로 도출되기도 한다.

③ 구「전염병예방법」에 따른 예방접종으로 인한 질병, 장애 또는 사망의 인정 여부 결정은 보건복지부장관의 재량이 인정되지 않는다.

④ 재량행위와 기속행위의 구분은 법규의 규정 양식에 따라 개별적으로 판단된다.

2015 | 기출문제

01 다음 중 지방자치단체에 관한 설명으로 옳지 않은 것은?

① 판례는 주민의 권리 · 의무에 관한 사항에 관하여 구체적으로 아무런 범위도 정하지 아니한 채 조례로 정하도록 포괄적으로 위임할 수 없고, 개별적 · 구체적으로 범위를 정하여서만 위임이 가능하다고 본다.

② 지방자치단체의 장은 지방의회의 의결이 월권이거나 법령에 위반되거나 공익을 현저히 해친다고 인정되면 그 의결사항을 이송받은 날부터 20일 이내에 이유를 붙여 재의를 요구할 수 있다.

③ 지방자치단체장의 요구에 대하여 재의한 결과 재적의원 과반수의 출석과 출석의원 3분의 2 이상의 찬성으로 전과 같은 의결을 하면 그 의결사항은 확정된다.

④ 지방자치단체의 장은 재의결된 사항이 법령에 위반된다고 인정되면 대법원에 소를 제기할 수 있다.

02 다음 중 기속행위와 재량행위에 관한 설명으로 옳지 않은 것은? (다툼이 있는 경우 판례에 의함)

① 재량행위에 대한 사법심사의 경우 법원은 행정청의 재량에 기한 공익 판단의 여지를 감안하여 독자의 결론을 도출함이 없이 당해 행위에 재량권의 일탈 · 남용이 있는지 여부만을 심사한다.

② 기속행위와 재량행위의 구분은 당해 행위의 근거가 된 법규의 체제 · 형식과 그 문언, 당해 행위가 속하는 행정분야의 주된 목적과 특성, 당해 행위 자체의 성질과 유형 등을 모두 고려하여 판단하여야 한다.

③ 주택재건축사업시행인가는 상대방에게 권리나 이익을 부여하는 효과를 가진 이른바 수익적 행정처분으로서 법령에 행정처분의 요건에 관하여 일의적으로 규정되어 있지 아니한 이상 재량행위에 속한다.

④ 행정법규 위반행위에 대해 행정질서벌을 과할 것인지 아니면 행정형벌을 과할 것인지는 입법재량사항이 아니다.

03 다음 중 「행정절차법」의 내용으로 옳지 않은 것은?

① 청문이란 행정청이 어떠한 처분을 하기 전에 당사자 등의 의견을 직접 듣고 증거를 조사하는 절차를 말한다.

② 「행정절차법」은 모든 침익적 처분에 대해 사전에 통지하여야 한다고 규정하고 있다.

③ 이유제시란 행정처분을 함에 있어서 그 근거가 되는 법적 · 사실적 근거를 명기하는 것을 말한다.

④ 이유제시를 할 때에는 단순히 처분의 근거가 되는 법령뿐만 아니라 구체적인 사실과 당해 처분과의 관계가 적시되어야 한다.

04 다음 중 통치행위에 대한 설명으로 옳지 않은 것은? (다툼이 있는 경우 판례에 의함)

① 외국에의 국군의 파견결정은 고도의 정치적 결단이 요구되는 사안이므로 현행 헌법이 채택하고 있는 대의민주제 통치구조하에서 대의기관인 대통령과 국회의 그와 같은 고도의 정치적 결단은 가급적 존중되어야 한다.

② 헌법재판소는 통치행위일지라도 그것이 국민의 기본권침해와 직접 관련되는 경우에는 당연히 헌법재판의 대상이 된다고 본다.

③ 대법원은 남북정상회담의 개최는 물론 남북정상회담의 과정에서 관련 부서에 대한 신고 또는 승인 등의 법적 절차를 거치지 아니하고 북한으로 송금한 행위도 사법심사의 대상이라 보기 어렵다고 판시했다.

④ 비상계엄의 선포나 확대가 국헌문란의 목적을 달성하기 위하여 행하여진 경우에는 법원은 그 자체가 범죄행위에 해당하는지의 여부에 관하여 심사할 수 있다.

05 다음 중 판례에 따를 때 처분성이 인정되는 것으로 옳지 않은 것은?

① 원자로시설부지 사전승인
② 어업권면허에 선행하는 우선순위결정
③ 건축주명의변경신고 거부처분
④ 농지개량조합 임직원의 근무관계

06 다음 중 판례에 따를 때 공법관계로 옳지 않은 것은?

① 국유일반재산(구 잡종재산) 대부행위의 법적 성질 및 그 대부료 납부고지
② 공공하수도의 이용관계
③ 국가나 지방자치단체에서 근무하는 청원경찰의 근무관계
④ 징발권자인 국가와 피징발자와의 관계

07 다음 중 행정소송의 피고적격에 대한 설명으로 옳지 않은 것은? (다툼이 있는 경우 판례에 의함)

① 성업공사가 체납압류된 재산을 공매하는 것은 세무서장의 공매권한 위임에 의한 것으로 보아야 할 것이므로, 성업공사가 한 그 공매처분에 대한 취소 등의 항고소송을 제기함에 있어서는 실제로 공매를 행한 성업공사를 피고로 하여야 한다.

② 세무서는 행정조직 내에서 사무분담기구일 뿐이고 대외적으로 의사를 결정·표시할 권한을 가진 행정청이 아니므로 피고는 행정청인 세무서장이 된다.

③ 무효등확인소송에 있어서의 피고는 효력 유무나 존재 여부의 확인대상이 되는 처분 등을 한 행정청이다.

④ 조례가 항고소송의 대상이 되는 경우 조례를 제정한 지방의회가 피고가 된다.

08 다음 중 판례가 당사자소송의 대상으로 본 것으로 옳은 것은?

① 공중보건의사의 채용계약 해지의 의사표시
② 공법상 부당이득반환청구소송
③ 공무원연금관리공단의 급여결정
④ 국유임야 대부시 대부료 부과처분

09 다음 중 부작위위법확인소송에 대한 설명으로 옳지 않은 것은? (다툼이 있는 경우 판례에 의함)

① 부작위위법확인소송은 행정청의 부작위가 위법하다는 확인을 구하는 소송을 말하며 확인소송의 성질을 갖는다.

② 부작위위법확인소송에서 원고적격이 인정되기 위해서는 법규상 또는 조리상의 신청권이 있어야 한다.

③ 취소소송에 있어서의 소의 종류의 변경에 관한 「행정소송법」 제21조의 규정은 부작위위법확인소송에도 준용될 수 있다.

④ 부작위위법확인소송으로 구제가 가능하다고 하여도 손해배상이나 헌법소원을 청구할 수 있다.

10 다음 중 이행강제금에 대한 설명으로 옳지 않은 것은?

① 비대체적 작위의무, 부작위의무, 수인의무의 강제를 위해 일정기한 내에 의무를 이행하지 않으면 이행강제금이라는 금전급부를 과한다는 뜻을 미리 계고하여 의무자에게 심리적인 압박을 가해 의무이행을 강제하는 수단을 말한다.

② 이행강제금은 처벌이 아니기 때문에 의무의 이행이 있을 때까지 반복 부과가 가능하며 행정벌인 과태료나 형벌과 병과할 수도 있다.

③ 이행강제금은 일신전속적인 행정처분이 아니므로 상속의 대상이 된다.

④ 대집행이나 직접강제와 달리 물리적 실력행사가 아닌 간접적 · 심리적 강제에 해당한다.

11 다음 중 행정행위의 부관에 대한 설명으로 옳지 않은 것은? (다툼이 있는 경우 판례에 의함)

① 부관은 원칙적으로 주된 행정행위와 분리해서 부관만을 독립하여 행정쟁송이나 강제집행의 대상으로 삼을 수 없다.

② 행정행위의 효력의 상실을 장래의 불확실한 사실에 의존시키는 부관을 해제조건이라 한다.

③ 기속행위에만 부관을 붙일 수 있고 재량행위에는 부관을 붙일 수 없다.

④ 부담은 독립하여 행정소송의 대상이 될 수 있다는 것이 판례의 입장이다.

12 다음 중 판례에 따를 때 처분으로 옳지 않은 것은?

① 「근로기준법」상 평균임금결정

② 「공무원연금법」상 재직기간 합산처분

③ 구 「도시계획법」상 도시기본계획

④ 서울교육대학장의 학생에 대한 퇴학처분

13 다음 중 행정계획에 대한 설명으로 옳은 것은? (다툼이 있는 경우 판례에 의함)

① 정당하게 도시계획결정 등의 처분을 하였다면 이를 관보에 게재하지 아니하였다고 하여도 대외적인 효력은 발생한다.

② 행정계획에 관한 일반법은 없고 개별법에 규정되어 있다.

③ 행정계획은 그 절차적 통제가 중요한 의미를 가지기 때문에 우리 행정절차법에도 이에 관한 규정을 마련하고 있다.

④ 계획재량은 형성의 자유가 인정되는 법률로부터 자유로운 행위의 일종이다.

14 다음 중 법규명령에 관한 설명으로 옳지 않은 것은? (다툼이 있는 경우 판례에 의함)

① 법률에 의해 구체적 범위를 정한 위임이 있어야만 제정이 가능하다.

② 처벌법규의 위임은 일반 법률사항보다 더욱 제한을 받는다.

③ 위임명령은 상위법령의 폐지에 의해 소멸된다.

④ 위임받은 사항에 관하여 대강을 정하고 그중 특정 사항의 범위를 정하여 하위의 법규명령에 다시 위임하는 경우에는 재위임도 허용된다.

15 다음 중 특허와 인가에 대한 설명으로 옳지 않은 것은? (다툼이 있는 경우 판례에 의함)

① 우리 법원은 주택재개발정비사업조합의 설립인가신청에 대한 행정청의 조합설립인가처분은 단순히 사인들의 조합설립행위에 대한 보충행위로서의 성질을 가지는 것이라고 판시하였다.

② 특허는 법적 지위를 나타내는 것이고 그 자체가 환가 가능한 재산권은 아니다.

③ 공유수면매립면허는 특허로서 자유재량행위이고 실효된 공유수면매립면허의 효력을 회복시키는 처분도 자유재량행위이다.

④ 대인적 특허는 이전성이 인정되지 않지만, 대물적 특허는 이전성이 인정된다.

16 다음 중 재량권의 일탈·남용에 대한 설명으로 옳지 않은 것은? (다툼이 있는 경우 판례에 의함)

① 태국에서 수입하는 냉동새우에 유해화학물질인 말라카이트그린이 들어 있음에도 수입신고서에 그 사실을 기재하지 않았음을 이유로 행정청이 영업정지 1개월의 처분을 한 것은 재량권을 일탈·남용한 것이 아니다.

② 단원에게 지급될 급량비를 바로 지급하지 않고 모아두었다가 지급한 시립 무용단원에 대한 해촉 처분은 지나치게 가혹하여 징계권을 남용한 것이다.

③ 지방식품의약품안전청장이 수입 녹용 중 전지 3대를 절단부위로부터 5cm까지의 부분을 절단하여 측정한 회분 함량이 기준치를 0.5% 초과하였다는 이유로 수입 녹용 전부에 대하여 전량 폐기 또는 반송 처리를 지시한 경우 재량권을 일탈·남용한 경우에 해당된다.

④ 행정청이 정한 면허기준의 해석상 당해 신청이 면허발급의 우선순위에 해당함에도 불구하고 면허거부처분을 한 경우 재량권의 남용이 인정된다.

17 다음 중 행정심판에 대한 설명으로 옳지 않은 것은?

① 우리나라는 취소심판과 함께 의무이행심판, 무효등확인심판, 부작위위법확인심판이 인정되고 있다.

② 의무이행심판에서는 작위의무 존재가 소송물이 된다.

③ 무효등확인심판은 준형성적 쟁송으로의 성질을 가진다.

④ 취소심판은 행정청의 위법·부당한 처분을 취소하거나 변경하는 행정심판으로서 법률관계의 변동을 가져오는 형성적 쟁송이다.

18 다음 중 행정입법에 관한 내용으로 옳지 않은 것은? (다툼이 있는 경우 판례에 의함)

① 미국과 프랑스에선 일정한 경우 행정기관에 행정입법을 제정할 의무를 부과하고 있다.

② 치과전문의 시험실시를 위한 시행규칙 규정의 제정 미비가 있다 하더라도 보건복지부장관에게 행정입법의 작위 의무가 발생하는 것은 아니다.

③ 추상적인 법령의 제정 여부 등은 부작위위법확인소송의 대상이 될 수 없다.

④ 행정입법부작위는 행정기관에 행정입법을 제정할 법적 의무가 있어야 성립할 수 있다.

19 다음 중 「공공기관의 정보공개에 관한 법률」에 대한 설명으로 옳지 않은 것은? (다툼이 있는 경우 판례에 의함)

① 알 권리에는 일반적 정보공개청구권이 포함된다.

② 공개를 구하는 정보를 공공기관이 보유·관리하고 있을 상당한 개연성이 있다는 점에 대한 증명책임은 공개청구자가, 그 정보를 더 이상 보유·관리하고 있지 아니하다는 점에 대한 증명책임은 공공기관이 부담한다.

③ 특정정보에 대한 공개청구가 없었던 경우 일반적인 정보공개의무는 없다.

④ 지방자치단체는 「공공기관의 정보공개에 관한 법률」 제5조의 정보공개청구권자인 국민에 포함된다.

20 다음 중 행정심판의 재결에 대한 설명으로 옳지 않은 것은? (다툼이 있는 경우 판례에 의함)

① 재결이란 행정심판의 청구에 대하여 행정심판위원회가 행하는 판단을 말한다.

② 행정심판위원회는 심판청구의 대상이 되는 처분 또는 부작위 외의 사항에 대하여는 재결하지 못한다.

③ 처분의 이행을 명하는 재결이 있는 경우 행정청이 재결의 내용과 다른 처분을 하였다면 행정심판위원회가 직접 처분을 할 수 있다.

④ 행정심판위원회는 심판청구의 대상이 되는 처분보다 청구인에게 불리한 재결을 하지 못한다.

21 다음 중 행정개입청구권에 대한 설명으로 옳지 않은 것은? (다툼이 있는 경우 판례에 의함)

① 행정개입청구권은 기속행위의 경우에는 원칙적으로 인정되며, 재량행위의 경우 재량권이 '0'으로 수축되는 예외적인 경우에 한하여 인정된다.

② 인접토지 소유자의 장애물 철거요구를 거부한 행위는 항고소송의 대상이 되는 거부처분에 해당하지 않는다.

③ 행정개입청구권은 사전예방적 성격을 갖고 있지만, 사후구제적 성격은 갖고 있지 않다.

④ 대법원은 국민은 행정청에 대하여 제3자에 대한 건축허가와 준공검사의 취소 및 제3자 소유의 건축물에 대한 철거명령을 요구할 수 있는 법규상 또는 조리상 권리가 없다고 판시하였다.

22 다음 중 공물의 시효취득에 대한 내용으로 옳지 않은 것은? (다툼이 있는 경우 판례에 의함)

① 공유수면에 매립공사를 시행하였으나 그중 일부가 원래의 수면형태로 남아있다면 그 부분은 주변이 매립지로 바뀌었다고 하여도 공유수면성을 상실하지 않는다.

② 보존재산인 문화재보호구역 내의 국유 토지는 시효취득의 대상으로 인정된다.

③ 수리조합이 자연 상태에서 전·답에 불과한 토지 위에 저수지를 설치한 경우 이 시설은 시효취득의 대상이 된다.

④ 대법원은 사실상 공물로서의 용도에 사용되지 아니하고 있다는 사실이나 무효인 매도행위는 용도폐지의 의사표시가 아니라고 판시하였다.

23 다음 중 위임입법의 한계에 대한 내용으로 옳지 않은 것은? (다툼이 있는 경우 판례에 의함)

① 시행규칙에서 시행령의 위임에 의한 것임을 명시하지 않은 경우에는 시행령과의 위임관계가 인정되지 않는다.

② 입법사항을 대통령령이 아닌 총리령이나 부령에 위임할 수 있다.

③ 대법원은 예시적 위임도 가능하다고 판시하였다.

④ 위임의 구체성·명확성의 요구 정도는 그 규제대상의 종류와 성격에 따라 달라진다.

24 다음 중 계획재량에 대한 내용으로 옳지 않은 것은? (다툼이 있는 경우 판례에 의함)

① 계획재량이란 행정주체가 행정계획을 입안·결정함에 있어서 가지는 비교적 광범위한 형성의 자유를 말한다.

② 계획재량에 대해서 절차적 통제 및 실체적 통제 모두 중요한 의미를 갖는다.

③ 계획재량은 불확정적인 개념 사용의 필요성이 행정재량보다 더 크다.

④ 계획재량은 장래에 이루고자 하는 목적사항을 그 대상으로 한다.

25 다음 설명 중 옳지 않은 것은? (다툼이 있는 경우 판례에 의함)

① 대집행은 대체적 작위의무에 한정되며, 의사의 진료·치료의무, 예술가의 창작의무 등 비대체적 작위의무는 그 대상에서 제외된다.

② 일반재산을 포함한 모든 국유재산의 경우 공용재산 여부나 철거의무가 공법상의 의무인지 여부에 관계없이 대집행을 할 수 있다.

③ 대집행 요건의 충족에 관한 주장과 입증책임은 처분 행정청에 있다.

④ 제2차, 제3차 계고처분은 각각 그 처분성이 인정된다.

2014 기출문제

✅ 회독 CHECK 1 2 3

✅ 시험시간 25분 ✅ 해설편 197쪽

01 다음 중 형식적 의미의 행정이면서 실질적 의미의 행정에 해당되는 것으로 옳은 것은?

① 행정청이 행하는 통고처분
② 소청심사위원회의 재결
③ 대통령의 대법원장 임명
④ 대통령령·총리령 등 법규명령의 제정·개정

02 다음의 내용과 관계있는 행정법의 일반원칙으로 옳은 것은?

> ○○시장은 주택사업계획승인에 A의 주택사업계획과는 아무런 관련이 없는 토지를 기부채납하도록 하는 부관을 붙임으로써 이 원칙을 위반하였다.

① 부당결부금지의 원칙
② 권리남용금지의 원칙
③ 신뢰보호의 원칙
④ 과잉금지의 원칙

03 다음 중 행정상 법률관계가 공법관계인 것의 개수로 옳은 것은?

> • 체비지매각관계
> • 수도요금 징수관계
> • 국유재산의 무단점유자에 대한 변상금 부과
> • 지방채 모집
> • 국가나 지방자치단체에 근무하는 청원경찰관계
> • 공공용지의 협의 취득
> • 전화가입계약·해지관계
> • 공무원연금관리공단의 급여결정
> • 국립극장의 무료이용관계

① 3개 ② 4개
③ 5개 ④ 6개

04 다음 중 특별권력관계 또는 특별행정법관계에 대한 예로 옳지 않은 것은?

① 감염병환자에 대한 강제입원
② 학령아동의 초등학교 취학
③ 공무원에 대한 정직명령
④ 국민에 대한 조세부과처분

05 다음 중 행정입법에 대한 설명으로 옳지 않은 것은? (다툼이 있는 경우 판례에 의함)

① 법규명령이더라도 직접적으로 국민의 권리와 의무에 영향을 미치는 경우 처분성이 인정된다.

② 집행명령은 상위법령을 집행하기 위해 필요한 구체적인 절차·형식뿐만 아니라 새로운 국민의 권리와 의무에 관한 사항도 규정할 수 있다.

③ 일반적으로 구법에 위임의 근거가 없어 무효였더라도 사후에 법 개정으로 위임의 근거가 부여되면 그때부터는 유효한 법규명령이 된다.

④ 판례는 원칙적으로 행정규칙의 법규성을 부정하나 예외적으로 법령보충적 행정규칙 등의 법규성을 인정한다.

06 다음 중 행정행위의 불가쟁력에 대한 설명으로 옳지 않은 것은?

① 불가쟁력은 무효인 행정행위에 대해서는 발생하지 않는다.

② 위법한 침익행위에 대해서 불가쟁력이 발생한 경우라면 처분행정청이라 할지라도 직권취소가 불가능하다.

③ 불가쟁력이 발생한 행정처분에 대해 원칙적으로 국민에게는 그 행정처분의 변경을 구할 신청권이 없다.

④ 불가쟁력과 불가변력은 상호 독립적이다.

07 다음 중 청문에 대한 설명으로 옳지 않은 것은?

① 청문 주재자는 당사자 등이 주장하지 아니한 사실에 대하여도 조사할 수 있다.

② 행정청은 직권으로 여러 개의 사안을 병합하거나 분리하여 청문을 할 수 없다.

③ 행정청은 청문이 시작되는 날부터 7일 전까지 청문 주재자에게 청문과 관련한 필요한 자료를 미리 통지하여야 한다.

④ 청문 주재자 자신이 해당 처분과 관련하여 증언이나 감정(鑑定)을 한 경우에는 청문을 주재할 수 없다.

08 다음 중 행정행위의 부관에 관한 설명으로 옳지 않은 것은? (다툼이 있는 경우 판례에 의함)

① 부관은 주된 의사표시에 부가하여 주된 행정행위의 효력을 발생·변경·소멸시키는 종된 의사표시를 말한다.

② 일반적으로 기속행위나 기속적 재량행위에는 부관을 붙일 수 있다.

③ 행정행위의 부관 중 부담은 단독으로 취소소송의 대상이 된다.

④ 상대방의 동의가 있는 경우에는 사후부관이 허용된다.

09 다음 중 행정상 실효성 확보수단에 대한 설명으로 옳지 않은 것은?

① 과징금은 행정법상 의무위반자에게 행정청이 과하는 금전상의 제재이다.

② 행정상의 강제징수는 행정법상 의무불이행이 있는 경우 행정기관이 직접 의무자의 신체나 재산에 실력을 가하여 의무자가 스스로 의무를 이행한 것과 같은 상태를 실현하는 작용이다.

③ 행정벌은 의무위반에 대한 사후적인 제재로서의 성질을 갖는다.

④ 공급거부는 행정법상 의무를 위반한 자 등에 대하여 일정한 행정상의 서비스나 재화의 공급을 거부하는 행정조치이다.

10 다음 중 하명에 대한 설명으로 옳지 않은 것은?

① 위법한 하명행위에 대해서는 행정상 손해배상청구를 할 수 있다.

② 하명행위는 불특정 다수에 대하여도 행할 수 있다.

③ 하명에 위반한 법률행위는 무효이다.

④ 하명은 의무를 명하는 행위이며 대상은 사실행위와 법률행위이다.

11 다음 중 통치행위에 관한 설명으로 옳지 않은 것은? (다툼이 있는 경우 판례에 의함)

① 통치행위란 대통령이나 국회가 행하는 행위 가운데 고도의 정치성을 띤 행위를 의미한다.

② 통치행위라 하더라도 헌법과 법률에 위배된 경우에는 탄핵소추 등 정치적 통제의 대상이 된다.

③ 계엄선포는 통치행위임에도 불구하고 그 당·부당에 대해서는 사법심사를 인정하였다.

④ 남북정상회담의 개최는 사법심사의 대상으로 하기에 적절하지 않으나, 남북정상회담의 개최과정에서 실정법을 위반하여 대북송금을 한 행위는 사법심사의 대상이 된다.

12 다음 중 공물에 대한 설명으로 옳지 않은 것은?

① 공물이란 행정주체에 의하여 직접행정 목적에 제공된 개개의 유체물을 의미한다.

② 공물은 원칙적으로 취득시효의 대상이 되지 않지만 국유재산 중 일반재산에 대해서는 시효 취득이 가능하다.

③ 자연공물은 일정한 형태적 요소를 갖추면 당연히 공물로 성립하므로 행정주체의 특별한 의사표시를 필요로 하지 않는다.

④ 인공공물을 사실상 사용하지 않는 경우 공용폐지된 것으로 본다.

13 다음 중 하자의 승계에 대한 설명으로 옳지 않은 것은? (다툼이 있는 경우 판례에 의함)

① 선행행위와 후행행위가 모두 처분일 필요는 없다.

② 무효는 불가쟁력이 없으므로 하자의 승계를 논할 실익이 없다.

③ 독촉과 체납처분은 하자의 승계가 인정된다.

④ 택지개발예정지구 지정과 택지개발계획 승인은 하자의 승계가 인정되지 않는다.

14 다음 중 비례의 원칙을 위반한 사례로 옳지 않은 것은? (다툼이 있는 경우 판례에 의함)

① 근무지를 이탈하여 상관을 비판하는 기자회견을 한 검사장에 대해 면직처분을 한 사례

② 자동차를 운전하여 범죄행위를 한 자의 운전면허를 취소·정지한 사례

③ 공무원이 단 1회 총리훈령을 위반하여 요정출입을 하였다는 사유로 파면처분을 받은 사례

④ 청소년유해매체물로 결정·고시된 만화인 사실을 모르고 있던 도서대여업자가 그 고시일로부터 8일 후에 청소년에게 그 만화를 대여한 것을 사유로 금 700만 원의 과징금을 부과받은 사례

15 다음 중 재량준칙적 행정규칙의 법규성을 인정하는 근거로 옳은 것은?

① 평등의 원칙(자기구속의 법리)

② 신의성실의 원칙

③ 부당결부금지의 원칙

④ 비례의 원칙

16 다음 중 행정지도의 한계에 해당하는 것으로 옳지 않은 것은?

① 행정지도는 상대방의 의사에 반하여 부당하게 강요하여서는 아니 된다.

② 행정지도를 하는 자는 그 상대방에게 그 행정지도의 취지 및 내용과 신분을 밝혀야 한다.

③ 행정지도는 문서로 이루어져야 하며, 상대방이 서면의 교부를 요구하면 이에 따라야 한다.

④ 행정지도의 상대방은 행정지도의 방식·내용 등에 관하여 행정기관에 의견을 제출할 수 있다.

17 다음 중 대집행의 대상이 될 수 없는 것의 개수로 옳은 것은?

- 장례식장 사용중지의무의 불이행
- 도시공원시설 점유자의 퇴거 및 명도의무의 불이행
- 공유재산 대부계약의 해지에 따른 지상물 철거의무
- 협의취득에 의한 건물소유자의 매매대상건물 철거의무의 불이행

① 1개   ② 2개
③ 3개   ④ 4개

18 다음 중 행정상 손해배상에 관한 설명으로 옳지 않은 것은? (다툼이 있는 경우 판례에 의함)

① 공무원의 위법한 직무행위나 공공영조물의 설치 · 관리의 하자로 인하여 개인에게 손해가 발생한 경우에 행정주체가 그 손해를 배상하는 것을 의미한다.
② 「국가배상법」은 국가배상책임의 주체를 국가 또는 지방자치단체로 규정하고 있다.
③ 시청소차운전수, 통장 등은 공무원에 포함시키나 의용소방대원, 시영버스운전수는 공무원의 범위에서 제외된다.
④ 카투사 구성원 등의 공무집행 중 행위와 이들이 소유 · 점유 · 관리하는 시설 등의 설치 또는 관리의 하자로 인한 피해자는 「국가배상법」의 규정에 따라 대한민국에 대하여 배상을 청구할 수 없다.

19 다음 설명 중 옳은 것은? (다툼이 있는 경우 판례에 의함)

① 소송요건은 사실심까지만 존속하면 충분하다.
② 처분사유의 추가 · 변경은 기본적 사실관계의 동일성이 인정되면 사실심 이후 상고심까지 가능하다.
③ 처분의 적법성은 원고가 입증하여야 한다.
④ 행정처분의 무효를 구하는 소송에서 처분이 무효라는 사실은 원고가 입증책임을 진다.

20 다음 중 행정상 강제징수에 관한 설명 중 옳지 않은 것은? (다툼이 있는 경우 판례에 의함)

① 체납자가 아닌 제3자의 소유물건에 대한 압류처분은 당연무효이다.
② 과세관청이 체납처분으로서 행하는 공매는 우월한 공권력의 행사로서 공법상 행정처분이다.
③ 독촉절차 없이 한 압류처분은 중대하고 명백한 하자로서 당연무효이다.
④ 독촉은 준법률행위적 행정행위인 통지이다.

21 다음 중 행정계획에 대한 설명으로 옳은 것은?

① 공청회와 이주대책이 없는 도시계획수립행위는 당연무효인 행위이다.
② 행정주체가 행정계획을 입안하고 결정함에 있어서 이익형량을 하였으나 정당성 · 객관성이 결여된 경우에는 형량에 하자가 있으므로 위법하다.
③ 행정주체에게는 구체적인 행정계획을 함에 있어서 형성의 자유가 인정되지 않으므로 관계법령에 따라 입안하고 결정해야 한다.
④ 「도시재개발법」상의 관리처분계획은 처분성이 없다고 본다.

22 다음 중 옳지 않은 것은? (다툼이 있는 경우 판례에 의함)

① 헌법재판소의 위헌결정은 행정청이 개인에 대하여 신뢰의 대상이 되는 공적인 견해를 표명한 것이라고 할 수 없으므로 그 결정에 관련한 개인의 행위에 대하여는 신뢰보호의 원칙이 적용되지 아니한다.

② 도시계획구역 내 생산녹지로 답(畓)인 토지에 대하여 종교회관 건립을 이용목적으로 하는 토지거래계약의 허가를 받으면서 담당공무원이 관련 법규상 허용된다 하여 이를 신뢰하고 건축준비를 하였으나 그 후 토지형질변경허가신청을 불허가 한 것은 신뢰보호원칙에 반한다.

③ 폐기물처리업에 대하여 관할 관청의 사전 적정통보를 받고 허가요건을 갖춘 후 허가신청을 하였음에도 청소업자의 난립으로 효율적인 청소업무의 수행에 지장이 있다는 이유로 한 불허가처분은 신뢰보호의 원칙에 반한다.

④ 총무과 민원팀장인 공무원이 민원봉사차원에서 상담에 응하여 안내한 것을 신뢰한 경우에는 신뢰보호원칙이 적용된다.

23 다음 중 행정행위의 철회에 대한 설명으로 옳은 것은?

① 철회는 후발적 하자를 전제로 하므로 소급효 원칙이다.

② 철회는 별도의 법적 근거가 없어도 가능하다.

③ 수익적 행정행위를 취소 또는 철회하는 경우에는 비례원칙이 적용되지 않는다.

④ 철회권은 처분 행정청과 감독청이 갖는다.

24 다음 중 행정상 즉시강제에 대한 설명으로 옳지 않은 것은?

① 행정상 즉시강제는 침익적 행정행위이며, 권력적 사실행위의 성질을 가진다.

② 헌법 제12조 규정 등에 따라 절차에 있어서 반드시 사전영장주의가 적용된다.

③ 위법한 침해에 대하여 행정쟁송의 처분성이 인정되나 일반적으로 소의 이익이 부인되는 경우가 대부분이다.

④ 타인의 재산에 대한 위해를 제거하기 위하여 인신을 구속하는 것은 비례의 원칙에 반한다.

25 다음 중 행정청의 부작위로 인하여 권익을 침해당한 자가 행정청에 대하여 제3자에 대한 단속을 청구할 수 있는 권리로 옳은 것은?

① 행정개입청구권

② 계획보장청구권

③ 무하자재량행사청구권

④ 행정행위발급청구권

2013.06.29. 시행

2013 | 기출문제

모바일
OMR
답안분석
서비스

✅ 회독 CHECK 1 2 3

✅ 시험시간 25분 ✅ 해설편 204쪽

01 다음 중 공법상 사무관리의 예로 옳지 않은 것은?

① 시청의 착오에 의한 사유지의 도로 편입
② 문제가 있는 학교재단에 대한 교육위원회의 강제관리
③ 시립병원이 행하는 행려병자의 보호
④ 사인이 행한 조난자의 구호조치

02 다음 중 행정상 법률관계에 관한 설명으로 옳지 않은 것은?

① 행정상 법률관계는 공·사법이원론을 전제로 한 대륙법계에서 등장하였으며 영미법계에서는 이에 관한 구별이 20세기 이후에 대두되기 시작하였다.
② 공법관계로서의 권력관계에는 사법을 적용하지 않으며 공법의 적용을 받은 결과 공법적 효과가 발생하여 법적 분쟁도 행정소송으로 제기하게 된다.
③ 비권력관계(관리관계)는 사법이 적용됨이 원칙이나 공법적 효과 발생을 목적으로 하므로 공법관계에 해당한다.
④ 행정상 사법관계에서의 행위로는 국·공유 보존재산의 관리·매각, 공기업의 이용관계 등이 있으며 이에 대한 법적 분쟁은 민사소송의 예에 의한다.

03 다음 중 행정의 개념파악에 있어 개념적 징표를 사용하는 개념징표설에 의할 때, 행정의 개념적 징표로 옳지 않은 것은?

① 행정은 행정주체에 의한 공익실현 작용이다.
② 행정은 공동체에 있어서의 사회형성 작용이다.
③ 행정은 목적달성을 위하여 다양한 행위형식에 의한다.
④ 행정은 추상적 사안에 대한 규율을 행한다.

04 다음 중 실질적 의미의 행정에 속하지만, 형식적 의미의 행정으로 볼 수 없는 것은?

① 세무서장에 의한 세금부과처분
② 법무부장관의 귀화허가
③ 대통령의 대법관 임명
④ 국회사무총장의 직원 임명

05 다음 중 「공공기관의 정보공개에 관한 법률」상의 내용으로 옳지 않은 것은?

① 공공기관은 정보공개의 청구를 받으면 그 청구를 받은 날부터 10일 이내에 공개 여부를 결정하여야 한다.
② 중앙행정기관 및 대통령령으로 정하는 기관은 전자적 형태로 보유·관리하는 정보 중 공개대상으로 분류된 정보를 국민의 정보공개 청구가 없더라도 정보통신망을 활용한 정보공개시스템 등을 통하여 공개하여야 한다.
③ 지방자치단체는 그 소관 사무에 관하여 법령의 범위에서 정보공개에 관한 조례를 정할 수 있다.
④ 직무를 수행한 공무원의 성명과 직위는 개인에 관한 사항이므로 공개하지 않는다.

06 다음 중 「질서위반행위규제법」에서 규정한 과태료에 대한 설명으로 옳지 않은 것은?

① 고의가 없는 질서위반행위는 과태료를 부과하지 않으나 과실이 없는 질서위반행위에 대해서는 과태료를 부과한다.

② 2인 이상이 질서위반행위에 가담한 때에는 각자가 질서위반행위를 한 것으로 본다.

③ 과태료는 행정청의 과태료 부과처분이나 법원의 과태료 재판이 확정된 후 5년간 징수하지 아니하거나 집행하지 아니하면 시효로 인하여 소멸한다.

④ 자신의 행위가 위법하지 아니한 것으로 오인하고 행한 질서위반행위는 그 오인에 정당한 이유가 있는 때에 한하여 과태료를 부과하지 아니한다.

07 다음 중 법규명령의 통제에 관한 다음 설명으로 옳지 않은 것은?

① 중앙행정기관의 장이 제정한 법규명령이 제정·개정·폐지되었을 때에는 10일 이내에 이를 국회 소관 상임위원회에 제출하여야 한다.

② 행정기관의 법규명령을 발함에 있어 일정한 절차를 거치도록 함으로써 법규명령의 적법성을 확보할 수 있다.

③ 국회는 법규명령이 법률에 위반된다고 인정되는 경우라 하더라도 직접 그 효력을 소멸시킬 수는 없다.

④ 현행법상 법규명령의 적법성에 대하여 국민이 직접 또는 간접으로 통제할 수 있는 수단은 존재하지 않는다.

08 다음 중 행정행위의 특성에 대한 설명으로 옳지 않은 것은?

① 행정행위의 발동에 있어서는 원칙적으로 법적 근거가 있어야 할 뿐만 아니라 또한 그에 적합하여야 한다.

② 행정행위는 중대하고 명백한 하자로 인하여 당연무효가 되는 경우를 제외하고는 권한 있는 기관에 의해 폐지·변경될 때까지는 일단 유효성의 추정을 받아 행정청, 상대방 및 제3의 국가기관을 구속한다.

③ 행정행위는 설혹 하자가 있다 하더라도 당연무효가 된 경우를 제외하고는 일정한 기간이 경과된 후에는 당해 행정행위의 효력을 다툴 수 없다.

④ 상대방 또는 제3자가 행정행위에 의해 부과된 의무를 이행하지 않을 때에는 법률에 특별한 규정이 없더라도 행정행위의 특성상 당연히 자력으로 행정행위의 내용을 강제할 수 있는 힘을 가진다.

09 다음 중 법률유보에 관한 학설에서 법률의 범위를 형식적 법률에 한정하지 않고 조직법이나 예산을 포함시키고 있는 것으로 옳은 것은?

① 신침해유보설

② 중요사항유보설

③ 전부유보설

④ 사회유보설

10 다음 중 철회에 대한 설명으로 옳지 않은 것은?

① 철회는 처분 행정청만이 가능하며 특별한 규정이 없는 한 감독청은 철회권이 없다.

② 부관으로 철회권이 유보되어 있다면 행정청은 제한 없이 철회권을 행사할 수 있다.

③ 수익적 행정행위의 철회는 상대방의 신뢰와 법적 안정성을 해칠 수 있기 때문에 제한된다.

④ 철회는 하나의 독립적인 행정행위이므로 하자가 있는 경우에는 무효로 하거나 취소할 수 있다.

11 다음 중 규제적 행정지도에 해당하는 것으로 옳은 것은?

① 물가억제를 위한 권고
② 노사 간 협의의 알선
③ 생활지도
④ 우량품종의 재배권장

12 다음 중 국가배상에 대한 설명으로 옳은 것은? (다툼이 있는 경우 판례에 의함)

① 외국인이 피해자인 경우에도 언제나 배상이 가능하다.
② 행정행위에 대한 취소판결이 없더라도 민사법원은 행정행위의 위법성을 인정하여 국가배상청구를 인정할 수 있다.
③ 생명·신체의 침해로 인한 국가배상을 받을 권리는 양도나 압류가 가능하다.
④ 군인·군무원·경찰공무원 또는 예비군대원이 전투·훈련 등 직무 집행과 관련하여 전사(戰死)·순직(殉職)하거나 공상(公傷)을 입은 경우에는 본인이나 그 유족이 다른 법령에 따라 재해보상금·유족연금·상이연금 등의 보상을 지급받을 수 있을 때에도 손해배상을 청구할 수 있다.

13 다음 중 「행정절차법」상 행정지도에 관한 내용으로 옳지 않은 것은?

① 행정기관이 동일한 행정목적의 실현을 위하여 다수의 상대방에게 행정지도를 하고자 할 때에는 행정지도에 공통적인 내용이 되는 사항을 공표하는 것이 원칙이다.
② 행정기관은 행정지도의 상대방이 당해 행정지도에 따르지 아니한 경우 최소한의 범위 내에서 불이익한 조치를 할 수 있다.
③ 행정지도를 그 상대방의 의사에 반하여 부당하게 강요해서는 안 된다.
④ 행정지도를 행하는 자는 그 상대방에게 당해 행정지도의 취지, 내용 및 신분을 밝혀야 한다.

14 다음 중 「행정심판법」의 내용으로 옳지 않은 것은?

① 위원회는 사건을 심리하기 위하여 필요하면 직권으로 또는 당사자의 신청에 의하여 당사자나 관계인이 가지고 있는 문서·장부·물건 또는 그 밖의 증거자료의 제출을 요구하고 영치(領置)하는 방법에 따라 증거조사를 할 수 있다.
② 행정심판은 처분이 있음을 알게 된 날부터 90일 이내에 청구하여야 한다.
③ 여러 명의 청구인이 공동으로 심판청구를 할 경우 선정대표자가 선정되면 다른 청구들은 그 선정대표자를 통해서만 그 사건에 관한 행위를 할 수 있다.
④ 의무이행심판과 무효등확인심판에서 사정재결이 가능하다.

15 다음 중 「공익사업을 위한 토지 등의 취득 및 보상에 관한 법률」에서 규정하고 있는 이주대책에 대한 설명으로 옳은 것은? (다툼이 있는 경우 판례에 의함)

① 이주대책의 대상자에서 세입자를 제외하고 있는 것은 세입자의 재산권을 침해하는 것이다.
② 이주자들에게 종전의 생활상태를 회복시키기 위한 생활보상의 일환으로서의 이주대책 실시 여부는 입법자의 입법정책적 재량의 영역에 속한다.
③ '공익사업을 위한 관계 법령에 의한 고시 등이 있은 날' 당시 주거용 건물이 아니었던 건물이 그 이후에 주거용으로 용도 변경된 경우라면 이주대책의 대상이 되는 주거용 건축물에 해당한다.
④ 사업시행자의 이주대책 수립 여부와는 관계없이 이주대책대상자에게는 구체적인 수분양권이 발생한다.

16 다음 중 행정사법에 관한 다음 설명으로 옳은 것은?

① 행정사법은 행정작용의 수행에 있어서 행정주체에게 법적 형식에 대한 선택가능성이 있는 경우에만 인정될 수 있다.

② 행정사법은 사법관계이므로 공법적 규율이 가해지지 않는다.

③ 행정사법은 경찰행정 및 조세행정 등의 분야에도 적용될 수 있다.

④ 행정사법의 목적은 경제적 수익이므로 사법관계이다.

17 다음 중 법률유보에 관한 설명으로 옳지 않은 것은?

① 침해유보설은 국민의 자유, 권리를 제한 또는 침해하거나 새로운 의무를 부과하는 행정작용은 법률의 근거를 요한다고 한다.

② 전부유보설은 침해유보설과 상반되는 입장으로 모든 행정작용은 법률의 근거를 요한다고 보는 견해이며 현재 우리나라의 통설이다.

③ 급부행정유보설은 침해행정은 물론 수익적 행정활동인 급부행정의 전반에 대해서 법률의 근거를 요한다고 한다.

④ 본질성설은 독일연방 헌법재판소의 판례에 의하여 정립된 것으로 각 행정부분의 질적사항에 관한 규율은 법률의 근거를 요한다고 한다.

18 다음 중 판례의 내용으로 옳은 것은?

① 농지개량조합과 그 직원의 관계는 사법상의 근로계약관계이므로, 그 조합의 직원에 대한 징계처분의 취소를 구하는 소송은 민사소송의 대상이 된다.

② 시 소속 공무원이 직무상 의무를 위반하여 시설이 불량한 선박에 대하여 선박검사증서를 발급하고 계속 운항하게 함으로써 화재사고가 발생한 것이라고 하더라도 국가배상이 인정되지 않는다.

③ 가변차로에 설치된 두 개의 신호등에서 서로 모순되는 신호가 들어오는 오작동이 발생하였고 그 고장이 현재의 기술수준상 부득이한 것이라면 손해발생의 예견가능성이나 회피가능성이 없어 영조물의 하자를 인정할 수 없는 경우로 보아야 한다.

④ 환경영향평가 대상지역 밖의 주민이라 할지라도 공유수면매립면허처분 등으로 인하여 환경상 이익에 대한 침해 또는 침해 우려가 있다는 것을 입증함으로써 그 처분 등의 무효확인을 구할 원고적격을 인정받을 수 있다.

19 다음 중 행정법상 비례의 원칙에 관한 다음 설명으로 옳은 것은?

① 적합성의 원칙이란 행정조치의 정도는 공익상 필요의 정도와 균형을 유지해야 한다는 원칙이다.

② 필요성의 원칙이란 행정기관의 조치는 그 의도하는 목적을 달성할 수 있는 수단이어야 함을 의미한다.

③ 상당성의 원칙이란 일정한 목적을 달성할 수 있는 수단이 여러 가지 있는 경우에 그중에서 관계자에게 가장 적은 부담을 주는 수단을 선택함을 의미한다.

④ 음식점 영업허가의 신청이 있는 경우에 부관으로서 부담을 붙이게 되면 공익목적을 달성할 수 있는 경우임에도 불구하고 그 허가를 거부하는 것은 필요성의 원칙에 위배된다.

20 다음 중 헌법과 행정법의 관계에 대한 설명으로 옳지 않은 것은?

① 헌법의 구체화법으로서 행정법은 헌법에 대한 행정법의 기속 또는 헌법의 실현 혹은 행정법의 영역에서 헌법의 중심적인 역할을 강조한 것이다.

② 오늘날 헌법은 행정과 법률과의 형식적 관계만을 정하는 것이 아니고 법률의 내용에 대하여도 제한을 가하고 있다.

③ 행정법의 전체영역을 규율하는 헌법원리로서 권력분립원칙은 '행정작용은 입법기관이나 사법기관이 아닌 별도의 기관에 의하여 수행되어야 한다'는 내용을 도출하게 된다.

④ 독일의 행정법학자인 오토 마이어(Otto Mayer)가 말한 '헌법은 변하여도 행정법은 변하지 않는다'라는 표현은 현대의 사회적 법치국가에서는 그 타당성을 찾을 수 없다.

21 다음 중 사인의 공법행위에서 신고에 대한 설명으로 옳지 않은 것은? (다툼이 있는 경우 판례에 의함)

① 요건을 갖추지 못한 신고서가 제출된 경우 지체 없이 상당한 기간을 정하여 신고인에게 보완을 요구하여야 한다.

② 자체완성적 신고의 접수 내지 수리를 거부하는 행위는 처분이라고 볼 수 없다.

③ 사업양수에 의한 지위승계신고를 수리하는 행위는 행정처분에 해당한다.

④ 인·허가의제 효과를 수반하는 건축신고는 자체완성적 신고이다.

22 A는 관련법에서 정한 요건을 구비하여 행정청에 음식점 영업허가 신청을 하였으나 거부당했다고 할 때, 다음 중 행정청의 거부처분에 대한 구제수단으로 옳은 것은?

① 부작위법확인소송, 무효등확인소송을 청구할 수 있다.

② 취소심판, 취소소송, 의무이행심판을 청구할 수 있다.

③ 행정청에 손해배상을 청구할 수 있다.

④ 의무이행소송, 형식적 당사자소송을 청구할 수 있다.

23 다음 중 행정법의 법원에 관한 설명으로 옳지 않은 것은?

① 성문법주의 국가에서는 원칙적으로 행정관습법이 인정된다.

② 헌법에 의하여 체결·공포된 조약과 일반적으로 승인된 국제법규는 국내법과 같은 효력을 가진다.

③ 우리나라는 아직까지 행정법의 법원으로서 통일된 단일 법전이 구성되어 있지 않다.

④ 학교급식을 위해 국내 우수농산물을 사용하는 자에게 식재료나 구입비의 일부를 지원하는 것 등을 내용으로 하는 지방자치단체의 조례안은 '1994년 관세 및 무역에 관한 일반협정'에 위반되어 그 효력이 없다.

24 다음 중 「행정절차법」에 대한 설명으로 옳지 않은 것은?

① 행정청은 반드시 처분기준을 공표하여야 한다.

② 청문 주재자는 직권으로 필요한 조사를 할 수 있고, 당사자 등이 주장하지 않은 사실에 대하여도 조사할 수 있다.

③ 행정예고기간은 예고 내용의 성격 등을 고려하여 정하고, 20일 이상으로 한다.

④ 행정청이 처분을 행할 때 언제나 당사자에게 그 근거와 이유를 제시해야만 하는 것은 아니다.

25 다음 중 지방자치단체에 대한 설명으로 옳은 것은? (다툼이 있는 경우 판례에 의함)

① 헌법재판소는 지방행정기관도 기본권을 가질 수 있기 때문에 소송제기를 할 수 있다고 판시하였다.

② 자치사무나 단체사무에 대해서는 조례 제정이 가능하지만, 기관위임사무에 대해서는 법령에서 조례로 정하도록 위임한 경우에 한하여 그 사항에 관하여서만 조례 제정이 가능하다.

③ 조례 제정에 대한 법률의 위임은 법규명령에 대한 법률의 위임과 같이 구체적으로 범위를 정하여야 한다.

④ 지방자치단체장이 조례에 의해 만들어진 위원회의 위원을 해·위촉할 때에 지방의회의 동의를 받도록 하는 것은 허용되지 않는다.

2012 | 기출문제

◆ 회독 CHECK 1 2 3

☑ 시험시간 25분 ☑ 해설편 211쪽

01 다음 중 행정법상 확약에 대한 설명으로 옳지 않은 것은?

① 본처분에 관해 권한이 없는 행정청에서 발하여진 확약은 무효이다.

② 확약의 이론적 근거 중 하나로 '신뢰보호설'을 들 수 있다.

③ 확약에 관하여는 현행법상 규정이 없으므로 구술에 의한 확약도 가능하다.

④ 행정청이 본처분을 할 수 있는 권한이 있는 것과는 별개로 확약에서는 확약에 관한 별도의 법적 근거가 있을 것을 요한다.

02 다음 중 재량행위에 관한 설명으로 옳지 않은 것은? (다툼이 있는 경우 판례에 의함)

① 단순한 재량위반은 부당에 그치는 데 반해, 재량의 일탈·남용은 당해 재량행위의 위법사유에 해당한다.

② 행정청은 공유수면점용허가의 명시되어 있는 허가요건이 모두 충족된 경우라 하더라도 공익을 이유로 들어 그 허가를 거부할 수 있다.

③ 현행법상 재량하자의 사법심사에 관한 명문의 규정은 존재하지 않는다.

④ 행정청의 재량행위가 재량권을 일탈한 경우 법원은 이를 취소할 수 있다.

03 다음 중 행정행위에 관한 설명으로 옳지 않은 것은? (다툼이 있는 경우 판례에 의함)

① 인가의 대상이 되는 기본행위는 법률행위뿐 아니라 사실행위까지 포함한다.

② 인가의 대상이 되는 기본행위가 무효이면 그에 기반한 인가행위도 당연히 무효가 된다.

③ 특별한 규정이 없는 한 수정인가는 허용되지 않는다.

④ 무허가행위라 하더라도 사법상의 효력에는 영향이 없으나 무인가행위의 경우에는 사법상의 효력마저도 부인된다.

04 다음 중 명령·규칙에 대한 설명으로 옳은 것은? (다툼이 있는 경우 편례에 의함)

① 부령 형식으로 제재적 처분기준을 규정한 것을 판례는 법규명령으로 보았다.

② 위임명령이 상위법에 위반하여 위법하더라도 위임의 근거가 있으면 유효하다.

③ 법규명령의 위임근거가 되는 법률에 대하여 위헌결정이 선고되면 그 위임에 근거하여 제정된 법규명령도 원칙적으로 효력을 상실한다.

④ 행정규칙은 반드시 대외적으로 공포하여야만 그 효력을 발한다.

05 다음 중 행정심판 당사자에게 보장된 절차적 권리로 옳지 않은 것은?

① 행정심판위원회 위원의 회피신청권

② 구술심리신청권

③ 보충서면제출권

④ 증거조사신청권

06 다음 중 무효와 취소에 대한 설명으로 옳지 않은 것은?

① 공무원의 권한 외의 행위는 무효이다.

② 담당공무원이 피한정후견인이라면 그의 행위는 취소사유가 된다.

③ 저항할 수 없는 강박에 의한 행정행위는 무효이다.

④ 정당한 대리권 없는 자의 행위는 원칙적으로 무효이다.

07 다음 중 행정행위의 실효사유로 옳지 않은 것은?

① 정지조건부 행정행위에 있어서 조건이 성취된 경우

② 새로 제정된 법률에 당해 행정행위의 효력을 부인하는 규정을 두고 있는 경우

③ 철거명령을 받은 건축물이 지진에 붕괴되어 소멸된 경우

④ 운전면허를 받은 자의 사망으로 인한 운전면허의 실효

08 다음 중 행정규칙에 관한 설명으로 옳은 것은? (다툼이 있는 경우 판례에 의함)

① 공공기관의 운영에 관한 법률의 위임에 따라 입찰자격제한 기준을 정하는 부령은 행정청의 법규명령에 해당한다.

② 판례는 구「청소년보호법 시행령」상의 과징금 처분기준을 재량법규로 보고, 처분기준이 되는 과징금 액수를 최고한도액이라고 판시했다.

③ 근거법령인 상위법령이 개정됨에 그친 경우 개정법령의 시행을 위한 집행명령이 제정·발효될 때까지 여전히 그 효력을 유지하는 것은 아니다.

④ 2014년도 건물 및 기타물건 시가표준액 조정기준은 건축법 및 지방세법령의 위임에 따른 것이지만 행정규칙의 성격을 가진다.

09 다음 중 연결이 옳지 않은 것은? (다툼이 있는 경우 판례에 의함)

①「국토의 계획 및 이용에 관한 법률」상 토지거래허가 – 허가

② 행려병자·사자의 유류품 처분 – 대리

③ 공유수면매립면허 – 특허

④ 여권의 발급 – 공증

10 다음 중 허가에 관한 설명으로 옳은 것은? (다툼이 있는 경우 판례에 의함)

① 허가는 재량행위로 발해진다는 것이 판례의 입장이다.

② 대물적 허가의 경우 그 효력이 승계되는 것이 원칙이다.

③ 허가는 신청이 없는 경우에는 인정되지 아니한다.

④ 허가는 새로운 권리를 창설하는 성격을 갖고 있다.

11 다음 중 청원 처리의 예외 사유에 해당하는 것으로 옳은 것은?

① 조사·불복 또는 구제절차가 진행 중인 사항

② 허위의 사실로 타인으로 하여금 형사처분 또는 징계처분을 받게 하거나 국가기관 등의 명예를 실추시키는 사항

③ 사인 간 권리관계 또는 개인의 사생활에 관한 사항

④ 법률의 개정에 관한 사항

12 다음 중 헌법과 「국가배상법」상의 이중배상금지대상에 해당하는 신분으로 옳지 않은 것은?

① 군무원

② 예비군대원

③ 공익근무요원

④ 경찰공무원

13 다음 중 행정행위의 부관에 대한 설명으로 옳지 않은 것은? (다툼이 있는 경우 판례에 의함)

① 부관은 행정행위의 효과를 제한하는 기능만을 갖는 것이 아니라, 보충하는 기능도 동시에 가진다.

② 법률효과의 일부배제는 법률 자체가 인정하고 있는 법률효과의 일부를 행정기관이 배제하는 것이므로 법률에 근거가 있어야 한다.

③ 대법원은 수익적 행정처분이라 하더라도 항상 법률상 근거가 있어야 그 부관으로서 부담을 붙일 수 있다고 한다.

④ 대법원은 종교단체에 대해 기본재산전환인가를 함에 있어 인가조건을 부가하고 이를 이행하지 않을 시에는 인가를 취소할 수 있도록 한 경우, 인가조건의 의미는 철회권을 유보한 것이라고 본다.

14 다음 중 비례의 원칙에 대한 설명으로 옳지 않은 것은?

① 비례의 원칙의 세 가지 요소를 모두 갖추지 못했을 때에만 비례의 원칙에 위반되었다는 평가를 받게 된다.

② 필요성은 최소침해의 원칙이라고도 하며 특정한 수단을 통해 이루어진 행정조치의 결과가 여러 적합한 수단 중에서도 당사자의 권리나 자유에 가장 적은 침해만을 입혀야 한다는 것을 의미한다.

③ 적합성은 행정권이 발동될 시에는 행정청이 달성하려는 행정목적에 적합한 수단을 이용하여야 한다는 것을 의미한다.

④ 비례의 원칙을 위반하는 것은 위법한 행위로 인정된다.

15 다음 중 조약과 국제법규에 관한 설명으로 옳지 않은 것은?

① 국가 간 협정과 국가와 국제기구 간 협정은 별도의 입법절차를 거칠 필요 없이 법적 효력을 가진다.

② 국제법과 국내법관계 이원론에는 국제법우위설, 국내법우위설, 동위설이 있다.

③ 헌법에 의해 체결 · 공포된 조약과 일반적으로 승인된 국제법규는 국내법과 같은 효력이 인정된다.

④ 조약과 국제법규가 동일한 효력을 가진 국내 법률, 명령과 충돌하는 경우 신법우위의 원칙 및 특별법우위의 원칙이 적용된다.

16 다음 중 대집행에 대한 설명으로 옳은 것은? (다툼이 있는 경우 판례에 의함)

① 1차 계고 이후 2차, 3차 계고처분을 한 경우 2차, 3차 계고처분은 처분성이 인정되지 않는다.

② 계고와 통지는 대집행 절차이므로 생략이 불가능하다.

③ 권한을 위임받은 수임청은 대집행의 주체가 될 수 없다.

④ 대집행 실행 완료 후 계고의 쟁송이 제기되면 그 소를 기각한다.

17 다음 중 「행정절차법」에 대한 설명으로 옳은 것은?

① 우리 「행정절차법」에는 절차적인 사항만 규정되어 있다.

② 법령에서 정한 이유제시를 하지 않은 경우 독립된 취소사유가 된다.

③ 법의 적용 순서는 개별법 – 「행정절차법」 – 민원처리에 관한 법률순이다.

④ 정보통신망을 이용한 송달은 규정하고 있지 않다.

18 다음 중 행정상 손실보상에 대한 설명으로 옳지 않은 것은? (다툼이 있는 경우 판례에 의함)

① 보상청구권의 근거에 관하여서 뿐만 아니라 보상의 기준과 방법에 관하여서도 법률에 근거하여야 한다.
② 토지수용으로 인한 보상액을 산정함에 있어서 당해 공공사업과 관계없는 다른 사업의 시행으로 인한 개발이익은 이를 배제하지 아니한 가격으로 평가하여야 한다.
③ 공시지가를 기준으로 보상을 산정하도록 하는 것은 정당보상이 될 수 없다.
④ 기대이익은 재산권의 보호대상에 포함되지 않는다.

19 다음 중 판결에 관한 설명으로 옳지 않은 것은? (다툼이 있는 경우 판례에 의함)

① 기속력에 반하는 행정청의 행위는 위법하며 판례는 무효원인으로 본다.
② 「행정소송법」의 취소판결 효력은 제3자에게 미치지 않는다.
③ 판례에 의하면 처분의 위법함을 인정하는 청구인용판결이 확정된 경우에도 처분 시점 이후에 생긴 새로운 사유나 사실관계를 들어 동일한 내용의 처분을 하는 것은 무방하다.
④ 사정판결의 대상이 되는 처분의 위법 여부는 처분 시를 기준으로 판단하여야 한다.

20 다음 중 행정입법에 관한 설명으로 옳지 않은 것은?

① 위임명령을 전면적으로 재위임하는 것은 금지된다.
② 법률에서 주민의 권리의무에 관한 사항에 관하여 구체적 범위를 정하지 아니한 채 포괄적으로 조례에 위임하였다면 이는 위법하다.
③ 집행명령은 법규명령이므로 공포되지 않으면 효력이 없다.
④ 백지재위임은 실질적으로 수권법의 내용을 변경하는 결과를 야기하므로 허용되지 않는다.

21 다음 중 사인의 공법행위에 대한 설명 중 옳지 않은 것은? (다툼이 있는 경우 판례에 의함)

① 행정청은 허가의 요건을 갖추지 못한 신청서가 제출된 경우 이를 즉시 반려해야 한다.
② 사인의 공법행위에서는 확정력, 공정력 등이 인정되지 않는다.
③ 사인의 공법행위의 경우에는 「민법」 제107조 제1항 단서의 비진의 의사표시 규정은 적용되지 않는다.
④ 신고서가 반려된 경우 이를 일종의 거부처분으로 보아 행정쟁송이 가능하다.

22 다음 중 국가긴급권에 대한 설명으로 옳지 않은 것은?

① 계엄지역 내에서는 작전상 부득이한 경우 국민의 재산을 파괴 또는 소각할 수 있다.
② 계엄을 선포한 때에는 대통령은 지체 없이 국회에 통고해야 하며, 국회가 재적의원 과반수의 찬성으로 계엄 해제를 요구할 경우 대통령은 이를 해제하여야 한다.
③ 헌법재판소는 '금융실명거래 및 비밀보장에 관한 긴급재정경제명령'이 헌법재판의 대상이 된다는 입장을 취한다.
④ 긴급재정경제명령은 국가긴급권으로 인정되지 않는다.

23 다음 중 영조물 책임(「국가배상법」 제5조)의 내용으로 옳지 않은 것은? (다툼이 있는 경우 판례에 의함)

① 600년 또는 1000년 빈도의 강우량에 의한 재해는 불가항력에 해당하여 국가배상책임이 부정된다.
② 영조물은 공작물보다 더 넓은 개념으로 공작물 외에도 항공기·경찰견 등을 포함한다.
③ 사실상 관리 중인 영조물은 공공 목적의 영조물에 포함될 수 없다.
④ 국유일반재산(구 잡종재산)은 「국가배상법」 제5조의 적용 대상이 되지 않는다.

24 다음 중 행정쟁송에 대한 설명으로 옳지 않은 것은? (다툼이 있는 경우 판례에 의함)

① 하나의 행정처분에 대한 무효확인과 취소청구는 주위적·예비적 청구로서만 병합이 가능하다.

② 제3자 소송참가인은 공동소송적 보조참가인의 지위를 가진다.

③ 법원은 소송의 결과에 따라 권리 또는 이익의 침해를 받을 제3자가 있는 경우 당사자 또는 제3자의 신청 또는 직권에 의하여 결정으로써 제3자를 소송에 참가시킬 수 있다.

④ 권리주체가 아니라도 항고소송의 청구가 가능하다.

25 다음 중 행정심판에 관한 설명으로 옳지 않은 것은? (다툼이 있는 경우 판례에 의함)

① 법원이 필요하다고 인정하는 때에는 당사자가 주장하지 아니한 사실에 대해서도 재결할 수 있으며, 청구범위 이상의 청구를 인용할 수 있다.

② 감사원법에 의한 심사청구절차는 행정심판에 해당하지 않는다.

③ 국방부장관과 서울특별시장의 처분에 대한 행정심판은 중앙행정심판위원회에서 한다.

④ 법인의 지점은 당사자능력이 없기 때문에 당해 법인의 명의로 행정심판을 청구해야 한다.

2011.06.25. 시행

2011 기출문제

모바일
OMR
답안분석
서비스

✅ 회독 CHECK 1 2 3

✅ 시험시간 25분 ✅ 해설편 218쪽

01 다음 행정에 대한 분류 중 주체에 의한 행정으로 옳지 않은 것은?

① 국가행정
② 관리행정
③ 자치행정
④ 위임행정

02 다음 중 공정력에 대한 설명으로 옳지 않은 것은?

① 입증책임은 공정력과는 무관하다.
② 공정력과 집행부정지 원칙은 무관하다.
③ 공정력은 취소할 수 있는 행정행위에만 인정된다.
④ 행정소송이 제기되면 처분의 효력이 정지된다.

03 다음에서 설명하는 것과 가장 관계가 있는 행정행위의 효력으로 옳은 것은?

> 법무부장관이 甲에 대하여 귀화허가를 하였다면, 행정안전부장관은 그 귀화허가가 당연무효가 아닌 한 甲을 외국인으로 취급하여서는 안 된다.

① 불가쟁력
② 집행력
③ 불가변력
④ 구성요건적 효력

04 다음 설명 중 옳지 않은 것은? (다툼이 있는 경우 판례에 의함)

① 법률유보의 원칙은 행정의 모든 영역에 적용된다고 보는 것이 일관된 견해이다.
② 평등의 원칙은 법적용뿐만 아니라 입법작용 또한 정의와 형평의 원칙에 합당하게 이루어질 것을 요구한다.
③ 신뢰보호원칙의 이론적 근거로 법적안정성설이 다수설 및 판례의 입장이다.
④ 기술적으로 입법이 어려운 부분이나 변화가 잦은 부분에 있어서는 명확성의 원칙을 완화하여 적용해야 한다.

05 다음 중 행정입법에 대한 설명으로 옳지 않은 것은? (다툼이 있는 경우 판례에 의함)

① 위임입법은 개별적 · 구체적으로 범위를 정하여서만 가능하다.
② 하급기관이 제정한 법규명령에 상급기관은 구속되지 않는다.
③ 범죄구성요건의 구체적 위임은 죄형법정주의에 반하지 않는다.
④ 헌법재판소는 법규명령에 대하여 직접 · 간접 통제를 할 수 있다.

06 다음 중 법령에 대한 설명으로 옳지 않은 것은?

① 법규명령은 조문의 형식으로 한다.
② 「행정절차법」상 모든 법령은 입법예고를 해야 한다.
③ 집행명령은 상위법령의 근거 없이 제정이 가능하다.
④ 대통령령은 법제처 심사와 국무회의 심의, 총리령과 부령은 법제처 심사로써 제정된다.

07 다음 중 성격이 다른 하나는?

① 하명
② 허가
③ 면제
④ 대리

08 다음 중 취소권이 제한되는 것으로 옳지 않은 것은?

① 과세처분
② 부담적 행정행위의 취소
③ 포괄적 신분관계 설정행위
④ 불가변력이 인정되는 행정행위

09 다음 중 취소와 철회에 대한 설명으로 옳지 않은 것은? (다툼이 있는 경우 판례에 의함)

① 철회권이 유보되어 있을 경우 철회권의 행사가 자유롭다.
② 철회란 일단 유효하게 성립된 행정행위가 사후적으로 발생한 새로운 사정으로 인하여 그 효력의 전부 또는 일부를 장래에 향해 소멸시키는 행정행위를 말한다.
③ 직권취소의 취소권자는 원칙적으로 행정청이다.
④ 위법한 행정행위를 한 처분청은 그 행위에 하자가 있는 경우에 별도의 법적 근거가 없더라도 스스로 취소할 수 있다는 것이 판례의 태도이다.

10 다음 중 부관에 대한 설명으로 옳지 않은 것은? (다툼이 있는 경우 판례에 의함)

① 조건은 행정행위의 효력의 발생·소멸을 장래의 불확실한 사실에 의존하게 하는 행정청의 종된 의사표시를 말한다.
② 부담이 무효이면 그 부담을 이행으로 한 사법상 법률행위도 당연히 무효이다.
③ 부담으로 부가된 의무를 불이행하는 경우 행정청은 그 후의 단계적인 조치를 거부하는 것도 가능하다.
④ 기한은 행정행위의 효력의 발생·소멸을 장래의 확실한 사실에 의존하게 하는 행정청의 의사표시를 말한다.

11 다음 중 실권의 법리에 대한 설명으로 옳은 것은? (다툼이 있는 경우 판례에 의함)

① 우리나라의 「행정절차법」은 실권의 법리를 규정하고 있다.
② 실권의 법리에 대해 판례는 비례의 원칙에 대한 파생 법리의 하나로 보고 있다.
③ 철회사유 발생 시, 행정청이 일정기간 철회권을 행사하지 않은 경우라도 그 행위를 철회할 수 있다는 것과 관련이 있다.
④ 행정청이 철회사유가 있음을 알면서도 아무런 조치를 취하지 않고 장기간 철회권을 행사하지 않은 경우 이 법리에 의해 철회권 행사가 제한된다.

12 다음 중 행정법의 영역에서만 적용되는 것으로 옳지 않은 것은?

① 강제징수
② 행정상 쟁송
③ 대집행의 계고
④ 신뢰보호의 원칙

13 다음 중 「행정조사기본법」상 행정조사에 대한 설명으로 옳은 것은?

① 행정기관의 장은 행정조사의 대상을 명백하고 객관적인 기준에 따라 선정하여야 한다.
② 현장조사는 조사대상자가 동의한 경우에도 해가 뜨기 전이나 해가 진 뒤에는 할 수 없다.
③ 행정기관은 조사대상자의 자발적인 협조를 얻어 실시하는 행정조사의 경우에 한정하여 행정조사를 실시할 수 있다.
④ 행정기관은 유사하거나 동일한 사안에 대하여는 공동조사를 실시하지 않고, 각각 조사를 하여야 한다.

14 다음 중 「행정절차법」상 용어의 정의로 옳지 않은 것은?

① 행정청은 행정에 관한 의사를 결정하여 표시하는 국가 또는 지방자치단체의 기관, 기타 법령이나 자치법규에 의하여 행정권한을 가지고 있거나 위임 또는 위탁받은 공공단체나 그 기관 또는 사인(私人)을 말한다.

② 처분은 행정청이 행하는 구체적 사실에 관한 법집행으로서의 공권력의 행사 또는 그 거부와 기타 이에 준하는 행정작용을 말한다.

③ 공청회는 행정청이 어떠한 처분을 하기에 앞서 당사자 등의 의견을 직접 듣고 증거를 조사하는 절차를 말한다.

④ 의견제출은 행정청이 어떠한 행정작용을 하기에 앞서 당사자 등이 의견을 제시하는 절차로서 청문이나 공청회에 해당하지 아니하는 절차를 말한다.

15 다음 중 「공공기관의 정보공개에 관한 법률」상 정보공개에 대한 설명으로 옳지 않은 것은? (다툼이 있는 경우 판례에 의함)

① 공개 청구한 정보가 비공개 대상에 해당하는 부분과 공개 가능한 부분이 혼합되어 있는 경우로서 공개 청구의 취지에 어긋나지 아니하는 범위에서 두 부분을 분리할 수 있는 경우에는 비공개 대상에 해당하는 부분을 제외하고 공개하여야 한다.

② 공개 청구된 사실을 통지받은 제3자가 당해 공공기관에 공개하지 아니할 것을 요청하는 때에는 공공기관은 비공개 결정을 하여야 한다.

③ 공공기관은 정보의 공개를 결정한 경우에는 공개의 일시 및 장소 등을 분명히 밝혀야 한다.

④ 정보공개 청구는 이해관계가 없는 자도 공익을 위해서 신청할 수 있다.

16 다음 중 「질서위반행위규제법」상 질서위반행위에 대한 설명으로 옳지 않은 것은?

① 질서위반행위란 법률(지방자치단체의 조례 포함)상의 의무를 위반하여 과태료를 부과하는 행위를 말한다.

② 2인 이상이 질서위반행위에 가담한 때에는 각자가 질서위반행위를 한 것으로 본다.

③ 신분에 의하여 성립하는 질서위반행위에 신분이 없는 자가 가담한 때에는 신분이 없는 자의 질서위반행위는 성립하지 않는다.

④ 고의 또는 과실이 없는 질서위반행위는 과태료를 부과하지 아니한다.

17 다음 중 입증책임에 대한 설명으로 옳지 않은 것은? (다툼이 있는 경우 판례에 의함)

① 대집행요건 충족의 주장 · 입증책임은 원고에게 있다.

② 사정판결의 필요성에 대한 입증책임은 피고인 행정청이 부담한다.

③ 취소소송에서 처분의 기초를 이루는 사실에 대한 적법성은 피고가 입증책임을 진다.

④ 무효등확인소송도 취소소송을 준용하여 무효임을 원고가 입증한다.

18 다음 중 손해배상에 대한 설명으로 옳지 않은 것은? (다툼이 있는 경우 판례에 의함)

① 한계를 일탈하지 않은 행정지도로 인하여 상대방에게 손해가 발생한 경우, 행정기관은 손해배상책임이 없다.

② ○구청에서 경영상의 이유로 구청장의 자동차를 매각하면서 손해가 발생한 경우 이에 대한 손해배상은 민사소송으로 해야 한다.

③ 부작위에 대해 국가배상책임이 인정되기 위해서는 법령상 명문의 작위의무가 있어야 하며, 조리에 의한 작위의무는 인정되지 않는다.

④ 구청 세무과 소속 공무원 갑이 을에게 무허가 건물 세입자들에 대한 시영아파트 입주권 매매행위를 한 경우 외형상 직무범위 내의 행위라고 볼 수 없다.

19 다음 중 행정소송에 대한 설명으로 옳지 않은 것은? (다툼이 있는 경우 판례에 의함)

① 민중소송 및 기관소송은 법률이 정한 경우에는 법률에 정한 자에 한하여 제기할 수 있다.

② 판례에 따르면 국가를 상대로 하는 당사자소송의 경우에는 가집행선고를 할 수 없다.

③ 취소소송에는 사실심의 변론종결 시까지 관련청구소송을 병합하거나 피고 외의 자를 상대로 한 관련청구소송을 취소소송이 계속된 법원에 병합하여 제기할 수 있다.

④ 취소소송의 피고는 원칙적으로 당해 처분을 한 행정청이다.

20 다음 설명 중 옳지 않은 것은? (다툼이 있는 경우 판례에 의함)

① 판례는 형사소송에서 행정행위의 효력유무가 선결문제가 되는 경우 당연무효가 아닌 한 형사법원은 직접 행정행위의 효력을 부인할 수 없다고 본다.

② 위법한 행정행위에 대한 국가배상소송의 수소법원은 당해 행정행위의 취소여부와 상관없이 그 위법성을 확인하여 배상을 명할 수 있다.

③ 사인의 공법행위에는 공정력이 인정되지 않는다.

④ 연령미달인 자가 연령을 속여 운전면허를 교부받고 운전을 하다 적발되어 기소된 경우 형사법원은 무면허운전으로 형사처벌할 수 있다.

21 다음 중 행정소송에 대한 설명으로 옳지 않은 것은?

① 토지의 수용 기타 부동산 또는 특정의 장소에 관계되는 처분 등에 대한 취소소송은 그 부동산 또는 장소의 소재지를 관할하는 행정법원에 이를 제기할 수 있다.

② 중앙행정기관의 장이 피고인 경우 취소소송을 제기하는 경우에는 대법원 소재지를 관할하는 행정법원을 제1심 관할법원으로 해야 한다.

③ 처분이 있은 뒤에 그 처분에 관계되는 권한이 다른 행정청에 승계된 경우에는 그 권한을 승계한 행정청을 피고로 한다.

④ 대통령선거와 국회의원선거의 경우 제1심 재판관할은 대법원이 된다.

22 다음 설명 중 옳지 않은 것은? (다툼이 있는 경우 판례에 의함)

① 행정권한의 위임 및 위탁에 관한 규정은 명문으로 감독청의 취소권을 규정하고 있다.

② 행정처분에 대한 쟁송제기기간 내에는 행정상의 강제집행을 할 수 없다.

③ 판례는 행정청이 상대방에게 어떤 처분을 하겠다고 확약을 한 후 사실적 · 법률적 상태가 변경되었다면 그 확약은 행정청의 별다른 의사표시 없이 실효된다고 본다.

④ 행정상 즉시강제는 원칙적으로 사전영장주의가 적용되나, 사전영장주의를 고수하다가는 행정목적을 달성할 수 없는 예외적인 경우 사전영장주의의 적용이 배제된다.

23 다음 중 피고적격에 대한 설명으로 옳은 것은? (다툼이 있는 경우 판례에 의함)

① 서울특별시장의 권한이 부시장에게 위임된 경우, 위임사항에 관한 부시장의 처분에 불복하는 때에는 서울특별시장을 피고로 하여 소송을 제기해야 한다.

② 시·도 인사위원회가 7급 지방공무원의 신규임용시험의 실시를 관장한다고 할지라도, 합의제기관은 피고 적격을 가지지 않으므로 그 관서장인 시·도 인사위원회 위원장은 그의 명의로 한 7급 지방공무원의 신규임용시험 불합격결정에 대한 취소소송의 피고적격을 가지지 않는다.

③ 근로복지공단의 이사장으로부터 보험료의 부과 등에 관한 대리권을 수여받은 지역본부장이 대리의 취지를 명시적으로 표시하지 않고서 산재보험료 부과처분을 한 경우, 지역본부장은 물론 그 상대방 등도 근로복지공단과 지역본부장의 대리관계를 알고 있었다 하더라도 항고소송의 피고적격은 처분명의자인 지역본부장에 있다.

④ 광주광역시장이 사고로 인하여 직무를 수행할 수 없게 되어 부시장이 대리하여 처분을 행한 경우 그에 대한 취소소송의 피고는 광주광역시장이다.

24 다음 중 「지방자치법」상 지방자치에 대한 내용으로 옳은 것은? 〈변형〉

① 지방자치단체의 구성은 헌법에 규정되어 있다.

② 지방자치단체는 법령을 위반하여 사무를 처리할 수 없으며, 시·군 및 자치구는 해당 구역을 관할하는 시·도의 조례를 위반하여 사무를 처리할 수 없다.

③ 지방의회는 주민에게 과도한 부담을 주거나 중대한 영향을 미치는 지방자치단체의 주요 결정사항 등에 대하여 주민투표에 부칠 수 있다.

④ 광역자치단체와 기초자치단체는 원칙적으로 대등한 법적 지위를 가지지만, 사무의 성격상 업무의 처리와 관련하여 개별법률 규정에서 지도·감독관계가 인정될 수는 있다.

25 다음 중 환경행정법의 기본원칙으로 옳지 않은 것은?

① 신뢰보호의 원칙
② 사전배려의 원칙
③ 존속보호의 원칙
④ 원인자책임의 원칙

2010 | 기출문제

✅ 회독 CHECK 1 2 3

☑ 시험시간 25분 ☑ 해설편 224쪽

01 다음 중 행정행위의 효력에 대한 설명으로 옳지 않은 것은? (다툼이 있는 경우 판례에 의함)

① 불가쟁력이 발생한 과세처분에 대해서도 부당이득반환청구소송을 제기하여 정당한 세액의 초과범위를 반환받을 수 있다는 것이 판례의 입장이다.

② 불가변력과 불가쟁력은 서로 무관하며, 하나가 발생하더라도 다른 하나가 당연히 발생하는 것은 아니다.

③ 공정력은 행정행위의 상대방인 국민에 대한 구속력인 데 반해, 구성요건적 효력은 타 국가기관에 대한 구속력이다.

④ 공정력은 취소할 수 있는 행정행위뿐만 아니라 무효나 부존재인 행정행위에도 인정된다는 것이 통설과 판례의 입장이다.

02 다음 중 「공공기관의 정보공개에 관한 법률」에 대한 설명으로 옳은 것은?

① 정보공개의 청구는 문서로만 할 수 있다.

② 공공기관은 정보공개의 청구가 있는 때에는 연장기간을 포함하여 정보공개의 청구를 받은 날부터 10일 이내에 공개 여부를 결정하여야 한다.

③ 비공개 결정을 통지받은 청구인은 통지를 받은 날로부터 30일 이내에 해당 공공기관에 문서로 이의신청을 할 수 있다.

④ 사립고등학교는 「공공기관의 정보공개에 관한 법률」에서 말하는 공공기관에 포함되지 않는다.

03 다음 중 처분성이 인정되는 것으로 옳지 않은 것은? (다툼이 있는 경우 판례에 의함)

① 도시관리계획결정

② 환지예정지 지정처분

③ 해양수산항만 명칭결정

④ 공무원연금법상 퇴직급여결정

04 다음 중 행정입법예고에 관한 설명으로 옳지 않은 것은?

① 입법예고기간은 예고할 때 정하되, 특별한 사정이 없는 한 40일(자치법규는 20일) 이상으로 한다.

② 행정청은 입법예고를 하는 경우에는 대통령령·총리령·부령·고시 등을 국회 소관상임위원회에 제출하여야 한다.

③ 행정청은 예고된 입법안에 대하여 온라인공청회 등을 통하여 널리 의견을 수렴할 수 있다.

④ 행정청은 예고된 입법안의 전문에 대하여 열람 또는 복사를 요청받았을 때에는 특별한 사유가 없으면 그 요청에 따라야 한다.

05 다음 중 행정계획에 대한 설명으로 옳지 않은 것은? (다툼이 있는 경우 판례에 의함)

① 판례는 행정계획의 처분성을 일관되게 부정한다.

② 판례는 행정계획의 주체에 대하여 형성의 자유를 인정한다.

③ 행정계획은 그 본질상 변경가능성과 신뢰보호의 긴장관계에 있다.

④ 행정계획으로 인하여 자신의 법률상 이익을 침해받은 자는 해당 행정계획에 대하여 취소쟁송의 방법으로 권리구제의 도모가 가능하다.

06 다음 중 법치행정의 원리에 대한 설명으로 옳지 않은 것은?

① 재량행위의 경우 법률상 근거 없이는 부관을 붙일 수 없다.

② 법률우위의 원칙은 소극적 의미의 법률적합성의 원칙이다.

③ 법률우위의 원칙에서 '법률'은 헌법, 형식적 의미의 법률, 법규명령과 관습법 등 모든 법규범을 포함하나 행정규칙은 포함하지 않는다.

④ 법률유보의 원칙에서 '법률'은 원칙적으로 의회가 제정한 형식적 의미의 법률을 의미한다.

07 다음 중 행정지도에 대한 설명으로 옳지 않은 것은?

① 행정지도로 인한 손해에 대하여 판례는 원칙적으로 국가배상을 부정하나, 예외적으로 도시계획사업과 관련하여 서울시 공무원이 행정지도를 한 사안에서 손해배상책임을 인정한 바가 있다.

② 행정지도는 비권력적 사실행위로서 처분의 성질을 갖지 못하기 때문에 행정쟁송의 대상이 될 수 없다.

③ 행정지도는 그 목적 달성에 필요한 최소한도에 그쳐야 하고, 행정지도의 상대방의 의사에 반하여 부당하게 강요하여서는 아니 된다.

④ 행정기관이 행정지도의 상대방이 행정지도에 따르지 아니하였다는 것을 이유로 불이익한 조치를 하는 것을 위법이라 할 수 없다.

08 다음 중 행정소송에 있어 소의 이익에 관한 판례의 입장과 다른 것은?

① 지방의회 의원의 제명의결 취소소송 계속 중 의원의 임기가 만료된 경우에는 제명의결의 취소를 구할 법률상 이익이 없다.

② 현역입영대상자로서 현실적으로 입영을 한 자가 입영 이후에 현역입영통지처분의 취소를 구하는 경우 소의 이익이 있다.

③ 고등학교에서 퇴학처분을 받은 자는 그 후 고등학교졸업학력검정고시에 합격하였더라도 퇴학처분의 취소를 구할 소의 이익이 있다.

④ 사법시험 1차시험에 불합격한 후 새로 실시된 사법시험 1차시험에 합격하면, 더 이상 불합격처분의 취소를 구할 법률상의 이익이 없다.

09 다음 중 하명에 대한 설명으로 옳지 않은 것은?

① 하명은 수익적 행정행위이기 때문에 자유재량행위이다.

② 하명은 주로 사실상의 행위에 행해지나 법률행위에 대해서도 행해질 수 있다.

③ 하명에 위반된 행정행위의 효력 자체가 무효로 되는 것은 아니다.

④ 위법·부당한 하명에 의하여 권리나 이익을 침해당한 자는 행정쟁송절차를 통하여 그 하명의 취소나 변경을 구할 수 있다.

10 다음 중 허가에 대한 설명으로 옳지 않은 것은? (다툼이 있는 경우 판례에 의함)

① 허가는 제한되었던 자유를 회복시켜 주는 효과를 갖는다.

② 강학상 허가는 수익적 성질을 가지고 있으므로 재량행위이다.

③ 무허가행위 자체의 법률상 효력은 원칙적으로 부인되지 않는다.

④ 사실행위와 법률행위 모두 허가의 대상이 될 수 있다.

11 다음 중 행정행위에 대한 설명으로 옳지 않은 것은?

① 건축물 준공검사는 대물적 행정행위이다.

② 주차금지구역의 지정은 대물적 행정행위이다.

③ 골동품을 문화재로 지정하는 행위는 물적 행정행위이다.

④ 자동차운전면허는 대인적 행정행위이다.

12 다음 중 개인적 공권의 특징으로 옳지 않은 것은?

① 포기의 제한

② 불행사의 제한

③ 이전의 제한

④ 보호의 특수성

13 다음 중 행정상 손실보상에 대한 설명으로 옳지 않은 것은? (다툼이 있는 경우 판례에 의함)

① 적법한 공권력의 행사에 의한 손실이어야 한다.

② 사업시행자는 재결신청의 청구를 받은 때에는 그 청구가 있은 날부터 1년 이내에 관할 토지수용위원회에 재결을 신청하여야 한다.

③ 현행법상 손실보상에 관한 일반법은 없다.

④ 협의가 성립되지 아니하거나 협의를 할 수 없을 때에는 사업시행자는 사업인정고시가 된 날부터 1년 이내에 관할 토지수용위원회에 재결을 신청할 수 있다.

14 다음 중 집행정지에 관한 설명으로 옳지 않은 것은?

① 무효인 행정행위에는 불가쟁력이 발생하지 않는다.

② 집행부정지의 원칙은 행정의 신속성, 행정객체의 권리보호 차원에서 행해진다.

③ 정지사유가 없어진 때에는 당사자의 신청이나 직권에 의해 집행정지결정을 취소할 수 있다.

④ 처분의 효력정지는 처분 등의 집행이나 절차의 속행을 정지함으로써 목적을 달성할 수 있는 경우에는 허용되지 않는다.

15 다음 중 행정행위의 확정력에 대한 설명으로 옳지 않은 것은? (다툼이 있는 경우 판례에 의함)

① 불가쟁력은 처분청이 아닌 국민을 대상으로 한다.

② 무효인 행정행위에는 불가변력이 인정되지 않는다.

③ 불가변력이 있는 행정행위는 행정청도 취소할 수 없다.

④ 불가쟁력이 발생한 행정행위를 처분청이 직권으로 취소할 수 없다.

16 다음 중 행정과 행정법에 대한 설명으로 옳지 않은 것은?

① 행정법은 행정에 관한 공법 중에서 국내법만을 의미한다.

② 영·미의 행정법은 행정절차법을 중심으로 발전하였다.

③ 공익과 사익의 구별은 보편타당하게 존재하는 선험적인 구별이다.

④ 대륙법계 국가에서는 법치주의와 행정제도의 발달을 전제로 행정법이 성립되었다.

17 다음 중 행정상 확약에 해당하는 것으로 옳은 것은? (다툼이 있는 경우 판례에 의함)

① 교과서 검·인정

② 지방전문직공무원 채용계약

③ 성업공사의 공매통지

④ 어업권면허 우선순위결정

18 다음 중 판례에서 「국가배상법」상 공무원이 아닌 자로 판시한 것을 모두 고른 것은?

㉠ 시영버스운전수
㉡ 청원경찰
㉢ 의용소방대원
㉣ 미군부대 카투사
㉤ 소집 중인 예비군대원

① ㉠, ㉢   ② ㉠, ㉤

③ ㉡, ㉢   ④ ㉢, ㉣

19 다음 중 행정상 손실보상원칙과 거리가 먼 것은?

① 사전보상원칙

② 현물보상원칙

③ 현금보상원칙

④ 전액보상원칙

20 다음 중 공법과 사법에 관한 설명으로 옳지 않은 것은?

① 공법관계에 대해서는 행정소송을 통해 권익구제가 가능하다.

② 행정심판은 공법관계에서만 인정되고, 사법관계에서는 인정되지 않는다.

③ 공법에 대한 사법적용을 부정하는 것이 오늘날 통설이다.

④ 공법과 사법의 구별은 실체법상으로 구체적 사실에 적용할 법규나 법원칙을 결정하기 위하여 필요하다.

21 다음 중 공법상 계약에 대한 설명으로 옳지 않은 것은?

① 공법상 계약은 공정력이 인정되는 행정행위가 아니다.

② 공법상 계약에 관한 일반법은 없다.

③ 복수 당사자 간의 동일방향의 의사표시의 합치에 의하여 성립한다.

④ 판례는 공중보건의사 채용계약의 해지에 대해 당사자소송으로 해결하였다.

22 다음 중 사인의 공법행위에 대한 설명으로 옳지 않은 것은?

① 자기완결적 신고의 경우 부적법한 신고라 하더라도 행정청이 수리하였다면 신고의 효력이 발생한다.

② 사인의 공법행위에 관한 일반법은 없다.

③ 사인의 공법행위에는 행정행위가 갖는 공정력·집행력 등의 효력이 인정되지 않는다.

④ 판례는 사인의 공법행위에는 민법상 비진의 의사표시에 관한 규정이 적용되지 않는다고 판시하였다.

23 다음 중 행정쟁송에 관한 설명으로 옳지 않은 것은?

① 행정심판에서 인용재결이 이루어진 후 제기된 행정소송은 각하된다.

② 제3자효적 행정행위에 대한 처분 등의 취소나 무효의 확인 및 부작위의 위법을 확인하는 확정판결은 제3자에 대하여도 효력이 있다.

③ 「행정소송법」에서 취소소송은 처분 등이 있음을 안 날부터 180일 내에 제기하여야 한다고 규정되어 있다.

④ 행정소송을 제기하여도 처분의 집행은 중단되지 않는다.

24 다음 중 「행정절차법」에 관한 설명으로 옳지 않은 것은?

① 「행정절차법」은 절차법적인 조항만으로 이루어져 있다.

② 사전통지가 면제되는 경우에 의견청취를 생략할 수 있다.

③ 행정청은 처분을 할 때에는 법률이 정한 경우를 제외하고는 당사자에게 그 근거와 이유를 제시하여야 한다.

④ 행정청은 불이익처분을 할 경우 처분하고자 하는 원인이 되는 사실과 그 법적 근거를 당사자에게 통지하여야 한다.

25 다음 중 상급기관이 직원 또는 하급기관의 문의나 신청에 대하여 개별적·구체적으로 발하는 명령으로 옳은 것은?

① 고시

② 훈령

③ 지시

④ 예규

2009 | 기출문제

01 다음 중 도로공사가 장기간 계속됨으로 인해 영업손실을 입은 인근 상인의 피해를 보상해 주어야 한다는 것과 가장 관련이 깊은 것으로 옳은 것은?

① 희생보상
② 수용유사적 침해
③ 수용적 침해
④ 공법상 결과제거청구권

02 다음 중 신뢰보호의 원칙과 가장 관련이 없는 것은? (다툼이 있는 경우 판례에 의함)

① 행정기관의 의사표시가 일반론적인 견해표명인 경우에는 이 원칙을 적용하지 않는다.
② 주택사업계획승인에 주택사업과는 아무런 관련이 없는 토지를 기부채납하도록 하는 부관을 붙인 것은 이 원칙에 위배된다.
③ 행정청이 아무런 조치를 취하지 않고 장기간 방치하다가 3년여가 지난 후에 운전면허취소처분을 한 것은 이 원칙에 위배된다.
④ 수익적 처분이 상대방의 허위 기타 부정한 방법으로 인하여 행하여졌다면 상대방은 그 처분이 그와 같은 사유로 인하여 취소될 것임을 예상할 수 없었다고 할 수 없으므로, 이러한 경우에까지 상대방의 신뢰를 보호하여야 하는 것은 아니다.

03 다음 중 국유일반재산의 대부행위와 국유림에 관한 대부료의 납입고지의 관계로 옳은 것은?

① 권력관계
② 공법상 계약
③ 사법관계
④ 관리관계

04 다음 중 손실보상과 관련된 내용으로 옳지 않은 것은? (다툼이 있는 경우 판례에 의함)

① 이주대책은 그 본래의 취지에 있어 이주자들에 대하여 종전의 생활상태를 원상으로 회복시키면서 동시에 인간다운 생활을 보장하여 주기 위한 이른바 생활보상의 일환으로 국가의 적극적이고 정책적인 배려에 의하여 마련된 제도이다.
② 지하철 공사로 일반인의 통행이 제한됨으로써 인근상점에 매출이 감소한 경우 이러한 영업상의 손실을 보상하고자 하는 것과 관련 있는 것은 수용유사적 침해이론이다.
③ 독일의 희생보상과 관련하여 관습법에서 근거를 찾으나, 우리의 경우 이러한 관습법이 존재하지 않기 때문에 사회국가의 원리·법치국가의 원리와 헌법상의 기본권 규정을 근거로 든다.
④ 손실보상의 방법은 현금보상을 원칙으로 하나, 현물보상이나 채권보상 등도 가능하다.

05 다음 중 부관에 대한 설명으로 옳지 않은 것은? (다툼이 있는 경우 판례에 의함)

① 부관은 주된 의사표시에 부가하여 주된 행정행위의 효력을 발생·변경·소멸시키는 종된 의사표시를 말한다.

② 부관 중 기한과 부담은 독립적인 쟁송이 가능하다.

③ 부담부 행정행위의 경우 부담의 이행 여부와 상관없이 행정행위의 효력이 발생한다.

④ 부담은 조건과 달리 독립하여 강제집행의 대상이 될 수 있다.

06 다음 중 행정지도에 대한 설명으로 옳은 것은?

① 행정지도는 반드시 문서로만 하여야 한다.

② 행정지도는 사실상 강제력으로 인하여 권력적 행정행위에 해당한다.

③ 행정지도는 처분성이 인정된다.

④ 행정지도는 법률의 근거 여부와 상관없이 행정법의 일반원칙을 따라야 한다.

07 다음 중 재량행위와 판단여지에 대한 설명으로 옳지 않은 것은?

① 제2차 대전 후 독일에서 바호프나 울레에 의하여 주장된 이론이다.

② 판례는 판단여지의 개념을 인정하고 있다.

③ 재량은 행위효과적 측면의 문제이나 판단여지는 행위요건의 문제로 보는 것이 다수설의 입장이다.

④ 행정의 전문성이나 기술성 존중을 위하여 법원이 행정청의 판단여지를 인정하는 것이다.

08 다음 중 행정행위에 대한 연결이 올바른 것은?

① 조세의 납부독촉 – 하명

② 공무원의 임명행위 – 확인

③ 학교법인이사의 취임승인 – 인가

④ 선거인 명부에의 등록행위 – 허가

09 다음 중 「행정절차법」에 대한 설명으로 옳지 않은 것은?

① 행정절차에 관한 일반법으로서의 성격을 가진다.

② 「행정절차법」에는 행정계획에 관한 절차가 규정되어 있다.

③ 「행정절차법」은 행정청 간의 협조의무와 행정청 상호 간의 행정응원에 대하여 규정하고 있다.

④ 현행 「행정절차법」은 신뢰보호의 원칙은 물론 신의성실의 원칙을 명문으로 규정하고 있다.

10 다음 중 행정대집행의 대상으로 옳지 않은 것은?

① 불법점유토지 퇴거명령

② 불법 선전광고물의 제거

③ 무허가건물의 철거

④ 위법한 건축물의 철거

11 다음 중 행정청의 부작위로 인하여 권익을 침해당한 자가 행정청에 대하여 제3자에 대한 단속을 청구할 수 있는 권리로 가장 옳은 것은?

① 계획보장청구권

② 행정개입청구권

③ 행정행위발급청구권

④ 무하자재량행사청구권

12 다음 중 행정소송에 관한 설명으로 옳지 않은 것은? (다툼이 있는 경우 판례에 의함)

① 법원은 필요하다고 인정할 때에는 직권으로 증거조사를 할 수 있다.

② 「행정소송법」상 관련청구소송의 이송 및 병합이 인정된다.

③ 우리나라 「행정소송법」은 행정소송의 대상에 관해 열기주의를 택하고 있다.

④ 취소소송이 제기되어도 원칙적으로 해당 처분의 효력은 정지되지 않는다.

13 다음에서 甲의 현행 「행정쟁송법」상의 권리구제수단에 관한 설명으로 옳지 않은 것은?

> 甲은 자신의 주거지 인근에 위치한 대기오염을 야기하는 공장에 대하여 관할관청에 「대기환경보전법」의 관련규정에 의거하여 개선명령을 발동해 줄 것을 요구하였으나, 이에 대하여 주무부장관인 환경부장관은 아무런 응답이 없었다.

① 甲은 이 경우 의무이행심판을 청구할 수는 있으나 취소심판을 청구할 수는 없다.

② 의무이행심판의 인용재결의 경우는 중앙행정심판위원회의 의결에 따라 환경부장관이 스스로 甲의 신청에 따르는 처분을 하면 된다.

③ 甲은 행정소송으로서 부작위위법확인소송을 제기할 수 있으나, 이 소송에서 법원은 부작위가 위법함을 확인하는 데 그쳐야 하고, 그 이상으로 행정청이 발급하여야 할 실체적 처분의 내용까지 심리할 수 없다고 보는 것이 대법원의 입장이다.

④ 대법원의 입장에 따르면 부작위위법확인소송에서 법원의 인용판결이 있으면 환경부장관은 판결의 기속력에 따라 적극적으로 개선명령을 발동하여야 하고, 또 다시 거부처분과 같은 소극적 처분을 하여서는 안 된다.

14 다음 중 행정상 실효성 확보수단에 대한 설명으로 옳지 않은 것은? (다툼이 있는 경우 판례에 의함)

① 행정벌은 의무위반에 대한 사후적인 제재로서의 성질을 갖는다.

② 과징금은 의무 불이행 시 행정청이 강제로 실현하는 수단이다.

③ 가산세는 세법에 규정하는 의무의 성실한 이행을 확보하기 위하여 산출된 세액에 가산하여 징수하는 금액이다.

④ 이행강제금은 비대체적 작위의무 또는 부작위의무를 불이행한 경우 그 의무이행을 강제하기 위하여 부과하는 금전적 부담이다.

15 다음 중 공청회의 통지날짜와 행정예고기간이 짝 지어진 것으로 옳은 것은?

	공청회	행정예고기간
①	10일 전	14일 이상
②	14일 전	20일 이상
③	14일 전	30일 이상
④	20일 전	30일 이상

16 다음 중 행정행위의 철회에 관한 설명으로 옳지 않은 것은?

① 행정행위의 성립 당시에는 하자가 없었으나 사후에 발생한 사유를 원인으로 한다.

② 철회권의 유보는 상대방의 신뢰보호원칙의 주장을 배제시키는 기능을 한다.

③ 법령위반행위를 이유로 한 영업허가취소는 강학상 철회이다.

④ 불가쟁력이 발생한 행정행위는 취소권을 가진 처분청이라도 직권으로 취소 또는 철회할 수 없다.

17 다음 설명 중 옳은 것은? (다툼이 있는 경우 판례에 의함)

① 행정은 추상적 · 구체적 사안에 대한 규율을 행한다.

② 헌법은 통치행위를 명시적으로 규정하고 있다.

③ 헌법재판소는 대통령의 사면행위를 통치행위로 판시한 바 있다.

④ 행정법은 주로 효력규정으로 되어 있어 이에 위반하면 법적 효력이 없게 된다.

18 다음 중 판결의 효력에 대한 설명으로 옳은 것은?

① 기판력은 행정소송법에 규정되어 있다.

② 기속력의 성질에 대하여는 기판력설과 특수효력설이 대립하는바, 학설과 판례는 기판력설을 취한다.

③ 판결이 난 이후에 판결 전과 같은 사유로 행정청이 동일한 처분을 하게 되면 당연무효라는 것이 판례의 입장이다.

④ 기속력의 이행확보로서 의무이행심판에 따른 처분명령재결이 있음에도 불구하고 당해 행정청이 재결의 내용에 따른 처분을 하지 아니하는 때에는 시정명령 없이 바로 직접처분을 할 수 있다.

19 다음 중 행정행위의 하자 승계가 인정되는 경우로 옳지 않은 것은? (다툼이 있는 경우 판례에 의함)

① 개별공시지가결정과 과세처분 사이

② 공무원의 직위해제처분과 면직처분 사이

③ 조세체납처분에 있어서의 독촉과 압류

④ 표준공시지가결정과 수용재결 사이

20 다음 중 행정입법부작위에 관한 설명으로 옳은 것은? (다툼이 있는 경우 판례에 의함)

① 부진정입법부작위는 입법부작위를 이유로 헌법소원을 제기할 수 있다.

② 대법원은 행정입법부작위가 부작위위법확인소송의 대상이 된다고 본다.

③ 헌법재판소는 행정입법부작위가 헌법소원의 대상이 될 수 없다고 본다.

④ 진정입법부작위로 인하여 국민에게 손해가 발생한 경우에는 국가배상이 인정된다.

21 다음 중 행정입법에 대한 설명으로 옳지 않은 것은? (다툼이 있는 경우 판례에 의함)

① 법규명령을 위반한 행정행위는 위법하며 무효사유가 된다.

② 행정규칙은 법적근거를 요하지 않는다.

③ 행정규칙은 원칙적으로 법원성이 인정되지 않으나 예외적으로 행정규칙의 법원성이 인정되는 경우 처분성이 인정된다.

④ 법규명령이 직접적으로 국민의 권리·의무에 영향을 미치는 경우 처분성이 인정된다.

22 다음 중 「국가배상법」상 손해배상에 관한 설명으로 옳지 않은 것은? (다툼이 있는 경우 판례에 의함)

① 비권력적인 행위는 손해배상의 대상이 되지 않는다.

② 손해배상 요건 중 하나인 '공무원의 직무상 불법행위'에서의 '공무원'은 「국가공무원법」상의 공무원만을 의미하지는 않는다.

③ 공무를 위임받은 사인에 의한 손해의 배상에도 국가배상법이 적용된다.

④ 생명·신체의 침해에 대한 배상청구권은 이를 양도하거나 압류할 수 없다.

23 다음 중 「행정소송법」상 집행정지에 관한 설명 중 옳지 않은 것은?

① 집행정지는 취소소송과 무효등확인소송에 인정된다.

② 집행정지는 당사자의 신청이나 직권에 의해 행해진다.

③ 집행정지결정에는 기판력이 인정되지 않는다.

④ 집행정지신청은 항소심과 상고심에서는 불가능하다.

24 다음 중 「행정절차법」의 내용으로 옳지 않은 것은?

① 「행정절차법」은 신의성실의 원칙과 신뢰보호의 원칙을 규정하고 있다.

② 행정청은 처분을 할 때에 당사자 등이 제출한 의견이 상당한 이유가 있다고 인정하는 경우에는 이를 반영하여야 한다.

③ 신청인은 처분이 있기 전에는 그 신청의 내용을 보완하거나 변경 또는 취하할 수 있다.

④ 행정청에 대하여 처분을 구하는 신청을 함에 있어 전자문서로 하는 경우에는 행정청의 컴퓨터 등에 입력된 때의 익일에 신청한 것으로 본다.

25 다음 중 관련법에서 정한 요건을 구비하여 행정청에 음식점 영업허가를 신청을 하였는데 거부를 당하였을 경우, 그 구제수단으로 옳은 것은?

① 거부처분에 대해서 무효등확인소송, 부작위위법확인소송을 청구할 수 있다.

② 거부처분에 대해서 의무이행소송, 당사자소송을 청구할 수 있다.

③ 거부처분에 대해서 취소심판, 취소소송, 의무이행심판의 청구가 가능하다.

④ 거부처분에 대해서 손해배상을 청구할 수 있다.

2008 기출문제

✅ 시험시간 25분 ✅ 해설편 236쪽

01 다음 중 형식적·실질적 행정에 속하는 것으로 옳은 것은?

① 행정심판의 재결
② 공무원의 징계처분
③ 법규명령의 제정
④ 국회사무총장의 직원 임명

02 다음 중 통치행위와 관련이 없는 것은?

① 불침투성 이론
② 권력분립설
③ 재량행위설
④ 독자성설

03 다음 중 법률유보에 대한 설명으로 옳지 않은 것은?

① 전부유보설이 3권분립의 원칙에 가장 부합하는 주장이다.
② 의회유보설은 의회의 입법기관으로서 권한과 의무를 강조하는 것이다.
③ 급부행정유보설은 침해행정은 물론 수익적 행정행위에 대해서도 법률의 근거가 필요하다고 본다.
④ 신침해유보설은 특별권력관계에 있어서도 구성원의 자유와 권리를 침해하기 위해서는 법률의 수권이 필요하다고 보는 점에서 전통적인 침해유보설과 구별된다.

04 다음 중 특별권력관계로 옳지 않은 것은?

① 조세부과처분
② 초등학생의 입학 동의
③ 국공립학교 학생의 재학관계
④ 법정 감염병환자의 강제입원

05 다음 중 행정법의 법원(法源)에 대한 설명으로 옳지 않은 것은?

① 일반적으로 성문법의 형식으로 존재하나, 불문법의 형식으로도 존재한다.
② 불문법계 국가에서는 전혀 문제가 되지 않는다.
③ 행정법은 단일 형태의 법전이 존재하지 않는다.
④ 법원(法源)이란 인식 근거 또는 법의 존재 형식에 관한 문제이다.

06 다음 중 비례의 원칙과 관련이 없는 것은?

① 최소침해의 원칙
② 필요성의 원칙
③ 적절성의 원칙
④ 자의금지의 원칙

07 다음 중 신뢰보호의 원칙에 관한 설명으로 옳지 않은 것은?

① 영·미법계의 금반언의 원리와 유사하다.

② 신뢰보호의 원칙의 이론적 근거로 신의칙설이 현재의 다수설이다.

③ 행정확약이나 계획보장청구권의 보장 등에 이용될 수 있다.

④ 우리나라의 「행정절차법」은 신뢰보호의 원칙을 명문으로 규정하고 있다.

08 다음 중 과징금에 대한 설명으로 옳지 않은 것은? (다툼이 있는 경우 판례에 의함)

① 행정법규의 위반으로 인하여 영업정지처분을 하여야 하는 경우에 그 영업정지처분이 국민들에게 심한 불편을 주거나 공익을 해칠 우려가 있는 때에는 행정청은 그 영업정치처분에 갈음하여 과징금을 부과할 수 있다.

② 과징금은 행정상의 제재금으로서 처벌에 해당하지 않는다.

③ 과징금이란 경찰법상의 의무위반자에게 당해 위반행위로 경제적 이익이 발생한 경우에, 행정청이 그 이익을 박탈하기 위하여 과하는 금전적 제재를 말한다.

④ 과징금은 행정청이 직접 부과·징수하므로 체납처분이 가능하다.

09 다음 중 취소소송의 원고적격에 대한 설명으로 옳지 않은 것은? (다툼이 있는 경우 판례에 의함)

① 법률상 이익의 의미에 관하여 법률상 보호이익설(법률상 이익구제설)은 위법한 처분에 의하여 침해되고 있는 이익이 근거 법률에 의하여 보호되고 있는 이익인 경우에는 그러한 이익이 침해된 자에게 당해 처분의 취소를 구할 원고적격이 인정된다고 한다.

② 원고적격은 사실심 변론종결 시는 물론 상고심에서도 존속하여야 하며 재판 도중 소송요건이 충족되지 않을 경우 각하판결이 이루어진다.

③ 행정처분의 직접 상대방이 아닌 제3자에게는 당해 행정처분 취소를 구할 법률상 이익이 있더라도 원고적격이 인정되지 않는다.

④ 법인격이 없는 단체도 구체적인 분쟁대상과 관련하여 권리를 가질 수 있는 범위 안에서 원고적격이 인정된다.

10 다음 중 행정행위의 공정력에 관한 설명으로 옳지 않은 것은?

① 행정행위의 공정력은 민사법원에도 원칙적으로 미친다고 본다.

② 입증책임에 대해서는 영향을 미치지 않는다는 것이 통설이다.

③ 형사법원은 행정행위의 위법 여부가 재판의 전제가 된 경우에는 독자적으로 판단할 수 있다고 본다.

④ 행정행위가 당연무효가 아닌 한 직권 또는 쟁송취소되기 전까지는 그 적법성이 추정된다는 것이 통설이다.

11 다음 중 사인의 공법행위에 해당하는 것으로 옳지 않은 것은?

① 영업허가의 출원

② 건물임대차 계약

③ 행정심판의 청구

④ 선거에서의 투표행위

12 다음 중 공법과 사법의 구분에 관한 설명으로 옳지 않은 것은?

① 이익설은 법률관계의 목적이 공익인가 사익인가에 따라 공법과 사법으로 구별하는 견해이다.

② 우리나라의 통설은 복수기준설이다.

③ 신주체설은 국가 또는 공공단체 상호 간이나 국가 또는 공공단체와 사인 간의 법률관계를 규율하는 법이 공법이고, 개인 사이의 법률관계를 규율하는 법이 사법이라는 견해이다.

④ 권력설은 법률관계의 성질을 기준으로 하여 지배복종관계를 규율하는 법을 공법으로 보고, 대등관계를 규율하는 법을 사법으로 보는 견해이다.

13 다음 중 하명에 대한 설명으로 옳지 않은 것은?

① 하명행위의 대상은 사실행위와 법률행위이다.

② 하명에 위반한 행위는 무효이다.

③ 하명행위의 불이행 시 강제집행이나 행정벌의 대상이 된다.

④ 하명은 내용에 따라 작위하명, 부작위하명, 급부하명, 수인하명 등으로 구분된다.

14 다음 중 행정행위의 부관에 관한 다음 설명으로 옳지 않은 것은?

① 행정행위의 부관은 행정청의 의사에 기한 것이므로 상위 규정 이외의 한계는 없다.

② 철회권이 유보된 경우라도 철회의 일반적 요건이 충족되어야 철회가 가능하다.

③ 행정행위의 거부 대신에 제한적 허가를 할 수 있게 함으로써 행정에 유연성·탄력성을 부여하는 기능을 한다.

④ 부관의 성질이 조건인지 부담인지 불명확한 경우에는 원칙적으로 부담으로 해석해야 한다.

15 다음 중 행정행위의 부관을 붙이기에 적절하지 않은 것은?

① 광업허가

② 귀화허가

③ 음식점영업허가

④ 공유수면매립면허

16 다음 중 행정지도에 관한 설명으로 옳지 않은 것은?

① 행정지도는 문서로만 해야 한다.

② 행정지도의 상대방은 의견제출이 가능하다.

③ 행정지도는 최소한의 범위 내에서 행해져야 한다.

④ 행정지도에 불응했다고 해서 불이익을 주어서는 안 된다.

17 다음 중 행정상 강제집행에 관한 설명으로 옳지 않은 것은?

① 행정상 강제집행 중 집행벌은 간접적인 수단으로 볼 수 있다.

② 행정처분에 대한 쟁송제기기간 내라도 행정상 강제집행은 가능하다.

③ 행정상 강제집행의 법률상 근거에 대해서 하명의 근거만 있으면 된다고 보는 것이 현재의 통설이다.

④ 행정상 강제집행의 수단으로는 대집행, 집행벌, 직접강제, 행정상 강제징수 등이 있다.

18 다음 중 정상 대집행에 관한 내용으로 옳지 않은 것은?

① 행정청은 제3자에게 대집행을 위탁할 수 있다.

② 대집행의 대상은 대체적 작위의무이다.

③ 대집행의 일반법으로 「토지수용법」을 들 수 있다.

④ 행정법상 작위의무의 불이행이 있어야 한다.

19 다음 중 행정상 강제징수에 관한 설명으로 옳지 않은 것은? (다툼이 있는 경우 판례에 의함)

① 독촉은 준법률행위적 행정행위인 통지로 보는 것이 일반적이다.

② 국세징수법은 행정상 강제징수에 관하여 일반법적 지위를 가진다.

③ 판례는 독촉절차 없이 한 압류처분에 중대하고 명백한 하자가 있다고 본다.

④ 강제징수는 독촉 및 체납처분으로 나누어지며, 체납처분은 '압류 – 매각 – 청산'의 3단계로 나누어진다.

20 다음 중 통고처분의 법적 성질로 옳은 것은?

① 판결

② 사실행위

③ 통지

④ 준사법적 행정행위

21 다음 중 행정소송법상 집행정지의 요건으로 옳지 않은 것은?

① 대상이 되는 처분이 존재할 것

② 본안소송이 적법하게 계속되어 있을 것

③ 회복하기 어려운 손해발생의 우려가 있을 것

④ 공공복리에 중대한 영향을 미칠 우려가 있을 것

22 다음 중 손해배상에 관한 설명으로 옳지 않은 것은? (다툼이 있는 경우 판례에 의함)

① 국가 등이 배상한 경우 국가나 지방자치단체는 가해자인 공무원에게 구상하여야 한다.

② 공공기관이나 영조물에서 근무하는 사람은 국가배상법상 배상책임의 주체에 해당되지 않는다.

③ 법령 위반에는 엄격한 의미의 법령 위반뿐만 아니라 인권존중, 권력남용금지, 신의성실, 공서양속 등의 위반도 포함된다.

④ 직무행위의 범위에는 권력적 작용만이 아니라 비권력적 작용도 포함된다.

23 다음 중 집행정지에 대한 설명으로 옳지 않은 것은?

① 집행정지결정 시 기속력, 형성력이 인정된다.

② 교수임용신청에 대한 거부처분은 집행정지의 대상이 된다.

③ 당사자와 검사가 과태료 재판에 대해 즉시항고할 경우 항고는 집행정지의 효력이 있다.

④ 처분의 효력정지는 처분의 집행 또는 절차의 속행을 정지함으로써 그 목적을 달성할 수 있을 때에는 허용되지 않는다.

24 甲은 부산광역시의 건축 관련 처분에 대해 행정심판을 제기하였으나 기각판결이 나자 이에 대해 행정소송을 제기하려고 한다. 다음 중 행정소송의 피고와 관할법원이 연결된 것으로 옳은 것은?

① 부산광역시장 – 부산지방법원

② 국토교통부장관 – 서울행정법원

③ 중앙행정심판위원회 – 부산지방법원

④ 중앙행정심판위원회 – 서울행정법원

25 다음 중 「국가공무원법」상 군무원이 해당되는 공무원으로 옳은 것은?

① 일반직 공무원   ② 특정직 공무원

③ 정무직 공무원   ④ 별정직 공무원

인생의 실패는 성공이 얼마나 가까이 있는지도 모르고 포기했을 때 생긴다.

– 토마스 에디슨 –

행정법

해설편

2024 | 9급 기출문제 해설

☑ 점수 (   )점/100점   ☑ 문제편 002쪽

영역 분석

영역	문항		비율
일반행정작용법	6문항	★★★★★★	24%
행정의 실효성 확보수단	6문항	★★★★★★	24%
행정상 쟁송	4문항	★★★★	16%
행정법 서론	4문항	★★★★	16%
행정절차와 행정공개	3문항	★★★	12%
행정구제법	2문항	★★	8%

빠른 정답

01	02	03	04	05	06	07	08	09	10
②	③	④	④	③	③	②	④	①	③
11	12	13	14	15	16	17	18	19	20
③	④	②	①	④	①	①	②	①	④
21	22	23	24	25					
②	③	②	①	①					

01
정답 ②

영역 행정의 실효성 확보수단 > 행정벌   난도 하

정답의 이유

② 하나의 행위가 2 이상의 질서위반행위에 해당하는 경우에는 각 질서위반행위에 대하여 정한 과태료 중 가장 중한 과태료를 부과한다(질서위반행위규제법 제13조 제1항).

오답의 이유

① 질서위반행위규제법 제7조
③ 질서위반행위규제법 제15조 제1항
④ 질서위반행위규제법 제20조 제1항, 제2항

02
정답 ③

영역 행정법 서론 > 행정법   난도 중

정답의 이유

③ 법률우위란 행정은 법률에 위반되지 않아야 한다는 것을 의미하며, 공법적 행위뿐만 아니라 사법적(私法的) 행위에도 적용된다.

오답의 이유

① 헌법 제37조 제2항은 "국민의 모든 자유와 권리는 … 법률로써 제한할 수 있으며"라고 하여 법률유보원칙을 규정하고 있다. 여기서 '법률'이란 국회가 제정한 형식적 의미의 법률을 말한다. 입법자는 행정부로 하여금 규율하도록 입법권을 위임할 수 있으므로, 법률에 근거한 행정입법에 의해서도 기본권 제한이 가능하다. 즉 기본권 제한에 관한 법률유보원칙은 '법률에 의한 규율'을 요청하는 것이 아니라 '법률에 근거한 규율'을 요청하는 것이므로, 기본권 제한에는 법률의 근거가 필요할 뿐이고 기본권 제한의 형식이 반드시 법률의 형식일 필요는 없으므로, 법규명령, 규칙, 조례 등 실질적 의미의 법률을 통해서도 기본권 제한이 가능하다(헌재 2013.7. 25. 2012헌마167).
② 법률유보원칙은 단순히 행정작용이 법률에 근거를 두기만 하면 충분한 것이 아니라, 국가공동체와 그 구성원에게 기본적이고도 중요한 의미를 갖는 영역, 특히 국민의 기본권 실현과 관련된 영역에 있어서는 국민의 대표자인 입법자가 그 본질적 사항에 대해서 스스로 결정하여야 한다는 요구까지 내포하고 있다(헌재 1999.5.27. 98헌바70).
④ 법률우위의 원칙은 행정행위와 같은 구체적인 규율뿐만 아니라 법규명령이나 조례와 같은 행정입법 그리고 불문법까지 포함한다.

03
정답 ④

영역 일반행정작용법 > 행정행위   난도 중

정답의 이유

④ 교통안전공단이 그 사업목적에 필요한 재원으로 사용할 기금 조성을 위하여 원고와 같은 구 교통안전공단법에 정한 분담금 납부의무자에 대하여 한 분담금 납부통지는 그 납부의무자의 구체적인 분담금 납부의무를 확정시키는 효력을 갖는 행정처분이라고 보아야 할 것이고, 이는 그 분담금 체납자로부터 국세징수법에 의한 강제징수를 할 수 있음을 정한 규정이 없다고 하여도 마찬가지이다(대판 2000.9.8. 2000다12716).

오답의 이유

① 대판 2009.9.24. 2008다60568
② 대판 2008.11.13. 2008두13491
③ 대판 2019.2.14. 2016두41729

04

영역 행정상 쟁송 > 행정소송   난도 **상**

정답의 이유

④ 대판 1991.10.11, 90누5443

오답의 이유

① 도시 및 주거환경정비법(이하 '도시정비법'이라고 한다)상 주택재개발사업조합의 조합설립인가처분이 법원의 재판에 의하여 취소된 경우 그 조합설립인가처분은 소급하여 효력을 상실하고, 이에 따라 당해 주택재개발사업조합 역시 조합설립인가처분 당시로 소급하여 도시정비법상 주택재개발사업을 시행할 수 있는 행정주체인 공법인으로서의 지위를 상실하므로, 당해 주택재개발사업조합이 조합설립인가처분 취소 전에 도시정비법상 적법한 행정주체 또는 사업시행자로서 한 결의 등 처분은 달리 특별한 사정이 없는 한 소급하여 효력을 상실한다고 보아야 한다. 다만 그 효력 상실로 인한 잔존사무의 처리와 같은 업무는 여전히 수행되어야 하므로, 종전에 결의 등 처분의 법률효과를 다투는 소송에서의 당사자지위까지 함께 소멸한다고 할 수는 없다(대판 2012.3.29, 2008다95885).

② 행정소송법에 의하여 인정되는 취소소송에서 처분 등을 취소하는 확정판결의 기속력은 주로 판결의 실효성 확보를 위하여 인정되는 효력으로서 판결의 주문뿐만 아니라 그 전제가 되는 처분 등의 구체적 위법사유에 관한 이유 중의 판단에 대하여도 인정된다(대판 2001.3.23, 99두5238).

③ 징계처분의 취소를 구하는 소에서 징계사유가 될 수 없다고 판결한 사유와 동일한 사유를 내세워 행정청이 다시 징계처분을 한 것은 확정판결에 저촉되는 행정처분을 한 것으로서, 위 취소판결의 기속력이나 확정판결의 기판력에 저촉되어 허용될 수 없다(대판 1992.7.14, 92누2912).

05

영역 행정절차와 행정공개 > 정보공개와 개인정보보호   난도 **하**

정답의 이유

③ 공공기관의 장은 대통령령으로 정하는 기준에 해당하는 개인정보파일의 운용으로 인하여 정보주체의 개인정보 침해가 우려되는 경우에는 그 위험요인의 분석과 개선 사항 도출을 위한 평가를 하고 그 결과를 보호위원회에 제출하여야 한다(개인정보 보호법 제33조 제1항).

오답의 이유

① 개인정보 보호법 제15조 제1항 제7호

제15조(개인정보의 수집·이용) ① 개인정보처리자는 다음 각 호의 어느 하나에 해당하는 경우에는 개인정보를 수집할 수 있으며 그 수집 목적의 범위에서 이용할 수 있다.
1. 정보주체의 동의를 받은 경우
2. 법률에 특별한 규정이 있거나 법령상 의무를 준수하기 위하여 불가피한 경우
3. 공공기관이 법령 등에서 정하는 소관 업무의 수행을 위하여 불가피한 경우
4. 정보주체와 체결한 계약을 이행하거나 계약을 체결하는 과정에서 정보주체의 요청에 따른 조치를 이행하기 위하여 필요한 경우
5. 명백히 정보주체 또는 제3자의 급박한 생명, 신체, 재산의 이익을 위하여 필요하다고 인정되는 경우
6. 개인정보처리자의 정당한 이익을 달성하기 위하여 필요한 경우로서 명백하게 정보주체의 권리보다 우선하는 경우. 이 경우 개인정보처리자의 정당한 이익과 상당한 관련이 있고 합리적인 범위를 초과하지 아니하는 경우에 한한다.
7. 공중위생 등 공공의 안전과 안녕을 위하여 긴급히 필요한 경우

② 개인정보처리자는 다음 각 호의 사항이 포함된 개인정보의 처리방침을 정하여야 한다. 이 경우 공공기관은 제32조에 따라 등록대상이 되는 개인정보파일에 대하여 개인정보 처리방침을 정한다(개인정보 보호법 제30조 제1항).

④ 정보주체가 자신의 개인정보에 대한 열람을 공공기관에 요구하고자 할 때에는 공공기관에 직접 열람을 요구하거나 대통령령으로 정하는 바에 따라 보호위원회를 통하여 열람을 요구할 수 있다(개인정보 보호법 제35조 제2항).

06

영역 행정상 쟁송 > 행정소송   난도 **중**

정답의 이유

③ 행정처분과 동일한 사유로 위법한 처분이 반복될 위험성이 있어 행정처분의 위법성 확인 내지 불분명한 법률문제에 대한 해명이 필요한 경우에는 행정의 적법성 확보와 그에 대한 사법통제, 국민의 권리구제 확대 등의 측면에서 예외적으로 그 처분의 취소를 구할 소의 이익을 인정할 수 있다. 여기에서 '그 행정처분과 동일한 사유로 위법한 처분이 반복될 위험성이 있는 경우'란 불분명한 법률문제에 대한 해명이 필요한 상황에 대한 대표적인 예시일 뿐이며, 반드시 '해당 사건의 동일한 소송 당사자 사이에서' 반복될 위험이 있는 경우만을 의미하는 것은 아니다(대판 2020.12.24, 2020두30450).

오답의 이유

① 대판 2006.6.22, 2003두1684 전합
② 대판 2018.7.12, 2015두3485
④ 대판 2020.4.9, 2019두49953

행정소송의 종류

항고 소송	취소소송	행정청의 위법한 처분 또는 재결의 취소 또는 변경을 구하는 소송
	무효등확인 소송	행정청의 처분이나 재결의 효력유무 또는 그 존재여부를 확인하는 소송
	부작위법 확인소송	행정청의 부작위가 위법하다는 것을 확인하는 소송
당사자 소송		행정청의 처분 등을 원인으로 하는 법률관계에 관한 소송 또는 그 밖에 공법상의 법률관계에 관한 소송으로서 그 법률관계의 한쪽 당사자를 피고로 하는 소송
민중 소송		국가 또는 공공단체의 기관이 법률에 위배되는 행위를 한 때에 직접 자기의 법률상 이익과 관계없이 그 시정을 구하기 위하여 제기하는 소송
기관 소송		국가나 공공단체의 기관 상호 간에 있어서의 권한의 존부 또는 그 행사에 관한 다툼이 있을 때에 제기하는 소송

07
정답 ②

영역 일반행정작용법 > 행정상 입법 　　　　난도 **중**

정답의 이유

② 국회입법의 전속사항은 법률로만 규율되어야 하지만, 국회의 심의를 거쳐야 하는 사항은 반드시 법률로만 규율되어야 하는 것은 아니고 법규명령의 형식으로도 정할 수 있다.

오답의 이유

① 헌재 1997.10.30, 96헌바92

③ 헌재 1991.7.8, 91헌가4

④ 헌재 1996.2.29, 94헌마213

08
정답 ④

영역 일반행정작용법 > 행정상 입법 　　　　난도 **중**

정답의 이유

④ 일반적으로 법률의 위임에 따라 효력을 갖는 법규명령의 경우에 위임의 근거가 없어 무효였더라도 나중에 법 개정으로 위임의 근거가 부여되면 그때부터는 유효한 법규명령으로 볼 수 있다(대판 2017.4.20, 2015두45700 전합).

오답의 이유

① 법령자체가 추상적·일반적 내용이 아닌 구체적인 특정한 내용을 지니는 경우에는 그 법령이 쟁송의 대상이 되나 법령자체가 직접 개인의 권익에 영향을 미치지 아니하고 다만 법령에 기한 행정처분에 의하여 구체적인 권리의무가 확정되는 경우에는 그 법령자체에 대한 항고소송(취소소송)은 인정되지 아니한다.

② 대판 1962.1.25, 4294민상9

③ 대판 1999.12.24, 99두5658

09
정답 ①

영역 행정의 실효성 확보수단 > 행정조사 　　　　난도 **중**

정답의 이유

① 행정조사기본법 제17조 제1항 제3호

> **제17조(조사의 사전통지)** ① 행정조사를 실시하고자 하는 행정기관의 장은 제9조에 따른 출석요구서, 제10조에 따른 보고요구서·자료제출요구서 및 제11조에 따른 현장출입조사서(이하 "출석요구서 등"이라 한다)를 조사개시 7일 전까지 조사대상자에게 서면으로 통지하여야 한다. 다만, 다음 각 호의 어느 하나에 해당하는 경우에는 행정조사의 개시와 동시에 출석요구서 등을 조사대상자에게 제시하거나 행정조사의 목적 등을 조사대상자에게 구두로 통지할 수 있다.
> 1. 행정조사를 실시하기 전에 관련 사항을 미리 통지하는 때에는 증거인멸 등으로 행정조사의 목적을 달성할 수 없다고 판단되는 경우
> 2. 「통계법」 제3조 제2호에 따른 지정통계의 작성을 위하여 조사하는 경우
> 3. 제5조 단서에 따라 조사대상자의 자발적인 협조를 얻어 실시하는 행정조사의 경우

오답의 이유

② 구 국세기본법 제81조의5가 정한 세무조사대상 선정사유가 없음에도 세무조사대상으로 선정하여 과세자료를 수집하고 그에 기하여 과세처분을 하는 것은 적법절차의 원칙을 어기고 구 국세기본법 제81조의5와 제81조의3 제1항을 위반한 것으로서 특별한 사정이 없는 한 과세처분은 위법하다(대판 2014.6.26, 2012두911).

③ 대판 2011.3.10, 2009두23617

④ 대판 2016.12.15, 2016두47659

행정조사
- 목적: 그 자체가 목적이 아니라 일정한 행정작용을 실현시키기 위하여 필요한 자료 및 정보를 수집하는 '준비적·보조적 작용'
- 기능: 직접적 실력행사× → 벌칙에 의한 행정벌 또는 불이익처분에 의해 행정조사를 수인시킴
- 성질: 권력적 조사 외에 '비권력적 조사'도 포함

10

영역 행정법 서론 > 행정법　　　　　　　　　　　　난도 **하**

정답의 이유

③ 과태료 부과 및 징수에 관한 사항에 대하여는 행정기본법을 적용하지 않는다(행정기본법 제36조 제7항 제6호). 그러나 과징금에 관한 사항에 대해서는 행정기본법을 적용한다.

오답의 이유

① 행정기본법 제36조 제1항
② 행정기본법 제36조 제3항
④ 행정기본법 제36조 제5항

> **제36조(처분에 대한 이의신청)** ① 행정청의 처분(「행정심판법」 제3조에 따라 같은 법에 따른 행정심판의 대상이 되는 처분을 말한다. 이하 이 조에서 같다)에 이의가 있는 당사자는 처분을 받은 날부터 30일 이내에 해당 행정청에 이의신청을 할 수 있다.
> ② 행정청은 제1항에 따른 이의신청을 받으면 그 신청을 받은 날부터 14일 이내에 그 이의신청에 대한 결과를 신청인에게 통지하여야 한다. 다만, 부득이한 사유로 14일 이내에 통지할 수 없는 경우에는 그 기간을 만료일 다음 날부터 기산하여 10일의 범위에서 한 차례 연장할 수 있으며, 연장 사유를 신청인에게 통지하여야 한다.
> ③ 제1항에 따라 이의신청을 한 경우에도 그 이의신청과 관계없이 「행정심판법」에 따른 행정심판 또는 「행정소송법」에 따른 행정소송을 제기할 수 있다.
> ④ 이의신청에 대한 결과를 통지받은 후 행정심판 또는 행정소송을 제기하려는 자는 그 결과를 통지받은 날(제2항에 따른 통지기간 내에 결과를 통지받지 못한 경우에는 같은 항에 따른 통지기간이 만료되는 날의 다음 날을 말한다)부터 90일 이내에 행정심판 또는 행정소송을 제기할 수 있다.
> ⑤ 다른 법률에서 이의신청과 이에 준하는 절차에 대하여 정하고 있는 경우에도 그 법률에서 규정하지 아니한 사항에 관하여는 이 조에서 정하는 바에 따른다.
> ⑥ 제1항부터 제5항까지에서 규정한 사항 외에 이의신청의 방법 및 절차 등에 관한 사항은 대통령령으로 정한다.
> ⑦ 다음 각 호의 어느 하나에 해당하는 사항에 관하여는 이 조를 적용하지 아니한다.
> 　1. 공무원 인사 관계 법령에 따른 징계 등 처분에 관한 사항
> 　2. 「국가인권위원회법」 제30조에 따른 진정에 대한 국가인권위원회의 결정
> 　3. 「노동위원회법」 제2조의2에 따라 노동위원회의 의결을 거쳐 행하는 사항
> 　4. 형사, 행형 및 보안처분 관계 법령에 따라 행하는 사항
> 　5. 외국인의 출입국·난민인정·귀화·국적회복에 관한 사항
> 　6. 과태료 부과 및 징수에 관한 사항

11

영역 행정구제법 > 손해전보제도　　　　　　　　　　난도 **중**

정답의 이유

③ 동일한 손해가 공무원의 직무상 불법행위와 영조물 설치·관리상 하자로 인하여 발생된 경우, 이는 국가배상법 제2조(배상책임)와 제5조(공공시설 등의 하자로 인한 책임) 모두에 국가배상책임이 성립하며 둘 중 선택하여 국가배상을 청구할 수 있다.

오답의 이유

① 대판 2003.10.23, 2001다48057
② 대판 2014.6.26, 2011다85413
④ 국가배상법 제15조 제1항, 제3항

> **제15조(신청인의 동의와 배상금 지급)** ① 배상결정을 받은 신청인은 지체 없이 그 결정에 대한 동의서를 첨부하여 국가나 지방자치단체에 배상금 지급을 청구하여야 한다.
> ② 배상금 지급에 관한 절차, 지급기관, 지급시기, 그 밖에 필요한 사항은 대통령령으로 정한다.
> ③ 배상결정을 받은 신청인이 배상금 지급을 청구하지 아니하거나 지방자치단체가 대통령령으로 정하는 기간 내에 배상금을 지급하지 아니하면 그 결정에 동의하지 아니한 것으로 본다.

12

영역 행정의 실효성 확보수단 > 행정상 강제　　　　　난도 **중**

정답의 이유

④ 위원회는 제1항 본문에 따라 직접 처분을 하였을 때에는 그 사실을 해당 행정청에 통보하여야 하며, 그 통보를 받은 행정청은 위원회가 한 처분을 자기가 한 처분으로 보아 관계 법령에 따라 관리·감독 등 필요한 조치를 하여야 한다(행정심판법 제50조 제2항).

오답의 이유

① 행정심판법 제50조의2 제1항

> **제50조의2(위원회의 간접강제)** ① 위원회는 피청구인이 제49조 제2항(제49조 제4항에서 준용하는 경우를 포함) 또는 제3항에 따른 처분을 하지 아니하면 청구인의 신청에 의하여 결정으로 상당한 기간을 정하고 피청구인이 그 기간 내에 이행하지 아니하는 경우에는 그 지연기간에 따라 일정한 배상을 하도록 명하거나 즉시 배상을 할 것을 명할 수 있다.

② 행정심판법 제50조의2 제4항

> **제50조의2(위원회의 간접강제)** ④ 청구인은 제1항 또는 제2항에 따른 결정에 불복하는 경우 그 결정에 대하여 행정소송을 제기할 수 있다.

③ 행정심판법 제49조 제3항

> **제49조(재결의 기속력 등)** ③ 당사자의 신청을 거부하거나 부작위로 방치한 처분의 이행을 명하는 재결이 있으면 행정청은 지체 없이 이전의 신청에 대하여 재결의 취지에 따라 처분을 하여야 한다.

13

영역 행정의 실효성 확보수단 > 행정상 강제　　　　　난도 **상**

정답의 이유

② 피수용자 등이 기업자에 대하여 부담하는 수용대상 토지의 인도의무에 관한 구 토지수용법 제63조, 제64조, 제77조 규정에서의 '인도'에는 명도도 포함되는 것으로 보아야 하고, 이러한 명도의무는 그것을 강제적으로 실현하면서 직접적인 실력행사가 필요한 것이지 대체적 작위의무라고 볼 수 없으므로 특별한 사정이 없는 한 행정대집행법에 의한 대집행의 대상이 될 수 있는 것이 아니다(대판 2005.8.19, 2004다2809).

오답의 이유

① 하천유수인용(하천류수인용)허가신청이 불허되었음을 이유로 하천유수인용행위를 중단할 것과 이를 불이행할 경우 행정대집행법에 의하여 대집행하겠다는 내용의 계고처분은 대집행의 대상이 될 수 없는 부작위의무에 대한 것으로서 그 자체로 위법함이 명백한 바, 이러한 경우 법원으로서는 마땅히 석명권을 행사하여 원고로 하여금 위 계고처분의 위법사유를 밝히게 하고, 나아가 위와 같은 법리에 따라 그 취소 여부를 가려 보아야 한다(대판 1998.10.2, 96누5445).

③ 대판 1993.6.8, 93누6164

④ 대판 1992.6.12, 91누13564

14

영역 일반행정작용법 > 공법상 계약　　　　　　　난도 **중**

정답의 이유

① 시 · 군조합의 설립은 공법상 합동행위에 해당한다.

오답의 이유

② 공법상 계약은 공법적 법률관계에 관한 계약으로서 일반적인 사항에 관해서는 민법상 계약이나 법률행위에 관한 규정이 적용되는 것을 전제로 체결된다. 따라서 공법상 계약의 이행지체, 불완전이행 등 급부 장애가 발생될 경우 민법상의 규정을 유추적용한다.

③ 대판 1996.5.31, 95누10617

④ 대판 2015.8.27, 2015두41449

공법상 계약의 성립요건

주체	정당한 권한을 가진 행정청. 공무원은 행정청을 대표하는 권한을 가질 것
내용	• 원칙: 당사자 간 합의, 사인의 급부는 공법상 계약의 목적에 부합하여야 하고 행정청의 급부와 합리적인 관계(부당결부금지의 원칙) • 예외: 부합계약(행정주체가 일방적으로 내용을 정하고, 상대방은 체결 여부만을 선택)
형식	• 문서와 구두 모두 가능하나, 문서가 바람직 • 공법상 계약이 다른 행정청의 동의가 필요한 행정행위를 대체하는 경우에는 해당 동의가 필요하고, 제3자의 권리를 침해하는 경우에는 제3자의 동의도 필요
절차	일반법은 없으며, 판례는 공법상 계약에는 행정절차법이 적용되지 않는다고 봄

15

영역 행정법 서론 > 행정법상 일반원칙　　　　　난도 **중**

정답의 이유

④ 국세기본법 제15조, 제18조 제3항의 규정이 정하는 신의칙 내지 비과세관행이 성립되었다고 하려면 장기간에 걸쳐 어떤 사항에 대하여 과세하지 아니하였다는 객관적 사실이 존재할 뿐만 아니라 과세관청 자신이 그 사항에 대하여 과세할 수 있음을 알면서도 어떤 특별한 사정에 의하여 과세하지 않는다는 의사가 있고 이와 같은 의사가 대외적으로 명시적 또는 묵시적으로 표시될 것임을 요한다고 해석되며, 특히 그 의사표시가 납세자의 추상적인 질의에 대한 일반론적인 견해표명에 불과한 경우에는 위 원칙의 적용을 부정하여야 한다(대판 1993.7.27, 90누10384). 즉, 추상적 질의에 대한 일반적 견해표명에 불과한 경우에는 공적 견해의 표명으로 볼 수 없다.

오답의 이유

① 도시관리계획을 고시한 것만으로는 피고가 이 사건 도시관리계획의 유지나 원고들의 이 사건 사업 시행에 관한 공적인 견해를 표명하였다고 보기 어렵다(대판 2018.10.12, 2015두50382).

② 법치주의는 정의의 실현과 아울러 법적 안정성 내지 신뢰보호를 목표로 삼는다. 따라서 대법원과 헌법재판소는 헌법의 기본원리인 법치주의 원리에서 신뢰보호원칙이 도출된다고 본다.

③ 행정청이 상대방에게 장차 어떤 처분을 하겠다고 확약 또는 공적인 의사표명을 하였다고 하더라도, 그 자체에서 상대방으로 하여금 언제까지 처분의 발령을 신청을 하도록 유효기간을 두었는데도 그 기간 내에 상대방의 신청이 없었다거나 확약 또는 공적인 의사표명이 있은 후에 사실적 · 법률적 상태가 변경되었다면, 그와 같은 확약 또는 공적인 의사표명은 행정청의 별다른 의사표시를 기다리지 않고 실효된다(대판 1996.8.20, 95누10877). 즉, 사정 변경

이 생긴 경우 신뢰보호원칙의 적용이 제한될 수 있다고 보는 것이 판례의 태도이다.

16 정답 ①

정답의 이유

① 대판 2020.3.2, 2017두41771

오답의 이유

② 광주광역시문화예술회관장의 단원 위촉은 광주광역시문화예술회관장이 행정청으로서 공권력을 행사하여 행하는 행정처분이 아니라 공법상의 근무관계의 설정을 목적으로 하여 광주광역시와 단원이 되고자 하는 자 사이에 대등한 지위에서 의사가 합치되어 성립하는 공법상 근로계약에 해당한다고 보아야 할 것이므로, 광주광역시립합창단원으로서 위촉기간이 만료되는 자들의 재위촉 신청에 대하여 광주광역시문화예술회관장이 실기와 근무성적에 대한 평정을 실시하여 재위촉을 하지 아니한 것을 항고소송의 대상이 되는 불합격처분이라고 할 수는 없다(대판 2001.12.11, 2001두7794).

③ 민주화운동관련자 명예회복 및 보상 등에 관한 법률 제17조는 보상금 등의 지급에 관한 소송의 형태를 규정하고 있지 않지만, 위 규정 전단에서 말하는 보상금 등의 지급에 관한 소송은 '민주화운동관련자 명예회복 및 보상 심의위원회'의 보상금 등의 지급신청에 관하여 전부 또는 일부를 기각하는 결정에 대한 불복을 구하는 소송이므로 취소소송을 의미한다고 보아야 한다(대판 2008.4.17, 2005두16185 전합).

④ 공무원연금관리공단이 법령의 개정 사실과 퇴직연금 수급자가 퇴직연금 중 일부 금액의 지급정지 대상자가 되었다는 사실을 통보한 것은 단지 법령에서 정한 사유의 발생으로 퇴직연금 중 일부 금액의 지급이 정지된다는 점을 알려주는 관념의 통지에 불과하고, 그로 인하여 비로소 지급이 정지되는 것은 아니므로 항고소송의 대상이 되는 행정처분으로 볼 수 없다(대판 2004.12.24, 2003두15195).

17 정답 ①

정답의 이유

① 국가 또는 지방자치단체라 할지라도 공권력의 행사가 아니고 단순한 사경제의 주체로 활동하였을 경우에는 그 손해배상책임에 국가배상법이 적용될 수 없고 민법상의 사용자책임 등이 인정되는 것이고 국가의 철도운행사업은 국가가 공권력의 행사로서 하는 것이 아니고 사경제적 작용이라 할 것이므로, 이로 인한 사고에 공무원이 간여하였다고 하더라도 국가배상법을 적용할 것이 아니고 일반 민법의 규정에 따라야 하므로, 국가배상법상의 배상전치절차를 거

칠 필요가 없으나, 공공의 영조물인 철도시설물의 설치 또는 관리의 하자로 인한 불법행위를 원인으로 하여 국가에 대하여 손해배상청구를 하는 경우에는 국가배상법이 적용되므로 배상전치절차를 거쳐야 한다(대판 1999.6.22, 99다7008).

오답의 이유

② 국가배상청구의 요건인 '공무원의 직무'에는 권력적 작용만이 아니라 비권력적 작용도 포함되며 단지 행정주체가 사경제주체로서 하는 활동만 제외된다(대판 2001.1.5, 98다39060).

③ 어떠한 행정처분이 후에 항고소송에서 취소되었다고 할지라도 그 기판력에 의하여 당해 행정처분이 곧바로 공무원의 고의 또는 과실로 인한 것으로서 불법행위를 구성한다고 단정할 수는 없는 것이고, 그 행정처분의 담당공무원이 보통 일반의 공무원을 표준으로 하여 볼 때 객관적 주의의무를 결하여 그 행정처분이 객관적 정당성을 상실하였다고 인정될 정도에 이른 경우에 국가배상법 제2조 소정의 국가배상책임의 요건을 충족하였다고 봄이 상당할 것이며, 이 때에 객관적 정당성을 상실하였는지 여부는 피침해이익의 종류 및 성질, 침해행위가 되는 행정처분의 태양 및 그 원인, 행정처분의 발동에 대한 피해자측의 관여의 유무, 정도 및 손해의 정도 등 제반 사정을 종합하여 손해의 전보책임을 국가 또는 지방자치단체에게 부담시켜야 할 실질적인 이유가 있는지 여부에 의하여 판단하여야 한다(대판 2000.5.12, 99다70600).

④ 공무원이 직무수행 중 불법행위로 타인에게 손해를 입힌 경우에 국가 등이 국가배상책임을 부담하는 외에 공무원 개인도 고의 또는 중과실이 있는 경우에는 불법행위로 인한 손해배상책임을 지고, 공무원에게 경과실이 있을 뿐인 경우에는 공무원 개인은 손해배상책임을 부담하지 아니한다. 이처럼 경과실이 있는 공무원이 피해자에 대하여 손해배상책임을 부담하지 아니함에도 피해자에게 손해를 배상하였다면 그것은 채무자 아닌 사람이 타인의 채무를 변제한 경우에 해당하고, 이는 민법 제469조의 '제3자의 변제' 또는 민법 제744조의 '도의관념에 적합한 비채변제'에 해당하여 피해자는 공무원에 대하여 이를 반환할 의무가 없고, 그에 따라 피해자의 국가에 대한 손해배상청구권이 소멸하여 국가는 자신의 출연 없이 채무를 면하게 되므로, 피해자에게 손해를 직접 배상한 경과실이 있는 공무원은 특별한 사정이 없는 한 국가에 대하여 국가의 피해자에 대한 손해배상책임의 범위 내에서 공무원이 변제한 금액에 관하여 구상권을 취득한다고 봄이 타당하다(대판 2014.8.20, 2012다54478).

18 정답 ②

정답의 이유

② 청구인이 공공기관에 대하여 정보공개를 청구하였다가 거부처분을 받은 이상, 그 자체로 공개거부처분의 취소를 구할 법률상 이익이 인정되고, 그 외에 추가로 어떤 법률상 이익이 있을 것을 요하지 않는다(대판 2022.5.26, 2022두34562).

오답의 이유

① 공공기관의 정보공개에 관한 법률 제11조 제1항
③ 공공기관의 정보공개에 관한 법률 제19조 제1항, 제2항

> 제19조(행정심판) ① 청구인이 정보공개와 관련한 공공기관의 결정에 대하여 불복이 있거나 정보공개 청구 후 20일이 경과하도록 정보공개 결정이 없는 때에는 「행정심판법」에서 정하는 바에 따라 행정심판을 청구할 수 있다. 이 경우 국가기관 및 지방자치단체 외의 공공기관의 결정에 대한 감독행정기관은 관계 중앙행정기관의 장 또는 지방자치단체의 장으로 한다.
> ② 청구인은 제18조에 따른 이의신청 절차를 거치지 아니하고 행정심판을 청구할 수 있다.

④ 공공기관의 정보공개에 관한 법률상 공개청구의 대상이 되는 정보란 공공기관이 직무상 작성 또는 취득하여 현재 보유ㆍ관리하고 있는 문서에 한정되는 것이기는 하나, 그 문서가 반드시 원본일 필요는 없다(대판 2006.5.25, 2006두3049).

19 정답 ①

정답의 이유

① 당사자소송은 국가ㆍ공공단체 그 밖의 권리주체를 피고로 한다(행정소송법 제39조).

오답의 이유

②ㆍ③ 민중소송 및 기관소송은 법률이 정한 경우에 법률에 정한 자에 한하여 제기할 수 있다(행정소송법 제45조).
④ 국가의 사무를 위임 또는 위탁받은 공공단체 또는 그 장 해당하는 피고에 대하여 취소소송을 제기하는 경우에는 대법원소재지를 관할하는 행정법원에 제기할 수 있다(행정소송법 제9조 제2항 제2호).

> 제9조(재판관할) ② 제1항에도 불구하고 다음 각 호의 어느 하나에 해당하는 피고에 대하여 취소소송을 제기하는 경우에는 대법원소재지를 관할하는 행정법원에 제기할 수 있다.
>   1. 중앙행정기관, 중앙행정기관의 부속기관과 합의제행정기관 또는 그 장
>   2. 국가의 사무를 위임 또는 위탁받은 공공단체 또는 그 장

20 정답 ④

정답의 이유

④ 행정행위의 부관은 부담인 경우를 제외하고는 독립하여 행정소송의 대상이 될 수 없는바, 기부채납받은 행정재산에 대한 사용ㆍ수익허가에서 공유재산의 관리청이 정한 사용ㆍ수익허가의 기간은 그 허가의 효력을 제한하기 위한 행정행위의 부관으로서 이러한 사용ㆍ수익허가의 기간에 대해서는 독립하여 행정소송을 제기할 수 없다(대판 2001.6.15, 99두509).

오답의 이유

① 대판 2009.2.12, 2005다65500
② 행정기본법 제17조 제2항
③ 기한 중에는 도래하는 시기가 확실한 확정기한 외에 도래할 것은 확실하나 그 시기가 불확실한 불확정기한(예 사망 시 연금지급)이 있는데, 불확정기한을 부관으로 부가하는 것도 가능하다.

21 정답 ②

정답의 이유

② 도로교통법 제118조에서 규정하는 경찰서장의 통고처분은 행정소송의 대상이 되는 행정처분이 아니므로 그 처분의 취소를 구하는 소송은 부적법하다고 할 것이다. 도로교통법상의 통고처분을 받은 자가 그 처분에 대하여 이의가 있는 경우에는 통고처분에 따른 범칙금의 납부를 이행하지 아니함으로써 경찰서장의 즉결심판 청구에 의하여 법원의 심판을 받을 수 있게 될 뿐이다(대판 1995. 6.29, 95누4674).

오답의 이유

① 양벌규정에 의한 영업주의 처벌은 금지위반행위자인 종업원의 처벌에 종속하는 것이 아니라 독립하여 그 자신의 종업원에 대한 선임감독상의 과실로 인하여 처벌되는 것이므로 영업주의 위 과실책임을 묻는 경우 금지위반행위자인 종업원에게 구성요건상의 자격이 없다고 하더라도 영업주의 범죄성립에는 아무런 지장이 없다(대판 1987.11.10, 87도1213).
③ 관세법 제284조 제1항, 제311조, 제312조, 제318조의 규정에 의하면, 관세청장 또는 세관장은 관세범에 대하여 통고처분을 할 수 있고, 범죄의 정상이 징역형에 처하여질 것으로 인정되는 때에는 즉시 고발하여야 하며, 관세범인이 통고를 이행할 수 있는 자금능력이 없다고 인정되거나 주소 및 거소의 불명 기타의 사유로 인하여 통고를 하기 곤란하다고 인정되는 때에도 즉시 고발하여야 하는바, 이들 규정을 종합하여 보면, 통고처분을 할 것인지의 여부는 관세청장 또는 세관장의 재량에 맡겨져 있고, 따라서 관세청장 또는 세관장이 관세범에 대하여 통고처분을 하지 아니한 채 고발하

였다는 것만으로는 그 고발 및 이에 기한 공소의 제기가 부적법하게 되는 것은 아니다(대판 2007.5.11, 2006도1993).
④ 지방자치단체가 그 고유의 자치사무를 처리하는 경우에는 지방자치단체는 국가기관의 일부가 아니라 국가기관과는 별도의 독립한 공법인이므로, 지방자치단체 소속 공무원이 지방자치단체 고유의 자치사무를 수행하던 중 도로법 제81조 내지 제85조의 규정에 의한 위반행위를 한 경우에는 지방자치단체는 도로법 제86조의 양벌규정에 따라 처벌대상이 되는 법인에 해당한다(대판 2005.11.10, 2004도2657).

22

정답 ③

영역 일반행정작용법 > 행정행위　　　　　　　　**난도** 상

정답의 이유

③ 법률에 근거하여 행정처분이 발하여진 후에 헌법재판소가 그 행정처분의 근거가 된 법률을 위헌으로 결정하였다면 결과적으로 행정처분은 법률의 근거가 없이 행하여진 것과 마찬가지가 되어 하자가 있는 것이 되나, 하자 있는 행정처분이 당연무효가 되기 위하여는 그 하자가 중대할 뿐만 아니라 명백한 것이어야 하는데, 일반적으로 법률이 헌법에 위반된다는 사정이 헌법재판소의 위헌결정이 있기 전에는 객관적으로 명백한 것이라고 할 수는 없으므로 헌법재판소의 위헌결정 전에 행정처분의 근거되는 당해 법률이 헌법에 위반된다는 사유는 특별한 사정이 없는 한 그 행정처분의 취소소송의 전제가 될 수 있을 뿐 당연무효사유는 아니라고 봄이 상당하다(대판 1994.10.28, 92누9463).

오답의 이유

① 행정행위에 하자가 있는가의 여부는 원칙적으로 행정행위가 외부에 표시되는 시점을 기준으로 판단하여야 한다. 즉 행정행위의 발급시점이 하자판단의 기준시점이 된다. 이에 따라 사법심사에 있어서 하자유무에 대한 판단자료도 원칙적으로 행정행위의 발급 시에 제출된 것에 한정된다.
② 무효등확인심판은 행정청의 처분의 효력 유무 또는 존재여부를 확인하는 행정심판을 말하는 것으로, 행정소송법이나 행정심판법에서 무효와 부존재는 구별된다.
④ 대판 1993.8.13, 93누2148

23

정답 ②

영역 행정법 서론 > 행정상 법률관계　　　　　　　**난도** 상

정답의 이유

② 광주광역시문화예술회관장의 단원 위촉은 광주광역시문화예술회관장이 행정청으로서 공권력을 행사하여 행하는 행정처분이 아니라 공법상의 근무관계의 설정을 목적으로 하여 광주광역시와 단원이 되고자 하는 자 사이에 대등한 지위에서 의사가 합치되어 성립하는 공법상 근로계약에 해당한다고 보아야 할 것이므로, 광주광역시립합창단원으로서 위촉기간이 만료되는 자들의 재위촉 신청에 대하여 광주광역시문화예술회관장이 실기와 근무성적에 대한 평정을 실시하여 재위촉을 하지 아니한 것을 항고소송의 대상이 되는 불합격처분이라고 할 수는 없다(대판 2001.12.11, 2001두7794).

오답의 이유

① 국유재산법 제42조 제1항, 제73조 제2항 제2호에 따르면, 국유 일반재산의 관리·처분에 관한 사무를 위탁받은 자는 국유 일반재산의 대부료 등이 납부기한까지 납부되지 아니한 경우에는 국세징수법 제23조와 같은 법의 체납처분에 관한 규정을 준용하여 대부료 등을 징수할 수 있다. 이와 같이 국유 일반재산의 대부료 등의 징수에 관하여는 국세징수법 규정을 준용한 간이하고 경제적인 특별구제절차가 마련되어 있으므로, 특별한 사정이 없는 한 민사소송의 방법으로 대부료 등의 지급을 구하는 것은 허용되지 아니한다(대판 2014.9.4, 2014다203588).
③ 이 사건 해지통보는 단순히 대등한 당사자의 지위에서 형성된 공법상계약을 계약당사자의 지위에서 종료시키는 의사표시에 불과하다고 볼 것이 아니라 행정청인 관리권자로부터 관리업무를 위탁받은 피고가 우월적 지위에서 원고에게 일정한 법률상 효과를 발생하게 하는 것으로서 항고소송의 대상이 되는 행정처분에 해당한다고 보아야 할 것이다(대판 2011.6.30, 2010두23859).
④ 행정절차에 관한 일반법인 행정절차법은 행정청을 "행정에 관한 의사를 결정하여 표시하는 국가 또는 지방자치단체의 기관", "그 밖에 법령 또는 자치법규에 따라 행정권한을 가지고 있거나 위임 또는 위탁받은 공공단체 또는 그 기관이나 사인(私人)"이라고 정의하고 있고(제2조 제1호), 행정소송법도 "이 법을 적용함에 있어서 행정청에는 법령에 의하여 행정권한의 위임 또는 위탁을 받은 행정기관, 공공단체 및 그 기관 또는 사인이 포함된다."라고 규정하고 있다(제2조 제2항). … 공공기관운영법 제39조 제2항과 그 하위법령에 따른 입찰참가자격제한 조치는 '구체적 사실에 관한 법집행으로서의 공권력의 행사'로서 행정처분에 해당한다. 공공기관운영법은 공공기관을 공기업, 준정부기관, 기타공공기관으로 구분하고(제5조), 그중에서 공기업, 준정부기관에 대해서는 입찰참가자격제한처분을 할 수 있는 권한을 부여하였다(대판 2020.5.28, 2017두66541).

24

영역 행정의 실효성 확보수단 > 행정상 강제   난도 **중**

정답의 이유

① 대판 2017.4.13, 2013다207941

오답의 이유

② 한국토지공사법의 규정에 의하여 본래 시 · 도지사나 시장 · 군수 또는 구청장의 업무에 속하는 대집행권한을 한국토지공사에게 위탁하도록 되어 있는바, 한국토지공사는 이러한 법령의 위탁에 의하여 대집행을 수권받은 자로서 공무인 대집행을 실시함에 따르는 권리 · 의무 및 책임이 귀속되는 행정주체의 지위에 있다고 볼 것이지 지방자치단체 등의 기관으로서 국가배상법 제2조 소정의 공무원에 해당한다고 볼 것은 아니다(대판 2010.1.28, 2007다82950).

③ 이행강제금은 부작위의무나 비대체적 작위의무 위반의 경우뿐만 아니라 대체적 작위의무 위반에 대하여도 부과될 수 있다(헌재 2011.10.25, 2009헌바140).

④ 체납자 등에 대한 공매통지는 국가의 강제력에 의하여 진행되는 공매에서 체납자 등의 권리 내지 재산상의 이익을 보호하기 위하여 법률로 규정한 절차적 요건이라고 보아야 하며, 공매처분을 하면서 체납자 등에게 공매통지를 하지 않았거나 공매통지를 하였더라도 그것이 적법하지 아니한 경우에는 절차상의 흠이 있어 그 공매처분이 위법하게 되는 것이지만, 공매통지 자체가 그 상대방인 체납자 등의 법적 지위나 권리 · 의무에 직접적인 영향을 주는 행정처분에 해당한다고 할 것은 아니므로 다른 특별한 사정이 없는 한 체납자 등은 공매통지의 결여나 위법을 들어 공매처분의 취소 등을 구할 수 있는 것이지 공매통지 자체를 항고소송의 대상으로 삼아 그 취소 등을 구할 수는 없다(대판 2011.3.24, 2010두25527).

25

영역 행정절차와 행정공개 > 행정절차법   난도 **하**

정답의 이유

① 당사자가 요청한 경우는 해당하지 않는다(행정절차법 제22조 제1항).

> **제22조(의견청취)** ① 행정청이 처분을 할 때 다음 각 호의 어느 하나에 해당하는 경우에는 청문을 한다.
> 1. 다른 법령 등에서 청문을 하도록 규정하고 있는 경우
> 2. 행정청이 필요하다고 인정하는 경우
> 3. 다음 각 목의 처분을 하는 경우
>   가. 인허가 등의 취소
>   나. 신분 · 자격의 박탈
>   다. 법인이나 조합 등의 설립허가의 취소

오답의 이유

② 행정청이 당사자와 사이에 도시계획사업의 시행과 관련한 협약을 체결하면서 관계 법령 및 행정절차법에 규정된 청문의 실시 등 의견청취절차를 배제하는 조항을 두었다고 하더라도, 국민의 행정참여를 도모함으로써 행정의 공정성 · 투명성 및 신뢰성을 확보하고 국민의 권익을 보호한다는 행정절차법의 목적 및 청문제도의 취지 등에 비추어 볼 때, 위와 같은 협약의 체결로 청문의 실시에 관한 규정의 적용을 배제할 수 있다고 볼 만한 법령상의 규정이 없는 한, 이러한 협약이 체결되었다고 하여 청문의 실시에 관한 규정의 적용이 배제된다거나 청문을 실시하지 않아도 되는 예외적인 경우에 해당한다고 할 수 없다(대판 2004.7.8, 2002두8350).

③ 행정절차법 제35조 제2항

④ 행정절차법 제35조의2

2024 | 7급 기출문제 해설

✅ 점수 (　　)점/100점　✅ 문제편 009쪽

영역 분석

일반행정작용법	10문항	★★★★★★★★★★	40%
행정법 서론	5문항	★★★★★	20%
행정의 실효성 확보수단	3문항	★★★	12%
행정상 쟁송	2문항	★★	8%
행정조직법	2문항	★★	8%
행정절차와 행정공개	2문항	★★	8%
행정구제법	1문항	★	4%

빠른 정답

01	02	03	04	05	06	07	08	09	10
③	①	①	②	②	④	②	②	④	④
11	12	13	14	15	16	17	18	19	20
②	②	①	③	①	①	③	③	④	③
21	22	23	24	25					
④	③	①	④	④					

01

정답 ③

영역 일반행정작용법 > 행정행위　　난도 **하**

[정답의 이유]

③ 행정기본법 제17조 제3항 제2호

[오답의 이유]

① 행정기본법 제17조 제4항 제2호

> **제17조(부관)** ④ 부관은 다음 각 호의 요건에 적합하여야 한다.
> 1. 해당 처분의 목적에 위배되지 아니할 것
> 2. 해당 처분과 실질적인 관련이 있을 것
> 3. 해당 처분의 목적을 달성하기 위하여 필요한 최소한의 범위일 것

② 행정기본법 제17조 제2항

> **제17조(부관)** ② 행정청은 처분에 재량이 없는 경우에는 법률에 근거가 있는 경우에 부관을 붙일 수 있다.

④ 행정기본법 제17조 제3항

> **제17조(부관)** ③ 행정청은 부관을 붙일 수 있는 처분이 다음 각 호의 어느 하나에 해당하는 경우에는 그 처분을 한 후에도 부관을 새로 붙이거나 종전의 부관을 변경할 수 있다.
> 1. 법률에 근거가 있는 경우
> 2. 당사자의 동의가 있는 경우
> 3. 사정이 변경되어 부관을 새로 붙이거나 종전의 부관을 변경하지 아니하면 해당 처분의 목적을 달성할 수 없다고 인정되는 경우

02

정답 ①

영역 행정의 실효성 확보수단 > 행정조사　　난도 **하**

[정답의 이유]

① 행정조사는 법령 등의 위반에 대한 처벌보다는 법령 등을 준수하도록 유도하는 데 중점을 두어야 한다(행정조사기본법 제4조 제4항).

[오답의 이유]

② 행정조사기본법 제5조

③ 행정조사기본법 제8조 제1항

④ 행정조사기본법 제8조 제2항

03

정답 ①

영역 행정상 쟁송 > 행정심판　　난도 **중**

[정답의 이유]

ㄱ. 행정심판법 제3조 제2항

ㄴ. 행정심판법 제4조 제3항

ㄷ. 행정심판법 제14조

[오답의 이유]

ㄹ. 여러 명의 청구인이 공동으로 심판청구를 할 때에는 청구인들 중에서 3명 이하의 선정대표자를 선정할 수 있다(행정심판법 제15조 제1항).

ㅁ. 선정대표자는 다른 청구인들을 위하여 그 사건에 관한 모든 행위를 할 수 있다. 다만, 심판청구를 취하하려면 다른 청구인들의 동의를 받아야 하며, 이 경우 동의받은 사실을 서면으로 소명하여야 한다(행정심판법 제15조 제3항).

04

영역 행정조직법 > 지방자치법	난도 상

정답의 이유

② 지방자치단체는 법령을 위반하여 사무를 처리할 수 없으며, 시·군 및 자치구는 해당 구역을 관할하는 시·도의 조례를 위반하여 사무를 처리할 수 없다(지방자치법 제12조 제3항).

오답의 이유

① 지방자치법 제11조 제2항

③ 지방자치법 제11조 제1항

④ 지방자치법 제11조 제3항

05
정답 ②

영역 행정절차와 행정공개 > 정보공개와 개인정보보호	난도 중

정답의 이유

② 공공기관의 정보공개에 관한 법률 제5조 제2항, 시행령 제3조

> **제5조(정보공개 청구권자)** ② 외국인의 정보공개 청구에 관하여는 대통령령으로 정한다.
>
> **시행령 제3조(외국인의 정보공개 청구)** 법 제5조 제2항에 따라 정보공개를 청구할 수 있는 외국인은 다음 각 호의 어느 하나에 해당하는 자로 한다.
> 1. 국내에 일정한 주소를 두고 거주하거나 학술·연구를 위하여 일시적으로 체류하는 사람
> 2. 국내에 사무소를 두고 있는 법인 또는 단체

오답의 이유

① 공공기관의 정보공개에 관한 법률 제6조 제1항

② 공공기관의 정보공개에 관한 법률 제6조 제3항

④ 공공기관의 정보공개에 관한 법률 제8조 제2항

06
정답 ④

영역 행정의 실효성 확보수단 > 행정벌	난도 상

정답의 이유

ㄱ. 질서위반행위규제법 제정 전 과태료는 민사법 또는 소송법상의 질서위반을 대상으로 법원에 의해 부과되는 민사적 제재 수단으로 사용되었다. 이는 현재도 남아있으며, 질서위반행위규제법의 적용대상에서는 제외된다.

ㄴ. 과태료는 행정상 질서벌에 해당하는 질서위반행위에 대한 제재이다. 과태료는 행정상의 의무에 대한 위반정도가 비교적 경미하여 직접적으로 행정목적이나 사회목적을 침해하지는 않지만 간접적으로 행정상의 질서에 장애를 초래할 위험성이 존재하는 정도의 단순·경미한 의무위반행위에 대하여 과하는 금전적 제재에 해당한다.

ㄷ·ㄹ. 구 건축법 제56조의2 제1, 4, 5항 등에 의하면, 부과된 과태료처분에 대하여 불복이 있는 자는 그 처분이 있음을 안 날로부터 30일 이내에 당해 부과권자에게 이의를 제기할 수 있고, 이러한 이의가 제기된 때에는 부과권자는 지체 없이 관할법원에 그 사실을 통보하여야 하며, 그 통보를 받은 관할법원은 비송사건절차법에 의하여 과태료의 재판을 하도록 규정되어 있어서, 건축법에 의하여 부과된 과태료처분의 당부는 최종적으로 비송사건절차법에 의한 절차에 의하여만 판단되어야 한다고 보아야 하므로, 그 과태료처분은 행정소송의 대상이 되는 행정처분이라고 볼 수 없다(대판 1995.7.28. 95누2623).

07
정답 ②

영역 행정법 서론 > 행정법	난도 중

정답의 이유

② 부담금은 설치목적을 달성하기 위하여 필요한 최소한의 범위에서 공정성 및 투명성이 확보되도록 부과되어야 하며, 특별한 사유가 없으면 하나의 부과대상에 이중으로 부과되어서는 아니 된다(부담금관리 기본법 제5조 제1항).

오답의 이유

① 부담금관리 기본법 제5조의2 제1항

③ 부담금관리 기본법 제5조의3 제1항

④ 부담금관리 기본법 제3조

08
정답 ②

영역 일반행정작용법 > 행정행위	난도 중

정답의 이유

② 행정심판법 제49조 제3항, 제50조 제1항, 제50조의2 제1항

> **제49조(재결의 기속력 등)** ③ 당사자의 신청을 거부하거나 부작위로 방치한 처분의 이행을 명하는 재결이 있으면 행정청은 지체 없이 이전의 신청에 대하여 재결의 취지에 따라 처분을 하여야 한다.
>
> **제50조(위원회의 직접처분)** ① 위원회는 피청구인이 제49조 제3항에도 불구하고 처분을 하지 아니하는 경우에는 당사자가 신청하면 기간을 정하여 서면으로 시정을 명하고 그 기간에 이행하지 아니하면 직접 처분을 할 수 있다. 다만, 그 처분의 성질이나 그 밖의 불가피한 사유로 위원회가 직접 처분을 할 수 없는 경우에는 그러하지 아니하다.
>
> **제50조의2(위원회의 간접강제)** ① 위원회는 피청구인이 제49조 제2항(제49조 제4항에서 준용하는 경우를 포함한다) 또는 제3항에 따른 처분을 하지 아니하면 청구인의 신청에 의하여 결정으로 상당한 기간을 정하고 피청구인이 그 기간 내에 이행하지 아니하는 경우에는 그 지연기간에 따라 일정한 배상을 하도록 명하거나 즉시 배상을 할 것을 명할 수 있다.

① 행정심판법 제6조 제1항 제2호

> **제6조(행정심판위원회의 설치)** ① 다음 각 호의 행정청 또는 그 소속 행정청(행정기관의 계층구조와 관계없이 그 감독을 받거나 위탁을 받은 모든 행정청을 말하되, 위탁을 받은 행정청은 그 위탁받은 사무에 관하여는 위탁한 행정청의 소속 행정청으로 본다. 이하 같다)의 처분 또는 부작위에 대한 행정심판의 청구(이하 "심판청구"라 한다)에 대하여는 다음 각 호의 행정청에 두는 행정심판위원회에서 심리 · 재결한다.
> 1. 감사원, 국가정보원장, 그 밖에 대통령령으로 정하는 대통령 소속기관의 장
> 2. 국회사무총장 · 법원행정처장 · 헌법재판소사무처장 및 중앙선거관리위원회사무총장
> 3. 국가인권위원회, 그 밖에 지위 · 성격의 독립성과 특수성 등이 인정되어 대통령령으로 정하는 행정청

③ 특정인에 대한 행정처분을 주소불명 등의 이유로 송달할 수 없어 관보 · 공보 · 게시판 · 일간신문 등에 공고한 경우에는, 공고가 효력을 발생하는 날에 상대방이 그 행정처분이 있음을 알았다고 볼 수는 없고, 상대방이 당해 처분이 있었다는 사실을 현실적으로 안 날에 그 처분이 있음을 알았다고 보아야 한다(대판 2006.4.28. 2005두14851).

④ 회사의 노사 간에 임금협정을 체결함에 있어 운전기사의 합승행위 등으로 회사에 대하여 과징금이 부과되면 당해 운전기사에 대한 상여금지급시 그 금액상당을 공제하기로 함으로써 과징금의 부담을 당해 운전기사에게 전가하도록 규정하고 있고 이에 따라 당해 운전기사의 합승행위를 이유로 회사에 대하여 한 과징금부과처분으로 말미암아 당해 운전기사의 상여금지급이 제한되었다고 하더라도, 과징금부과처분의 직접 당사자 아닌 당해 운전기사로서는 그 처분의 취소를 구할 직접적이고 구체적인 이익이 있다고 볼 수 없다(대판 1994.4.12. 93누24247).

09

정답 ④

영역 행정법 서론 > 행정법 난도**하**

④ 행정기본법은 종래의 학설과 판례로 정립된 행정법의 일반원칙을 명문화한 것으로, 국민의 일상생활 속 행정작용의 전반을 종합적으로 규율하는 기본법이며, 행정법 집행의 원칙과 기준을 제시하고 개별법상 공통제도를 체계화한 법률이다.

① 행정대집행법은 소유자가 가진 행정법상의 의무를 이행하지 않는 것이 공익에 반하는 경우, 행정청이 직접 또는 제3자를 통해 그 의무를 이행하거나 이행된 것과 동일하게 하는 행정상 강제집행에 관한 일반법이다.

② 민원 처리에 관한 법률은 민원 처리에 관한 기본적인 사항을 규정하여 민원의 공정하고 적법한 처리와 민원행정제도의 합리적 개선을 도모함으로써 국민의 권익을 보호함을 목적으로 한다.

③ 행정규제기본법은 행정규제에 관한 기본적인 사항을 규정하여 불필요한 행정규제를 폐지하고 비효율적인 행정규제의 신설을 억제함으로써 사회 · 경제활동의 자율과 창의를 촉진해 국민의 삶의 질을 높이고, 국가경쟁력이 지속적으로 향상되도록 함을 목적으로 한다.

10

정답 ④

영역 일반행정작용법 > 행정행위 난도**상**

④ 처분에 대해 불가쟁력이 발생했더라도 손해배상청구권의 소멸시효과 완성되지 않은 이상 그 처분과 관련하여 해당 공무원의 고의 · 과실이 인정되고 그로 인해 손해가 발생하였다면 국가배상법상의 손해배상청구소송을 제기할 수 있다.

① 석유사업법 제12조 제3항, 제9조 제1항, 제12조 제4항 등을 종합하면 석유판매업(주유소)허가는 소위 대물적 허가의 성질을 갖는 것이어서 그 사업의 양도도 가능하고 이 경우 양수인은 양도인의 지위를 승계하게 됨에 따라 양도인의 위 허가에 따른 권리의무가 양수인에게 이전되는 것이므로 만약 양도인에게 그 허가를 취소할 위법사유가 있다면 허가청은 이를 이유로 양수인에게 응분의 제재조치를 취할 수 있다 할 것이고, 양수인이 그 양수 후 허가관청으로부터 석유판매업허가를 다시 받았다 하더라도 이는 석유판매업의 양수도를 전제로 한 것이어서 이로써 양도인의 지위승계가 부정되는 것은 아니므로 양도인의 귀책사유는 양수인에게 그 효력이 미친다(대판 1986.7.22. 86누203).

② 허가업의 양도 · 양수 시 양도인의 위법행위에 따른 행정제재 효과는 양수인에게 승계되는데, 이때 선의의 양수인 보호를 위한 법제도로 행정제재처분 내지 행정처분 확인제도가 있다.

③ 불가쟁력을 갖게 되었다는 것은 「행정심판법」이나 「행정소송법」상 쟁송기간이 경과하여, 심판청구권이나 소송제기권이 절대적으로 소멸된 상태를 의미한다. 따라서 불가쟁력이 발생한 행정행위에 대해 행정심판, 행정소송의 제기는 부적합한 것으로 각하된다.

11

영역 행정절차와 행정공개 > 행정절차법   난도 **하**

정답의 이유

② 행정기관이 그 소관 사무의 범위에서 일정한 행정목적을 실현하기 위하여 특정인에게 일정한 행위를 하도록 조언 등을 하는 사항은 행정지도에 해당하며, 행정지도의 절차에 관하여 다른 법률에 특별한 규정이 있는 경우를 제외하고는 이 법에서 정하는 바에 따른다(행정절차법 제2조 제3호 및 제3조 제1항 참조).

오답의 이유

① 행정절차법 제3조 제2항 제4호

③ 행정절차법 제3조 제2항 제5호

④ 행정절차법 제3조 제2항 제8호

제3조(적용 범위) ② 이 법은 다음 각 호의 어느 하나에 해당하는 사항에 대하여는 적용하지 아니한다.

1. 국회 또는 지방의회의 의결을 거치거나 동의 또는 승인을 받아 행하는 사항
2. 법원 또는 군사법원의 재판에 의하거나 그 집행으로 행하는 사항
3. 헌법재판소의 심판을 거쳐 행하는 사항
4. 각급 선거관리위원회의 의결을 거쳐 행하는 사항
5. 감사원이 감사위원회의의 결정을 거쳐 행하는 사항
6. 형사(刑事), 행형(行刑) 및 보안처분 관계 법령에 따라 행하는 사항
7. 국가안전보장 · 국방 · 외교 또는 통일에 관한 사항 중 행정절차를 거칠 경우 국가의 중대한 이익을 현저히 해칠 우려가 있는 사항
8. 심사청구, 해양안전심판, 조세심판, 특허심판, 행정심판, 그 밖의 불복절차에 따른 사항
9. 「병역법」에 따른 징집 · 소집, 외국인의 출입국 · 난민인정 · 귀화, 공무원 인사 관계 법령에 따른 징계와 그 밖의 처분, 이해조정을 목적으로 하는 법령에 따른 알선 · 조정 · 중재(仲裁) · 재정(裁定) 또는 그 밖의 처분 등 해당 행정작용의 성질상 행정절차를 거치기 곤란하거나 거칠 필요가 없다고 인정되는 사항과 행정절차에 준하는 절차를 거친 사항으로서 대통령령으로 정하는 사항

12

영역 행정법 서론 > 행정법   난도 **하**

정답의 이유

② 당사자의 신청에 따른 처분은 법령 등에 특별한 규정이 있거나 처분 당시의 법령 등을 적용하기 곤란한 특별한 사정이 있는 경우를 제외하고는 처분 당시의 법령 등에 따른다(행정기본법 제14조 제2항).

오답의 이유

① 행정기본법 제14조 제1항

③ · ④ 행정기본법 제14조 제3항

13

영역 일반행정작용법 > 행정행위   난도 **상**

정답의 이유

① 국가공무원법상 직위해제처분은 구 행정절차법 제3조 제2항 제9호, 구 행정절차법 시행령 제2조 제3호에 의하여 당해 행정작용의 성질상 행정절차를 거치기 곤란하거나 불필요하다고 인정되는 사항 또는 행정절차에 준하는 절차를 거친 사항에 해당하므로, 처분의 사전통지 및 의견청취 등에 관한 행정절차법의 규정이 별도로 적용되지 않는다(대판 2014.5.16, 2012두26180).

오답의 이유

② 행정청이 어느 법률에 근거하여 행정처분을 한 후에 헌법재판소가 그 법률을 위헌으로 결정하였다면 결과적으로 그 행정처분은 법률의 근거 없이 행하여진 것과 마찬가지가 되어 하자 있는 것이 된다고 할 것이나, 하자 있는 행정처분이 당연무효가 되기 위하여는 그 하자가 중대할 뿐만 아니라 명백한 것이어야 하는데 일반적으로 법률이 헌법에 위반된다는 사정은 헌법재판소의 위헌 결정이 있기 전에는 객관적으로 명백한 것이라고 할 수는 없으므로, 특별한 사정이 없는 한 이러한 하자는 그 행정처분의 취소 사유에 해당할 뿐 당연무효 사유는 아니라 할 것이고, 이는 그 행정처분의 근거 법률에 여러 가지 중대한 헌법 위배 사유가 있었다 하더라도 그 행정처분 당시 그와 같은 사정의 존재가 객관적으로 명백하였던 것이라고 단정할 수 없는 이상 마찬가지라고 보아야 한다(대판 1995.12.5, 95다39137).

③ 개발제한구역의 지정 및 관리에 관한 특별조치법(이하 '개발제한구역법'이라고 한다) 제30조 제1항에 따른 시정명령을 받은 사람이 이를 위반한 경우에, 시정명령을 이행하지 아니하였음을 이유로 같은 법 제32조 제2호에서 정한 처벌을 하기 위해서는 그 시정명령이 적법한 것이라야 한다. 따라서 그 시정명령이 당연무효가 아니더라도 위법하다고 인정되는 한 같은 법 제32조 제2호의 위반죄가 성립될 수 없고, 시정명령이 절차적 하자로 인하여 위법한 경우라고 하여 달리 볼 것은 아니다(대판 2017.9.21, 2014도12230).

④ 조세 부과 근거 법률이 위헌 선언된 경우, 비록 과세처분이 위헌결정 전에 이루어졌고, 과세처분에 대한 제소기간이 이미 경과하여 조세채권이 확정되었으며, 조세채권의 집행을 위한 체납처분의 근거규정 자체에 대하여는 위헌결정이 내려진 바 없다고 하더라도, 위헌결정 이후 조세채권의 집행을 위한 새로운 체납처분에 착수하거나 이를 속행하는 것은 더 이상 허용되지 않고, 나아가 이러한 위헌결정의 효력에 위배하여 이루어진 체납처분은 그 사유만으로 하자가 중대하고 객관적으로 명백하여 당연무효라고 보아야 한다(대판 2012.2.16, 2010두10907 전합).

14
정답 ③

영역 일반행정작용법 > 기타행정행위 난도 **중**

정답의 이유

③ 장기미집행 도시계획시설결정의 실효제도는 도시계획시설부지로 하여금 도시계획시설결정으로 인한 사회적 제약으로부터 벗어나게 하는 것으로서 결과적으로 개인의 재산권이 보다 보호되는 측면이 있는 것은 사실이나, 이와 같은 보호는 입법자가 새로운 제도를 마련함에 따라 얻게 되는 법률에 기한 권리일 뿐 헌법상 재산권으로부터 당연히 도출되는 권리는 아니다(헌재 2005.9.29, 2002헌바84).

오답의 이유

① 헌재 1999.10.21, 97헌바26
② 헌재 2000.6.1, 99헌마538
④ 헌재 1999.10.21, 97헌바26

((•)) 적중레이더

행정계획의 처분성 인정여부

처분성 인정	처분성 부정
• 도시계획결정 = 도시관리계획 • 관리처분계획	• 도시기본계획 • 대학입시기본계획 • 농어촌도로기본계획 • 하수도정비기본계획 • 국토개발 "종합"계획 • 광역도시계획 • 환지계획

15
정답 ①

영역 일반행정작용법 > 행정행위 난도 **중**

정답의 이유

① 불법증차를 실행한 운송사업자로부터 운송사업을 양수하고 화물자동차법 제16조 제1항에 따른 신고를 하여 화물자동차법 제16조 제4항에 따라 운송사업자의 지위를 승계한 경우에는 설령 양수인이 영업양도 · 양수 대상에 불법증차 차량이 포함되어 있는지를 구

체적으로 알지 못하였다 할지라도, 양수인은 불법증차 차량이라는 물적 자산과 그에 대한 운송사업자로서의 책임까지 포괄적으로 승계한다. 따라서 관할 행정청은 양수인의 선의 · 악의를 불문하고 양수인에 대하여 불법증차 차량에 관하여 지급된 유가보조금의 반환을 명할 수 있다. 다만 그에 따른 양수인의 책임범위는 지위승계 후 발생한 유가보조금 부정수급액에 한정되고, 지위승계 전에 발생한 유가보조금 부정수급액에 대해서까지 양수인을 상대로 반환명령을 할 수는 없다(대판 2021.7.29, 2018두55968).

오답의 이유

② 구 건축법상의 이행강제금은 구 건축법의 위반행위에 대하여 시정명령을 받은 후 시정기간 내에 당해 시정명령을 이행하지 아니한 건축주 등에 대하여 부과되는 간접강제의 일종으로서 그 이행강제금 납부의무는 상속인 기타의 사람에게 승계될 수 없는 일신전속적인 성질의 것이므로 이미 사망한 사람에게 이행강제금을 부과하는 내용의 처분이나 결정은 당연무효이고, 이행강제금을 부과받은 사람의 이의에 의하여 비송사건절차법에 의한 재판절차가 개시된 후에 그 이의한 사람이 사망한 때에는 사건 자체가 목적을 잃고 절차가 종료한다(대결 2006.12.8, 2006마470).

③ 석유사업법 제9조 제3항 및 그 시행령이 규정하는 석유판매업의 적극적 등록요건과 제9조 제4항, 제5조가 규정하는 소극적 결격사유 및 제9조 제4항, 제7조가 석유판매업자의 영업양도, 사망, 합병의 경우뿐만 아니라 경매 등의 절차에 따라 단순히 석유판매시설만의 인수가 이루어진 경우에도 석유판매업자의 지위승계를 인정하고 있는 점을 종합하여 보면, 석유판매업 등록은 원칙적으로 대물적 허가의 성격을 갖고, 또 석유판매업자가 같은 법 제26조의 유사석유제품 판매금지를 위반함으로써 같은 법 제13조 제3항 제6호, 제1항 제11호에 따라 받게 되는 사업정지 등의 제재처분은 사업자 개인의 자격에 대한 제재가 아니라 사업의 전부나 일부에 대한 것으로서 대물적 처분의 성격을 갖고 있으므로, 위와 같은 지위승계에는 종전 석유판매업자가 유사석유제품을 판매함으로써 받게 되는 사업정지 등 제재처분의 승계가 포함되어 그 지위를 승계한 자에 대하여 사업정지 등의 제재처분을 취할 수 있다고 보아야 한다(대판 2003.10.23, 2003두8005).

④ 개인택시 운송사업면허와 같은 수익적 행정처분을 취소 또는 철회하거나 중지하는 경우에는 이미 부여된 그 국민의 기득권을 침해하는 것이 되므로, 비록 취소 등의 사유가 있다고 하더라도 그 취소권 등의 행사는 기득권의 침해를 정당화할 만한 중대한 공익상의 필요 또는 제3자의 이익보호의 필요가 있는 때에 한하여 상대방이 받는 불이익과 비교 · 교량하여 결정하여야 하고, 그 처분으로 인하여 공익상의 필요보다 상대방이 받게 되는 불이익 등이 막대한 경우에는 재량권의 한계를 일탈한 것으로서 그 자체가 위법하게 된다(대판 2010.4.8, 2009두17018).

16

영역 행정상 쟁송 > 행정소송   난도 **중**

정답의 이유

① 공법상 당사자소송에 대하여도 청구의 기초가 바뀌지 아니하는 한도 안에서 민사소송으로 소 변경이 가능하다고 해석하는 것이 타당하다(대판 2023.6.29, 2022두44262).

오답의 이유

② 대법원은 여러 차례에 걸쳐 행정소송법상 항고소송으로 제기해야 할 사건을 민사소송으로 잘못 제기한 경우 수소법원으로서는 원고로 하여금 항고소송으로 소 변경을 하도록 석명권을 행사하여 행정소송법이 정하는 절차에 따라 심리·판단해야 한다고 판시해 왔다. 이처럼 민사소송에서 항고소송으로의 소 변경이 허용되는 이상, 공법상 당사자소송과 민사소송이 서로 다른 소송절차에 해당한다는 이유만으로 청구기초의 동일성이 없다고 해석하여 양자 간의 소 변경을 허용하지 않을 이유가 없다(대판 2023.6.29, 2022두44262).

③ 당사자소송에 대하여는 행정소송법 제23조 제2항의 집행정지에 관한 규정이 준용되지 아니하므로(행정소송법 제44조 제1항 참조), 이를 본안으로 하는 가처분에 대하여는 행정소송법 제8조 제2항에 따라 민사집행법상 가처분에 관한 규정이 준용되어야 한다(대결 2015.8.21, 2015무26).

④ 도시 및 주거환경정비법상 행정주체인 주택재건축정비사업조합을 상대로 관리처분계획안에 대한 조합 총회결의의 효력 등을 다투는 소송은 행정처분에 이르는 절차적 요건의 존부나 효력 유무에 관한 소송으로서 그 소송결과에 따라 행정처분의 위법 여부에 직접 영향을 미치는 공법상 법률관계에 관한 것이므로, 이는 행정소송법상의 당사자소송에 해당한다(대판 2009.9.17, 2007다2428 전합).

17

영역 행정조직법 > 총설   난도 **하**

정답의 이유

③ 행정권한의 위임은 행정관청이 법률에 따라 특정한 권한을 다른 행정관청에 이전하여 수임관청의 권한으로 행사하도록 하는 것이어서 권한의 법적인 귀속을 변경하는 것이므로 법률이 위임을 허용하고 있는 경우에 한하여 인정된다 할 것이고, 이에 반하여 행정권한의 내부위임은 법률이 위임을 허용하고 있지 아니한 경우에도 행정관청의 내부적인 사무처리의 편의를 도모하기 위하여 그의 보조기관 또는 하급행정관청으로 하여금 그의 권한을 사실상 행사하게 하는 것이므로, 권한위임의 경우에는 수임관청이 자기의 이름으로 그 권한행사를 할 수 있지만 내부위임의 경우에는 수임관청은 위임관청의 이름으로만 그 권한을 행사할 수 있을 뿐 자기의 이름으로는 그 권한을 행사할 수 없다(대판 1995.11.28, 94누6475).

오답의 이유

①·②·④ 대판 1995.11.28, 94누6475

18

영역 행정법 서론 > 행정상 법률관계   난도 **중**

정답의 이유

③ • 행정기본법 제6조 제2항 제2호에서 기간의 말일이 토요일 또는 공휴일인 경우에도 기간은 그 날로 만료한다고 하였으므로, 갑(甲)의 운전정지 기간의 만료일은 해당연도의 △△월 15일(토요일)이 된다.

   • 행정기본법 제6조 제2항에서 국민에게 불리한 경우에는 그러하지 아니한다고 하였으므로, 갑(甲)의 과태료 납부의 만료일은 민법상 기간의 말일이 토요일 또는 공휴일인 경우 그 익일로 기간이 만료되는 것을 적용하여 대체공휴일의 다음날인 해당연도의 △△월 18일(화요일)로 된다.

> **행정기본법 제6조(행정에 관한 기간의 계산)** ① 행정에 관한 기간의 계산에 관하여는 이 법 또는 다른 법령 등에 특별한 규정이 있는 경우를 제외하고는 「민법」을 준용한다.
> ② 법령 등 또는 처분에서 국민의 권익을 제한하거나 의무를 부과하는 경우 권익이 제한되거나 의무가 지속되는 기간의 계산은 다음 각 호의 기준에 따른다. 다만, 다음 각 호의 기준에 따르는 것이 국민에게 불리한 경우에는 그러하지 아니하다.
>   1. 기간을 일, 주, 월 또는 연으로 정한 경우에는 기간의 첫날을 산입한다.
>   2. 기간의 말일이 토요일 또는 공휴일인 경우에도 기간은 그 날로 만료한다.

19

영역 일반행정작용법 > 행정행위   난도 **중**

정답의 이유

④ 과태료 부과 및 징수에 관한 사항에 관하여 처분의 재심사가 적용되지 않는다(행정기본법 제37조 제8항 제5호).

오답의 이유

① 행정기본법 제37조 제8항 제1호
② 행정기본법 제37조 제8항 제3호
③ 행정기본법 제37조 제8항 제4호

제37조(처분의 재심사) ⑧ 다음 각 호의 어느 하나에 해당하는 사항에 관하여는 이 조를 적용하지 아니한다.
1. 공무원 인사 관계 법령에 따른 징계 등 처분에 관한 사항
2. 「노동위원회법」 제2조의2에 따라 노동위원회의 의결을 거쳐 행하는 사항
3. 형사, 행형 및 보안처분 관계 법령에 따라 행하는 사항
4. 외국인의 출입국 · 난민인정 · 귀화 · 국적회복에 관한 사항
5. 과태료 부과 및 징수에 관한 사항
6. 개별 법률에서 그 적용을 배제하고 있는 경우

20

정답 ③

영역 행정법 서론 > 행정법　　　　　　　　난도 **중**

정답의 이유

③ 행정기본법 제23조 제4항

제23조(제재처분의 제척기간) ① 행정청은 법령 등의 위반행위가 종료된 날부터 5년이 지나면 해당 위반행위에 대하여 제재처분(인허가의 정지 · 취소 · 철회, 등록 말소, 영업소 폐쇄와 정지를 갈음하는 과징금 부과를 말한다. 이하 이 조에서 같다)을 할 수 없다.
② 다음 각 호의 어느 하나에 해당하는 경우에는 제1항을 적용하지 아니한다.
1. 거짓이나 그 밖의 부정한 방법으로 인허가를 받거나 신고를 한 경우
2. 당사자가 인허가나 신고의 위법성을 알고 있었거나 중대한 과실로 알지 못한 경우
3. 정당한 사유 없이 행정청의 조사 · 출입 · 검사를 기피 · 방해 · 거부하여 제척기간이 지난 경우
4. 제재처분을 하지 아니하면 국민의 안전 · 생명 또는 환경을 심각하게 해치거나 해칠 우려가 있는 경우
③ 행정청은 제1항에도 불구하고 행정심판의 재결이나 법원의 판결에 따라 제재처분이 취소 · 철회된 경우에는 재결이나 판결이 확정된 날부터 1년(합의제행정기관은 2년)이 지나기 전까지는 그 취지에 따른 새로운 제재처분을 할 수 있다.
④ 다른 법률에서 제1항 및 제3항의 기간보다 짧거나 긴 기간을 규정하고 있으면 그 법률에서 정하는 바에 따른다.

오답의 이유

① 행정기본법 제22조 제1항
② 행정기본법 제23조 제1항
④ 행정기본법 제23조 제2항 제3호

21

정답 ④

영역 행정의 실효성 확보수단 > 행정상 강제　　　　난도 **하**

정답의 이유

④ 행정청은 의무자가 행정상 의무를 이행할 때까지 이행강제금을 반복하여 부과할 수 있다. 다만, 의무자가 의무를 이행하면 새로운 이행강제금의 부과를 즉시 중지하되, 이미 부과한 이행강제금은 징수하여야 한다(행정기본법 제31조 제5항).

오답의 이유

① 행정기본법 제31조 제3항
② 행정기본법 제31조 제4항
③ 행정기본법 제31조 제5항

22

정답 ③

영역 일반행정작용법 > 행정상 입법　　　　　　난도 **중**

정답의 이유

③ 입법부가 법률로써 행정부에게 특정한 사항을 위임했음에도 불구하고 행정부가 정당한 이유 없이 이를 이행하지 않는다면 권력분립의 원칙과 법치국가 내지 법치행정의 원칙에 위배되는 것으로서 위법함과 동시에 위헌적인 것이 되는바, 구 군법무관임용법(이하 '구법'이라 한다) 제5조 제3항과 군법무관임용 등에 관한 법률(이하 '신법'이라 한다) 제6조가 군법무관의 보수를 법관 및 검사의 예에 준하도록 규정하면서 그 구체적 내용을 시행령에 위임하고 있는 이상, 위 법률의 규정들은 군법무관의 보수의 내용을 법률로써 일차적으로 형성한 것이고, 위 법률들에 의해 상당한 수준의 보수청구권이 인정되는 것이므로, 위 보수청구권은 단순한 기대이익을 넘어서는 것으로서 법률의 규정에 의해 인정된 재산권의 한 내용이 되는 것으로 봄이 상당하고, 따라서 행정부가 정당한 이유 없이 시행령을 제정하지 않은 것은 위 보수청구권을 침해하는 불법행위에 해당된다 할 것이다(대판 2007.11.29, 2006다3561).

오답의 이유

① 헌재 2005.12.22, 2004헌마66
② 대판 2007.11.29, 2006다3561
④ 헌재 1998.7.16, 96헌마246

23

정답 ①

정답의 이유

① 국가배상법상의 군인의 신분은 예비역군인인 경우에 있어서는 소집명령서를 받고 실역에 복무하기 위하여 지정된 장소에 도착하여 군통수권의 지휘하에 들어가 군부대의 구성원이 되었을 때 비로소 시작되는 것이고 부대 영문인 위병소가 있는 곳에 도착한 것만으로서는 아직 국가배상법상의 군인의 신분을 취득하였다고 할 수 없다(대판 1976.12.14, 74다1441).

오답의 이유

② 대판 2017.2.3, 2015두60075

③ 대판 2002.5.10, 2000다39735

④ 대판 2003.2.11, 2002두9544

24

정답 ④

정답의 이유

④ 현행 헌법에 의하면 명령·규칙에 대해서 구체적 규범통제만 인정된다.

> 헌법 제107조 ② 명령·규칙 또는 처분이 헌법이나 법률에 위반되는 여부가 재판의 전제가 된 경우에는 대법원은 이를 최종적으로 심사할 권한을 가진다.

오답의 이유

① 행정처분에 대한 집행정지는 취소소송 등 본안 소송이 제기되어 계속 중에 있음을 그 요건으로 하므로, 취소소송을 제기하면서 집행정지를 동시에 신청할 수 있다.

② 법률의 시행령은 모법인 법률의 위임 없이 법률이 규정한 개인의 권리·의무에 관한 내용을 변경·보충하거나 법률에서 규정하지 아니한 새로운 내용을 규정할 수 없다(대판 2017.2.16, 2015도16014 전합).

③ 구 의료법 제41조는 "각종 병원에는 응급환자와 입원환자의 진료 등에 필요한 당직의료인을 두어야 한다."라고 규정하는 한편, 제90조에서 제41조를 위반한 사람에 대한 처벌규정을 두었다. 이와 같이 의료법 제41조는 각종 병원에 응급환자와 입원환자의 진료 등에 필요한 당직의료인을 두어야 한다고만 규정하고 있을 뿐, 각종 병원에 두어야 하는 당직의료인의 수와 자격에 아무런 제한을 두고 있지 않고 이를 하위 법령에 위임하고 있지도 않다. 그런데도 의료법 시행령 제18조 제1항(이하 '시행령 조항'이라 한다)은 "법 제41조에 따라 각종 병원에 두어야 하는 당직의료인의 수는 입원환자 200명까지는 의사·치과의사 또는 한의사의 경우에는 1명, 간호사의 경우에는 2명을 두되, 입원환자 200명을 초과하는 200

명마다 의사·치과의사 또는 한의사의 경우에는 1명, 간호사의 경우에는 2명을 추가한 인원 수로 한다."라고 규정하고 있다. 의료법 제41조가 "환자의 진료 등에 필요한 당직의료인을 두어야 한다."라고 규정하고 있을 뿐인데도 시행령 조항은 당직의료인의 수와 자격 등 배치기준을 규정하고 이를 위반하면 의료법 제90조에 의한 처벌의 대상이 되도록 함으로써 형사처벌의 대상을 신설 또는 확장하였다. 그러므로 시행령 조항은 위임입법의 한계를 벗어난 것으로서 무효이다(대판 2017.2.16, 2015도16014 전합).

25

정답 ④

정답의 이유

④ 국토의 계획 및 이용에 관한 법률(이하 '국토계획법'이라 한다) 제56조는 개발행위허가의 대상을, 제57조는 개발행위허가의 절차를 규정하고, 제58조는 제1항에서 개발행위허가의 기준을 규정하면서 제3항에서 구체적 기준의 설정을 대통령령에 위임하고 있다. 이러한 개발행위 허가는 그 금지요건·허가기준 등이 불확정개념으로 규정된 부분이 많아 그 요건·기준에 부합하는지의 판단에 관하여 행정청에 재량권이 부여되어 있으므로, 그 요건에 해당하는지 여부는 행정청의 재량판단 영역에 속한다. 그러므로 그에 대한 사법심사는 행정청의 공익판단에 관한 재량의 여지를 감안하여 원칙적으로 재량권의 일탈이나 남용이 있는지 여부만을 대상으로 하고, 사실오인과 비례·평등의 원칙 위반 여부 등이 그 판단 기준이 된다(대판 2018.12.27, 2018두49796).

오답의 이유

① 대판 2021.7.29, 2021두33593

② 대판 2004.5.28, 2002두5016

③ 대판 2008.12.24, 2008두8970

2024 **5급** 기출문제 해설

영역 분석

일반행정작용법	5문항	★★★★★	20%
행정법 서론	5문항	★★★★★	20%
행정상 쟁송	4문항	★★★★	16%
행정조직법	3문항	★★★	12%
행정구제법	2문항	★★	8%
특별행정작용법	2문항	★★	8%
행정절차와 행정공개	2문항	★★	8%
행정의 실효성 확보수단	2문항	★★	8%

빠른 정답

01	02	03	04	05	06	07	08	09	10
③	④	④	①	④	①	②	③	①	③
11	12	13	14	15	16	17	18	19	20
①	②	②	③	③	③	②	②	④	①
21	22	23	24	25					
②	④	②	①	④					

01

정답 ③

영역 행정상 쟁송 > 행정심판　　난도 중

[정답의 이유]

③ 재결의 기속력은 재결의 주문 및 그 전제가 된 요건사실의 인정과 판단, 즉 처분 등의 구체적 위법 사유에 관한 판단에 대하여만 미치고, 종전 처분이 재결에 의하여 취소되었더라도 종전 처분 시와는 다른 사유를 들어 처분을 하는 것은 기속력에 저촉되지 아니한다(대판 2015.11.27, 2013다6759).

[오답의 이유]

① 행정심판의 재결은 행정행위에 해당되므로 불가변적 · 불가쟁력 · 형성력 · 기속력 · 공정력 등의 효력이 발생할 수 있다.

② 행정심판법 제49조 제1항 참조

> **제49조(재결의 기속력 등)** ① 심판청구를 인용하는 재결은 피청구인과 그 밖의 관계 행정청을 기속(羈束)한다.

④ 재결에 의하여 취소되거나 무효 또는 부존재로 확인되는 처분이 당사자의 신청을 거부하는 것을 내용으로 하는 경우에는 그 처분을 한 행정청은 재결의 취지에 따라 다시 이전의 신청에 대한 처분을 하여야 한다(행정심판법 제49조 제2항).

02

정답 ④

영역 행정상 쟁송 > 행정상쟁송제도　　난도 중

[정답의 이유]

④ 당초의 처분이 감경된 경우 소송의 대상은 감경된 당초처분으로 제소기간 준수 여부도 변경처분이 아닌 변경된 내용의 당초처분을 기준으로 판단하여야 한다(대판 2007.4.27, 2004두9302). 따라서 사례에서 보면 행정심판의 재결에 의해 당초처분이 감경된 경우로 이에 불복하여 소송을 제기할 때 제소기간은 행정소송법 제20조 제1항 단서에 따라 재결서 정본을 송달받은 날부터 90일 이내에 제기하여야 한다. 그러므로 재결서 정본을 2023년 9월 22일에 송달받았으므로 그로부터 90일이 제소기간이다.

03

정답 ④

영역 특별행정작용법 > 급부행정법　　난도 중

[정답의 이유]

④ 하천의 점용허가권은 특허에 의한 공물사용권의 일종으로서 하천의 관리주체에 대하여 일정한 특별사용을 청구할 수 있는 채권에 지나지 아니하고 대세적 효력이 있는 물권이라 할 수 없다(대판 2015.1.29, 2012두27404).

[오답의 이유]

① 대판 1996.5.28, 95다52383

② 국유재산법상의 행정재산이란 국가가 소유하는 재산으로서 직접 공용, 공공용, 또는 기업용으로 사용하거나 사용하기로 결정한 재산을 말하는 것이고, 그 중 도로와 같은 인공적 공공용 재산은 법령에 의하여 지정되거나 행정처분으로써 공공용으로 사용하기로 결정한 경우, 또는 행정재산으로 실제로 사용하는 경우의 어느 하나에 해당하여야 비로소 행정재산이 되는 것인데, 특히 도로는 도로로서의 형태를 갖추고, 도로법에 따른 노선의 지정 또는 인정의 공고 및 도로구역 결정 · 고시를 한 때 또는 도시계획법 또는 도시

재개발법 소정의 절차를 거쳐 도로를 설치하였을 때에 공공용물로서 공용개시행위가 있다(대판 2000.2.25, 99다54332).

③ 공유재산 및 물품 관리법은 공유재산 등의 관리청은 사용·수익허가나 대부계약 없이 공유재산 등을 무단으로 사용·수익·점유한 자 또는 사용·수익허가나 대부계약의 기간이 끝난 후 다시 사용·수익허가를 받거나 대부계약을 체결하지 아니한 채 공유재산 등을 계속하여 사용·수익·점유한 자에 대하여 대통령령이 정하는 바에 따라 공유재산 등의 사용료 또는 대부료의 100분의 120에 해당하는 변상금을 징수할 수 있다고 규정하고 있는데, 이러한 변상금의 부과는 관리청이 공유재산 중 일반재산과 관련하여 사경제 주체로서 상대방과 대등한 위치에서 사법상 계약인 대부계약을 체결한 후 그 이행을 구하는 것과 달리 관리청이 공권력의 주체로서 상대방의 의사를 묻지 않고 일방적으로 행하는 행정처분에 해당한다. 그러므로 만일 무단으로 공유재산 등을 사용·수익·점유하는 자가 관리청의 변상금부과처분에 따라 그에 해당하는 돈을 납부한 경우라면 위 변상금부과처분이 당연 무효이거나 행정소송을 통해 먼저 취소되기 전에는 사법상 부당이득반환청구로써 위 납부액의 반환을 구할 수 없다(대판 2013.1.24, 2012다79828).

적중레이더

공물의 종류

공공용물	행정주체가 직접적으로 공중의 이용에 제공한 공물 • 자연공물: 자연상태로 공물로서의 성질을 가지는 것(예 하천, 호수) • 인공공물: 형체적 요소와 행정주체가 공중이용에 제공한다는 의사표시를 요하는 것(예 도로, 교량, 지하도, 가로등, 맨홀)
공용물	행정주체 자신이 사용하기 위하여 제공한 공물(예 공공단체의 각종 청사, 연구소, 등대, 교도소, 소년원 등)
보존공물	그 물건 자체의 공적인 보존을 목적으로 하는 공물(예 문화재)

04

정답 ①

영역 행정조직법 > 지방자치법　　　난도 **하**

정답의 이유

ㄱ. 항고소송은 다른 법률에 특별한 규정이 없는 한 원칙적으로 소송의 대상인 행정처분을 외부적으로 행한 행정청을 피고로 하여야 하고, 대리기관이 대리관계를 표시하고 피대리 행정청을 대리하여 행정처분을 한 때에는 피대리 행정청이 피고로 되어야 한다(대판 2018.10.25, 2018두43095).

ㄴ. 권한위임의 경우에는 수임관청이 자기의 이름으로 그 권한행사를 할 수 있지만 내부위임의 경우에는 수임관청은 위임관청의 이름으로만 그 권한을 행사할 수 있을 뿐 자기의 이름으로는 그 권한을 행사할 수 없는 것이므로, 원심이 같은 취지에서 피고의 이 사건 처분이 권한 없는 자에 의하여 행하여진 위법무효의 처분이라고 판시한 것은 정당하다(대판 1995.11.28, 94누6475).

ㄷ. 전결과 같은 행정권한의 내부위임은 법령상 처분권자인 행정관청이 내부적인 사무처리의 편의를 도모하기 위하여 그의 보조기관 또는 하급 행정관청으로 하여금 그의 권한을 사실상 행사하게 하는 것으로서 법률이 위임을 허용하지 않는 경우에도 인정되는 것이므로, 설사 행정관청 내부의 사무처리규정에 불과한 전결규정에 위반하여 원래의 전결권자 아닌 보조기관 등이 처분권자인 행정관청의 이름으로 행정처분을 하였다고 하더라도 그 처분이 권한 없는 자에 의하여 행하여진 무효의 처분이라고는 할 수 없다(대판 1998.2.27, 97누1105).

오답의 이유

ㄹ. 정부조직법 제5조 제1항은 법문상 권한의 위임 및 재위임의 근거규정이 명백하고 같은 법이 국가행정기관의 설치, 조직, 직무범위의 대상을 정하는데 그 목적이 있다는 이유만으로 권한위임, 재위임에 관한 위 규정마저 권한위임 등에 관한 대강을 정한 것에 불과할 뿐 권한위임의 근거규정이 아니라고 할 수는 없으므로 충청남도지사가 자기의 수임권한을 위임기관인 동력자원부장관의 승인을 얻은 후 충청남도의 사무 시, 군위임규칙에 따라 군수에게 재위임하였다면 이는 위 조항 후문 및 행정권한의위임및위탁에관한규정 제4조에 근거를 둔 것으로서 적법한 권한의 재위임에 해당하는 것이다(대판 1990.2.27, 89누5287).

05

정답 ④

영역 행정조직법 > 지방자치법　　　난도 **상**

정답의 이유

④ 지방자치단체 상호 간 또는 지방자치단체의 장 상호 간에 사무를 처리할 때 의견이 달라 다툼(분쟁)이 생기면 다른 법률에 특별한 규정이 없으면 행정안전부장관이나 시·도지사가 당사자의 신청을 받아 조정할 수 있다. 다만, 그 분쟁이 공익을 현저히 해쳐 조속한 조정이 필요하다고 인정되면 당사자의 신청이 없어도 직권으로 조정할 수 있다(지방자치법 제165조 제1항).

오답의 이유

① 지방자치법 제4조 제1항에 규정된 지방자치단체의 구역은 주민·자치권과 함께 자치단체의 구성요소이고, 자치권이 미치는 관할구역의 범위에는 육지는 물론 바다도 포함되므로, 공유수면에 대해서도 지방자치단체의 자치권한이 미친다(헌재 2015.7.30, 2010헌라2).

② 지방자치법 제5조 제1항, 제3항

> **제5조(지방자치단체의 명칭과 구역)** ① 지방자치단체의 명칭과 구역은 종전과 같이 하고, 명칭과 구역을 바꾸거나 지방자치단체를 폐지하거나 설치하거나 나누거나 합칠 때에는 법률로 정한다.
> ③ 다음의 어느 하나에 해당할 때에는 관계 지방의회의 의견을 들어야 한다. 다만, 「주민투표법」 제8조에 따라 주민투표를 한 경우에는 그러하지 아니하다.
>   1. 지방자치단체를 폐지하거나 설치하거나 나누거나 합칠 때
>   2. 지방자치단체의 구역을 변경할 때(경계변경을 할 때는 제외한다)
>   3. 지방자치단체의 명칭을 변경할 때(한자 명칭을 변경할 때를 포함한다)

③ 지방자치법 제5조 제4항, 제9항

> **제5조(지방자치단체의 명칭과 구역)** ④ 다음의 지역이 속할 지방자치단체는 규정에 따라 행정안전부장관이 결정한다.
>   1. 「공유수면 관리 및 매립에 관한 법률」에 따른 매립지
>   2. 「공간정보의 구축 및 관리 등에 관한 법률」 제2조 제19호의 지적공부(이하 "지적공부"라 한다)에 등록이 누락된 토지
> ⑨ 관계 지방자치단체의 장은 제4항부터 제7항까지의 규정에 따른 행정안전부장관의 결정에 이의가 있으면 그 결과를 통보받은 날부터 15일 이내에 대법원에 소송을 제기할 수 있다.

06

정답 ①

영역 행정법 서론 > 사인의 공법행위   난도 중

[정답의 이유]

① 행정소송법은 행정소송절차를 통하여 행정청의 위법한 처분 그 밖에 공권력의 행사, 불행사 등으로 인한 국민의 권리 또는 이익의 침해를 구제하는 것 등을 목적으로 하는 법으로서, 취소소송은 처분 등을 대상으로 하는 것인바, 이 법에서 "처분 등"이라 함은 행정청이 행하는 구체적 사실에 관한 법집행으로서의 공권력의 행사 또는 그 거부와 그 밖에 이에 준하는 행정작용을 말하는 것이라고 정의되어 있으므로, 행정청이 구체적인 사실에 관한 법집행으로서 공권력을 행사할 의무가 있는데도 그 공권력의 행사를 거부함으로써 국민의 권리 또는 이익을 침해한 때에는 그 처분 등을 대상으로 취소소송을 제기할 수 있다(대판 1992.3.31. 91누4911).

[오답의 이유]

② 행정기본법 제34조

③ 대판 2011.1.20. 2010두14954 전합, 대판 1995.2.24. 94누9146

④ 행정절차법 제40조 제1항, 제2항

> **제40조(신고)** ① 법령 등에서 행정청에 일정한 사항을 통지함으로써 의무가 끝나는 신고를 규정하고 있는 경우 신고를 관장하는 행정청은 신고에 필요한 구비서류, 접수기관, 그 밖에 법령 등에 따른 신고에 필요한 사항을 게시(인터넷 등을 통한 게시를 포함한다)하거나 이에 대한 편람을 갖추어 두고 누구나 열람할 수 있도록 하여야 한다.
> ② 제1항에 따른 신고가 다음 각 호의 요건을 갖춘 경우에는 신고서가 접수기관에 도달된 때에 신고 의무가 이행된 것으로 본다.
>   1. 신고서의 기재사항에 흠이 없을 것
>   2. 필요한 구비서류가 첨부되어 있을 것
>   3. 그 밖에 법령등에 규정된 형식상의 요건에 적합할 것

07

정답 ②

영역 일반행정작용법 > 행정상 입법   난도 상

[정답의 이유]

② 구 여객자동차 운수사업법 시행규칙 제31조 제2항 제1호, 제2호, 제6호는 구 여객자동차 운수사업법 제11조 제4항의 위임에 따라 시외버스운송사업의 사업계획변경에 관한 절차, 인가기준 등을 구체적으로 규정한 것으로서, 대외적인 구속력이 있는 법규명령이라고 할 것이다(대판 2006.6.27. 2003두4355).

[오답의 이유]

① 구 청소년보호법 제49조 제1항, 제2항에 따른 같은 법 시행령 제40조 [별표 6]의 위반행위의종별에따른과징금처분기준은 법규명령이기는 하나 모법의 위임규정의 내용과 취지 및 헌법상의 과잉금지의 원칙과 평등의 원칙 등에 비추어 같은 유형의 위반행위라 하더라도 그 규모나 기간 · 사회적 비난 정도 · 위반행위로 인하여 다른 법률에 의하여 처벌받은 다른 사정 · 행위자의 개인적 사정 및 위반행위로 얻은 불법이익의 규모 등 여러 요소를 종합적으로 고려하여 사안에 따라 적정한 과징금의 액수를 정하여야 할 것이므로 그 수액은 정액이 아니라 최고한도액이다(대판 2001.3.9. 99두5207).

③ 국토의 계획 및 이용에 관한 법률 시행령(이하 '국토계획법 시행령'이라 한다) 제56조 제1항 [별표 1의2] '개발행위허가기준'은 국토계획법 제58조 제3항의 위임에 따라 제정된 대외적으로 구속력 있는 법규명령에 해당한다. 그러나 국토계획법 시행령 제56조 제4항은 국토교통부장관이 제1항의 개발행위허가기준에 대한 '세부적인 검토기준'을 정할 수 있다고 규정하였을 뿐이므로, 그에 따라 국토교통부장관이 국토교통부 훈령으로 정한 '개발행위허가운영지침'은 국토계획법 시행령 제56조 제4항에 따라 정한 개발행위허가기준에 대한 세부적인 검토기준으로, 상급행정기관인 국토교통부장관이 소속 공무원이나 하급행정기관에 대하여 개발행위허가업무와 관련하여 국토계획법령에 규정된 개발행위허가기준의 해석 · 적용에 관한 세부 기준을 정하여 둔 행정규칙에 불과하여 대외적 구속력이 없다(대판 2023.2.2. 2020두43722).

④ 신용협동조합법 제83조 제1항, 제2항, 제84조 제1항 제1호, 제2호, 제42조, 제99조 제2항 제2호, 신용협동조합법 시행령 제16조의4 제1항, 금융위원회의 설치 등에 관한 법률(이하 '금융위원회법'이라 한다) 제17조 제2호, 제60조, 금융위원회 고시 '금융기관 검사 및 제재에 관한 규정' 제2조 제1항, 제2항, 제18조 제1항 제1호 (가)목, 제2항의 규정 체계와 내용, 입법 취지 등을 종합하면, 위 고시 제18조 제1항은 금융위원회법의 위임에 따라 법령의 내용이 될 사항을 구체적으로 정한 것으로서 금융위원회 법령의 위임 한계를 벗어나지 않으므로 그와 결합하여 대외적으로 구속력이 있는 법규명령의 효력을 가진다(대판 2019.5.30, 2018두52204).

08

영역 행정상 쟁송 > 행정소송　　　　　　　　**난도 중**

[정답의 이유]

③ 구 공익사업을 위한 토지 등의 취득 및 보상에 관한 법률(이하 '구 공익사업법'이라 한다) 제91조에 규정된 환매권은 상대방에 대한 의사표시를 요하는 형성권의 일종으로서 재판상이든 재판 외든 위 규정에 따른 기간 내에 행사하면 매매의 효력이 생기는 바, 이러한 환매권의 존부에 관한 확인을 구하는 소송 및 구 공익사업법 제91조 제4항에 따라 환매금액의 증감을 구하는 소송 역시 민사소송에 해당한다(대판 2013. 2. 28, 2010두22368).

[오답의 이유]

① 도시 및 주거환경정비법(이하 '도시정비법'이라 한다)상 행정주체인 주택재건축정비사업조합을 상대로 관리처분계획안에 대한 조합 총회결의의 효력을 다투는 소송은 행정처분에 이르는 절차적 요건의 존부나 효력 유무에 관한 소송으로서 소송결과에 따라 행정처분의 위법 여부에 직접 영향을 미치는 공법상 법률관계에 관한 것이므로, 이는 행정소송법상 당사자소송에 해당한다. 그리고 이러한 당사자소송에 대하여는 행정소송법 제23조 제2항의 집행정지에 관한 규정이 준용되지 아니하므로(행정소송법 제44조 제1항 참조), 이를 본안으로 하는 가처분에 대하여는 행정소송법 제8조 제2항에 따라 민사집행법상 가처분에 관한 규정이 준용되어야 한다(대결 2015.8.21, 2015무26).

② 구 공무원연금법령상 급여를 받으려고 하는 자는 우선 관계 법령에 따라 공단에 급여지급을 신청하여 공무원연금관리공단이 이를 거부하거나 일부 금액만 인정하는 급여지급결정을 하는 경우 그 결정을 대상으로 항고소송을 제기하는 등으로 구체적 권리를 인정받은 다음 비로소 당사자소송으로 그 급여의 지급을 구하여야 하고, 구체적인 권리가 발생하지 않은 상태에서 곧바로 공무원연금관리공단 등을 상대로 한 당사자소송으로 급여의 지급을 소구하는 것은 허용되지 않는다(대판 2010.5.27, 2008두5636).

④ 원고가 고의 또는 중대한 과실 없이 행정소송으로 제기하여야 할 사건을 민사소송으로 잘못 제기한 경우, 수소법원으로서는 만약

그 행정소송에 대한 관할을 동시에 가지고 있다면 이를 행정소송으로 심리 · 판단하여야 하고, 그 행정소송에 대한 관할을 가지고 있지 아니하다면 당해 소송이 이미 행정소송으로서의 전심절차와 제소기간을 도과하였거나 행정소송의 대상이 되는 처분 등이 존재하지도 아니한 상태에 있는 등 행정소송으로서 소송요건을 결하고 있음이 명백하여 행정소송으로 제기되었더라도 어차피 부적법하게 되는 경우가 아닌 이상 이를 부적법한 소라고 하여 각하할 것이 아니라 관할법원에 이송하여야 한다(대판 2018.7.26, 2015다221569).

09

영역 행정조직법 > 공무원법　　　　　　　　**난도 중**

[정답의 이유]

① 지방공무원의 징계와 관련된 규정을 종합해 보면, 징계권자이자 임용권자인 지방자치단체장은 소속 공무원의 구체적인 행위가 과연 지방공무원법 제69조 제1항에 규정된 징계사유에 해당하는지 여부에 관하여 판단할 재량은 있지만, 징계사유에 해당하는 것이 명백한 경우에는 관할 인사위원회에 징계를 요구할 의무가 있다(대판 2007.7.12, 2006도1390).

[오답의 이유]

② 국가공무원법 제83조의2 제1항 제1호 라목

> **제83조의2(징계 및 징계부가금 부과 사유의 시효)** ① 징계의결 등의 요구는 징계 등 사유가 발생한 날부터 다음 각 호의 구분에 따른 기간이 지나면 하지 못한다.
> 1. 징계 등 사유가 다음 각 목의 어느 하나에 해당하는 경우: 10년
>   가. 「성매매알선 등 행위의 처벌에 관한 법률」 제4조에 따른 금지행위
>   나. 「성폭력범죄의 처벌 등에 관한 특례법」 제2조에 따른 성폭력범죄
>   다. 「아동 · 청소년의 성보호에 관한 법률」 제2조 제2호에 따른 아동 · 청소년대상 성범죄
>   라. 「양성평등기본법」 제3조 제2호에 따른 성희롱
> 2. 징계 등 사유가 제78조의2 제1항 각 호의 어느 하나에 해당하는 경우: 5년
> 3. 그 밖의 징계 등 사유에 해당하는 경우: 3년

③ 국가공무원법 제14조 제7항

④ 직위해제는 징벌적 제재인 징계와는 그 성질을 달리하는 것이어서 어느 사유로 인하여 징계를 받았다 하더라도 그것이 직위해제사유로 평가될 수 있다면 이를 이유로 새로이 직위해제를 할 수도 있는 것이고, 이는 일사부재리나 이중처벌금지의 원칙에 저촉되는 것이 아니다(대판 1992.7.28, 91다30729).

10

영역 행정법 서론 > 행정법　　　　　　　　　　난도 **중**

[정답의 이유]

③ 병무청 담당부서의 담당공무원에게 공적 견해의 표명을 구하는 정식의 서면질의 등을 하지 아니한 채 총무과 민원팀장에 불과한 공무원이 민원봉사차원에서 상담에 응하여 안내한 것을 입영대상자가 이를 신뢰한 경우, 신뢰보호 원칙이 적용되지 아니한다(대판 2003.12.26, 2003두1875).

[오답의 이유]

① 대판 2000.11.10, 2000두727

② 대판 2006.4.28, 2005두9644

④ 대판 2013.11.14, 2011두28783

11

영역 행정의 실효성 확보수단 > 행정상 강제　　　　난도 **하**

[정답의 이유]

① 과징금의 근거가 되는 법률에는 과징금에 관한 부과·징수 주체, 부과 사유, 상한액, 가산금을 징수하려는 경우 그 사항, 과징금 또는 가산금 체납 시 강제징수를 하려는 경우 그 사항을 명확하게 규정하여야 한다(행정기본법 제28조 제2항).

[오답의 이유]

② 행정기본법 제31조 제3항

③ 행정기본법 제32조 제1항

④ 행정기본법 제33조 제1항

12

영역 행정구제법 > 손해전보제도　　　　　　　　난도 **중**

[정답의 이유]

② 문화적, 학술적 가치는 특별한 사정이 없는 한 그 토지의 부동산으로서의 경제적, 재산적 가치를 높여 주는 것이 아니므로 토지수용법 제51조 소정의 손실보상의 대상이 될 수 없으니, 이 사건 토지가 철새 도래지로서 자연 문화적인 학술가치를 지녔다 하더라도 손실보상의 대상이 될 수 없다(대판 1989.9.12, 88누11216).

[오답의 이유]

① 헌법 제23조 제3항에서 규정하고 있는 '공공필요'는 "국민의 재산권을 그 의사에 반하여 강제적으로라도 취득해야 할 공익적 필요성"으로서, '공공필요'의 개념은 '공익성'과 '필요성'이라는 요소로 구성되어 있는바, '공익성'의 정도를 판단함에 있어서는 공용수용을 허용하고 있는 개별법의 입법목적, 사업내용, 사업이 입법목적에 이바지하는 정도는 물론, 특히 그 사업이 대중을 상대로 하는 영업인 경우에는 그 사업 시설에 대한 대중의 이용·접근가능성도 아울러 고려하여야 한다(헌재 2014.10.30, 2011헌바129).

③ 공용수용은 공공필요를 위하여 공익사업 주체가 개인의 특정한 재산권을 법률에 근거하여 강제적으로 취득하는 것이다. 공용사용은 공익사업의 주체가 사인의 토지 또는 재산권에 대하여 공법상의 사용권을 취득하고, 상대방은 수인 의무를 부담하는 공법상의 제한이다. 공용제한은 공익상 필요에 따라 개인 재산의 소유권 자체에 가해지는 공법상의 제한이다.

④ 도축장 사용정지·제한명령은 구제역과 같은 가축전염병의 발생과 확산을 막기 위한 것이고, 도축장 사용정지·제한명령이 내려지면 국가가 도축장 영업권을 강제로 취득하여 공익 목적으로 사용하는 것이 아니라 소유자들이 일정기간 동안 도축장을 사용하지 못하게 되는 효과가 발생할 뿐이다. 이와 같은 재산권에 대한 제약의 목적과 형태에 비추어 볼 때, 도축장 사용정지·제한명령은 공익목적을 위하여 이미 형성된 구체적 재산권을 박탈하거나 제한하는 헌법 제23조 제3항의 수용·사용 또는 제한에 해당하는 것이 아니라, 도축장 소유자들이 수인하여야 할 사회적 제약으로서 헌법 제23조 제1항의 재산권의 내용과 한계에 해당한다(헌결 2015.10.21, 2012헌바367).

13

영역 일반행정작용법 > 행정행위　　　　　　　　난도 **중**

[정답의 이유]

② 당사자는 처분(제재처분 및 행정상 강제는 제외)이 행정심판, 행정소송 및 그 밖의 쟁송을 통하여 다툴 수 없게 된 경우(법원의 확정판결이 있는 경우 제외)라도 규정의 어느 하나에 해당하는 경우에는 해당 처분을 한 행정청에 처분을 취소·철회하거나 변경하여 줄 것을 신청할 수 있다(행정기본법 제37조 제1항).

[오답의 이유]

① 행정기본법 제37조 제8항 제5호

> **제37조(처분의 재심사)** ⑧ 다음 각 호의 어느 하나에 해당하는 사항에 관하여는 이 조를 적용하지 아니한다.
> 1. 공무원 인사 관계 법령에 따른 징계 등 처분에 관한 사항
> 2. 「노동위원회법」 제2조의2에 따라 노동위원회의 의결을 거쳐 행하는 사항
> 3. 형사, 행형 및 보안처분 관계 법령에 따라 행하는 사항
> 4. 외국인의 출입국·난민인정·귀화·국적회복에 관한 사항
> 5. 과태료 부과 및 징수에 관한 사항
> 6. 개별 법률에서 그 적용을 배제하고 있는 경우

③ 행정기본법 제37조 제1항 제1호

> **제37조(처분의 재심사)** ① 당사자는 처분(제재처분 및 행정상 강제는 제외한다. 이하 이 조에서 같다)이 행정심판, 행정소송 및 그 밖의 쟁송을 통하여 다툴 수 없게 된 경우(법원의 확정판결이 있는 경우는 제외한다)라도 다음 각 호의 어느 하나에 해당하는 경우에는 해당 처분을 한 행정청에 처분을 취소·철회하거나 변경하여 줄 것을 신청할 수 있다.
> 1. 처분의 근거가 된 사실관계 또는 법률관계가 추후에 당사자에게 유리하게 바뀐 경우
> 2. 당사자에게 유리한 결정을 가져다주었을 새로운 증거가 있는 경우
> 3. 「민사소송법」 제451조에 따른 재심사유에 준하는 사유가 발생한 경우 등 대통령령으로 정하는 경우

④ 행정기본법 제37조 제5항

> **제37조(처분의 재심사)** ⑤ 제4항에 따른 처분의 재심사 결과 중 처분을 유지하는 결과에 대해서는 행정심판, 행정소송 및 그 밖의 쟁송수단을 통하여 불복할 수 없다.

14

정답 ③

영역 행정의 실효성 확보수단 > 행정벌　　　　　난도 **중**

[정답의 이유]

③ 통고처분과 고발의 법적 성질 및 효과 등을 조세범칙사건의 처리 절차에 관한 조세범 처벌절차법 관련 규정들의 내용과 취지에 비추어 보면, 지방국세청장 또는 세무서장이 조세범 처벌절차법 제17조 제1항에 따라 통고처분을 거치지 아니하고 즉시 고발하였다면 이로써 조세범칙사건에 대한 조사 및 처분 절차는 종료되고 형사사건 절차로 이행되어 지방국세청장 또는 세무서장으로서는 동일한 조세범칙행위에 대하여 더 이상 통고처분을 할 권한이 없다(대판 2016.9.28, 2014도10748).

[오답의 이유]

① 헌재 1998.5.28, 96헌바4

② 대판 2002.11.22, 2001도849

④ 도로교통법 제118조에서 규정하는 경찰서장의 통고처분은 행정소송의 대상이 되는 행정처분이 아니므로 그 처분의 취소를 구하는 소송은 부적법하고, 도로교통법상의 통고처분을 받은 자가 그 처분에 대하여 이의가 있는 경우에는 통고처분에 따른 범칙금의 납부를 이행하지 아니함으로써 경찰서장의 즉결심판청구에 의하여 법원의 심판을 받을 수 있게 될 뿐이다(대판 1995.6.29, 95누4674).

15

정답 ③

영역 일반행정작용법 > 행정상 입법　　　　　난도 **중**

[정답의 이유]

③ 법령에서 행정처분의 요건 중 일부 사항을 부령으로 정할 것을 위임한 데 따라 시행규칙 등 부령에서 이를 정한 경우에 그 부령의 규정은 국민에 대해서도 구속력이 있는 법규명령에 해당한다고 할 것이지만, 법령의 위임이 없음에도 법령에 규정된 처분 요건에 해당하는 사항을 부령에서 변경하여 규정한 경우에는 그 부령의 규정은 행정청 내부의 사무처리 기준 등을 정한 것으로서 행정조직 내에서 적용되는 행정명령의 성격을 지닐 뿐 국민에 대한 대외적 구속력은 없다고 보아야 한다(대판 2013.9.12, 2011두10584).

[오답의 이유]

① 조례가 집행행위의 개입 없이도 그 자체로서 직접 국민의 구체적인 권리의무나 법적 이익에 영향을 미치는 등의 법률상 효과를 발생하는 경우 그 조례는 항고소송의 대상이 되는 행정처분에 해당하고, 이러한 조례에 대한 무효확인소송을 제기함에 있어서 행정소송법 제38조 제1항, 제13조에 의하여 피고적격이 있는 처분 등을 행한 행정청은, 행정주체인 지방자치단체 또는 지방자치단체의 내부적 의결기관으로서 지방자치단체의 의사를 외부에 표시한 권한이 없는 지방의회가 아니라, 구 지방자치법 제19조 제2항, 제92조에 의하여 지방자치단체의 집행기관으로서 조례로서의 효력을 발생시키는 공포권이 있는 지방자치단체의 장이다(대판 1996.9.20, 95누8003).

② 대판 2014.1.16, 2011두6264

④ 대판 1999.2.11, 98도2816 전합

16

정답 ③

영역 행정법 서론 > 행정상 법률관계　　　　　난도 **상**

[정답의 이유]

ㄱ. 헌재 2004.4.29, 2003헌마814

ㄴ. 헌재 1996.2.29, 93헌마186

ㄷ. 대판 2004.3.26, 2003도7878

ㄹ. 서훈취소는 서훈수여의 경우와는 달리 이미 발생된 서훈대상자 등의 권리 등에 영향을 미치는 행위로서 관련 당사자에게 미치는 불이익의 내용과 정도 등을 고려하면 사법심사의 필요성이 크다. 따라서 기본권의 보장 및 법치주의의 이념에 비추어 보면, 비록 서훈취소가 대통령이 국가원수로서 행하는 행위라고 하더라도 법원이 사법심사를 자제하여야 할 고도의 정치성을 띤 행위라고 볼 수는 없다(대판 2015.4.23, 2012두26920).

17

영역 일반행정작용법 > 기타 행정행위   난도 **중**

정답의 이유

② 1999.7.22. 발표한 개발제한구역제도개선방안은 건설교통부장관이 개발제한구역의 해제 내지 조정을 위한 일반적인 기준을 제시하고, 개발제한구역의 운용에 대한 국가의 기본방침을 천명하는 정책계획안으로서 <u>비구속적 행정계획안에 불과하므로 공권력행위가 될 수 없으며, 이 사건 개선방안을 발표한 행위도 대내외적 효력이 없는 단순한 사실행위에 불과하므로 공권력의 행사라고 할 수 없다</u>(헌재 2000.6.1. 99헌마538).

오답의 이유

① 행정절차법 제40조의4

③ 개발제한구역의 지정 및 관리에 관한 특별조치법 제17조 제1항 제1호

> **제17조(토지매수의 청구)** ① 개발제한구역의 지정에 따라 개발제한구역의 토지를 종래의 용도로 사용할 수 없어 그 효용이 현저히 감소된 토지나 그 토지의 사용 및 수익이 사실상 불가능하게 된 토지(이하 "매수대상토지"라 한다)의 소유자로서 다음 각 호의 어느 하나에 해당하는 자는 국토교통부장관에게 그 토지의 매수를 청구할 수 있다.
>   1. 개발제한구역으로 지정될 당시부터 계속하여 해당 토지를 소유한 자
>   2. 토지의 사용·수익이 사실상 불가능하게 되기 전에 해당 토지를 취득하여 계속 소유한 자
>   3. 제1호나 제2호에 해당하는 자로부터 해당 토지를 상속받아 계속하여 소유한 자

④ 대판 2019.7.11. 2018두47783

📡 **적중레이더**

행정재량과 계획재량의 비교

구분	행정재량(일반재량)	계획재량
형식·구조	조건 프로그램 (요건·효과 모형)	목적 프로그램 (목적·수단 모형)
재량범위	상대적으로 좁음 (요건과 효과 규정이 명시, 그 범위 내에서 재량 인정)	상대적으로 넓음 (광범위한 재량의 범위)
위법성판단	재량권의 외적·내적 한계기준	재량권 행사의 절차적 하자기준
판단대상	구체적 사실의 적용 문제	구체적 목적달성 문제
통제방법	사후적 통제중심 (절차적 통제+실체적 통제)	사전적 통제중심 (절차적 통제)

18

영역 행정상 쟁송 > 행정소송   난도 **상**

정답의 이유

② 전심절차에서의 주장과 행정소송에서의 주장이 전혀 별개의 것이 아닌 한 그 주장이 반드시 일치하여야 하는 것은 아니고 당사자는 전심절차에서 미처 주장하지 아니한 사유를 공격방어방법으로 제출할 수 있다고 하겠으므로 원고가 전심절차에서 증여사실에 기초하여 주식가액의 평가방법이 위법하다고 주장하다가 행정소송에 이르러 증여사실 자체를 부인하는 등 공격방어방법을 변경하였다 하여 <u>이를 금반언의 원칙, 신의성실의 원칙에 반한다고 할 수 없다</u>(대판 1988.2.9. 87누903).

오답의 이유

① 취소소송이 제기된 경우에 처분 등이나 그 집행 또는 절차의 속행으로 인하여 생길 회복하기 어려운 손해를 예방하기 위하여 긴급한 필요가 있다고 인정할 때에는 본안이 계속되고 있는 법원은 당사자의 신청 또는 직권에 의하여 처분등의 효력이나 그 집행 또는 절차의 속행의 전부 또는 일부의 정지를 결정할 수 있다(행정소송법 제23조 제2항 참조).

③ 행정소송법 소정의 당사자소송에 있어서 원고가 피고를 잘못 지정한 때에는 법원은 원고의 신청에 의하여 결정으로서 피고의 경정을 허가할 수 있는 것이므로(행정소송법 제44조 제1항, 제14조), 원고가 피고를 잘못 지정한 것으로 보이는 경우 법원으로서는 마땅히 석명권을 행사하여 원고로 하여금 정당한 피고로 경정하게 하여 소송을 진행케 하여야 할 것이지, 그러한 조치를 취하지 아니한 채 피고의 지정이 잘못되었다는 이유로 막바로 소를 각하할 것은 아니다(대판 2006.11.9. 2006다23503).

④ 행정처분의 당연무효를 선언하는 의미에서 취소를 구하는 행정소송을 제기한 경우에도 제소기간의 준수 등 취소소송의 제소요건을 갖추어야 한다(대판 1993.3.12. 92누11039).

19

영역 행정법 서론 > 행정법　　　　　　　　　난도 **중**

정답의 이유

ㄱ. 행정기본법 제6조 제2항

> **제6조(행정에 관한 기간의 계산)** ② 법령 등 또는 처분에서 국민의 권익을 제한하거나 의무를 부과하는 경우 권익이 제한되거나 의무가 지속되는 기간의 계산은 다음 각 호의 기준에 따른다. 다만, 다음 각 호의 기준에 따르는 것이 국민에게 불리한 경우에는 그러하지 아니하다.
> 1. 기간을 일, 주, 월 또는 연으로 정한 경우에는 기간의 첫날을 산입한다.
> 2. 기간의 말일이 토요일 또는 공휴일인 경우에도 기간은 그 날로 만료한다.

ㄴ. 행정에 관한 나이는 다른 법령 등에 특별한 규정이 있는 경우를 제외하고는 출생일을 산입하여 만(滿) 나이로 계산하고, 연수(年數)로 표시한다. 다만, 1세에 이르지 아니한 경우에는 월수(月數)로 표시할 수 있다(행정기본법 제7조의2).

ㄷ. 법령 등을 위반한 행위의 성립과 이에 대한 제재처분은 법령 등에 특별한 규정이 있는 경우를 제외하고는 법령 등을 위반한 행위 당시의 법령 등에 따른다. 다만, 법령 등을 위반한 행위 후 법령 등의 변경에 의하여 그 행위가 법령 등을 위반한 행위에 해당하지 아니하거나 제재처분 기준이 가벼워진 경우로서 해당 법령 등에 특별한 규정이 없는 경우에는 변경된 법령 등을 적용한다(행정기본법 제14조 제3항).

ㄹ. 자격이나 신분 등을 취득 또는 부여할 수 없거나 인가, 허가, 지정, 승인, 영업등록, 신고 수리 등(인허가)을 필요로 하는 영업 또는 사업 등을 할 수 없는 사유(결격사유)는 법률로 정한다(행정기본법 제16조 제1항).

20

영역 행정절차와 행정공개 > 정보공개와 개인정보 보호　　　난도 **상**

정답의 이유

① 보안관찰처분을 규정한 보안관찰법에 대하여 헌법재판소도 이미 그 합헌성을 인정한 바 있고, 보안관찰법 소정의 보안관찰 관련 통계자료는 구체적이고 광범위한 자료에 해당하므로 '통계자료'라고 하여도 그 함의를 통하여 나타내는 의미가 있음이 분명하여 공공기관의정보공개에관한법률 제7조 제1항 제2호 소정의 공개될 경우 국가안전보장·국방·통일·외교관계 등 국가의 중대한 이익을 해할 우려가 있는 정보, 또는 제3호 소정의 공개될 경우 국민의 생명·신체 및 재산의 보호 기타 공공의 안전과 이익을 현저히 해할 우려가 있다고 인정되는 정보에 해당한다(대판 2004.3.18, 2001두8254).

오답의 이유

② 갑이 외교부장관에게 한·일 군사정보보호협정 및 한·일 상호군수지원협정과 관련하여 각종 회의자료 및 회의록 등의 정보에 대한 공개를 청구하였으나, 외교부장관이 공개 청구 정보 중 일부를 제외한 나머지 정보들에 대하여 비공개 결정을 한 사안에서, 위 정보는 구 공공기관의 정보공개에 관한 법률 제9조 제1항 제2호, 제5호에 정한 비공개대상정보에 해당하고, 공개가 가능한 부분과 공개가 불가능한 부분을 쉽게 분리하는 것이 불가능하여 같은 법 제14조에 따른 부분공개도 가능하지 않다(대판 2019.1.17, 2015두46512).

③ 대판 2002. 3. 15, 2001추95

④ 공공기관의 정보공개에 관한 법률 제17조, 제18조에 행정심판 및 행정소송이라는 구제절차가 마련되어 있으므로 그 구제절차를 거친 뒤에 헌법소원심판을 청구하여야 하는데, 청구인은 판결이유 공개거부처분을 받고, 이에 대한 이의 신청절차와 행정심판절차는 경유하였으나 행정소송절차는 경유하지 아니한 채 이 사건 헌법소원심판을 청구하였으므로 사전 구제절차를 모두 거치지 않은 이 사건 헌법소원심판 청구는 부적법하다(헌재 2000.12.29, 2000헌마797).

21

영역 행정법 서론 > 행정법　　　　　　　　　난도 **상**

정답의 이유

ㄷ. 대판 2020.9.3, 2016두32992 전합

오답의 이유

ㄱ. 오늘날 법률유보원칙은 단순히 행정작용이 법률에 근거를 두기만 하면 충분한 것이 아니라, 국가공동체와 그 구성원에게 기본적이고도 중요한 의미를 갖는 영역, 특히 국민의 기본권실현과 관련된 영역에 있어서는 국민의 대표자인 입법자가 그 본질적 사항에 대해서 스스로 결정하여야 한다는 요구까지 내포하고 있다(의회유보원칙). 그런데 텔레비전방송수신료는 대다수 국민의 재산권 보장의 측면이나 한국방송공사에게 보장된 방송자유의 측면에서 국민의 기본권실현에 관련된 영역에 속하고, 수신료금액의 결정은 납부의무자의 범위 등과 함께 수신료에 관한 본질적인 중요한 사항이므로 국회가 스스로 행하여야 하는 사항에 속하는 것임에도 불구하고 한국방송공사법 제36조 제1항에서 국회의 결정이나 관여를 배제한 채 한국방송공사로 하여금 수신료금액을 결정해서 문화관광부장관의 승인을 얻도록 한 것은 법률유보원칙에 위반된다(헌재 1999.5.27, 98헌바70).

ㄴ. 어떠한 사안이 국회가 형식적 법률로 스스로 규정하여야 하는 본질적 사항에 해당되는지는, 구체적 사례에서 관련된 이익 내지 가치의 중요성, 규제 또는 침해의 정도와 방법 등을 고려하여 개별적으로 결정하여야 하지만, 규율대상이 국민의 기본권과 관련한

중요성을 가질수록 그리고 그에 관한 공개적 토론의 필요성 또는 상충하는 이익 사이의 조정 필요성이 클수록, 그것이 국회의 법률에 의하여 직접 규율될 필요성은 더 증대된다(대판 2020.9.3, 2016두32992 전합).

ㄹ. 텔레비전방송수신료는 대다수 국민의 재산권 보장의 측면이나 한국방송공사에게 보장된 방송자유의 측면에서 국민의 기본권실현에 관련된 영역에 속하고, 수신료금액의 결정은 납부의무자의 범위 등과 함께 수신료에 관한 본질적인 중요한 사항이므로 국회가 스스로 행하여야 하는 사항에 속하는 것임에도 불구하고 한국방송공사법 제36조 제1항에서 국회의 결정이나 관여를 배제한 채 한국방송공사로 하여금 수신료금액을 결정해서 문화관광부장관의 승인을 얻도록 한 것은 법률유보원칙에 위반된다(헌재 1999.5. 27, 98헌바70).

22

영역 일반행정작용법 > 행정행위　　　　　**난도** 상

정답의 이유

④ 인허가의제의 경우 관련 인허가 행정청은 관련 인허가를 직접 한 것으로 보아 관계 법령에 따른 관리·감독 등 필요한 조치를 하여야 한다(행정기본법 제26조 제1항).

오답의 이유

① 인허가의제란 하나의 인허가(주된 인허가)를 받으면 다른 법률에 따른 여러 인허가 등을 함께 받은 것으로 보는 것으로, 여러 법률에 규정된 인허가를 받는 데에 소요되는 시간과 비용을 줄임으로써 규제를 완화하고 국민 편익을 제고하기 위한 것이다.

② 행정기본법 제24조에 따른 인허가의제의 경우 관련 인허가 행정청은 관련 인허가의 처분기준을 주된 인허가 행정청에 제출하여야 하고, 주된 인허가 행정청은 제출받은 관련 인허가의 처분기준을 통합하여 공표하여야 한다. 처분기준을 변경하는 경우에도 또한 같다(행정절차법 제20조 제2항).

③ 주된 인허가 행정청은 주된 인허가를 하기 전에 관련 인허가에 관하여 미리 관련 인허가 행정청과 협의하여야 하고, 협의를 요청받으면 그 요청을 받은 날부터 20일 이내(관련 인허가에 필요한 심의, 의견 청취 등 절차에 걸리는 기간은 제외)에 의견을 제출하여야 한다(행정기본법 제24조 제3항, 제4항).

23

정답 ②

영역 행정절차와 행정공개 > 행정절차법　　　　　**난도** 중

정답의 이유

② 행정절차법 제24조 제1항

> **제24조(처분의 방식)** ① 행정청이 처분을 할 때에는 다른 법령등에 특별한 규정이 있는 경우를 제외하고는 문서로 하여야 하며, 다음 각 호의 어느 하나에 해당하는 경우에는 전자문서로 할 수 있다.
> 1. 당사자 등의 동의가 있는 경우
> 2. 당사자가 전자문서로 처분을 신청한 경우

오답의 이유

① 행정절차법 제23조 제1항, 제2항

> **제23조(처분의 이유 제시)** ① 행정청은 처분을 할 때에는 다음 각 호의 어느 하나에 해당하는 경우를 제외하고는 당사자에게 그 근거와 이유를 제시하여야 한다.
> 1. 신청 내용을 모두 그대로 인정하는 처분인 경우
> 2. 단순·반복적인 처분 또는 경미한 처분으로서 당사자가 그 이유를 명백히 알 수 있는 경우
> 3. 긴급히 처분을 할 필요가 있는 경우
> ② 행정청은 제1항 제2호 및 제3호의 경우에 처분 후 당사자가 요청하는 경우에는 그 근거와 이유를 제시하여야 한다.

③ 행정청은 공공의 안전 또는 복리를 위하여 긴급히 처분을 할 필요가 있거나 사안이 경미한 경우에는 말, 전화, 휴대전화를 이용한 문자 전송, 팩스 또는 전자우편 등 문서가 아닌 방법으로 처분을 할 수 있다(행정절차법 제24조 제2항).

④ 행정청이 당사자에게 의무를 부과하거나 권익을 제한하는 처분을 할 때 청문 또는 공청회의 경우 외에는 당사자등에게 의견제출의 기회를 주어야 한다(행정절차법 제22조 제3항).

24

정답 ①

영역 특별행정작용법 > 군사행정법　　　　　**난도** 상

정답의 이유

① 군인사법령에 의하여 진급예정자명단에 포함된 자에 대하여 의견제출의 기회를 부여하지 아니한 채 진급선발을 취소하는 처분을 한 것이 절차상 하자가 있어 위법하다(대판 2007.9.21, 2006두20631).

오답의 이유

② · ③ · ④ 대판 2007.9.21, 2006두20631

영역 행정구제법 > 손해전보제도   난도 **중**

정답의 이유

④ 피해자에게 손해를 직접 배상한 경과실이 있는 공무원은 특별한
사정이 없는 한 국가에 대하여 국가의 피해자에 대한 손해배상책
임의 범위 내에서 공무원이 변제한 금액에 관하여 구상권을 취득
한다고 봄이 타당하다(대판 2014.8.20, 2012다54478). 즉, 중과실
이 있는 공무원은 구상권을 취득할 수 없다.

오답의 이유

① 헌재 2018.5.31, 2013헌바22

② 대판 1997.2.14, 96다28066

③ 공무원이 그 직무를 집행하기 위하여 국가 또는 지방자치단체 소
유의 공용차를 운행하는 경우, 그 자동차에 대한 운행지배나 운행
이익은 그 공무원이 소속한 국가 또는 지방자치단체에 귀속된다고
할 것이고 그 공무원 자신이 개인적으로 그 자동차에 대한 운행지
배나 운행이익을 가지는 것이라고는 볼 수 없으므로, 그 공무원이
자기를 위하여 공용차를 운행하는 자로서 같은 법조 소정의 손해
배상책임의 주체가 될 수는 없다 할 것이다(대판 1994.12.27, 94
다31860).

((•)) 적중레이더

국가배상과 손실보상의 비교

구분	국가배상	손실보상
의의	위법한 행정작용으로 인하여 국민에게 생명, 신체, 재산상 손해가 발생한 경우	적법한 행정작용으로 인하여 국민에게 재산상 손해가 발생한 경우
정신적 손해	긍정	부정
법적 근거	헌법 제29조 / 일반법: 국가배상법	헌법 제23조 제3항 / 일반법: ×
법적 성질	민사소송(판례)	민사소송(원칙, 판례)
이념	개인주의	단체주의

2023 **9급** 기출문제 해설

☑ 점수 (　　)점/100점　　☑ 문제편 025쪽

영역 분석

일반행정작용법	7문항	★★★★★★★	28%
행정구제법	6문항	★★★★★★	24%
행정법 서론	4문항	★★★★	16%
행정상 쟁송	3문항	★★★	12%
행정절차와 행정공개	3문항	★★★	12%
종합	1문항	★	4%
행정의 실효성 확보수단	1문항	★	4%

빠른 정답

01	02	03	04	05	06	07	08	09	10
③	①	③	②	①	③	④	②	②	④
11	12	13	14	15	16	17	18	19	20
①	④	③	②	④	③	①	③	①	②
21	22	23	24	25					
②	④	④	②	①					

01

정답 ③

영역 행정법 서론 > 행정법상 일반원칙　　난도 **하**

정답의 이유

③ 행정청은 공익 또는 제3자의 이익을 현저히 해칠 우려가 있는 경우를 제외하고는 행정에 대한 국민의 정당하고 합리적인 신뢰를 보호하여야 한다(행정기본법 제12조 제1항).

오답의 이유

① 행정기본법 제13조

② 행정기본법 제9조

④ 행정기본법 제11조 제1항

02

정답 ①

영역 일반행정작용법 > 행정행위　　난도 **하**

정답의 이유

① 상대방 있는 행정처분은 특별한 규정이 없는 한 의사표시에 관한 일반법리에 따라 상대방에게 고지되어야 효력이 발생하고, 상대방 있는 행정처분이 상대방에게 고지되지 아니한 경우에는 상대방이 다른 경로를 통해 행정처분의 내용을 알게 되었다고 하더라도 행정처분의 효력이 발생한다고 볼 수 없다(대판 2019.8.9, 2019두38656).

오답의 이유

② · ④ 일반적으로 행정처분이 주체 · 내용 · 절차와 형식이라는 내부적 성립요건과 외부에 대한 표시라는 외부적 성립요건을 모두 갖춘 경우에는 행정처분이 존재한다고 할 수 있다. 행정처분의 외부적 성립은 행정의사가 외부에 표시되어 행정청이 자유롭게 취소 · 철회할 수 없는 구속을 받게 되는 시점을 확정하는 의미를 가지므로, 어떠한 처분의 외부적 성립 여부는 행정청에 의해 행정의사가 공식적인 방법으로 외부에 표시되었는지를 기준으로 판단하여야 한다(대판 2017.7.11, 2016두35120).

③ 병무청장이 법무부장관에게 '가수 갑이 공연을 위하여 국외여행허가를 받고 출국한 후 미국 시민권을 취득함으로써 사실상 병역의무를 면탈하였으므로 재외동포 자격으로 재입국하고자 하는 경우 국내에서 취업, 가수활동 등 영리활동을 할 수 없도록 하고, 불가능할 경우 입국 자체를 금지해 달라'고 요청함에 따라 법무부장관이 갑의 입국을 금지하는 결정을 하고, 그 정보를 내부전산망인 '출입국관리정보시스템'에 입력하였으나, 갑에게는 통보하지 않은 사안에서, 위 입국금지결정은 항고소송의 대상이 되는 '처분'에 해당하지 않는다(대판 2019.7.11, 2017두38874).

03

영역 일반행정작용법 > 행정행위　　　　　　　　　난도 **하**

정답의 이유

③ 행정기본법 제17조 제4항 제3호

> **제17조(부관)** ④ 부관은 다음 각 호의 요건에 적합하여야 한다.
> 1. 해당 처분의 목적에 위배되지 아니할 것
> 2. 해당 처분과 실질적인 관련이 있을 것
> 3. 해당 처분의 목적을 달성하기 위하여 필요한 최소한의 범위일 것

오답의 이유

① 행정청은 부관을 붙일 수 있는 처분의 경우 그 처분을 한 후에도 당사자의 동의가 있으면 부관을 새로 붙일 수 있다(행정기본법 제17조 제3항 제2호).

> **제17조(부관)** ③ 행정청은 부관을 붙일 수 있는 처분이 다음 각 호의 어느 하나에 해당하는 경우에는 그 처분을 한 후에도 부관을 새로 붙이거나 종전의 부관을 변경할 수 있다.
> 1. 법률에 근거가 있는 경우
> 2. 당사자의 동의가 있는 경우
> 3. 사정이 변경되어 부관을 새로 붙이거나 종전의 부관을 변경하지 아니하면 해당 처분의 목적을 달성할 수 없다고 인정되는 경우

② 행정청은 처분에 재량이 있는 경우에는 법률에 근거가 없더라도 부관을 붙일 수 있다(행정기본법 제17조 제1항).

④ 행정행위의 부관 중에서도 행정행위에 부수하여 그 행정행위의 상대방에게 일정한 의무를 부과하는 행정청의 의사표시인 부담인 경우에는 다른 부관과는 달리 행정행위의 불가분적인 요소가 아니고 그 존속이 본체인 행정행위의 존재를 전제로 하는 것일 뿐이므로 부담 그 자체로서 행정쟁송의 대상이 될 수 있다(대판 1992.1.21, 91누1264).

04

영역 일반행정작용법 > 행정행위　　　　　　　　　난도 **하**

정답의 이유

② 처분의 근거 법령이 행정청에 처분의 요건과 효과 판단에 일정한 재량을 부여하였는데도, 행정청이 자신에게 재량권이 없다고 오인한 나머지 처분으로 달성하려는 공익과 그로써 처분상대방이 입게 되는 불이익의 내용과 정도를 전혀 비교형량하지 않은 채 처분을 하였다면, 이는 재량권 불행사로서 그 자체로 재량권 일탈·남용으로 해당 처분을 취소하여야 할 위법사유가 된다(대판 2019.7.11, 2017두38874).

오답의 이유

①·④ 행정행위가 그 재량성의 유무 및 범위와 관련하여 이른바 기속행위 내지 기속재량행위와 재량행위 내지 자유재량행위로 구분된다고 할 때, 그 구분은 당해 행위의 근거가 된 법규의 체재·형식과 그 문언, 당해 행위가 속하는 행정 분야의 주된 목적과 특성, 당해 행위 자체의 개별적 성질과 유형 등을 모두 고려하여 판단하여야 하고, 이렇게 구분되는 양자에 대한 사법심사는, 전자의 경우 그 법규에 대한 원칙적인 기속성으로 인하여 법원이 사실인정과 관련 법규의 해석·적용을 통하여 일정한 결론을 도출한 후 그 결론에 비추어 행정청이 한 판단의 적법 여부를 독자의 입장에서 판정하는 방식에 의하게 되나, 후자의 경우 행정청의 재량에 기한 공익판단의 여지를 감안하여 법원은 독자의 결론을 도출함이 없이 당해 행위에 재량권의 일탈·남용이 있는지 여부만을 심사하게 된다(대판 2001.2.9, 98두17593).

③ 행정기본법 제17조 제2항

05

영역 행정구제법 > 손해전보제도　　　　　　　　　난도 **하**

정답의 이유

① 국가배상법이 정한 배상청구의 요건인 '공무원의 직무'에는 권력적 작용만이 아니라 행정지도와 같은 비권력적 작용도 포함되며 단지 행정주체가 사경제주체로서 하는 활동만 제외되는 것이다(대판 1998.7.10, 96다38971).

오답의 이유

② 국가배상법 제5조 제1항에 정하여진 '영조물의 설치 또는 관리의 하자'라 함은 공공의 목적에 공여된 영조물이 그 용도에 따라 갖추어야 할 안전성을 갖추지 못한 상태에 있음을 말하고, 여기서 안전성을 갖추지 못한 상태, 즉 타인에게 위해를 끼칠 위험성이 있는 상태라 함은 당해 영조물을 구성하는 물적 시설 그 자체에 있는 물리적·외형적 흠결이나 불비로 인하여 그 이용자에게 위해를 끼칠 위험성이 있는 경우뿐만 아니라, 그 영조물이 공공의 목적에 이용됨에 있어 그 이용 상태 및 정도가 일정한 한도를 초과하여 제3자에게 사회통념상 수인할 것이 기대되는 한도를 넘는 피해를 입히는 경우까지 포함된다고 보아야 한다(대판 2010.11.25, 2007다74560).

③ 대판 2015.6.11, 2013다208388

④ 국가배상법 제9조

30 시대에듀 | 군무원 행정법

06

영역 행정절차와 행정공개 > 정보공개와 개인정보보호　난도 **중**

[정답의 이유]

③ 정보공개제도는 공공기관이 보유·관리하는 정보를 그 상태대로 공개하는 제도로서 공개를 구하는 정보를 공공기관이 보유·관리하고 있을 상당한 개연성이 있다는 점에 대하여 원칙적으로 공개청구자에게 증명책임이 있다고 할 것이지만, 공개를 구하는 정보를 공공기관이 한 때 보유·관리하였으나 후에 그 정보가 담긴 문서 등이 폐기되어 존재하지 않게 된 것이라면 그 정보를 더 이상 보유·관리하고 있지 아니하다는 점에 대한 증명책임은 공공기관에게 있다(대판 2004.12.9, 2003두12707).

[오답의 이유]

① 정보의 공개 및 우송 등에 드는 비용은 실비(實費)의 범위에서 청구인이 부담한다(공공기관의 정보공개에 관한 법률 제17조 제1항).

② 정보공개 의무기관을 정하는 것은 입법자의 입법형성권의 범위에 속하고, 이에 따라 정보공개법 제2조 제3호는 정보공개의무를 지는 '공공기관'에 관하여 국가기관에 한정하지 않고 지방자치단체, 정부투자기관, 그 밖에 공동체 전체의 이익에 중요한 역할이나 기능을 수행하는 기관도 포함하여 정한 것이므로, 정보공개의 목적, 교육의 공공성 및 공·사립학교의 동질성, 사립대학교에 대한 국가의 재정지원 및 보조 등 여러 사정에 비추어 보면, 사립대학교에 대한 국비 지원이 한정적·일시적·국부적이라는 점을 고려하더라도, 정보공개법 시행령 제2조 제1호가 정보공개의무를 지는 공공기관의 하나로 사립대학교를 들고 있는 것이 헌법이 정한 대학의 자율성 보장 이념 등에 반하거나 모법인 정보공개법의 위임 범위를 벗어났다고 볼 수 없다(대판 2013.11.28, 2011두5049). 즉, 사립대학교는 정보공개법상의 공공기관이므로 정보공개의무를 진다.

④ 일시적으로 체류하는 외국인의 경우 학술·연구를 위한 목적으로만 정보공개를 청구할 수 있다. 국내에 일정한 주소를 두고 거주하는 외국인이나, 국내에 사무소를 두고 있는 외국법인 또는 외국단체는 학술·연구를 위한 목적이 아니더라도 정보공개를 청구할 수 있다(공공기관의 정보공개에 관한 법률 시행령 제3조 제2호).

> **제3조(외국인의 정보공개 청구)** 법 제5조 제2항에 따라 정보공개를 청구할 수 있는 외국인은 다음 각 호의 어느 하나에 해당하는 자로 한다.
> 1. 국내에 일정한 주소를 두고 거주하거나 학술·연구를 위하여 일시적으로 체류하는 사람
> 2. 국내에 사무소를 두고 있는 법인 또는 단체

07

정답 ④

영역 행정구제법 > 손해전보제도　난도 **상**

[정답의 이유]

④ 구 토지수용법 제16조 제1항에서는 건설부장관이 사업인정을 하는 때에는 지체 없이 그 뜻을 기업자·토지소유자·관계인 및 관계도지사에게 통보하고 기업자의 성명 또는 명칭, 사업의 종류, 기업지 및 수용 또는 사용할 토지의 세목을 관보에 공시하여야 한다고 규정하고 있는바, 가령 건설부장관이 위와 같은 절차를 누락한 경우 이는 절차상의 위법으로서 수용재결 단계 전의 사업인정 단계에서 다툴 수 있는 취소사유에 해당하기는 하나, 더 나아가 그 사업인정 자체를 무효로 할 중대하고 명백한 하자라고 보기는 어렵고, 따라서 이러한 위법을 들어 수용재결처분의 취소를 구하거나 무효확인을 구할 수는 없다(대판 2000.10.13, 2000두5142).

[오답의 이유]

① 대판 2010.8.19, 2008두822

② 대판 2010.1.28, 2008두1504

③ 공익사업을 위한 토지 등의 취득 및 보상에 관한 법률 제85조 제1항

> **제85조(행정소송의 제기)** ① 사업시행자, 토지소유자 또는 관계인은 제34조에 따른 재결에 불복할 때에는 재결서를 받은 날부터 90일 이내에, 이의신청을 거쳤을 때에는 이의신청에 대한 재결서를 받은 날부터 60일 이내에 각각 행정소송을 제기할 수 있다. 이 경우 사업시행자는 행정소송을 제기하기 전에 제84조에 따라 늘어난 보상금을 공탁하여야 하며, 보상금을 받을 자는 공탁된 보상금을 소송이 종결될 때까지 수령할 수 없다.

08

정답 ②

영역 행정법 서론 > 행정상 법률관계　난도 **상**

[정답의 이유]

② 공기업·준정부기관이 법령 또는 계약에 근거하여 선택적으로 입찰참가자격 제한 조치를 할 수 있는 경우, 계약상대방에 대한 입찰참가자격 제한 조치가 법령에 근거한 행정처분인지 아니면 계약에 근거한 권리행사인지는 원칙적으로 의사표시의 해석 문제이다. 이때에는 공기업·준정부기관이 계약상대방에게 통지한 문서의 내용과 해당 조치에 이르기까지의 과정을 객관적·종합적으로 고찰하여 판단하여야 한다. 그럼에도 불구하고 공기업·준정부기관이 법령에 근거를 둔 행정처분으로서의 입찰참가자격 제한 조치를 한 것인지 아니면 계약에 근거한 권리행사로서의 입찰참가자격 제한 조치를 한 것인지가 여전히 불분명한 경우에는, 그에 대한 불복방법 선택에 중대한 이해관계를 가지는 그 조치 상대방의 인식가능성 내지 예측가능성을 중요하게 고려하여 규범적으로 이를 확정함이 타당하다(대판 2018.10.25, 2016두33537).

① 서울특별시 지하철공사의 임원과 직원의 근무관계의 성질은 지방 공기업법의 모든 규정을 살펴보아도 공법상의 특별권력관계라고 는 볼 수 없고 사법관계에 속할 뿐만 아니라, 위 지하철공사의 사 장이 그 이사회의 결의를 거쳐 제정된 인사규정에 의거하여 소속 직원에 대한 징계처분을 한 경우 위 사장은 행정소송법 제13조 제 1항 본문과 제2조 제2항 소정의 행정청에 해당되지 않으므로 공 권력발동주체로서 위 징계처분을 행한 것으로 볼 수 없고, 따라서 이에 대한 불복절차는 민사소송에 의할 것이지 행정소송에 의할 수는 없다(대판 1989.9.12, 89누2103).

③ 국유재산 등의 관리청이 하는 행정재산의 사용·수익에 대한 허가 는 순전히 사경제주체로서 행하는 사법상의 행위가 아니라 관리청 이 공권력을 가진 우월적 지위에서 행하는 행정처분으로서 특정인 에게 행정재산을 사용할 수 있는 권리를 설정하여 주는 강학상 특 허에 해당한다(대판 2006.3.9, 2004다31074).

④ 대판 1994.1.25, 93누7365

09

영역 종합 > 판례   난도 **하**

② 같은 정도의 비위를 저지른 자들 사이에 있어서도 그 직무의 특성 등에 비추어, 개전의 정이 있는지 여부에 따라 징계의 종류의 선택 과 양정에 있어서 차별적으로 취급하는 것은, 사안의 성질에 따른 합리적 차별로서 이를 자의적 취급이라고 할 수 없는 것이어서 평 등원칙 내지 형평에 반하지 아니한다(대판 1999.8.20, 99두2611).

① · ③ 대판 1996.10.11, 94누7171

④ 대판 2002.9.24, 2002두6620

10

영역 일반행정작용법 > 행정행위   난도 **중**

④ 조합설립추진위원회 구성승인처분을 다투는 소송 계속 중에 조합 설립인가처분이 이루어진 경우에는, 추진위원회 구성승인처분에 위법이 존재하여 조합설립인가 신청행위가 무효라는 점 등을 들어 직접 조합설립인가처분을 다툼으로써 정비사업의 진행을 저지하 여야 하고, 이와는 별도로 추진위원회 구성승인처분에 대하여 취 소 또는 무효확인을 구할 법률상의 이익은 없다고 보아야 한다(대 판 2013.1.31, 2011두11112 등).

① 대판 2017.3.30, 2013두840

② 행정청이 도시 및 주거환경정비법 등 관련 법령에 근거하여 행하 는 조합설립인가처분은 단순히 사인들의 조합설립행위에 대한 보 충행위로서의 성질을 갖는 것에 그치는 것이 아니라 법령상 요건 을 갖출 경우 도시 및 주거환경정비법상 주택재건축사업을 시행할 수 있는 권한을 갖는 행정주체(공법인)로서의 지위를 부여하는 일 종의 설권적 처분의 성격을 갖는다고 보아야 한다. 그리고 그와 같 이 보는 이상 조합설립결의는 조합설립인가처분이라는 행정처분 을 하는 데 필요한 요건 중 하나에 불과한 것이어서, 조합설립결의 에 하자가 있다면 그 하자를 이유로 직접 항고소송의 방법으로 조 합설립인가처분의 취소 또는 무효확인을 구하여야 하고, 이와는 별도로 조합설립결의 부분만을 따로 떼어내어 그 효력 유무를 다 투는 확인의 소를 제기하는 것은 원고의 권리 또는 법률상의 지위 에 현존하는 불안·위험을 제거하는 데 가장 유효·적절한 수단이 라 할 수 없어 특별한 사정이 없는 한 확인의 이익은 인정되지 아 니한다(대판 2009.9.24, 2008다60568).

③ 대판 1989.9.12, 88누9763 참조

11

영역 일반행정작용법 > 기타행정행위   난도 **하**

① 국립대학인 서울대학교의 "94학년도 대학입학고사 주요요강"은 사실상의 준비행위 내지 사전안내로서 행정쟁송의 대상이 될 수 있는 행정처분이나 공권력의 행사는 될 수 없지만 그 내용이 국민 의 기본권에 직접 영향을 끼치는 내용이고 앞으로 법령의 뒷받침 에 의하여 그대로 실시될 것이 틀림없을 것으로 예상되어 그로 인 하여 직접적으로 기본권 침해를 받게 되는 사람에게는 사실상의 규범작용으로 인한 위험성이 이미 현실적으로 발생하였다고 보아 야 할 것이므로 이는 헌법소원의 대상이 되는 헌법재판소법 제68조 제1항 소정의 공권력의 행사에 해당된다고 할 것이며, 이 경우 헌법 소원 외에 달리 구제방법이 없다(헌재 1992.10.1, 92헌마68,76).

② 대판 2006.9.8, 2003두5426

③ 대판 1997.6.24, 96누1313

④ 도시 및 주거환경정비법(이하 '도시정비법'이라 한다)에 따른 주택 재건축정비사업조합(이하 '재건축조합'이라 한다)은 관할 행정청의 감독 아래 도시정비법상의 주택재건축사업을 시행하는 공법인(도 시정비법 제38조)으로서, 그 목적 범위 내에서 법령이 정하는 바 에 따라 일정한 행정작용을 행하는 행정주체의 지위를 갖는다. 재 건축조합이 행정주체의 지위에서 도시정비법 제74조에 따라 수립 하는 관리처분계획은 정비사업의 시행 결과 조성되는 대지 또는 건축물의 권리귀속에 관한 사항과 조합원의 비용 분담에 관한 사 항 등을 정함으로써 조합원의 재산상 권리·의무 등에 구체적이고 직접적인 영향을 미치게 되므로, 이는 구속적 행정계획으로서 재

건축조합이 행하는 독립된 행정처분에 해당한다(대판 2022.7.14, 2022다206391).

12
정답 ④

영역 일반행정작용법 > 행정행위　　　　　　　**난도 하**

정답의 이유

④ 행정행위를 한 처분청은 그 행위에 하자가 있는 경우에는 별도의 법적 근거가 없더라도 스스로 이를 취소할 수 있고, 다만 수익적 행정처분을 취소할 때에는 이를 취소하여야 할 공익상의 필요와 그 취소로 인하여 당사자가 입게 될 기득권과 신뢰보호 및 법률생활 안정의 침해 등 불이익을 비교·교량한 후 공익상의 필요가 당사자가 입을 불이익을 정당화할 만큼 강한 경우에 한하여 취소할 수 있다(대판 2008.11.13, 2008두8628).

오답의 이유

① 대판 2012.5.24, 2012두1891
② 행정기본법 제18조 제2항 제2호

> **제18조(위법 또는 부당한 처분의 취소)** ② 행정청은 제1항에 따라 당사자에게 권리나 이익을 부여하는 처분을 취소하려는 경우에는 취소로 인하여 당사자가 입게 될 불이익을 취소로 달성되는 공익과 비교·형량(衡量)하여야 한다. 다만, 다음 각 호의 어느 하나에 해당하는 경우에는 그러하지 아니하다.
> 1. 거짓이나 그 밖의 부정한 방법으로 처분을 받은 경우
> 2. 당사자가 처분의 위법성을 알고 있었거나 중대한 과실로 알지 못한 경우

③ 행정청은 위법 또는 부당한 처분의 전부나 일부를 소급하여 취소할 수 있다. 다만, 당사자의 신뢰를 보호할 가치가 있는 등 정당한 사유가 있는 경우에는 장래를 향하여 취소할 수 있다(행정기본법 제18조 제1항).

13
정답 ③

영역 일반행정작용법 > 기타행정행위　　　　　**난도 하**

정답의 이유

③ 행정기관은 행정지도의 상대방이 행정지도에 따르지 아니하였다는 것을 이유로 불이익한 조치를 하여서는 아니 된다(행정절차법 제48조 제2항).

오답의 이유

① 행정절차법 제49조 제1항
② 행정절차법 제49조 제2항

> **제49조(행정지도의 방식)** ② 행정지도가 말로 이루어지는 경우에 상대방이 제1항의 사항을 적은 서면의 교부를 요구하면 그 행정지도를 하는 자는 직무 수행에 특별한 지장이 없으면 이를 교부하여야 한다.

④ 행정절차법 제50조

14
정답 ②

영역 행정의 실효성 확보수단 > 행정상 강제　　**난도 하**

정답의 이유

② 관계 법령상 행정대집행의 절차가 인정되어 행정청이 행정대집행의 방법으로 건물의 철거 등 대체적 작위의무의 이행을 실현할 수 있는 경우에는 따로 민사소송의 방법으로 그 의무의 이행을 구할 수 없다. 한편 건물의 점유자가 철거의무자일 때에는 건물철거의무에 퇴거의무도 포함되어 있는 것이어서 별도로 퇴거를 명하는 집행권원이 필요하지 않다(대판 2017.4.28, 2016다213916).

오답의 이유

① 대판 2017.4.28, 2016다213916
③ 대판 1993.9.14, 92누16690
④ 대판 1984.9.25, 84누201

15
정답 ④

영역 행정법 서론 > 행정상 법률관계　　　　　**난도 중**

정답의 이유

④ 개발부담금 부과처분이 취소된 이상 그 후의 부당이득으로서의 과오납금 반환에 관한 법률관계는 단순한 민사 관계에 불과한 것이고, 행정소송 절차에 따라야 하는 관계로 볼 수 없다(대판 1995.12.22, 94다51253).

오답의 이유

① 대판 1988.2.23, 87누1046 등
② 국가나 지방자치단체에 근무하는 청원경찰은 국가공무원법이나 지방공무원법상의 공무원은 아니지만, 다른 청원경찰과는 달리 그 임용권자가 행정기관의 장이고, 국가나 지방자치단체로부터 보수를 받으며, 산업재해보상보험법이나 근로기준법이 아닌 공무원연금법에 따른 재해보상과 퇴직급여를 지급받고, 직무상의 불법행위에 대하여도 민법이 아닌 국가배상법이 적용되는 등의 특질이 있으며 그외 임용자격, 직무, 복무의무 내용 등을 종합하여 볼때, 그 근무관계를 사법상의 고용계약관계로 보기는 어려우므로 그에 대한 징계처분의 시정을 구하는 소는 행정소송의 대상이지 민사소송의 대상이 아니다(대판 1993.7.13, 92다47564).
③ 대판 2007.12.14, 2005다11848

16

영역 행정구제법 > 종합　　　　　　　　　　**난도** 상

정답의 이유

③ 법령이 특정한 행정기관 등으로 하여금 다른 행정기관을 상대로 제재적 조치를 취할 수 있도록 하면서, 그에 따르지 않으면 그 행정기관에 대하여 과태료를 부과하거나 형사처벌을 할 수 있도록 정하는 경우, 제재적 조치의 상대방인 행정기관 등에게 항고소송 원고로서의 당사자능력과 원고적격을 인정할 수 있다(대판 2018. 8.1, 2014두35379).

오답의 이유

① 대판 2019.4.3, 2017두52764
② 대판 2011.2.10, 2010다87535
④ 대판 2022.11.17, 2021두44425

17

정답 ①

영역 행정절차와 행정공개 > 행정절차법　　　　**난도** 하

정답의 이유

① 국가공무원법상 직위해제처분은 구 행정절차법 제3조 제2항 제9호, 구 행정절차법 시행령 제2조 제3호에 의하여 당해 행정작용의 성질상 행정절차를 거치기 곤란하거나 불필요하다고 인정되는 사항 또는 행정절차에 준하는 절차를 거친 사항에 해당하므로, 처분의 사전통지 및 의견청취 등에 관한 행정절차법의 규정이 별도로 적용되지 않는다(대판 2014.5.16, 2012두26180).

오답의 이유

② 대판 2007.9.21, 2006두20631
③ 대판 2016.10.27, 2016두41811
④ 대판 2020.7.9, 2020두31668 등 병합

18

정답 ③

영역 행정상 쟁송 > 행정소송　　　　　　　　**난도** 중

정답의 이유

③ 사증발급 거부처분을 다투는 외국인은, 아직 대한민국에 입국하지 않은 상태에서 대한민국에 입국하게 해달라고 주장하는 것으로, 대한민국과의 실질적 관련성 내지 대한민국에서 법적으로 보호가치 있는 이해관계를 형성한 경우는 아니어서, 해당 사증발급 거부처분의 취소를 구할 법률상 이익이 인정되지 않는다(대판 2018.5.15, 2014두42506).

오답의 이유

① 대판 1997.12.12, 97누317

② 재단법인 甲 수녀원이, 매립목적을 택지조성에서 조선시설용지로 변경하는 내용의 공유수면매립목적 변경 승인처분으로 인하여 법률상 보호되는 환경상 이익을 침해받았다면서 행정청을 상대로 처분의 무효 확인을 구하는 소송을 제기한 사안에서, 공유수면매립목적 변경 승인처분으로 甲 수녀원에 소속된 수녀 등이 쾌적한 환경에서 생활할 수 있는 환경상 이익을 침해받는다고 하더라도 이를 가리켜 곧바로 甲 수녀원의 법률상 이익이 침해된다고 볼 수 없고, 자연인이 아닌 甲 수녀원은 쾌적한 환경에서 생활할 수 있는 이익을 향수할 수 있는 주체가 아니므로 위 처분으로 위와 같은 생활상의 이익이 직접적으로 침해되는 관계에 있다고 볼 수도 없으며, 위 처분으로 환경에 영향을 주어 甲 수녀원이 운영하는 쨈 공장에 직접적이고 구체적인 재산적 피해가 발생한다거나 甲 수녀원이 폐쇄되고 이전해야 하는 등의 피해를 받거나 받을 우려가 있다는 점 등에 관한 증명도 부족하다는 이유로, 甲 수녀원에 처분의 무효 확인을 구할 원고적격이 없다(대판 2012.6.28, 2010두2005).
④ 대판 2009.9.24, 2009두2825

19

정답 ①

영역 행정구제법 > 손해전보제도　　　　　　　**난도** 중

정답의 이유

① 지방자치단체장이 교통신호기를 설치하여 그 관리권한이 도로교통법 제71조의2 제1항의 규정에 의하여 관할 지방경찰청장에게 위임되어 지방자치단체 소속 공무원과 지방경찰청 소속 공무원이 합동근무하는 교통종합관제센터에서 그 관리업무를 담당하던 중 위 신호기가 고장난 채 방치되어 교통사고가 발생한 경우, 국가배상법 제2조 또는 제5조에 의한 배상책임을 부담하는 것은 지방경찰청장이 소속된 국가가 아니라, 그 권한을 위임한 지방자치단체장이 소속된 지방자치단체라고 할 것이다(대판 1999.6.25, 99다11120).

오답의 이유

② 대판 1981.7.7, 80다2478
③ 국가나 지방자치단체가 손해를 배상할 책임이 있는 경우에 공무원의 선임·감독 또는 영조물의 설치·관리를 맡은 자와 공무원의 봉급·급여, 그 밖의 비용 또는 영조물의 설치·관리 비용을 부담하는 자가 동일하지 아니하면 그 비용을 부담하는 자도 손해를 배상하여야 한다(국가배상법 제6조 제1항).
④ 대판 1979.1.30, 77다2389 전합

20

영역 행정상 쟁송 > 행정심판   난도 **중**

정답의 이유

② 일반적으로 행정처분이나 행정심판 재결이 불복기간의 경과로 인하여 확정될 경우 그 확정력은, 그 처분으로 인하여 법률상 이익을 침해받은 자가 당해 처분이나 재결의 효력을 더 이상 다툴 수 없다는 의미일 뿐, 더 나아가 판결에 있어서와 같은 기판력이 인정되는 것은 아니어서 그 처분의 기초가 된 사실관계나 법률적 판단이 확정되고 당사자들이나 법원이 이에 기속되어 모순되는 주장이나 판단을 할 수 없게 되는 것은 아니다(대판 2004.7.8, 2002두11288).

오답의 이유

① 재결의 기속력은 인용재결에만 인정되며, 기각판결이나 기각재결은 행정청을 기속하지 아니하므로 기각판결이나 재결이 있더라도 처분 행정청은 직권으로 당해 처분을 취소·변경할 수 있다.

③ 대판 2003.4.25, 2002두3201

④ 취소재결, 변경재결, 처분재결은 형성재결로서 재결의 형성력에 의해 재결만으로 처분이 취소·변경되거나 처분이 행해지는 등의 상태변화가 이루어진다. 이에 반해 변경명령재결, 및 처분명령재결(이행재결)은 형성재결이 아니라 명령재결로서 피청구인이 기속력에 의해 주어진 의무를 이행하지 않으면 상태가 변화하지 않는다는 점에서 형성력이 없고 '의무이행'의 문제를 남긴다(행정심판법 제43조 제3항 참조). 무효확인재결은 애초 상태변화가 없는 확인재결이므로 역시 형성력이 인정되지 않는다.

> **제43조(재결의 구분)** ③ 위원회는 취소심판의 청구가 이유가 있다고 인정하면 처분을 취소 또는 다른 처분으로 변경하거나 처분을 다른 처분으로 변경할 것을 피청구인에게 명한다.

((•)) 적중레이더

심판 유형별 형성 · 명령재결 비교

유형	형성재결	명령재결
취소심판	취소재결, 변경재결	변경명령재결
의무이행심판	처분재결	처분명령재결(이행재결)
재결의 형성력	있음 (재결만으로 상태변화)	없음 (의무이행 있어야 상태변화)
무효확인심판	무효확인재결 (형성력 없음)	

21

영역 행정절차와 행정공개 > 정보공개와 개인정보보호   난도 **하**

정답의 이유

② 개인정보처리자는 정보주체가 필요한 최소한의 정보 외의 개인정보 수집에 동의하지 아니한다는 이유로 정보주체에게 재화 또는 서비스의 제공을 거부하여서는 아니 된다(개인정보 보호법 제16조 제3항).

오답의 이유

① 개인정보 보호법 제3조 제7항

③ 개인정보 보호법 제15조 제1항 제3호

④ 개인정보 보호법 제21조 제1항

22

영역 행정구제법 > 종합   난도 **중**

정답의 이유

④ 당사자의 신청을 받아들이지 않은 거부처분이 재결에서 취소된 경우에 행정청은 종전 거부처분 또는 재결 후에 발생한 새로운 사유를 내세워 다시 거부처분을 할 수 있다(대판 2017.10.31, 2015두45045).

오답의 이유

① 헌결 2015.10.21, 2012헌바367

② 대판 1992.6.9, 92누565

③ 대판 2019.8.9, 2019두38656

23

영역 행정법 서론 > 행정상 법률관계   난도 **하**

정답의 이유

④ 환경부장관이 생태·자연도 1등급으로 지정되었던 지역을 2등급 또는 3등급으로 변경하는 내용의 생태·자연도 수정·보완을 고시하자, 인근 주민 甲이 생태·자연도 등급변경처분의 무효 확인을 청구한 사안에서, … 인근 주민에 불과한 甲은 생태·자연도 등급권역을 1등급에서 일부는 2등급으로, 일부는 3등급으로 변경한 결정의 무효 확인을 구할 원고적격이 없다(대판 2014.2.21, 2011두29052).

오답의 이유

① 행정청의 결정재량이 '0'으로 수축되어 어떤 한 행위만을 하여야 하는 경우가 있는데 이러한 경우 무하자재량행사청구권은 실체적 권리인 행정개입청구권으로 전환된다.

② 공무원연금 수급권과 같은 사회보장수급권은 '모든 국민은 인간다운 생활을 할 권리를 가지고, 국가는 사회보장·사회복지의 증진에 노력할 의무를 진다.'고 규정한 헌법 제34조 제1항 및 제2항으로부터 도출되는 사회적 기본권 중의 하나로서, 이는 국가에 대하여 적극적으로 급부를 요구하는 것이므로 헌법규정만으로는 이를 실현할 수 없어 법률에 의한 형성이 필요하고, 그 구체적인 내용 즉 수급요건, 수급권자의 범위 및 급여금액 등은 법률에 의하여 비로소 확정된다(헌재 2013.9.26, 2011헌바272).

③ 행정청에 재량이 인정된 경우 재량행위의 상대방 기타 이해관계인은 행정청에 대한 특정한 행위를 구할 권리는 갖지 못하지만, 재량행사를 하자(흠) 없이 행사해 줄 것을 청구할 수 있는 권리를 가질 수 있다고 보는 바, 이를 무하자재량행사청구권이라 한다.

24
정답 ②

영역 행정구제법 > 행정쟁송제도   난도 **하**

정답의 이유

② 법령상 토사채취가 제한되지 않는 산림 내에서의 토사채취에 대하여 국토와 자연의 유지, 환경보전 등 중대한 공익상 필요를 이유로 <u>그 허가를 거부할 수 있다</u>(대판 2007.6.15, 2005두9736). 따라서 허가를 거부하는 것이 재량권을 일탈·남용하여 위법한 처분이라 할 수 없다.

오답의 이유

① 대판 2018.6.15, 2016두57564
③ 대판 2018.6.19, 2015두38580
④ 대판 2010.4.29, 2009두16879

25
정답 ①

영역 행정상 쟁송 > 행정소송   난도 **중**

정답의 이유

① 원심판결 이유와 기록에 의하면, 피고가 2008.12.31. 원고에 대하여 한 공사낙찰적격심사 감점처분(이하 '이 사건 감점조치'라 한다)의 근거로 내세운 규정은 피고의 공사낙찰적격심사세부기준(이하 '이 사건 세부기준'이라 한다) 제4조 제2항인 사실, 이 사건 세부기준은 공공기관의 운영에 관한 법률 제39조 제1항, 제3항, 구 공기업·준정부기관 계약사무규칙 제12조에 근거하고 있으나, 이러한 규정은 공공기관이 사인과 사이의 계약관계를 공정하고 합리적·효율적으로 처리할 수 있도록 관계 공무원이 지켜야 할 계약사무 처리에 관한 필요한 사항을 규정한 것으로서 <u>공공기관의 내부규정에 불과하여 대외적 구속력이 없는 것</u>임을 알 수 있다(대판 2014.12.24, 2010두6700).

오답의 이유

② 대판 2004.4.22, 2003두9015 전합
③ 대판 2009.1.30, 2007두7277
④ 피고가 원고에 대하여 한 이 사건 감점조치는 행정청이나 그 소속기관 또는 그 위임을 받은 공공단체의 공법상의 행위가 아니라 장차 그 대상자인 원고가 피고가 시행하는 입찰에 참가하는 경우에 그 낙찰적격자 심사 등 계약 사무를 처리함에 있어 피고 내부규정인 이 사건 세부기준에 의하여 종합취득점수의 10/100을 감점하게 된다는 뜻의 사법상의 효력을 가지는 통지행위에 불과하다 할 것이고, 또한 피고의 이와 같은 통지행위가 있다고 하여 원고에게 공공기관의 운영에 관한 법률 제39조 제2항, 제3항, 구 공기업·준정부기관 계약사무규칙 제15조에 의한 국가, 지방자치단체 또는 다른 공공기관에서 시행하는 모든 입찰에의 참가자격을 제한하는 효력이 발생한다고 볼 수도 없으므로, 피고의 이 사건 감점조치는 행정소송의 대상이 되는 행정처분이라고 할 수 없다(대판 2014.12.24, 2010두6700).

2023 | 7급 기출문제 해설

☑ 점수 (   )점/100점   ☑ 문제편 032쪽

영역 분석

행정상 쟁송	6문항	★★★★★★	24%
일반행정작용법	5문항	★★★★★	20%
행정조직법	4문항	★★★★	16%
특별행정작용법	3문항	★★★	12%
행정법 서론	2문항	★★	8%
행정의 실효성 확보수단	2문항	★★	8%
행정절차와 행정공개	2문항	★★	8%
행정구제법	1문항	★	4%

빠른 정답

01	02	03	04	05	06	07	08	09	10
②	②	④	②	④	④	①	③	④	①
11	**12**	**13**	**14**	**15**	**16**	**17**	**18**	**19**	**20**
①	③	①	④	③	③	①	②	②	②
21	**22**	**23**	**24**	**25**					
④	④	③	③	①					

01

영역 **행정법 서론 > 사인의 공법행위**   난도 **중**

정답 ②

정답의 이유

② 대판 2009.1.30, 2006다17850

오답의 이유

① 법령 등으로 정하는 바에 따라 행정청에 일정한 사항을 통지하여야 하는 신고로서 법률에 신고의 수리가 필요하다고 명시되어 있는 경우(행정기관의 내부 업무 처리 절차로서 수리를 규정한 경우는 제외한다)에는 행정청이 수리하여야 효력이 발생한다(행정기본법 제34조).

③ 대규모점포의 개설 등록은 이른바 '수리를 요하는 신고'로서 행정처분에 해당한다(대판 2015.11.19, 2015두295 전합).

④ 체육시설의 회원을 모집하고자 하는 자의 시·도지사 등에 대한 회원모집계획서 제출은 수리를 요하는 신고에 해당하며, 시·도지사 등의 검토결과 통보는 수리행위로서 행정처분에 해당한다(대판 2009.2.26, 2006두16243).

02

영역 **일반행정작용법 > 기타행정행위**   난도 **하**

정답 ②

정답의 이유

② 자동차운송사업양도양수계약에 기한 양도양수인가신청에 대하여 피고 시장이 내인가를 한 후 위 내인가에 기한 본인가신청이 있었으나 자동차운송사업 양도양수인가신청서가 합의에 의한 정당한 신청서라고 할 수 없다는 이유로 위 내인가를 취소한 경우, 위 내인가의 법적 성질이 행정행위의 일종으로 볼 수 있든 아니든 그것이 행정청의 상대방에 대한 의사표시임이 분명하고, 피고가 위 내인가를 취소함으로써 다시 본인가에 대하여 따로이 인가 여부의 처분을 한다는 사정이 보이지 않는다면 위 내인가취소를 인가신청을 거부하는 처분으로 보아야 할 것이다(대판 1991.6.28, 90누4402).

오답의 이유

① 행정행위의 부관은 부담의 경우를 제외하고는 독립하여 행정소송의 대상이 될 수 없는 것인바, 행정청이 한 공유수면매립준공인가 중 매립지 일부에 대하여 한 국가귀속처분은 매립준공인가를 함에 있어서 매립의 면허를 받은 자의 매립지에 대한 소유권취득을 규정한 공유수면매립법 제14조의 효과 일부를 배제하는 부관을 붙인 것이므로 이러한 행정행위의 부관에 대하여는 독립하여 행정소송의 대상으로 삼을 수 없다(대판 1991.12.13, 90누8503).

③ 식품제조영업허가기준이라는 고시는 공익상의 이유로 허가를 할 수 없는 영업의 종류를 지정할 권한을 부여한 구 식품위생법 제23조의3 제4호에 따라 보건사회부장관이 발한 것으로서, 실질적으로 법의 규정내용을 보충하는 기능을 지니면서 그것과 결합하여 대외적으로 구속력이 있는 법규명령의 성질을 가진 것이다. 이 고시에서 정한 허가기준에 따라 보존음료수 제조업의 허가에 붙여진 전량수출 또는 주한외국인에 대한 판매에 한한다는 내용의 조건은 이른바 법정부관으로서 행정청의 의사에 기하여 붙여지는 본래의 의미에서의 행정행위의 부관은 아니므로, 이와 같은 법정부관에 대하여는 행정행위에 부관을 붙일 수 있는 한계에 관한 일반적인 원칙이 적용되지는 않는다(대판 1994.3.8, 92누1728).

④ 확약 또는 공적인 의사표명이 있은 후에 사실적·법률적 상태가 변경되었다면, 그와 같은 확약 또는 공적인 의사표명은 행정청의 별다른 의사표시를 기다리지 않고 실효된다(대판 1996.8.20, 95누10877).

03

영역 행정절차와 행정공개 > 행정절차법	난도 중

정답의 이유

④ 행정절차법 제28조 제2항

> **제28조(청문 주재자)** ② 행정청은 다음 각 호의 어느 하나에 해당하는 처분을 하려는 경우에는 청문 주재자를 2명 이상으로 선정할 수 있다. 이 경우 선정된 청문 주재자 중 1명이 청문 주재자를 대표한다.
> 1. 다수 국민의 이해가 상충되는 처분
> 2. 다수 국민에게 불편이나 부담을 주는 처분
> 3. 그 밖에 전문적이고 공정한 청문을 위하여 행정청이 청문 주재자를 2명 이상으로 선정할 필요가 있다고 인정하는 처분

오답의 이유

① 특별한 사정이 없는 한 신청에 대한 거부처분이라고 하더라도 직접 당사자의 권익을 제한하는 것은 아니어서 신청에 대한 거부처분을 여기에서 말하는 '당사자의 권익을 제한하는 처분'에 해당한다고 할 수 없는 것이어서 처분의 사전통지대상이 된다고 할 수 없다(대판 2003.11.28. 2003두674).

② 행정청이 구 식품위생법 규정에 의하여 영업자지위승계신고를 수리하는 처분은 종전의 영업자의 권익을 제한하는 처분이라 할 것이고 따라서 종전의 영업자는 그 처분에 대하여 직접 그 상대가 되는 자에 해당한다고 봄이 상당하므로, 행정청으로서는 위 신고를 수리하는 처분을 함에 있어서 행정절차법 규정 소정의 당사자에 해당하는 종전의 영업자에 대하여 위 규정 소정의 행정절차를 실시하고 처분을 하여야 한다(대판 2003.2.14. 2001두7015).

③ 행정청이 특히 침해적 행정처분을 할 때 그 처분의 근거 법령 등에서 청문을 실시하도록 규정하고 있다면, 행정절차법 등 관련 법령상 청문을 실시하지 않아도 되는 예외적인 경우에 해당하지 않는 한 반드시 청문을 실시하여야 하며, 그러한 절차를 결여한 처분은 위법한 처분으로서 취소사유에 해당한다(대판 2007.11.16. 2005두15700).

04

영역 일반행정작용법 > 행정행위	난도 하

정답의 이유

② 공무원 인사 관계 법령에 따른 징계 등 처분에 관한 사항에 관하여는 행정기본법상 처분에 대한 이의신청이 적용되지 않는다(행정기본법 제36조 제7항 제1호).

> **제36조(처분에 대한 이의신청)** ⑦ 다음 각 호의 어느 하나에 해당하는 사항에 관하여는 이 조를 적용하지 아니한다.
> 1. 공무원 인사 관계 법령에 따른 징계 등 처분에 관한 사항
> 2. 「국가인권위원회법」 제30조에 따른 진정에 대한 국가인권위원회의 결정
> 3. 「노동위원회법」 제2조의2에 따라 노동위원회의 의결을 거쳐 행하는 사항
> 4. 형사, 행형 및 보안처분 관계 법령에 따라 행하는 사항
> 5. 외국인의 출입국·난민인정·귀화·국적회복에 관한 사항
> 6. 과태료 부과 및 징수에 관한 사항

오답의 이유

① 행정기본법 제36조 제4항
③ 행정기본법 제37조 제1항

> **제37조(처분의 재심사)** ① 당사자는 처분(제재처분 및 행정상 강제는 제외한다. 이하 이 조에서 같다)이 행정심판, 행정소송 및 그 밖의 쟁송을 통하여 다툴 수 없게 된 경우(법원의 확정판결이 있는 경우는 제외한다)라도 다음 각 호의 어느 하나에 해당하는 경우에는 해당 처분을 한 행정청에 처분을 취소·철회하거나 변경하여 줄 것을 신청할 수 있다.
> 1. 처분의 근거가 된 사실관계 또는 법률관계가 추후에 당사자에게 유리하게 바뀐 경우
> 2. 당사자에게 유리한 결정을 가져다주었을 새로운 증거가 있는 경우
> 3. 「민사소송법」 제451조에 따른 재심사유에 준하는 사유가 발생한 경우 등 대통령령으로 정하는 경우

④ 행정기본법 제37조 제5항

05

영역 행정조직법 > 공무원법	난도 중

정답의 이유

④ 국가공무원법 제73조의3 제1항에서 정한 직위해제는 당해 공무원이 장래에 계속 직무를 담당하게 될 경우 예상되는 업무상의 장애 등을 예방하기 위하여 일시적으로 당해 공무원에게 직위를 부여하지 아니함으로써 직무에 종사하지 못하도록 하는 잠정적인 조치로서, 임용권자가 일방적으로 보직을 박탈시키는 것을 의미한다. 이러한 직위해제는 공무원의 비위행위에 대한 징벌적 제재인 징계와 법적 성질이 다르다(대판 2022.10.14. 2022두45623).

① 직위해제처분은 공무원에 대하여 불이익한 처분이긴 하나 징계처분과 같은 성질의 처분이라고는 볼 수 없으므로 동일한 사유에 대한 직위해제처분이 있은 후 다시 해임처분이 있었다 하여 일사부재리의 법리에 어긋난다고 할 수 없다(대판 1984.2.28, 83누489).

② 구 경찰공무원법 제50조 제1항에 의한 직위해제처분과 같은 제3항에 의한 면직처분은 후자가 전자의 처분을 전제로 한 것이기는 하나 각각 단계적으로 별개의 법률효과를 발생하는 행정처분이어서 선행 직위해제처분의 위법사유가 면직처분에는 승계되지 아니한다 할 것이므로 선행된 직위해제 처분의 위법사유를 들어 면직처분의 효력을 다툴 수는 없다(대판 1984.9.11, 84누191).

③ 원고에 대한 직위해제처분(이하 '이 사건 처분'이라고 한다) 당시 원고가 기소된 공소사실에 관하여 당연퇴직 사유인 국가공무원법 제33조 제3호 내지 제6호의2에 해당하는 유죄판결을 받을 고도의 개연성이 있다거나, 원고가 계속 직무를 수행함으로 인하여 공무집행의 공정성과 그에 대한 국민의 신뢰를 저해할 구체적인 위험이 생길 우려가 있었다고 인정하기 어렵다고 보아, 원고가 형사 사건으로 기소되었다는 이유만으로 한 이 사건 처분은 재량권을 일탈·남용한 것으로서 위법하다(대판 2017.6.8, 2016두38273).

06

영역 행정의 실효성 확보수단 > 종합 　　　　　난도 **중**

④ 체납자 등은 자신에 대한 공매처분 전 절차인 공매통지의 하자를 공매처분의 위법사유로 주장할 수 있지만, 다른 권리자에 대한 공매통지의 하자를 들어 공매처분의 위법사유로 주장하는 것은 허용되지 않는다(대판 2008.11.20, 2007두18154 전합).

① 대판 2011.3.24, 2010두25527

② 행정조사기본법 제20조 제1항

③ 회사 분할 시 신설회사 또는 존속회사가 승계하는 것은 분할하는 회사의 권리와 의무이고, 분할하는 회사의 분할 전 법 위반행위를 이유로 과징금이 부과되기 전까지는 단순한 사실행위만 존재할 뿐 과징금과 관련하여 분할하는 회사에 승계 대상이 되는 어떠한 의무가 있다고 할 수 없으므로, 특별한 규정이 없는 한 신설회사에 대하여 분할하는 회사의 분할 전 법 위반행위를 이유로 과징금을 부과하는 것은 허용되지 않는다(대판 2011.5.26, 2008두18335).

07

영역 행정의 실효성 확보수단 > 행정상 강제 　　　　　난도 **하**

① 대집행계고처분 취소소송의 변론종결 전에 대집행영장에 의한 통지절차를 거쳐 사실행위로서 대집행의 실행이 완료된 경우에는 행위가 위법한 것이라는 이유로 손해배상이나 원상회복 등을 청구하는 것은 별론으로 하고 처분의 취소를 구할 법률상 이익은 없다(대판 1993.6.8, 93누6164).

② 대판 2010.1.28, 2007다82950 등

③ 도시공원시설인 매점의 관리청이 그 공동점유자 중의 1인에 대하여 소정의 기간 내에 위 매점으로부터 퇴거하고 이에 부수하여 그 판매 시설물 및 상품을 반출하지 아니할 때에는 이를 대집행하겠다는 내용의 계고처분은 그 주된 목적이 매점의 원형을 보존하기 위하여 점유자가 설치한 불법 시설물을 철거하고자 하는 것이 아니라, 매점에 대한 점유자의 점유를 배제하고 그 점유이전을 받는 데 있다고 할 것인데, 이러한 의무는 그것을 강제적으로 실현함에 있어 직접적인 실력행사가 필요한 것이지 대체적 작위의무에 해당하는 것은 아니어서 직접강제의 방법에 의하는 것은 별론으로 하고 행정대집행법에 의한 대집행의 대상이 되는 것은 아니다(대판 1998.10.23, 97누157).

④ 대판 2017.4.28, 2016다213916

08

영역 특별행정작용법 > 공용부담법 　　　　　난도 **상**

③ 토지보상법 제84조 제1항

> **제84조(이의신청에 대한 재결)** ① 중앙토지수용위원회는 제83조에 따른 이의신청을 받은 경우 제34조에 따른 재결이 위법하거나 부당하다고 인정할 때에는 그 재결의 전부 또는 일부를 취소하거나 보상액을 변경할 수 있다.

① 공익사업을 위한 토지 등의 취득 및 보상에 관한 법률상 이의신청(행정심판의 성질)은 임의적 전치주의이다(임의적 행정심판 전치 원칙). 따라서 수용재결에 대하여 불복하는 경우 이의재결을 거치지 아니하고 취소소송을 제기할 수 있다.

> **토지보상법 제83조(이의의 신청)** ① 중앙토지수용위원회의 제34조에 따른 재결에 이의가 있는 자는 중앙토지수용위원회에 이의를 신청할 수 있다.
> ② 지방토지수용위원회의 제34조에 따른 재결에 이의가 있는 자는 해당 지방토지수용위원회를 거쳐 중앙토지수용위원회에 이의를 신청할 수 있다.
> ③ 제1항 및 제2항에 따른 이의의 신청은 재결서의 정본을 받은 날부터 30일 이내에 하여야 한다.

② 현행 공익사업을 위한 토지 등의 취득 및 보상에 관한 법률 제85조 제1항은 수용재결(원처분)에 대해서 행정소송을 제기할 수 있다고 규정하고 있다. <u>다수설 · 판례는 원처분주의를 채택하여 수용재결서를 받은 날부터 90일 이내 그리고 이의신청에 대해 기각재결이 내려진 경우, 이의재결서를 받은 날부터 60일 이내에 수용재결을 대상으로 취소소송을 제기하여야 한다</u>는 입장이다. 다만 이의신청에 대한 재결 자체에 고유한 위법이 있음을 이유로 하는 경우에는 그 이의재결을 한 중앙토지수용위원회를 피고로 하여 이의재결의 취소를 구할 수 있다(대판 2010.1.28. 2008두1504).

> **토지보상법 제85조(행정소송의 제기)** ① 사업시행자, 토지소유자 또는 관계인은 제34조에 따른 재결에 불복할 때에는 재결서를 받은 날부터 90일 이내에, 이의신청을 거쳤을 때에는 이의신청에 대한 재결서를 받은 날부터 60일 이내에 각각 행정소송을 제기할 수 있다. 이 경우 사업시행자는 행정소송을 제기하기 전에 제84조에 따라 늘어난 보상금을 공탁하여야 하며, 보상금을 받을 자는 공탁된 보상금을 소송이 종결될 때까지 수령할 수 없다.

④ 이의재결에서 보상금이 늘어난 경우 사업시행자는 재결의 취소 또는 변경의 재결서 정본을 받은 날부터 <u>30일</u> 이내에 보상금을 받을 자에게 그 늘어난 보상금을 지급해야 한다(토지보상법 제84조 제2항).

09 정답 ④

영역 일반행정작용법 > 행정행위   난도 **중**

정답의 이유

④ 특별사용의 필요가 없는 부분을 도로점용허가의 점용장소 및 점용면적으로 포함한 흠이 있고 그로 인하여 점용료 부과처분에도 흠이 있게 된 경우, 도로관리청으로서는 도로점용허가 중 특별사용의 필요가 없는 부분을 직권취소하면서 <u>특별사용의 필요가 없는 점용장소 및 점용면적을 제외한 상태로 점용료를 재산정한 후 당초 처분을 취소하고 재산정한 점용료를 새롭게 부과하거나, 당초 처분을 취소하지 않고 당초 처분으로 부과된 점용료와 재산정된 점용료의 차액을 감액할 수도 있다</u>(대판 2019.1.17. 2016두56721 등 병합).

오답의 이유

① 여객자동차운수사업법에 따른 개인택시운송사업면허는 특정인에게 권리나 이익을 부여하는 재량행위이고, 행정청이 면허발급 여부를 심사함에 있어 이미 설정된 면허기준의 해석상 당해 신청이 면허발급의 우선순위에 해당함이 명백함에도 불구하고 이를 제외시켜 면허거부처분을 하였다면 특별한 사정이 없는 한 그 거부처분은 재량권을 남용한 위법한 처분이다(대판 2002.1.22. 2001두8414).

② 대판 2008.12.24. 2008두8970

③ 대판 2019.1.17. 2016두56721 등 병합

10 정답 ①

영역 행정상 쟁송 > 행정소송   난도 **하**

정답의 이유

① 처분성이 인정되는 국민권익위원회의 조치요구에 불복하고자 하는 소방청장으로서는 조치요구의 취소를 구하는 항고소송을 제기하는 것이 유효 · 적절한 수단으로 볼 수 있으므로 소방청장은 예외적으로 당사자능력과 원고적격을 가진다(대판 2018.8.1. 2014두35379).

오답의 이유

② 사증발급 거부처분을 다투는 외국인은, 아직 대한민국에 입국하지 않은 상태에서 대한민국에 입국하게 해달라고 주장하는 것으로, 대한민국과의 실질적 관련성 내지 대한민국에서 법적으로 보호가치 있는 이해관계를 형성한 경우는 아니어서, 해당사증발급 거부처분의 취소를 구할 법률상 이익이 인정되지 않는다. 반면, 국적법상 귀화불허가처분이나 출입국관리법상 체류자격변경 불허가처분, 강제퇴거명령 등을 다투는 외국인은 대한민국에 적법하게 입국하여 상당한 기간을 체류한 사람이므로, 이미 대한민국과의 실질적 관련성 내지 대한민국에서 법적으로 보호가치 있는 이해관계를 형성한 경우이어서, 해당 처분의 취소를 구할 법률상 이익이 인정된다고 보아야 한다(대판 2018.5.15. 2014두42506).

③ 일반소매인으로 지정되어 영업을 하고 있는 기존업자의 신규 구내소매인에 대한 이익은 법률상 보호되는 이익이 아니라 단순한 사실상의 반사적 이익이라고 해석함이 상당하므로, 기존 일반소매인은 <u>신규 구내소매인 지정 처분의 취소를 구할 원고적격이 없다</u>(대판 2008.4.10. 2008두402).

④ 재단법인 甲수녀원이, 매립목적을 택지조성에서 조선시설용지로 변경하는 내용의 공유수면 매립 목적 변경승인처분으로 인하여 법률상 보호되는 <u>환경상 이익을 침해받았다면서 행정청을 상대로 처분의 무효확인을 구하는 소송을 제기한 사안에서, 甲수녀원에는 처분의 무효확인을 구할 원고적격이 없다</u>(대판 2012.6.28. 2010두2005).

11 ※ 개정 · 변경된 내용으로 선지 교체 　　　　　정답 ①

영역 행정상 쟁송 > 행정심판　　　　　난도 **중**

[정답의 이유]

① 영업정지 7일의 처분에 대하여 甲이 행정심판을 제기한 경우 행정심판위원회가 처분의 상대방에게 불리한 영업정지 1월의 처분으로 처분을 변경하는 재결을 내릴 수 없다(행정심판법 제47조 제2항). 행정심판법상 '불이익변경금지원칙'에 위반되기 때문이다.

> 제47조(재결의 범위) ② 위원회는 심판청구의 대상이 되는 처분보다 청구인에게 불리한 재결을 하지 못한다.

[오답의 이유]

② 甲이 취소소송을 제기하기 전 영업정지 7일의 처분이 이미 종료한 경우 후행 처분의 가중사유가 되지 않는 경우라면 甲은 이미 소멸된 처분의 취소판결을 받아봐야 가중처분을 피할 수 있는 등의 실익이 없으므로 협의의 소의 이익이 인정되지 않는다.

③ 행정심판은 상급 행정청의 자기통제이므로, 행정심판위원회는 위법성뿐만 아니라 부당성도 심리할 수 있고, 기속행위는 물론 재량행위임에도 일부취소재결을 할 수 있다.

④ 행정처분의 취소를 구하는 항고소송에서 처분청은 당초 처분의 근거로 삼은 사유와 기본적 사실관계가 동일성이 있다고 인정되는 한도 내에서만 다른 사유를 추가 또는 변경할 수 있고, 이러한 기본적 사실관계의 동일성 유무는 처분사유를 법률적으로 평가하기 이전의 구체적 사실에 착안하여 그 기초인 사회적 사실관계가 기본적인 점에서 동일한지에 따라 결정되므로, 추가 또는 변경된 사유가 처분 당시에 이미 존재하고 있었다거나 당사자가 그 사실을 알고 있었다고 하여 당초의 처분사유와 동일성이 있다고 할 수 없다. 그리고 이러한 법리는 행정심판 단계에서도 그대로 적용된다(대판 2014.5.16, 2013두26118).

12　　　　　정답 ③

영역 특별행정작용법 > 급부행정법　　　　　난도 **중**

[정답의 이유]

③ 공기업 이용관계는 합의 이용이 원칙이지만, 예외적으로 강제 이용의 경우도 있다. 공기업 이용관계가 공기업주체와 이용자 사이의 계약에 의해 성립하는 경우에도 공기업이용조건이 법령, 조례 또는 공기업규칙에 의해 미리 정하여지고 그러한 이용조건에 따라 이용계약이 체결되는 '부합계약'이 보통이다.

[오답의 이유]

① 공기업 이용관계에 대해서 '공기업은 직접 공익을 위하여 행하여지는 행정작용의 일부라는 점을 강조하여 그 이용관계도 공법관계'라는 공법관계설과 '공기업도 사업의 실질은 사인이 경영하는 사업과 다를 것이 없으므로 사법관계로 보며, 다만 실정법에 특별

한 규정이 있을 경우에만 공법관계'로 보는 사법관계설, 그리고 단체법적 사회법관계설 등의 견해대립이 있는데, 이 중 사법관계설이 통설이다.

② 공기업이용관계는 사법관계가 일반적이나, 법령에 규정이 있는 경우, 예컨대 체납요금에 대한 행정상 강제징수의 인정(우편법 제24조, 수도법 제68조 등). 사용료에 대한 이의신청 등 행정쟁송의 인정(지방자치법 제157조) 등은 공법관계로 보는 것이 대부분의 견해이다.

④ 특허기업의 특허란 국가나 지방자치단체가 자기의 권한에 속하는 공익사업의 경영권을 사인에게 설정해주는 행위를 말한다. 예컨대 전기사업법상 전기사업허가(제7조), 도시가스사업법상 도시가스사업의 허가(제3조 제1항), 철도사업법에 따라 사설철도사업의 면허(제5조) 등이 그 예이다.

> 🛰️ **적중레이더**
>
> **공기업 이용관계**
> 판례는 철도이용관계와 전화이용관계는 사법관계로 보고 있으나, 수도이용관계는 공법관계로 보고 있다.

13　　　　　정답 ①

영역 행정조직법 > 지방자치법　　　　　난도 **상**

[정답의 이유]

① 지방자치법 제5조 제1항(현행 제8조 제1항)에 의하면 지방자치단체의 구역변경이나 폐지 · 분합이 있는 때에는 새로 그 지역을 관할하게 된 지방자치단체가 그 사무와 재산을 승계하도록 규정되어 있는바, 여기서 "재산"이라 함은 현금 이외의 모든 재산적 가치가 있는 물건 및 권리만을 말하는 것으로서 채무는 포함되지 않는다(대판 1993.2.26, 92다45292).

> 제8조(구역의 변경 또는 폐지 · 설치 · 분리 · 합병 시의 사무와 재산의 승계) ① 지방자치단체의 구역을 변경하거나 지방자치단체를 폐지하거나 설치하거나 나누거나 합칠 때에는 새로 그 지역을 관할하게 된 지방자치단체가 그 사무와 재산을 승계한다.

② 대판 2009.6.11, 2008도6530

③ 대판 1992.6.23, 92추17

④ 헌결 2019.12.27, 2018헌마301 등 병합

14

영역 행정구제법 > 손해전보제도   난도 **하**

정답의 이유

④ 불법행위를 원인으로 한 국가에 대한 손해배상청구권은 손해 및 가해자를 안 날로부터 3년이 경과하여야 단기소멸시효가 완성된다 할 것이지만(민법 제766조 제1항), 다른 한편 불법행위일로부터 5년 동안 이를 행사하지 아니하면 시효로 소멸한다(1961.12.19. 법률 제849호로 폐지되기 전의 구 재정법 제58조). 5년의 소멸시효 기간은 위 3년의 단기소멸시효 기간과 달리 불법행위일로부터 바로 진행이 되므로 이 사건에서 원고들이 2009.12.7.경에서야 국방부로부터 이 사건 사고로 소외인이 사망하였다는 내용의 조사결과를 받았다고 할지라도 그 손해배상청구권의 소멸시효는 이 사건 사고로 소외인이 사망한 날로부터 5년이 경과한 때에 이미 완성되었다고 할 것이다(대판 2013.6.27, 2013다23211).

오답의 이유

① 국가배상법 제9조는 배상심의회의 배상신청 임의주의를 규정하고 있으므로 배상심의회에 배상신청 없이 바로 민사법원에 국가배상청구가 가능하다.

> **제9조(소송과 배상신청의 관계)** 이 법에 따른 손해배상의 소송은 배상심의회(이하 "심의회"라 한다)에 배상신청을 하지 아니하고도 제기할 수 있다.

② 공익근무요원은 보충역에 편입되어 있는 자이기 때문에, 소집되어 군에 복무하지 않는 한 군인이라고 말할 수 없으므로, 비록 병역법 제75조 제2항이 공익근무요원으로 복무 중 순직한 사람의 유족에 대하여 국가유공자 등 예우 및 지원에 관한 법률에 따른 보상을 하도록 규정하고 있다고 하여도, 공익근무요원이 국가배상법 제2조 제1항 단서의 규정에 의하여 국가배상법상 손해배상청구가 제한되는 군인·군무원·경찰공무원 또는 향토예비군대원에 해당한다고 할 수 없다(대판 1997.3.28, 97다4036).

③ 피해자에게 손해를 직접 배상한 경과실이 있는 공무원은 특별한 사정이 없는 한 국가에 대하여 국가의 피해자에 대한 손해배상책임의 범위 내에서 공무원이 변제한 금액에 관하여 구상권을 취득한다(대판 2014.8.20, 2012다54478).

📡 **적중레이더**

판례 비교
국가 또는 지방자치단체의 산하 공무원이 그 직무를 집행함에 당하여 중대한 과실로 인하여 법령에 위반하여 타인에게 손해를 가함으로써 국가 또는 지방자치단체가 손해배상책임을 부담하고, 그 결과로 손해를 입게 된 경우에는 국가 등은 제반 사정을 참작하여 손해의 공평한 부담이라는 견지에서 신의칙상 상당하다고 인정되는 한도 내에서만 당해 공무원에 대하여 구상권을 행사할 수 있다고 봄이 상당하다(대판 1991.5.10, 91다6764).

15

영역 일반행정작용법 > 행정행위   난도 **중**

정답의 이유

③ 이 사건 서훈취소 처분의 통지가 처분권한자인 대통령이 아니라 그 보좌기관인 피고에 의하여 이루어졌다고 하더라도, 그 처분이 대통령의 인식과 의사에 기초하여 이루어졌고, 앞서 보았듯이 그 통지로 이 사건 서훈취소 처분의 주체(대통령)와 내용을 알 수 있으므로, 이 사건 서훈취소 처분의 외부적 표시의 방법으로서 위 통지의 주체나 형식에 어떤 하자가 있다고 보기도 어렵다(대판 2014. 9.26, 2013두2518).

오답의 이유

① 대판 1998.6.26, 96누12634
② 대판 1993.5.27, 93누6621
④ 대판 2006.6.30, 2005두14363

📡 **적중레이더**

판례 비교
환경영향평가 법령에서 정한 환경영향평가를 거쳐야 할 대상사업에 대하여 그러한 절차를 거쳤다면, 비록 그 환경영향평가의 내용이 다소 부실하더라도, 그 부실의 정도가 환경영향평가제도를 둔 입법취지를 달성할 수 없을 정도이어서 환경영향평가를 하지 아니한 정도의 것이 아닌 이상, 그 부실은 당해 승인 등 처분에 재량권 일탈·남용의 위법이 있는지 여부를 판단하는 하나의 요소로 됨에 그칠 뿐, 그 부실로 인하여 당연히 당해 승인 등 처분이 위법하게 되는 것이 아니다(대판 2006.3.16, 2006두330 전합).

16

영역 행정상 쟁송 > 행정소송   난도 **하**

정답의 이유

③ 행정소송에 대한 대법원판결에 의하여 명령·규칙이 헌법 또는 법률에 위반된다는 것이 확정된 경우에는 대법원은 지체 없이 그 사유를 행정안전부장관에게 통보하여야 한다(행정소송법 제6조 제1항).

> **제6조 (명령·규칙의 위헌판결 등 공고)** ① 행정소송에 대한 대법원판결에 의하여 명령·규칙이 헌법 또는 법률에 위반된다는 것이 확정된 경우에는 대법원은 지체 없이 그 사유를 행정안전부장관에게 통보하여야 한다.
> ② 제1항의 규정에 의한 통보를 받은 행정안전부장관은 지체 없이 이를 관보에 게재하여야 한다.

① 행정소송법 제9조 제3항

> **제9조(재판관할)** ③ 토지의 수용 기타 부동산 또는 특정의 장소에 관계되는 처분 등에 대한 취소소송은 그 부동산 또는 장소의 소재지를 관할하는 행정법원에 이를 제기할 수 있다.

② 행정소송법 제2조 제2항

> **제2조(정의)** ② 이 법을 적용함에 있어서 행정청에는 법령에 의하여 행정권한의 위임 또는 위탁을 받은 행정기관, 공공단체 및 그 기관 또는 사인이 포함된다.

④ 행정소송법 제7조 또한 원고의 고의 또는 중대한 과실 없이 행정사건이 민사법원에 제기된 경우에도 관할이송이 가능하다.

> **행정소송법 제7조(사건의 이송)** 민사소송법 제34조 제1항의 규정은 원고의 고의 또는 중대한 과실 없이 행정소송이 심급을 달리하는 법원에 잘못 제기된 경우에도 적용한다.
>
> **민사소송법 제34조(관할위반 또는 재량에 따른 이송)** ① 법원은 소송의 전부 또는 일부에 대하여 관할권이 없다고 인정하는 경우에는 결정으로 이를 관할법원에 이송한다.

17

영역 행정조직법 > 지방자치법　　　　　　　　　난도 **하**

① 국가법령에서 정하고 있지 않더라도 지방자치단체가 특정사항에 대하여 그 지방의 실정에 맞게 제정한 조례를 곧바로 법령의 범위를 벗어난 것으로 위법하다고 단정할 수 없다. 법률이 주민의 권리의무에 관한 사항에 관하여 구체적으로 범위를 정하지 않은 채 조례로 정하도록 포괄적으로 위임한 경우나 법률규정이 예정하고 있는 사항을 구체화·명확화한 것으로 볼 수 있는 경우, 법령에 위반되지 않는 범위 내에서 주민의 권리의무에 관한 사항을 조례로 제정할 수 있다(대판 2022.4.28. 2021추5036). 단, 법률의 위임 없이 주민의 권리 제한 또는 의무 부과에 관한 사항을 정한 조례의 효력은 무효이다.

② 지방자치단체는 법령의 범위에서 그 사무에 관하여 조례를 제정할 수 있다. 다만, 주민의 권리 제한 또는 의무 부과에 관한 사항이나 벌칙을 정할 때에는 법률의 위임이 있어야 하는데(지방자치법 제28조 제1항), 지방자치단체가 조례를 위반한 행위에 대하여 조례로써 1천만 원 이하의 과태료를 정할 수 있다(지방자치법 제34조 제1항)는 위임 규정이 있으므로, 조례위반에 대하여 벌금 등 형벌을 과하도록 한 조례는 위헌·위법한 조례이다.

> **제28조(조례)** ① 지방자치단체는 법령의 범위에서 그 사무에 관하여 조례를 제정할 수 있다. 다만, 주민의 권리 제한 또는 의무 부과에 관한 사항이나 벌칙을 정할 때에는 법률의 위임이 있어야 한다.
>
> **제34조(조례 위반에 대한 과태료)** ① 지방자치단체는 조례를 위반한 행위에 대하여 조례로써 1천만 원 이하의 과태료를 정할 수 있다.

③ 차고지확보 대상을 자가용자동차 중 승차정원 16인 미만의 승합자동차와 적재정량 2.5t 미만의 화물자동차까지로 정하여 자동차운수사업법령이 정한 기준보다 확대하고, 차고지확보 입증서류의 미제출을 자동차등록 거부사유로 정하여 자동차관리법령이 정한 자동차등록기준보다 더 높은 수준의 기준을 부가하고 있는 차고지확보제도에 관한 조례안은 비록 그 법률적 위임근거는 있지만 그 내용이 차고지 확보기준 및 자동차등록기준에 관한 상위법령의 제한범위를 초과하여 무효이다(대판 1997.4.25. 96추251).

④ 지방자치단체는 주민의 복리에 관한 사무를 처리하고 재산을 관리하며, 법령의 범위 안에서 자치에 관한 규정을 제정할 수 있다(헌법 제117조 제1항). 지방자치법 제22조, 제9조에 따르면, 지방자치단체가 조례를 제정할 수 있는 사항은 지방자치단체의 고유사무인 자치사무와 개별 법령에 따라 지방자치단체에 위임된 단체위임사무에 한정된다(대판 2017.12.5. 2016추5162). 즉, 지방자치단체는 기관 위임사무에 관한 사항을 조례로 제정할 수 없다(원칙적 소극).

(◉) 적중레이더

비교 판례

조례가 규율하는 특정사항에 관하여 그것을 규율하는 국가의 법령이 이미 존재하는 경우에도 조례가 법령과 별도의 목적에 기하여 규율함을 의도하는 것으로서 그 적용에 의하여 법령의 규정이 의도하는 목적과 효과를 전혀 저해하는 바가 없는 때 또는 양자가 동일한 목적에서 출발한 것이라고 할지라도 국가의 법령이 반드시 그 규정에 의하여 전국에 걸쳐 일률적으로 동일한 내용을 규율하려는 취지가 아니고 각 지방자치단체가 그 지방의 실정에 맞게 별도로 규율하는 것을 용인하는 취지라고 해석되는 때에는 그 조례가 국가의 법령에 위배되는 것은 아니라고 보아야 한다(대판 2006.10.12. 2006추38).

18

영역 행정법 서론 > 사인의 공법행위   난도 **하**

정답의 이유

② 인·허가의제 효과를 수반하는 건축신고는 일반적인 건축신고와는 달리, 특별한 사정이 없는 한 행정청이 그 실체적 요건에 관한 심사를 한 후 수리하여야 하는 이른바 '수리를 요하는 신고'로 보는 것이 옳다(대판 2011.1.20. 2010두14954 전합).

오답의 이유

① 대판 2006.6.30. 2004두701
③ 대판 2010.11.18. 2008두167 전합
④ 대판 1992.3.31. 91누4911

19

영역 일반행정작용법 > 행정행위   난도 **중**

정답의 이유

② 관리처분계획의 인가 등에 관한 사무는 국가사무로서 지방자치단체의 장에게 위임된 이른바 기관위임사무에 해당하므로, 시·도지사가 지방자치단체의 조례에 의하여 이를 구청장 등에게 재위임할 수는 없고, 행정권한의 위임 및 위탁에 관한 규정 제4조에 의하여 위임기관의 장의 승인을 얻은 후 지방자치단체의 장이 제정한 규칙이 정하는 바에 따라 재위임하는 것만이 가능하다. 서울특별시장이 건설부장관으로부터 위임받은 관리처분계획의 인가 등 처분권한을 행정권한의 위임 및 위탁에 관한 규정 제4조에 의하여 규칙을 제정해서 구청장에게 재위임하지 아니하고, 서울특별시행정권한위임조례(1990.10.8. 서울특별시 조례 제2654호) 제5조 제1항 [별표]에 의하여 구청장에게 재위임하였다면, 서울특별시행정권한위임조례 중 위 처분권한의 재위임에 관한 부분은 조례제정권의 범위를 벗어난 국가사무(기관위임사무)를 대상으로 한 것이어서 무효이다. 무효인 서울특별시행정권한위임조례의 규정에 근거한 관리처분계획의 인가 등 처분은 결과적으로 적법한 위임 없이 권한 없는 자에 의하여 행하여진 것과 마찬가지가 되어 그 하자가 중대하나, 지방자치단체의 사무에 관한 조례와 규칙은 조례가 보다 상위규범이라고 할 수 있고, 또한 헌법 제107조 제2항의 "규칙"에는 지방자치단체의 조례와 규칙이 모두 포함되는 등 이른바 규칙의 개념이 경우에 따라 상이하게 해석되는 점 등에 비추어 보면, 위 처분의 위임과정의 하자가 객관적으로 명백한 것이라고 할 수 없으므로 결국 당연무효 사유는 아니라고 봄이 상당하다(대판 1995.8.22. 94누5694).

① 대판 2012.2.16. 2010두10907 전합
③ 행정기본법 제18조 제1항

> **제18조(위법 또는 부당한 처분의 취소)** ① 행정청은 위법 또는 부당한 처분의 전부나 일부를 소급하여 취소할 수 있다. 다만, 당사자의 신뢰를 보호할 가치가 있는 등 정당한 사유가 있는 경우에는 장래를 향하여 취소할 수 있다.

④ 두 개 이상의 행정처분이 연속적으로 행하여진 경우 선행처분과 후행처분이 서로 독립하여 별개의 법률효과를 목적으로 하는 때에는 선행처분에 불가쟁력이 생겨 그 효력을 다툴 수 없게 되면 선행처분의 하자가 중대하고 명백하여 당연무효인 경우를 제외하고는 선행처분의 하자를 이유로 후행처분을 다툴 수 없는 것이 원칙이나, 이 경우에도 선행처분의 불가쟁력이나 구속력이 그로 인하여 불이익을 입게 되는 자에게 수인한도를 넘는 가혹함을 가져오고 그 결과가 당사자에게 예측 가능한 것이 아닌 경우에는 국민의 재판받을 권리를 보장하고 있는 헌법의 이념에 비추어 선행처분의 후행처분에 대한 구속력은 인정될 수 없다고 봄이 타당하므로, 선행처분에 위법이 있는 경우에는 그 자체를 행정소송의 대상으로 삼아 위법 여부를 다툴 수 있음은 물론 이를 기초로 한 후행처분의 취소를 구하는 행정소송에서도 선행처분의 위법을 독립된 위법사유로 주장할 수 있다(대판 1998.3.13. 96누6059).

20

영역 특별행정작용법 > 급부행정법   난도 **하**

정답의 이유

② 하천법 제50조에 의한 하천수 사용권은 하천법 제33조에 의한 하천의 점용허가에 따라 해당 하천을 점용할 수 있는 권리와 마찬가지로 특허에 의한 공물사용권의 일종으로서, 양도가 가능하고 이에 대한 민사집행법상의 집행 역시 가능한 독립된 재산적 가치가 있는 구체적인 권리라고 보아야 한다. 따라서 하천법 제50조에 의한 하천수 사용권은 공익사업을 위한 토지 등의 취득 및 보상에 관한 법률 제76조 제1항이 손실보상의 대상으로 규정하고 있는 '물의 사용에 관한 권리'에 해당한다(대판 2018.12.27. 2014두11601).

오답의 이유

① 대판 2021.3.11. 2020다229239
③ 대판 2015.1.29. 2012두27404
④ 대판 2002.2.26. 99다35300

21

영역 행정절차와 행정공개 > 정보공개와 개인정보보호   난도 **중**

정답의 이유

④ • 형사소송법 제59조의2의 내용·취지 등을 고려하면, 형사소송법 제59조의2는 형사재판확정기록의 공개 여부나 공개 범위, 불복절차 등에 대하여 구 공공기관의 정보공개에 관한 법률과 달리 규정하고 있는 것으로 정보공개법 제4조 제1항에서 정한 '정보의 공개에 관하여 다른 법률에 특별한 규정이 있는 경우'에 해당한다. 따라서 형사재판확정기록의 공개에 관하여는 정보공개법에 의한 공개청구가 허용되지 아니한다(대판 2016.12.15, 2013두20882).
 • 독립유공자 서훈 공적심사위원회의 회의록이 공공기관의 정보공개에 관한 법률 제9조 제1항 제5호에서 정한 '공개될 경우 업무의 공정한 수행에 현저한 지장을 초래한다고 인정할 만한 상당한 이유가 있는 정보'에 해당한다(대판 2014.7.24, 2013두20301). 따라서 독립유공자 서훈 공적심사위원회 회의록이나 형사재판확정기록은 비공개대상이다.

오답의 이유

① 정보공개청구권자인 국민에는 자연인뿐만 아니라 법인, 법인격 없는(권리능력 없는) 사단·재단도 포함된다는 것이 판례의 입장이며, 이해관계 유무를 불문하므로 시민단체 등에 의한 행정감시 목적의 정보공개청구도 가능하다. 한편 지방자치단체는 정보공개의 무자에 해당할 뿐 정보공개청구권자인 국민에 해당하지 않는다(서울행법 2005.10.12, 2005구합10484).

② 사법시험 제2차 시험 답안지는 비공개 대상 정보가 아니라 공개 대상이다(대판 2003.3.14, 2000두6114). 이와 달리 사법시험 2차 시험 중 시험문항에 대한 채점위원별 채점결과는 비공개정보이다.

③ 정보공개법 제4조 제1항·제3항 본문

> **제4조(적용 범위)** ① 정보의 공개에 관하여는 다른 법률에 특별한 규정이 있는 경우를 제외하고는 이 법에서 정하는 바에 따른다.
> ② 지방자치단체는 그 소관 사무에 관하여 법령의 범위에서 정보공개에 관한 조례를 정할 수 있다.
> ③ 국가안전보장에 관련되는 정보 및 보안 업무를 관장하는 기관에서 국가안전보장과 관련된 정보의 분석을 목적으로 수집하거나 작성한 정보에 대해서는 이 법을 적용하지 아니한다. 다만, 제8조 제1항에 따른 정보목록의 작성·비치 및 공개에 대해서는 그러하지 아니한다.

22

영역 행정상 쟁송 > 행정심판   난도 **하**

정답의 이유

④ 거부처분에 대한 의무이행심판청구는 청구기간의 제한이 있으나, 부작위에 대한 의무이행심판청구는 무효확인심판과 마찬가지로 청구기간의 제한이 없다.

> **행정심판법 제27조(심판청구의 기간)** ⑦ 제1항부터 제6항까지의 규정은 무효등확인심판청구와 부작위에 대한 의무이행심판청구에는 적용하지 아니한다.

오답의 이유

① 행정심판법 제13조 제3항
② 행정심판법 제49조 제3항
③ 행정심판법 제43조 제5항

23

영역 행정상 쟁송 > 행정소송   난도 **하**

정답의 이유

③ 한국자산공사가 당해 부동산을 인터넷을 통하여 재공매하기로 한 결정 자체는 내부적인 의사결정에 불과하여 항고소송의 대상이 되는 행정처분이라고 볼 수 없고, 또한 한국자산관리공사가 하는 공매통지는 공매의 요건이 아니라 공매사실 자체를 체납자에게 알려주는 데 불과한 것으로서, 통지의 상대방의 법적 지위나 권리·의무에 직접 영향을 주는 것이 아니라고 할 것이므로 이것 역시 행정처분에 해당한다고 할 수 없다(대판 2007.7.27, 2006두8464).

오답의 이유

① 대판 2001.7.27, 99두2970
② 대판 1993.8.24, 93누5673
④ 병역법상 신체등위판정은 행정청이라고 볼 수 없는 군의관이 하도록 되어 있으며, 그 자체만으로 바로 병역법상의 권리의무가 정하여지는 것이 아니라 그에 따라 지방병무청장이 병역처분을 함으로써 비로소 병역의무의 종류가 정하여지는 것이므로 항고소송의 대상이 되는 행정처분이라 보기 어렵다(대판 1993.8.27, 93누3356).

2023 7급 기출문제 해설 **45**

24

영역 행정조직법 > 공무원법   난도 하

정답의 이유

③ 재산제세조사사무처리규정이 국세청장의 훈령형식으로 되어 있다 하더라도 이에 의한 거래지정은 소득세법 시행령의 위임에 따라 그 규정의 내용을 보충하는 기능을 가지면서 그와 결합하여 대외적인 구속력이 있는 법령명령으로서의 효력을 갖게 된다고 보아야 하고 따라서 위 재산제세 조사사무처리규정은 양도소득세를 실지거래가액에 의하여 과세함에 있어서 법령상의 적법한 근거가 된다 (대판 1988.5.10, 87누1028). 따라서 그에 위반한 행정처분은 위법하다.

오답의 이유

① 훈령이란 상급행정기관이 장기간에 걸쳐 하급행정기관의 권한행사를 지휘·감독하기 위해 발하는 명령을 말하며, 이러한 행정규칙 역시 행정작용인 행정입법의 하나이므로 법치주의 원리를 준수하여야 한다.

② 상급행정기관이 하급행정기관에 대하여 업무처리지침이나 법령의 해석적용에 관한 기준을 정하여 발하는 이른바 '행정규칙이나 내부지침'은 일반적으로 행정조직 내부에서만 효력을 가질 뿐 대외적인 구속력을 갖는 것은 아니므로 행정처분이 그에 위반하였다고 하여 그러한 사정만으로 곧바로 위법하게 되는 것은 아니다. 다만, 재량권 행사의 준칙인 행정규칙이 그 정한 바에 따라 되풀이 시행되어 행정관행이 이루어지게 되면 평등의 원칙이나 신뢰보호의 원칙에 따라 행정기관은 그 상대방에 대한 관계에서 그 규칙에 따라야 할 자기구속을 받게 되므로, 이러한 경우에는 특별한 사정이 없는 한 그를 위반하는 처분은 평등의 원칙이나 신뢰보호의 원칙에 위배되어 재량권을 일탈·남용한 위법한 처분이 된다(대판 2009.12.24, 2009두7967).

④ 일반적으로 행정규칙은 국민에 대하여는 직접 효력이 없고, 행정조직 내부에서 일정한 구속력을 가진다. 따라서 공무원은 행정규칙 위반 시 징계사유가 되어 징계책임이나 징계벌을 받게 된다. 다만, 법령준수의무와의 관계상 훈령 등이 내용이 위법함이 명백한 경우에는 복종을 거부할 수 있다. 그러나 위법함이 명백하지 않은 경우에는 훈령 등을 준수하여야 하며(예 행정규칙이 심히 부당한 경우) 이에 불복할 경우 징계책임이 인정된다. 한편, 행정규칙은 행정규칙을 제정한 행정기관에 대하여는 구속력을 갖지 않는다.

25
정답 ①

영역 행정상 쟁송 > 행정소송   난도 상

정답의 이유

① 어떠한 처분에 법령상 근거가 있는지, 행정절차법에서 정한 처분절차를 준수하였는지는 본안에서 당해 처분이 적법한가를 판단하는 단계에서 고려할 요소이지, 소송요건 심사단계에서 고려할 요소가 아니다(대판 2016.8.30, 2015두60617).

오답의 이유

② 항고소송에 있어서 행정처분의 위법 여부를 판단하는 기준 시점에 대하여 판결 시가 아니라 처분 시라고 하는 의미는 행정처분이 있을 때의 법령과 사실상태를 기준으로 하여 위법 여부를 판단할 것이며 처분 후 법령의 개폐나 사실상태의 변동에 영향을 받지 않는다는 뜻이고 처분 당시 존재하였던 자료나 행정청에 제출되었던 자료만으로 위법 여부를 판단한다는 의미는 아니므로, 처분 당시의 사실상태 등에 대한 입증은 사실심 변론종결 당시까지 할 수 있고, 법원은 행정처분 당시 행정청이 알고 있었던 자료뿐만 아니라 사실심 변론종결 당시까지 제출된 모든 자료를 종합하여 처분 당시 존재하였던 객관적 사실을 확정하고 그 사실에 기초하여 처분의 위법 여부를 판단할 수 있다(대판 1993.5.27, 92누19033).

③ 대판 2004.7.22, 2002두11233

④ 대판 2006.9.22, 2005두2506

2023 | **5급** 기출문제 해설

☑ 점수 (   )점/100점   ☑ 문제편 039쪽

영역 분석

일반행정작용법	7문항	★★★★★★★	28%
행정조직법	5문항	★★★★★	20%
행정구제법	3문항	★★★	12%
행정상 쟁송	3문항	★★★	12%
행정절차와 행정공개	3문항	★★★	12%
행정법 서론	2문항	★★	8%
행정의 실효성 확보수단	1문항	★	4%
특별행정작용법	1문항	★	4%

빠른 정답

01	02	03	04	05	06	07	08	09	10
③	③	②	①	②	②	④	①	④	④
11	12	13	14	15	16	17	18	19	20
④	②	③	①	②	④	④	②	③	①
21	22	23	24	25					
②	③	④	①	③					

01

정답 ③

영역 행정법 서론 > 행정법   난도 **하**

정답의 이유

③ 헌법상 평등원칙은 본질적으로 같은 것을 자의적으로 다르게 취급함을 금지하는 것으로서, 일체의 차별적 대우를 부정하는 절대적 평등을 뜻한 것이 아니라 입법을 하고 법을 적용할 때에 합리적인 근거가 없는 차별을 하여서는 아니 된다는 상대적 평등을 뜻하므로, 합리적 근거가 있는 차별 또는 불평등은 평등의 원칙에 반하지 아니한다(대판 2018,10,25, 2018두44302).

오답의 이유

① 법률우위의 원칙에서의 '법률'은 형식적 의미의 법률뿐만 아니라 법규명령 및 자치입법 그리고 불문법까지 포함하는 넓은 개념이다. 단, 행정규칙은 포함되지 않는다.

② 행정기본법 제8조

④ 행정기본법 제10조

제10조(비례의 원칙) 행정작용은 다음 각 호의 원칙에 따라야 한다.
1. 행정목적을 달성하는 데 유효하고 적절할 것
2. 행정목적을 달성하는 데 필요한 최소한도에 그칠 것
3. 행정작용으로 인한 국민의 이익 침해가 그 행정작용이 의도하는 공익보다 크지 아니할 것

02

정답 ③

영역 행정구제법 > 행정쟁송제도   난도 **하**

정답의 이유

ㄱ. 구 여객자동차운수사업법에 따른 시외버스운송사업계획변경인가처분으로 인하여 기존의 시내버스운송사업자의 노선 및 운행계통과 시외버스운송사업자들의 그것들이 일부 중복되게 되고 기존업자의 수익감소가 예상된다면, 기존의 시내버스운송사업자와 시외버스운송사업자들은 경업관계에 있는 것으로 봄이 상당하다 할 것이어서 기존의 시내버스운송사업자에게 시외버스운송사업계획변경인가처분의 취소를 구할 법률상의 이익이 있다(대판 2002. 10,25, 2001두4450).

ㄴ. 기존의 고속형 시외버스운송사업자에게 직행형 시외버스운송사업자에 대한 사업계획변경인가처분의 취소를 구할 법률상의 이익이 있다(대판 2010,11,11, 2010두4179).

ㄷ. 개발제한구역 안에서의 공장설립을 승인한 처분이 위법하다는 이유로 쟁송취소되었다고 하더라도 그 승인처분에 기초한 공장건축허가처분이 잔존하는 이상, 인근 주민들은 여전히 공장건축허가처분의 취소를 구할 법률상 이익이 있다고 보아야 한다(대판 2018,7,12, 2015두3485).

ㅁ. 인·허가 등의 수익적 행정처분을 신청한 수인이 서로 경쟁관계에 있어서 일방에 대한 허가 등의 처분이 타방에 대한 불허가 등으로 귀결될 수밖에 없는 때 허가 등의 처분을 받지 못한 자는 비록 경원자에 대하여 이루어진 허가 등 처분의 상대방이 아니라 하더라도 당해 처분의 취소를 구할 원고 적격이 있다고 할 것이고, 다만 명백한 법적 장애로 인하여 원고 자신의 신청이 인용될 가능성이 처음부터 배제되어 있는 경우 또는 구체적인 경우에서 그 처분이 취소된다 하더라도 허가 등의 처분을 받지 못한 불이익이 회복된다고 볼 수 없을 때에는 당해 처분의 취소를 구할 정당한 이

익이 없다고 할 것이다(대판 2009.12.10. 2009두8359).

ㄹ. 사증발급 거부처분을 다투는 외국인은, 아직 대한민국에 입국하지 않은 상태에서 대한민국에 입국하게 해달라고 주장하는 것으로, 대한민국과의 실질적 관련성 내지 대한민국에서 법적으로 보호가치 있는 이해관계를 형성한 경우는 아니어서, 해당 사증발급 거부처분의 취소를 구할 법률상 이익이 인정되지 않는다. 반면, 국적법상 귀화불허가처분이나 출입국관리법상 체류자격변경 불허가처분, 강제퇴거명령 등을 다투는 외국인은 대한민국에 적법하게 입국하여 상당한 기간을 체류한 사람이므로, 이미 대한민국과의 실질적 관련성 내지 대한민국에서 법적으로 보호가치 있는 이해관계를 형성한 경우이어서, 해당 처분의 취소를 구할 법률상 이익이 인정된다고 보아야 한다(대판 2018.5.15. 2014두42506).

03

정답 ②

영역 행정조직법 > 지방자치법　　　　　난도 **중**

② 조례에 대한 법률의 위임은 법규명령에 대한 법률의 위임과 같이 반드시 구체적으로 범위를 정하여 할 필요가 없고, 법률이 주민의 권리의무에 관한 사항에 관하여 구체적으로 범위를 정하지 않은 채 조례로 정하도록 포괄적으로 위임한 경우나 법률규정이 예정하고 있는 사항을 구체화·명확화한 것으로 볼 수 있는 경우에는 지방자치단체는 법령에 위반되지 않는 범위 내에서 각 지역의 실정에 맞게 주민의 권리의무에 관한 사항을 조례로 제정할 수 있다(대판 2017.12.5. 2016추5162).

① 헌법 제117조 제1항과 지방자치법 제15조에 의하면 지방자치단체는 법령의 범위 안에서 그 사무에 관하여 자치조례를 제정할 수 있으나 이때 사무란 지방자치법 제9조 제1항에서 말하는 지방자치단체의 자치사무와 법령에 의하여 지방자치단체에 속하게 된 단체위임사무를 가리키므로 지방자치단체가 자치조례를 제정할 수 있는 것은 원칙적으로 이러한 자치사무와 단체위임사무에 한하므로, 국가사무가 지방자치단체의 장에게 위임된 기관위임사무와 같이 지방자치단체의 장이 국가기관의 지위에서 수행하는 사무일 뿐 지방자치단체 자체의 사무라고 할 수 없는 것은 원칙적으로 자치조례의 제정범위에 속하지 않는다. 다만, 기관위임사무에 있어서도 그에 관한 개별 법령에서 일정한 사항을 조례로 정하도록 위임하고 있는 경우에는 지방자치단체의 자치조례 제정권과 무관하게 이른바 위임조례를 정할 수 있다고 하겠으나 이 때에도 그 내용은 개별 법령이 위임하고 있는 사항에 관한 것으로서 개별 법령의 취지에 부합하는 것이라야만 하고, 그 범위를 벗어난 경우에는 위임조례로서의 효력도 인정할 수 없다(대판 1999.9.17. 99추30).

③ 조례가 규율하는 특정사항에 관하여 그것을 규율하는 국가의 법령이 이미 존재하는 경우에도 조례가 법령과 별도의 목적에 기하여 규율함을 의도하는 것으로서 그 적용에 의하여 법령의 규정이 의도하는 목적과 효과를 전혀 저해하는 바가 없는 때 또는 양자가 동일한 목적에서 출발한 것이라고 할지라도 국가의 법령이 반드시 그 규정에 의하여 전국에 걸쳐 일률적으로 동일한 내용을 규율하려는 취지가 아니고 각 지방자치단체가 그 지방의 실정에 맞게 별도로 규율하는 것을 용인하는 취지라고 해석되는 때에는 그 조례가 국가의 법령에 위배되는 것은 아니라고 보아야 한다(대판 2006.10.12. 2006추38).

④ 조례안의 일부가 위법한 경우에는 조례안에 대한 재의결은 전부 효력이 부인되어야 한다(대판 1994.4.26. 93추175).

04

정답 ①

영역 일반행정작용법 > 행정행위　　　　　난도 **하**

ㅁ. 표준지공시지가결정이 위법한 경우에는 그 자체를 행정소송의 대상이 되는 행정처분으로 보아 그 위법 여부를 다툴 수 있음은 물론, 수용보상금의 증액을 구하는 소송에서도 선행처분으로서 그 수용대상 토지 가격 산정의 기초가 된 비교표준지공시지가결정의 위법을 독립한 사유로 주장할 수 있다(대판 2008.8.21. 2007두13845).

ㄱ. 건물철거명령이 당연무효가 아닌 이상 행정심판이나 소송을 제기하여 그 위법함을 소구하는 절차를 거치지 아니하였다면 위 선행행위인 건물철거명령은 적법한 것으로 확정되었다고 할 것이므로 후행행위인 대집행계고처분에서는 그 건물이 무허가건물이 아닌 적법한 건축물이라는 주장이나 그러한 사실인정을 하지 못한다(대판 1998.9.8. 97누20502).

ㄴ. 선행 사업인정과 후행 수용재결은 별개의 법률효과를 목적으로 행정처분이므로 하자의 승계가 부정된다(대판 2000.10.13. 2000두5142).

ㄷ. 구 경찰공무원법 제50조 제1항에 의한 직위해제처분과 같은 제3항에 의한 면직처분은 후자가 전자의 처분을 전제로 한 것이기는 하나 각각 단계적으로 별개의 법률효과를 발생하는 행정처분이어서 선행 직위해제처분의 위법사유가 면직처분에는 승계되지 아니한다 할 것이므로 선행된 직위해제 처분의 위법사유를 들어 면직처분의 효력을 다툴 수는 없다(대판 1984.9.11. 84누191).

ㄹ. 도시·군계획시설 결정과 실시계획인가는 도시·군계획시설사업을 위하여 이루어지는 단계적 행정절차에서 별도의 요건과 절차에 따라 별개의 법률효과를 발생시키는 독립적인 행정처분이다. 그러므로 선행처분인 도시·군계획시설결정에 하자가 있더라도 그것이 당연무효가 아닌 한 원칙적으로 후행처분인 실시계획인가에 승계되지 않는다(대판 2017.7.18. 2016두49938).

05

영역 행정조직법 > 공무원법　　　　　　　　　　　난도 **중**

[정답의 이유]

② 정책을 수립 · 시행하는 고위공무원이 국가적인 사업을 추진하는 경우에, 당시 정부의 정책, 산업 분야의 경제적 영향 등 다양한 정책적 요소에 대한 고도의 전문적 판단이 요구되므로 상당히 폭넓은 재량이 인정되며, 그 사업 추진 결과가 기대에 미치지 못한다고 하여 그 사유만을 징계사유로 삼기는 어렵다(대판 2017.12.22. 2016두38167).

[오답의 이유]

① 구 국가공무원법 제69조는 "공무원이 제33조 각 호의 1에 해당할 때에는 당연히 퇴직한다."고 규정하고, 같은 법 제33조 제1항 제4호는 결격사유 중의 하나로 '금고 이상의 형을 받고 그 집행유예의 기간이 완료된 날로부터 2년을 경과하지 아니한 자'를 들고 있다. 구 국가공무원법 제69조에서 규정하고 있는 <u>당연퇴직제도는 같은 법 제33조 제1항 각 호에 규정되어 있는 결격사유가 발생하는 것 자체에 의하여 임용권자의 의사표시 없이 결격사유에 해당하게 된 시점에 당연히 그 공무원으로서의 신분을 상실하게 하는 것이고, 당연퇴직의 효력이 생긴 후에 당연퇴직사유가 소멸한다는 것은 있을 수 없으므로, 국가공무원이 금고 이상의 형의 집행유예를 받은 경우에는 그 이후 형법 제65조에 따라 형의 선고의 효력을 잃게 되었다 하더라도 이미 발생한 당연퇴직의 효력에는 영향이 없다</u>(대판 2002.7.26. 2001두205).

③ <u>국가공무원법상 직무상 비밀이라 함은 국가 공무의 민주적, 능률적 운영을 확보하여야 한다는 이념에 비추어 볼 때 당해 사실이 일반에 알려질 경우 그러한 행정의 목적을 해할 우려가 있는지 여부를 기준으로 판단하여야 하며, 구체적으로는 행정기관이 비밀이라고 형식적으로 정한 것에 따를 것이 아니라 실질적으로 비밀로서 보호할 가치가 있는지, 즉 그것이 통상의 지식과 경험을 가진 다수인에게 알려지지 아니한 비밀성을 가졌는지, 또한 정부나 국민의 이익 또는 행정목적 달성을 위하여 비밀로서 보호할 필요성이 있는지 등이 객관적으로 검토되어야 한다고 하면서) 감사원 감사관이 공개한 기업의 비업무용 부동산 보유실태에 관한 감사원 보고서의 내용이 공무상 비밀에 해당되지 않는다</u>(대판 1996.5.10. 95도780).

④ 모든 공무원은 국가공무원법 제63조 및 지방공무원법 제55조에 따라 직무의 내외를 불문하고 그 품위를 손상하는 행위를 해서는 <u>안 되고, 여기서 품위란 주권자인 국민의 수임자로서 직책을 맡아 수행해 나가기에 손색이 없는 인품을 말한다</u>(대판 2013.9.12. 2011두20079).

06

영역 행정조직법 > 공무원법　　　　　　　　　　　난도 **하**

[정답의 이유]

② 정당가입 금지조항은 공무원의 정치적 중립성을 보장하고 초 · 중등학교 교육의 중립성을 확보한다는 점에서 입법목적의 정당성이 인정되고, 정당에의 가입을 금지하는 것은 입법목적 달성을 위한 적합한 수단이다. 공무원은 정당의 당원이 될 수 없을 뿐, 정당에 대한 지지를 선거와 무관하게 개인적인 자리에서 밝히거나 투표권을 행사하는 등의 활동은 허용되므로 침해의 최소성 원칙에 반하지 않는다. 정치적 중립성, 초 · 중등학교 학생들에 대한 교육기본권 보장이라는 공익은 공무원이 제한받는 불이익에 비하여 크므로 법익균형성도 인정된다. 또한 <u>초 · 중등학교 교원에 대하여는 정당가입을 금지하면서 대학교원에게는 허용하는 것은, 기초적인 지식 전달, 연구기능 등 직무의 본질이 서로 다른 점을 고려한 합리적 차별이므로 평등원칙에 반하지 아니한다</u>(헌재 2014.3.27. 2011헌바42).

[오답의 이유]

① 대판 2018.3.22. 2012두26401 전합

③ 대판 2019.7.11. 2017두38874

④ 대판 2016.12.27. 2014도15054

07

영역 일반행정작용법 > 행정행위　　　　　　　　　난도 **하**

[정답의 이유]

④ 구 주택법 제17조 제1항에 따르면, 주택건설사업계획 승인권자가 관계 행정청의 장과 미리 협의한사항에 한하여 승인처분을 할 때에 인허가 등이 의제될 뿐이고, 각호에 열거된 모든 인허가 등에 관하여 일괄하여 사전협의를 거칠 것을 주택건설사업계획 승인처분의 요건으로 규정하고 있지 않다. 따라서 인허가 의제 대상이 되는 처분에 어떤 하자가 있더라도, 그로써 해당 인허가 의제의 효과가 발생하지 않을 여지가 있게 될 뿐이고, 그러한 사정이 주택건설사업계획 승인처분 자체의 위법사유가 될 수는 없다. 또한 의제된 인허가는 통상적인 인허가와 동일한 효력을 가지므로, 적어도 '부분 인허가 의제'가 허용되는 경우에는 그 효력을 제거하기 위한 법적 수단으로 의제된 인허가의 취소나 철회가 허용될 수 있고, 이러한 직권 취소 · 철회가 가능한 이상 그 의제된 인허가에 대한 쟁송 취소 역시 허용된다. 따라서 주택건설사업계획 승인처분에 따라 의제된 인허가가 위법함을 다투고자 하는 이해관계인은, 주택건설사업계획 승인처분의 취소를 구할 것이 아니라 의제된 인허가의 취소를 구하여야 하며, 의제된 인허가는 주택건설사업계획 승인처분과 별도로 항고소송의 대상이 되는 처분에 해당한다(대판 2018.11.29. 2016두38792).

① 행정기본법 제25조, 대판 2012.2.9, 2009두16305

② 행정기본법 제26조 제1항

③ 대판 2016.11.24, 2014두47686

08

정답 ①

영역 특별행정작용법 > 규제행정법 난도 **중**

정답의 이유

① 중앙행정기관의 장은 규제를 신설하거나 강화하기 위해 작성하는 규제영향분석서에서 관련 민원사무의 구비서류 및 처리절차 등의 적정 여부도 고려하여야 한다(행정규제기본법 제7조 제1항 제12호).

> **제7조(규제영향분석 및 자체심사)** ① 중앙행정기관의 장은 규제를 신설하거나 강화(규제의 존속기한 연장을 포함한다. 이하 같다)하려면 다음 각 호의 사항을 종합적으로 고려하여 규제영향분석을 하고 규제영향분석서를 작성하여야 한다.
> 1. 규제의 신설 또는 강화의 필요성
> 2. 규제 목적의 실현 가능성
> 3. 규제 외의 대체 수단 존재 여부 및 기존규제와의 중복 여부
> 4. 규제의 시행에 따라 규제를 받는 집단과 국민이 부담하여야 할 비용과 편익의 비교 분석
> 5. 규제의 시행이 「중소기업기본법」 제2조에 따른 중소기업에 미치는 영향
> 6. 「국가표준기본법」 제3조 제8호 및 제19호에 따른 기술규정 및 적합성평가의 시행이 기업에 미치는 영향
> 7. 경쟁 제한적 요소의 포함 여부
> 8. 규제 내용의 객관성과 명료성
> 9. 규제의 존속기한 · 재검토기한(일정기간마다 그 규제의 시행상황에 관한 점검결과에 따라 폐지 또는 완화 등의 조치를 할 필요성이 인정되는 규제에 한정하여 적용되는 기한을 말한다. 이하 같다)의 설정 근거 또는 미설정 사유
> 10. 규제의 신설 또는 강화에 따른 행정기구 · 인력 및 예산의 소요
> 11. 규제의 신설 또는 강화에 따른 부담을 경감하기 위하여 폐지 · 완화가 필요한 기존규제 대상
> 12. 관련 민원사무의 구비서류 및 처리절차 등의 적정 여부

② 행정규제기본법 제8조 제1항

> **제8조(규제의 존속기한 및 재검토기한 명시)** ① 중앙행정기관의 장은 규제를 신설하거나 강화하려는 경우에 존속시켜야 할 명백한 사유가 없는 규제는 존속기한 또는 재검토기한을 설정하여 그 법령 등에 규정하여야 한다.

③ 행정규제기본법 제10조 제1항 · 제2항

> **제10조(심사 요청)** ① 중앙행정기관의 장은 규제를 신설하거나 강화하려면 위원회에 심사를 요청하여야 한다. 이 경우 법령안(法令案)에 대하여는 법제처장에게 법령안 심사를 요청하기 전에 하여야 한다.
> ② 중앙행정기관의 장은 제1항에 따라 심사를 요청할 때에는 규제안에 다음 각 호의 사항을 첨부하여 위원회에 제출하여야 한다.
> 1. 제7조 제1항에 따른 규제영향분석서
> 2. 제7조 제3항에 따른 자체심사 의견
> 3. 제9조에 따른 행정기관 · 이해관계인 등의 제출의견 요지
> ③ 위원회는 제1항에 따라 규제심사를 요청받은 경우에는 그 법령에 대한 규제정비 계획을 제출하게 할 수 있다.

④ 행정규제기본법 제11조 제1항

> **제11조(예비심사)** ① 위원회는 제10조에 따라 심사를 요청받은 날부터 10일 이내에 그 규제가 국민의 일상생활과 사회 · 경제활동에 미치는 파급 효과를 고려하여 제12조에 따른 심사를 받아야 할 규제(이하 "중요규제"라 한다)인지를 결정하여야 한다.
> ② 제1항에 따라 위원회가 중요규제가 아니라고 결정한 규제는 위원회의 심사를 받은 것으로 본다.
> ③ 위원회는 제1항에 따라 결정을 하였을 때에는 지체 없이 그 결과를 관계 중앙행정기관의 장에게 통보하여야 한다.

09

정답 ④

영역 행정법 서론 > 행정상 법률관계 난도 **상**

정답의 이유

④ 국가가 사법상 재산권의 주체로서 국민을 대하는 사법관계에서는 사인과 국가가 본질적으로 다르다고 할 수 없으므로, 국가를 부동산 점유취득시효의 주체로 인정할 수 있다. 헌법재판소 역시 부동산의 점유자가 국가인 경우, 국가를 부동산 점유취득시효의 주체에서 제외하지 않은 위 민법조항이 헌법에 위반되지 않는다고 판시하였다(헌결 2015.6.25, 2014헌바404).

① 국가재정법 제96조 제1항, 지방재정법 제82조 제1항 참고

② 행정기본법 제23조 제1항

③ 행정기본법 제23조 제3항

10

정답 ④

영역 행정절차와 행정공개 > 정보공개와 개인정보보호 난도 **상**

정답의 이유

④ 구 공공기관의 개인정보보호에 관한 법률에 따른 '누설'에 관한 법리는 개인정보 보호법에도 그대로 적용된다는 판례가 있다(대판 2022.11.10, 2018도1966).

오답의 이유

① 교도소, 정신보건 시설 등 법령에 근거하여 사람을 구금하거나 보호하는 시설로서 대통령령으로 정하는 시설에 대하여는 영상정보처리기기를 설치 · 운영할 수 있다. 따라서 이러한 시설 중 일부에 대해 영상정보처리기기를 설치 · 운영할 수 없다는 표현은 타당하지 못하다(개인정보 보호법 제25조 제2항).

> 제25조(소정형 영상정보처리기기의 설치 · 운영 제한) ② 누구든지 불특정 다수가 이용하는 목욕실, 화장실, 발한실(發汗室), 탈의실 등 개인의 사생활을 현저히 침해할 우려가 있는 장소의 내부를 볼 수 있도록 영상정보처리기기를 설치 · 운영하여서는 아니 된다. 다만, 교도소, 정신보건 시설 등 법령에 근거하여 사람을 구금하거나 보호하는 시설로서 대통령령으로 정하는 시설에 대하여는 그러하지 아니하다.

② 거짓이나 그 밖의 부정한 수단이나 방법으로 개인정보를 취득하거나 그 처리에 관한 동의를 받는지를 판단할 때에는 개인정보처리자가 그에 관한 동의를 받는 행위 자체만을 분리하여 개별적으로 판단하여서는 안 되고, 개인정보처리자가 개인정보를 취득하거나 처리에 관한 동의를 받게 된 전 과정을 살펴보아 거기에서 드러난 개인정보 수집 등의 동기와 목적, 수집 목적과 수집 대상인 개인정보의 관련성, 수집 등을 위하여 사용한 구체적인 방법, 개인정보 보호법 등 관련 법령을 준수하였는지 및 취득한 개인정보의 내용과 규모, 특히 민감정보 · 고유식별정보 등의 포함 여부 등을 종합적으로 고려하여 사회통념에 따라 판단하여야 한다(대판 2017. 4.7, 2016도13263).

③ 정보주체는 자신의 개인정보에 대한 열람, 정정, 삭제 등을 개인정보처리자에게 요구할 수 있고, 이러한 요구를 대리인을 통하여 하게 할 수도 있다(개인정보 보호법 제38조 제1항).

> 제38조(권리행사의 방법 및 절차) ① 정보주체는 제35조에 따른 열람, 제35조의2에 따른 전송, 제36조에 따른 정정 · 삭제, 제37조에 따른 처리정지 및 동의 철회, 제37조의2에 따른 거부 · 설명 등의 요구(이하 "열람 등 요구"라 한다)를 문서 등 대통령령으로 정하는 방법 · 절차에 따라 대리인에게 하게 할 수 있다.

11
정답 ④

영역 일반행정작용법 > 행정행위
난도 **하**

정답의 이유

④ 위헌결정의 효력은 그 결정 이후에 당해 법률이 재판의 전제가 되었음을 이유로 법원에 제소된 일반사건에도 미치므로, 당해 법률에 근거하여 행정처분이 발하여진 후에 헌법재판소가 그 행정처분의 근거가 된 법률을 위헌으로 결정하였다면 결과적으로 행정처분은 법률의 근거가 없이 행하여진 것과 마찬가지가 되어 하자가 있는 것이 되나, 이미 취소소송의 제기기간을 경과하여 확정력이 발생한 행정처분의 경우에는 위헌결정의 소급효가 미치지 않는다(대

판 2002.11.8, 2001두3181). 헌법재판소에 따르면 일반사건에는 원래 위헌결정의 소급효가 미치지 않고, 위헌결정이 선고된 시점에 일반사건들은 이미 취소소송의 제기기간이 경과하였을 것이므로 불가쟁력이 발생한 행정처분에 위헌결정의 소급효가 미치지 않는다는 결론은 동일하다.

오답의 이유

① 헌법재판소의 위헌결정의 효력은 위헌제청을 한 당해사건, 위헌결정이 있기 전에 이와 동종의 위헌 여부에 관하여 헌법재판소에 위헌여부심판제청을 하였거나 법원에 위헌여부심판제청신청을 한 동종사건과 따로 위헌제청신청은 아니하였지만 당해 법률 또는 법률 조항이 재판의 전제가 되어 법원에 계속 중인 병행사건뿐만 아니라, 위헌결정 이후에 위와 같은 이유로 제소된 일반사건에도 미친다고 할 것이나, 위헌결정의 효력은 그 미치는 범위가 무한정일 수는 없고 다른 법리에 의하여 그 소급효를 제한하는 것까지 부정되는 것은 아니라 할 것이며, 법적 안정성의 유지나 당사자의 신뢰보호를 위하여 불가피한 경우에 위헌결정의 소급효를 제한하는 것은 오히려 법치주의의 원칙상 요청되는 바라 할 것이다(대판 2005. 11.10, 2005두5628).

② 헌재 2004.1.29, 2002헌바73

③ 대판 2023.2.2, 2021다211600

12
정답 ②

영역 일반행정작용법 > 행정행위
난도 **하**

정답의 이유

② 대판 2009.6.25, 2006다18174

오답의 이유

① 사정이 변경되어 부관을 새로 붙이지 아니하면 해당 처분의 목적을 달성할 수 없는 경우 처분을 한 후에 부관을 새로 붙일 수 있다(행정기본법 제17조 제3항 제3호).

> 제17조(부관) ③ 행정청은 부관을 붙일 수 있는 처분이 다음 각 호의 어느 하나에 해당하는 경우에는 그 처분을 한 후에도 부관을 새로 붙이거나 종전의 부관을 변경할 수 있다.
> 1. 법률에 근거가 있는 경우
> 2. 당사자의 동의가 있는 경우
> 3. 사정이 변경되어 부관을 새로 붙이거나 종전의 부관을 변경하지 아니하면 해당 처분의 목적을 달성할 수 없다고 인정되는 경우

③ 일반적으로 행정처분에 효력기간이 정하여져 있는 경우에는 그 기간의 경과로 그 행정처분의 효력은 상실되고, 다만 허가에 붙은 기한이 그 허가된 사업의 성질상 부당하게 짧은 경우에는 이를 그 허가 자체의 존속기간이 아니라 그 허가조건의 존속기간으로 보아 그 기한이 도래함으로써 그 조건의 개정을 고려한다는 뜻으로 해

석할 수 있다. 다만, 이 경우라도 허가기간이 연장되기 위해서는 종기가 도래하기 전에 기간의 연장에 관한 신청이 있어야 한다(대판 2007.10.11, 2005두12404).

④ 수익적 행정처분에 있어서는 법령에 특별한 근거규정이 없다고 하더라도 그 부관으로서 부담을 붙일 수 있고, 그와 같은 부담은 행정청이 행정처분을 하면서 일방적으로 부가할 수도 있지만 부담을 부가하기 이전에 상대방과 협의하여 부담의 내용을 협약의 형식으로 미리 정한 다음 행정처분을 하면서 이를 부가할 수도 있다(대판 2009.2.12, 2005다65500).

13
정답 ③

영역 일반행정작용법 > 행정상 입법　　　난도 중

정답의 이유

③ 산업자원부 고시 공장입지기준(1999.12.16. 산업자원부 고시 제1999-147호) 제5조는 산업자원부장관이 공업배치 및 공장설립에 관한 법률 제8조의 위임에 따라 공장입지의 기준을 구체적으로 정한 것으로서 법규명령으로서 효력을 가진다 할 것이고, 김포시 고시 공장입지제한처리기준(2000.4.10. 김포시 고시 제2000-28호) 제5조 제1항은 김포시장이 위 산업자원부 고시 공장입지기준 제5조 제2호의 위임에 따라 공장입지의 보다 세부적인 기준을 정한 것으로서 상위명령의 범위를 벗어나지 아니하므로 그와 결합하여 대외적으로 구속력이 있는 법규명령으로서 효력을 가진다(대판 2004.5.28, 2002두4716).

오답의 이유

① 법령에서 위임받은 사항을 행정규칙의 형식으로 규정한 '법령보충적 행정규칙' 역시 행정기본법상 '법령'으로 규정되어 있다. 따라서 행정기본법에 따른 법령에 행정규칙의 형식도 포함된다.

> **행정기본법 제2조(정의)** 이 법에서 사용하는 용어의 뜻은 다음과 같다.
> 1. "법령 등"이란 다음 각 목의 것을 말한다.
>   가. 법령: 다음의 어느 하나에 해당하는 것
>   1) 법률 및 대통령령·총리령·부령
>   2) 국회규칙·대법원규칙·헌법재판소규칙·중앙선거관리위원회규칙 및 감사원규칙
>   3) 1) 또는 2)의 위임을 받아 중앙행정기관(「정부조직법」 및 그 밖의 법률에 따라 설치된 중앙행정기관을 말한다. 이하 같다)의 장이 정한 훈령·예규 및 고시 등 행정규칙
>   나. 자치법규: 지방자치단체의 조례 및 규칙

② 집행명령은 반드시 상위법령의 위임이 있어야 하는 것은 아니지만, 직권으로 시행세칙 등을 정할 수 있을 뿐이다. 집행명령일지라도 법률의 위임이 없이 법률보충적인 구실을 하는 법규적 성질을 가진 지침 등 새로운 권리·의무사항을 정할 수 없다.

④ 행정규칙의 내용이 상위법령에 반하는 것이라면 법치국가원리에서 파생되는 법질서의 통일성과 모순금지 원칙에 따라 그것은 법질서상 당연무효이고, 행정내부적 효력도 인정될 수 없다(대판 2020.11.26, 2020두42262).

14
정답 ①

영역 행정절차와 행정공개 > 행정절차법　　　난도 중

정답의 이유

① 행정절차법 제28조 제2항

> **제28조(청문 주재자)** ② 행정청은 다음 각 호의 어느 하나에 해당하는 처분을 하려는 경우에는 청문 주재자를 2명 이상으로 선정할 수 있다. 이 경우 선정된 청문 주재자 중 1명이 청문 주재자를 대표한다.
>   1. 다수 국민의 이해가 상충되는 처분
>   2. 다수 국민에게 불편이나 부담을 주는 처분
>   3. 그 밖에 전문적이고 공정한 청문을 위하여 행정청이 청문 주재자를 2명 이상으로 선정할 필요가 있다고 인정하는 처분

오답의 이유

② 확약은 문서로 하여야 하고, 구술로는 할 수 없다(행정절차법 제40조의2 제2항).

> **제40조의2(확약)** ② 확약은 문서로 하여야 한다.

③ 행정절차법에 '온라인 정책토론'에 관한 규정을 두고 있다(행정절차법 제53조).

> **제53조(온라인 정책토론)** ① 행정청은 국민에게 영향을 미치는 주요 정책 등에 대하여 국민의 다양하고 창의적인 의견을 널리 수렴하기 위하여 정보통신망을 이용한 정책토론(이하 이 조에서 "온라인 정책토론"이라 한다)을 실시할 수 있다.

④ 당사자 등의 동의가 있는 경우나 당사자가 전자문서로 처분을 신청한 경우 행정청은 처분을 전자문서로 할 수 있다(행정절차법 제24조 제1항 제1호).

> **제24조(처분의 방식)** ① 행정청이 처분을 할 때에는 다른 법령 등에 특별한 규정이 있는 경우를 제외하고는 문서로 하여야 하며, 다음 각 호의 어느 하나에 해당하는 경우에는 전자문서로 할 수 있다.
>   1. 당사자 등의 동의가 있는 경우
>   2. 당사자가 전자문서로 처분을 신청한 경우

15

영역 일반행정작용법 > 행정행위   난도 **상**

정답의 이유

ㄴ. 대판 2004.11.26, 2003두2403

ㄷ. 대판 2007.7.26, 2005두15748

오답의 이유

ㄱ. 행정청이 어느 법률관계나 사실관계에 대하여 어느 법률의 규정을 적용하여 행정처분을 한 경우에 그 법률관계나 사실관계에 대하여는 그 법률의 규정을 적용할 수 없다는 법리가 명백히 밝혀져 그 해석에 다툼의 여지가 없음에도 불구하고 행정청이 위 규정을 적용하여 처분을 한 때에는 그 하자가 중대하고도 명백하다고 할 것이나, 그 법률관계나 사실관계에 대하여 그 법률의 규정을 적용할 수 없다는 법리가 명백히 밝혀지지 아니하여 그 해석에 다툼의 여지가 있는 때에는 행정관청이 이를 잘못 해석하여 행정처분을 하였더라도 이는 그 처분 요건사실을 오인한 것에 불과하여 그 하자가 명백하다고 할 수 없는 것이다(대판 2004.10.15, 2002다68485).

ㄹ. 특별한 사정이 없는 한, 과세예고 통지 후 과세전적부심사 청구나 그에 대한 결정이 있기도 전에 과세처분을 하는 것은 원칙적으로 과세전적부심사 이후에 이루어져야 하는 과세처분을 그보다 앞서 함으로써 과세전적부심사 제도 자체를 형해화시킬 뿐만 아니라 과세전적부심사 결정과 과세처분 사이의 관계 및 불복절차를 불분명하게 할 우려가 있으므로, 그와 같은 과세처분은 납세자의 절차적 권리를 침해하는 것으로서 절차상 하자가 중대하고도 명백하여 무효이다(대판 2016.12.27, 2016두49228).

16

영역 행정절차와 행정공개 > 정보공개와 개인정보보호   난도 **하**

정답의 이유

④ 공공기관의 정보공개에 관한 법률 제10조 제1항 제2호는 정보의 공개를 청구하는 자는 정보공개청구서에 '공개를 청구하는 정보의 내용' 등을 기재할 것을 규정하고 있는바, 청구대상정보를 기재함에 있어서는 사회일반인의 관점에서 청구대상정보의 내용과 범위를 확정할 수 있을 정도로 특정함을 요한다. … 공공기관의 정보공개에 관한 법률에 따라 공개를 청구한 정보의 내용이 '대한주택공사의 특정 공공택지에 관한 수용가, 택지조성원가, 분양가, 건설원가 등 및 관련 자료 일체'인 경우, '관련 자료 일체' 부분은 그 내용과 범위가 정보공개청구 대상정보로서 특정되지 않았다(대판 2007.6.1, 2007두2555).

오답의 이유

① 사립대학교는 정보공개법상의 공공기관이므로 정보공개의무를 진다. 사립대학교에 대한 국비 지원이 한정적·일시적·국부적이라는 점을 고려하더라도 사립대학교가 국비의 지원을 받는 범위 내에서만 공공기관의 성격을 가진다고 볼 수 없다(대판 2013.11.28, 2011두5049).

② 지방자치단체의 업무추진비 세부항목별 집행내역 및 그에 관한 증빙서류에 포함된 개인에 관한 정보는 '공개하는 것이 공익을 위하여 필요하다고 인정되는 정보'에 해당하지 않는다(대판 2003.3.11, 2001두6425).

③ 학교폭력대책자치위원회의 회의록은 공공기관의 정보공개에 관한 법률의 비공개사유인 제9조 제1항 제1호의 '다른 법률 또는 법률이 위임한 명령에 의하여 비밀 또는 비공개 사항으로 규정된 정보'에 해당한다(대판 2010.6.10, 2010두2913).

17

영역 행정의 실효성 확보수단 > 행정상 강제   난도 **하**

정답의 이유

④ 전통적으로 행정대집행은 대체적 작위의무에 대한 강제집행수단으로, 이행강제금은 부작위의무나 비대체적 작위의무에 대한 강제집행수단으로 이해되어 왔으나, 이는 이행강제금제도의 본질에서 오는 제약은 아니며 이행강제금은 대체적 작위의무의 위반에 대하여도 부과될 수 있다. 행정청은 개별사건에 있어서 대집행과 이행강제금을 선택적으로 활용할 수 있으며, 이처럼 그 합리적인 재량에 의해 선택하여 활용하는 이상, 중첩적인 제재에 해당한다고 볼 수 없다(헌재 2004. 2. 26, 2001헌바80 등 병합).

오답의 이유

① 대판 2011.9.8, 2010다48240

② 대결 2006.12.8, 2006마470

③ 대판 2012.3.29, 2011두27919

18

영역 행정구제법 > 행정쟁송제도   난도 **하**

정답의 이유

② 신청에 대한 거부처분의 효력을 정지하더라도 거부처분이 없었던 것과 같은 상태, 즉 거부처분이 있기 전의 신청상태로 되돌아가는 데 불과하고 행정청에게 신청에 따른 처분을 하여야 할 의무가 생기는 것이 아니므로, 거부처분의 효력정지는 그 거부처분으로 인하여 신청인에게 생길 손해를 방지하는 데 아무런 보탬이 되지 아니하여 그 효력정지를 구할 이익이 없다(대결 1995.6.21, 95두26).

① 행정심판법상 집행정지는 2010년 개정을 통해 '중대한 손해'로 요건이 완화되었다. 따라서 행정소송법상 집행정지가 '회복하기 어려운 손해'를 요건으로 하는 것과 구별된다(행정소송법 제23조 제2항, 행정심판법 제30조 제2항).

> **행정소송법 제23조(집행정지)** ② 취소소송이 제기된 경우에 처분 등이나 그 집행 또는 절차의 속행으로 인하여 생길 회복하기 어려운 손해를 예방하기 위하여 긴급한 필요가 있다고 인정할 때에는 본안이 계속되고 있는 법원은 당사자의 신청 또는 직권에 의하여 처분 등의 효력이나 그 집행 또는 절차의 속행의 전부 또는 일부의 정지(이하 "집행정지"라 한다)를 결정할 수 있다. 다만, 처분의 효력정지는 처분 등의 집행 또는 절차의 속행을 정지함으로써 목적을 달성할 수 있는 경우에는 허용되지 아니한다.
>
> **행정심판법 제30조(집행정지)** ② 위원회는 처분, 처분의 집행 또는 절차의 속행 때문에 중대한 손해가 생기는 것을 예방할 필요성이 긴급하다고 인정할 때에는 직권으로 또는 당사자의 신청에 의하여 처분의 효력, 처분의 집행 또는 절차의 속행의 전부 또는 일부의 정지(이하 "집행정지"라 한다)를 결정할 수 있다. 다만, 처분의 효력정지는 처분의 집행 또는 절차의 속행을 정지함으로써 그 목적을 달성할 수 있을 때에는 허용되지 아니한다.

③ 행정심판법 제31조 제3항

> **제31조(임시처분)** ① 위원회는 처분 또는 부작위가 위법 · 부당하다고 상당히 의심되는 경우로서 처분 또는 부작위 때문에 당사자가 받을 우려가 있는 중대한 불이익이나 당사자에게 생길 급박한 위험을 막기 위하여 임시지위를 정하여야 할 필요가 있는 경우에는 직권으로 또는 당사자의 신청에 의하여 임시처분을 결정할 수 있다.
> ③ 제1항에 따른 임시처분은 제30조 제2항에 따른 집행정지로 목적을 달성할 수 있는 경우에는 허용되지 아니한다.

④ 집행정지결정의 효력은 결정 주문에서 정한 기간까지 존속하다가 그 기간이 만료되면 장래에 향하여 소멸한다. 집행정지결정은 처분의 집행으로 회복하기 어려운 손해를 예방하기 위하여 긴급한 필요가 있고 달리 공공복리에 중대한 영향을 미치지 않을 것을 요건으로 하여 본안판결이 있을 때까지 해당 처분의 집행을 잠정적으로 정지함으로써 위와 같은 손해를 예방하는 데 취지가 있으므로, 항고소송을 제기한 원고가 본안소송에서 패소확정판결을 받았더라도 집행정지결정의 효력이 소급하여 소멸하지 않는다. 그러나 제재처분에 대한 행정쟁송절차에서 처분에 대해 집행정지결정이 이루어졌더라도 본안에서 해당 처분이 최종적으로 적법한 것으로 확정되어 집행정지결정이 실효되고 제재처분을 다시 집행할 수 있게 되면, 처분청으로서는 당초 집행정지결정이 없었던 경우와 동등한 수준으로 해당 제재처분이 집행되도록 필요한 조치를 취하여야 한다(대판 2020.9.3, 2020두34070).

⛨ 적중레이더

집행정지는 행정쟁송절차에서 실효적 권리구제를 확보하기 위한 잠정적 조치일 뿐이므로, 본안 확정판결로 해당 제재처분이 적법하다는 점이 확인되었다면 제재처분의 상대방이 잠정적 집행정지를 통해 집행정지가 이루어지지 않은 경우와 비교하여 제재를 덜 받게 되는 결과가 초래되도록 해서는 안 된다. 반대로, 처분상대방이 집행정지결정을 받지 못했으나 본안소송에서 해당 제재처분이 위법하다는 것이 확인되어 취소하는 판결이 확정되면, 처분청은 그 제재처분으로 처분상대방에게 초래된 불이익한 결과를 제거하기 위하여 필요한 조치를 취하여야 한다(대판 2020.9.3, 2020두34070).

19 정답 ③

③ 행정심판법 제49조 제3항 · 제50조 제1항

> **제50조(위원회의 직접 처분)** ① 위원회는 피청구인이 제49조 제3항에도 불구하고 처분을 하지 아니하는 경우에는 당사자가 신청하면 기간을 정하여 서면으로 시정을 명하고 그 기간에 이행하지 아니하면 직접 처분을 할 수 있다. 다만, 그 처분의 성질이나 그 밖의 불가피한 사유로 위원회가 직접 처분을 할 수 없는 경우에는 그러하지 아니하다.
>
> **제49조(재결의 기속력 등)** ③ 당사자의 신청을 거부하거나 부작위로 방치한 처분의 이행을 명하는 재결이 있으면 행정청은 지체 없이 이전의 신청에 대하여 재결의 취지에 따라 처분을 하여야 한다.

① 현행 행정심판법은 취소심판의 인용재결로 취소명령재결을 규정하고 있지 않다. 따라서 행정심판위원회는 취소심판의 청구가 이유가 있다고 인정하면 처분의 취소재결, 변경재결, 변경명령재결을 할 수 있으나, 취소명령재결은 할 수 없다.

② 행정심판법상 변경재결에서 변경이란 소극적 의미의 변경, 즉 일부취소를 뜻할 뿐만 아니라 적극적 의미의 변경까지 포함하며 행정소송법상 취소소송에서의 '변경'은 소극적 의미의 변경, 즉 일부취소만을 의미하는 점에서 구별된다.

④ 행정심판의 청구에 대하여 인용재결이 내려지는 경우 피청구인은 인용재결의 기속력에 의해 행정소송을 통하여 그에 불복할 수 없다.

20

영역 행정상 쟁송 > 행정소송　　　　　　난도 **하**

정답의 이유

① • 소제기의 전후를 통하여 판결 시까지 행정청이 그 신청에 대하여 적극 또는 소극의 처분을 함으로써 부작위상태가 해소된 때에는 소의 이익을 상실하게 되어 당해 부작위법확인의 소는 각하를 면할 수가 없는 것이다(대판 1990.9.25, 89누4758).
　• 부작위법확인소송은 무응답 상태를 해소하는 것에 목적이 있지, 당초 신청된 특정한 처분을 얻어 만족을 얻을 수 있는 지는 심리의 대상이 아닌 '절차적 심리설'이 일반적이다.

오답의 이유

② 무효 등 확인소송에는 취소소송에서와 달리 행정심판전치주의, 제소기간의 제한 규정이 적용되지 않는다. 사정판결 역시 준용하고 있지 않다(행정소송법 제38조 제1항 참조).

③ 행정에 대한 사법통제, 권익구제의 확대와 같은 행정소송의 기능 등을 종합하여 보면, 행정처분의 근거 법률에 의하여 보호되는 직접적이고 구체적인 이익이 있는 경우에는 행정소송법 제35조에 규정된 '무효확인을 구할 법률상 이익'이 있다고 보아야 하고, 이와 별도로 무효확인소송의 보충성이 요구되는 것은 아니므로 행정처분의 무효를 전제로 한 이행소송 등과 같은 직접적인 구제수단이 있는지 여부를 따질 필요가 없다고 해석함이 상당하다(대판 2008.3.20, 2007두6342 전합).

④ 부작위법확인의 소는 부작위상태가 계속되는 한 그 위법의 확인을 구할 이익이 있다고 보아야 하므로 원칙적으로 제소기간의 제한을 받지 않는다. 그러나 행정소송법 제38조 제2항이 제소기간을 규정한 같은 법 제20조를 부작위법확인소송에 준용하고 있는 점에 비추어 보면, 행정심판 등 전심절차를 거친 경우에는 행정소송법 제20조가 정한 제소기간 내에 부작위법확인의 소를 제기하여야 한다(대판 2009.7.23, 2008두10560).

21

영역 행정상 쟁송 > 행정소송　　　　　　난도 **하**

정답의 이유

② 행정소송법 제30조 제1항에 의하여 인정되는 취소소송에서 처분 등을 취소하는 확정판결의 기속력은 주로 판결의 실효성 확보를 위하여 인정되는 효력으로서 판결의 주문뿐만 아니라 그 전제가 되는 처분 등의 구체적 위법사유에 관한 이유 중의 판단에 대하여도 인정된다(대판 2001.3.23, 99두5238).

오답의 이유

① 대판 1998.7.24, 98다10854

③ 대판 2003.11.27, 2001다33789

④ 대판 2015.10.29, 2013두27517

22

영역 행정구제 > 손해전보제도　　　　　　난도 **하**

정답의 이유

③ 공익사업을 위한 토지 등의 취득 및 보상에 관한 법률 제85조 제1항 전문의 문언 내용과 같은 법 제83조, 제85조가 중앙토지수용위원회에 대한 이의신청을 임의적 절차로 규정하고 있는 점, 행정소송법 제19조 단서가 행정심판에 대한 재결은 재결 자체에 고유한 위법이 있음을 이유로 하는 경우에 한하여 취소소송의 대상으로 삼을 수 있도록 규정하고 있는 점 등을 종합하여 보면, 수용재결에 불복하여 취소소송을 제기하는 때에는 이의신청을 거친 경우에도 수용재결을 한 중앙토지수용위원회 또는 지방토지수용위원회를 피고로 하여 수용재결의 취소를 구하여야 하고, 다만 이의신청에 대한 재결 자체에 고유한 위법이 있음을 이유로 하는 경우에는 그 이의재결을 한 중앙토지수용위원회를 피고로 하여 이의재결의 취소를 구할 수 있다(대판 2010.1.28, 2008두1504).

오답의 이유

① 대판 2017.4.13, 2016두64241

② · ④ 토지보상법 제85조 제1항 · 제2항

23

영역 행정조직법 > 지방자치법　　　　　　난도 **상**

정답의 이유

④ 지방자치단체의 장은 자치사무에 관한 시정명령이나 처분의 취소 또는 정지에 대하여 이의가 있으면 그 취소처분 또는 정지처분을 통보받은 날부터 15일 이내에 대법원에 소를 제기할 수 있다(지방자치법 제188조 제6항).

오답의 이유

① 지방자치법 제190조 제1항 · 제2항

> 제190조(지방자치단체의 자치사무에 대한 감사) ① 행정안전부장관이나 시 · 도지사는 지방자치단체의 자치사무에 관하여 보고를 받거나 서류 · 장부 또는 회계를 감사할 수 있다. 이 경우 감사는 법령 위반사항에 대해서만 한다.
> ② 행정안전부장관 또는 시 · 도지사는 제1항에 따라 감사를 하기 전에 해당 사무의 처리가 법령에 위반되는지 등을 확인하여야 한다.

② 지방자치법 제185조 제1항

③ 지방자치법 제189조 제6항

제189조(지방자치단체의 장에 대한 직무이행명령) ① 지방자치단체의 장이 법령에 따라 그 의무에 속하는 국가위임사무나 시 · 도위임사무의 관리와 집행을 명백히 게을리 하고 있다고 인정되면 시 · 도에 대해서는 주무부장관이, 시 · 군 및 자치구에 대해서는 시 · 도지사가 기간을 정하여 서면으로 이행할 사항을 명령할 수 있다.
⑥ 지방자치단체의 장은 제1항 또는 제4항에 따른 이행명령에 이의가 있으면 이행명령서를 접수한 날부터 15일 이내에 대법원에 소를 제기할 수 있다. 이 경우 지방자치단체의 장은 이행명령의 집행을 정지하게 하는 집행정지결정을 신청할 수 있다.

24
정답 ①

영역 행정조직법 > 종합　　　　　　　　　　　난도 **상**

정답의 이유

① 정부조직법 제5조 제1항과 행정권한의 위임 및 위탁에 관한 규정 제4조에 의하면, 도지사가 상급행정기관인 동력자원부장관(현 산업자원부장관)으로부터 석유사업법 제13조 제3항에 따라서 석유판매업자에게 사업의 정지를 명할 수 있는 행정권한을 위임받은 경우, 그 위임기관의 장인 동력자원부장관의 승인을 얻어 규칙이 정하는 바에 따라 군수 기타 소속기관의 장에게 그 수임권한을 다시 위임할 수 있다(대판 1990.7.27, 89누6846).

오답의 이유

② 대판 2000.5.30, 99추85
③ 지방자치법 제117조 제1항
④ 대판 1990.7.27, 89누6846

25
정답 ③

영역 일반행정작용법 > 공법상 계약　　　　　　　난도 **하**

정답의 이유

③ 본래 계약은 비권력적 행위로서 반드시 문서에 의할 필요는 없다는 것이 일반적인 견해이나, 행정기본법은 공법상 계약은 구술로도 체결할 수 없고 반드시 계약서를 작성해야 함을 명시적으로 규정하고 있다(행정기본법 제27조 제1항).

제27조(공법상 계약의 체결) ① 행정청은 법령 등을 위반하지 아니하는 범위에서 행정목적을 달성하기 위하여 필요한 경우에는 공법상 법률관계에 관한 계약(이하 "공법상 계약"이라 한다)을 체결할 수 있다. 이 경우 계약의 목적 및 내용을 명확하게 적은 계약서를 작성하여야 한다.

① · ② 행정기본법 제27조 참조
④ 대판 2021.2.4, 2019다277133

2022 | 9급 기출문제 해설

☑ 점수 (   )점/100점 ☑ 문제편 047쪽

영역 분석

행정상 쟁송	12문항	★★★★★★★★★★	48%
일반행정작용법	5문항	★★★★★	20%
행정구제법	3문항	★★★	12%
행정법 서론	3문항	★★★	12%
행정의 실효성 확보수단	1문항	★	4%
행정절차와 행정공개	1문항	★	4%

빠른 정답

01	02	03	04	05	06	07	08	09	10
①	④	②	②	①	②	④	③	③	①
11	12	13	14	15	16	17	18	19	20
②	③	③	③	①	④	①	③	④	①
21	22	23	24	25					
④	②	②	④	②					

01

정답 ①

영역 행정법 서론 > 행정법　　　　　　　난도 **하**

정답의 이유

① 법령 등을 공포한 날부터 일정 기간이 경과한 날부터 시행하는 경우에는 '공포한 날'을 첫날에 산입하지 아니하며(행정기본법 제7조 제2호), 그 기간의 말일이 토요일 또는 공휴일인 때에는 그 말일로 기간이 만료한다(행정기본법 제7조 제3호).

> 제7조(법령 등 시행일의 기간 계산) 법령 등(훈령·예규·고시·지침 등을 포함한다. 이하 이 조에서 같다)의 시행일을 정하거나 계산할 때에는 다음 각 호의 기준에 따른다.
> 1. 법령 등을 공포한 날부터 시행하는 경우에는 공포한 날을 시행일로 한다.
> 2. 법령 등을 공포한 날부터 일정 기간이 경과한 날부터 시행하는 경우 법령 등을 공포한 날을 첫날에 산입하지 아니한다.
> 3. 법령 등을 공포한 날부터 일정 기간이 경과한 날부터 시행하는 경우 그 기간의 말일이 토요일 또는 공휴일인 때에는 그 말일로 기간이 만료한다.

오답의 이유

② 법령의 소급적용, 특히 행정법규의 소급적용은 일반적으로는 법치주의의 원리에 반하고, 개인의 권리·자유에 부당한 침해를 가하며, 법률생활의 안정을 위협하는 것이어서, 이를 인정하지 않는 것이 원칙이고(법률불소급의 원칙 또는 행정법규불소급의 원칙), 다만 법령을 소급적용하더라도 일반 국민의 이해에 직접 관계가 없는 경우, 오히려 그 이익을 증진하는 경우, 불이익이나 고통을 제거하는 경우 등의 특별한 사정이 있는 경우에 한하여 예외적으로 법령의 소급적용이 허용된다(대판 2005.5.13, 2004다8630).

③ 행정기본법 제14조 제2항

> 제14조(법 적용의 기준) ① 새로운 법령 등은 법령 등에 특별한 규정이 있는 경우를 제외하고는 그 법령 등의 효력 발생 전에 완성되거나 종결된 사실관계 또는 법률관계에 대해서는 적용되지 아니한다.
> ② 당사자의 신청에 따른 처분은 법령 등에 특별한 규정이 있거나 처분 당시의 법령 등을 적용하기 곤란한 특별한 사정이 있는 경우를 제외하고는 처분 당시의 법령 등에 따른다.
> ③ 법령 등을 위반한 행위의 성립과 이에 대한 제재처분은 법령 등에 특별한 규정이 있는 경우를 제외하고는 법령 등을 위반한 행위 당시의 법령 등에 따른다. 다만, 법령 등을 위반한 행위 후 법령 등의 변경에 의하여 그 행위가 법령 등을 위반한 행위에 해당하지 아니하거나 제재처분 기준이 가벼워진 경우로서 해당 법령 등에 특별한 규정이 없는 경우에는 변경된 법령 등을 적용한다.

④ · 법령 등을 위반한 행위에 대한 제재처분은 원칙적으로 행위 당시의 법령 등에 따르지만, 위반행위 후 법령 등의 변경에 의하여 가벌성이 소멸되거나 가벼워진 경우에는 보다 유리한 변경된 법령을 적용한다(행정기본법 제14조 제3항). 그러나 판례는 그러한 가벌성의 소멸 또는 축소가 반성적 고려에 의한 경우에만 혜택을 주고(신법 적용), 그렇지 않고 사실상태의 변경에 기인한 법개정에 불과하다면 혜택을 주지 않는다(구법 적용).

· 종전에 허가를 받거나 신고를 하여야만 할 수 있던 행위의 일부를 허가나 신고 없이 할 수 있도록 법령이 개정되었다 하더라도 이는 법률 이념의 변천으로 과거에 범죄로서 처벌하던 일부 행위에 대한 처벌 자체가 부당하다는 반성적 고려에서 비롯된 것이라기보다는 사정의 변천에 따른 규제 범위의 합리적 조정의 필요에 따른 것이라고 보이므로, 위 개발제한구역의 지정 및 관

리에 관한 특별조치법과 같은 법 시행규칙의 신설 조항들이 시행되기 전에 이미 범하여진 개발제한구역 내 비닐하우스 설치 행위에 대한 가벌성이 소멸하는 것은 아니다(대판 2007.9.6. 2007도4197).

02

정답 ④

영역 행정법 서론 > 행정법 난도 **중**

정답의 이유

④ 행정처분이 당연무효라고 하기 위해서는 처분에 위법사유가 있다는 것만으로는 부족하고 그 하자가 법규의 중요한 부분을 위반한 중대한 것으로서 객관적으로 명백한 것이어야 한다. 특히 법령 규정의 문언만으로는 처분 요건의 의미가 분명하지 아니하여 그 해석에 다툼의 여지가 있었더라도 해당 법령 규정의 위헌 여부 및 그 범위, 법령이 정한 처분 요건의 구체적 의미 등에 관하여 법원이나 헌법재판소의 분명한 판단이 있고, 행정청이 그러한 판단 내용에 따라 법령 규정을 해석·적용하는 데에 아무런 법률상 장애가 없는데도 합리적 근거 없이 사법적 판단과 어긋나게 행정처분을 하였다면 그 하자는 객관적으로 명백하다고 봄이 타당하다(대판 2017.12.28. 2017두30122).

오답의 이유

① 상급행정기관이 하급행정기관에 대하여 업무처리지침이나 법령의 해석적용에 관한 기준을 정하여 발하는 이른바 '행정규칙이나 내부지침'은 일반적으로 행정조직 내부에서만 효력을 가질 뿐 대외적인 구속력을 갖는 것은 아니므로 행정처분이 그에 위반하였다고 하여 그러한 사정만으로 곧바로 위법하게 되는 것은 아니다. 다만, 재량권 행사의 준칙인 행정규칙이 그 정한 바에 따라 되풀이 시행되어 행정관행이 이루어지게 되면 평등의 원칙이나 신뢰보호의 원칙에 따라 행정기관은 그 상대방에 대한 관계에서 그 규칙에 따라야 할 자기구속을 받게 되므로, 이러한 경우에는 특별한 사정이 없는 한 그를 위반하는 처분은 평등의 원칙이나 신뢰보호의 원칙에 위배되어 재량권을 일탈·남용한 위법한 처분이 된다(대판 2009.12.24. 2009두7967).

② 헌법재판소의 위헌결정은 행정청이 개인에 대하여 신뢰의 대상이 되는 공적인 견해를 표명한 것이라고 할 수 없으므로 그 결정에 관련한 개인의 행위에 대하여는 신뢰보호의 원칙이 적용되지 아니한다(대판 2003.6.27. 2002두6965).

③ 행정기본법 제13조에서 부당결부금지의 원칙을 명문화하고 있다.

> **제13조(부당결부금지의 원칙)** 행정청은 행정작용을 할 때 상대방에게 해당 행정작용과 실질적인 관련이 없는 의무를 부과해서는 아니 된다.

03

정답 ②

영역 일반행정작용법 > 행정행위 난도 **중**

정답의 이유

② 일반적인 건축허가는 기속행위이므로 건축법상 허가요건을 갖춘 경우에는 허가하여야 하지만, 중대한 공익상 필요가 있는 경우에는 건축허가를 불허할 수 있다.

오답의 이유

① 한의사 면허는 경찰금지를 해제하는 명령적 행위(강학상 허가)에 해당하고, 한약조제시험을 통하여 약사에게 한약조제권을 인정함으로써 한의사들의 영업상 이익이 감소되었다고 하더라도 이러한 이익은 사실상의 이익에 불과하고 약사법이나 의료법 등의 법률에 의하여 보호되는 이익이라고는 볼 수 없으므로, 한의사들이 한약조제시험을 통하여 한약조제권을 인정받은 약사들에 대한 합격처분의 무효확인을 구하는 당해 소는 원고적격이 없는 자들이 제기한 소로서 부적법하다(대판 1998.3.10. 97누4289).

③ 행정행위는 "처분 당시"에 시행 중인 법령 및 허가기준에 의하여 하는 것이 원칙이고, 인·허가신청 후 처분 전에 관계 법령이 개정 시행된 경우 신 법령 부칙에서 신 법령 시행 전에 이미 허가신청이 있는 때에는 종전의 규정에 의한다는 취지의 "경과규정"을 두지 아니한 이상 당연히 허가신청 당시의 법령에 의하여 허가 여부를 판단하여야 하는 것은 아니며, 소관 행정청이 허가신청을 수리하고도 정당한 이유 없이 처리를 늦추어 그 사이에 법령 및 허가기준이 변경된 것이 아닌 한 새로운 법령 및 허가기준에 따라서 한 불허가처분이 위법하다고 할 수 없다(대판 1992.12.8. 92누13813).

④ 석유사업법상 석유판매업(주유소) 허가는 대물적 허가의 성질을 갖는 것이어서 그 사업의 양도도 가능하고, 양수인은 양도인의 지위를 승계하게 됨에 따라 양도인의 허가에 따른 권리의무가 양수인에게 이전되는 것이므로 만약 양도인에게 그 허가를 취소할 위법사유가 있다면 허가관청은 이를 이유로 양수인에게 응분의 제재조치를 취할 수 있다 할 것이고, 양수인이 그 양수 후 허가관청으로부터 석유판매업허가를 다시 받았다 하더라도 이는 석유판매업의 양수도를 전제로 한 것이어서 이로써 양도인의 지위승계가 부정되는 것은 아니므로 양도인의 귀책사유는 양수인에게 그 효력이 미친다(대판 1986.7.22. 86누203).

04

정답 ②

영역 행정절차와 행정공개 > 행정절차법 난도 **중**

정답의 이유

② 신청에 대한 거부처분은 '당사자의 권익을 제한하는 처분'에 해당한다고 할 수 없으므로 처분의 사전통지 대상이 된다고 할 수 없다(대판 2003.11.28. 2003두674).

① 행정청이 의무를 부과하거나 권익을 제한하는 처분을 할 때 의견제출의 기회를 주어야 하는 '당사자'는 '행정청의 처분에 대하여 직접 그 상대가 되는 당사자'를 의미한다. 그런데 고시의 방법으로 불특정 다수인을 상대로 의무를 부과하거나 권익을 제한하는 처분은 성질상 의견제출의 기회를 주어야 하는 상대방을 특정할 수 없으므로, 이와 같은 처분에 있어서까지 구 행정절차법 제22조 제3항에 의하여 그 상대방에게 의견제출의 기회를 주어야 한다고 해석할 것은 아니다(대판 2014.10.27, 2012두7745).

③ 행정청은 당사자에게 의무를 부과하거나 권익을 제한하는 처분을 하는 경우에는 당사자 등에게 사전통지하여야 하는데(행정절차법 제21조 제1항), 여기서 '당사자 등'이란 '행정청이 직권으로 또는 신청에 따라 행정절차에 참여하게 한 이해관계인'을 포함한다(행정절차법 제2조 제4호 나목).

④ 정규임용처분을 취소하는 처분은 성질상 행정절차를 거치는 것이 불필요하여 행정절차법의 적용이 배제되는 경우에 해당하지 않으므로, 그 처분을 하면서 사전통지를 하거나 의견제출의 기회를 부여하지 않은 것은 위법하다. 행정청이 침해적 행정처분을 하면서 당사자에게 위와 같은 사전통지를 하거나 의견제출의 기회를 주지 아니하였다면 사전통지를 하지 않거나 의견제출의 기회를 주지 아니하여도 되는 예외적인 경우에 해당하지 아니하는 한 그 처분은 위법하여 취소를 면할 수 없다(대판 2009.1.30, 2008두16155).

05 　　　　　　　　　　　　　　　　정답 ①

영역 행정상 쟁송 > 행정소송　　　　　　　　　　난도 **하**

① 행정처분에 대한 무효확인과 취소청구는 서로 양립할 수 없는 청구이므로 선택적 병합이나 단순 병합은 허용되지 아니한다. 주위적·예비적 청구로서만 병합이 가능할 뿐이다(대판 1999.8.20, 97누6889).

② 행정처분의 당연무효를 선언하는 의미에서 취소를 구하는 행정소송을 제기한 경우에도 제소기간의 준수 등 취소소송의 제소요건을 갖추어야 한다(대판 1993.3.12, 92누11039).

③ 행정처분의 무효확인을 구하는 청구에는 특별한 사정이 없는 한 그 처분의 취소를 구하는 취지까지도 포함되어 있다고 볼 수 있으나 위와 같은 경우에 취소청구를 인용하려면 먼저 취소를 구하는 항고소송으로서의 제소요건을 구비한 경우에 한한다(대판 1986.9.23, 85누838).

④ 과세처분의 취소소송은 과세처분의 실체적·절차적 위법을 그 취소원인으로 하는 것으로서 그 심리의 대상은 과세관청의 과세처분에 의하여 인정된 조세채무인 과세표준 및 세액의 객관적 존부, 즉 당해 과세처분의 적부가 심리의 대상이 되는 것이며, 과세처분 취

소청구를 기각하는 판결이 확정되면 그 처분이 적법하다는 점에 관하여 기판력이 생기고 그 후 원고가 이를 무효라 하여 무효확인을 소구할 수 없는 것이어서 과세처분의 취소소송에서 청구가 기각된 확정판결의 기판력은 그 과세처분의 무효확인을 구하는 소송에도 미친다(대판 1998.7.24, 98다10854).

06 　　　　　　　　　　　　　　　　정답 ②

영역 행정상 쟁송 > 행정소송　　　　　　　　　　난도 **중**

② 기판력은 판결이 확정되면 판결 내용과 모순된 주장 및 판단을 할 수 없다는 실질적 확정력을 의미한다. 기판력은 인용판결뿐만 아니라 기각판결에도 인정된다. 반면에 기속력은 인용판결에만 미친다.

① 행정처분을 취소하는 확정판결이 제3자에 대하여도 효력이 있다고 하더라도 일반적으로 판결의 효력은 주문에 포함한 것에 한하여 미치는 것이니 그 취소판결 자체의 효력으로써 그 행정처분을 기초로 하여 새로 형성된 제3자의 권리까지 당연히 그 행정처분 전의 상태로 환원되는 것이라고는 할 수 없고, 단지 취소판결의 존재와 취소판결에 의하여 형성되는 법률관계를 소송당사자가 아니었던 제3자라 할지라도 이를 용인하지 않으면 아니된다는 것을 의미하는 것에 불과하다 할 것이며, 따라서 취소판결의 확정으로 인하여 당해 행정처분을 기초로 새로 형성된 제3자의 권리관계에 변동을 초래하는 경우가 있다 하더라도 이는 취소판결 자체의 형성력에 기한 것이 아니라 취소판결의 위와 같은 의미에서의 제3자에 대한 효력의 반사적 효과로서 그 취소판결이 제3자의 권리관계에 대하여 그 변동을 초래할 수 있는 새로운 법률요건이 되는 까닭이라 할 것이다(대판 1986.8.19, 83다카2022).

③ 취소 확정판결의 기속력은 판결의 주문 및 전제가 되는 처분 등의 구체적 위법사유에 관한 판단에도 미치나, … 새로운 처분의 처분사유가 종전 처분의 처분사유와 기본적 사실관계에서 동일하지 않은 다른 사유에 해당하는 이상, 처분사유가 종전 처분 당시 이미 존재하고 있었고 당사자가 이를 알고 있었더라도 이를 내세워 새로이 처분을 하는 것은 확정판결의 기속력에 저촉되지 않는다(대판 2016.3.24, 2015두48235).

④ 행정처분의 적법 여부는 그 행정처분이 행하여진 때의 법령과 사실을 기준으로 하여 판단하는 것이므로 거부처분 후에 법령이 개정·시행된 경우에는 개정된 법령 및 허가기준을 새로운 사유로 들어 다시 이전의 신청에 대한 거부처분을 할 수 있으며 그러한 처분도 행정소송법 제30조 제2항에 규정된 재처분에 해당된다(대결 1998.1.7, 97두22).

정답의 이유

④ 지방자치단체는 행정심판위원회의 직접 처분에 대하여 행정심판
위원회가 속한 국가기관을 상대로 권한쟁의심판을 청구할 수 있다
(헌재 1999.7.22, 98헌라4).

오답의 이유

① 자동차운수사업법상의 고지절차에 관한 규정은 행정처분의 상대
방이 그 처분에 대한 행정심판의 절차를 밟는 데 있어 편의를 제
공하려는 데 있으며 처분청이 위 규정에 따른 고지의무를 이행하
지 아니하였다고 하더라도 경우에 따라서는 행정심판의 제기기간
이 연장될 수 있는 것에 그치고 이로 인하여 심판의 대상이 되는
행정처분에 어떤 하자가 수반된다고 할 수 없다(대판 1987.11.24,
87누529).

② 행정심판법 제25조 제1항

③ 당사자의 신청에 대한 행정청의 거부처분이나 부작위에 대해서는
집행정지의 대상이 되지 않으므로 권리구제가 미흡하다는 문제점
이 있다. 이에 2010년 행정심판법의 개정으로 행정심판법 제31조
임시처분제도가 신설되었다.

> **제31조(임시처분)** ① 위원회는 처분 또는 부작위가 위법 · 부당하다
> 고 상당히 의심되는 경우로서 처분 또는 부작위 때문에 당사자가 받
> 을 우려가 있는 중대한 불이익이나 당사자에게 생길 급박한 위험을
> 막기 위하여 임시지위를 정하여야 할 필요가 있는 경우에는 직권으
> 로 또는 당사자의 신청에 의하여 임시처분을 결정할 수 있다.
> ② 제1항에 따른 임시처분에 관하여는 제30조 제3항부터 제7항까지
> 를 준용한다. 이 경우 같은 조 제6항 전단 중 "중대한 손해가 생길 우
> 려"는 "중대한 불이익이나 급박한 위험이 생길 우려"로 본다.
> ③ 제1항에 따른 임시처분은 제30조 제2항에 따른 집행정지로 목적
> 을 달성할 수 있는 경우에는 허용되지 아니한다.

정답의 이유

③ 관리청이 하천법 등 관련 규정에 의해 책정한 하천정비기본계획
등에 따라 개수를 완료한 하천 또는 아직 개수 중이라 하더라도
개수를 완료한 부분에 있어서는, 위 하천정비기본계획 등에서 정
한 계획홍수량 및 계획홍수위를 충족하여 하천이 관리되고 있다면
당초부터 계획홍수량 및 계획홍수위를 잘못 책정하였다거나 그 후
이를 시급히 변경해야 할 사정이 생겼음에도 불구하고 이를 해태
하였다는 등의 특별한 사정이 없는 한, 그 하천은 용도에 따라 통
상 갖추어야 할 안전성을 갖추고 있다고 봄이 상당하다(대판 2007.
9.21, 2005다65678).

((•)) 적중레이더

> **판례 비교**
> 집중호우로 제방도로가 유실되면서 그곳을 걸어가던 보행자가 강물
> 에 휩쓸려 익사한 경우, 사고 당일의 집중호우가 50년 빈도의 최대강
> 우량에 해당한다는 사실만으로 불가항력에 기인한 것으로 볼 수 없
> 다는 이유로 제방도로의 설치 · 관리상의 하자를 인정한 사례이다(대판
> 2000.5.26, 99다53247).

오답의 이유

① 국가배상법 제5조 제1항 소정의 "공공의 영조물"이라 함은 국가
또는 지방자치단체에 의하여 특정 공공의 목적에 공여된 유체물
내지 물적 설비를 지칭하며, 특정 공공의 목적에 공여된 유체물이
라 함은 일반공중의 자유로운 사용에 직접적으로 제공되는 공공
용물에 한하지 아니하고, 행정주체 자신의 사용에 제공되는 공용
물도 포함하며 국가 또는 지방자치단체가 소유권, 임차권 그 밖의
권한에 기하여 관리하고 있는 경우뿐만 아니라 사실상의 관리를
하고 있는 경우도 포함한다(대판 1995.1.24, 94다45302).

② 국가배상법 제5조 제1항에 정하여진 '영조물 설치 · 관리상의 하
자'라 함은 공공의 목적에 공여된 영조물이 그 용도에 따라 통상
갖추어야 할 안전성을 갖추지 못한 상태에 있음을 말하는바, 영조
물의 설치 및 관리에 있어서 항상 완전무결한 상태를 유지할 정도
의 고도의 안전성을 갖추지 아니하였다고 하여 영조물의 설치 또
는 관리에 하자가 있다고 단정할 수 없는 것이고, 영조물의 설치자
또는 관리자에게 부과되는 방호조치의무는 영조물의 위험성에 비
례하여 사회통념상 일반적으로 요구되는 정도의 것을 의미하므로
영조물인 도로의 경우도 다른 생활필수시설과의 관계나 그것을 설
치하고 관리하는 주체의 재정적, 인적, 물적 제약 등을 고려하여
그것을 이용하는 자의 상식적이고 질서 있는 이용방법을 기대한
상대적인 안전성을 갖추는 것으로 족하다(대판 2002.8.23, 2002
다9158).

④ 소음 등 공해의 위험지역으로 이주하였을 때 그 위험의 존재를 인
식하고 그로 인한 피해를 용인하면서 접근한 것으로 볼 수 있다면,
… 특별한 사정이 없는 한 가해자의 면책을 인정할 수도 있을 것이
다. 그러나 소음 등 공해의 위험지역으로 이주하였더라도 그 위
험에 접근할 당시 위험이 존재하는 사실을 정확하게 알 수 없는
경우가 많고 근무지나 가족관계 등의 사정에 따라 불가피하게 위
험지역으로 이주할 수도 있는 것이므로, 위험지역에 이주하게 된
경위와 동기 등 여러 사정에 비추어 위험의 존재를 인식하고 그로
인한 피해를 용인하면서 접근한 것으로 볼 수 없는 경우에는 가해
자의 면책을 인정할 수 없고 손해배상액의 산정에 있어 형평의 원
칙상 이와 같은 사정을 과실상계에 준하여 감액사유로 고려할 수
있을 뿐이다. 그리고 공군비행장 주변의 항공기 소음 피해로 인한
손해배상 사건에서 공군에 속한 군인이나 군무원의 경우 일반인에
비하여 그 피해에 관하여 잘 인식하거나 인식할 수 있는 지위에

있다는 이유만으로 가해자의 면책이나 손해배상액의 감액에 있어 달리 볼 수는 없다(대판 2015.10.15, 2013다23914).

09
정답 ③

영역 행정법 서론 > 행정상 법률관계　　　　　**난도 중**

정답의 이유

③ 남북정상회담의 개최는 고도의 정치적 성격을 지니고 있는 행위라 할 것이므로 특별한 사정이 없는 한 그 당부를 심판하는 것은 사법권의 내재적·본질적 한계를 넘어서는 것이 되어 적절하지 않지만, 남북정상회담의 개최과정에서 재정경제부장관에게 신고하지 아니하거나 통일부장관의 협력사업 승인을 얻지 아니한 채 북한 측에 사업권의 대가 명목으로 송금한 행위 자체는 사법 심사의 대상이 된다(대판 2004.3.26, 2003도7878).

오답의 이유

① 이 사건 파견결정은 그 성격상 국방 및 외교에 관련된 고도의 정치적 결단을 요하는 문제로서, 헌법과 법률이 정한 절차를 지켜 이루어진 것임이 명백하므로, 대통령과 국회의 판단은 존중되어야 하고 헌법재판소가 사법적 기준만으로 이를 심판하는 것은 자제되어야 한다(헌재 2004.4.29, 2003헌마814).

② 헌재 2000.6.1, 97헌바74

④ 서훈취소는 서훈수여의 경우와는 달리 이미 발생된 서훈대상자 등의 권리 등에 영향을 미치는 행위로서 관련 당사자에게 미치는 불이익의 내용과 정도 등을 고려하면 사법심사의 필요성이 크다. 따라서 기본권의 보장 및 법치주의의 이념에 비추어 보면, 비록 서훈취소가 대통령이 국가원수로서 행하는 행위라고 하더라도 법원이 사법심사를 자제하여야 할 고도의 정치성을 띤 행위라고 볼 수는 없다(대판 2015.4.23, 2012두26920).

10
정답 ①

영역 행정상 쟁송 > 행정소송　　　　　**난도 중**

정답의 이유

① 행정처분이나 행정심판 재결이 불복 기간의 경과로 인하여 확정될 경우 확정력은 처분으로 인하여 법률상 이익을 침해받은 자가 처분이나 재결의 효력을 더 이상 다툴 수 없다는 의미일 뿐 판결에 있어서와 같은 기판력이 인정되는 것은 아니어서 처분의 기초가 된 사실관계나 법률적 판단이 확정되고 당사자들이나 법원이 이에 기속되어 모순되는 주장이나 판단을 할 수 없게 되는 것은 아니다(대판 1993.4.13, 92누17181).

오답의 이유

② 대판 2007.4.26, 2005두11104

③ 행정처분의 제소기간이 도과하여 불가쟁력이 발생한 경우에도, 국가배상청구는 위법성을 그 요건으로 할 뿐이고, 처분의 취소를 그 요건으로 하지 아니하므로 국가배상청구를 함에는 아무런 장애가 되지 않는다.

④ 원래 행정청은 직권취소나 철회를 할 수 있으나, 일정한 행정행위의 성질상 행정청 자신도 직권으로 자유롭게 취소, 변경, 철회할 수 없게 하는 효력을 실질적 존속력 또는 불가변력이라 한다.

11
정답 ②

영역 일반행정작용법 > 행정행위　　　　　**난도 중**

정답의 이유

② 토지소유자가 토지형질변경행위허가에 붙은 기부채납의 부관에 따라 토지를 국가나 지방자치단체에 기부채납(증여)한 경우, 기부채납의 부관이 당연무효이거나 취소되지 아니한 이상 토지소유자는 위 부관으로 인하여 증여계약의 중요 부분에 착오가 있음을 이유로 증여계약을 취소할 수 없다(대판 1999.5.25, 98다53134).

오답의 이유

① 재량행위에 있어서는 법령상의 근거가 없다고 하더라도 부관을 붙일 수 있는데 그 부관의 내용은 적법하고 이행가능하여야 하며 비례의 원칙 및 평등의 원칙에 적합하고 행정처분의 본질적 효력을 해하지 아니하는 한도의 것이어야 한다(대판 1997.3.14, 96누16698).

③ 일반적으로 행정처분에 효력기간이 정하여져 있는 경우에는 그 기간의 경과로 그 행정처분의 효력은 상실되며, 다만 허가에 붙은 기한이 그 허가된 사업의 성질상 부당하게 짧은 경우에는 이를 그 허가 자체의 존속기간이 아니라 그 허가조건의 존속기간으로 보아 그 기한이 도래함으로써 그 조건의 개정을 고려한다는 뜻으로 해석할 수 있지만, 이와 같이 당초에 붙은 기한을 허가 자체의 존속기간이 아니라 허가조건의 존속기간으로 보더라도 그 후 당초의 기한이 상당 기간 연장되어 연장된 기간을 포함한 존속기간 전체를 기준으로 볼 경우 더 이상 허가된 사업의 성질상 부당하게 짧은 경우에 해당하지 않게 된 때에는 관계 법령의 규정에 따라 허가 여부의 재량권을 가진 행정청으로서는 그 때에도 허가조건의 개정만을 고려하여야 하는 것은 아니고 재량권의 행사로서 더 이상의 기간연장을 불허가할 수도 있는 것이며, 이로써 허가의 효력은 상실된다(대판 2004.3.25, 2003두12837).

④ 대판 2007.10.11, 2005두12404

12

정답 ③

영역 일반행정작용법 > 기타 행정행위　　　난도 **중**

[정답의 이유]

③ 판례는 행정주체가 행정계획을 입안·결정함에 있어서 <u>이익형량을 전혀 행하지 아니하거나 이익형량의 고려 대상에 마땅히 포함시켜야 할 사항을 누락한 경우 또는 이익형량을 하였으나 정당성·객관성이 결여된 경우</u>에는 그 행정계획결정은 재량권을 일탈·남용한 것으로서 위법하다(대판 1996.11.29, 96누8567)고 판단하고 있다. 즉, 형량의 하자별로 그 위법성 판단기준을 개별적으로 달리 판단하지 않는다.

[오답의 이유]

①·② 행정주체는 구체적인 행정계획을 입안·결정함에 있어서 비교적 광범위한 형성의 자유를 가진다고 할 것이지만, 행정주체가 가지는 이와 같은 형성의 자유는 무제한적인 것이 아니라 그 행정계획에 관련되는 자들의 이익을 공익과 사익 사이에서는 물론이고 공익 상호 간과 사익 상호 간에도 정당하게 비교 교량하여야 한다는 제한이 있는 것이고, 따라서 행정주체가 행정계획을 입안·결정함에 있어서 이익형량을 전혀 행하지 아니하거나 이익형량의 고려 대상에 마땅히 포함시켜야 할 사항을 누락한 경우 또는 이익형량을 하였으나 정당성·객관성이 결여된 경우에는 그 행정계획결정은 재량권을 일탈·남용한 것으로서 위법하다(대판 1996. 11.29, 96누8567).

④ 대판 2008.3.27, 2006두3742 등

13

정답 ③

영역 행정상 쟁송 > 행정소송　　　난도 **상**

[정답의 이유]

ㄴ. 보건복지부 고시인 약제급여·비급여목록 및 급여상한금액표는 다른 집행행위의 매개 없이 그 자체로서 국민건강보험가입자, 국민건강보험공단, 요양기관 등의 법률관계를 직접 규율하는 성격을 가지므로 항고소송의 대상이 되는 행정처분에 해당한다(대판 2006.9.22, 2005두2506).

ㄷ. 장래 일정한 기간 내에 관계 법령이 규정하는 시설 등을 갖추어 일정한 행정처분을 구하는 신청을 할 수 있는 법률상 지위에 있는 자의 국토이용계획변경신청을 거부하는 것이 실질적으로 당해 행정처분 자체를 거부하는 결과가 되는 경우에는 예외적으로 그 신청인에게 국토이용계획변경을 신청할 권리가 인정된다고 봄이 상당하므로, 이러한 신청에 대한 거부행위는 항고소송의 대상이 되는 행정처분에 해당한다(대판 2003.9.23, 2001두10936).

[오답의 이유]

ㄱ. 한국마사회가 조교사 또는 기수의 면허를 부여하거나 취소하는 것은 경마를 독점적으로 개최할 수 있는 지위에서 우수한 능력을 갖

추었다고 인정되는 사람에게 경마에서의 일정한 기능과 역할을 수행할 수 있는 자격을 부여하거나 이를 박탈하는 것에 지나지 아니하므로, 이는 국가 기타 행정기관으로부터 위탁받은 행정권한의 행사가 아니라 일반 사법상의 법률관계에서 이루어지는 단체 내부에서의 징계 내지 제재처분이다(대판 2008.1.31, 2005두8269).

ㄹ. 당연퇴직의 통보는 법률상 당연히 발생하는 퇴직사유를 공적으로 확인하여 알려주는 이른바 관념의 통지에 불과하다(대판 1995. 11.14, 95누2036). 따라서 항고소송의 대상으로서의 처분성은 부정된다.

14

정답 ③

영역 행정상 쟁송 > 행정소송　　　난도 **상**

[정답의 이유]

③ 행정입법의 지체가 위법으로 되어 그에 대한 법적 통제가 가능하기 위하여는, 우선 행정청에게 시행명령을 제정(개정)할 법적 의무가 있어야 하고, 상당한 기간이 지났음에도 불구하고, 명령제정(개정)권이 행사되지 않아야 한다. 삼권분립의 원칙, 법치행정의 원칙을 당연한 전제로 하고 있는 우리 헌법하에서 행정권의 행정입법 등 법집행의무는 헌법적 의무라고 보아야 할 것이다. 그런데 이는 <u>행정입법의 제정이 법률의 집행에 필수불가결한 경우로서 행정입법을 제정하지 아니하는 것이 곧 행정권에 의한 입법권 침해의 결과를 초래하는 경우를 말하는 것이므로, 만일 하위 행정입법의 제정 없이 상위 법령의 규정만으로도 집행이 이루어질 수 있는 경우라면 하위 행정입법을 하여야 할 헌법적 작위의무는 인정되지 아니한다고 할 것이다(헌재 2005.12.22, 2004헌마66).</u>

[오답의 이유]

① 행정권의 행정입법 의무에 대하여는 별도의 명문의 규정이 없다.

② 헌결 2005.12.22, 2004헌마66

④ 행정소송은 구체적 사건에 대한 법률상 분쟁을 법에 의하여 해결함으로써 법적 안정을 기하자는 것이므로 부작위위법확인소송의 대상이 될 수 있는 것은 구체적 권리의무에 관한 분쟁이어야 하고 추상적인 법령에 관하여 제정의 여부 등은 그 자체로서 국민의 구체적인 권리의무에 직접적 변동을 초래하는 것이 아니어서 그 소송의 대상이 될 수 없다(대판 1992.5.8, 91누11261).

15

정답 ①

영역 행정상 쟁송 > 행정소송　　　난도 **중**

[정답의 이유]

① 조세부과처분이 당연무효임을 전제로 하여 이미 납부한 세금의 반환을 청구하는 것은 민사상의 부당이득반환청구로서 민사소송절차에 따라야 한다(대판 1995.4.28, 94다55019).

② 구 도시재개발법에 의한 재개발조합은 조합원에 대한 법률관계에서 적어도 특수한 존립목적을 부여받은 특수한 행정주체로서 국가의 감독하에 그 존립 목적인 특정한 공공사무를 행하고 있다고 볼 수 있는 범위 내에서는 공법상의 권리의무 관계에 있다. 따라서 조합을 상대로 한 쟁송에 있어서 강제가입제를 특색으로 한 조합원의 자격 인정 여부에 관하여 다툼이 있는 경우에는 그 단계에서는 아직 조합의 어떠한 처분 등이 개입될 여지는 없으므로 공법상의 당사자소송에 의하여 그 조합원 자격의 확인을 구할 수 있다(대판 1996.2.15. 94다31235 전합).

③ 고용보험 및 산업재해보상보험의 보험료징수 등에 관한 법률 제4조는 고용보험법 및 산업재해보상보험법에 따른 보험사업에 관하여 이 법에서 정한 사항은 고용노동부장관으로부터 위탁을 받아 근로복지공단이 수행하되, 보험료의 체납관리 등의 징수업무는 국민건강보험공단이 고용노동부장관으로부터 위탁을 받아 수행한다고 규정하고 있다. 따라서 고용·산재보험료의 귀속주체, 즉 사업주가 각 보험료 납부의무를 부담하는 상대방은 근로복지공단이고, 국민건강보험공단은 단지 각 보험료의 징수업무를 수행하는 데에 불과하므로, 고용·산재보험료 납부의무 부존재확인의 소는 근로복지공단을 피고로 하여 당사자소송으로 제기하여야 한다(대판 2016.10.13. 2016다221658).

④ 수신료의 법적 성격, 피고 보조참가인의 수신료 강제징수권의 내용 등에 비추어 보면 수신료 부과행위는 공권력의 행사에 해당하므로, 피고가 피고 보조참가인으로부터 수신료의 징수업무를 위탁받아 자신의 고유업무와 관련된 고지행위와 결합하여 수신료를 징수할 권한이 있는지 여부를 다투는 이 사건 쟁송은 민사소송이 아니라 공법상의 법률관계를 대상으로 하는 것으로서 행정소송법 제3조 제2호에 규정된 당사자소송에 의하여야 한다(대판 2008. 7.24. 2007다25261).

16

영역 행정상 쟁송 > 행정소송　　　　　난도 중

정답 ④

④ 법원은 취소소송을 당해 처분 등에 관계되는 사무가 귀속하는 국가 또는 공공단체에 대한 당사자소송 또는 취소소송 외의 항고소송으로 변경하는 것이 상당하다고 인정할 때에는 청구의 기초에 변경이 없는 한 사실심의 변론종결 시까지 원고의 신청에 의하여 결정으로써 소의 변경을 허가할 수 있다(행정소송법 제21조 제1항).

① 행정소송법 제16조 제1항
② 행정소송법 제17조 제1항
③ 행정소송법 제16조 제2항·제17조 제2항

제16조(제3자의 소송참가) ① 법원은 소송의 결과에 따라 권리 또는 이익의 침해를 받을 제3자가 있는 경우에는 당사자 또는 제3자의 신청 또는 직권에 의하여 결정으로써 그 제3자를 소송에 참가시킬 수 있다.

② 법원이 제1항의 규정에 의한 결정을 하고자 할 때에는 미리 당사자 및 제3자의 의견을 들어야 한다.

제17조(행정청의 소송참가) ① 법원은 다른 행정청을 소송에 참가시킬 필요가 있다고 인정할 때에는 당사자 또는 당해 행정청의 신청 또는 직권에 의하여 결정으로써 그 행정청을 소송에 참가시킬 수 있다.

② 법원은 제1항의 규정에 의한 결정을 하고자 할 때에는 당사자 및 당해 행정청의 의견을 들어야 한다.

17

영역 행정상 쟁송 > 행정소송　　　　　난도 상

정답 ①

① 석유판매업허가신청에 대하여 "주유소 건축 예정 토지에 관하여 구 도시계획법 제4조 및 구 토지의 형질변경 등 행위 허가기준 등에 관한규칙에 의거하여 행위제한을 추진하고 있다."는 당초의 불허가처분사유와 항고소송에서 주장한 위 신청이 토지형질변경허가의 요건을 갖추지 못하였다는 사유 및 도심의 환경보전의 공익상 필요라는 사유는 기본적 사실관계의 동일성이 있다(대판 1999. 4.23. 97누14378).

② 석유판매업허가신청에 대하여 당초 사업장소인 토지가 군사보호시설구역 내에 위치하고 있는 관할 군부대장의 동의를 얻지 못하였다는 이유로 이를 불허가하였다가, 소송에서 위 토지는 탄약창에 근접한 지점에 위치하고 있어 공공의 안전과 군사시설의 보호라는 공익적인 측면에서 보아 허가신청을 불허한 것은 적법하다는 것을 불허가사유로 추가한 경우, 양자는 기본적 사실관계에 있어서의 동일성이 인정되지 아니하는 별개의 사유라고 할 것이므로 이와 같은 사유를 불허가처분의 근거로 추가할 수 없다(대판 1991.11.8. 91누70).

③ 원심이 온천으로서의 이용가치, 기존의 도시계획 및 공공사업에의 지장 여부 등을 고려하여 이 사건 온천발견신고수리를 거부한 것은 적법하다는 취지의 피고의 주장에 대하여 아무런 판단도 하지 아니한 것은 소론이 지적하는 바와 같으나 기록에 의하면 그와 같은 사유는 피고가 당초에 이 사건 거부처분의 사유로 삼은 바가 없을 뿐만 아니라 규정온도가 미달되어 온천에 해당하지 않는다는 당초의 이 사건 처분사유와는 기본적 사실관계를 달리하여 원심으로서도 이를 거부처분의 사유로 추가할 수는 없다 할 것이므로 원심이 이 부분에 대하여 판단을 하지 아니하였다 하여도 이는 판결에 영향이 없다고 할 것이다(대판 1992.11.24. 92누3052).

④ 원고가 이주대책신청기간이나 소정의 이주대책실시(시행)기간을 모두 도과하여 실기한 이주대책신청을 하였으므로 원고에게는 이주대책을 신청할 권리가 없고, 사업시행자가 이를 받아들여 택지나 아파트공급을 해 줄 법률상 의무를 부담한다고 볼 수 없다는 피고의 상고이유의 주장은 <u>원심에서는 하지 아니한 새로운 주장일 뿐만 아니라 사업지구 내 가옥 소유자가 아니라는 이 사건 처분사유와 기본적 사실관계의 동일성도 없으므로 적법한 상고이유가 될 수 없다</u>(대판 1999.8.20, 98두17043).

18

정답 ③

영역 일반행정작용법 > 행정행위 　　　난도 **중**

〔정답의 이유〕

③ <u>어업에 관한 허가 또는 신고의 경우에는 어업면허와 달리 유효기간연장제도가 마련되어 있지 아니하므로 그 유효기간이 경과하면 그 허가나 신고의 효력이 당연히 소멸하며,</u> 재차 허가를 받거나 신고를 하더라도 허가나 신고의 기간만 갱신되어 종전의 어업허가나 신고의 효력 또는 성질이 계속된다고 볼 수 없고 새로운 허가 내지 신고로서의 효력이 발생한다고 할 것이다(대판 2011.7.28, 2011두5728).

〔오답의 이유〕

① 인·허가 신청 후 처분 전에 관계 법령이 개정·시행된 경우 개정된 법령의 부칙에서 그 시행 전에 이미 인·허가 신청이 있는 때에는 종전의 규정에 의한다는 취지의 경과규정을 특별히 두지 아니한 이상, 행정처분은 그 처분 당시에 시행 중인 법령과 허가기준에 의하여 하는 것이 원칙이다. 따라서 관할 행정청이 인·허가 신청을 수리하고도 정당한 이유 없이 처리를 늦추어 그 사이에 관계 법령 및 허가기준이 변경된 것이 아닌 한, 변경된 법령 및 허가기준에 따라서 한 불허가처분을 위법하다고 할 수 없다. 다만 개정 전 허가기준의 존속에 관한 국민의 신뢰가 개정된 허가기준의 적용에 관한 공익상의 요구보다 더 보호가치가 있다고 인정되는 경우에는 그러한 국민의 신뢰를 보호하기 위하여 개정된 허가기준의 적용을 제한할 여지가 있을 뿐이다(대판 2020.10.15, 2020두41504).

② 산림훼손은 국토 및 자연의 유지와 수질 등 환경의 보전에 직접적으로 영향을 미치는 행위이므로, 법령이 규정하는 산림훼손 금지 또는 제한 지역에 해당하는 경우는 물론 금지 또는 제한 지역에 해당하지 않더라도 허가관청은 산림훼손허가신청 대상토지의 현상과 위치 및 주위의 상황 등을 고려하여 국토 및 자연의 유지와 환경의 보전 등 중대한 공익상 필요가 있다고 인정될 때에는 허가를 거부할 수 있고, 그 경우 법규에 명문의 근거가 없더라도 거부처분을 할 수 있다(대판 2003.3.28, 2002두12113).

④ 허가는 특정행위를 행정상 적법하게 할 수 있도록 하는 당해 행위에 대한 적법요건에 불과할 뿐, 유효요건은 아니다. 따라서 무허가

행위라 할지라도 당해 행위가 사법상 당연히 무효가 되는 것은 아니며, 원칙적으로 유효하다.

19

정답 ④

영역 일반행정작용법 > 행정행위 　　　난도 **중**

〔정답의 이유〕

④ 도시계획법령이 토지형질변경행위허가의 변경신청 및 변경허가에 관하여 아무런 규정을 두지 않고 있을 뿐 아니라, 처분청이 처분 후에 원래의 처분을 그대로 존속시킬 필요가 없게 된 사정변경이 생겼거나 중대한 공익상의 필요가 발생한 경우에는 별도의 법적 근거가 없어도 별개의 행정행위로 이를 철회·변경할 수 있지만 <u>이는 그러한 철회·변경의 권한을 처분청에게 부여하는 데 그치는 것일 뿐 상대방 등에게 그 철회·변경을 요구할 신청권까지를 부여하는 것은 아니라 할 것이므로, 이와 같이 법규상 또는 조리상의 신청권이 없이 한 국민들의 토지형질변경행위 변경허가신청을 반려한 당해 반려처분은 항고소송의 대상이 되는 처분에 해당되지 않는다</u>(대판 1997.9.12, 96누6219).

〔오답의 이유〕

① 대판 1989.10.24, 89누2431
② 대판 1995.11.16, 95누8850 전합
③ 적법한 행정행위로서 유효하게 효력할 발생한 경우, 사후적으로 그 효력의 전부 또는 일부를 장래에 향해 소멸시키는 원행정행위와 독립된 별개의 의사표시를 행정행위의 철회라 한다(행정기본법 제19조 제1항).

> **제19조(적법한 처분의 철회)** ① 행정청은 적법한 처분이 다음 각 호의 어느 하나에 해당하는 경우에는 그 처분의 전부 또는 일부를 장래를 향하여 철회할 수 있다.
> 　1. 법률에서 정한 철회 사유에 해당하게 된 경우
> 　2. 법령 등의 변경이나 사정변경으로 처분을 더 이상 존속시킬 필요가 없게 된 경우
> 　3. 중대한 공익을 위하여 필요한 경우
> ② 행정청은 제1항에 따라 처분을 철회하려는 경우에는 철회로 인하여 당사자가 입게 될 불이익을 철회로 달성되는 공익과 비교·형량하여야 한다.

20

정답 ①

영역 행정의 실효성 확보수단 > 새로운 의무이행 확보수단 　　　난도 **중**

〔정답의 이유〕

① 구 건축법상 이행강제금 납부의무는 상속인 기타의 사람에게 승계될 수 없는 일신전속적인 성질의 것이므로 이미 사망한 사람에게 이행강제금을 부과하는 내용의 처분이나 결정은 당연무효이고, 이행강제금을 부과받은 사람의 이의에 의하여 비송사건절차법에 의

한 재판절차가 개시된 후에 그 이의한 사람이 사망한 때에는 사건 자체가 목적을 잃고 절차가 종료한다(대결 2006.12.8, 2006마470).

오답의 이유

② 행정기본법 제31조 제5항

③ 부동산실명법상 '장기미등기자'에 대하여 부과되는 이행강제금은 소유권이전등기신청의무 불이행이라는 과거의 사실에 대한 제재인 과징금과 달리, 장기미등기자에게 등기신청의무를 이행하지 아니하면 이행강제금이 부과된다는 심리적 압박을 주어 의무의 이행을 간접적으로 강제하는 행정상의 간접강제 수단에 해당한다. 따라서 장기미등기자가 이행강제금 부과 전에 등기신청의무를 이행하였다면 이행강제금의 부과로써 이행을 확보하고자 하는 목적은 이미 실현된 것이므로 부동산실명법에 규정된 기간이 지나서 등기신청의무를 이행한 경우라 하더라도 이행강제금을 부과할 수 없다(대판 2016.6.23, 2015두36454).

④ 이행강제금은 행정법상의 부작위의무 또는 비대체적 작위의무를 이행하지 않은 경우에 '일정한 기한까지 의무를 이행하지 않을 때에는 일정한 금전적 부담을 과할 뜻'을 미리 '계고'함으로써 의무자에게 심리적 압박을 주어 장래를 향하여 의무의 이행을 확보하려는 간접적인 행정상 강제집행 수단이다(대판 2015.6.24, 2011두2170)라는 점에서 과거의 의무위반에 대한 제재수단인 행정벌과는 구별된다.

((•)) 적중레이더

행정벌과 이행강제금의 비교

구분	행정벌	집행벌(이행강제금)
부과의 관계	일반권력관계	
부과의 목적	과거의 의무위반에 대한 제재	장래에 대한 의무이행의 강제
성질	간접적 의무이행 확보수단	
대상	행정법상의 의무위반자 (일반사회질서위반자)	부작위의무, 비대체적 작위의무
내용	자유·재산 등 제한	이행강제를 위한 금전부과
고의·과실	원칙적 필요	불요
반복 부과	불가	가능
부과 절차	• 행정형벌: 형사소송법에 따라 법원이 부과 • 행정질서벌(과태료): 질서위반행위규제법에 따라 행정청이 부과	• 과태료유형: 질서위반 행위규제법에 따라 행정청이 부과 • 과징금유형: 일반행정청이 부과

이행강제금에 대한 불복절차

현행 건축법상 이행강제금에 대한 불복절차에 관하여 비송사건절차법상 과태료부과에 대한 불복절차에 의한다는 특별불복의 규정이 삭제되었으므로 일반적인 절차인 행정소송법상 불복절차에 의해야 한다는 것이 일반적 견해이다.

영역 행정구제법 > 손해전보제도 난도 **중**

정답의 이유

④ 행정상 손실보상청구권은 재산권의 가치를 떨어뜨리는 공용침해를 요건으로 한다. 여기서 공용침해의 방식은 법률의 규정에 의해 직접 행해지는 법률수용(처분적 법률)과 행정작용에 의해 행해지는 행정수용이 있으며 행정수용이 일반적이다. 행정수용은 법적인 행위뿐만 아니라 사실행위도 포함된다.

오답의 이유

① 이주대책의 실시 여부는 입법자의 입법정책적 재량의 영역에 속하므로 공익사업을 위한 토지 등의 취득 및 보상에 관한 법률 시행령 제40조 제3항 제3호가 이주대책의 대상자에서 세입자를 제외하고 있는 것이 세입자의 재산권을 침해하는 것이라 볼 수 없다.

② 공익사업을 위한 토지 등의 취득 및 보상에 관한 법률의 규정 내용 및 입법 취지 등을 종합하여 보면, 공익사업으로 인하여 영업을 폐지하거나 휴업하는 자가 사업시행자에게서 공익사업법에 따라 영업손실에 대한 보상을 받기 위해서는 공익사업법에 규정된 재결절차를 거친 다음 재결에 대하여 불복이 있는 때에 비로소 권리구제를 받을 수 있을 뿐, 이러한 재결절차를 거치지 않은 채 곧바로 사업시행자를 상대로 손실보상을 청구하는 것은 허용되지 않는다고 보는 것이 타당하다(대판 2011.9.29, 2009두10963).

③ 공익사업을 위한 토지 등의 취득 및 보상에 관한 법률은 제78조 제1항에서 "사업시행자는 공익사업의 시행으로 인하여 주거용 건축물을 제공함에 따라 생활의 근거를 상실하게 되는 자(이하 '이주대책대상자'라 한다)를 위하여 대통령령으로 정하는 바에 따라 이주대책을 수립·실시하거나 이주정착금을 지급하여야 한다."고 규정하고 있을 뿐, 생활대책용지의 공급과 같이 공익사업 시행 이전과 같은 경제수준을 유지할 수 있도록 하는 내용의 생활대책에 관한 분명한 근거 규정을 두고 있지는 않으나, 사업시행자 스스로 공익사업의 원활한 시행을 위하여 필요하다고 인정함으로써 생활대책을 수립·실시할 수 있도록 하는 내부규정을 두고 있고 내부규정에 따라 생활대책대상자 선정기준을 마련하여 생활대책을 수립·실시하는 경우에는, 이러한 생활대책 역시 "공공필요에 의한 재산권의 수용·사용 또는 제한 및 그에 대한 보상은 법률로써 하되, 정당한 보상을 지급하여야 한다."고 규정하고 있는 헌법 제23조 제3항에 따른 정당한 보상에 포함되는 것으로 보아야 한다. 따라서 이러한 생활대책대상자 선정기준에 해당하는 자는 사업시행자에게 생활대책대상자 선정 여부의 확인·결정을 신청할 수 있는 권리를 가지는 것이어서, 만일 사업시행자가 그러한 자를 생활대책대상자에서 제외하거나 선정을 거부하면, 이러한 생활대책대상자 선정기준에 해당하는 자는 사업시행자를 상대로 항고소송을 제기할 수 있다고 보는 것이 타당하다(대판 2011.10.13, 2008두17905).

22

정답 ②

정답의 이유

② 직권으로는 직접 처분을 할 수 없고 당사자의 신청이 있어야 직접 처분을 할 수 있다(행정심판법 제50조 제1항).

> 제50조(위원회의 직접 처분) ① 위원회는 피청구인이 제49조 제3항에도 불구하고 처분을 하지 아니하는 경우에는 당사자가 신청하면 기간을 정하여 서면으로 시정을 명하고 그 기간에 이행하지 아니하면 직접 처분을 할 수 있다. 다만, 그 처분의 성질이나 그 밖의 불가피한 사유로 위원회가 직접 처분을 할 수 없는 경우에는 그러하지 아니하다.

오답의 이유

① 대판 1986.5.27, 86누127

③ 행정심판의 재결은 피청구인인 행정청을 기속하는 효력을 가지므로 재결청이 취소심판의 청구가 이유 있다고 인정하여 처분청에 처분을 취소할 것을 명하면 처분청으로서는 재결의 취지에 따라 처분을 취소하여야 하지만, 나아가 재결에 판결에서와 같은 기판력이 인정되는 것은 아니어서 재결이 확정된 경우에도 처분의 기초가 된 사실관계나 법률적 판단이 확정되고 당사자들이나 법원이 이에 기속되어 모순되는 주장이나 판단을 할 수 없게 되는 것은 아니다(대판 2015.11.27, 2013다6759).

④ 택지초과소유부담금 부과처분을 취소하는 재결이 있는 경우 당해 처분청은 재결의 취지에 반하지 아니하는 한, 즉 당초 처분과 동일한 사정 아래에서 동일한 내용의 처분을 반복하는 것이 아닌 이상, 그 재결에 적시된 위법사유를 시정·보완하여 정당한 부담금을 산출한 다음 새로이 부담금을 부과할 수 있는 것이고, 이러한 새로운 부과처분은 재결의 기속력에 저촉되지 아니한다(대판 1997.2.25, 96누14784 등).

23

정답 ②

정답의 이유

② 계고처분 또는 행정대집행 영장에 의한 통지와 같은 행정처분이 위법한 경우, 대집행이 완료된 후에는 그 처분의 무효확인 또는 취소를 구할 소의 이익이 없다 할 것이다. 그러나 그러한 경우에도 계고처분 등의 행정처분이 위법임을 이유로 국가배상을 청구하는 것은 가능하며, 법원이 국가배상청구의 인용 여부를 판단함에 있어서 미리 그 행정처분의 취소판결이 있어야만 하는 것은 아니다(대판 1972.4.28, 72다337). 즉, 민사법원은 국가배상청구소송의 선결문제로서 처분의 위법성 여부를 판단할 수 있다.

오답의 이유

① 항고소송(취소소송)을 제기하려면 협의의 소의 이익이 있어야 한다. 그런데 이미 대집행절차가 완료된 경우에는 대집행처분을 취소할 소의 이익이 없으므로 당해 취소소송은 부적법하게 되어 각하판결을 받게 된다.

③ 행정소송법 제11조. 즉, 민사법원은 당해 처분이 당연무효인 경우에는 행정처분의 공정력에 반하지 않으므로 이를 선결문제로 하여 재판할 수 있다.

> 제11조(선결문제) ① 처분 등의 효력 유무 또는 존재 여부가 민사소송의 선결문제로 되어 당해 민사소송의 수소법원이 이를 심리·판단하는 경우에는 제17조, 제25조, 제26조 및 제33조의 규정을 준용한다.
> ② 제1항의 경우 당해 수소법원은 그 처분 등을 행한 행정청에게 그 선결문제로 된 사실을 통지하여야 한다.

④ 가해 공무원(甲)에게 고의 또는 중과실이 있으면 국가나 지방자치단체는 구상할 수 있다(국가배상법 제2조 제2항).

> 제2조(배상책임) ② 제1항 본문의 경우에 공무원에게 고의 또는 중대한 과실이 있으면 국가나 지방자치단체는 그 공무원에게 구상(求償)할 수 있다.

24

정답 ④

정답의 이유

④ 행정처분의 무효 확인 또는 취소를 구하는 소가 제소 당시에는 소의 이익이 있어 적법하였는데, 소송계속 중 해당 행정처분이 기간의 경과 등으로 그 효과가 소멸한 때에 처분이 취소되어도 원상회복이 불가능하다고 보이는 경우라도, 무효 확인 또는 취소로써 회복할 수 있는 다른 권리나 이익이 남아 있거나 또는 그 행정처분과 동일한 사유로 위법한 처분이 반복될 위험성이 있어 행정처분의 위법성 확인 내지 불분명한 법률문제에 대한 해명이 필요한 경우에는 행정의 적법성 확보와 그에 대한 사법통제, 국민의 권리구제 확대 등의 측면에서 예외적으로 그 처분의 취소를 구할 소의 이익을 인정할 수 있다. 여기에서 '그 행정처분과 동일한 사유로 위법한 처분이 반복될 위험성이 있는 경우'란 불분명한 법률문제에 대한 해명이 필요한 상황에 대한 대표적인 예시일 뿐이며, 반드시 '해당 사건의 동일한 소송 당사자 사이에서' 반복될 위험이 있는 경우만을 의미하는 것은 아니다(대판 2020.12.24, 2020두30450).

① 제재적 행정처분이 그 처분에서 정한 제재기간의 경과로 인하여 그 효과가 소멸되었으나, 부령인 시행규칙의 형식으로 정한 처분기준에서 제재적 행정처분(이하 '선행처분')을 받은 것을 가중사유나 전제요건으로 삼아 장래의 제재적 행정처분(이하 '후행처분')을 하도록 정하고 있는 경우, 제재적 행정처분의 가중사유나 전제요건에 관한 규정이 법령이 아니라 규칙의 형식으로 되어 있다고 하더라도, 그 법적 성질이 대외적·일반적 구속력을 갖는 법규명령인지 여부와는 상관없이, 그 규칙에 정해진 바에 따라 행정작용을 할 것이 당연히 예견된다. 따라서 그러한 규칙이 정한 바에 따라 선행처분을 받은 상대방이 그 처분의 존재로 인하여 장래에 받을 불이익, 즉 후행처분의 위험은 구체적이고 현실적인 것이므로, 상대방에게는 선행처분의 취소소송을 통하여 그 불이익을 제거할 필요가 있다. … 결국 선행처분을 받은 상대방은 비록 그 처분에서 정한 제재기간이 경과하였다 하더라도 그 처분의 취소소송을 통하여 그러한 불이익을 제거할 권리보호의 필요성이 충분히 인정된다고 할 것이므로, 선행처분의 취소를 구할 법률상 이익이 있다(대판 2006. 6.22. 2003두1684 전합).

② 행정처분의 무효확인 또는 취소를 구하는 소가 제소 당시에는 소의 이익이 있어 적법하였더라도, 소송 계속 중 처분청이 다툼의 대상이 되는 행정처분을 직권으로 취소하면 그 처분은 효력을 상실하여 더 이상 존재하지 않는 것이므로, 존재하지 않는 그 처분을 대상으로 한 항고소송은 원칙적으로 소의 이익이 소멸하여 부적법하다. 다만 처분청의 직권취소에도 불구하고 완전한 원상회복이 이루어지지 않아 무효확인 또는 취소로써 회복할 수 있는 다른 권리나 이익이 남아 있거나 또는 동일한 소송 당사자 사이에서 그 행정처분과 동일한 사유로 위법한 처분이 반복될 위험성이 있어 행정처분의 위법성 확인 내지 불분명한 법률문제에 대한 해명이 필요한 경우 행정의 적법성 확보와 그에 대한 사법통제, 국민의 권리구제의 확대 등의 측면에서 예외적으로 그 처분의 취소를 구할 소의 이익을 인정할 수 있을 뿐이다(대판 2019.6.27. 2018두49130).

③ 대판 1992.7.14. 91누4737

25

영역 행정상 쟁송 > 행정소송

정답의 이유

② 처분의 효력정지는 처분 등의 집행 또는 절차의 속행을 정지함으로써 목적을 달성할 수 있는 경우에는 허용되지 아니한다(행정소송법 제23조 제2항).

> 제23조(집행정지) ② 취소소송이 제기된 경우에 처분 등이나 그 집행 또는 절차의 속행으로 인하여 생길 회복하기 어려운 손해를 예방하기 위하여 긴급한 필요가 있다고 인정할 때에는 본안이 계속되고 있는 법원은 당사자의 신청 또는 직권에 의하여 처분 등의 효력이나 그 집행 또는 절차의 속행의 전부 또는 일부의 정지(이하 "집행정지"라 한다)를 결정할 수 있다. 다만, 처분의 효력정지는 처분 등의 집행 또는 절차의 속행을 정지함으로써 목적을 달성할 수 있는 경우에는 허용되지 아니한다.
> ③ 집행정지는 공공복리에 중대한 영향을 미칠 우려가 있을 때에는 허용되지 아니한다.

오답의 이유

① 행정소송법 제23조 제2항

③ 사업여건의 악화 및 막대한 부채비율로 인하여 외부자금의 신규차입이 사실상 중단된 상황에서 285억 원 규모의 과징금을 납부하기 위하여 무리하게 외부자금을 신규차입하게 되면 주거래은행과의 재무구조개선약정을 지키지 못하게 되어 사업자가 중대한 경영상의 위기를 맞게 될 것으로 보이는 경우, 그 과징금납부명령의 처분으로 인한 손해는 효력정지 내지 집행정지의 적극적 요건인 '회복하기 어려운 손해'에 해당한다(대결 2001.10.10. 2001무29).

④ 행정소송법 제23조에 의한 집행정지결정의 효력은 결정주문에서 정한 시기까지 존속하였다가 그 시기의 도래와 동시에 당연히 실효하는 것이므로, 일정기간 동안 업무를 정지할 것을 명한 행정청의 업무정지처분에 대하여 법원이 집행정지결정을 하면서 주문에서 당해 법원에 계속 중인 본안소송의 판결선고 시까지 처분의 효력을 정지한다고 선언하였을 경우에는 당초 처분에서 정한 업무정지기간의 진행은 그때까지 저지되다가 본안소송의 판결선고에 의하여 위 정지결정의 효력이 소멸함과 동시에 당초 처분의 효력이 당연히 부활되어 그 처분에서 정하였던 정지기간(정지결정 당시이미 일부 진행되었다면 나머지 기간)은 이때부터 다시 진행한다(대판 2005.6.10. 2005두1190).

2022 | 7급 기출문제 해설

☑ 점수 ( )점/100점　☑ 문제편 054쪽

영역 분석

일반행정작용법	5문항	★★★★★	20%
행정조직법	5문항	★★★★★	20%
행정법 서론	3문항	★★★	12%
행정의 실효성 확보수단	3문항	★★★	12%
행정상 쟁송	3문항	★★★	12%
행정절차와 행정공개	2문항	★★	8%
행정구제법	2문항	★★	8%
특별행정작용법	2문항	★★	8%

빠른 정답

01	02	03	04	05	06	07	08	09	10
②	③	③	③	④	①	②	②	①	①
11	12	13	14	15	16	17	18	19	20
④	①	③	③	①	④	④	④	①	②
21	22	23	24	25					
②	③	④	①	②					

01　정답 ②

영역 행정법 서론 > 행정법　난도 중

정답의 이유

② 행정청은 합리적 이유 없이 국민을 차별하여서는 아니 된다(행정기본법 제9조, 평등의 원칙). 따라서 합리적 이유가 있는 경우에는 차별이 정당화될 수 있다(상대적 평등).

오답의 이유

① 행정기본법 제8조
③ 행정기본법 제11조 제2항
④ 행정기본법 제12조 제1항

02　정답 ③

영역 행정의 실효성 확보수단 > 행정벌　난도 중

정답의 이유

③ 신분에 의하여 성립하는 질서위반행위에 신분이 없는 자가 가담한 때에는 신분이 없는 자에 대하여도 질서위반행위가 성립한다(질서위반행위규제법 제12조 제2항).

오답의 이유

① 질서위반행위규제법 제3조 제3항
② 질서위반행위규제법 제6조
④ 질서위반행위규제법 제12조 제3항

03　정답 ③

영역 일반행정작용법 > 행정행위　난도 중

정답의 이유

③ 행정처분의 당연무효를 선언하는 의미에서 취소를 구하는 행정소송을 제기한 경우에도 제소기간의 준수 등 취소소송의 제소요건을 갖추어야 한다(대판 1993.3.12, 92누11039).

오답의 이유

① 개별공시지가결정에 위법이 있는 경우에는 그 자체를 행정소송의 대상이 되는 행정처분으로 보아 그 위법 여부를 다툴 수 있음은 물론, 이를 기초로 한 과세처분 등 행정처분의 취소를 구하는 행정소송에서도 선행처분인 개별공시지가결정의 위법을 독립된 위법사유로 주장할 수 있다(대판 1994.1.25, 93누8542). 즉, 개별공시지가결정과 과세처분 사이에는 하자의 승계가 긍정된다.
② 대판 2018.7.19, 2017다42409 전합
④ 대집행이 완료된 후에는 그 처분의 무효확인 또는 취소를 구할 소의 이익이 없다 할 것이다. 그러나 그러한 경우에도 계고처분 등의 행정처분이 위법임을 이유로 국가배상을 청구하는 것은 가능하며, 법원이 국가배상청구의 인용 여부를 판단함에 있어서 미리 그 행정처분의 취소판결이 있어야만 하는 것은 아니다(대판 1972.4.28, 72다337).

04

영역 일반행정작용법 > 행정행위　　　　　난도 **중**

[정답의 이유]

③ 행정처분이나 행정심판 재결이 불복기간의 경과로 인하여 확정될 경우 확정력은 처분으로 인하여 법률상 이익을 침해받은 자가 처분이나 재결의 효력을 더 이상 다툴 수 없다는 의미일 뿐 판결에 있어서와 같은 기판력이 인정되는 것은 아니어서 처분의 기초가 된 사실관계나 법률적 판단이 확정되고 당사자들이나 법원이 이에 기속되어 모순되는 주장이나 판단을 할 수 없게 되는 것은 아니다(대판 1993.4.13, 92누17181).

[오답의 이유]

① 대판 1992.1.17, 91누3130

② 하자 있는 행정처분이 당연무효로 되려면 그 하자가 법규의 중요한 부분을 위반한 중대한 것이어야 할 뿐 아니라 객관적으로 명백한 것이어야 하므로, 행정청이 위법하여 무효인 조례를 적용하여 한 행정처분이 당연무효로 되려면 그 규정이 행정처분의 중요한 부분에 관한 것이어서 결과적으로 그에 따른 행정처분의 중요한 부분에 하자가 있는 것으로 귀착되고, 또한 그 규정의 위법성이 객관적으로 명백하여 그에 따른 행정처분의 하자가 객관적으로 명백한 것으로 귀착되어야 하는바, 일반적으로 조례가 법률 등 상위법령에 위배된다는 사정은 그 조례의 규정을 위법하여 무효라고 선언한 대법원의 판결이 선고되지 아니한 상태에서는 그 조례 규정의 위법 여부가 해석상 다툼의 여지가 없을 정도로 명백하였다고 인정되지 아니하는 이상 객관적으로 명백한 것이라 할 수 없으므로, 이러한 조례에 근거한 행정처분의 하자는 취소사유에 해당할 뿐 무효사유가 된다고 볼 수는 없다(대판 2009.10.29, 2007두26285).

④ 대판 1985.7.9, 84누604

05

영역 행정조직법 > 국가행정조직법　　　　　난도 **하**

[정답의 이유]

④ 국무총리는 중앙행정기관의 장의 명령이나 처분이 위법 또는 부당하다고 인정될 경우에는 대통령의 승인을 받아 이를 중지 또는 취소할 수 있다(정부조직법 제18조 제2항).

[오답의 이유]

① 정부조직법 제11조 제1항
② 정부조직법 제11조 제2항
③ 정부조직법 제18조 제1항

06

영역 행정의 실효성 확보수단 > 행정조사　　　　　난도 **중**

[정답의 이유]

ㄱ. (최소한의)　　　　　ㄴ. (다른 목적)

ㄷ. (조사목적)　　　　　ㄹ. (중복되지)

ㅁ. (처벌)　　　　　　　ㅂ. (유도)

ㅅ. (법률)　　　　　　　ㅇ. (조사목적)

> **행정조사기본법 제4조(행정조사의 기본원칙)** ① 행정조사는 조사목적을 달성하는 데 필요한 최소한의 범위 안에서 실시하여야 하며, 다른 목적 등을 위하여 조사권을 남용하여서는 아니 된다.
> ② 행정기관은 조사목적에 적합하도록 조사대상자를 선정하여 행정조사를 실시하여야 한다.
> ③ 행정기관은 유사하거나 동일한 사안에 대하여는 공동조사 등을 실시함으로써 행정조사가 중복되지 아니하도록 하여야 한다.
> ④ 행정조사는 법령 등의 위반에 대한 처벌보다는 법령 등을 준수하도록 유도하는 데 중점을 두어야 한다.
> ⑤ 다른 법률에 따르지 아니하고는 행정조사의 대상자 또는 행정조사의 내용을 공표하거나 직무상 알게 된 비밀을 누설하여서는 아니 된다.
> ⑥ 행정기관은 행정조사를 통하여 알게 된 정보를 다른 법률에 따라 내부에서 이용하거나 다른 기관에 제공하는 경우를 제외하고는 원래의 조사목적 이외의 용도로 이용하거나 타인에게 제공하여서는 아니 된다.

07

영역 행정상 쟁송 > 행정소송　　　　　난도 **중**

[정답의 이유]

ㄷ. 인가·허가 등 수익적 행정처분을 신청한 여러 사람이 서로 경원관계에 있어서 한 사람에 대한 허가 등 처분이 다른 사람에 대한 불허가 등으로 귀결될 수밖에 없을 때 허가 등 처분을 받지 못한 사람은 신청에 대한 거부처분의 직접 상대방으로서 원칙적으로 자신에 대한 거부처분의 취소를 구할 원고적격이 있고, 취소판결이 확정되는 경우 판결의 직접적인 효력으로 경원자에 대한 허가 등 처분이 취소되거나 효력이 소멸되는 것은 아니더라도 행정청은 취소판결의 기속력에 따라 판결에서 확인된 위법사유를 배제한 상태에서 취소판결의 원고와 경원자의 각 신청에 관하여 처분요건의 구비 여부와 우열을 다시 심사하여야 할 의무가 있으며, 재심사 결과 경원자에 대한 수익적 처분이 직권취소되고 취소판결의 원고에게 수익적 처분이 이루어질 가능성을 완전히 배제할 수는 없으므로, 특별한 사정이 없는 한 경원관계에서 허가 등 처분을 받지 못한 사람은 자신에 대한 거부처분의 취소를 구할 소의 이익이 있다(대판 2015.10.29, 2013두27517).

ㄹ. 회사가 정하는 자격기준에 준하는 자로서 입회승인을 받은 회원은 일정한 입회금을 납부하고 회사가 지정한 시설을 이용할 때에는 회사가 정한 요금을 지불하여야 하며 회사는 회원의 입회금을 5년 후에 상환하도록 정해져 있는 이 사건 소외 1 주식회사(이하 '이 사건 골프클럽'이라고 한다)와 같은 이른바 예탁금회원제 골프장에 있어서, 체육시설업자 또는 그 사업계획의 승인을 얻은 자가 회원모집계획서를 제출하면서 허위의 사업시설 설치공정확인서를 첨부하거나 사업계획의 승인을 받을 때 정한 예정인원을 초과하여 회원을 모집하는 내용의 회원모집계획서를 제출하여 그에 대한 시·도지사 등의 검토결과 통보를 받는다면 이는 기존회원의 골프장에 대한 법률상의 지위에 영향을 미치게 되므로, 이러한 경우 기존회원은 위와 같은 회원모집계획서에 대한 시·도지사의 검토결과 통보의 취소를 구할 법률상의 이익이 있다고 보아야 할 것이다(대판 2009.2.26, 2006두16243).

오답의 이유
ㄱ. 주거지역 내에 위 법조 소정 제한면적을 초과한 연탄공장 건축허가처분으로 불이익을 받고 있는 제3거주자는 비록 당해 행정처분의 상대자가 아니라 하더라도 그 행정처분으로 말미암아 위와 같은 법률에 의하여 보호되는 이익을 침해받고 있다면 당해 행정처분의 취소를 소구하여 그 당부의 판단을 받을 법률상의 자격이 있다(대판 1975.5.13, 73누96 등). 그러나 주거지역 밖에 거주하는 경우에는 법률상 이익이 없다.
ㄴ. 국민의 신청에 대하여 한 행정청의 거부행위가 취소소송의 대상이 되기 위하여는 국민이 그 신청에 따른 행정행위를 하여 줄 것을 요구할 수 있는 법규상 또는 조리상의 권리가 있어야 하는 것인데, 지방자치단체장이 건축회사에 대하여 당해 신축공사와 관련하여 인근 주택에 공사로 인한 피해를 주지 않는 공법을 선정하고 이에 대하여 안전하다는 전문가의 검토의견서를 제출할 때까지 신축공사를 중지하라는 당해 공사중지명령에 있어서는 그 명령의 내용 자체로 또는 그 성질상 명령 이후에 그 원인사유가 해소되는 경우에는 잠정적으로 내린 당해 공사중지명령의 해제를 요구할 수 있는 권리를 위 명령의 상대방에게 인정하고 있다고 할 것이므로, 위 회사에게는 조리상으로 그 해제를 요구할 수 있는 권리가 인정된다(대판 1997.12.26, 96누17745). 그러나 공사중지명령의 원인사유가 해소되지 않은 경우에는 공사중지명령의 해제를 요구할 신청권이 인정되지 않으므로 항고소송을 제기할 수 없다.

08
정답 ②

영역 행정조직법 > 국가행정조직법　　　난도 **하**

정답의 이유
② 행정기관에는 그 소관사무의 일부를 독립하여 수행할 필요가 있는 때에는 법률로 정하는 바에 따라 행정위원회 등 합의제행정기관을 둘 수 있다(정부조직법 제5조).

오답의 이유
① 정부조직법 제3조 제1항

> **제3조(특별지방행정기관의 설치)** ① 중앙행정기관에는 소관사무를 수행하기 위하여 필요한 때에는 특히 법률로 정한 경우를 제외하고는 대통령령으로 정하는 바에 따라 지방행정기관을 둘 수 있다.
> ② 제1항의 지방행정기관은 업무의 관련성이나 지역적인 특수성에 따라 통합하여 수행함이 효율적이라고 인정되는 경우에는 대통령령으로 정하는 바에 따라 관련되는 다른 중앙행정기관의 소관사무를 통합하여 수행할 수 있다.

③ 정부조직법 제6조 제1항
④ 정부조직법 제6조 제3항

> **제6조(권한의 위임 또는 위탁)** ① 행정기관은 법령으로 정하는 바에 따라 그 소관사무의 일부를 보조기관 또는 하급행정기관에 위임하거나 다른 행정기관·지방자치단체 또는 그 기관에 위탁 또는 위임할 수 있다. 이 경우 위임 또는 위탁을 받은 기관은 특히 필요한 경우에는 법령으로 정하는 바에 따라 위임 또는 위탁을 받은 사무의 일부를 보조기관 또는 하급행정기관에 재위임할 수 있다.
> ② 보조기관은 제1항에 따라 위임받은 사항에 대하여는 그 범위에서 행정기관으로서 그 사무를 수행한다.
> ③ 행정기관은 법령으로 정하는 바에 따라 그 소관사무 중 조사·검사·검정·관리 업무 등 국민의 권리·의무와 직접 관계되지 아니하는 사무를 지방자치단체가 아닌 법인·단체 또는 그 기관이나 개인에게 위탁할 수 있다.

09
정답 ①

영역 특별행정작용법 > 급부행정법　　　난도 **중**

정답의 이유
① 국유재산에 관한 사무에 종사하는 직원은 그 처리하는 국유재산을 취득하거나 자기의 소유재산과 교환하지 못하며 이를 위반한 행위는 무효로 한다(국유재산법 제20조 제2항).

> **제20조(직원의 행위 제한)** ① 국유재산에 관한 사무에 종사하는 직원은 그 처리하는 국유재산을 취득하거나 자기의 소유재산과 교환하지 못한다. 다만, 해당 총괄청이나 중앙관서의 장의 허가를 받은 경우에는 그러하지 아니하다.
> ② 제1항을 위반한 행위는 무효로 한다.

오답의 이유
② 국유재산법 제6조 제1항·제3항
③ 국유재산법 제27조 제1항, 제18조 제1항
④ 국유재산법 제11조 제1항

10
정답 ①

영역 일반행정작용법 > 행정행위　　　　　　　　　난도 **중**

[정답의 이유]

① 대집행이 완료된 후에는 그 처분의 무효확인 또는 취소를 구할 소의 이익이 없다 할 것이다. 그러나 그러한 경우에도 계고처분 등의 행정처분이 위법임을 이유로 국가배상을 청구하는 것은 가능하며, <u>법원이 국가배상청구의 인용 여부를 판단함에 있어서 미리 그 행정처분의 취소판결이 있어야만 하는 것은 아니다</u>(대판 1972.4.28. 72다337). 즉, 행정행위의 위법 여부가 국가배상청구소송의 선결문제가 되는 경우, <u>민사법원은 선결문제인 행정행위의 위법 여부를 판단할 수 있다.</u>

[오답의 이유]

② 민사소송에 있어서 어느 행정처분의 당연무효 여부가 선결문제로 되는 때에는 이를 판단하여 당연무효임을 전제로 판결할 수 있고 반드시 행정소송 등의 절차에 의하여 그 취소나 무효확인을 받아야 하는 것은 아니다(대판 2010.4.8. 2009다90092).

③ 과세대상과 납세의무자 확정이 잘못되어 당연무효인 과세처분 대하여는 체납이 문제될 여지가 없으므로 체납범이 성립하지 않는다. … 체납범은 정당한 과세에 대하여서만 성립되는 것이고, 과세가 당연히 무효한 경우에 있어서는 "체납의 대상이 없어" 체납범 성립의 여지가 없다(대판 1971.5.31. 71도742).

④ 도시계획법상 행정청은 그 토지의 형질을 변경한 자에 대하여서만 원상회복 등의 조치명령을 할 수 있다고 해석되고, 토지의 형질을 변경한 자도 아닌 자에 대하여 원상복구의 시정명령이 발하여진 경우 그 원상복구의 시정명령은 위법하다. 한편 도시계획법상 처분이나 조치명령을 받은 자가 이를 위반하였다는 이유로 처벌을 하기 위하여는 그 처분이나 조치명령이 적법한 것이라야 하므로, 그 처분이 당연무효가 아니라 하더라도 위법한 경우에는 도시계획법 위반죄가 성립될 수 없다(대판 1992.8.18. 90도1709). 즉, 행정행위의 위법성 확인은 공정력에 반하지 않으므로 위법성 판단이 가능하다.

11
정답 ④

영역 일반행정작용법 > 행정행위　　　　　　　　　난도 **중**

[정답의 이유]

④ 대집행의 계고, 대집행영장에 의한 통지, 대집행의 실행, 대집행에 요한 비용의 납부명령 등은 타인이 대신하여 행할 수 있는 행정의무의 이행을 의무자의 비용부담하에 확보하고자 하는, 동일한 행정목적을 달성하기 위하여 단계적인 일련의 절차로 연속하여 행하여지는 것으로서 서로 "결합"하여 하나의 법률효과를 발생시키는 것이므로, 선행처분인 계고처분이 하자가 있는 위법한 처분이라면, 비록 그 하자가 중대하고도 명백한 것이 아니어서 당연무효의 처분이라고 볼 수 없고 행정소송으로 효력이 다투어지지도 아니하여 이미 불가쟁력이 생겼으며, 후행처분인 대집행영장발부통보처분 자체에는 아무런 하자가 없다고 하더라도, 후행처분인 대집행영장발부통보처분의 취소를 청구하는 소송에서 청구원인으로 선행처분인 계고처분이 위법한 것이기 때문에 그 계고처분을 전제로 행하여진 대집행영장발부통보처분도 위법한 것이라는 주장을 할 수 있다(대판 1996.2.9. 95누12507).

[오답의 이유]

① 선행처분인 국제항공노선 운수권배분 실효처분 및 노선면허 거부처분에 대하여 이미 불가쟁력이 생겨 그 효력을 다툴 수 없게 된 이상 그에 위법사유가 있더라도 그것이 당연무효 사유가 아닌 한 <u>그 하자가 후행처분인 노선면허처분에 승계된다고 할 수 없다</u>(대판 2004.11.26. 2003두3123).

② 병역법상 보충역편입처분은 구체적인 병역의무부과를 위한 전제로서 징병검사 결과 신체등위와 학력·연령 등을 감안하여 <u>역종을 부과하는 처분임</u>에 반하여, 공익근무요원소집처분은 <u>공익근무요원으로서의 복무를 명하는</u> 구체적인 행정처분이므로, 두 처분은 후자의 처분이 전자의 처분을 전제로 하는 것이기는 하나 <u>각각 단계적으로 별개의 법률효과를 발생하는 독립된 행정처분</u>이라고 할 것이므로, 보충역편입처분에 하자가 있다고 할지라도 그것이 당연무효가 아닌 한 그 위법을 이유로 공익근무요원소집처분의 효력을 다툴 수 없다(대판 2002.12.10. 2001두5422).

③ 사업시행자의 자격이나 토지소유자의 동의 여부 및 특정 토지의 사업지구 편입 등에 하자가 있다고 주장하는 토지소유자 등은 시행인가 단계에서 그 하자를 다투었어야 하며, 시행인가처분에 명백하고도 중대한 하자가 있어 당연 무효라고 볼 특별한 사정이 없는 한, 사업시행 후 시행인가처분의 하자를 이유로 환지청산금부과처분의 효력을 다툴 수는 없다(대판 2004.10.14. 2002두424).

12

영역 행정조직법 > 공무원법　　　　　　　　　　난도**중**

정답의 이유

① 임용결격자가 공무원으로 임용되어 사실상 근무하여 왔다 하더라도 적법한 공무원으로서의 신분을 취득하지 못한 자로서는 공무원연금법이나 근로자퇴직급여 보장법에서 정한 퇴직급여를 청구할 수 없다. 나아가 이와 같은 법리는 임용결격사유로 인하여 임용행위가 당연무효인 경우뿐만 아니라 임용행위의 하자로 임용행위가 취소되어 소급적으로 지위를 상실한 경우에도 마찬가지로 적용된다(대판 2017.5.11, 2012다200486).

오답의 이유

② 직위해제처분은 공무원에 대하여 불이익한 처분이긴 하나 징계처분과 같은 성질의 처분이라고는 볼 수 없으므로 동일한 사유에 대한 직위해제처분이 있은 후 다시 해임처분이 있었다 하여 일사부재리의 법리에 어긋난다고 할 수 없다(대판 1984.2.28, 83누489).

③ 국가공무원법상 직위해제처분은 행정절차법에 의하여 당해 행정작용의 성질상 행정절차를 거치기 곤란하거나 불필요하다고 인정되는 사항 또는 행정절차에 준하는 절차를 거친 사항에 해당하므로, 처분의 사전통지 및 의견청취 등에 관한 행정절차법의 규정이 별도로 적용되지 않는다(대판 2014.5.16, 2012두26180).

④ 국가공무원법 제16조 제1항

13

정답 ③

영역 행정조직법 > 공무원법　　　　　　　　　　난도**상**

정답의 이유

ㄱ. 징계로 해임처분을 받은 때부터 3년이 지났으므로, 임용가능하다(국가공무원법 제33조 제8호).

ㄴ. 형법 제355조 및 제356조에 규정된 죄를 범한 자로서 300만 원 이상의 벌금형에 해당하지 않으므로, 임용가능하다(국가공무원법 제33조 제6호의2).

ㄹ. 집행유예 기간이 끝난 날부터 2년이 지났으므로, 임용가능하다(국가공무원법 제33조 제4호).

오답의 이유

ㄷ. 임용결격사유에 해당한다(국가공무원법 제33조 제6호의4 나목).

ㅁ. 금고 이상의 실형을 선고받고 그 집행이 종료되거나 집행을 받지 아니하기로 확정된 후 5년이 지나지 아니하였으므로, 임용결격사유에 해당한다(국가공무원법 제33조 제3호).

ㅂ. 임용결격사유에 해당한다(국가공무원법 제33조 제6호의3).

> **제33조(결격사유)** 다음 각 호의 어느 하나에 해당하는 자는 공무원으로 임용될 수 없다.
> 1. 피성년후견인
> 2. 파산선고를 받고 복권되지 아니한 자
> 3. 금고 이상의 실형을 선고받고 그 집행이 끝나거나(집행이 끝난 것으로 보는 경우를 포함한다) 집행이 면제된 날부터 5년이 지나지 아니한 자
> 4. 금고 이상의 형의 집행유예를 선고받고 그 유예기간이 끝난 날부터 2년이 지나지 아니한 자
> 5. 금고 이상의 형의 선고유예를 받은 경우에 그 선고유예 기간 중에 있는 자
> 6. 법원의 판결 또는 다른 법률에 따라 자격이 상실되거나 정지된 자
> 6의2. 공무원으로 재직기간 중 직무와 관련하여 「형법」 제355조 및 제356조에 규정된 죄를 범한 자로서 300만 원 이상의 벌금형을 선고받고 그 형이 확정된 후 2년이 지나지 아니한 자
> 6의3. 다음 각 목의 어느 하나에 해당하는 죄를 범한 사람으로서 100만 원 이상의 벌금형을 선고받고 그 형이 확정된 후 3년이 지나지 아니한 사람
>   가. 「성폭력범죄의 처벌 등에 관한 특례법」 제2조에 따른 성폭력범죄
>   나. 「정보통신망 이용촉진 및 정보보호 등에 관한 법률」 제74조 제1항 제2호 및 제3호에 규정된 죄
>   다. 「스토킹범죄의 처벌 등에 관한 법률」 제2조 제2호에 따른 스토킹범죄
> 6의4. 미성년자에 대한 다음 각 목의 어느 하나에 해당하는 죄를 저질러 파면·해임되거나 형 또는 치료감호를 선고받아 그 형 또는 치료감호가 확정된 사람(집행유예를 선고받은 후 그 집행유예기간이 경과한 사람을 포함한다)
>   가. 「성폭력범죄의 처벌 등에 관한 특례법」 제2조에 따른 성폭력범죄
>   나. 「아동·청소년의 성보호에 관한 법률」 제2조 제2호에 따른 아동·청소년대상 성범죄
> 7. 징계로 파면처분을 받은 때부터 5년이 지나지 아니한 자
> 8. 징계로 해임처분을 받은 때부터 3년이 지나지 아니한 자

14

정답 ③

영역 행정구제법 > 손해전보제도　　　　　　　　　　난도**중**

정답의 이유

③ 공익사업에 필요한 토지 등의 취득 또는 사용으로 인하여 토지소유자나 관계인이 입은 손실은 사업시행자가 보상하여야 한다(토지보상법 제61조).

72 시대에듀 | 군무원 행정법

① 토지보상법 제42조 제1항·제2항

> **제42조(재결의 실효)** ① 사업시행자가 수용 또는 사용의 개시일까지
> 관할 토지수용위원회가 재결한 보상금을 지급하거나 공탁하지 아니
> 하였을 때에는 해당 토지수용위원회의 재결은 효력을 상실한다.
> ② 사업시행자는 제1항에 따라 재결의 효력이 상실됨으로 인하여 토
> 지소유자 또는 관계인이 입은 손실을 보상하여야 한다.

② 토지보상법 제40조 제1항·제2항

> **제40조(보상금의 지급 또는 공탁)** ① 사업시행자는 제38조 또는
> 제39조에 따른 사용의 경우를 제외하고는 수용 또는 사용의 개시일
> (토지수용위원회가 재결로써 결정한 수용 또는 사용을 시작하는 날
> 을 말한다. 이하 같다)까지 관할 토지수용위원회가 재결한 보상금을
> 지급하여야 한다.
> ② 사업시행자는 다음 각 호의 어느 하나에 해당할 때에는 수용 또는
> 사용의 개시일까지 수용하거나 사용하려는 토지등의 소재지의 공탁
> 소에 보상금을 공탁(供託)할 수 있다.
> > 1. 보상금을 받을 자가 그 수령을 거부하거나 보상금을 수령할 수
> >   없을 때
> > 2. 사업시행자의 과실 없이 보상금을 받을 자를 알 수 없을 때
> > 3. 관할 토지수용위원회가 재결한 보상금에 대하여 사업시행자가
> >   불복할 때
> > 4. 압류나 가압류에 의하여 보상금의 지급이 금지되었을 때

④ 토지보상법 제46조

15

영역 행정조직법 > 지방자치법   난도 **하**   정답 ①

정답의 이유

① 광역단체는 특별시, 광역시, **특별자치시**, 도, 특별자치도로 구분된
다(지방자치법 제2조 제1항 제1호).

> **제2조(지방자치단체의 종류)** ① 지방자치단체는 다음의 두 가지 종
> 류로 구분한다.
> > 1. 특별시, 광역시, 특별자치시, 도, 특별자치도
> > 2. 시, 군, 구

오답의 이유

② 지방자치법 제18조 제1항
③ 지방자치법 제19조 제1항
④ 지방자치법 제25조 제1항

16

영역 행정의 실효성 확보수단 > 행정상 강제   난도 **중**   정답 ④

정답의 이유

④ 행정대집행은 대체적 작위의무에 대한 강제집행수단으로, 이행강제
금은 부작위의무나 비대체적 작위의무에 대한 강제집행수단으로 이
해되어 왔으나, 이행강제금은 대체적 작위의무의 위반에 대하여도
부과될 수 있다. 행정청은 개별사건에 있어서 위반내용, 위반자의 시
정의지 등을 감안하여 대집행과 이행강제금을 선택적으로 활용할
수 있으며, 합리적인 재량에 의해 선택하여 활용하는 이상 중첩적인
제재에 해당한다고 볼 수 없다(헌재 2004.2.26, 2001헌바80 등).

오답의 이유

① 법인 대표자의 행위는 종업원 등의 행위와 달리 보아야 한다. 법인
의 행위는 법인을 대표하는 자연인인 대표기관의 의사결정에 따른
행위에 의하여 실현되므로, 자연인인 대표기관의 의사결정 및 행
위에 따라 법인의 책임 유무를 판단할 수 있다. 즉, 법인은 기관을
통하여 행위하므로 법인이 대표자를 선임한 이상 그의 행위로 인
한 법률효과는 법인에게 귀속되어야 하고, 법인 대표자의 범죄행
위에 대하여는 법인 자신이 자신의 행위에 대한 책임을 부담하는
것이다(헌재 2013.10.24, 2013헌가18). 결국 법인 대표자의 법규
위반행위에 대한 법인의 책임은 법인 자신의 법규위반행위로 평가
될 수 있는 행위에 대한 법인의 직접책임이므로, 대표자의 고의에
의한 위반행위에 대하여는 법인이 고의 책임을, 대표자의 과실에
의한 위반행위에 대하여는 법인이 과실 책임을 부담한다. 따라서
심판대상조항 중 법인의 대표자 관련 부분은 법인의 직접책임을
근거로 하여 법인을 처벌하므로 책임주의원칙에 위배되지 않는다
(헌결 2020.4.23, 2019헌가25).

(((•))) 적중레이더

판례 비교

이 부분 심판대상조항은 종업원 등의 범죄행위에 관하여 비난할 근
거가 되는 법인의 의사결정 및 행위구조, 즉 종업원 등이 저지른 행
위의 결과에 대한 법인의 독자적인 책임에 관하여 전혀 규정하지 않
은 채, 단순히 법인이 고용한 종업원 등이 업무에 관하여 범죄행위를
하였다는 이유만으로 법인에 대하여 형벌을 부과하도록 정하고 있는
바, 이는 다른 사람의 범죄에 대하여 그 책임 유무를 묻지 않고 형사
처벌하는 것이므로 헌법상 법치국가원리로부터 도출되는 책임주의
원칙에 위배된다(헌결 2020.4.23, 2019헌가25).

② 공정거래위원회가 부당지원행위에 대한 과징금을 부과함에 있어
여러 개의 위반행위에 대하여 하나의 과징금 납부명령을 하였으나
여러 개의 위반행위 중 일부의 위반행위만이 위법하고 소송상 그
일부의 위반행위를 기초로 한 과징금액을 산정할 수 있는 자료가
있는 경우에는, 하나의 과징금 납부명령일지라도 그중 위법하여
그 처분을 취소하게 된 일부의 위반행위에 대한 과징금액에 해당
하는 부분만을 취소할 수 있다(대판 2006.12.22, 2004두1483).

행정청이 행정제재수단으로 사업 정지를 명할 것인지, 과징금을 부과할 것인지, 과징금을 부과키로 한다면 그 금액은 얼마로 할 것인지에 관하여 재량권이 부여되어 있는 경우, 법원이 과징금부과처분이 법이 정한 한도액을 초과하여 위법하다고 판단하였다면 법원으로서는 그 전부를 취소할 수밖에 없고, 그 한도액을 초과한 부분이나 법원이 적정하다고 인정되는 부분을 초과한 부분만을 취소할 수 없다(대판 1998. 4.10. 98두2270).

③ 행정청이 행정대집행의 방법으로 건물의 철거 등 대체적 작위의무의 이행을 실현할 수 있는 경우에는 따로 민사소송의 방법으로 그 의무의 이행을 구할 수 없다. 한편 건물의 점유자가 철거의무자일 때에는 건물철거의무에 퇴거의무도 포함되어 있는 것이어서 별도로 퇴거를 명하는 집행권원이 필요하지 않다(대판 2017.4.28. 2016다213916).

17
정답 ④

영역 행정법 서론 > 행정법　　　　　　　난도 **하**

정답의 이유

④ 행정의 자기구속의 원칙은 평등의 원칙을 매개로 하는 행정법상의 판례이론으로 정립되어 있을 뿐이며, 행정기본법에 명문화되어 있지 않다.

오답의 이유

① 행정기본법 제11조 제1항·제2항

> **제11조(성실의무 및 권한남용금지의 원칙)** ① 행정청은 법령 등에 따른 의무를 성실히 수행하여야 한다.
> ② 행정청은 행정권한을 남용하거나 그 권한의 범위를 넘어서는 아니 된다.

② 행정기본법 제12조 제1항

> **제12조(신뢰보호의 원칙)** ① 행정청은 공익 또는 제3자의 이익을 현저히 해칠 우려가 있는 경우를 제외하고는 행정에 대한 국민의 정당하고 합리적인 신뢰를 보호하여야 한다.

③ 행정기본법 제13조

> **제13조(부당결부금지의 원칙)** 행정청은 행정작용을 할 때 상대방에게게 해당 행정작용과 실질적인 관련이 없는 의무를 부과해서는 아니 된다.

18
정답 ④

영역 일반행정작용법 > 행정행위　　　　　　　난도 **중**

정답의 이유

④ 행정청이 어느 법률관계나 사실관계에 대하여 어느 법률의 규정을 적용하여 행정처분을 한 경우에 그 법률관계나 사실관계에 대하여는 그 법률의 규정을 적용할 수 없다는 법리가 명백히 밝혀져 그 해석에 다툼의 여지가 없음에도 불구하고 행정청이 위 규정을 적용하여 처분을 한 때에는 그 하자가 중대하고 명백하다고 할 것이나, 그 법률관계나 사실관계에 대하여 그 법률의 규정을 적용할 수 없다는 법리가 명백히 밝혀지지 아니하여 그 해석에 다툼의 여지가 있는 때에는 행정관청이 이를 잘못 해석하여 행정처분을 하였더라도 이는 그 처분 요건사실을 오인한 것에 불과하여 그 하자가 명백하다고 할 수 없다. 그리고 행정청이 법령 규정의 문언상 처분 요건의 의미가 분명함에도 합리적인 근거 없이 그 의미를 잘못 해석한 결과, 처분요건이 충족되지 아니한 상태에서 해당 처분을 한 경우에는 법리가 명백히 밝혀지지 아니하여 그 해석에 다툼의 여지가 있다고 볼 수는 없다(대판 2014.5.16. 2011두27094).

오답의 이유

① 행정행위는 성립에 하자가 있는 경우에도 그것이 중대·명백하여 당연무효가 아닌 한 권한을 가진 기관에 의해 취소될 때까지 상대방이나 이해관계자를 구속하는데, 이러한 구속력을 공정력이라 한다.

② • 행정처분이 아무리 위법하다고 하여도 그 하자가 중대하고 명백하여 당연무효라고 보아야 할 사유가 있는 경우를 제외하고는 아무도 그 하자를 이유로 무단히 그 효과를 부정하지 못하는 것으로, 이러한 행정행위의 공정력은 판결의 기판력과 같은 효력은 아니지만 그 공정력의 객관적 범위에 속하는 행정행위의 하자가 취소사유에 불과한 때에는 그 처분이 취소되지 않는 한 처분의 효력을 부정하여 그로 인한 이득을 법률상 원인 없는 이득이라고 말할 수 없는 것이다(대판 1994.11.11. 94다28000).

• 조세의 과오납이 부당이득이 되기 위하여는 납세 또는 조세의 징수가 실체법적으로나 절차법적으로 전혀 법률상의 근거가 없거나 과세처분의 하자가 중대하고 명백하여 당연무효이어야 하고, 과세처분의 하자가 단지 취소할 수 있는 정도에 불과할 때에는 과세관청이 이를 스스로 취소하거나 항고소송절차에 의하여 취소되지 않는 한 그로 인한 조세의 납부가 부당이득이 된다고 할 수 없다(대판 1994.11.11. 94다28000).

③ 영업의 금지를 명한 영업허가취소처분 자체가 나중에 행정쟁송절차에 의하여 취소되었다면 그 영업허가취소처분은 그 처분 시에 소급하여 효력을 잃게 되며, 그 영업허가취소처분에 복종할 의무가 원래부터 없었음이 확정되었다고 봄이 타당하고, 영업허가취소처분이 장래에 향하여서만 효력을 잃게 된다고 볼 것은 아니므로 그 영업허가취소처분 이후의 영업행위를 무허가영업이라고 볼 수는 없다(대판 1993.6.25. 93도277).

19

영역 행정상 쟁송 > 행정소송   난도 **중**

정답의 이유

① 직권취소가 아니라 행정쟁송(행정심판)절차 내에서의 쟁송취소에 해당한다.

오답의 이유

② • 행정청은 별도의 명문의 규정이 없어도, 위법 또는 부당한 처분의 전부나 일부를 직권으로 취소할 수 있다(행정기본법 제18조 제1항).
  • 도시계획시설사업의 시행자 지정이나 실시계획의 인가처분을 한 관할청은 구 국토의 계획 및 이용에 관한 법률 제133조 제1항 제21호 (라)목, (마)목의 사유가 발생하였을 때 그 조항에 따라 사업시행자 지정이나 실시계획 인가처분을 취소할 수 있을 뿐만 아니라, 사업시행자 지정이나 실시계획 인가처분에 하자가 있는 경우에는 별도의 법적 근거가 없다고 하더라도 스스로 이를 취소할 수 있다(대판 2014.7.10, 2013두7025).

③ 일정한 행정처분으로 국민이 일정한 이익과 권리를 취득하였을 경우에 종전 행정처분에 하자가 있음을 전제로 직권으로 이를 취소하는 행정처분은 이미 취득한 국민의 기존 이익과 권리를 박탈하는 별개의 행정처분으로, 취소될 행정처분에 하자가 있어야 하고, 나아가 행정처분에 하자가 있다고 하더라도 취소해야 할 공익상 필요와 취소로 당사자가 입게 될 기득권과 신뢰보호 및 법률생활 안정의 침해 등 불이익을 비교·교량한 후 공익상 필요가 당사자가 입을 불이익을 정당화할 만큼 강한 경우에 한하여 취소할 수 있는 것이며, 하자나 취소해야 할 필요성에 관한 증명책임은 기존 이익과 권리를 침해하는 처분을 한 행정청에 있다(대판 2017. 6.15, 2014두9226).

④ 병역의무가 국가수호를 위하여 전 국민에게 과하여진 헌법상의 의무로서 그를 수행하기 위한 전제로서의 신체 등위판정이나 병역처분 등은 공정성과 형평성을 유지하여야 함은 물론 그 면탈을 방지하여야 할 공익적 필요성이 매우 큰 점에 비추어 볼 때, 지방병무청장은 군의관의 신체등위판정이 금품수수에 따라 위법 또는 부당하게 이루어졌다고 인정하는 경우에는 그 위법 또는 부당한 신체등위판정을 기초로 자신이 한 병역처분을 직권으로 취소할 수 있다(대판 2002.5.28, 2001두9653).

20

영역 특별행정작용법 > 급부행정법   난도 **중**

정답의 이유

② 국유재산 중 행정재산은 시효취득의 대상이 되지 아니하지만(국유재산법 제7조 제2항), 일반재산은 시효취득의 대상이 된다.

> **제7조(국유재산의 보호)** ② 행정재산은 「민법」 제245조에도 불구하고 시효취득(時效取得)의 대상이 되지 아니한다.

오답의 이유

① 국유재산법 제6조 제2항 제3호

> **제6조(국유재산의 구분과 종류)** ① 국유재산은 그 용도에 따라 행정재산과 일반재산으로 구분한다.
> ② 행정재산의 종류는 다음 각 호와 같다.
>   1. 공용재산: 국가가 직접 사무용·사업용 또는 공무원의 주거용(직무 수행을 위하여 필요한 경우로서 대통령령으로 정하는 경우로 한정한다)으로 사용하거나 대통령령으로 정하는 기한까지 사용하기로 결정한 재산
>   2. 공공용재산: 국가가 직접 공공용으로 사용하거나 대통령령으로 정하는 기한까지 사용하기로 결정한 재산
>   3. 기업용재산: 정부기업이 직접 사무용·사업용 또는 그 기업에 종사하는 직원의 주거용(직무 수행을 위하여 필요한 경우로서 대통령령으로 정하는 경우로 한정한다)으로 사용하거나 대통령령으로 정하는 기한까지 사용하기로 결정한 재산
>   4. 보존용재산: 법령이나 그 밖의 필요에 따라 국가가 보존하는 재산

③ 국유재산법의 규정 내용이나 취지 등에 비추어 볼 때, 국유재산 관리의 총괄청인 기획재정부장관은 용도폐지된 국유재산을 종전의 관리청으로부터 인계받은 경우에 이를 직접 관리·처분할 수 있으므로, 용도폐지되기 전에 종전의 관리청이 미처 부과·징수하지 아니한 사용료가 있으면 이를 부과·징수할 수 있는 권한도 가지고 있다. 따라서 총괄청인 기획재정부장관으로부터 용도폐지된 국유재산의 관리·처분사무를 위탁받은 수탁관리기관 역시 달리 특별한 사정이 없는 한 관리권 행사의 일환으로 국유재산이 용도폐지 되기 전의 사용기간에 대한 사용료를 부과할 수 있다(대판 2014. 11.13, 2011두30212).

④ 국유재산법 제39조

21

영역 행정구제법 > 손실보상　　　　　　　　　난도 **중**

정답의 이유

② 공익사업을 위한 토지 등의 취득 및 보상에 관한 법률(이하 '토지보상법')은 사업시행자로 하여금 우선 협의취득 절차를 거치도록 하고, 협의가 성립되지 않거나 협의를 할 수 없을 때에 수용재결취득 절차를 밟도록 예정하고 있기는 하다. 그렇지만 일단 토지수용위원회가 수용재결을 하였더라도 사업시행자로서는 수용 또는 사용의 개시일까지 토지수용위원회가 재결한 보상금을 지급 또는 공탁하지 아니함으로써 재결의 효력을 상실시킬 수 있는 점, 토지소유자 등은 수용재결에 대하여 이의를 신청하거나 행정소송을 제기하여 보상금의 적정 여부를 다툴 수 있는데, 그 절차에서 사업시행자와 보상금액에 관하여 임의로 합의할 수 있는 점, 공익사업의 효율적인 수행을 통하여 공공복리를 증진시키고, 재산권을 적정하게 보호하려는 토지보상법의 입법 목적에 비추어 보더라도 수용재결이 있은 후에 사법상 계약의 실질을 가지는 협의취득 절차를 금지해야 할 별다른 필요성을 찾기 어려운 점 등을 종합해 보면, 토지수용위원회의 수용재결이 있은 후라고 하더라도 토지소유자 등과 사업시행자가 다시 협의하여 토지 등의 취득이나 사용 및 그에 대한 보상에 관하여 임의로 계약을 체결할 수 있다고 보아야 한다(대판 2017.4.13, 2016두64241).

오답의 이유

① 광업권·어업권·양식업권 또는 물의 사용에 관한 권리에도 토지보상법이 적용된다(토지보상법 제3조 제3호).

> **제3조(적용 대상)** 사업시행자가 다음 각 호에 해당하는 토지·물건 및 권리를 취득하거나 사용하는 경우에는 이 법을 적용한다.
> 1. 토지 및 이에 관한 소유권 외의 권리
> 2. 토지와 함께 공익사업을 위하여 필요한 입목(立木), 건물, 그 밖에 토지에 정착된 물건 및 이에 관한 소유권 외의 권리
> 3. 광업권·어업권·양식업권 또는 물의 사용에 관한 권리
> 4. 토지에 속한 흙·돌·모래 또는 자갈에 관한 권리

③ 재결의 효력은 당연 소멸되고, 사업시행자는 손실보상을 하여야 한다(토지보상법 제42조 제1항, 제2항).

> **제42조(재결의 실효)** ① 사업시행자가 수용 또는 사용의 개시일까지 관할 토지수용위원회가 재결한 보상금을 지급하거나 공탁하지 아니하였을 때에는 해당 토지수용위원회의 재결은 효력을 상실한다.
> ② 사업시행자는 제1항에 따라 재결의 효력이 상실됨으로 인하여 토지소유자 또는 관계인이 입은 손실을 보상하여야 한다.

④ 사업시행자가 동일한 토지소유자에 속하는 일단의 토지 일부를 취득함으로 인하여 잔여지의 가격이 감소하거나 그 밖의 손실이 있을 때 등에는 잔여지를 종래의 목적으로 사용하는 것이 가능한 경우라도 잔여지 손실보상의 대상이 되며, 잔여지를 종래의 목적에 사용하는 것이 불가능하거나 현저히 곤란한 경우이어야만 잔여지 손실보상청구를 할 수 있는 것이 아니다(대판 2018.7.20, 2015두4044).

22

정답 ③

영역 행정절차와 행정공개 > 정보공개와 개인정보보호　　난도 **중**

정답의 이유

③ 정보공개청구의 대상이 이미 널리 알려진 사항이라 하더라도 그 공개의 방법만을 제한할 수 있도록 규정하고 있을 뿐 공개 자체를 제한하고 있지는 아니하므로, 공개청구의 대상이 되는 정보가 이미 다른 사람에게 공개하여 널리 알려져 있다거나 인터넷이나 관보 등을 통하여 공개하여 인터넷 검색이나 도서관에서의 열람 등을 통하여 쉽게 알 수 있다는 사정만으로는 소의 이익이 없다거나 비공개결정이 정당화될 수는 없다(대판 2008.11.27, 2005두15694).

오답의 이유

① 정보공개법 제6조 제1항은 "모든 국민은 정보의 공개를 청구할 권리를 가진다."고 규정하고 있는데, 여기에서 말하는 국민에는 자연인은 물론 법인, 권리능력 없는 사단·재단도 포함되고, 법인, 권리능력 없는 사단·재단 등의 경우에는 설립목적을 불문하며, 한편 정보공개청구권은 법률상 보호되는 구체적인 권리이므로 청구인이 공공기관에 대하여 정보공개를 청구하였다가 거부처분을 받은 것 자체가 법률상 이익의 침해에 해당한다(대판 2003.12.12, 2003두8050).

② 외국인은 국내에 일정한 주소를 두고 거주하거나 학술·연구를 위하여 일시적으로 체류하는 사람, 국내에 사무소를 두고 있는 법인 또는 단체 중 어느 하나에 해당하면 정보공개를 청구할 수 있다(정보공개법 시행령 제3조).

④ 정보공개법 제2조 제1호

76 시대에듀 | 군무원 행정법

23

영역 행정상 쟁송 > 행정소송　　　　　　　난도 **중**

정답의 이유

ㄱ. (이유 있다)　　　　　　ㄴ. (공공복리)

ㄷ. (기각)　　　　　　　　　ㄹ. (주문)

ㅁ. (위법함)　　　　　　　　ㅂ. (손해)

ㅅ. (손해배상)　　　　　　　ㅇ. (재해시설의 설치)

> **행정소송법 제28조(사정판결)** ① 원고의 청구가 이유 있다고 인정하는 경우에도 처분 등을 취소하는 것이 현저히 공공복리에 적합하지 아니하다고 인정하는 때에는 법원은 원고의 청구를 기각할 수 있다. 이 경우 법원은 그 판결의 주문에서 그 처분 등이 위법함을 명시하여야 한다.
>
> ② 법원이 제1항의 규정에 의한 판결을 함에 있어서는 미리 원고가 그로 인하여 입게 될 손해의 정도와 배상방법 그 밖의 사정을 조사하여야 한다.
>
> ③ 원고는 피고인 행정청이 속하는 국가 또는 공공단체를 상대로 손해배상, 제해시설의 설치 그 밖에 적당한 구제방법의 청구를 당해 취소소송 등이 계속된 법원에 병합하여 제기할 수 있다.

24

영역 행정절차와 행정공개 > 행정절차법　　　　난도 **중**

정답의 이유

① 행정절차법 제21조 제3항

오답의 이유

② 신청에 대한 거부처분을 여기에서 말하는 '당사자의 권익을 제한하는 처분'에 해당한다고 할 수 없으므로 처분의 사전통지대상이 된다고 할 수 없다(대판 2003.11.28, 2003두674).

③·④ 행정절차법에 의하면, "해당 처분의 성질상 의견청취가 현저히 곤란하거나 명백히 불필요하다고 인정될 만한 상당한 이유가 있는 경우"나 "당사자가 의견진술의 기회를 포기한다는 뜻을 명백히 표시한 경우"에는 청문 등 의견청취를 하지 아니할 수 있는데, 여기에서 '의견청취가 현저히 곤란하거나 명백히 불필요하다고 인정될 만한 상당한 이유가 있는 경우'에 해당하는지는 해당 행정처분의 성질에 비추어 판단하여야 하며, 처분상대방이 이미 행정청에 위반사실을 시인하였다거나 처분의 사전통지 이전에 의견을 진술할 기회가 있었다는 사정을 고려하여 판단할 것은 아니다(대판 2017.4.7, 2016두63224).

25

영역 행정법 서론 > 행정상 법률관계　　　　　난도 **하**

정답의 이유

② 남북정상회담의 개최는 고도의 정치적 성격을 지니고 있는 행위라 할 것이므로 특별한 사정이 없는 한 그 당부를 심판하는 것은 사법권의 내재적·본질적 한계를 넘어서는 것이 되어 적절하지 않지만, 남북정상회담의 개최과정에서 재정경제부장관에게 신고하지 아니하거나 통일부장관의 협력사업 승인을 얻지 아니한 채 북한 측에 사업권의 대가 명목으로 송금한 행위 자체는 사법심사의 대상이 된다(대판 2004.3.26, 2003도7878).

오답의 이유

① 이라크 파견결정은 그 성격상 국방 및 외교에 관련된 고도의 정치적 결단을 요하는 문제로서, 헌법과 법률이 정한 절차를 지켜 이루어진 것임이 명백하므로, 대통령과 국회의 판단은 존중되어야 하고 헌법재판소가 사법적 기준만으로 이를 심판하는 것은 자제되어야 한다(헌재 2004.4.29, 2003헌마814).

③ 사면은 형의 선고의 효력 또는 공소권을 상실시키거나 형의 집행을 면제시키는 국가원수의 고유한 권한을 의미하며, 사법부의 판단을 변경하는 제도로서 권력분립의 원리에 대한 예외가 된다(헌재 2000.6.1, 97헌바74).

④ 대통령의 긴급재정경제명령은 국가긴급권의 일종으로서 고도의 정치적 결단에 의하여 발동되는 행위이고 그 결단을 존중하여야 할 필요성이 있는 행위라는 의미에서 이른바 통치행위에 속한다고 할 수 있으나, 통치행위를 포함하여 모든 국가작용은 국민의 기본권적 가치를 실현하기 위한 수단이라는 한계를 반드시 지켜야 하는 것이고, 헌법재판소는 헌법의 수호와 국민의 기본권 보장을 사명으로 하는 국가기관이므로 비록 고도의 정치적 결단에 의하여 행해지는 국가작용이라고 할지라도 그것이 국민의 기본권 침해와 "직접" 관련되는 경우에는 당연히 헌법재판소의 심판대상이 된다(헌재 1996.2.29, 93헌마186).

2022 | 5급 기출문제 해설

☑ 점수 (　)점/100점　☑ 문제편 061쪽

영역 분석

행정상 쟁송	7문항	★★★★★★★	28%
행정법 서론	6문항	★★★★★★	24%
일반행정작용법	3문항	★★★	12%
행정조직법	3문항	★★★	12%
특별행정작용법	3문항	★★★	12%
행정의 실효성 확보수단	2문항	★★	8%
행정절차와 행정공개	1문항	★	4%

빠른 정답

01	02	03	04	05	06	07	08	09	10
①	④	③	①	③	①	④	①	④	②
11	12	13	14	15	16	17	18	19	20
④	④	①	④	③	②	③	②	②	②
21	22	23	24	25					
③	③	②	①	②					

01

정답 ①

영역 행정법 서론 > 행정법　난도 중

정답의 이유

① 폐기물관리법령에 의한 폐기물처리업 사업계획에 대한 적정통보와 국토이용관리법령에 의한 국토이용계획변경은 각기 제도적 취지와 결정단계에서 고려해야 할 사항들이 다르므로, 폐기물처리업 사업계획에 대하여 적정통보를 한 것만으로 그 사업부지 토지에 대한 국토이용계획변경신청을 승인하여 주겠다는 취지의 공적인 견해표명을 한 것으로 볼 수 없다(대판 2005.4.28, 2004두8828).

오답의 이유

② 행정기본법 제13조
③ 행정기본법 제12조 제2항
④ 행정기본법 제9조

02

정답 ④

영역 행정법 서론 > 행정　난도 하

정답의 이유

④ 행정은 공공의 이익을 위하여 적극적으로 추진되어야 한다(행정기본법 제4조 제1항).

오답의 이유

① 적극행정운영규정 제2조 제1호
② 적극행정운영규정 제16조 제1항
③ 행정기본법 제4조 제2항

03

정답 ③

영역 행정절차와 행정공개 > 행정절차법　난도 중

정답의 이유

ㄴ. 광업법에서 처분청이 광업용 토지수용을 위한 사업인정을 하고자 할 때에 토지소유자와 토지에 관한 권리를 가진 자의 의견을 들어야 한다고 한 것은 그 사업인정 여부를 결정함에 있어서 소유자나 기타 권리자가 의견을 반영할 기회를 주어 이를 참작하도록 하고자 하는 데 있을 뿐, 처분청이 그 의견에 기속되는 것은 아니다(대판 1995.12.22, 95누30).

ㄷ. 퇴직연금의 환수결정은 당사자에게 의무를 과하는 처분이기는 하나, 관련 법령에 따라 당연히 환수금액이 정하여지는 것이므로, 퇴직연금의 환수결정에 앞서 당사자에게 의견진술의 기회를 주지 아니하여도 행정절차법 제22조 제3항이나 신의칙에 어긋나지 아니한다(대판 2000.11.28, 99두5443).

ㄹ. 행정청이 당사자와 사이에 도시계획사업의 시행과 관련한 협약을 체결하면서 관계 법령 및 행정절차법에 규정된 청문의 실시 등 의견취취절차를 배제하는 조항을 두었다고 하더라도, 국민의 행정참여를 도모함으로써 행정의 공정성·투명성 및 신뢰성을 확보하고 국민의 권익을 보호한다는 행정절차법의 목적 및 청문제도의 취지 등에 비추어 볼 때, 위와 같은 협약의 체결로 청문의 실시에 관한 규정의 적용을 배제할 수 있다고 볼 만한 법령상의 규정이 없는 한, 이러한 협약이 체결되었다고 하여 청문의 실시에 관한 규정의 적용이 배제된다거나 청문을 실시하지 않아도 되는 예외적인 경우에 해당한다고 할 수 없다(대판 2004.7.8, 2002두8350).

ㄱ. 묘지공원과 화장장의 후보지를 선정하는 과정에서 서울특별시, 비영리법인, 일반 기업 등이 공동발족한 협의체인 추모공원건립추진협의회가 후보지 주민들의 의견을 청취하기 위하여 그 명의로 개최한 공청회는 행정청이 도시계획시설결정을 하면서 개최한 공청회가 아니므로, 위 공청회의 개최에 관하여 행정절차법에서 정한 절차를 준수하여야 하는 것은 아니다(대판 2007.4.12, 2005두1893).

04

영역 행정절차와 행정공개 > 정보공개와 개인정보보호　　난도 **중**

정답의 이유

① 대판 2013.1.24, 2010두18918

오답의 이유

② 청구인이 정보공개거부처분의 취소를 구하는 소송에서 공공기관이 청구정보를 증거 등으로 법원에 제출하여 법원을 통하여 그 사본을 청구인에게 교부 또는 송달하게 하여 결과적으로 청구인에게 정보를 공개하는 셈이 되었다고 하더라도, 이러한 우회적인 방법은 법이 예정하고 있지 아니한 방법으로서 법에 의한 공개라고 볼 수는 없으므로, 당해 문서의 비공개결정의 취소를 구할 소의 이익은 소멸되지 않는다(대판 2004.3.26, 2002두6583).

③ 법원이 행정기관의 정보공개거부처분의 위법 여부를 심리한 결과 공개를 거부한 정보에 비공개사유에 해당하는 부분과 그렇지 않은 부분이 혼합되어 있고, 공개청구의 취지에 어긋나지 않는 범위 안에서 두 부분을 분리할 수 있음을 인정할 수 있을 때에는 공개가 가능한 정보에 국한하여 일부취소를 명할 수 있다. 이러한 정보의 부분 공개가 허용되는 경우란 그 정보의 공개방법 및 절차에 비추어 당해 정보에서 비공개 대상 정보에 관련된 기술 등을 제외 혹은 삭제하고 나머지 정보만을 공개하는 것이 가능하고 나머지 부분의 정보만으로도 공개의 가치가 있는 경우를 의미한다(대판 2009. 12.10, 2009두12785).

④ 정보공개법은 청구인이 정보공개방법도 아울러 지정하여 정보공개를 청구할 수 있도록 하고 있고, 전자적 형태의 정보를 전자적으로 공개하여 줄 것을 요청한 경우에는 공공기관은 원칙적으로 요청에 응할 의무가 있고, 나아가 비전자적 형태의 정보에 관해서도 전자적 형태로 공개하여 줄 것을 요청하면 재량판단에 따라 전자적 형태로 변환하여 공개할 수 있도록 하고 있다. 이는 정보의 효율적 활용을 도모하고 청구인의 편의를 제고함으로써 정보공개법의 목적인 국민의 알 권리를 충실하게 보장하려는 것이므로, 청구인에게는 특정한 공개방법을 지정하여 정보공개를 청구할 수 있는 법령상 신청권이 있다. 따라서 공공기관이 공개청구의 대상이 된 정보를 공개는 하되, 청구인이 신청한 공개방법 이외의 방법으로 공개하기로 하는 결정을 하였다면, 이는 정보공개청구 중 정보공

개방법에 관한 부분에 대하여 일부 거부처분을 한 것이고, 청구인은 그에 대하여 항고소송으로 다툴 수 있다(대판 2016.11.10, 2016두44674).

05

영역 행정상 쟁송 > 행정소송　　난도 **상**

정답의 이유

ㄱ. 납세의무자에 대한 국가의 부가가치세 환급세액 지급의무는 그 납세의무자로부터 어느 과세기간에 과다하게 거래징수된 세액 상당을 국가가 실제로 납부받았는지와 관계없이 부가가치세법령의 규정에 의하여 직접 발생하는 것으로서, 그 법적 성질은 정의와 공평의 관념에서 수익자와 손실자 사이의 재산 상태 조정을 위해 인정되는 부당이득 반환의무가 아니라 부가가치세법령에 의하여 그 존부나 범위가 구체적으로 확정되고 조세 정책적 관점에서 특별히 인정되는 공법상 의무라고 봄이 타당하다. 그렇다면 납세의무자에 대한 국가의 부가가치세 환급세액 지급의무에 대응하는 국가에 대한 납세의무자의 부가가치세 환급세액 지급청구는 민사소송이 아니라 행정소송법 제3조 제2호에 규정된 당사자소송의 절차에 따라야 한다(대판 2013.3.21, 2011다95564 전합).

ㄴ. 국가의 훈기부상 화랑무공훈장을 수여받은 것으로 기재되어 있는 원고가 태극무공훈장을 수여받은 자임을 확인하라는 이 소 청구는 이러한 확인을 구하는 취지가 국가유공자로서의 보상 등 예우를 받는 데에 필요한 훈격을 확인받기 위한 것이더라도, 항고소송이 아니라 공법상의 법률관계에 관한 당사자소송에 속하는 것이므로 행정소송법 제30조의 규정에 의하여 국가를 피고로 하여야 할 것이다(대판 1990.10.23, 90누4440).

ㄷ. 하천법 규정에 의한 하천구역 편입토지 보상에 관한 특별조치법에 의한 손실보상청구권은 토지가 하천구역으로 된 경우에는 당연히 발생되는 것이지, 관리청의 보상금지급결정에 의하여 비로소 발생하는 것은 아니므로, 위 규정들에 의한 손실보상금의 지급을 구하거나 손실보상청구권의 확인을 구하는 소송은 행정소송법 제3조 제2호 소정의 당사자소송에 의하여야 한다(대판 2006. 5.18, 2004다6207 전합).

ㅁ. 전문직 공무원인 공중보건의사의 채용계약 해지의 의사표시는 일반공무원에 대한 징계처분과는 달라서 항고소송의 대상이 되는 처분 등의 성격을 가진 것으로 인정되지 아니하고, 관할 도지사가 채용계약 관계의 한쪽 당사자로서 대등한 지위에서 행하는 의사표시이므로, 공중보건의사 채용계약 해지의 의사표시에 대하여는 대등한 당사자 간의 소송형식인 공법상의 당사자소송으로 그 의사표시의 무효확인을 청구할 수 있는 것이지, 항고소송을 제기할 수는 없다(대판 1996.5.31, 95누10617).

[오답의 이유]

ㄹ. '민주화운동관련자 명예회복 및 보상 등에 관한 법률' 제17조는 보상금 등의 지급에 관한 소송의 형태를 규정하고 있지 않지만, 위 규정 전단에서 말하는 보상금 등의 지급에 관한 소송은 '민주화운동관련자 명예회복 및 보상 심의위원회'의 보상금 등의 지급신청에 관하여 전부 또는 일부를 기각하는 결정에 대한 불복을 구하는 소송이므로 취소소송을 의미한다고 보아야 하며, 후단에서 보상금 등의 지급신청을 한 날부터 90일을 경과한 때에는 그 결정을 거치지 않고 위 소송을 제기할 수 있도록 한 것은 관련자 등에 대한 신속한 권리구제를 위하여 위 기간 내에 보상금 등의 지급 여부 등에 대한 결정을 받지 못한 때에는 지급 거부 결정이 있는 것으로 보아 곧바로 법원에 심의위원회를 상대로 그에 대한 취소소송을 제기할 수 있다고 규정한 취지라고 해석될 뿐, 위 규정이 보상금 등의 지급에 관한 처분의 취소소송을 제한하거나 또는 심의위원회에 의하여 관련자 등으로 결정되지 아니한 신청인에게 국가를 상대로 보상금 등의 지급을 구하는 이행소송을 직접 제기할 수 있도록 허용하는 취지라고 풀이할 수는 없다(대판 2008. 4.17, 2005두16185 전합).

06
정답 ①

영역 행정조직법 > 지방자치법　　　　난도 **중**

[정답의 이유]

① 지방자치단체가 자치조례를 제정할 수 있는 사항은 지방자치단체의 고유사무인 자치사무와 개별법령에 의하여 지방자치단체에 위임된 단체위임사무에 한하는 것이고, 국가사무가 지방자치단체의 장에게 위임된 기관위임사무는 원칙적으로 자치조례의 제정범위에 속하지 않는다 할 것이고, 다만 기관위임사무에 있어서도 그에 관한 개별법령에서 일정한 사항을 조례로 정하도록 위임하고 있는 경우에는 위임받은 사항에 관하여 개별법령의 취지에 부합하는 범위 내에서 이른바 위임조례를 정할 수 있다(대판 2000.5.30, 99추85).

[오답의 이유]

② 지방자치법에서 규정하고 있는 지방자치단체의 사무에 관한 그 장의 명령이나 처분이 법령에 위반되는 경우라 함은 명령이나 처분이 현저히 부당하여 공익을 해하는 경우, 즉 합목적성을 현저히 결하는 경우와 대비되는 개념으로, 시·군·구의 장의 사무의 집행이 명시적인 법령의 규정을 구체적으로 위반한 경우뿐만 아니라 그러한 사무의 집행이 재량권을 일탈·남용하여 위법하게 되는 경우를 포함한다고 할 것이므로, 시·군·구의 장의 자치사무의 일종인 당해 지방자치단체 소속 공무원에 대한 승진처분이 재량권을 일탈·남용하여 위법하게 된 경우 시·도지사는 그에 대한 시정명령이나 취소 또는 정지를 할 수 있다(대판 2007.3.22, 2005추62 전합).

> **지방자치법 제188조(위법·부당한 명령이나 처분의 시정)** ① 지방자치단체의 사무에 관한 지방자치단체의 장(제103조 제2항에 따른 사무의 경우에는 지방의회의 의장을 말한다. 이하 이 조에서 같다)의 명령이나 처분이 법령에 위반되거나 현저히 부당하여 공익을 해친다고 인정되면 시·도에 대해서는 주무부장관이, 시·군 및 자치구에 대해서는 시·도지사가 기간을 정하여 서면으로 시정할 것을 명하고, 그 기간에 이행하지 아니하면 이를 취소하거나 정지할 수 있다.

③ 지방자치단체의 구역에 관하여 지방자치법은, 공유수면 관리 및 매립에 관한 법률에 따른 매립지가 속할 지방자치단체는 안전행정부장관이 결정한다고 규정하면서, 관계 지방자치단체의 장은 그 결정에 이의가 있으면 결과를 통보받은 날로부터 15일 이내에 대법원에 소송을 제기할 수 있다고 규정하고 있다. 따라서 매립지가 속할 지방자치단체를 정하는 결정에 대하여 대법원에 소송을 제기할 수 있는 주체는 관계 지방자치단체의 장일 뿐 지방자치단체가 아니다(대판 2013.11.14, 2010추73).

④ 이 사건 조례들은 담배소매업을 영위하는 주민들에게 자판기 설치를 제한하는 것을 내용으로 하고 있으므로 주민의 직업선택의 자유 특히 직업수행의 자유를 제한하는 것이 되어 지방자치법 제15조 단서 소정의 주민의 권리의무에 관한 사항을 규율하는 조례라고 할 수 있으므로 지방자치단체가 이러한 조례를 제정함에 있어서는 법률의 위임을 필요로 한다(헌재 1995.4.20, 92헌마264 등).

> **지방자치법 제28조(조례)** ① 지방자치단체는 법령의 범위에서 그 사무에 관하여 조례를 제정할 수 있다. 다만, 주민의 권리 제한 또는 의무 부과에 관한 사항이나 벌칙을 정할 때에는 법률의 위임이 있어야 한다.

07
정답 ④

영역 행정법 서론 > 행정상 법률관계　　　　난도 **중**

[정답의 이유]

④ 대판 1994.1.11, 93누10057

[오답의 이유]

① A의 전역지원서 제출행위는 신고가 아니라 신청이다. 따라서 A의 전역신청에 대하여 행정청이 처분을 하여야 효력이 발생한다.

② 군인의 복무관계는 특별권력관계에 해당하지만, 전역처분은 복무관계를 종료시키므로 기본관계에 해당하여 사법심사의 대상이 된다. 따라서 전역처분은 행정소송법상 항고소송의 대상이 되는 처분이다.

③ 군인사정책상 필요에 의하여 복무연장지원서와 전역지원서를 동시에 제출하게 한 방침에 따라 위 양 지원서를 함께 제출한 이상, 그 취지는 복무연장지원의 의사표시를 우선으로 하되, 그것이 받아들여지지 아니하는 경우에 대비하여 원에 의하여 전역하겠다는 조건부 의사표시를 한 것이므로 그 전역지원의 의사표시도 유효한 것으로 보아야 한다(대판 1994.1.11, 93누10057).

08

영역 행정법 서론 > 행정법   난도 **중**

정답의 이유

① 공소시효의 기산점은 범죄행위(위법행위)가 종료된 때부터 기산되며, 그러한 범죄행위를 국가기관이 인지하여 공소권을 행사할 수 있는지의 여부는 묻지 않는다(객관적 시점). 반면에 실권의 법리는 행정청이 권한을 행사할 수 있었던 시점을 기준으로 하는 점(주관적 시점)에서 서로 차이가 있다.

오답의 이유

② 실권의 법리는 종래 판례로 인정되던 것인데 최근 행정기본법에서는 이를 명문화하였다(행정기본법 제12조 제2항).

> **제12조(신뢰보호의 원칙)** ① 행정청은 공익 또는 제3자의 이익을 현저히 해칠 우려가 있는 경우를 제외하고는 행정에 대한 국민의 정당하고 합리적인 신뢰를 보호하여야 한다.
> ② 행정청은 권한 행사의 기회가 있음에도 불구하고 장기간 권한을 행사하지 아니하여 국민이 그 권한이 행사되지 아니할 것으로 믿을 만한 정당한 사유가 있는 경우에는 그 권한을 행사해서는 아니 된다. 다만, 공익 또는 제3자의 이익을 현저히 해칠 우려가 있는 경우는 예외로 한다.

③ 실효의 법리는 국가안전보장이나 질서유지 또는 공공복리 등의 공익이나 제3자의 이익을 현저히 해칠 우려가 있는 경우에는 인정되지 않을 수도 있다(행정기본법 제12조). 이는 행정쟁송법상의 사정재결(또는 사정판결)과 같은 취지의 것이라고 할 수 있다.

④ 행정기본법 제23조 제1항

> **제23조(제재처분의 제척기간)** ① 행정청은 법령 등의 위반행위가 종료된 날부터 5년이 지나면 해당 위반행위에 대하여 제재처분(인·허가의 정지·취소·철회, 등록 말소, 영업소 폐쇄와 정지를 갈음하는 과징금 부과를 말한다. 이하 이 조에서 같다)을 할 수 없다.

09

영역 특별행정작용법 > 급부행정법   난도 **중**

정답의 이유

④ 국유재산 등의 관리청이 하는 행정재산의 사용·수익에 대한 허가는 순전히 사경제주체로서 행하는 사법상의 행위가 아니라 관리청이 공권력을 가진 우월적 지위에서 행하는 행정처분으로서 특정인에게 행정재산을 사용할 수 있는 권리를 설정하여 주는 강학상 특허에 해당한다(대판 2006.3.9, 2004다31074).

오답의 이유

① 도로와 같은 인공적 공공용 재산은 법령에 의하여 지정되거나 행정처분으로 공공용으로 사용하기로 결정한 경우 또는 행정재산으로 실제 사용하는 경우의 어느 하나에 해당하여야 행정재산이 되는 것이며, 도로는 도로로서의 형태를 갖추어야 하고, 도로법에 따른 노선의 지정 또는 인정의 공고 및 도로구역의 결정·고시가 있은 때부터 또는 도시계획법 소정의 절차를 거쳐 도로를 설치하였을 때부터 공공용물로서 공용개시행위가 있는 것이며, 토지에 대하여 도로로서의 도시계획시설결정 및 지적승인만 있었을 뿐 그 도시계획사업이 실시되었거나 그 토지가 자연공로로 이용된 적이 없는 경우에는 도시계획결정 및 지적승인의 고시만으로는 아직 공용개시행위가 있었다고 할 수 없어 그 토지가 행정재산이 되었다고 할 수 없다(대판 2000.4.25, 2000다348).

② 공용폐지의 의사표시는 명시적이든 묵시적이든 상관이 없으나 적법한 의사표시가 있어야 하고, 행정재산이나 보존재산이 사실상 본래의 용도에 사용되고 있지 않다거나 행정주체가 점유를 상실하였다는 정도의 사정이나 무효인 매도행위를 가지고 묵시적 공용폐지가 있었다고 볼 수 없다(대판 2009.12.10, 2006다19528).

③ 행정재산이 기능을 상실하여 본래의 용도에 제공되지 않는 상태에 있다 하더라도 관계 법령에 의하여 용도폐지가 되지 아니한 이상 당연히 취득시효의 대상이 되는 일반재산이 되는 것은 아니다(대판 2010.11.25, 2010다58957).

10

영역 행정의 실효성 확보수단 > 행정상 강제   난도 **중**

정답의 이유

② 건축법상의 이행강제금은 시정명령의 불이행이라는 과거의 위반행위에 대한 제재가 아니라, 의무자에게 시정명령을 받은 의무의 이행을 명하고 그 이행기간 안에 의무를 이행하지 않으면 이행강제금이 부과된다는 사실을 고지함으로써 의무자에게 심리적 압박을 주어 의무의 이행을 간접적으로 강제하는 행정상의 간접강제 수단에 해당한다. 이러한 이행강제금의 본질상 시정명령을 받은 의무자가 이행강제금이 부과되기 전에 그 의무를 이행한 경우에는 비록 시정명령에서 정한 기간을 지나서 이행한 경우라도 이행강제금을 부과할 수 없다(대판 2018.1.25, 2015두35116).

오답의 이유

① 부과처분을 위한 과세관청의 질문조사권이 행해지는 세무조사결정이 있는 경우 납세의무자는 세무공무원의 과세자료 수집을 위한 질문에 대답하고 검사를 수인하여야 할 법적 의무를 부담하게 되는 점, 세무조사는 기본적으로 적정하고 공평한 과세의 실현을 위하여 필요한 최소한의 범위 안에서 행하여져야 하고, 더욱이 동일한 세목 및 과세기간에 대한 재조사는 납세자의 영업의 자유 등 권익을 심각하게 침해할 뿐만 아니라 과세관청에 의한 자의적인 세무조사의 위험마저 있으므로 조세공평의 원칙에 현저히 반하는 예외적인 경우를 제외하고는 금지될 필요가 있는 점, 납세의무자로 하여금 개개의 과태료 처분에 대하여 불복하거나 조사 종료 후

의 과세처분에 대하여만 다툴 수 있도록 하는 것보다는 그에 앞서 세무조사결정에 대하여 다툼으로써 분쟁을 조기에 근본적으로 해결할 수 있는 점 등을 종합하면, 세무조사결정은 납세의무자의 권리·의무에 직접 영향을 미치는 공권력의 행사에 따른 행정작용으로서 항고소송의 대상이 된다(대판 2011.3.10. 2009두23617 등).

③ 공매처분을 하면서 체납자 등에게 공매통지를 하지 않았거나 공매통지를 하였더라도 그것이 적법하지 아니한 경우에는 절차상의 흠이 있어 그 공매처분이 위법하게 되는 것이지만, 공매통지 자체가 그 상대방인 체납자 등의 법적 지위나 권리·의무에 직접적인 영향을 주는 행정처분에 해당한다고 할 것은 아니므로 다른 특별한 사정이 없는 한 체납자 등은 공매통지의 결여나 위법을 들어 공매처분의 취소 등을 구할 수 있는 것이지 공매통지 자체를 항고 소송의 대상으로 삼아 그 취소 등을 구할 수는 없다(대판 2011.3.24. 2010두25527).

④ 대판 1992.6.12. 91누13564

11

정답 ④

영역 행정법 서론 > 행정상 법률관계　　　난도 중

[정답의 이유]

④ 원천징수하는 소득세에 있어서는 납세의무자의 신고나 과세관청의 부과결정이 없이 법령이 정하는 바에 따라 그 세액이 자동적으로 확정되고, 원천징수의무자는 자동적으로 확정되는 세액을 수급자로부터 징수하여 과세관청에 납부하여야 할 의무를 부담하고 있으므로, 원천징수의무자가 비록 과세관청과 같은 행정청이더라도 그의 원천징수행위는 법령에서 규정된 징수 및 납부의무를 이행하기 위한 것에 불과한 것이지, 공권력의 행사로서의 행정처분을 한 경우에 해당되지 아니한다(대판 1990.3.23. 89누4789).

[오답의 이유]

① 공무수탁사인이란 국가나 지방자치단체로부터 공권을 부여받아 자신의 이름으로 공권력을 행사하는 사인이나 사법인을 말한다. 공무수탁사인은 사인에게 공권력적 지위가 부여되고 사인이 고권적 지위에서 공행정사무를 수행하는 경우에 한정된다. 따라서 경찰과의 계약에 의하여 자동차견인업을 하는 사인은 사법상 계약관계에 의하여 단순히 기술적 집행행위만을 행하므로 공무수탁사인에 해당하지 않는다.

② 공무수탁사인의 임무수행과 관련하여 권리가 침해당한 사인은 행정심판, 행정소송을 제기할 수 있다. 즉, 공무수탁사인을 행정심판의 피청구인이나 항고소송의 피고로 할 수 있다.

③ 공무수탁사인은 국가배상법상 공무원에 해당하므로 공무수탁사인의 위법한 공무수행으로 사인에게 손해가 발생한 경우 국가나 지방자치단체에 대해 손해배상(국가배상)을 청구할 수 있다.

12

정답 ④

영역 행정의 실효성 확보수단 > 행정상 강제　　　난도 상

[정답의 이유]

ㄱ. 대판 2005.8.19. 2004다2809

ㄴ. 대판 1994.10.28. 94누5144

ㄷ. 대판 1998.10.2. 96누5445

13

정답 ①

영역 행정조직법 > 총설　　　난도 중

[정답의 이유]

ㄱ. 전결과 같은 행정권한의 내부위임은 법령상 처분권자인 행정관청이 내부적인 사무처리의 편의를 도모하기 위하여 그의 보조기관 또는 하급 행정관청으로 하여금 그의 권한을 사실상 행사하게 하는 것으로서 법률이 위임을 허용하지 않는 경우에도 인정되는 것이므로, 설사 행정관청 내부의 사무처리규정에 불과한 전결규정에 위반하여 원래의 전결권자 아닌 보조기관 등이 처분권자인 행정관청의 이름으로 행정처분을 하였다고 하더라도 그 처분이 권한 없는 자에 의하여 행하여진 무효의 처분이라고는 할 수 없다(대판 1998.2.27. 97누1105).

ㄴ. 행정처분의 취소 또는 무효확인을 구하는 행정소송은 다른 법률에 특별한 규정이 없는 한 소송의 대상인 행정처분 등을 외부적으로 그의 명의로 행한 행정청을 피고로 하여야 하는 것으로서 그 행정처분을 하게 된 연유가 상급행정청이나 타행정청의 지시나 통보에 의한 것이라 하여 다르지 않다고 할 것이며, 권한의 위임이나 위탁을 받아 수임행정청이 정당한 권한에 기하여 그 명의로 한 처분에 대하여는 말할 것도 없고, 내부위임이나 대리권을 수여받은 데 불과하여 원행정청 명의나 대리관계를 밝히지 아니하고는 그의 명의로 처분 등을 할 권한이 없는 행정청이 권한 없이 그의 명의로 한 처분에 대하여도 처분명의자인 행정청이 피고가 되어야 할 것이다(대판 1995.12.22. 95누14688).

ㄷ. 영업정지 등 처분에 관한 사무는 국가사무로서 지방자치단체의 장에게 위임된 이른바 기관위임사무에 해당하므로 시·도지사가 지방자치단체의 조례에 의하여 이를 구청장 등에게 재위임할 수는 없고 행정권한의 위임 및 위탁에 관한 규정 제4조에 의하여 위임기관의 장의 승인을 얻은 후 지방자치단체의 장이 제정한 규칙이 정하는 바에 따라 재위임하는 것만이 가능하다(대판 1995.7.11. 94누4615 전합).

ㄹ. 도로의 유지·관리에 관한 상위 지방자치단체의 행정권한이 행정권한 위임조례에 의하여 하위 지방자치단체장에게 위임되었다면 그것은 기관위임이지 단순한 내부위임이 아니고, 그 권한을 위임받은 하위 지방자치단체장은 도로의 관리청이 되며, 위임관청은 사무처리의 권한을 잃는다고 할 것이나, 그와 같은 기관위임의 경

우에 위임받은 하위 지방자치단체장은 상위지방자치단체 산하 행정기관의 지위에서 그 사무를 처리하는 것이므로 사무귀속의 주체가 달라진다고 할 수 없고, 하위 지방자치단체장을 보조하는 그 지방자치단체 소속 공무원이 위임사무처리에 있어 고의 또는 과실로 타인에게 손해를 가하였더라도 상위 지방자치단체가 그 손해배상책임을 지는 것이다(대판 1996.11.8, 96다21331).

14

정답 ④

영역 행정상 쟁송 > 행정소송　　　　　　난도 중

정답의 이유

④ 행정처분의 효력정지나 집행정지를 구하는 신청사건에 있어서 행정처분 자체의 적법 여부는 궁극적으로 본안재판에서 심리를 거쳐 판단할 성질의 것이므로 원칙적으로 판단할 것이 아니고, 그 행정처분의 효력이나 집행을 정지할 것인가에 관한 행정소송법 제23조 제2항 소정의 요건의 존부만이 판단의 대상이 된다고 할 것이지만, 나아가 집행정지는 행정처분의 집행부정지원칙의 예외로서 인정되는 것이고 또 본안에서 원고가 승소할 수 있는 가능성을 전제로 한 권리보호수단이라는 점에 비추어 보면 집행정지사건 자체에 의하여도 신청인의 본안청구가 적법한 것이어야 한다는 것을 집행정지의 요건에 포함시켜야 한다(대결 1999.11.26, 99부3).

오답의 이유

① 행정처분의 집행정지는 행정처분집행부정지의 원칙에 대한 예외로서 인정되는 일시적인 응급처분이라 할 것이므로 집행정지결정을 하려면 이에 대한 본안소송이 법원에 제기되어 계속중임을 요건으로 하는 것이므로 집행정지결정을 한 후에라도 본안소송이 취하되어 소송이 계속하지 아니한 것으로 되면 집행정지결정은 당연히 그 효력이 소멸되는 것이고 별도의 취소조치를 필요로 하는 것이 아니다(대판 1975.11.11, 75누97).

② 행정소송법 제23조 제3항에서 집행정지의 요건으로 규정하고 있는 '공공복리에 중대한 영향을 미칠 우려'가 없을 것이라고 할 때의 '공공복리'는 그 처분의 집행과 관련된 구체적이고도 개별적인 공익을 말하는 것으로서 이러한 집행정지의 소극적 요건에 대한 주장 · 소명책임은 행정청에게 있다(대결 1999.12.20, 99무42).

📡 적중레이더

판례 비교
행정소송법 제23조 제2항에서 행정청의 처분에 대한 집행정지의 요건으로 들고 있는 '회복하기 어려운 손해'라고 하는 것은 원상회복 또는 금전배상이 불가능한 손해는 물론 종국적으로 금전배상이 가능하다고 하더라도 그 손해의 성질이나 태양 등에 비추어 사회통념상 그러한 금전배상만으로는 전보되지 아니할 것으로 인정되는 현저한 손해를 가리키는 것으로서 이러한 집행정지의 적극적 요건에 관한 주장 · 소명책임은 원칙적으로 신청인측에 있다(대결 1999.12.20, 99무42).

③ 허가신청에 대한 거부처분은 그 효력이 정지되더라도 그 처분이 없었던 것과 같은 상태를 만드는 것에 지나지 아니하는 것이고 그 이상으로 행정청에 대하여 어떠한 처분을 명하는 등 적극적인 상태를 만들어 내는 경우를 포함하지 아니하는 것이므로, 교도소장이 접견을 불허한 처분에 대하여 효력정지를 한다 하여도 이로 인하여 위 교도소장에게 접견의 허가를 명하는 것이 되는 것도 아니고 또 당연히 접견이 되는 것도 아니어서 접견허가거부처분에 의하여 생길 회복할 수 없는 손해를 피하는 데 아무런 보탬도 되지 아니하니 접견허가거부처분의 효력을 정지할 필요성이 없다(대결 1991.5.2, 91두15).

15

정답 ③

영역 행정조직법 > 공무원법　　　　　　난도 중

정답의 이유

③ 지방공무원법에서 규정하고 있는 고충심사제도는 공무원으로서의 권익을 보장하고 적정한 근무환경을 조성하여 주기 위하여 근무조건 또는 인사관리 기타 신상문제에 대하여 법률적인 쟁송의 절차에 의하여서가 아니라 사실상의 절차에 의하여 그 시정과 개선책을 청구하여 줄 것을 임용권자에게 청구할 수 있도록 한 제도로서, 고충심사결정 자체에 의하여는 어떠한 법률관계의 변동이나 이익의 침해가 직접적으로 생기는 것은 아니므로 고충심사의 결정은 행정상 쟁송의 대상이 되는 행정처분이라고 할 수 없다(대판 1987.12.8, 87누657 등).

오답의 이유

① 대판 1989.9.26, 89누4963

② 상명하복에 의한 지휘통솔체계의 확립이 필수적인 군의 특수성에 비추어 군인은 상관의 명령에 복종하여야 한다. … 그러나 상관의 지시나 명령 그 자체를 따르지 않는 행위와 상관의 지시나 명령은 준수하면서도 그것이 위법 · 위헌이라는 이유로 재판청구권을 행사하는 행위는 구별되어야 한다. … 따라서 군인이 상관의 지시나 명령에 대하여 재판청구권을 행사하는 경우에 그것이 위법 · 위헌인 지시와 명령을 시정하려는 데 목적이 있을 뿐, 군 내부의 상명하복관계를 파괴하고 명령불복종 수단으로서 재판청구권의 외형만을 빌리거나 그 밖에 다른 불순한 의도가 있지 않다면, 정당한 기본권의 행사이므로 군인의 복종의무를 위반하였다고 볼 수 없다(대판 2018.3.22, 2012두26401 전합).

④ 대판 1995.11.14, 95누2036

16

영역 행정상 쟁송 > 행정심판 　　　　　　　　　　 난도 **중**

정답의 이유

② 위원회는 당사자의 권리 및 권한의 범위에서 당사자의 동의를 받아 심판청구의 신속하고 공정한 해결을 위하여 조정을 할 수 있다. 다만, 그 조정이 공공복리에 적합하지 아니하거나 해당 처분의 성질에 반하는 경우에는 그러하지 아니하다(행정심판법 제43조의2 제1항).

오답의 이유

① 취소심판이란, 행정청의 위법 또는 부당한 처분을 취소하거나 변경하는 행정심판을 말한다(행정심판법 제5조 제1호). 따라서 부작위에 대해서는 취소심판은 불가능하며, 의무이행심판만 가능하다(행정심판법 제5조 제3호).

③ 위원회는 처분 또는 부작위가 위법·부당하다고 상당히 의심되는 경우로서 처분 또는 부작위 때문에 당사자가 받을 우려가 있는 중대한 불이익이나 당사자에게 생길 급박한 위험을 막기 위하여 임시 지위를 정하여야 할 필요가 있는 경우에는 직권으로 또는 당사자의 신청에 의하여 임시처분을 결정할 수 있다(행정심판법 제31조 제1항).

④ 위원회는 피청구인이 재결에 따른 처분을 하지 아니하면 청구인의 신청에 의하여 결정으로 상당한 기간을 정하고 피청구인이 그 기간 내에 이행하지 아니하는 경우에는 그 지연기간에 따라 일정한 배상을 하도록 명하거나 즉시 배상을 할 것을 명할 수 있다(행정심판법 제50조의2 제1항).

17

영역 특별행정작용법 > 군사행정법 　　　　　　　　 난도 **중**

정답의 이유

③ 병역법상 신체등위판정은 행정청이라고 볼 수 없는 군의관이 하도록 되어 있으며, 그 자체만으로 바로 병역법상의 권리의무가 정하여지는 것이 아니라 그에 따라 지방병무청장이 병역처분을 함으로써 비로소 병역의무의 종류가 정하여지는 것이므로 항고소송의 대상이 되는 행정처분이라 보기 어렵다(대판 1993.8.27, 93누3356).

오답의 이유

① 대판 2005.5.13, 2004두4369

② 현역병입영통지처분에 따라 현실적으로 입영을 한 경우에는 그 처분의 집행은 종료되지만, 한편, 입영으로 그 처분의 목적이 달성되어 실효되었다는 이유로 다툴 수 없도록 한다면, 병역법상 현역입영대상자로서는 현역병입영통지처분이 위법하다 하더라도 법원에 의하여 그 처분의 집행이 정지되지 아니하는 이상 현실적으로 입영을 할 수밖에 없으므로 현역병입영통지처분에 대하여는 불복을 사실상 원천적으로 봉쇄하는 것이 된다. 따라서 현역입영대상자로

서는 현실적으로 입영을 하였다고 하더라도, 입영 이후의 법률관계에 영향을 미치고 있는 현역병입영통지처분 등을 한 관할지방병무청장을 상대로 위법을 주장하여 그 취소를 구할 소송상의 이익이 있다(대판 2003.12.26, 2003두1875).

④ 병역의무가 국가수호를 위하여 전 국민에게 과하여진 헌법상의 의무로서 그를 수행하기 위한 전제로서의 신체등위판정이나 병역처분 등은 공정성과 형평성을 유지하여야 함은 물론 그 면탈을 방지하여야 할 공익적 필요성이 매우 큰 점에 비추어 볼 때, 지방병무청장은 군의관의 신체등위판정이 금품수수에 따라 위법 또는 부당하게 이루어졌다고 인정하는 경우에는 그 위법 또는 부당한 신체등위판정을 기초로 자신이 한 병역처분을 직권으로 취소할 수 있다(대판 2002.5.28, 2001두9653).

18

영역 행정법 서론 > 행정상 법률관계 　　　　　　　 난도 **중**

정답의 이유

② 절대평가제에 의한 합격기준인 매 과목 40점 및 전과목 평균 60점 이상을 득점하고도 불합격처분을 받은 수험생들의 신뢰이익은 그 침해된 정도가 극심하며, 그 반면 개정 시행령에 의하여 상대평가제를 도입함으로써 거둘 수 있는 공익적 목적은 개정 시행령을 즉시 시행하여 바로 임박해 있는 2002년 시험에 적용하면서까지 이를 실현하여야 할 합리적인 이유가 있다고 보기 어렵다. 따라서 변리사 제1차 시험의 상대평가제를 규정한 개정 시행령 규정을 2002년의 제1차 시험에 시행하는 것은 헌법상 신뢰보호의 원칙에 비추어 허용될 수 없으므로, 헌법에 위반되어 무효이다(대판 2006.11.16, 2003두12899 전합).

오답의 이유

① 자격제도의 시행을 어떻게 정할 것인지에 대하여는 입법자의 상당한 재량이 인정된다. 하지만 재량영역에서도 재량의 일탈, 남용이 있으면 위법하다는 사법적 판단이 가능하다.

③ 수험생들이 개정 시행령의 내용에 따라 공고된 2002년의 제1차 시험에 응하였다고 하더라도 사회통념상 그것만으로는 개정 전 시행령의 존속에 대한 일체의 신뢰이익을 포기한 것이라고 볼 수도 없다(대판 2006.11.16, 2003두12899 전합).

④ 새로운 법령에 의한 신뢰이익의 침해는 새로운 법령이 과거의 사실 또는 법률관계에 소급적용되는 경우에 한하여 문제되는 것은 아니고, 과거에 발생하였지만 완성되지 않고 진행중인 사실 또는 법률관계 등을 새로운 법령이 규율함으로써 종전에 시행되던 법령의 존속에 대한 신뢰이익을 침해하게 되는 경우에도 신뢰보호의 원칙이 적용될 수 있다. 따라서 개정된 시행령에 근거한 이 사건 불합격처분은 수험생의 신뢰이익을 침해하여 위법하다(대판 2006.11.16, 2003두12899 전합).

19

영역 일반행정작용법 > 행정행위　난도 **중**

[정답의 이유]

ㄴ. 국방 · 군사시설 사업에 관한 법률 제7조 제1항

ㄹ. 대판 2011.1.20, 2010두14954 전합

[오답의 이유]

ㄱ. 국방부장관이 관계 행정기관의 장과 협의한 사항에 한하여 해당 인가 · 허가 등을 받은 것으로 의제된다(국방 · 군사시설 사업에 관한 법률 제7조 제1항).

ㄷ. 인 · 허가의제 제도를 둔 취지는, 인 · 허가의제사항과 관련하여 행정청으로 그 창구를 단일화하고 절차를 간소화하며 비용과 시간을 절감함으로써 국민의 권익을 보호하려는 것이지, 인 · 허가의제사항 관련 법률에 따른 각각의 인 · 허가 요건에 관한 일체의 심사를 배제하려는 것으로 보기는 어렵다(대판 2011.1.20, 2010두14954 전합).

20

영역 행정상 쟁송 > 행정심판　난도 **중**

[정답의 이유]

③ 행정심판전치주의의 근본취지가 행정청에게 반성의 기회를 부여하고 행정청의 전문지식을 활용하는데 있는 것이므로 제소당시에 비록 전치요건을 구비하지 못한 위법이 있다 하여도 사실심 변론종결 당시까지 그 전치요건을 갖추었다면 그 흠결의 하자는 치유되었다고 볼 것이다(대판 1987.9.22, 87누176).

[오답의 이유]

① 행정소송법 제18조 제1항

② 행정소송법 제2항 제1호

> **제18조(행정심판과의 관계)** ① 취소소송은 법령의 규정에 의하여 당해 처분에 대한 행정심판을 제기할 수 있는 경우에도 이를 거치지 아니하고 제기할 수 있다. 다만, 다른 법률에 당해 처분에 대한 행정심판의 재결을 거치지 아니하면 취소소송을 제기할 수 없다는 규정이 있는 때에는 그러하지 아니하다.
> ② 제1항 단서의 경우에도 다음 각호의 1에 해당하는 사유가 있는 때에는 행정심판의 재결을 거치지 아니하고 취소소송을 제기할 수 있다.
> 　1. 행정심판청구가 있은 날로부터 60일이 지나도 재결이 없는 때
> 　2. 처분의 집행 또는 절차의 속행으로 생길 중대한 손해를 예방하여야 할 긴급한 필요가 있는 때
> 　3. 법령의 규정에 의한 행정심판기관이 의결 또는 재결을 하지 못할 사유가 있는 때
> 　4. 그 밖의 정당한 사유가 있는 때

④ 대판 1987.9.22, 87누176

21

영역 일반행정작용법 > 기타행정행위　난도 **중**

[정답의 이유]

③ 입안제안을 받은 입안권자는 그 처리결과를 제안자에게 통보하도록 규정하고 있는 점 등과 헌법상 개인의 재산권 보장의 취지에 비추어 보면, 도시계획구역 내 토지 등을 소유하고 있는 주민으로서는 입안권자에게 도시계획입안을 요구할 수 있는 법규상 또는 조리상의 신청권이 있다고 할 것이고, 이러한 신청에 대한 거부행위는 항고소송의 대상이 되는 행정처분에 해당한다(대판 2004.4.28, 2003두1806).

[오답의 이유]

① 도시 및 주거환경정비법상 주택재건축정비사업조합이 수립한 관리처분계획에 대하여 관할 행정청의 인가 · 고시까지 있게 되면 관리처분계획은 행정처분으로서 효력이 발생하게 되므로, 총회결의의 하자를 이유로 하여 행정처분의 효력을 다투는 항고소송의 방법으로 관리처분계획의 취소 또는 무효확인을 구하여야 하고, 그와 별도로 행정처분에 이르는 절차적 요건 중 하나에 불과한 총회결의 부분만을 따로 떼어내어 효력 유무를 다투는 확인의 소를 제기하는 것은 특별한 사정이 없는 한 허용되지 않는다(대판 2009.9.17, 2007다2428 전합).

② · ④ 행정주체는 구체적인 행정계획을 입안 · 결정함에 있어서 비교적 광범위한 형성의 자유를 가진다고 할 것이지만, 행정주체가 가지는 이와 같은 형성의 자유는 무제한적인 것이 아니라 그 행정계획에 관련되는 자들의 이익을 공익과 사익 사이에서는 물론이고 공익 상호 간과 사익 상호 간에도 정당하게 비교교량하여야 한다는 제한이 있는 것이고, 따라서 행정주체가 행정계획을 입안 · 결정함에 있어서 이익형량을 전혀 행하지 아니하거나 이익형량의 고려 대상에 마땅히 포함시켜야 할 사항을 누락한 경우 또는 이익형량을 하였으나 정당성 · 객관성이 결여된 경우에는 그 행정계획결정은 재량권을 일탈 · 남용한 것으로서 위법하다(대판 1996.11.29, 96누8567).

22

영역 일반행정작용법 > 행정행위　난도 **중**

[정답의 이유]

③ 개인택시운송사업면허는 특정인에게 권리나 이익을 부여하는 행정행위로서 법령에 특별한 규정이 없는 한 재량행위이고 그 면허에 필요한 기준을 정하는 것 역시 법령에 규정이 없는 한 행정청의 재량에 속하나, 이 경우에도 이는 객관적으로 타당하여야 하며 그 설정된 우선순위 결정방법이나 기준이 객관적으로 합리성을 잃은 것이라면 이에 따라 면허 여부를 결정하는 것은 재량권의 한계를 일탈한 것이 되어 위법하다(대판 2007.2.8, 2006두13886).

① 공유수면 관리 및 매립에 관한 법률에 따른 공유수면의 점용·사용 허가는 특정인에게 공유수면 이용권이라는 독점적 권리를 설정하여 주는 처분으로서 처분 여부 및 내용의 결정은 원칙적으로 행정청의 재량에 속한다(대판 2017.4.28, 2017두30139). 즉, 강학상 특허에 해당한다.

② 국토이용관리법상 토지거래허가가 규제지역 내의 모든 국민에게 전반적으로 토지거래의 자유를 금지하고 일정한 요건을 갖춘 경우에만 금지를 해제하여 계약체결의 자유를 회복시켜주는 성질의 것이라고 보는 것은 위 법의 입법 취지를 넘어선 지나친 해석이라고 할 것이고, 규제지역 내에서도 토지거래의 자유가 인정되지만, 위 허가는 허가 전의 유동적 무효 상태에 있는 법률행위의 효력을 완성시켜주는 인가적 성질을 띤 것이라고 보는 것이 타당하다(대판 1991.12.24, 90다12243 전합).

④ 행정청이 도시 및 주거환경정비법 등 관련 법령에 근거하여 행하는 조합설립인가처분은 단순히 사인들의 조합설립행위에 대한 보충행위로서의 성질을 갖는 것에 그치는 것이 아니라 법령상 요건을 갖출 경우 도시 및 주거환경정비법상 주택재건축사업을 시행할 수 있는 권한을 갖는 행정주체(공법인)로서의 지위를 부여하는 일종의 설권적 처분의 성격을 갖는다고 보아야 한다(대판 2009. 9.24, 2008다60568). 즉, 강학상 특허에 해당한다.

23

정답 ②

영역 특별행정작용법 > 재무행정법 　　　　　　　　난도 **중**

② 국세기본법의 오납액과 초과납부액은 조세채무가 처음부터 존재하지 않거나 그 후 소멸되었음에도 불구하고 국가가 법률상 원인 없이 수령하거나 보유하고 있는 부당이득에 해당하고, 그 국세환급금결정에 관한 규정은 이미 납세의무자의 환급청구권이 확정된 국세환급금에 대하여 내부적 사무처리절차로서 과세관청의 환급절차를 규정한 것에 지나지 않고 위 규정에 의한 국세환급금결정에 의하여 비로소 환급청구권이 확정되는 것은 아니므로, 위 국세환급금결정이나 이 결정을 구하는 신청에 대한 환급거부결정은 납세의무자가 갖는 환급청구권의 존부나 범위에 구체적이고 직접적인 영향을 미치는 처분이 아니어서 항고소송의 대상이 되는 처분이라고 볼 수 없다(대판 2009.11.26, 2007두4018).

① 대판 1998.3.27, 97누20090

③ 대판 2013.7.11, 2011두7311

④ 본세의 부과처분과 가산세의 부과처분은 각 별개의 과세처분인 것처럼, 같은 세목에 관하여 여러 종류의 가산세가 부과되면 그 각 가산세 부과처분도 종류별로 각각 별개의 과세처분이라고 보아야 한다. 따라서 하나의 납세고지서에 의하여 본세와 가산세를 함께 부과할 때에는 납세고지서에 본세와 가산세 각각의 세액과 산출근거 등을 구분하여 기재해야 하는 것이고, 또 여러 종류의 가산세를 함께 부과하는 경우에는 그 가산세 상호 간에도 종류별로 세액과 산출근거 등을 구분하여 기재함으로써 납세의무자가 납세고지서 자체로 각 과세처분의 내용을 알 수 있도록 하는 것이 당연한 원칙이다(대판 2012.10.18, 2010두12347 전합).

24

정답 ①

영역 행정상 쟁송 > 행정쟁송 개관 　　　　　　　　난도 **중**

ㄴ. 행정행위의 위법 여부가 국가배상청구소송의 선결문제가 되는 경우, 민사법원은 선결문제인 행정행위의 위법 여부를 판단할 수 있다. 따라서 계고처분 또는 행정대집행 영장에 의한 통지와 같은 행정처분이 위법한 경우, 대집행이 완료된 후에는 그 처분의 무효확인 또는 취소를 구할 소의 이익이 없다 할 것이다. 그러나 그러한 경우에도 계고처분 등의 행정처분이 위법임을 이유로 국가배상을 청구하는 것은 가능하며, 법원이 국가배상청구의 인용 여부를 판단함에 있어서 미리 그 행정처분의 취소판결이 있어야만 하는 것은 아니다(대판 1972.4.28, 72다337).

ㄷ. 행정행위의 위법성 확인은 공정력에 반하지 않으므로, 형사법원은 범죄 성립요건의 선결문제로서 처분의 위법성 여부를 판단할 수 있다(통설, 판례). 따라서 행정청으로부터 주택법에 의한 시정명령을 받고도 이를 위반하였다는 이유로 처벌을 하기 위해서는 그 시정명령이 적법한 것이어야 하고, 그 시정명령이 위법하다고 인정되는 한 동법 위반죄는 성립하지 않는다(대판 2009.6.25, 2006도824).

ㄱ. 조세의 과오납이 부당이득이 되기 위하여는 납세 또는 조세의 징수가 실체법적으로나 절차법적으로 전혀 법률상의 근거가 없거나 과세처분의 하자가 중대하고 명백하여 당연무효이어야 하고, 과세처분의 하자가 단지 취소할 수 있는 정도에 불과할 때에는 과세관청이 이를 스스로 취소하거나 항고소송절차에 의하여 취소되지 않는 한 그로 인한 조세의 납부가 부당이득이 된다고 할 수 없다(대판 1994.11.11, 94다28000).

ㄹ. 행정행위의 위법성 확인은 공정력에 반하지 않으므로, 형사법원은 범죄 성립요건의 선결문제로서 처분의 위법성 여부를 판단할 수 있다(통설, 판례). 따라서 처분이 위법하다고 판단되는 경우, 당해 처분을 취소하지 않고서도 무죄의 판단을 할 수 있다.

25

영역 행정상 쟁송 > 행정심판   난도 **하**

정답의 이유

ㄱ. 민사소송은 제소기간의 제한을 규정하는 별도의 특별규정이 없는 한, 소의 이익이 있으면 언제든지 소를 제기할 수 있다. 반면에 행정쟁송은 쟁송제기기간의 제한이 있다.

ㄷ. 민사소송과 행정쟁송 모두 기본적으로는 당사자주의를 바탕으로 한다는 점에서는 유사하지만, 행정소송은 직권심리주의가 보충적으로 인정되는 점에서 민사소송과 차이가 있다.

ㄹ. 민사소송과 달리 행정쟁송에서는 사정재결 내지 사정판결이 인정된다.

오답의 이유

ㄴ. 석명권은 당사자주의의 단점을 극복하기 위한 제도로서, 민사소송과 행정쟁송 모두 인정된다.

2021 | 9급 기출문제 해설

☑ 점수 (　)점/100점　☑ 문제편 071쪽

영역 분석

행정법 서론	6문항	★★★★★★	24%
일반행정작용법	6문항	★★★★★★	24%
행정상 쟁송	5문항	★★★★★	20%
행정절차와 행정공개	3문항	★★★	12%
행정구제법	2문항	★★	8%
행정의 실효성 확보수단	2문항	★★	8%
특별행정작용법	1문항	★	4%

빠른 정답

01	02	03	04	05	06	07	08	09	10
④	②	①	①	④	③	②	①	④	①
11	12	13	14	15	16	17	18	19	20
③	②	①	④	④	③	③	③	②	②
21	22	23	24	25					
④	③	②	②	④					

01 ※ 출제오류로 선지 교체　　　　　　　정답 ④

영역 행정법 서론 > 사인의 공법행위　　　　난도 중

[정답의 이유]

④ 인·허가의제 효과를 수반하는 건축신고는 일반적인 건축신고와
는 달리, 특별한 사정이 없는 한 행정청이 그 실체적 요건에 관한
심사를 한 후 수리하여야 하는 이른바 '수리를 요하는 신고'로 보
는 것이 옳다(대판 2011.1.20, 2010두14954 전합).

[오답의 이유]

① 대판 2009.9.10, 2007두20638

② 민원사무 처리에 관한 법률에 의하면, 행정기관은 민원사항의 신
청이 있는 때에는 다른 법령에 특별한 규정이 있는 경우를 제외하
고는 그 접수를 보류하거나 거부할 수 없으며, 민원서류에 흠이 있
는 경우에는 보완에 필요한 상당한 기간을 정하여 지체 없이 민원
인에게 보완을 요구할 수 있는바, 위 규정 소정의 보완의 대상이
되는 흠은 보완이 가능한 경우이어야 함은 물론이고, 그 내용 또한
형식적·절차적인 요건이거나, 실질적인 요건에 관한 흠이 있는

경우라도 그것이 민원인의 단순한 착오나 일시적인 사정 등에 기
한 경우 등이라야 한다(대판 2004.10.15, 2003두6573).

> **민원처리에 관한 법률 제9조(민원의 접수)** ① 행정기관의 장은 민원
> 의 신청을 받았을 때에는 다른 법령에 특별한 규정이 있는 경우를 제
> 외하고는 그 접수를 보류하거나 거부할 수 없으며, 접수된 민원문서
> 를 부당하게 되돌려 보내서는 아니 된다.
>
> **제22조(민원문서의 보완·취하 등)** ① 행정기관의 장은 접수한 민원
> 문서에 보완이 필요한 경우에는 상당한 기간을 정하여 지체 없이 민
> 원인에게 보완을 요구하여야 한다.
> ② 민원인은 해당 민원의 처리가 종결되기 전에는 그 신청의 내용을
> 보완하거나 변경 또는 취하할 수 있다. 다만, 다른 법률에 특별한 규
> 정이 있거나 그 민원의 성질상 보완·변경 또는 취하할 수 없는 경우
> 에는 그러하지 아니하다.

③ 건축신고 반려행위는 항고소송의 대상이 된다(대판 2010.11.18,
2008두167 전합).

02　　　　　　　　　　　　　　　　　　　정답 ②

영역 행정법 서론 > 행정법상 일반원칙　　　　난도 중

[정답의 이유]

② 평등이란 형식적 의미의 평등이 아니라 공정·형평의 관념에 반하
지 않는 실질적인 평등을 가리키는 것이므로(대결 2007.11.29,
2004그74), 다른 것을 다르게 차별하는 것도 평등의 원칙에 위배
되지 않는다(상대적·실질적 평등).

[오답의 이유]

① 이 사건 조항의 경우 명시적인 헌법적 근거 없이 국가유공자의 가
족들에게 만점의 10%라는 높은 가산점을 부여하고 있는바, 그러
한 가산점 부여 대상자의 광범위성과 가산점 10%의 심각한 영향
력과 차별효과를 고려할 때, 그러한 입법정책만으로 헌법상의 공
정경쟁의 원리와 기회균등의 원칙을 훼손하는 것은 부적절하며,
국가유공자의 가족의 공직 취업기회를 위하여 매년 많은 일반 응
시자들에게 불합격이라는 심각한 불이익을 입게 하는 것은 정당화
될 수 없다. 이 사건 조항의 차별로 인한 불평등 효과는 입법목적
과 그 달성수단 간의 비례성을 현저히 초과하는 것이므로, 이 사건
조항은 청구인들과 같은 일반 공직시험 응시자들의 평등권을 침해

한다. 이 사건 조항이 공무담임권의 행사에 있어서 일반 응시자들을 차별하는 것이 평등권을 침해하는 것이라면, 같은 이유에서 이 사건 조항은 그들의 공무담임권을 침해하는 것이다(헌재 2006.2.23, 2004헌마675 등).

③·④ 재량권 행사의 준칙인 행정규칙이 그 정한 바에 따라 되풀이 시행되어 행정관행이 이루어지게 되면 평등의 원칙이나 신뢰보호의 원칙에 따라 행정기관은 그 상대방에 대한 관계에서 그 규칙에 따라야 할 자기구속을 받게 되므로, 이러한 경우에는 특별한 사정이 없는 한 그에 위반하는 처분은 평등의 원칙이나 신뢰보호의 원칙에 위배되어 재량권을 일탈·남용한 위법한 처분이 된다(대판 2009.12.24, 2009두7967).

03

영역 행정상 쟁송 > 행정소송   난도 **중**

정답의 이유

① 합의제 행정청의 처분에 대하여는 합의제 행정청 그 자체가 피고가 된다. 예를 들어 공정거래위원회의 과징금부과처분에 대해서는 공정거래위원회가 피고가 된다. 다만 개별법에 달리 규정이 있는 경우 그에 따른다.

오답의 이유

② 행정소송법 제14조에 의한 피고경정은 사실심 변론종결에 이르기까지 허용되는 것으로 해석하여야 할 것이고, 굳이 제1심 단계에서만 허용되는 것으로 해석할 근거는 없다(대결 2006.2.23, 2005부4).

③ 행정소송법 제42조(취소소송에 관한 제21조를 준용함)

> **제21조(소의 변경)** ① 법원은 취소소송을 당해 처분 등에 관계되는 사무가 귀속하는 국가 또는 공공단체에 대한 당사자소송 또는 취소소송외의 항고소송으로 변경하는 것이 상당하다고 인정할 때에는 청구의 기초에 변경이 없는 한 사실심의 변론종결 시까지 원고의 신청에 의하여 결정으로써 소의 변경을 허가할 수 있다.
> ② 제1항의 규정에 의한 허가를 하는 경우 피고를 달리하게 될 때에는 법원은 새로이 피고로 될 자의 의견을 들어야 한다.

④ 행정소송법 제14조 제1항

04

영역 일반행정작용법 > 행정행위   난도 **중**

정답의 이유

① 행정행위를 한 처분청은 비록 처분 당시에 별다른 하자가 없었고, 처분 후에 이를 철회할 별도의 법적 근거가 없더라도 원래의 처분을 존속시킬 필요가 없게 된 사정변경이 생겼거나 중대한 공익상 필요가 발생한 경우에는 그 효력을 상실케 하는 별개의 행정행위로 이를 철회할 수 있다. 다만 수익적 행정행위를 취소 또는 철회

하거나 중지시키는 경우에는 이미 부여된 국민의 기득권을 침해하는 것이 되므로, 비록 취소 등의 사유가 있다고 하더라도 그 취소권 등의 행사는 기득권의 침해를 정당화할 만한 중대한 공익상의 필요 또는 제3자의 이익을 보호할 필요가 있고, 이를 상대방이 받는 불이익과 비교·교량하여 볼 때 공익상의 필요 등이 상대방이 입을 불이익을 정당화할 만큼 강한 경우에 한하여 허용될 수 있다(대판 2017.3.15, 2014두41190).

오답의 이유

② 행정행위를 한 처분청은 비록 처분 당시에 별다른 하자가 없었고, 처분 후에 이를 철회할 별도의 법적 근거가 없더라도 원래의 처분을 존속시킬 필요가 없게 된 사정변경이 생겼거나 중대한 공익상 필요가 발생한 경우에는 그 효력을 상실케 하는 별개의 행정행위로 이를 철회할 수 있다(대판 2017.3.15, 2014두41190).

③ 수익적 행정행위를 취소 또는 철회하거나 중지시키는 경우에는 이미 부여된 국민의 기득권을 침해하는 것이 되므로, 비록 취소 등의 사유가 있다고 하더라도 그 취소권 등의 행사는 기득권의 침해를 정당화할 만한 중대한 공익상의 필요 또는 제3자의 이익을 보호할 필요가 있고, 이를 상대방이 받는 불이익과 비교·교량하여 볼 때 공익상의 필요 등이 상대방이 입을 불이익을 정당화할 만큼 강한 경우에 한하여 허용될 수 있다(대판 2017.3.15, 2014두41190).

④ 행정행위를 한 처분청은 비록 처분 당시에 별다른 하자가 없었고, 처분 후에 이를 철회할 별도의 법적 근거가 없더라도 원래의 처분을 존속시킬 필요가 없게 된 사정변경이 생겼거나 중대한 공익상 필요가 발생한 경우에는 그 효력을 상실케 하는 별개의 행정행위로 이를 철회할 수 있다(대판 2017.3.15, 2014두41190).

05

영역 행정법 서론 > 행정법   난도 **중**

정답의 이유

④ 법령불소급의 원칙은 법령의 효력발생 전에 완성된 요건 사실에 대하여 당해 법령을 적용할 수 없다는 의미일 뿐, 계속 중인 사실이나 그 이후에 발생한 요건 사실에 대한 법령적용까지를 제한하는 것은 아니다(대판 2014.4.24, 2013두26552).

오답의 이유

① 지방자치법 제32조 제8항

② 대통령령, 총리령 및 부령은 특별한 규정이 없으면 공포한 날부터 20일이 경과함으로써 효력을 발생한다(법령 등 공포에 관한 법률 제13조).

③ 법령을 소급적용하더라도 일반국민의 이해에 직접 관계가 없는 경우, 오히려 그 이익을 증진하는 경우, 불이익이나 고통을 제거하는 경우 등의 특별한 사정이 있는 경우에 한하여 예외적으로 법령의 소급적용이 허용될 여지가 있을 따름이다(대판 2021.3.11, 2020두49850).

2021 9급 기출문제 해설 **89**

06

영역 행정절차와 행정공개 > 행정절차법　　　　난도 **중**

정답의 이유

③ 청문 주재자는 직권으로 또는 당사자의 신청에 따라 필요한 조사를 할 수 있으며, 당사자등이 주장하지 아니한 사실에 대하여도 조사할 수 있다(행정절차법 제33조 제1항).

오답의 이유

① 청문 주재자에게 공정한 청문 진행을 할 수 없는 사정이 있는 경우 당사자등은 행정청에 기피신청을 할 수 있다. 이 경우 행정청은 청문을 정지하고 그 신청이 이유가 있다고 인정할 때에는 해당 청문 주재자를 지체 없이 교체하여야 한다(행정절차법 제29조 제2항). 청문 주재자는 위의 사유에 해당하는 경우에는 행정청의 승인을 받아 스스로 청문의 주재를 회피할 수 있다(행정절차법 제29조 제3항).

② 행정절차법 제31조 제1항

④ 행정절차법 제36조

07

영역 일반행정작용법 > 기타행정행위　　　　난도 **중**

정답의 이유

② 건축법 규정에 비추어 보면, 행정청이 위법 건축물에 대한 시정명령을 하고 나서 위반자가 이를 이행하지 아니하여 전기·전화의 공급자에게 그 위법 건축물에 대한 전기·전화공급을 하지 말아 줄 것을 요청한 행위는 권고적 성격의 행위에 불과한 것으로서 전기·전화공급자나 특정인의 법률상 지위에 직접적인 변동을 가져오는 것은 아니므로 이를 항고소송의 대상이 되는 행정처분이라고 볼 수 없다(대판 1996.3.22, 96누433).

오답의 이유

① 행정지도가 강제성을 띠지 않은 비권력적 작용으로서 행정지도의 한계를 일탈하지 아니하였다면, 그로 인하여 상대방에게 어떤 손해가 발생하였다 하더라도 행정기관은 그에 대한 손해배상책임이 없다(대판 2008.9.25, 2006다18228).

③ 행정절차법 제48조 제2항

> **제48조(행정지도의 원칙)** ① 행정지도는 그 목적 달성에 필요한 최소한도에 그쳐야 하며, 행정지도의 상대방의 의사에 반하여 부당하게 강요하여서는 아니 된다.
> ② 행정기관은 행정지도의 상대방이 행정지도에 따르지 아니하였다는 것을 이유로 불이익한 조치를 하여서는 아니 된다.

④ 행정지도는 국가배상법상의 직무행위에 해당한다. 즉 국가배상법이 정한 배상청구의 요건인 '공무원의 직무 범위'에는 행정지도와 같은 비권력적 작용도 포함된다.

08

영역 행정절차와 행정공개 > 정보공개와 개인정보보호　　　　난도 **하**

정답의 이유

① 개인정보처리자는 정보주체가 필요한 최소한의 정보 외의 개인정보 수집에 동의하지 아니한다는 이유로 정보주체에게 재화 또는 서비스의 제공을 거부하여서는 아니 된다(개인정보 보호법 제16조 제3항).

오답의 이유

② 개인정보 보호법 제51조

③ 개인정보 보호법 제28조의10

④ 개인정보자기결정권의 보호대상이 되는 개인정보는 개인의 신체, 신념, 사회적 지위, 신분 등과 같이 개인의 인격주체성을 특징짓는 사항으로서 그 개인의 동일성을 식별할 수 있게 하는 일체의 정보라고 할 수 있고, 반드시 개인의 내밀한 영역이나 사사(私事)의 영역에 속하는 정보에 국한되지 않고 공적 생활에서 형성되었거나 이미 공개된 개인정보까지 포함한다(헌재 2005.7.21, 2003헌마282 등).

09

영역 행정상 쟁송 > 행정소송　　　　난도 **중**

정답의 이유

④ 행정소송법 제44조(취소소송에 관한 제26조를 준용함)

> **제26조(직권심리)** 법원은 필요하다고 인정할 때에는 직권으로 증거조사를 할 수 있고, 당사자가 주장하지 아니한 사실에 대하여도 판단할 수 있다.

오답의 이유

① 행정소송법 제3조 제2호

② 공법상 계약의 한쪽 당사자가 다른 당사자를 상대로 효력을 다투거나 이행을 청구하는 소송은 공법상의 법률관계에 관한 분쟁이므로 분쟁의 실질이 공법상 권리·의무의 존부·범위에 관한 다툼이 아니라 손해배상액의 구체적인 산정방법·금액에 국한되는 등의 특별한 사정이 없는 한 공법상 당사자소송으로 제기하여야 한다(대판 2021.2.4, 2019다277133).

③ 원고가 고의 또는 중대한 과실 없이 행정소송으로 제기하여야 할 사건을 민사소송으로 잘못 제기한 경우, 수소법원으로서는 만약 그 행정소송에 대한 관할도 동시에 가지고 있다면 이를 행정소송으로 심리·판단하여야 하고, 그 행정소송에 대한 관할을 가지고 있지 아니하다면 관할법원에 이송하여야 한다(대판 2021.2.4, 2019다277133).

90　시대에듀 | 군무원 행정법

10

영역 일반행정작용법 > 허가　　　　　　　난도 **중**

정답의 이유

① 허가를 받지 않은 거래계약이라고 하여도 원칙적으로는 그 사법적 효력까지 부인되는 것은 아니다.

오답의 이유

② 허가는 상대적 금지에 대해서만 가능하며, 절대적 금지의 경우에는 인정되지 않는다(도박, 마약, 미성년자 흡연에 대한 허가는 인정될 수 없다).

③ 허가는 일반적 · 상대적으로 금지되어 있는 행위를 법령에 의하여 특정한 경우에 특정인에 대하여 해제하는 행정행위를 의미한다. 부작위의무의 해제 또는 자연적 자유의 회복이라고도 한다. 따라서 허가는 일반적, 상대적, 예방적 금지의 해제이다.

11

정답 ③

영역 행정법 서론 > 행정법　　　　　　　난도 **하**

정답의 이유

ㄱ. 행정의 적극적 추진(행정기본법 제4조 제1항)

ㄴ. 법치행정의 원칙(행정기본법 제8조)

ㄷ. 평등의 원칙(행정기본법 제9조)

ㄹ. 부당결부금지의 원칙(행정기본법 제13조)

ㅁ. 부관(행정기본법 제17조 제1항)

> **행정기본법 제17조(부관)** ① 행정청은 처분에 재량이 있는 경우에는 부관(조건, 기한, 부담, 철회권의 유보 등을 말한다. 이하 이 조에서 같다)을 붙일 수 있다.
> ② 행정청은 처분에 재량이 없는 경우에는 법률에 근거가 있는 경우에 부관을 붙일 수 있다.
> ③ 행정청은 부관을 붙일 수 있는 처분이 다음 각 호의 어느 하나에 해당하는 경우에는 그 처분을 한 후에도 부관을 새로 붙이거나 종전의 부관을 변경할 수 있다.
> 　　1. 법률에 근거가 있는 경우
> 　　2. 당사자의 동의가 있는 경우
> 　　3. 사정이 변경되어 부관을 새로 붙이거나 종전의 부관을 변경하지 아니하면 해당 처분의 목적을 달성할 수 없다고 인정되는 경우
> ④ 부관은 다음 각 호의 요건에 적합하여야 한다.
> 　　1. 해당 처분의 목적에 위배되지 아니할 것
> 　　2. 해당 처분과 실질적인 관련이 있을 것
> 　　3. 해당 처분의 목적을 달성하기 위하여 필요한 최소한의 범위일 것

12

정답 ②

영역 행정법 서론 > 행정상 법률관계　　　　난도 **중**

정답의 이유

② 광업권설정허가처분과 그에 따른 광산 개발로 인하여 재산상 · 환경상 이익의 침해를 받거나 받을 우려가 있는 토지나 건축물의 소유자와 점유자 또는 이해관계인 및 주민들은 그 처분 전과 비교하여 수인한도를 넘는 재산상 · 환경상 이익의 침해를 받거나 받을 우려가 있다는 것을 증명함으로써 그 처분의 취소를 구할 원고적격을 인정받을 수 있다(대판 2008.9.11, 2006두7577).

오답의 이유

① 대판 2006.7.28, 2004두6716

③ 대판 1993.7.27, 93누8139

④ 일반적으로 법인의 주주는 당해 법인에 대한 행정처분에 관하여 사실상이나 간접적인 이해관계를 가질 뿐이어서 스스로 그 처분의 취소를 구할 원고적격이 없는 것이 원칙이라고 할 것이지만, 그 처분으로 인하여 궁극적으로 주식이 소각되거나 주주의 법인에 대한 권리가 소멸하는 등 주주의 지위에 중대한 영향을 초래하게 되는데도 그 처분의 성질상 당해 법인이 이를 다툴 것을 기대할 수 없고 달리 주주의 지위를 보전할 구제방법이 없는 경우에는 주주도 그 처분에 관하여 직접적이고 구체적인 법률상 이해관계를 가진다고 보이므로 그 취소를 구할 원고적격이 있다(대판 2004.12.23, 2000두2648).

13

정답 ①

영역 행정구제법 > 서설　　　　　　　　난도 **상**

정답의 이유

① 결과제거청구권은 원상회복에 목적이 있으므로 위법한 상태의 제거만을 내용으로 한다. 위법행위의 결과물인 손해에 대해서는 국가배상청구권이 인정될 수 있을 뿐이다.

14

정답 ④

영역 행정상 쟁송 > 행정심판　　　　　　난도 **중**

정답의 이유

④ 행정심판의 재결기간(행정심판법 제45조)은 강행규정이 아니다.

오답의 이유

① 재결의 기속력은 기각재결에는 인정되지 않으므로, 기각재결이 있은 후에도 원처분청은 원처분을 직권으로 취소 또는 변경할 수 있다.

② 재결의 기속력은 반복금지의무(소극적 의무), 재처분의무(적극적 의무), 결과제거의무(원상회복의무) 등을 내용으로 한다.

③ 행정심판법 제47조는 불고불리의 원칙(제1항), 불이익변경금지의 원칙(제2항)을 규정하고 있으며, 인용재결은 행정청을 기속하므로(제49조 제1항) 처분청은 불복할 수 없다.

제47조(재결의 범위) ① 위원회는 심판청구의 대상이 되는 처분 또는 부작위 외의 사항에 대하여는 재결하지 못한다.

② 위원회는 심판청구의 대상이 되는 처분보다 청구인에게 불리한 재결을 하지 못한다.

제49조(재결의 기속력 등) ① 심판청구를 인용하는 재결은 피청구인과 그 밖의 관계 행정청을 기속(羈束)한다.

② 재결에 의하여 취소되거나 무효 또는 부존재로 확인되는 처분이 당사자의 신청을 거부하는 것을 내용으로 하는 경우에는 그 처분을 한 행정청은 재결의 취지에 따라 다시 이전의 신청에 대한 처분을 하여야 한다.

15

정답 ④

영역 행정상 쟁송 > 행정소송   난도 **하**

정답의 이유

④ 병무청장이 법무부장관에게 '가수 갑이 공연을 위하여 국외여행허가를 받고 출국한 후 미국 시민권을 취득함으로써 사실상 병역의무를 면탈하였으므로 재외동포 자격으로 재입국하고자 하는 경우 국내에서 취업, 가수활동 등 영리활동을 할 수 없도록 하고, 불가능할 경우 입국 자체를 금지해 달라'고 요청함에 따라 법무부장관이 갑의 입국을 금지하는 결정을 하고, 그 정보를 내부전산망인 '출입국관리정보시스템'에 입력하였으나, 갑에게는 통보하지 않은 사안에서, 행정청이 행정의사를 외부에 표시하여 행정청이 자유롭게 취소·철회할 수 없는 구속을 받기 전에는 '처분'이 성립하지 않으므로 법무부장관이 출입국관리법에 따라 위 입국금지결정을 했다고 해서 '처분'이 성립한다고 볼 수는 없고, 위 입국금지결정은 법무부장관의 의사가 공식적인 방법으로 외부에 표시된 것이 아니라 단지 그 정보를 내부전산망인 '출입국관리정보시스템'에 입력하여 관리한 것에 지나지 않으므로, 위 입국금지결정은 항고소송의 대상이 될 수 있는 '처분'에 해당하지 않는다(대판 2019. 7.11. 2017두38874).

16

정답 ③

영역 일반행정작용법 > 기타행정행위   난도 **중**

정답의 이유

③ 행정주체는 구체적인 행정계획을 입안·결정함에 있어서 비교적 광범위한 형성의 자유를 가진다고 할 것이지만, 행정주체가 가지는 이와 같은 형성의 자유는 무제한적인 것이 아니라 그 행정계획에 관련되는 자들의 이익을 공익과 사익 사이에서는 물론이고 공익 상호 간과 사익 상호 간에도 정당하게 비교교량하여야 한다는 제한이 있는 것이고, 따라서 행정주체가 행정계획을 입안·결정함에 있어서 이익형량을 전혀 행하지 아니하거나 이익형량의 고려 대상에 마땅히 포함시켜야 할 사항을 누락한 경우 또는 이익형량

을 하였으나 정당성·객관성이 결여된 경우에는 그 행정계획결정은 재량권을 일탈·남용한 것으로서 위법하다(대판 1996.11.29. 96누8567).

17

정답 ③

영역 행정의 실효성 확보수단 > 행정조사   난도 **하**

정답의 이유

③ 행정조사는 법령 등의 위반에 대한 처벌보다는 법령 등을 준수하도록 유도하여야 한다(행정조사기본법 제4조 제4항).

오답의 이유

① 행정조사기본법 제4조 제1항
② 행정조사기본법 제4조 제3항
④ 행정조사기본법 제4조 제6항

제4조(행정조사의 기본원칙) ① 행정조사는 조사목적을 달성하는데 필요한 최소한의 범위 안에서 실시하여야 하며, 다른 목적 등을 위하여 조사권을 남용하여서는 아니 된다.

② 행정기관은 조사목적에 적합하도록 조사대상자를 선정하여 행정조사를 실시하여야 한다.

③ 행정기관은 유사하거나 동일한 사안에 대하여는 공동조사 등을 실시함으로써 행정조사가 중복되지 아니하도록 하여야 한다.

④ 행정조사는 법령 등의 위반에 대한 처벌보다는 법령 등을 준수하도록 유도하는 데 중점을 두어야 한다.

⑤ 다른 법률에 따르지 아니하고는 행정조사의 대상자 또는 행정조사의 내용을 공표하거나 직무상 알게 된 비밀을 누설하여서는 아니된다.

⑥ 행정기관은 행정조사를 통하여 알게 된 정보를 다른 법률에 따라 내부에서 이용하거나 다른 기관에 제공하는 경우를 제외하고는 원래의 조사목적 이외의 용도로 이용하거나 타인에게 제공하여서는 아니된다.

18

정답 ③

영역 일반행정작용법 > 행정상 입법   난도 **중**

정답의 이유

③ 서울대학교의 "94학년도 대학입학고사 주요요강"은 사실상의 준비행위 내지 사전안내로서 행정쟁송의 대상이 될 수 있는 행정처분이나 공권력의 행사는 될 수 없지만 그 내용이 국민의 기본권에 직접 영향을 끼치는 내용이고 앞으로 법령의 뒷받침에 의하여 그대로 실시될 것이 틀림없을 것으로 예상되어 그로 인하여 직접적으로 기본권 침해를 받게 되는 사람에게는 사실상의 규범작용으로 인한 위험성이 이미 현실적으로 발생하였다고 보아야 할 것이므로 이는 헌법소원의 대상이 되는 헌법재판소법 제68조 제1항 소정의 공권력의 행사에 해당된다(헌재 1992.10.1. 92헌마68 등 병합).

① 행정규칙인 부령이나 고시가 법령의 수권에 의하여 법령을 보충하는 사항을 정하는 경우에는 그 근거 법령규정과 결합하여 대외적으로 구속력이 있는 법규명령으로서의 성질과 효력을 가진다 할 것인데, 보충규범인 행정규칙의 내용에 해당되는 행위가 공소사실이나 범죄사실로 기재되어 있고, 법률의 적용란에 근거법령규정이 명시되어 있다면 보충규범이 법률의 적용란에 따로 명시되어 있지 않다고 하더라도 이를 들어 판결에 영향을 미친 위법이 있다고는 할 수 없다(대판 2007.5.10, 2005도591).

② 행정규칙은 그 행정규칙을 제정한 행정기관을 구속하지 않는다.

④ 상급행정기관이 소속 공무원이나 하급행정기관에 대하여 업무처리지침이나 법령의 해석·적용 기준을 정해 주는 '행정규칙'은 일반적으로 행정조직 내부에서만 효력을 가질 뿐 대외적으로 국민이나 법원을 구속하는 효력이 없다(대판 2019.7.11, 2017두38874).

19 ※ 개정·변경된 내용으로 선지 교체 정답 ②

영역 특별행정작용법 > 공용부담법   난도 **상**

② 환매권의 발생기간을 제한한 것은 사업시행자의 지위나 이해관계인들의 토지이용에 관한 법률관계 안정, 토지의 사회경제적 이용효율 제고, 사회일반에 돌아가야 할 개발이익이 원소유자에게 귀속되는 불합리 방지 등을 위한 것인데, 그 입법목적은 정당하고 이와 같은 제한은 입법목적 달성을 위한 유효적절한 방법이라 할 수 있다. 그러나 2000년대 이후 다양한 공익사업이 출현하면서 공익사업 간 중복·상충 사례가 발생하였고, 산업구조 변화, 비용 대비 편익에 대한 지속적 재검토, 인근 주민들의 반대 등에 직면하여 공익사업이 지연되다가 폐지되는 사례가 다수 발생하고 있다. 이와 같은 상황에서 환매권 발생기간 '10년'을 예외 없이 유지하게 되면 토지수용 등의 원인이 된·공익사업의 폐지 등으로 공공필요가 소멸하였음에도 단지 10년이 경과하였다는 사정만으로 환매권이 배제되는 결과가 초래될 수 있다. 다른 나라의 입법례에 비추어 보아도 발생기간을 제한하지 않거나 더 길게 규정하면서 행사기간 제한 또는 토지에 현저한 변경이 있을 때 환매거절권을 부여하는 등 보다 덜 침해적인 방법으로 입법목적을 달성하고 있다. 이 사건 법률조항은 침해의 최소성 원칙에 어긋난다(헌결 2020.11.26, 2019헌바131).

① 공익사업을 위한 토지 등의 취득 및 보상에 관한 법률(이하, 약칭 토지보상법) 제91조 제1항

③ 헌결 2020.11.26, 2019헌바131 참고

④ 이 사건 법률조항의 위헌성은 환매권의 발생기간을 제한한 것 자체에 있다기보다는 그 기간을 10년 이내로 제한한 것에 있다. 이 사건 법률조항의 위헌성을 제거하는 다양한 방안이 있을 수 있고

이는 입법재량 영역에 속한다. 이 사건 법률조항의 적용을 중지하더라도 환매권 행사기간 등 제한이 있기 때문에 법적 혼란을 야기할 뚜렷한 사정이 있다고 보이지는 않는다. 이 사건 법률조항 적용을 중지하는 헌법불합치결정을 하고, 입법자는 가능한 한 빠른 시일 내에 이와 같은 결정 취지에 맞게 개선입법을 하여야 한다(헌결 2020.11.26, 2019헌바131).

20 정답 ②

영역 행정구제법 > 손해전보제도   난도 **하**

② 군인·군무원의 이중배상금지에 관한 규정(국가배상법 제2조 제1항 단서)은 영조물책임(국가배상법 제5조)의 경우에도 적용된다.

① 국가배상법 제2조 제1항

③ 국가배상법 제2조 제2항

④ 국가배상법 제2조 제1항 단서

> **제2조(배상책임)** ① 국가나 지방자치단체는 공무원 또는 공무를 위탁받은 사인(이하 "공무원"이라 한다)이 직무를 집행하면서 고의 또는 과실로 법령을 위반하여 타인에게 손해를 입히거나, 자동차손해배상보장법에 따라 손해배상의 책임이 있을 때에는 이 법에 따라 그 손해를 배상하여야 한다. 다만, 군인·군무원·경찰공무원 또는 예비군대원이 전투·훈련 등 직무 집행과 관련하여 전사(戰死)·순직(殉職)하거나 공상(公傷)을 입은 경우에 본인이나 그 유족이 다른 법령에 따라 재해보상금·유족연금·상이연금 등의 보상을 지급받을 수 있을 때에는 이 법 및 「민법」에 따른 손해배상을 청구할 수 없다.
> ② 제1항 본문의 경우에 공무원에게 고의 또는 중대한 과실이 있으면 국가나 지방자치단체는 그 공무원에게 구상(求償)할 수 있다.

21 정답 ④

영역 행정절차와 행정공개 > 정보공개와 개인정보보호

④ 공공기관은 비공개 대상 정보(정보공개법 제9조)에 해당하지 않는 한, 공개의 구체적 범위, 주기, 시기 및 방법 등을 미리 정하여 정보통신망 등을 통하여 알리고, 이에 따라 정기적으로 공개하여야 한다(정보공개법 제7조 제1항).

① 정보공개법 제3조

② 정보공개법 제5조 제1항

③ 정보공개법 제6조의2

22

정답 ③

영역 행정의 실효성 확보수단 > 행정조사

정답의 이유

③ 부과처분을 위한 과세관청의 질문조사권이 행해지는 세무조사결정이 있는 경우 납세의무자는 세무공무원의 과세자료 수집을 위한 질문에 대답하고 검사를 수인하여야 할 법적 의무를 부담하게 되는 점, … 세무조사결정은 납세의무자의 권리·의무에 직접 영향을 미치는 공권력의 행사에 따른 행정작용으로서 항고소송의 대상이 된다(대판 2011.3.10, 2009두23617 등).

오답의 이유

① 대판 1992.6.12, 91누13564

② 이행강제금은 일정한 기한까지 의무를 이행하지 않을 때에는 일정한 금전적 부담을 과할 뜻을 미리 계고함으로써 의무자에게 심리적 압박을 주어 장래에 그 의무를 이행하게 하려는 행정상 간접적인 강제집행 수단의 하나로서 과거의 일정한 법률위반 행위에 대한 제재로서의 형벌이 아니라 장래의 의무이행의 확보를 위한 강제수단일 뿐이어서 범죄에 대하여 국가가 형벌권을 실행한다고 하는 과벌에 해당하지 아니하므로 헌법 제13조 제1항이 금지하는 이중처벌금지의 원칙이 적용될 여지가 없다.

④ '인도'에는 명도도 포함되는 것으로 보아야 하고, 이러한 명도의무는 그것을 강제적으로 실현하면서 직접적인 실력행사가 필요한 것이지 대체적 작위의무라고 볼 수 없으므로 특별한 사정이 없는 한 행정대집행법에 의한 대집행의 대상이 될 수 있는 것이 아니다(대판 2005.8.19, 2004다2809).

23

정답 ③

영역 행정법 서론 > 행정상 법률관계　　　　난도 **중**

정답의 이유

③ 당사자 사이에 석탄산업법 시행령 제41조 제4항 제5호 소정의 재해위로금에 대한 지급청구권에 관한 부제소합의가 있었다고 하더라도 그러한 합의는 무효라고 할 것이다(대판 1999.1.26, 98두12598).

오답의 이유

① 헌재 1997.11.27, 97헌바10

② 회사합병이 있는 경우에는 피합병회사의 권리·의무는 사법상의 관계나 공법상의 관계를 불문하고 그의 성질상 이전을 허용하지 않는 것을 제외하고는 모두 합병으로 인하여 존속한 회사에게 승계되는 것으로 보아야 할 것이고, … 감사인지정제외처분은 회계법인이 일정한 법위반행위를 한 감사인에 대하여 하는 '기타 필요한 조치'의 하나로서 일종의 수익적 행정행위의 철회로서의 성질을 가지는 점 등에 비추어 볼 때, 감사인지정 및 감사인지정제외와 관련한 공법상의 관계는 감사인의 인적·물적 설비와 위반행위의

태양과 내용 등과 같은 객관적 사정에 기초하여 이루어지는 것으로서 합병으로 존속하는 법인에게 승계된다고 봄이 상당하고, 또한, 손해배상공동기금은 모든 회계법인이 그 업무로 인하여 제3자에게 가한 손해를 배상하기 위하여 당해 사업연도 회계감사보수총액을 기준으로 의무적으로 적립하는 것이고, 손해배상공동기금의 추가적립은 회계법인이 법을 위반하여 연간적립금 중 일정 비율을 추가로 적립하는 것이며 행정법상 의무이행확보수단으로서 일종의 금전적 제재의 성질을 가지는 점 등에 비추어 볼 때, 손해배상공동기금 및 그 추가적립과 관련한 공법상의 관계는 감사인의 감사보수총액과 위반행위의 태양 및 내용 등과 같은 객관적 사정에 기초하여 이루어지는 것으로서 합병으로 존속법인에게 승계된다(대판 2004.7.8, 2002두1946).

④ 사업정지 등의 제재처분은 사업자 개인의 자격에 대한 제재가 아니라 사업의 전부나 일부에 대한 것으로서 대물적 처분의 성격을 갖고 있다. 그러므로 위와 같은 지위승계에는 종전 석유판매업자가 유사석유제품을 판매함으로써 받게 되는 사업정지 등 제재처분의 승계가 포함되어 그 지위를 승계한 자에 대하여 사업정지 등의 제재처분을 취할 수 있다고 보아야 한다(대판 2003.10.23, 2003두8005).

24

정답 ②

영역 일반행정작용법 > 행정행위　　　　난도 **중**

정답의 이유

② 수익적 행정처분에 있어서는 법령에 특별한 근거규정이 없다고 하더라도 그 부관으로서 부담을 붙일 수 있고, 그와 같은 부담은 행정청이 행정처분을 하면서 일방적으로 부가할 수도 있지만 부담을 부가하기 이전에 상대방과 협의하여 부담의 내용을 협약의 형식으로 미리 정한 다음 행정처분을 하면서 이를 부가할 수도 있다(대판 2009.2.12, 2005다65500).

오답의 이유

① 대판 2004.3.25, 2003두12837

③ 대판 1997.5.30, 97누2627

④ 건축허가를 하면서 일정 토지를 기부채납하도록 하는 내용의 허가조건은 부관을 붙일 수 없는 기속행위 내지 기속적 재량행위인 건축허가에 붙인 부담이거나 또는 법령상 아무런 근거가 없는 부관이어서 무효이다(대판 1995.6.13, 94다56883).

25

영역 행정상 쟁송 > 행정소송　　　　　　　　　난도 **하**

정답의 이유

④ 행정입법부작위에 대해서 대법원은 부작위위법확인소송의 대상성
을 부정한다. 그 결과 헌법재판소는 헌법소원의 제기가 가능하다
는 입장이다(헌재 1999.1.28, 97헌마9).

오답의 이유

① 삼권분립의 원칙, 법치행정의 원칙을 당연한 전제로 하고 있는 우
리 헌법하에서 행정권의 행정입법 등 법집행의무는 헌법적 의무라
고 보아야 한다(헌재 1998.7.16, 96헌마246).

② 입법부가 법률로써 행정부에게 특정한 사항을 위임했음에도 불구
하고 행정부가 정당한 이유 없이 이를 이행하지 않는다면 권력분
립의 원칙과 법치국가 내지 법치행정의 원칙에 위배되는 것으로서
위법함과 동시에 위헌적인 것이 된다(대판 2007.11.29, 2006다
3561).

③ 입법부작위의 형태 중 기본권보장을 위한 법 규정을 두고 있지만
불완전하게 규정하여 그 보충을 요하는 경우에는 그 불완전한 법
규 자체를 대상으로 하여 그것이 헌법위반이라는 적극적인 헌법소
원이 가능함은 별론으로 하고, 입법부작위로서 헌법소원의 대상으
로 삼을 수는 없다(헌재 1996.6.13, 94헌마118 등). 즉, 시행명령
을 제정 또는 개정하였지만 그것이 불충분 또는 불완전하게 된 경
우에는 이를 부진정행정입법부작위라고 한다. 따라서 행정입법부
작위가 아니다.

2021 | **7급** 기출문제 해설

☑ 점수 (　　)점/100점　☑ 문제편 078쪽

영역 분석

일반행정작용법	6문항	★★★★★	24%
행정상 쟁송	5문항	★★★★★	20%
행정법 서론	4문항	★★★★	16%
행정조직법	3문항	★★★	12%
행정의 실효성 확보수단	3문항	★★★	12%
특별행정작용법	2문항	★★	8%
행정절차와 행정공개	2문항	★★	8%

빠른 정답

01	02	03	04	05	06	07	08	09	10
②	③	④	④	②	④	②	④	③	①
11	**12**	**13**	**14**	**15**	**16**	**17**	**18**	**19**	**20**
①	③	②	①	④	③	④	②	④	①
21	**22**	**23**	**24**	**25**					
②	③	①	①	④					

01

정답 ②

영역 일반행정작용법 > 행정행위　　　　　　난도 **중**

정답의 이유

② 공정력은 행정행위의 적법성을 추정하는 효력이 아니다.

오답의 이유

① 행정처분이 아무리 위법하다고 하여도 당연무효인 사유가 있는 경우를 제외하고는 아무도 그 하자를 이유로 무단히 그 효과를 부정하지 못하는데, 이를 행정행위의 공정력이라고 한다.

③ 민사소송에 있어서 어느 행정처분의 당연무효 여부가 선결문제로 되는 때에는 이를 판단하여 당연무효임을 전제로 판결할 수 있고 반드시 행정소송 등의 절차에 의하여 그 취소나 무효확인을 받아야 하는 것은 아니다(대판 2010.4.8, 2009다90092).

④ 개발제한구역의 지정 및 관리에 관한 특별조치법에 의하여 행정청으로부터 시정명령을 받은 자가 이를 위반한 경우, 그로 인하여 개발제한구역법에 정한 처벌을 하기 위하여는 시정명령이 적법한 것이라야 하고, 시정명령이 당연무효가 아니더라도 위법한 것으로 인정되는 한 개발제한구역법 위반죄가 성립될 수 없다(대판 2017. 9.21, 2017도7321).

02 ※ 개정·변경된 내용으로 선지 교체

정답 ③

영역 행정조직법 > 지방자치법　　　　　　난도 **중**

정답의 이유

③ 법령상 지방자치단체의 장이 처리하도록 하고 있는 사무가 자치사무인지 아니면 기관위임사무인지 여부를 판단함에 있어서는 그에 관한 법령의 규정 형식과 취지를 우선 고려하여야 할 것이지만, 그 밖에 그 사무의 성질이 전국적으로 통일적인 처리가 요구되는 사무인지, 그에 관한 경비부담과 최종적인 책임귀속의 주체가 누구인지 등도 함께 고려하여 판단하여야 한다(대판 2010.12.9, 2008다71575).

오답의 이유

① 부랑인선도시설 및 정신질환자요양시설의 지도·감독사무에 관한 법규의 규정 형식과 취지가 보건사회부장관 또는 보건복지부장관이 위 각 시설에 대한 지도·감독권한을 시장·군수·구청장에게 위임 또는 재위임하고 있는 것으로 보이는 점, 위 각 시설에 대한 지도·감독사무가 성질상 전국적으로 통일적인 처리가 요구되는 것인 점, 위 각 시설에 대한 대부분의 시설운영비 등의 보조금을 국가가 부담하고 있는 점, 장관이 정기적인 보고를 받는 방법으로 최종적인 책임을 지고 있는 것으로 보이는 점 등을 종합하면, 부랑인선도시설 및 정신질환자요양시설에 대한 지방자치단체장의 지도·감독사무는 보건복지부장관 등으로부터 기관위임된 국가사무에 해당한다(대판 2006.7.28, 2004다759).

② 인천광역시의회가 의결한 '인천광역시 공항고속도로 통행료지원 조례안'이 규정하고 있는 인천국제공항고속도로를 이용하는 지역주민에게 통행료를 지원하는 내용의 사무는, 지방자치법에서 정한 주민복지에 관한 사업으로서 지방자치사무이다(대판 2008.6.12, 2007추42).

④ 지방자치법 제188조 제5항

03 ※ 출제오류로 선지 교체

영역 행정법 서론 > 행정상 법률관계　　　난도 **중**

정답의 이유

④ • 공무원연금 수급권과 같은 사회보장수급권은 '모든 국민은 인간다운 생활을 할 권리를 가지고, 국가는 사회보장 · 사회복지의 증진에 노력할 의무를 진다.'고 규정한 헌법 제34조 제1항 및 제2항으로부터 도출되는 사회적 기본권 중의 하나로서, 이는 국가에 대하여 적극적으로 급부를 요구하는 것이므로 헌법규정만으로는 이를 실현할 수 없어 법률에 의한 형성이 필요하고, 그 구체적인 내용 즉 수급요건, 수급권자의 범위 및 급여금액 등은 법률에 의하여 비로소 확정된다(헌재 2013.9.26. 2011헌바272).

• 구 공무원연금법 제26조 제1항, 제80조 제1항, 공무원연금법시행령 제19조의2의 각 규정을 종합하면, 같은 법 소정의 급여는 급여를 받을 권리를 가진 자가 당해 공무원이 소속하였던 기관장의 확인을 얻어 신청하는 바에 따라 공무원연금관리공단이 그 지급결정을 함으로써 그 구체적인 권리가 발생하는 것이므로, 공무원연금관리공단의 급여에 관한 결정은 국민의 권리에 직접 영향을 미치는 것이어서 행정처분에 해당하고, 공무원연금관리공단의 급여결정에 불복하는 자는 공무원연금급여재심위원회의 심사결정을 거쳐 공무원연금관리공단의 급여결정을 대상으로 행정소송을 제기하여야 한다(대판 1996.12.6. 96누6417).

오답의 이유

① 사관생도는 군 장교를 배출하기 위하여 국가가 모든 재정을 부담하는 특수교육기관인 육군3사관학교의 구성원으로서, 학교에 입학한 날에 육군 사관생도의 병적에 편입하고 준사관에 준하는 대우를 받는 특수한 신분관계에 있다. 따라서 그 존립 목적을 달성하기 위하여 필요한 한도 내에서 일반 국민보다 상대적으로 기본권이 더 제한될 수 있으나, 그러한 경우에도 법률유보원칙, 과잉금지원칙 등 기본권 제한의 헌법상 원칙들을 지켜야 한다(대판 2018.8.30. 2016두60591).

② 사법인인 학교법인과 학생의 재학관계는 사법상 계약에 따른 법률관계에 해당한다. 지방자치단체가 학교법인이 설립한 사립중학교에 의무교육대상자에 대한 교육을 위탁한 때에 그 학교법인과 해당 사립중학교에 재학 중인 학생의 재학관계도 기본적으로 마찬가지이다(대판 2018.12.28. 2016다33196).

③ 불이익 처분의 상대방은 직접 개인적 이익을 침해당하므로 불이익 처분 취소소송에서 원고적격이 인정된다.

04

영역 특별행정작용법 > 급부행정법　　　난도 **중**

정답의 이유

④ 행정재산의 사용허가기간은 5년 이내로 한다(국유재산법 제35조 제1항).

오답의 이유

① 국유재산법에 의한 변상금 부과 · 징수권은 민사상 부당이득반환청구권과 법적 성질을 달리하므로, 국가는 무단점유자를 상대로 변상금 부과 · 징수권의 행사와 별도로 국유재산의 소유자로서 민사상 부당이득반환청구의 소를 제기할 수 있다(대판 2014.9.4. 2013다3576).

② 변상금의 체납 시 국세징수법에 의하여 강제징수토록 하고 있는 점 등에 비추어 보면 국유재산의 관리청이 그 무단점유자에 대하여 하는 변상금 부과처분은 순전히 사경제주체로서 행하는 사법상의 법률행위라 할 수 없고 이는 관리청이 공권력을 가진 우월적 지위에서 행한 것으로서 행정소송의 대상이 되는 행정처분이라고 보아야 한다(대판 1988.2.23. 87누1046).

③ 공유재산의 관리청이 행정재산의 사용 · 수익에 대한 허가는 순전히 사경제주체로서 행하는 사법상의 행위가 아니라 관리청이 공권력을 가진 우월적 지위에서 행하는 행정처분으로서 특정인에게 행정재산을 사용할 수 있는 권리를 설정하여 주는 강학상 특허에 해당한다(대판 1998.2.27. 97누1105).

05

영역 행정상 쟁송 > 행정소송　　　난도 **중**

정답의 이유

② 과세처분을 취소하는 판결이 확정되면 그 과세처분은 처분 시에 소급하여 소멸하므로 그 뒤에 과세관청에서 그 과세처분을 경정(갱정)하는 경정(갱정)처분을 하였다면 이는 존재하지 않는 과세처분을 경정(갱정)한 것으로서 그 하자가 중대하고 명백한 당연무효의 처분이다(대판 1989.5.9. 88다카16096).

오답의 이유

① 소송에서 다투어지고 있는 권리 또는 법률관계의 존부가 동일한 당사자 사이의 전소에서 이미 다루어져 이에 관한 확정판결이 있는 경우에 당사자는 이에 저촉되는 주장을 할 수 없고, 법원도 이에 저촉되는 판단을 할 수 없음은 물론, 위와 같은 확정판결의 존부는 당사자의 주장이 없더라도 법원이 이를 직권으로 조사하여 판단하지 않으면 안되고, 더 나아가 당사자가 확정판결의 존재를 사실심 변론종결 시까지 주장하지 아니하였더라도 상고심에서 새로이 이를 주장, 입증할 수 있는 것이다(대판 1989.10.10. 89누1308).

③ 취소판결의 기속력(행정소송법 제29조 제1항)은 무효확인소송의 경우에도 준용된다(행정소송법 제38조 제1항). 따라서 무효확인소송에서는 취소판결의 제3자효와 기속력에 관한 규정이 준용된다.

④ 어떤 행정처분을 위법하다고 판단하여 취소하는 판결이 확정되면 행정청은 취소판결의 기속력에 따라 그 판결에서 확인된 위법사유를 배제한 상태에서 다시 처분을 하거나 그 밖에 위법한 결과를 제거하는 조치를 할 의무가 있다(대판 2020.6.25, 2019두56135).

06 정답 ④

영역 행정법 서론 > 행정법　　　　　　　　　　난도 하

[정답의 이유]

④ 법령 등을 위반한 행위 후 법령 등의 변경에 의하여 그 행위가 법령 등을 위반한 행위에 해당하지 아니하거나 제재처분 기준이 가벼워진 경우로서 해당 법령 등에 특별한 규정이 없는 경우에는 변경된 법령 등을 적용한다(행정기본법 제14조 제3항 단서).

[오답의 이유]

① 행정기본법 제14조 제1항

② 행정기본법 제14조 제2항

③ 행정기본법 제14조 제3항 본문

> 제14조(법 적용의 기준) ① 새로운 법령 등은 법령 등에 특별한 규정이 있는 경우를 제외하고는 그 법령 등의 효력 발생 전에 완성되거나 종결된 사실관계 또는 법률관계에 대해서는 적용되지 아니한다.
> ② 당사자의 신청에 따른 처분은 법령 등에 특별한 규정이 있거나 처분 당시의 법령 등을 적용하기 곤란한 특별한 사정이 있는 경우를 제외하고는 처분 당시의 법령 등에 따른다.
> ③ 법령 등을 위반한 행위의 성립과 이에 대한 제재처분은 법령 등에 특별한 규정이 있는 경우를 제외하고는 법령 등을 위반한 행위 당시의 법령 등에 따른다. 다만, 법령 등을 위반한 행위 후 법령 등의 변경에 의하여 그 행위가 법령 등을 위반한 행위에 해당하지 아니하거나 제재처분 기준이 가벼워진 경우로서 해당 법령 등에 특별한 규정이 없는 경우에는 변경된 법령 등을 적용한다.

07 정답 ②

영역 행정조직법 > 국가행정조직법　　　　　　난도 중

[정답의 이유]

② 행정처분의 취소 또는 무효확인을 구하는 행정소송은 다른 법률에 특별한 규정이 없는 한 소송의 대상인 행정처분 등을 외부적으로 그의 명의로 행한 행정청을 피고로 하여야 하는 것으로서 그 행정처분을 하게 된 연유가 상급행정이나 타행정청의 지시나 통보에 의한 것이라 하여 다르지 않다고 할 것이며, 권한의 위임이나 위탁을 받아 수임행정청이 정당한 권한에 기하여 그 명의로 한 처분에 대하여는 말할 것도 없고, 내부위임이나 대리권을 수여받은 데 불과하여 원행정청 명의나 대리관계를 밝히지 아니하고는 그의 명의로 처분 등을 할 권한이 없는 행정청이 권한 없이 그의 명의로 한 처분에 대하여도 처분명의자인 행정청이 피고가 되어야 할 것이다(대판 1995.12.22, 95누14688).

[오답의 이유]

① 체납취득세에 대한 압류처분권한은 도지사로부터 시장에게 권한 위임된 것이고 시장으로부터 압류처분권한을 내부위임받은 데 불과한 구청장으로서는 시장 명의로 압류처분을 대행처리할 수 있을 뿐이고 자신의 명의로 이를 할 수 없다 할 것이므로 구청장이 자신의 명의로 한 압류처분은 권한 없는 자에 의하여 행하여진 위법무효의 처분이다(대판 1993.5.27, 93누6621).

③ 행정권한의 위임은 법령상 권한 자체의 귀속 변경을 초래하므로, 반드시 법적 근거가 있어야 한다. 따라서 법령의 근거가 없는 권한의 위임은 무효이다.

④ 구 건설업법 제57조 제1항, 같은법시행령 제53조 제1항 제1호에 의하면 건설부장관의 권한에 속하는 같은 법 제50조 제2항 제3호 소정의 영업정지 등 처분권한은 서울특별시장·직할시장 또는 도지사에게 위임되었을 뿐 시·도지사가 이를 구청장·시장·군수에게 재위임할 수 있는 근거규정은 없으나, 정부조직법 구 제5조 제1항(현 제6조 제1항)과 이에 기한 행정권한의 위임 및 위탁에 관한 규정 제4조에 재위임에 관한 일반적인 근거규정이 있으므로 시·도지사는 그 재위임에 관한 일반적인 규정에 따라 위임받은 위 처분권한을 구청장 등에게 재위임할 수 있다(대판 1995.7.11, 94누4615 전합).

08 정답 ④

영역 일반행정작용법 > 행정행위　　　　　　　난도 중

[정답의 이유]

④ 주택건설촉진법 제33조에 의한 주택건설사업계획의 승인은 상대방에게 권리나 이익을 부여하는 효과를 수반하는 이른바 수익적 행정처분으로서, 법령에 행정처분의 요건에 관하여 일의적으로 규정되어 있지 아니한 이상 행정청의 재량행위에 속한다(대판 1997. 3.14, 96누16698).

[오답의 이유]

① 대판 2020.6.25, 2019두52980

② 특히 환경의 훼손이나 오염을 발생시킬 우려가 있는 개발행위에 대한 행정청의 허가와 관련하여 재량권의 일탈·남용 여부를 심사할 때에는 해당 지역 주민들의 토지이용실태와 생활환경 등 구체적 지역 상황과 상반되는 이익을 가진 이해관계자들 사이의 권익 균형 및 환경권의 보호에 관한 각종 규정의 입법 취지 등을 종합하여 신중하게 판단하여야 한다. '환경오염 발생 우려'와 같이 장래에 발생할 불확실한 상황과 파급효과에 대한 예측이 필요한 요건에 관한 행정청의 재량적 판단은 그 내용이 현저히 합리성을 결

여하였다거나 상반되는 이익이나 가치를 대비해 볼 때 형평이나 비례의 원칙에 뚜렷하게 배치되는 등의 사정이 없는 한 폭넓게 존중하여야 한다. 그리고 처분이 재량권을 일탈·남용하였다는 사정은 그 처분의 효력을 다투는 자가 주장·증명하여야 한다(대판 2021.3.25, 2020두51280).

③ 공유수면 관리 및 매립에 관한 법률에 따른 공유수면의 점용·사용허가는 특정인에게 공유수면 이용권이라는 독점적 권리를 설정하여 주는 처분으로서 처분 여부 및 내용의 결정은 원칙적으로 행정청의 재량에 속하고, 이와 같은 재량처분에 있어서는 재량권 행사의 기초가 되는 사실인정에 오류가 있거나 그에 대한 법령적용에 잘못이 없는 한 처분이 위법하다고 할 수 없다(대판 2017.4.28, 2017두30139).

09
정답 ③

영역 행정의 실효성 확보수단 > 행정상 강제 　　　　　난도 **중**

[정답의 이유]

③ 행정청이 의무이행 기한이 1988.5.24.까지로 된 이 사건 대집행계고서를 5.19. 원고에게 발송하여 원고가 그 이행종기인 5.24. 이를 수령하였다면, 설사 피고가 대집행영장으로써 대집행의 시기를 1988.5.27. 15:00로 늦추었더라도 위 대집행계고처분은 상당한 이행기한을 정하여 한 것이 아니어서 대집행의 적법절차에 위배한 것으로 위법한 처분이다(대판 1990.9.14, 90누2048).

[오답의 이유]

① 학원의 설립·운영에 관한 법률에 의하면, 학원을 설립·운영하고자 하는 자는 소정의 시설과 설비를 갖추어 등록을 하여야 하고, 그와 같은 등록절차를 거치지 아니한 경우에는 관할행정청이 직접 그 무등록 학원의 폐쇄를 위하여 출입제한 시설물의 설치와 같은 조치(직접강제)를 취할 수 있게 되어 있으나, 달리 무등록 학원의 설립·운영자에 대하여 그 폐쇄를 명(작위의무의 부과: 하명)할 수 있는 것으로는 규정하고 있지 아니하므로, 위와 같은 폐쇄조치에 관한 규정이 그와 같은 폐쇄명령의 근거규정이 된다고 할 수도 없다(대판 2001.2.23, 99두6002).

② 행정대집행은 대체적 작위의무에 대한 강제집행수단으로, 이행강제금은 부작위의무나 비대체적 작위의무에 대한 강제집행수단으로 이해되어 왔으나, 이는 이행강제금제도의 본질에서 오는 제약은 아니며, 이행강제금은 대체적 작위의무의 위반에 대하여도 부과될 수 있다(헌재 2004.2.26, 2001헌바80 등).

④ 한국자산공사가 당해 부동산을 인터넷을 통하여 재공매(입찰)하기로 한 결정 자체는 내부적인 의사결정에 불과하여 항고소송의 대상이 되는 행정처분이라고 볼 수 없고, 또한 한국자산공사가 공매통지는 공매의 요건이 아니라 공매사실 자체를 체납자에게 알려주는 데 불과한 것으로서, 통지의 상대방의 법적 지위나 권리·의무

에 직접 영향을 주는 것이 아니라고 할 것이므로 이것 역시 행정처분에 해당한다고 할 수 없다(대판 2007.7.27, 2006두8464).

10
정답 ①

영역 일반행정작용법 > 행정상 입법 　　　　　난도 **상**

[정답의 이유]

① 경찰청 예규로 정해진 채증규칙은 법률로부터 구체적인 위임을 받아 제정한 것이 아니며, 집회·시위 현장에서 불법행위의 증거자료를 확보하기 위해 행정조직의 내부에서 상급행정기관이 하급행정기관에 대하여 발령한 내부기준으로 행정규칙이다. 청구인들을 포함한 이 사건 집회 참가자는 이 사건 채증규칙에 의해 직접 기본권을 제한받는 것이 아니라, 경찰의 이 사건 촬영행위에 의해 비로소 기본권을 제한받게 된다. 따라서 청구인들의 이 사건 채증규칙에 대한 심판청구는 헌법재판소법 제68조 제1항이 정한 기본권 침해의 직접성 요건을 충족하지 못하였으므로 부적법하다(헌결 2018.8.30, 2014헌마843).

[오답의 이유]

② 행정규칙은 법규명령과는 달리 공포를 그 요건으로 하지 않는다.

③ '행정규칙'은 상위법령의 구체적 위임이 있지 않는 한 행정조직 내부에서만 효력을 가질 뿐 대외적으로 국민이나 법원을 구속하는 효력이 없다. 다만 행정규칙이 이를 정한 행정기관의 재량에 속하는 사항에 관한 것인 때에는 그 규정 내용이 객관적 합리성을 결여하였다는 등의 특별한 사정이 없는 한 법원은 이를 존중하는 것이 바람직하다. 그러나 행정규칙의 내용이 상위법령에 반하는 것이라면 법치국가원리에서 파생되는 법질서의 통일성과 모순금지원칙에 따라 그것은 법질서상 당연무효이고, 행정내부적 효력도 인정될 수 없다. 이러한 경우 법원은 해당 행정규칙이 법질서상 부존재하는 것으로 취급하여 행정기관이 한 조치의 당부를 상위법령의 규정과 입법 목적 등에 따라서 판단하여야 한다(대판 2020.11.26, 2020두42262).

④ 항고소송의 대상이 되는 행정처분이란 원칙적으로 행정청의 공법상 행위로서 특정 사항에 대하여 법규에 의한 권리의 설정 또는 의무의 부담을 명하거나 기타 법률상 효과를 발생하게 하는 등으로 일반 국민의 권리 의무에 직접 영향을 미치는 행위를 가리키는 것이지만, 어떠한 처분의 근거나 법적인 효과가 행정규칙에 규정되어 있다고 하더라도, 그 처분이 행정규칙의 내부적 구속력에 의하여 상대방에게 권리의 설정 또는 의무의 부담을 명하거나 기타 법적인 효과를 발생하게 하는 등으로 그 상대방의 권리 의무에 직접 영향을 미치는 행위라면, 이 경우에도 항고소송의 대상이 되는 행정처분에 해당한다고 보아야 한다(대판 2021.2.10, 2020두47564).

11
정답 ①

영역 일반행정작용법 > 기타행정행위   난도 상

정답의 이유

① 개인의 자유와 권리에 직접 영향을 미치는 계획은 처분성을 가지므로, 국민들에게 고시 등으로 알려져야만 대외적으로 효력이 발생한다.

오답의 이유

② 도시계획법의 규정을 종합하여 보면 도시계획의 입안에 있어 해당 도시계획안의 내용을 공고 및 공람하게 한 것은 다수 이해관계자의 이익을 합리적으로 조정하여 국민의 권리자유에 대한 부당한 침해를 방지하고 행정의 민주화와 신뢰를 확보하기 위하여 국민의 의사를 그 과정에 반영시키는데 있는 것이므로 이러한 공고 및 공람 절차에 하자가 있는 도시계획결정은 위법하다(대판 2000.3.23. 98두2768).

③ 구 국토이용관리법상 주민이 국토이용계획의 변경에 대하여 신청을 할 수 있다는 규정이 없을 뿐만 아니라, 국토건설종합계획의 효율적인 추진과 국토이용질서를 확립하기 위한 국토이용계획은 장기성, 종합성이 요구되는 행정계획이어서 원칙적으로는 그 계획이 일단 확정된 후에 어떤 사정의 변동이 있다고 하여 그러한 사유만으로는 지역주민이나 일반 이해관계인에게 일일이 그 계획의 변경을 신청할 권리를 인정하여 줄 수는 없을 것이지만, 장래 일정한 기간 내에 관계 법령이 규정하는 시설 등을 갖추어 일정한 행정처분을 구하는 신청을 할 수 있는 법률상 지위에 있는 자의 국토이용계획변경신청을 거부하는 것이 실질적으로 당해 행정처분 자체를 거부하는 결과가 되는 경우에는 예외적으로 그 신청인에게 국토이용계획변경을 신청할 권리가 인정된다고 봄이 상당하므로, 이러한 신청에 대한 거부행위는 항고소송의 대상이 되는 행정처분에 해당한다(대판 2003.9.23. 2001두10936).

④ 비구속적 행정계획안이나 행정지침이라도 국민의 기본권에 직접적으로 영향을 끼치고, 앞으로 법령의 뒷받침에 의하여 그대로 실시될 것이 틀림없을 것으로 예상될 수 있을 때에는, 공권력행위로서 예외적으로 헌법소원의 대상이 될 수 있다(헌재 2000.6.1. 99헌마538 등 병합).

12
정답 ③

영역 행정법 서론 > 행정법   난도 중

정답의 이유

③ 지방자치단체가 일방 당사자가 되는 이른바 '공공계약'이 사경제의 주체로서 상대방과 대등한 위치에서 체결하는 사법상 계약에 해당하는 경우 그에 관한 법령에 특별한 정함이 있는 경우를 제외하고는 사적 자치와 계약자유의 원칙 등 사법의 원리가 그대로 적용된다(대판 2018.2.13. 2014두11328).

오답의 이유

① 산림청장이나 그로부터 권한을 위임받은 행정청이 산림법 등이 정하는 바에 따라 국유임야를 대부하거나 매각하는 행위는 사경제적 주체로서 상대방과 대등한 입장에서 하는 사법상 계약이지 행정청이 공권력의 주체로서 상대방의 의사 여하에 불구하고 일방적으로 행하는 행정처분이라고 볼 수 없으며 이 대부계약에 의한 대부료 부과 조치 역시 사법상 채무이행을 구하는 것으로 보아야지 이를 행정처분이라고 할 수 없다(대판 1993.12.7. 91누11612).

② 허가권자인 지방자치단체의 장이 한 건축협의 거부행위는 비록 그 상대방이 국가 등 행정주체라 하더라도, 행정청이 행하는 구체적 사실에 관한 법집행으로서의 공권력 행사의 거부 내지 이에 준하는 행정작용으로서 행정소송법 제2조 제1항 제1호에서 정한 처분에 해당한다고 볼 수 있고, 이에 대한 법적 분쟁을 해결할 실효적인 다른 법적 수단이 없는 이상 국가 등은 허가권자를 상대로 항고소송을 통해 그 거부처분의 취소를 구할 수 있다고 해석된다(대판 2014.3.13. 2013두15934).

13
정답 ②

영역 행정법 서론 > 행정상 법률관계   난도 중

정답의 이유

② 중소기업기술정보진흥원장이 갑 주식회사와 중소기업 정보화지원사업 지원대상인 사업의 지원에 관한 협약을 체결하였는데, 협약이 갑 회사에 책임이 있는 사업실패로 해지되었다는 이유로 협약에서 정한 대로 지급받은 정부지원금을 반환할 것을 통보한 사안에서, 협약의 해지 및 그에 따른 환수통보는 행정청이 우월한 지위에서 행하는 공권력의 행사로서 행정처분에 해당한다고 볼 수 없다(대판 2015.8.27. 2015두41449).

오답의 이유

① 지방자치단체인 피고가 사인인 원고 등에게 이 사건 시설의 운영을 위탁하고 그 위탁운영비용을 지급하는 것을 내용으로 하는 용역계약으로서, 상호 대등한 입장에서 당사자의 합의에 따라 체결한 사법상 계약에 해당한다(대판 2019.10.17. 2018두60588).

③ 공공사업의 시행자가 공특법에 따라 그 사업에 필요한 토지를 협의취득하는 행위는 사경제주체로서 행하는 사법상의 매매행위에 지나지 아니하므로 원고는 민사소송의 방법으로 피고를 상대로 잔여지 매수청구 및 손실보상을 구할 수 있다(대판 2004.9.24. 2002다68713).

④ 지방자치단체의 관할구역 내에 있는 각급 학교에서 학교 회계직원으로 근무하는 것을 내용으로 하는 근로계약은 사법상 계약에 해당한다(대판 2018.5.11. 2015다237748).

14

영역 행정절차와 행정공개 > 정보공개와 개인정보보호 　　**난도** 중

정답의 이유

① 많은 양의 트위터 정보처럼 개인정보와 이에 해당하지 않는 정보가 혼재된 경우, 국민의 사생활의 비밀을 보호하고 개인정보에 대한 권리를 보장하고자 하는 개인정보 보호법의 입법취지에 비추어 그 수집, 제공 등 처리에는 전체적으로 개인정보 보호법상 개인정보에 대한 규정이 적용된다고 해석하는 것이 타당하다(서울고법 2015.2.9, 2014노2820).

오답의 이유

② 개인정보자기결정권으로 보호하려는 내용을 위 각 기본권들 및 헌법원리들 중 일부에 완전히 포섭시키는 것은 불가능하다고 할 것이므로, 그 헌법적 근거를 굳이 어느 한 두개에 국한시키는 것은 바람직하지 않은 것으로 보이고, 오히려 개인정보자기결정권은 이들을 이념적 기초로 하는 독자적 기본권으로서 헌법에 명시되지 아니한 기본권이라고 보아야 할 것이다(헌재 2005.5.26, 99헌마513 등 병합).

③ 살아있는 개인에 대한 정보만을 의미한다(개인정보 보호법 제2조 제1호).

④ 개인정보 보호법은 민간부분뿐만 아니라 공공기관의 개인정보보호에도 적용된다(개인정보 보호법 제2조 제6호 · 제5조).

15

정답 ④

영역 행정상 쟁송 > 행정심판 　　**난도** 하

정답의 이유

④ 행정심판법 제43조 제3항 참조

오답의 이유

① 90일 이내에 제기하여야 한다(행정소송법 제20조 제1항).

> **제20조(제소기간)** ① 취소소송은 처분 등이 있음을 안 날부터 90일 이내에 제기하여야 한다. 다만, 제18조 제1항 단서에 규정한 경우와 그 밖에 행정심판청구를 할 수 있는 경우 또는 행정청이 행정심판청구를 할 수 있다고 잘못 알린 경우에 행정심판청구가 있은 때의 기간은 재결서의 정본을 송달받은 날부터 기산한다.
> ② 취소소송은 처분 등이 있은 날부터 1년(제1항 단서의 경우는 재결이 있은 날부터 1년)을 경과하면 이를 제기하지 못한다. 다만, 정당한 사유가 있는 때에는 그러하지 아니하다.
> ③ 제1항의 규정에 의한 기간은 불변기간으로 한다.

② 의무이행심판의 경우, 행정심판위원회는 직접 신청에 따른 처분을 할 수 있다(행정심판법 제43조 제5항).

> **제43조(재결의 구분)** ① 위원회는 심판청구가 적법하지 아니하면 그 심판청구를 각하(却下)한다.
> ② 위원회는 심판청구가 이유가 없다고 인정하면 그 심판청구를 기각(棄却)한다.
> ③ 위원회는 취소심판의 청구가 이유가 있다고 인정하면 처분을 취소 또는 다른 처분으로 변경하거나 처분을 다른 처분으로 변경할 것을 피청구인에게 명한다.
> ④ 위원회는 무효등확인심판의 청구가 이유가 있다고 인정하면 처분의 효력 유무 또는 처분의 존재 여부를 확인한다.
> ⑤ 위원회는 의무이행심판의 청구가 이유가 있다고 인정하면 지체 없이 신청에 따른 처분을 하거나 처분을 할 것을 피청구인에게 명한다.

③ 사정재결은 무효등확인심판에는 적용하지 아니한다(행정심판법 제44조 제3항).

16

정답 ③

영역 행정조직법 > 공무원법 　　**난도** 중

정답의 이유

③ 공무원이 국가를 상대로 실질이 보수에 해당하는 금원의 지급을 구하려면 공무원의 '근무조건 법정주의'에 따라 국가공무원법령 등 공무원의 보수에 관한 법률에 그 지급근거가 되는 명시적 규정이 존재하여야 하고, 나아가 해당 보수 항목이 국가예산에도 계상되어 있어야만 한다(대판 2018.2.28, 2017두64606).

오답의 이유

① 지방공무원법에서 규정하고 있는 고충심사제도는 공무원으로서의 권익을 보장하고 적정한 근무환경을 조성하여 주기 위하여 근무조건 또는 인사관리 기타 신상문제에 대하여 법률적인 쟁송의 절차에 의하여서가 아니라 사실상의 절차에 의하여 그 시정과 개선책을 청구하여 줄 것을 임용권자에게 청구할 수 있도록 한 제도로서, 고충심사결정 자체에 의하여는 어떠한 법률관계의 변동이나 이익의 침해가 직접적으로 생기는 것은 아니므로 고충심사의 결정은 행정상 쟁송의 대상이 되는 행정처분이라고 할 수 없다(대판 1987.12.8, 87누657, 등).

② 행정소송법 제18조 제3항 제1호에서 행정심판을 제기함이 없이 취소소송을 제기할 수 있는 경우로 규정하고 있는 '동종사건에 관하여 이미 행정심판의 기각재결이 있는 때'에서의 '동종사건'이라 함은 당해 사건은 물론이고 당해 사건과 기본적인 동질성이 있는 사건을 말한다. 원심판결 이유에 의하면 원심은, 방위산업체에서 산업기능요원으로 의무종사한 기간이 지방공무원 보수규정 [별표 2] 제1호 (가)목의 '군복무 경력'에 포함됨을 이유로 하는 원고의 초임호봉 재획정 신청을 거부한 피고의 이 사건 처분은 원고의 의사에 반하는 불리한 처분에 해당하므로, 원고가 이에 관한 행정소송을 제기하기 위해서는 지방공무원법 제20조의2 규정에 의하여 소청

심사위원회의 심사 · 결정을 거쳐야 함에도 이를 거치지 아니하여 이 사건 소는 부적법하다(대판 2015.8.27, 2014두4344).

④ 공무원연금법이나 근로자퇴직급여 보장법에서 정한 퇴직급여는 적법한 공무원으로서의 신분을 취득하거나 근로고용관계가 성립하여 근무하다가 퇴직하는 경우에 지급되는 것이다. 임용 당시 공무원 임용결격사유가 있었다면, 비록 국가의 과실에 의하여 임용결격자임을 밝혀내지 못하였다 하더라도 임용행위는 당연무효로 보아야 하고, 당연무효인 임용행위에 의하여 공무원의 신분을 취득한다거나 근로고용관계가 성립할 수는 없다. 따라서 임용결격자가 공무원으로 임용되어 사실상 근무하여 왔다 하더라도 적법한 공무원으로서의 신분을 취득하지 못한 자로서는 공무원연금법이나 근로자퇴직급여 보장법에서 정한 퇴직급여를 청구할 수 없다. 나아가 이와 같은 법리는 임용결격사유로 인하여 임용행위가 당연무효인 경우뿐만 아니라 임용행위의 하자로 임용행위가 취소되어 소급적으로 지위를 상실한 경우에도 마찬가지로 적용된다(대판 2017.5.11, 2012다200486).

17
정답 ④

난도 상

정답의 이유

④ 구 헌법재판소법 제47조 제1항은 "법률의 위헌결정은 법원 기타 국가기관 및 지방자치단체를 기속한다."고 규정하고 있는데, 이러한 위헌결정의 기속력과 헌법을 최고규범으로 하는 법질서의 체계적 요청에 비추어 국가기관 및 지방자치단체는 위헌으로 선언된 법률규정에 근거하여 새로운 행정처분을 할 수 없음은 물론이고, 위헌결정 전에 이미 형성된 법률관계에 기한 후속처분이라도 그것이 새로운 위헌적 법률관계를 생성 · 확대하는 경우라면 이를 허용할 수 없다. 따라서 조세 부과의 근거가 되었던 법률규정이 위헌으로 선언된 경우, 비록 그에 기한 과세처분이 위헌결정 전에 이루어졌고, 과세처분에 대한 제소기간이 이미 경과하여 조세채권이 확정되었으며, 조세채권의 집행을 위한 체납처분의 근거규정 자체에 대하여는 따로 위헌결정이 내려진 바 없다고 하더라도, 위와 같은 위헌결정 이후에 조세채권의 집행을 위한 새로운 체납처분에 착수하거나 이를 속행하는 것은 더 이상 허용되지 않고, 나아가 이러한 위헌결정의 효력에 위배하여 이루어진 체납처분은 그 사유만으로 하자가 중대하고 객관적으로 명백하여 당연무효라고 보아야 한다(대판 2012.2.16, 2010두10907 전합).

① 국세기본법상 증액경정처분이 있는 경우, 당초 신고나 결정은 증액경정처분에 흡수됨으로써 독립한 존재가치를 잃게 된다고 보아야 하므로, 원칙적으로는 당초 신고나 결정에 대한 불복기간의 경과 여부 등에 관계없이 증액경정처분만이 항고소송의 심판대상이 되고, 납세의무자는 그 항고소송에서 '당초 신고나 결정에 대한 위법사유'도 함께 주장할 수 있다(대판 2009.5.14, 2006두17390).

② 행정관청의 내부적인 사무처리의 편의를 도모하기 위하여 그의 보조기관 또는 하급행정관청으로 하여금 그의 권한을 사실상 행사하게 하는 것이므로, 권한위임의 경우에는 수임관청이 자기의 이름으로 그 권한행사를 할 수 있지만 내부위임의 경우에는 수임관청은 위임관청의 이름으로만 그 권한을 행사할 수 있을 뿐 자기의 이름으로는 그 권한을 행사할 수 없다(대판 1995.11.28, 94누6475).

③ 피고(국가보훈처장)가 행한 이 사건 통보행위 자체는 유족으로서 상훈법에 따라 훈장 등을 보관하고 있는 원고들에 대하여 그 반환요구의 전제로서 대통령의 서훈취소결정이 있었음을 알리는 것에 불과하므로, 이로써 피고가 그 명의로 서훈취소의 처분을 하였다고 볼 것은 아니다. 나아가 이 사건 서훈취소 처분의 통지가 처분권한자인 대통령이 아니라 그 보좌기관인 피고(국가보훈처장)에 의하여 이루어졌다고 하더라도, 그 처분이 대통령의 인식과 의사에 기초하여 이루어졌고, 그 통지로 이 사건 서훈취소 처분의 주체(대통령)와 내용을 알 수 있으므로, 이 사건 서훈취소 처분의 외부적 표시의 방법으로서 위 통지의 주체나 형식에 어떤 하자가 있다고 보기도 어렵다(대판 2014.9.26, 2013두2518).

18
정답 ②

난도 중

정답의 이유

② 행정절차법 규정에 의하면, 행정청이 당사자에게 의무를 과하거나 권익을 제한하는 처분을 함에 있어서는 당사자 등에게 처분의 사전통지를 하고 의견제출의 기회를 주어야 하며, 여기서 당사자라 함은 행정청의 처분에 대하여 직접 그 상대가 되는 자를 의미한다 할 것이고, 영업자의 지위를 승계한 자가 관계 행정청에 이를 신고하여 행정청이 이를 수리하는 경우에는 종전의 영업자에 대한 영업허가 등은 그 효력을 잃는다 할 것인데, 위 규정들을 종합하면 위 행정청이 구 식품위생법 규정에 의하여 영업자지위승계신고를 수리하는 처분은 종전의 영업자의 권익을 제한하는 처분이라 할 것이고 따라서 종전의 영업자는 그 처분에 대하여 직접 그 상대가 되는 자에 해당한다고 봄이 상당하므로, 행정청으로서는 위 신고를 수리하는 처분을 함에 있어서 행정절차법 규정 소정의 당사자에 해당하는 종전의 영업자에 대하여 위 규정 소정의 행정절차를 실시하고 처분을 하여야 한다(대판 2003.2.14, 2001두7015).

① · ③ · ④ 당사자 등에게 처분의 사전통지를 하고 의견제출의 기회를 주어야 하며, 여기서 당사자라 함은 행정청의 처분에 대하여 직접 그 상대가 되는 자를 의미한다 할 것이고, 한편 구 식품위생법 제25조 제2항, 제3항의 각 규정에 의하면, 지방세법에 의한 압류재산 매각절차에 따라 영업시설의 전부를 인수함으로써 그 영업자의 지위를 승계한 자가 관계 행정청에 이를 신고하여 행정청이 이를 수리하는 경우에는 종전의 영업자에 대한 영업허가 등은 그 효력을 잃는다 할 것인데, 위 규정들을 종합하면 위 행정청이 구 식품위생법 규정에 의하여 영업자지위승계신고를 수리하는 처분은 종전의 영업자의 권익을 제한하는 처분이라 할 것이고 따라서 종전의 영업자는 그 처분에 대하여 직접 그 상대가 되는 자에 해당한다고 봄이 상당하다(대판 2003.2.14, 2001두7015).

19 ※ 출제 오류로 선지 교체
정답 ②

영역 행정상 쟁송 > 행정소송
난도 상

② 행정안전부장관이 최종 결정하고, 이에 이의가 있는 경우 대법원에 소송을 제기한다.

> **지방자치법 제5조(지방자치단체의 명칭과 구역)** ④ 제1항 및 제2항에도 불구하고 다음 각 호의 지역이 속할 지방자치단체는 제5항부터 제8항까지의 규정에 따라 행정안전부장관이 결정한다.
> 1. 「공유수면 관리 및 매립에 관한 법률」에 따른 매립지
> ⑥ 행정안전부장관은 제5항에 따른 신청을 받은 후 지체 없이 제5항에 따른 신청내용을 20일 이상 관보나 인터넷 홈페이지에 게재하는 등의 방법으로 널리 알려야 한다. 이 경우 알리는 방법, 의견 제출 등에 관하여는 「행정절차법」 제42조 · 제44조 및 제45조를 준용한다.
> ⑦ 행정안전부장관은 제6항에 따른 기간이 끝나면 다음 각 호에서 정하는 바에 따라 결정하고, 그 결과를 면허관청이나 지적소관청, 관계 지방자치단체의 장 등에게 통보하고 공고하여야 한다.
> 1. 제6항에 따른 기간 내에 신청내용에 대하여 이의가 제기된 경우: 제166조에 따른 지방자치단체중앙분쟁조정위원회(이하 이 조 및 제6조에서 "위원회"라 한다)의 심의 · 의결에 따라 제4항 각 호의 지역이 속할 지방자치단체를 결정
> 2. 제6항에 따른 기간 내에 신청내용에 대하여 이의가 제기되지 아니한 경우: 위원회의 심의 · 의결을 거치지 아니하고 신청내용에 따라 제4항 각 호의 지역이 속할 지방자치단체를 결정
> ⑨ 관계 지방자치단체의 장은 제4항부터 제7항까지의 규정에 따른 행정안전부장관의 결정에 이의가 있으면 그 결과를 통보받은 날부터 15일 이내에 대법원에 소송을 제기할 수 있다.

20
정답 ①

영역 특별행정작용법 > 공용부담법
난도 하

① 공익사업의 시행으로 지가가 상승하여 발생하는 개발이익은 사업시행자의 투자에 의한 것으로서 피수용자인 토지소유자의 노력이나 자본에 의하여 발생하는 것이 아니므로, 이러한 개발이익은 형평의 관념에 비추어 볼 때 토지소유자에게 당연히 귀속되어야 할 성질의 것이 아니고, 또한 개발이익은 공공사업의 시행에 의하여 비로소 발생하는 것이므로, 그것이 피수용 토지가 수용 당시 갖는 객관적 가치에 포함된다고 볼 수도 없다(헌재 2009.12.29, 2009헌바142).

② 개별공시지가가 아닌 표준지공시지가를 기준으로 보상액을 산정하도록 한 것은 개발이익이 배제된 수용 당시 피수용 재산의 객관적인 재산가치를 가장 정당하게 보상하는 것이라고 할 것이므로, 헌법 제23조 제3항에 위반된다고 할 수 없다(헌재 2011.8.30, 2009헌바245).

③ 민간기업에게 사업시행에 필요한 토지를 수용할 수 있도록 규정할 필요가 있다는 입법자의 인식에도 합리적인 이유가 있다(헌재 2009.9.24, 2007헌바114).

④ 수산업협동조합이 수산물 위탁판매장을 운영하면서 위탁판매 수수료를 지급받아 왔고, 그 운영에 대하여는 구 수산자원보호령에 의하여 그 대상지역에서의 독점적 지위가 부여되어 있었는데, 공유수면매립사업의 시행으로 그 사업대상지역에서 어업활동을 하던 조합원들의 조업이 불가능하게 되어 일부 위탁판매장에서의 위탁판매사업을 중단하게 된 경우, 그로 인해 수산업협동조합이 상실하게 된 위탁판매수수료 수입은 사업시행자의 매립사업으로 인한 직접적인 영업손실이 아니고 간접적인 영업손실이라고 하더라도 피침해자인 수산업협동조합이 공공의 이익을 위하여 당연히 수인하여야 할 재산권에 대한 제한의 범위를 넘어 수산업협동조합의 위탁판매사업으로 얻고 있는 영업상의 재산이익을 본질적으로 침해하는 특별한 희생에 해당하고, 사업시행자는 공유수면매립면허 고시 당시 그 매립사업으로 인하여 위와 같은 영업손실이 발생한다는 것을 상당히 확실하게 예측할 수 있었고 그 손실의 범위도 구체적으로 확정할 수 있으므로, 위 위탁판매수수료 수입손실은 헌법 제23조 제3항에 규정한 손실보상의 대상이 되고, 그 손실에 관하여 구 공유수면매립법 또는 그 밖의 법령에 직접적인 보상규정이 없더라도 공공용지의취득 및 손실보상에 관한 특례법시행규칙상의 각 규정을 유추적용하여 그에 관한 보상을 인정하는 것이 타당하다(대판 1999.10.8, 99다27231).

21

영역 행정상 쟁송 > 행정소송   난도 **중**

정답의 이유

② 제재적 행정처분이 그 처분에서 정한 제재기간의 경과로 인하여 그 효과가 소멸되었으나, 부령인 시행규칙 또는 지방자치단체의 규칙(이하 이들을 '규칙'이라고 한다)의 형식으로 정한 처분기준에서 제재적 행정처분(이하 '선행처분'이라고 한다)을 받은 것을 가중사유나 전제요건으로 삼아 장래의 제재적 행정처분(이하 '후행처분'이라고 한다)을 하도록 정하고 있는 경우, 제재적 행정처분의 가중사유나 전제요건에 관한 규정이 법령이 아니라 규칙의 형식으로 되어 있다고 하더라도, 그러한 규칙이 법령에 근거를 두고 있는 이상 그 법적 성질이 대외적 · 일반적 구속력을 갖는 법규명령인지 여부와는 상관없이, 관할 행정청이나 담당공무원은 이를 준수할 의무가 있으므로 이들이 그 규칙에 정해진 바에 따라 행정작용을 할 것이 당연히 예견되고, 그 결과 행정작용의 상대방인 국민으로서는 그 규칙의 영향을 받을 수밖에 없다. 따라서 그러한 규칙이 정한 바에 따라 선행처분을 받은 상대방이 그 처분의 존재로 인하여 장래에 받을 불이익, 즉 후행처분의 위험은 구체적이고 현실적인 것이므로, 상대방에게는 선행처분의 취소소송을 통하여 그 불이익을 제거할 필요가 있다. … 규칙이 정한 바에 따라 선행처분을 가중사유 또는 전제요건으로 하는 후행처분을 받을 우려가 현실적으로 존재하는 경우에는, 선행처분을 받은 상대방은 비록 그 처분에서 정한 제재기간이 경과하였다 하더라도 그 처분의 취소소송을 통하여 그러한 불이익을 제거할 권리보호의 필요성이 충분히 인정된다고 할 것이므로, 선행처분의 취소를 구할 법률상 이익이 있다고 보아야 한다(대판 2006.6.22, 2003두1684 전합).

오답의 이유

① 토지구획정리사업법에 의한 환지처분이 일단 공고되어 그 효력을 발생한 이상 환지전체의 절차를 처음부터 다시 밟지 않는 한 그 일부만을 따로 떼어 환지처분을 변경할 길이 없으므로 그 환지처분 중 일부 토지에 관하여 환지도 지정하지 아니하고 또 정산금도 지급하지 아니한 위법이 있다 하여도 이를 이유로 민법상의 불법행위로 인한 손해배상을 구할 수 있으므로 그 환지확정처분의 일부에 대하여 취소를 구할 법률상 이익은 없다(대판 1985.4.23, 84누446).

③ 위법한 행정처분의 취소를 구하는 소는 위법한 처분에 의하여 발생한 위법상태를 배제하여 원상으로 회복시키고 그 처분으로 침해되거나 방해받은 권리와 이익을 보호 · 구제하고자 하는 소송이므로 비록 그 위법한 처분을 취소한다 하더라도 원상회복이 불가능한 경우에는 그 취소를 구할 이익이 없다 할 것인바, 건축허가에 기하여 이미 건축공사를 완료하였다면 그 건축허가처분의 취소를 구할 이익이 없다 할 것이고, 이와 같이 건축허가처분의 취소를 구할 이익이 없게 되는 것은 건축허가처분의 취소를 구하는 소를 제

기하기 전에 건축공사가 완료된 경우 뿐 아니라 소를 제기한 후 사실심 변론종결일 전에 건축공사가 완료된 경우에도 마찬가지이다(대판 2007.4.26, 2006두18409).

④ 교원소청심사위원회의 파면처분 취소결정에 대한 취소소송 계속 중 학교법인이 교원에 대한 징계처분을 파면에서 해임으로 변경한 경우, 종전의 파면처분은 소급하여 실효되고 해임만 효력을 발생하므로, 소급하여 효력을 잃은 파면처분을 취소한다는 내용의 교원소청심사결정의 취소를 구하는 것은 법률상 이익이 없다(대판 2010.2.25, 2008두20765).

22

영역 행정상 쟁송 > 행정소송   난도 **하**

정답의 이유

③ 행정처분이 위법하거나 무효임을 주장하여 그 취소 또는 무효확인을 구하는 소송을 제기하더라도 행정처분의 효력이나 집행에는 영향이 없는 것이 원칙이다(행정소송법 제23조 제1항 · 제38조 제1항)(대결 2008.12.29, 2008무107).

오답의 이유

① 집행정지의 장애사유로서의 '공공복리에 중대한 영향을 미칠 우려'라 함은 일반적 · 추상적인 공익에 대한 침해의 가능성이 아니라 당해 처분의 집행과 관련된 구체적 · 개별적인 공익에 중대한 해를 입힐 개연성을 말하는 것으로서 이러한 집행정지의 소극적 요건에 대한 주장 · 소명책임은 행정청에게 있다(대결 2004.5.12, 2003무41).

② 행정처분의 집행정지는 행정처분집행 부정지의 원칙에 대한 예외로서 인정되는 일시적인 응급처분이라 할 것이므로 집행정지결정을 하려면 이에 대한 본안소송이 법원에 제기되어 계속중임을 요건으로 하는 것이므로 집행정지결정을 한 후에라도 본안소송이 취하되어 소송이 계속하지 아니한 것으로 되면 집행정지결정은 당연히 그 효력이 소멸되는 것이고 별도의 취소조치를 필요로 하는 것이 아니다(대결 2007.6.28, 2005무75).

④ 행정소송법 제23조 제4항

23

영역 행정의 실효성 확보수단 > 행정조사   난도 **하**

정답의 이유

① 행정기관은 법령 등에서 행정조사를 규정하고 있는 경우에 한하여 행정조사를 실시할 수 있다. 다만, 조사대상자의 자발적인 협조를 얻어 실시하는 행정조사의 경우에는 그러하지 아니하다(행정조사기본법 제5조).

② 행정조사기본법 제10조 제2항

③ 행정조사는 조사목적을 달성하는데 필요한 최소한의 범위 안에서 실시하여야 하며, 다른 목적 등을 위하여 조사권을 남용하여서는 아니 된다(행정조사기본법 제4조 제1항).

④ 행정조사기본법 제24조

24

영역 행정의 실효성 확보수단 > 행정상 강제　　　　　난도 **중**

① 행정상 즉시강제에 해당한다. 행정상 즉시강제란, 행정상 장애가 존재하거나 장애의 발생이 목전에 급박한 경우에 성질상 개인에게 의무를 명해서는 공행정 목적을 달성할 수 없거나 미리 의무를 명할 시간적 여유가 없는 경우에, 개인에게 의무를 명함이 없이 행정기관이 직접 개인의 신체나 재산에 실력을 가해 행정상 필요한 상태의 실현을 목적으로 하는 작용을 의미한다(행정기본법 제30조 제1항 제5호).

② 행정기본법 제33조 제1항

③ 행정기본법 제30조 제1항 제5호

④ 행정기본법 제33조 제2항

제30조(행정상 강제) ① 행정청은 행정목적을 달성하기 위하여 필요한 경우에는 법률로 정하는 바에 따라 필요한 최소한의 범위에서 다음 각 호의 어느 하나에 해당하는 조치를 할 수 있다.

　5. 즉시강제: 현재의 급박한 행정상의 장해를 제거하기 위한 경우로서 다음 각 목의 어느 하나에 해당하는 경우에 행정청이 곧바로 국민의 신체 또는 재산에 실력을 행사하여 행정목적을 달성하는 것

　　가. 행정청이 미리 행정상 의무 이행을 명할 시간적 여유가 없는 경우

　　나. 그 성질상 행정상 의무의 이행을 명하는 것만으로는 행정목적 달성이 곤란한 경우

제33조(즉시강제) ① 즉시강제는 다른 수단으로는 행정목적을 달성할 수 없는 경우에만 허용되며, 이 경우에도 최소한으로만 실시하여야 한다.

② 즉시강제를 실시하기 위하여 현장에 파견되는 집행책임자는 그가 집행책임자임을 표시하는 증표를 보여 주어야 하며, 즉시강제의 이유와 내용을 고지하여야 한다.

25

영역 일반행정작용법 > 행정상 입법　　　　　난도 **중**

④ 재량권 행사의 준칙인 행정규칙이 그 정한 바에 따라 되풀이 시행되어 행정관행이 이루어지게 되면 평등의 원칙이나 신뢰보호의 원칙에 따라 행정기관은 그 상대방에 대한 관계에서 그 규칙에 따라야 할 자기구속을 받게 되므로, 이러한 경우에는 특별한 사정이 없는 한 그를 위반하는 처분은 평등의 원칙이나 신뢰보호의 원칙에 위배되어 재량권을 일탈·남용한 위법한 처분이 된다(대판 2009.12.24, 2009두7967).

① 식품위생법시행규칙은 재량준칙으로서 그에 기초한 영업정지처분은 재량행위이다.

② 식품위생법 시행규칙 제89조가 법 제74조에 따른 행정처분의 기준으로 마련한 [별표 23] 제3호 8. 라. 1)에서 위반사항을 '유흥주점 외의 영업장에 무도장을 설치한 경우'로 한 행정처분 기준을 규정하고 있을 뿐이다. 그러나 이러한 행정처분 기준은 행정청 내부의 재량준칙에 불과하므로, 재량준칙에서 위반사항의 하나로 '유흥주점 외의 영업장에 무도장을 설치한 경우'를 들고 있다고 하여 이를 위반의 대상이 된 금지의무의 근거규정이라고 해석할 수는 없다(대판 2015.7.9, 2014두47853).

③ 행정처분을 하기 위한 절차가 진행되는 기간 중에 반복하여 같은 위반행위를 하는 경우 또는 여러 위반행위의 경우 등에는 가중하도록 규정을 두고 있다.

2021 | 5급 기출문제 해설

☑ 점수 (   )점/100점   ☑ 문제편 084쪽

영역 분석

일반행정작용법	7문항	★★★★★★★	28%
특별행정작용법	5문항	★★★★★	20%
행정절차와 행정공개	5문항	★★★★★	20%
행정조직법	2문항	★★	8%
행정법 서론	2문항	★★	8%
행정상 쟁송	2문항	★★	8%
행정의 실효성 확보수단	1문항	★	4%
행정구제법	1문항	★	4%

빠른 정답

01	02	03	04	05	06	07	08	09	10
④	①	②	①	②	②	③	①	③	④
11	12	13	14	15	16	17	18	19	20
①	③	③	①	④	④	②	②	①	①
21	22	23	24	25					
③	④	③	②	③					

01

정답 ④

영역 일반행정작용법 > 행정행위   난도 중

[정답의 이유]

ㄱ. 위헌인 법률에 근거한 행정처분이 당연무효인지의 여부는 위헌결정의 소급효와는 별개의 문제로서, 위헌결정의 소급효가 인정된다고 하여 위헌인 법률에 근거한 행정처분이 당연무효가 된다고는 할 수 없다(대판 1994.10.28, 92누9463).

ㄴ. 위헌결정을 위한 계기를 부여한 사건(당해 사건), 위헌결정이 있기 전에 이와 동종의 위헌 여부에 관하여 헌법재판소에 위헌제청을 하였거나 법원에 위헌제청신청을 한 사건(동종사건), 따로 위헌제청신청을 아니하였지만 당해 법률조항이 재판의 전제가 되어 법원에 계속 중인 사건(병행사건)에 대하여 예외적으로 소급효가 인정되고, 위헌결정 이후에 제소된 사건(일반사건)이라도 구체적 타당성의 요청이 현저하고 소급효의 부인이 정의와 형평에 반하는 경우에는 예외적으로 소급효를 인정할 수 있다(헌재 2013.6.27, 2010헌마535).

ㄷ. 헌법재판소의 위헌결정의 효력은 위헌제청을 한 당해 사건, 위헌결정이 있기 전에 이와 동종의 위헌 여부에 관하여 헌법재판소에 위헌 여부 심판제청을 하였거나 법원에 위헌 여부 심판제청신청을 한 동종사건과 따로 위헌제청 신청은 아니하였지만 당해 법률 또는 법률 조항이 재판의 전제가 되어 법원에 계속 중인 병행사건뿐만 아니라, 위헌결정 이후에 위와 같은 이유로 제소된 일반사건에도 미친다고 할 것이나, 위헌결정의 효력은 그 미치는 범위가 무한정일 수는 없고, 다른 법리에 의하여 그 소급효를 제한하는 것까지 부정되는 것은 아니라 할 것이며, 법적 안정성의 유지나 당사자의 신뢰 보호를 위하여 불가피한 경우에 위헌결정의 소급효를 제한하는 것은 오히려 법치주의의 원칙상 요청되는 바라고 할 것이다(대판 2006.6.9, 2006두1296).

ㄹ. 위헌결정의 기속력과 헌법을 최고규범으로 하는 법질서의 체계적 요청에 비추어 국가기관 및 지방자치단체는 위헌으로 선언된 법률규정에 근거하여 새로운 행정처분을 할 수 없음은 물론이고, 위헌결정 전에 이미 형성된 법률관계에 기한 후속처분이라도 그것이 새로운 위헌적 법률관계를 생성·확대하는 경우라면 이를 허용할 수 없다. 따라서 조세 부과의 근거가 되었던 법률규정이 위헌으로 선언된 경우, 비록 그에 기한 과세처분이 위헌결정 전에 이루어졌고, 과세처분에 대한 제소기간이 이미 경과하여 조세채권이 확정되었으며, 조세채권의 집행을 위한 체납처분의 근거규정 자체에 대하여는 따로 위헌결정이 내려진 바 없다고 하더라도, 위와 같은 위헌결정 이후에 조세채권의 집행을 위한 새로운 체납처분에 착수하거나 이를 속행하는 것은 더 이상 허용되지 않고, 나아가 이러한 위헌결정의 효력에 위배하여 이루어진 체납처분은 그 사유만으로 하자가 중대하고 객관적으로 명백하여 당연무효라고 보아야 한다(대판 2012.2.16, 2010두10907 전합).

02

정답 ①

영역 일반행정작용법 > 기타행정행위   난도 중

[정답의 이유]

① 항고소송의 대상이 되는 행정처분은 행정청의 공법상의 행위로서 상대방 또는 기타 관계자들의 법률상 지위에 직접적으로 법률적인 변동을 일으키는 행위를 말하는 것이므로 세무당국이 소외 회사에 대하여 원고와의 주류거래를 일정기간 중지하여 줄 것을 요청한

행위는 권고 내지 협조를 요청하는 권고적 성격의 행위로서 소외 회사나 원고의 법률상의 지위에 직접적인 법률상의 변동을 가져오는 행정처분이라고 볼 수 없으므로, 항고소송의 대상이 될 수 없다(대판 1980.10.27, 80누395).

오답의 이유

② 위법한 행정지도로 손해가 발생한 경우 국가배상법 제2조에서 정한 요건을 갖춘 경우 국가 등을 상대로 손해배상을 청구할 수 있다.

③ 건축법에 의하여 도로지정이 있게 되면 그 도로부지 소유자들은 건축법에 따른 토지사용상의 제한을 받게 되므로 도로지정은 도로의 구간ㆍ연장ㆍ폭 및 위치 등을 특정하여 명시적으로 행하여져야 하고, 따라서 계쟁 도로가 사유지로서 토지대장상 지목이 도로이고 도시계획확인도면의 대로부지와 연결된 동일 지번의 토지라고 하더라도 그 사실만으로는 시장ㆍ군수의 도로지정이 있었다고 볼 수 없고, 또한 행정관청이 건축허가시 도로의 폭에 관하여 행정지도를 하였다고 하여 시장ㆍ군수의 도로지정이 있었던 것으로 볼 수도 없다(대판 1999.8.24, 99두592).

④ 행정기관은 행정지도의 상대방이 행정지도에 따르지 아니하였다는 것을 이유로 불이익한 조치를 하여서는 아니 된다(행정절차법 제48조 제2항).

03

정답 ②

영역 일반행정작용법 > 행정행위 　　　　　　　　 난도 **상**

정답의 이유

② 주한미군 공여구역주변지역 등 지원 특별법의 인허가의제 조항은 목적사업의 원활한 수행을 위해 행정절차를 간소화하고자 하는 데 입법 취지가 있는데, 만일 사업시행승인 전에 반드시 사업 관련 모든 인허가의제 사항에 관하여 관계 행정기관의 장과 협의를 거쳐야 한다고 해석하면 일부의 인허가의제 효력만을 먼저 얻고자 하는 사업시행승인 신청인의 의사와 맞지 않을 뿐만 아니라 사업시행승인 신청을 하기까지 상당한 시간이 소요되어 그 취지에 반하는 점, 인허가의제 사항 중 일부만에 대하여도 관계 행정기관의 장과 협의를 거치면 인허가의제 효력이 발생할 수 있음을 명확히 하고 있는 점 등에 비추어 보면, 모든 인허가의제 사항에 관하여 관계 행정기관의 장과 일괄하여 사전 협의를 거칠 것을 요건으로 하는 것은 아니고, 사업시행승인 후 인허가의제 사항에 관하여 관계 행정기관의 장과 협의를 거치면 그때 해당 인허가가 의제된다고 보는 것이 타당하다(대판 2012.2.9, 2009두16305).

오답의 이유

① 대판 2016.11.25, 2015두37815

③ 대판 2011.1.20, 2010두14954 전합

④ 대판 2018.11.29, 2016두38792

04

정답 ①

영역 특별행정작용법 > 급부행정법 　　　　　　　 난도 **중**

정답의 이유

① 공물의 보통사용(일반사용)은 주로 공공용물에서 허용된다. 공공용물 자체가 일반공중의 사용에 제공된 것이기 때문이다. 그러나 공용물과 보존공물은 일반공중의 사용에 제공된 것이 아니므로 예외적으로 본래의 목적에 반하지 않는 경우에 한하여만 제한적으로 가능하다.

오답의 이유

② 공물의 보통사용에 관하여는 사용료를 징수하지 못함이 원칙이나 예외적으로 사용료를 징수하는 경우도 있다(예 지방자치법 제153조, 하천법 제37조, 문화유산법 제49조, 하수도법 제65조).

③ 승용차 운전자가 요금을 지불하고 터널을 이용하는 것은 사용료를 납입하는 공물의 일반사용으로서 공법관계에 해당한다.

④ 하천의 점용허가권은 특허에 의한 공물사용권의 일종으로서 하천의 관리 주체에 대하여 일정한 특별사용을 청구할 수 있는 채권에 지나지 아니하고 대세적 효력이 있는 물권이라 할 수 없다(대판 1990.2.13, 89다카23022). 즉, 공물의 특허 사용은 원칙적으로 배타적 지배를 내용으로 하지 않고 공물 주체에게 공물사용권을 주장할 수 있을 뿐이므로 채권적 성질을 가진다. 다만, 어업권ㆍ광업권 등은 법률규정에 의하여 물권으로서의 효력을 인정하는 규정을 다수 두고 있다(수산업법, 광업법 등).

05

정답 ②

영역 일반행정작용법 > 행정행위 　　　　　　　　 난도 **중**

정답의 이유

② 표준지공시지가결정이 위법한 경우에는 그 자체를 행정소송의 대상이 되는 행정처분으로 보아 그 위법 여부를 다툴 수 있음은 물론, 수용보상금의 증액을 구하는 소송에서도 선행처분으로서 그 수용대상 토지 가격 산정의 기초가 된 비교표준지공시지가결정의 위법을 독립한 사유로 주장할 수 있다(대판 2008.8.21, 2007두13845).

오답의 이유

① 도시ㆍ군계획시설결정과 실시계획인가는 도시ㆍ군계획시설사업을 위하여 이루어지는 단계적 행정절차서 별도의 요건과 절차에 따라 별개의 법률효과를 발생시키는 독립적인 행정처분이다. 그러므로 선행처분인 도시ㆍ군계획시설결정에 하자가 있더라도 그것이 당연무효가 아닌 한 원칙적으로 후행처분인 실시계획인가에 승계되지 않는다(대판 2017.7.18, 2016두49938).

③ 사업시행계획에 관한 취소사유인 하자는 관리처분계획에 승계되지 아니하므로 그 하자를 들어 관리처분계획의 적법 여부를 다툴 수 없다(대판 2012.8.23, 2010두13463).

④ 대판 2013.3.14, 2012두6964

정답의 이유

② 오늘날 의회의 입법독점주의에서 입법중심주의로 전환하여 일정한 범위 내에서 행정입법을 허용하게 된 동기가 사회적 변화에 대응한 입법수요의 급증과 종래의 형식적 권력분립주의로는 현대사회에 대응할 수 없다는 기능적 권력분립론에 있다는 점 등을 감안하여 헌법 제40조와 헌법 제75조, 제95조의 의미를 살펴보면, 국회입법에 의한 수권이 입법기관이 아닌 행정기관에게 법률 등으로 구체적인 범위를 정하여 위임한 사항에 관하여는 당해 행정기관에게 법정립의 권한을 갖게 되고, 입법자가 규율의 형식도 선택할 수 있다 할 것이므로, 헌법이 인정하고 있는 위임입법의 형식은 예시적인 것으로 보아야 할 것이고, 그것은 법률이 행정규칙에 위임하더라도 그 행정규칙은 위임된 사항만을 규율할 수 있으므로, 국회입법의 원칙과 상치되지도 않는다. 다만 행정규칙은 법규명령과 같은 엄격한 제정 및 개정절차를 요하지 아니하므로, 재산권 등과 같은 기본권을 제한하는 작용을 하는 법률이 입법위임을 할 때에는 대통령령, 총리령, 부령 등 법규명령에 위임함이 바람직하고, 고시와 같은 형식으로 입법위임을 할 때에는 적어도 행정규제기본법 제4조 제2항 단서에서 정한 바와 같이 법령이 전문적·기술적 사항이나 경미한 사항으로서 업무의 성질상 위임이 불가피한 사항에 한정된다 할 것이고, 그러한 사항이라 하더라도 포괄위임금지의 원칙상 법률의 위임은 반드시 구체적·개별적으로 한정된 사항에 대하여 행하여져야 한다(헌재 2006.12.28, 2005헌바59).

오답의 이유

① 소득세법시행령에 의하여 투기거래를 규정한 재산제세조사사무처리규정(국세청훈령 제980호)은 그 형식은 행정규칙으로 되어 있으나 시행령의 규정을 보충하는 기능을 가지면서 그와 결합하여 법규명령과 같은 효력(대외적인 구속력)을 가진다(대판 1989.11.14, 89누5676).

③·④ 법령의 규정이 특정 행정기관에게 법령 내용의 구체적 사항을 정할 수 있는 권한을 부여하면서 권한행사의 절차나 방법을 특정하지 아니한 경우에는 수임 행정기관은 행정규칙이나 규정 형식으로 법령 내용이 될 사항을 구체적으로 정할 수 있다. 이 경우 행정규칙 등은 당해 법령의 위임한계를 벗어나지 않는 한 대외적 구속력이 있는 법규명령으로서 효력을 가지게 되지만, 이는 행정규칙이 갖는 일반적 효력이 아니라 행정기관에 법령의 구체적 내용을 보충할 권한을 부여한 법령 규정의 효력에 근거하여 예외적으로 인정되는 것이다. 따라서 그 행정규칙이나 규정이 상위법령의 위임범위를 벗어난 경우에는 법규명령으로서 대외적 구속력을 인정할 여지는 없다. 이는 행정규칙이나 규정 '내용'이 위임범위를 벗어난 경우뿐 아니라 상위법령의 위임규정에서 특정하여 정한 권한행사의 '절차'나 '방식'에 위배되는 경우도 마찬가지이므로, 상위법령에서 세부사항 등을 시행규칙으로 정하도록 위임하였음에도 이를 고시 등 행정규칙으로 정하였다면 그 역시 대외적 구속력을 가지는 법규명령으로서 효력이 인정될 수 없다(대판 2012.7.5, 2010다72076).

정답의 이유

③ 행정절차법 제46조의2

오답의 이유

① 국가기간교통망계획 수립은 예외사유(행정절차법 제46조 제1항 제3호에 해당하지 않으므로 원칙적으로 예고하여야 한다.

② 행정예고기간은 예고 내용의 성격 등을 고려하여 정하되, 20일 이상으로 한다(행정절차법 제46조 제3항).

④ 행정청은 정책 등을 수립·시행하거나 변경하려는 경우에는 원칙적으로 예고하여야 한다(행정절차법 제46조). 다만 긴급한 사유 등(행정절차법 제46조 제1항 단서의 각호)이 있을 때에는 예고하지 아니할 수 있다.

> **제46조(행정예고)** ① 행정청은 정책, 제도 및 계획(이하 "정책 등"이라 한다)을 수립·시행하거나 변경하려는 경우에는 이를 예고하여야 한다. 다만, 다음 각 호의 어느 하나에 해당하는 경우에는 예고를 하지 아니할 수 있다.
> 1. 신속하게 국민의 권리를 보호하여야 하거나 예측이 어려운 특별한 사정이 발생하는 등 긴급한 사유로 예고가 현저히 곤란한 경우
> 2. 법령 등의 단순한 집행을 위한 경우
> 3. 정책 등의 내용이 국민의 권리·의무 또는 일상생활과 관련이 없는 경우
> 4. 정책 등의 예고가 공공의 안전 또는 복리를 현저히 해칠 우려가 상당한 경우
> ② 제1항에도 불구하고 법령 등의 입법을 포함하는 행정예고는 입법예고로 갈음할 수 있다.
> ③ 행정예고기간은 예고 내용의 성격 등을 고려하여 정하되, 20일 이상으로 한다.

정답 ①

영역 일반행정작용법 > 기타행정행위   난도 **중**

정답의 이유

① 도시계획법령이 토지형질변경행위허가의 변경신청 및 변경허가에 관하여 아무런 규정을 두지 않고 있을 뿐 아니라. 처분청이 처분 후에 원래의 처분을 그대로 존속시킬 필요가 없게 된 사정변경이 생겼거나 중대한 공익상의 필요가 발생한 경우에는 별도의 법적 근거가 없어도 별개의 행정행위로 이를 철회·변경할 수 있지만 이는 그러한 철회·변경의 권한을 처분청에게 부여하는 데 그치는 것일 뿐 상대방 등에게 그 철회·변경을 요구할 신청권까지를 부여하는 것은 아니라 할 것이므로, 이와 같이 법규상 또는 조리상의 신청권이 없이 한 국민들의 토지형질변경행위 변경허가신청을 반려한 당해 반려처분은 항고소송의 대상이 되는 처분에 해당되지 않는다(대판 1997.9.12, 96누6219).

오답의 이유

② 국토의 계획 및 이용에 관한 법률은 도시계획시설결정으로 인한 개인의 재산권행사의 제한을 줄이기 위하여, 도시·군계획시설부지의 매수청구권 등을 규정하고 있다. 이들 규정에 헌법상 개인의 재산권 보장의 취지를 더하여 보면, 도시계획구역 내 토지 등을 소유하고 있는 사람과 같이 당해 도시계획시설결정에 이해관계가 있는 주민으로서는 도시시설계획의 입안권자 내지 결정권자에게 도시시설계획의 입안 내지 변경을 요구할 수 있는 법규상 또는 조리상의 신청권이 있고, 이러한 신청에 대한 거부행위는 항고소송의 대상이 되는 행정처분에 해당한다(대판 2015.3.26, 2014두42742).

③ 구 국토이용관리법상 주민이 국토이용계획의 변경에 대하여 신청을 할 수 있다는 규정이 없을 뿐만 아니라, 국토건설종합계획의 효율적인 추진과 국토이용질서를 확립하기 위한 국토이용계획은 장기성, 종합성이 요구되는 행정계획이어서 원칙적으로는 그 계획이 일단 확정된 후에 어떤 사정의 변동이 있다고 하여 그러한 사유만으로는 지역주민이나 일반 이해관계인에게 일일이 그 계획의 변경을 신청할 권리를 인정하여 줄 수는 없을 것이지만, 장래 일정한 기간 내에 관계 법령이 규정하는 시설 등을 갖추어 일정한 행정처분을 구하는 신청을 할 수 있는 법률상 지위에 있는 자의 국토이용계획변경신청을 거부하는 것이 실질적으로 당해 행정처분 자체를 거부하는 결과가 되는 경우에는 예외적으로 그 신청인에게 국토이용계획변경을 신청할 권리가 인정된다고 봄이 상당하므로, 이러한 신청에 대한 거부행위는 항고소송의 대상이 되는 행정처분에 해당한다(대판 2003.9.23, 2001두10936).

④ 헌재 2000.6.1, 99헌마538

09

정답 ③

영역 행정조직법 > 공무원법   난도 **하**

정답의 이유

③ 국가공무원법 제78조는 징계를 요구하여야 하는 기속행위로 규정하고 있다.

> **제78조(징계사유)** ① 공무원이 다음 각 호의 어느 하나에 해당하면 징계 의결을 요구하여야 하고 그 징계 의결의 결과에 따라 징계처분을 하여야 한다.
> 1. 이 법 및 이 법에 따른 명령을 위반한 경우(=법령위반이 있는 때)
> 2. 직무상의 의무(다른 법령에서 공무원의 신분으로 인하여 부과된 의무를 포함한다)를 위반하거나 직무를 태만히 한 때(=직무상의 의무위반 또는 직무태만이 있는 때)
> 3. 직무의 내외를 불문하고 그 체면 또는 위신을 손상하는 행위를 한 때(=공무원의 체면 또는 위신에 손상을 입힌 때)

오답의 이유

① 국가공무원법 제75조 제1항

> **제75조(처분사유설명서의 교부)** ① 공무원에 대하여 징계처분 등을 할 때나 강임·휴직·직위해제 또는 면직처분을 할 때에는 그 처분권자 또는 처분제청권자는 처분사유를 적은 설명서를 교부하여야 한다. 다만, 본인의 원에 따른 강임·휴직 또는 면직처분은 그러하지 아니하다.

② 국가공무원법 제79조

④ 국가공무원법 제16조 제1항에서 필수적 전치주의를 규정하고 있다.

> **제16조(행정소송과의 관계)** ① 제75조에 따른 처분, 그 밖에 본인의 의사에 반한 불리한 처분이나 부작위(不作爲)에 관한 행정소송은 소청심사위원회의 심사·결정을 거치지 아니하면 제기할 수 없다.
>
> **제76조(심사청구와 후임자 보충 발령)** ① 제75조에 따른 처분사유 설명서를 받은 공무원이 그 처분에 불복할 때에는 그 설명서를 받은 날부터, 공무원이 제75조에서 정한 처분 외에 본인의 의사에 반한 불리한 처분을 받았을 때에는 그 처분이 있은 것을 안 날부터 각각 30일 이내에 소청심사위원회에 이에 대한 심사를 청구할 수 있다. 이 경우 변호사를 대리인으로 선임할 수 있다.

정답 ④

영역 행정의 실효성 확보수단 > 새로운 의무이행 확보수단   난도 **중**

정답의 이유

④ 건축법상의 이행강제금은 건축법의 위반행위에 대하여 시정명령을 받은 후 시정기간 내에 당해 시정명령을 이행하지 아니한 건축주 등에 대하여 부과되는 간접강제의 일종으로서 그 이행강제금 납부의무는 상속인 기타의 사람에게 승계될 수 없는 일신전속적인

성질의 것이므로 이미 사망한 사람에게 이행강제금을 부과하는 내용의 처분이나 결정은 당연무효이고, 이행강제금을 부과받은 사람의 이의에 의하여 비송사건절차법에 의한 재판절차가 개시된 후에 그 이의한 사람이 사망한 때에는 사건 자체가 목적을 잃고 절차가 종료한다(대결 2006.12.8, 2006마470).

오답의 이유

① 대판 2015.6.24, 2011두2170
② 대판 2016.7.14, 2015두46598
③ 대판 2002.8.16, 2002마1022

11 정답 ①

영역 일반행정작용법 > 행정행위　　　　난도 **하**

정답의 이유

① 3개월 이내에 공사에 착수하지 않으면 처분의 효력이 소멸되므로, 해제조건에 해당한다.

오답의 이유

② 상대방이 신청한 것과는 다른 처분을 하였으므로, 수정부담에 해당한다.
③ 행정청이 행정행위를 하면서 일정한 사유가 발생하는 경우에는 행정행위를 취소하거나 철회할 수 있음을 유보해 둔 것이므로, 철회권의 유보에 해당한다.
④ 법률에서 규정된 행정행위 효과를 행정청이 그 효과의 일부를 인정하지 않는 것이므로 법률효과의 일부배제에 해당한다.

12 정답 ③

영역 행정법 서론 > 행정상 법률관계　　　　난도 **하**

정답의 이유

③ 국민의 권익이 제한되거나 의무가 지속되는 기간의 계산에 있어서는 기간의 말일이 토요일 또는 공휴일인 경우에도 기간은 그날로 만료한다(행정기본법 제6조 제2항 제2호).

오답의 이유

① 행정기본법 제6조 제1항
② 행정기본법 제6조 제2항
④ 행정기본법 제7조 제1호

제6조(행정에 관한 기간의 계산) ① 행정에 관한 기간의 계산에 관하여는 이 법 또는 다른 법령 등에 특별한 규정이 있는 경우를 제외하고는 「민법」을 준용한다.
② 법령 등 또는 처분에서 국민의 권익을 제한하거나 의무를 부과하는 경우 권익이 제한되거나 의무가 지속되는 기간의 계산은 다음 각 호의 기준에 따른다. 다만, 다음 각 호의 기준에 따르는 것이 국민에게 불리한 경우에는 그러하지 아니하다.

---

1. 기간을 일, 주, 월 또는 연으로 정한 경우에도 기간의 첫날을 산입한다.
2. 기간의 말일이 토요일 또는 공휴일인 경우에는 기간은 그 날로 만료한다.

제7조(법령 등 시행일의 기간 계산) 법령 등(훈령·예규·고시·지침 등을 포함한다. 이하 이 조에서 같다)의 시행일을 정하거나 계산할 때에는 다음 각 호의 기준에 따른다.

1. 법령 등을 공포한 날부터 시행하는 경우에는 공포한 날을 시행일로 한다.
2. 법령 등을 공포한 날부터 일정 기간이 경과한 날부터 시행하는 경우 법령 등을 공포한 날을 첫날에 산입하지 아니한다.
3. 법령 등을 공포한 날부터 일정 기간이 경과한 날부터 시행하는 경우 그 기간의 말일이 토요일 또는 공휴일인 때에는 그 말일로 기간이 만료한다.

13 정답 ③

영역 행정절차와 행정공개 > 행정절차법　　　　난도 **중**

정답의 이유

③ 행정청이 의무를 부과하거나 권익을 제한하는 처분을 할 때 의견제출의 기회를 주어야 하는 '당사자'는 '행정청의 처분에 대하여 직접 그 상대가 되는 당사자'를 의미한다. 그런데 '고시'의 방법으로 불특정 다수인을 상대로 의무를 부과하거나 권익을 제한하는 처분은 성질상 의견제출의 기회를 주어야 하는 상대방을 특정할 수 없으므로, 이와 같은 처분에 있어서까지 구 행정절차법 제22조 제3항에 의하여 그 상대방에게 의견제출의 기회를 주어야 한다고 해석할 것은 아니다(대판 2014.10.27, 2012두7745).

오답의 이유

① 행정절차법에 의하면, "해당 처분의 성질상 의견청취가 현저히 곤란하거나 명백히 불필요하다고 인정될 만한 상당한 이유가 있는 경우"나 "당사자가 의견진술의 기회를 포기한다는 뜻을 명백히 표시한 경우"에는 청문 등 의견청취를 하지 아니할 수 있는데, 여기에서 '의견청취가 현저히 곤란하거나 명백히 불필요하다고 인정될 만한 상당한 이유가 있는 경우'에 해당하는지는 해당 행정처분의 성질에 비추어 판단하여야 하며, 처분상대방이 이미 행정청에 위반사실을 시인하였다거나 처분의 사전통지 이전에 의견을 진술할 기회가 있었다는 사정을 고려하여 판단할 것은 아니다(대판 2017.4.7, 2016두63224).
② 행정절차법 제21조 제4항 제3호는 침해적 행정처분을 할 경우 청문을 실시하지 않을 수 있는 사유로서 "당해 처분의 성질상 의견청취가 현저히 곤란하거나 명백히 불필요하다고 인정될 만한 상당한 이유가 있는 경우"를 규정하고 있으나, 여기에서 말하는 '의견청취가 현저히 곤란하거나 명백히 불필요하다고 인정될 만한 상당

한 이유가 있는지 여부'는 당해 행정처분의 성질에 비추어 판단하여야 하는 것이지, 청문통지서의 반송 여부, 청문통지의 방법 등에 의하여 판단할 것은 아니며, 또한 행정처분의 상대방이 통지된 청문일시에 불출석하였다는 이유만으로 행정청이 관계 법령상 그 실시가 요구되는 청문을 실시하지 아니한 채 침해적 행정처분을 할 수는 없을 것이므로, 행정처분의 상대방에 대한 청문통지서가 반송되었다거나, 행정처분의 상대방이 청문일시에 불출석하였다는 이유로 청문을 실시하지 아니하고 한 침해적 행정처분은 위법하다(대판 2001.4.13, 2000두3337).

④ 민원사무를 처리하는 행정기관이 민원 1회 방문처리제를 시행하는 절차의 일환으로 민원사항의 심의·조정 등을 위한 민원조정위원회를 개최하면서 민원인에게 회의일정 등을 사전에 통지하지 아니하였다 하더라도, 이러한 사정만으로 곧바로 민원사항에 대한 행정기관의 장의 거부처분에 취소사유에 이를 정도의 흠이 존재한다고 보기는 어렵다. 다만 행정기관의 장의 거부처분이 재량행위인 경우에, 위와 같은 사전통지의 흠결로 민원인에게 의견진술의 기회를 주지 아니한 결과 민원조정위원회의 심의 과정에서 고려대상에 마땅히 포함시켜야 할 사항을 누락하는 등 재량권의 불행사 또는 해태로 볼 수 있는 구체적 사정이 있다면, 거부처분은 재량권을 일탈·남용한 것으로서 위법하다(대판 2015.8.27, 2013두1560).

14

영역 행정절차와 행정공개 > 정보공개와 개인정보보호   난도 **중**

정답의 이유

① 정보공개 의무기관을 정하는 것은 입법자의 입법형성권에 속하고, 이에 따라 입법자는 구 공공기관의 정보공개에 관한 법률 제2조 제3호에서 정보공개 의무기관을 공공기관으로 정하였는바, 공공기관은 국가기관에 한정되는 것이 아니라 지방자치단체, 정부투자기관, 그 밖에 공동체 전체의 이익에 중요한 역할이나 기능을 수행하는 기관도 포함되는 것으로 해석되고, 여기에 정보공개의 목적, 교육의 공공성 및 공·사립학교의 동질성, 사립대학교에 대한 국가의 재정지원 및 보조 등 여러 사정을 고려해 보면, 사립대학교에 대한 국비 지원이 한정적·일시적·국부적이라는 점을 고려하더라도, 같은 법 시행령 제2조 제1호가 정보공개의무를 지는 공공기관의 하나로 사립대학교를 들고 있는 것이 모법인 구 공공기관의 정보공개에 관한 법률의 위임 범위를 벗어났다거나 사립대학교가 국비의 지원을 받는 범위 내에서만 공공기관의 성격을 가진다고 볼 수 없다(대판 2006.8.24, 2004두2783).

오답의 이유

② 대판 2016.11.10, 2016두44674
③ 대판 2009.12.10, 2009두12785

④ 공개청구자가 특정한 바와 같은 정보를 공공기관이 보유·관리하고 있지 않은 경우라면 특별한 사정이 없는 한 해당 정보에 대한 공개거부처분에 대하여는 취소를 구할 법률상 이익이 없다. 이와 관련하여 공개청구자는 그가 공개를 구하는 정보를 공공기관이 보유·관리하고 있을 상당한 개연성이 있다는 점에 대하여 입증할 책임이 있으나, 공개를 구하는 정보를 공공기관이 한때 보유·관리하였으나 후에 그 정보가 담긴 문서들이 폐기되어 존재하지 않게 된 것이라면 그 정보를 더 이상 보유·관리하고 있지 않다는 점에 대한 증명책임은 공공기관에 있다(대판 2013.1.24, 2010두18918).

15

영역 특별행정작용법 > 공용부담법   난도 **중**

정답의 이유

④ 공익사업을 위한 토지 등의 취득 및 보상에 관한 법률(이하 '토지보상법')은 사업시행자로 하여금 우선 협의취득 절차를 거치도록 하고, 협의가 성립되지 않거나 협의를 할 수 없을 때에 수용재결취득 절차를 밟도록 예정하고 있기는 하다. 그렇지만 일단 토지수용위원회가 수용재결을 하였더라도 사업시행자로서는 수용 또는 사용의 개시일까지 토지수용위원회가 재결한 보상금을 지급 또는 공탁하지 아니함으로써 재결의 효력을 상실시킬 수 있는 점, 토지소유자 등은 수용재결에 대하여 이의를 신청하거나 행정소송을 제기하여 보상금의 적정 여부를 다툴 수 있는데, 그 절차에서 사업시행자와 보상금액에 관하여 임의로 합의할 수 있는 점, 공익사업의 효율적인 수행을 통하여 공공복리를 증진시키고, 재산권을 적정하게 보호하려는 토지보상법의 입법 목적에 비추어 보더라도 수용재결이 있은 후에 사법상 계약의 실질을 가지는 협의취득 절차를 금지해야 할 별다른 필요성을 찾기 어려운 점 등을 종합해 보면, 토지수용위원회의 수용재결이 있은 후라고 하더라도 토지소유자 등과 사업시행자가 다시 협의하여 토지 등의 취득이나 사용 및 그에 대한 보상에 관하여 임의로 계약을 체결할 수 있다고 보아야 한다(대판 2017.4.13, 2016두64241)

오답의 이유

① 토지보상법 제85조 제1항
② 토지보상법은 사업시행자가 토지 등을 수용하거나 사용하려면 국토교통부장관의 사업인정을 받아야 하고, 사업인정은 고시한 날부터 효력이 발생한다고 규정하고 있다. 이러한 사업인정은 수용권을 설정해 주는 행정처분으로서, 이에 따라 수용할 목적물의 범위가 확정되고, 수용권자가 목적물에 대한 현재 및 장래의 권리자에게 대항할 수 있는 공법상 권한이 생긴다(대판 2019.12.12, 2019두47629).
③ 대판 2010.1.28, 2008두1504

16

영역 특별행정작용법 > 군사행정법   난도 **중**

정답의 이유

④ 일반군속이기는 하지만 다른 군속과는 달리 정원이 별도로 관리되고 임용 즉시 휴직한 후 주한미군측에 파견되어 북한의 음성통신을 영어로 번역·전사하는 특수업무를 수행하면서 주한미군측으로부터 보수를 지급받는 번역사로 당초 임기 3년의 군속으로 기한부 임용되었다가 군속제도가 군무원제도로 개편된 후 주한미군측 고용기간을 임기로 하는 기한부 임용을 받은 것으로 간주되었는데 주한미군측의 고용해제 통보가 있었다면, 위 번역사들은 군무원관계를 소멸시키기 위한 임면권자의 별도 행정처분을 요하지 아니하고 임기만료로 당연퇴직하였으며, 국방부장관 등이 위 번역사들에 대하여 한 위 직권면직의 인사발령은 그 문언상의 표현에도 불구하고 법률상 당연히 발생된 퇴직의 사유 및 시기를 공적으로 확인하여 알려주는 관념의 통지에 불과할 뿐 군무원의 신분을 상실시키는 새로운 형성적 행위가 아니므로 항고소송의 대상이 되는 행정처분이라고 할 수 없다(대판 1997.10.24, 97누1686).

오답의 이유

① 군무원은 수당을 받을 뿐만 아니라(군무원인사법 제24조 제2항), 대통령령으로 정하는 바에 따라 직무수행에 드는 실비를 변상받을 수 있다(군무원인사법 제25조).

② 공익근무요원은 지방자치단체의 공익목적수행에 필요한 경비·감시·보호 또는 행정업무 등의 지원과 국제협력 또는 예술·체육의 육성을 위하여 소집되어 공익분야에 종사하는 사람으로서 보충역에 편입되어 있는 자이기 때문에, 소집되어 군에 복무하지 않는 한 군인이라고 말할 수 없으므로, 비록 병역법이 공익근무요원으로 복무 중 순직한 사람의 유족에 대하여 국가유공자등예우및지원에관한법률에 따른 보상을 하도록 규정하고 있다고 하여도, 공익근무요원이 국가배상법 제2조 제1항 단서의 규정에 의하여 국가배상법상 손해배상청구가 제한되는 군인·군무원·경찰공무원 또는 향토예비군대원에 해당한다고 할 수 없다(대판 1997.3.28, 97다4036).

③ 육군·해군·공군 참모총장(해병대는 해병대사령관)뿐만 아니라, 국방부직할부대장, 장성급부대장도 임명권자에 해당한다(군무원인사법 제6조 제2항 각호).

> 제6조(임용권자) ① 5급 이상의 일반군무원(제3조 제3항에 따라 같은 조 제1항 및 제2항에 따른 계급 구분이나 직군 및 직렬의 분류를 적용하지 아니하는 일반군무원 중 이에 상당하다고 대통령령으로 정하는 일반군무원을 포함한다. 이하 같다)은 국방부장관의 제청으로 대통령이 임용한다. 다만, 대통령으로부터 그 권한을 위임받은 경우에는 국방부장관이 임용할 수 있다.
> ② 6급 이하의 일반군무원(제3조 제3항에 따라 같은 조 제1항 및 제2항에 따른 계급 구분이나 직군 및 직렬의 분류를 적용하지 아니하

는 일반군무원 중 이에 상당하다고 대통령령으로 정하는 일반군무원을 포함한다. 이하 같다)은 국방부장관이 임용한다. 다만, 국방부장관의 위임에 따라 다음 각 호의 사람이 임용할 수 있다.
> 　1. 육군·해군·공군 참모총장(해병대의 경우 해병대사령관을 말하며 이하 "참모총장"이라 한다)
> 　2. 국방부 직할부대·기관의 장(이하 "국방부직할부대장"이라 한다)
> 　3. 장성급(將星級) 장교인 부대·기관의 장(이하 "장성급부대장"이라 한다)

17

영역 행정상 쟁송 > 행정소송   난도 **중**

정답의 이유

② 수익적 행정처분을 구하는 신청에 대한 거부처분은 당사자의 신청에 대하여 관할 행정청이 이를 거절하는 의사를 대외적으로 명백히 표시함으로써 성립된다. 거부처분이 있은 후 당사자가 다시 신청을 한 경우에는 신청의 제목 여하에 불구하고 그 내용이 새로운 신청을 하는 취지라면 관할 행정청이 이를 다시 거절하는 것은 새로운 거부처분이라고 보아야 한다. 관계 법령이나 행정청이 사전에 공표한 처분기준에 신청기간을 제한하는 특별한 규정이 없는 이상 재신청을 불허할 법적 근거가 없으며, 설령 신청기간을 제한하는 특별한 규정이 있더라도 재신청이 신청기간을 도과하였는지는 본안에서 재신청에 대한 거부처분이 적법한가를 판단하는 단계에서 고려할 요소이지, 소송요건 심사단계에서 고려할 요소가 아니다(대판 2021.1.14, 2020두50324).

오답의 이유

① 건축주 등은 신고제하에서도 건축신고가 반려될 경우 당해 건축물의 건축을 개시하면 시정명령, 이행강제금, 벌금의 대상이 되거나 당해 건축물을 사용하여 행할 행위의 허가가 거부될 우려가 있어 불안정한 지위에 놓이게 된다. 따라서 건축신고 반려행위가 이루어진 단계에서 당사자로 하여금 반려행위의 적법성을 다투어 그 법적 불안을 해소한 다음 건축행위에 나아가도록 함으로써 장차 있을지도 모르는 위험에서 미리 벗어날 수 있도록 길을 열어 주고, 위법한 건축물의 양산과 그 철거를 둘러싼 분쟁을 조기에 근본적으로 해결할 수 있게 하는 것이 법치행정의 원리에 부합한다. 그러므로 건축신고 반려행위는 항고소송의 대상이 된다고 보는 것이 옳다(대판 2010.11.18, 2008두167 전합).

③ 국세기본법상 증액경정처분이 있는 경우, 당초 신고나 결정은 증액경정처분에 흡수됨으로써 독립된 존재가치를 잃게 된다고 보아야 하므로, 원칙적으로는 당초 신고나 결정에 대한 불복기간의 경과 여부 등에 관계없이 증액경정처분만이 항고소송의 심판대상이 되고, 납세의무자는 그 항고소송에서 '당초 신고나 결정에 대한 위법사유'도 함께 주장할 수 있다(대판 2009.5.14, 2006두17390)

④ 기존의 행정처분을 변경하는 내용의 행정처분이 뒤따르는 경우,
ⅰ) 후속처분이 종전처분을 완전히 대체하는 것이거나 주요 부분을 실질적으로 변경하는 내용인 경우(→ 종전처분 소멸)에는 특별한 사정이 없는 한 종전처분은 효력을 상실하고 후속처분만이 항고소송의 대상이 되지만, ⅱ) 후속처분의 내용이 종전처분의 유효를 전제로 내용 중 일부만을 추가·철회·변경하는 것이고 추가·철회·변경된 부분이 내용과 성질상 나머지 부분과 불가분적인 것이 아닌 경우(→ 종전처분과 후속처분의 병존)에는, 후속처분에도 불구하고 종전처분이 여전히 항고소송의 대상이 된다(대판 2015. 11.19, 2015두295 전합).

18

영역 행정절차와 행정공개 > 행정절차법   난도 **중**

정답의 이유

② 특별한 사유가 있는 경우에는 요청에 따르지 않아도 된다(행정절차법 제42조 제5항).

> **제42조(예고방법)** ① 행정청은 입법안의 취지, 주요 내용 또는 전문(全文)을 다음 각 호의 구분에 따른 방법으로 공고하여야 하며, 추가로 인터넷, 신문 또는 방송 등을 통하여 공고할 수 있다.
> 1. 법령의 입법안을 입법예고하는 경우: 관보 및 법제처장이 구축·제공하는 정보시스템을 통한 공고
> 2. 자치법규의 입법안을 입법예고하는 경우: 공보를 통한 공고
> ② 행정청은 대통령령을 입법예고하는 경우 국회 소관 상임위원회에 이를 제출하여야 한다.
> ⑤ 행정청은 예고된 입법안의 전문에 대한 열람 또는 복사를 요청받았을 때에는 특별한 사유가 없으면 그 요청에 따라야 한다.

오답의 이유

① 행정절차법 제41조 제1항 본문
③ 입법예고기간은 예고할 때 정하되, 특별한 사정이 없으면 40일(자치법규는 20일) 이상으로 한다(행정절차법 제43조).
④ 행정절차법 제41조 제1항 제3호

> **제41조(행정상 입법예고)** ① 법령 등을 제정·개정 또는 폐지(이하 "입법"이라 한다)하려는 경우에는 해당 입법안을 마련한 행정청은 이를 예고하여야 한다. 다만, 다음 각 호의 어느 하나에 해당하는 경우에는 예고를 하지 아니할 수 있다.
> 1. 신속한 국민의 권리 보호 또는 예측 곤란한 특별한 사정의 발생 등으로 입법이 긴급을 요하는 경우
> 2. 상위 법령 등의 단순한 집행을 위한 경우
> 3. 입법내용이 국민의 권리·의무 또는 일상생활과 관련이 없는 경우
> 4. 단순한 표현·자구를 변경하는 경우 등 입법내용의 성질상 예고의 필요가 없거나 곤란하다고 판단되는 경우
> 5. 예고함이 공공의 안전 또는 복리를 현저히 해칠 우려가 있는 경우

19

영역 행정절차와 행정공개 > 정보공개와 개인정보보호   난도 **상**

정답의 이유

① 기술적으로 제3자의 권리가 포함된 정보를 분리할 수 있는 경우에는 그 해당부분을 제외한 공공데이터를 제공하여야 한다(공공데이터법 제17조 제2항).

> **제17조(제공대상 공공데이터의 범위)** ① 공공기관의 장은 해당 공공기관이 보유·관리하는 공공데이터를 국민에게 제공하여야 한다. 다만, 다음 각 호의 어느 하나에 해당하는 정보를 포함하고 있는 경우에는 그러하지 아니한다.
> 1. 「공공기관의 정보공개에 관한 법률」 제9조에 따른 비공개대상 정보
> 2. 「저작권법」 및 그 밖의 다른 법령에서 보호하고 있는 제3자의 권리가 포함된 것으로 해당 법령에 따른 정당한 이용허락을 받지 아니한 정보
> ② 공공기관의 장은 제1항에도 불구하고 제1항 각 호에 해당하는 내용을 기술적으로 분리할 수 있는 때에는 제1항 각 호에 해당하는 부분을 제외한 공공데이터를 제공하여야 한다.
> ③ 행정안전부장관은 제1항 제2호의 제3자의 권리를 포함하는 것으로 분류되어 제공대상에서 제외된 공공데이터에 대한 정당한 이용허락 확보를 위한 방안을 제시할 수 있으며, 공공기관의 장은 그 방안에 따라 필요한 조치를 취하여야 한다.

오답의 이유

② 공공데이터법 제18조 제1항, 제2항

> **제18조(공공데이터 목록의 등록)** ① 공공기관의 장은 해당 공공기관의 소관 공공데이터 목록을 대통령령으로 정하는 바에 따라 행정안전부장관에게 등록하여야 한다.
> ② 행정안전부장관은 제1항에 따른 등록의 누락이 있는지를 조사하여 누락된 공공데이터 목록의 등록을 요청할 수 있다.
> ③ 행정안전부장관은 제1항 및 제2항에 따라 등록된 공공데이터 목록에 관한 정보를 그 내용별, 형태별, 이용대상별 등 이용에 용이하게 분류하여 관리·제공하여야 한다.
> ④ 행정안전부장관은 공공데이터의 체계적 관리와 제공 및 이용 활성화 정책의 효율적 집행을 위하여 제21조에 따른 공공데이터 포털에 공공데이터 목록 등록 관리시스템을 구축·운영하여야 한다.

③ 공공데이터법 제31조 제1항, 제32조 제9항

> **제31조(분쟁조정의 신청 및 처리기간)** ① 공공데이터의 제공거부 및 제공중단을 받은 자는 그 처분이 있은 날부터 60일 이내에 분쟁조정위원회에 분쟁조정을 신청할 수 있다.
> ② 분쟁조정위원회는 당사자 일방으로부터 분쟁조정 신청을 받았을 때에는 그 신청내용을 상대방에게 알려야 한다.

제32조(분쟁의 조정) ⑧ 당사자가 조정안을 수락한 경우 분쟁조정위원회는 조정서를 작성하고, 분쟁조정위원회의 위원장과 각 당사자가 서명하여야 한다.

⑨ 제8항에 따른 조정의 내용은 재판상 화해와 동일한 효력을 갖는다.

④ 공공데이터법 제22조 제1항

20

정답 ①

영역 특별행정작용법 > 군사행정법　　난도 **하**

정답의 이유

① 1급 군무원은 제외된다(군무원인사법 제26조 단서).

> 제26조(의사에 반한 신분조치) 군무원은 형의 선고나 이 법 또는 「국가공무원법」에서 정한 사유에 따르지 아니하고는 본인의 의사(意思)에 반하여 휴직 · 직위해제 · 강임(降任) 또는 면직을 당하지 아니한다. 다만, 1급 군무원은 그러하지 아니하다.

오답의 이유

② 군인사법 제48조 제1항 제1호, 제3호

③ 군인사법 시행령은 장기복무전형에 불합격한 단기복무하사관의 복무 연장을 허가할 수 있는 권한을 부여한 것에 불과할 뿐 장기복무전형에 불합격한 단기복무하사관에게 현역정년까지 복무 연장을 할 수 있는 권리를 부여한 것이라고 보기는 어려우므로, 육군의 경우 장기복무전형에 불합격한 단기복무하사관에 대하여 일시적으로 전역 지원을 하지 아니하는 한 복무 연장을 해주고 있다고 하여도 이는 군인력 조정상의 필요에 의한 일시적인 조치에 불과해서 그와 같은 사정만으로 단기하사관으로 복무하던 자가 사고가 없었더라면 장기복무전형에 불합격하였다고 하더라도 중사의 연령정년까지 단기복무하사관으로서 연장 복무를 할 수 있으리라고 단정하기는 어렵다(대판 1998.2.13, 96다52236).

④ 군무원으로 임용되어 동원관리관으로 근무하던 갑이 술을 마신 상태로 주차장 내에서 자신의 차량을 운전하던 중 정차 중인 다른 승용차와 충돌하였고, 신고를 받고 출동한 경찰관으로부터 음주측정을 요구받음에도 정당한 사유 없이 이에 응하지 않았다는 내용의 도로교통법 위반(음주측정거부)죄로 기소되어 벌금 1,000만 원을 선고받자, 갑이 위 비위행위로 품위유지의무(음주운전)를 위반하였다는 이유로 소속 부대 사단장이 갑을 해임한 경우, 그 처분은 군무원에게 적용되는 구 징계규정(육군규정 180)을 위반하였다고 볼 수 없고 재량권의 범위를 일탈 · 남용한 것이라고 볼 수 없어 적법하다(대구지법 2019.5.16, 2019구합20336).

21

정답 ③

영역 행정조직법 > 지방자치법　　난도 **중**

정답의 이유

③ 교육공무원 징계사무의 성격, 그 권한의 위임에 관한 교육공무원 법령의 규정 형식과 내용 등에 비추어 보면, 국가공무원인 교사에 대한 징계는 국가사무이고, 그 일부인 징계의결요구 역시 국가사무에 해당한다고 봄이 타당하다. 따라서 교육감이 담당 교육청 소속 국가공무원인 교사에 대하여 하는 징계의결요구 사무는 국가위임사무라고 보아야 한다(대판 2013.12.26, 2011추63).

오답의 이유

① 기관위임사무는 국가사무이므로 상위법령의 별도의 위임이 없는 한 조례제정의 대상이 되지 않는다.

② 수업료, 입학금 그 자체에 관한 사무는 교육 · 학예에 관한 사무로서 지방자치단체 중 특별시 · 광역시 · 도의 사무에 해당하나, 수업료, 입학금의 지원에 관한 사무는 학생 자녀를 둔 주민의 수업료, 입학금 등에 관한 부담을 경감시킴으로써 청소년에 대한 기본적인 교육여건을 형성함과 동시에 청소년이 평등하게 교육을 받을 수 있도록 하는 것이므로, 이와 같은 사무는 지방자치단체 고유의 자치사무인 지방자치법에서 정한 주민의 복지증진에 관한 사무 중 주민복지에 관한 사업[(가)목] 및 노인 · 아동 · 심신장애인 · 청소년 및 부녀의 보호와 복지증진[(라)목]에 해당되는 사무이다(대판 2013.4.11, 2012추22). 대표적인 자치사무로는 ⅰ) 주민의 복리를 증진하기 위하여 시행되는 사무인 공공복리사무(예 공원, 학교, 병원, 도서관, 박물관, 수도사업, 주택, 후생사무 등), ⅱ) 지방자치단체의 존립을 위하여 필요한 사무인 단체존립사무(예 지방세, 분담금, 수수료, 사용료 등의 징수사무), ⅲ) 당해 지방자치단체의 재량에 맡겨져 있는 임의적 사무인 '수의사무'(예 도서관 설치사무, 농가부업 장려, 버스 · 지하철사무 등), ⅳ) 지방자치단체가 법령에 의하여 처리할 의무가 있는 사무인 '필요사무'(예 오물처리사무, 소방사무, 예방접종 시행, 하천관리사무 등)가 있다.

④ 시 · 도와 시 · 군 및 자치구는 사무를 처리할 때 서로 겹치지 아니하도록 하여야 하며, 사무가 서로 겹치면 시 · 군 및 자치구에서 먼저 처리한다(지방자치법 제14조 제3항).

22

정답 ④

영역 행정법 서론 > 행정상 법률관계　　난도 **중**

정답의 이유

④ 법치주의 및 행정권한법정주의에 따라 모든 행정권한은 법령상 주어진 목적이 있으므로 법령상 규정된 목적이 아닌 다른 목적으로 행정권한을 사용하는 것은 원칙상 권한의 남용으로 위법하다고 보아야 한다. 행정권한의 남용의 기준은 "행정권을 주어진 목적과 실

체적 관련이 없는 다른 목적으로 행사하는 것"이라고 할 수 있다(대판 2017.12.13, 2015두3805).

오답의 이유

① 상급행정기관이 하급행정기관에 대하여 업무처리지침이나 법령의 해석적용에 관한 기준을 정하여 발하는 이른바 '행정규칙이나 내부지침'은 일반적으로 행정조직 내부에서만 효력을 가질 뿐 대외적인 구속력을 갖는 것은 아니므로 행정처분이 그에 위반하였다고 하여 그러한 사정만으로 곧바로 위법하게 되는 것은 아니다. 다만, 재량권 행사의 준칙인 행정규칙이 그 정한 바에 따라 되풀이 시행되어 행정관행이 이루어지게 되면 평등의 원칙이나 신뢰보호의 원칙에 따라 행정기관은 그 상대방에 대한 관계에서 그 규칙에 따라야 할 자기구속을 받게 되므로, 이러한 경우에는 특별한 사정이 없는 한 그를 위반하는 처분은 평등의 원칙이나 신뢰보호의 원칙에 위배되어 재량권을 일탈·남용한 위법한 처분이 된다(대판 2009.12.24, 2009두7967).

② 행정행위를 한 처분청은 그 행위에 하자가 있는 경우에 별도의 법적 근거가 없더라도 스스로 이를 취소할 수 있는 것이며 다만 그 행위가 국민에게 권리나 이익을 부여하는 이른바 수익적 행정행위인 때에는 그 행위를 취소하여야 할 공익상 필요와 그 취소로 인하여 당사자가 입을 기득권과 신뢰보호 및 법률생활 안정의 침해 등 불이익을 비교교량한 후 공익상 필요가 당사자의 기득권 침해 등 불이익을 정당화할 수 있을 만큼 강한 경우에 한하여 취소할 수 있다(대판 1986.2.25, 85누664).

③ 헌법 제12조 제1항에서 규정하고 있는 적법절차의 원칙은 형사소송절차에 국한되지 아니하고 모든 국가작용 전반에 대하여 적용되며, 세무공무원이 과세권을 행사하는 경우에도 이러한 적법절차의 원칙은 마찬가지로 준수하여야 한다(대판 2016.4.15, 2015두52326).

23
정답 ③

영역 특별행정작용법 > 질서행정법(경찰행정법)　난도 중

정답의 이유

③ 위해성 경찰장비인 살수차와 물포는 필요한 최소한의 범위에서만 사용되어야 하고, 특히 인명 또는 신체에 위해를 가할 가능성이 더욱 커지는 직사살수는 타인의 법익이나 공공의 안녕질서에 직접적이고 명백한 위험이 현존하는 경우에 한해서만 사용이 가능하다고 보아야 한다. 또한 위해성 경찰장비인 살수차와 물포는 집회나 시위 참가자들을 해산하기 위한 목적의 경찰장비이고 경찰관이 직사살수의 방법으로 집회나 시위 참가자들을 해산시키는 것은 집회의 자유나 신체의 자유를 침해할 우려가 있으므로 적법절차의 원칙을 준수하여야 한다. 따라서 경찰관이 직사살수의 방법으로 집회나 시위 참가자들을 해산시키려면, 먼저 집회 및 시위에 관한 법률 제20조 제1항 각호에서 정한 해산 사유를 구체적으로 고지하는 적

법한 절차에 따른 해산명령을 시행한 후에 직사살수의 방법을 사용할 수 있다고 보아야 한다. 경찰청 훈령인 '물포운용지침'에서도 '직사살수'의 사용요건 중 하나로서 '도로 등을 무단점거하여 일반인의 통행 또는 교통소통을 방해하고 경찰의 해산명령에 따르지 아니하는 경우'라고 규정하여, 사전에 적법한 '해산명령'이 있어야 함을 요구하고 있다(대판 2019.1.17, 2015다236196).

오답의 이유

① 국가경찰과 자치경찰의 조직 및 운영에 관한 법률(약칭. 경찰법) 제3조 제7호

> **제3조(경찰의 임무)** 경찰의 임무는 다음 각 호와 같다.
> 1. 국민의 생명·신체 및 재산의 보호
> 2. 범죄의 예방·진압 및 수사
> 3. 범죄피해자 보호
> 4. 경비·요인경호 및 대간첩·대테러 작전 수행
> 5. 공공안녕에 대한 위험의 예방과 대응을 위한 정보의 수집·작성 및 배포
> 6. 교통의 단속과 위해의 방지
> 7. 외국 정부기관 및 국제기구와의 국제협력
> 8. 그 밖에 공공의 안녕과 질서유지

② 자치경찰의 사무에 해당한다(국가경찰과 자치경찰의 조직 및 운영에 관한 법률 제4조 제1항 제2호 라목의 4). 참고로 자기의 성적 욕망을 만족시킬 목적으로 화장실, 목욕장·목욕실 또는 발한실, 모유수유시설, 탈의실 등 불특정 다수가 이용하는 다중이용장소에 침입하거나 같은 장소에서 퇴거의 요구를 받고 응하지 아니하는 것은 성폭력범죄의 처벌 등에 관한 특례법 제12조에 의하여 범죄행위에 해당한다.

④ 의무가 아니라 권한으로 규정되어 있다(경찰관직무집행법 제4조 제1항). 즉, 보건의료기관이나 공공구호기관에 긴급구호를 요청하거나 경찰관서에 보호하는 등 적절한 조치를 할 수 있다.

> **제4조(보호조치 등)** ① 경찰관은 수상한 행동이나 그 밖의 주위 사정을 합리적으로 판단해 볼 때 다음 각 호의 어느 하나에 해당하는 것이 명백하고 응급구호가 필요하다고 믿을 만한 상당한 이유가 있는 사람(이하 "구호대상자"라 한다)을 발견하였을 때에는 보건의료기관이나 공공구호기관에 긴급구호를 요청하거나 경찰관서에 보호하는 등 적절한 조치를 할 수 있다.
> 1. 정신착란을 일으키거나 술에 취하여 자신 또는 다른 사람의 생명·신체·재산에 위해를 끼칠 우려가 있는 사람
> 2. 자살을 시도하는 사람
> 3. 미아, 병자, 부상자 등으로서 적당한 보호자가 없으며 응급구호가 필요하다고 인정되는 사람. 다만, 본인이 구호를 거절하는 경우는 제외한다.

24

영역 행정상 쟁송 > 행정심판   난도 **하**

정답의 이유

② 집행정지로 목적을 달성할 수 있는 경우에는 임시처분이 허용되지 않는다(행정심판법 제31조 제3항).

> **제31조(임시처분)** ① 위원회는 처분 또는 부작위가 위법·부당하다고 상당히 의심되는 경우로서 처분 또는 부작위 때문에 당사자가 받을 우려가 있는 중대한 불이익이나 당사자에게 생길 급박한 위험을 막기 위하여 임시지위를 정하여야 할 필요가 있는 경우에는 직권으로 또는 당사자의 신청에 의하여 임시처분을 결정할 수 있다.
> ③ 제1항에 따른 임시처분은 제30조 제2항에 따른 집행정지로 목적을 달성할 수 있는 경우에는 허용되지 아니한다.

오답의 이유

① 행정심판법 제30조 제2항
③ 행정심판법 제47조
④ 행정심판법 제36조 제1항·제39조

25

영역 행정구제법 > 손해전보제도   난도 **중**

정답의 이유

③ 한국토지공사는 한국토지공사법에 의하여 정부가 자본금의 전액을 출자하여 설립한 법인이고, 한국토지공사의 사업에 관하여는 공익사업을 위한 토지 등의 취득 및 보상에 관한 법률의 규정에 의하여 본래 시·도지사나 시장·군수 또는 구청장의 업무에 속하는 대집행권한을 한국토지공사에게 위탁하도록 되어 있는바, 한국토지공사는 이러한 법령의 위탁에 의하여 대집행을 수권받은 자로서 공무인 대집행을 실시함에 따르는 권리·의무 및 책임이 귀속되는 행정주체의 지위에 있다고 볼 것이지 지방자치단체 등의 기관으로서 국가배상법 제2조 소정의 공무원에 해당한다고 볼 것은 아니다(대판 2010.1.28, 2007다82950 등).

오답의 이유

① 대판 2003.11.27, 2001다33789
② 국가배상책임에 있어 공무원의 가해행위는 법령을 위반한 것이어야 하고, 법령을 위반하였다 함은 엄격한 의미의 법령 위반뿐 아니라 인권존중, 권력남용금지, 신의성실과 같이 공무원으로서 마땅히 지켜야 할 준칙이나 규범을 지키지 아니하고 위반한 경우를 포함하여 널리 그 행위가 객관적인 정당성을 결여하고 있음을 뜻하는 것이므로, 경찰관이 범죄수사를 함에 있어 경찰관으로서 의당 지켜야 할 법규상 또는 조리상의 한계를 위반하였다면 이는 법령을 위반한 경우에 해당한다(대판 2008.6.12, 2007다64365).

④ 공무원이 고의 또는 과실로 그에게 부과된 직무상 의무를 위반하였을 경우라고 하더라도 국가는 그러한 직무상의 의무 위반과 피해자가 입은 손해 사이에 상당인과관계가 인정되는 범위 내에서만 배상책임을 지는 것이고, 이 경우 상당인과관계가 인정되기 위하여는 공무원에게 부과된 직무상 의무의 내용이 단순히 공공 일반의 이익을 위한 것이거나 행정기관 내부의 질서를 규율하기 위한 것이 아니고 전적으로 또는 부수적으로 사회구성원 개인의 안전과 이익을 보호하기 위하여 설정된 것이어야 한다(대판 2011.9.8, 2011다34521).

2020 | 9급 기출문제 해설

영역 분석

일반행정작용법	5문항	★★★★★	20%
행정법 서론	4문항	★★★★	16%
행정절차와 행정공개	4문항	★★★★	16%
행정의 실효성 확보수단	4문항	★★★★	16%
행정상 쟁송	4문항	★★★★	16%
특별행정작용법	3문항	★★★	12%
행정구제법	1문항	★	4%

빠른 정답

01	02	03	04	05	06	07	08	09	10
④	③	②	②	①	②	③	③	①	④
11	**12**	**13**	**14**	**15**	**16**	**17**	**18**	**19**	**20**
①	④	④	②	①	①	①	①	②	③
21	**22**	**23**	**24**	**25**					
③	③	②	③	③					

01

정답 ④

영역 행정법 서론 > 행정법　　난도 **중**

정답의 이유

④ 소급입법은 새로운 입법으로 이미 종료된 사실관계 또는 법률관계에 작용케 하는 진정소급입법과 현재 진행중인 사실관계 또는 법률관계에 작용케 하는 부진정소급입법으로 나눌 수 있는바, 부진정소급입법은 원칙적으로 허용되지만 소급효를 요구하는 공익상의 사유와 신뢰보호의 요청 사이의 교량과정에서 신뢰보호의 관점이 입법자의 형성권에 제한을 가하게 되는데 반하여, 기존의 법에 의하여 형성되어 이미 굳어진 개인의 법적 지위를 사후입법을 통하여 박탈하는 것 등을 내용으로 하는 진정소급입법은 개인의 신뢰보호와 법적 안정성을 내용으로 하는 법치국가원리에 의하여 특단의 사정이 없는 한 헌법적으로 허용되지 아니하는 것이 원칙이고 다만 일반적으로 국민이 소급입법을 예상할 수 있었거나 법적 상태가 불확실하고 혼란스러워 보호할 만한 신뢰이익이 적은 경우와 소급입법에 의한 당사자의 손실이 없거나 아주 경미한 경우 그리고 신뢰보호의 요청에 우선하는 심히 중대한 공익상의 사유가 소급입법을 정당화하는 경우 등에는 예외적으로 진정소급입법이 허용된다(헌재 1999.7.22. 97헌바76 등 병합).

오답의 이유

① 행정법령은 공포된 후 시행일로부터 효력이 발생한다. 따로 시행일에 대한 규정이 없으면 법령 등 공포에 관한 법률 제13조에 의해 공포한 날부터 20일이 경과함으로써 효력이 발생한다.

② 대판 2002.12.10. 2001두3228

③ 행정처분은 근거 법령이 개정된 경우에도 경과규정에서 달리 정함이 없는 한 처분 당시 시행되는 법령과 그에 정한 기준에 의하는 것이 원칙이다. 개정 법령이 기존의 사실 또는 법률관계를 적용대상으로 하면서 국민의 재산권과 관련하여 종전보다 불리한 법률효과를 규정하고 있는 경우에도 그러한 사실 또는 법률관계가 개정 법령이 시행되기 이전에 이미 완성 또는 종결된 것이 아니라면 개정 법령을 적용하는 것이 헌법상 금지되는 소급입법에 의한 재산권 침해라고 할 수는 없다. 다만 개정 전 법령의 존속에 대한 국민의 신뢰가 개정 법령의 적용에 관한 공익상의 요구보다 더 보호가치가 있다고 인정되는 경우에 그러한 국민의 신뢰를 보호하기 위하여 적용이 제한될 수 있는 여지가 있을 따름이다. 법령불소급의 원칙은 법령의 효력발생 전에 완성된 요건 사실에 대하여 당해 법령을 적용할 수 없다는 의미일 뿐, 계속 중인 사실이나 그 이후에 발생한 요건 사실에 대한 법령적용까지를 제한하는 것은 아니다(대판 2014.4.24. 2013두26552).

02

정답 ③

영역 일반행정작용법 > 행정상 입법　　난도 **하**

정답의 이유

③ 의회의 입법독점주의에서 입법중심주의로 전환하여 일정한 범위 내에서 행정입법을 허용하게 된 동기가 사회적 변화에 대응한 입법수요의 급증과 종래의 형식적 권력분립주의로는 현대사회에 대응할 수 없다는 기능적 권력분립론에 있다는 점 등을 감안하여 헌법 제40조와 헌법 제75조, 제95조의 의미를 살펴보면, 국회입법에 의한 수권이 입법기관이 아닌 행정기관에게 법률 등으로 구체적인 범위를 정하여 위임한 사항에 관하여는 당해 행정기관에게

법정립의 권한을 갖게 되고, 입법자가 규율의 형식도 선택할 수 있다 할 것이므로, 헌법이 인정하고 있는 위임입법의 형식은 예시적인 것으로 보아야 할 것이고, 그것은 법률이 행정규칙에 위임하더라도 그 행정규칙은 위임된 사항만을 규율할 수 있으므로, 국회입법의 원칙과 상치되지도 않는다. 다만 행정규칙은 법규명령과 같은 엄격한 제정 및 개정절차를 요하지 아니하므로, 재산권 등과 같은 기본권을 제한하는 작용을 하는 법률이 입법위임을 할 때에는 대통령령, 총리령, 부령 등 법규명령에 위임함이 바람직하고, 고시와 같은 형식으로 입법위임을 할 때에는 적어도 행정규제기본법 제4조 제2항 단서에서 정한 바와 같이 법령이 전문적·기술적 사항이나 경미한 사항으로서 업무의 성질상 위임이 불가피한 사항에 한정된다 할 것이고, 그러한 사항이라 하더라도 포괄위임금지의 원칙상 법률의 위임은 반드시 구체적·개별적으로 한정된 사항에 대하여 행하여져야 한다(헌재 2006.12.28, 2005헌바59).

[오답의 이유]

① · ② 위의 헌재 2006.12.28, 2005헌바59 전합 참고

④ 제정형식은 비록 법규명령이 아닌 고시·훈령·예규 등과 같은 행정규칙이더라도 그것이 상위법령의 위임한계를 벗어나지 않는 한 상위법령과 결합하여 대외적인 구속력을 갖는 법규명령으로서 기능하게 된다고 보아야 할 것인바, 헌법소원의 청구인이 법령과 예규의 관계규정으로 말미암아 직접 기본권을 침해받았다면 이에 대하여 헌법소원을 청구할 수 있다(헌재 2000.7.20, 99헌마455).

03
정답 ②

영역 일반행정작용법 > 행정행위　　　　　　　　　　난도 중

[정답의 이유]

② 구 외자도입법 제19조에 따른 기술도입계약에 대한 인가는 기본행위인 기술도입계약을 보충하여 그 법률상 효력을 완성시키는 보충적 행정행위에 지나지 아니하므로 기본행위인 기술도입계약이 해지로 인하여 소멸되었다면 위 인가처분은 무효선언이나 그 취소처분이 없어도 당연히 실효된다(대판 1983.12.27, 82누491).

[오답의 이유]

① · ④ 기본행위가 적법·유효하고 보충행위인 인가처분 자체에 흠이 있다면 그 인가처분의 무효나 취소를 주장할 수 있다. 그러나 인가처분에 흠이 없다면 기본행위에 흠이 있다고 하더라도 따로 기본행위의 흠을 다투는 것은 별론으로 하고 기본행위의 흠을 내세워 바로 그에 대한 인가처분의 무효확인 또는 취소를 구할 수 없으므로, 그 당부에 관하여 판단할 필요 없이 해당 부분 청구를 기각하여야 한다(대판 2016.12.15, 2015두51347).

③ 공유수면매립법 제20조 제1항 및 같은 법 시행령 제29조 제1항 등 관계법령의 규정내용과 공유수면매립의 성질 등에 비추어 볼 때, 공유수면매립의 면허로 인한 권리의무의 양도·양수에 있어서의 면허관청의 인가는 효력요건으로서, 위 각 규정은 강행규정이

라고 할 것인바, 위 면허의 공동명의자 사이의 면허로 인한 권리의 무양도약정은 면허관청의 인가를 받지 않은 이상 법률상 아무런 효력도 발생할 수 없다(대판 1991.6.25, 90누5184).

((•)) 적중레이더

인가

개념	제3자의 법률적 행위를 보충하여 그의 법률상의 효과를 완성시키는 행위
성질	인가는 형성적 행위의 일종이며, 특별한 규정이 없는 한 기속행위에 속함
수정인가	인가는 신청에 의하여 행해지므로 쌍방적 행정행위이며, 상대방의 출원이 필요요건이므로 수정인가는 인정되지 않음(행정주체가 그 법률행위의 내용을 수정하여 인가하려고 하는 경우에는 법률의 명시적 근거가 있어야 함)
형식	인가는 반드시 특정인에 대하여 구체적인 처분의 형식으로 행해짐
효과	• 인가란 행해지면 비로소 제3자의 법률적 행위의 효과를 완성시켜주는 보충행위임 • 무인가행위는 무효이나 특별한 규정이 없는 한 행정상의 강제집행 또는 행정벌의 대상은 되지 않음
대상	인가는 성질상 반드시 법률적 행위만을 대상으로 하므로 사실행위는 제외되지만 법률적 행위인 한 공법상의 행위(토지거래계약허가, 주택건설촉진법상 재건축조합설립인가 등)이건 사법상의 행위(특허기업의 사업양도인가, 하천점유권의 양도인가 등)이건 불문함
인가와 기본적 행위의 관계	• 인가는 보충행위이므로 기본적 행위가 불성립 또는 무효로 된 경우에는 인가를 받더라도 유효하게 되지 않음. 즉 인가는 기본적 행위의 하자를 치유하는 효력이 없음 • 기본적 행위가 적법·유효하게 성립한 후 실효되면 인가도 당연히 효력을 상실함 • 기본적 행위에 하자가 있는 경우에는 기본적 행위를 쟁송의 대상으로 삼을 것이지, 인가를 다툴 것은 아님(판례)
기본적 행위와 인가에 대한 쟁송방법	• 기본적 행위에 하자가 있는 경우에는 기본행위를 다툴 수 있지만 인가를 다툴 수는 없음 • 인가에 하자가 있는 경우에는 인가를 다툴 수 있지만 기본행위를 다툴 수는 없음

04
정답 ②

영역 일반행정작용법 > 기타행정행위　　　　　　　　난도 중

[정답의 이유]

② 토지의 매매대금을 허위로 신고하고 계약을 체결하였다면 이는 계약예정금액에 대하여 허위의 신고를 하고 토지 등의 거래계약을 체결한 것으로서 구 국토이용관리법 제33조 제4호에 해당한다고 할 것이고, 행정관청이 국토이용관리법 소정의 토지거래계약신고에 관하여 공시된 기준시가를 기준으로 매매 가격을 신고하도록 행정지도를 하여 그에 따라 허위신고를 한 것이라 하더라도 이와

같은 행정지도는 법에 어긋나는 것으로서 그와 같은 행정지도나 관행에 따라 허위신고행위에 이르렀다고 하여도 이것만 가지고서는 그 범법행위가 정당화될 수 없다(대판 1994.6.14, 93도3247).

① 교육인적자원부장관의 대학총장들에 대한 이 사건 학칙시정요구는 고등교육법 제6조 제2항, 동법 시행령 제4조 제3항에 따른 것으로서 그 법적 성격은 대학총장의 임의적인 협력을 통하여 사실상의 효과를 발생시키는 행정지도의 일종이지만, 그에 따르지 않을 경우 일정한 불이익조치를 예정하고 있어 사실상 상대방에게 그에 따를 의무를 부과하는 것과 다를 바 없으므로 단순한 행정지도로서의 한계를 넘어 규제적 · 구속적 성격을 상당히 강하게 갖는 것으로서 헌법소원의 대상이 되는 공권력의 행사라고 볼 수 있다(헌재 2003.6.26, 2002헌마337 등 병합).

(•))) 적중레이더

행정지도의 종류

조성적 행정지도	일정한 질서의 형성, 발전적 유도를 위한 지식 · 기술 · 정보 등을 제공(영농지도, 중소기업에 대한 경영지도, 생활개선지도, 기술지식의 제공 등)
조정적 행정지도	이해대립 또는 과당경쟁을 조정(노사분쟁의 조정, 투자 · 수출량의 조절 등을 위한 지도)
규제적 행정지도	질서유지나 공공복리를 위한 사적활동의 억제 또는 제한(물가의 억제를 위한 행정지도, 환경위생불량업소의 시정권고, 공해방지를 위한 규제조치, 토지거래중지권고, 불공정거래에 대한 시정권고)

05

정답 ①

영역 특별행정작용법 > 군사행정법   난도 **중**

① 군인과 군무원은 모두 국군을 구성하며 국토수호라는 목적을 위해 국가와 국민에게 봉사하는 특정직공무원이기는 하지만 각각의 책임 · 직무 · 신분 및 근무조건에는 상당한 차이가 존재한다. 이 사건 법률조항이 현역군인에게만 국방부 등의 보조기관 등에 보해질 수 있는 특례를 인정한 것은 국방부 등이 담당하고 있는 지상 · 해상 · 상륙 및 항공작전임무와 그 임무를 수행하기 위한 교육훈련업무에는 평소 그 업무에 종사해 온 현역군인들의 작전 및 교육경험을 활용할 필요성이 인정되는 반면, 군무원들이 주로 담당해 온 정비 · 보급 · 수송 등의 군수지원분야의 업무, 행정 업무 그리고 일부 전투지원분야의 업무는 국방부 등에 근무하는 일반직공무원 · 별정직공무원 및 계약직공무원으로서도 충분히 감당할 수 있다는 입법자의 합리적인 재량 판단에 의한 것이다. 따라서 이와 같은 차별이 입법재량의 범위를 벗어나 현저하게 불합리한 것이라 볼 수는 없으므로 이 사건 법률조항은 청구인들의 평등권을 침해하지 않는다(헌재 2008.6.26, 2005헌마1275).

② 대판 1997.6.19, 95누8669 전합

③ 유원지에 대한 도시계획시설의 설치, 정비, 개량에 관한 계획의 결정 및 변경결정에 관한 권한은 건설부장관으로부터 시 · 도지사에게 위임된 것이고, 이와 같이 권한의 위임이 행하여진 때에는 위임관청은 그 사무를 처리할 권한을 잃는다(대판 1992.9.22, 91누11292).

④ 대판 1991.12.24, 91다34097

06

정답 ②

영역 행정절차와 행정공개 > 정보공개와 개인정보보호   난도 **하**

② 개인정보 보호법 제24조 제1항 제1호

> 제24조(고유식별정보의 처리 제한) ① 개인정보처리자는 다음 각 호의 경우를 제외하고는 법령에 따라 개인을 고유하게 구별하기 위하여 부여된 식별정보로서 대통령령으로 정하는 정보(이하 "고유식별정보"라 한다)를 처리할 수 없다.
> 1. 정보주체에게 제15조 제2항 각 호 또는 제17조 제2항 각 호의 사항을 알리고 다른 개인정보의 처리에 대한 동의와 별도로 동의를 받은 경우

① 개인정보 보호법 시행령 제19조 제2호

> 제19조(고유식별정보의 범위) 법 제24조 제1항 각 호 외의 부분에서 "대통령령으로 정하는 정보"란 다음 각 호의 어느 하나에 해당하는 정보를 말한다. 다만, 공공기관이 법 제18조 제2항 제5호부터 제9호까지의 규정에 따라 다음 각 호의 어느 하나에 해당하는 정보를 처리하는 경우의 해당 정보는 제외한다.
> 1. 「주민등록법」 제7조의2 제1항에 따른 주민등록번호
> 2. 「여권법」 제7조 제1항 제1호에 따른 여권번호
> 3. 「도로교통법」 제80조에 따른 운전면허의 면허번호
> 4. 「출입국관리법」 제31조 제5항에 따른 외국인등록번호

③ 개인정보 보호법 제24조 제3항

> 제24조(고유식별정보의 처리 제한) ③ 개인정보처리자가 제1항 각 호에 따라 고유식별정보를 처리하는 경우에는 그 고유식별 정보가 분실 · 도난 · 유출 · 위조 · 변조 또는 훼손되지 아니하도록 대통령령으로 정하는 바에 따라 암호화 등 안전성 확보에 필요한 조치를 하여야 한다.

④ 개인정보 보호법 제24조의2 제1항

> **제24조의2(주민등록번호 처리의 제한)** ① 제24조 제1항에도 불구하고 개인정보처리자는 다음 각 호의 어느 하나에 해당하는 경우를 제외하고는 주민등록번호를 처리할 수 없다.
> 1. 법률·대통령령·국회규칙·대법원규칙·헌법재판소규칙·중앙선거관리위원회규칙 및 감사원규칙에서 구체적으로 주민등록번호의 처리를 요구하거나 허용한 경우
> 2. 정보주체 또는 제3자의 급박한 생명, 신체, 재산의 이익을 위하여 명백히 필요하다고 인정되는 경우
> 3. 제1호 및 제2호에 준하여 주민등록번호 처리가 불가피한 경우로서 보호위원회가 고시로 정하는 경우

07

영역 행정법 서론 > 행정법 　　　　　　　　　　난도 **하**

정답의 이유

③ 실권 또는 실효의 법리는 법의 일반원리인 신의성실의 원칙에 바탕을 둔 파생원칙인 것이므로 공법관계 가운데 관리관계는 물론이고 권력관계에도 적용되어야 함을 배제할 수는 없다 하겠으나 그것은 본래 권리행사의 기회가 있음에도 불구하고 권리자가 장기간에 걸쳐 그의 권리를 행사하지 아니하였기 때문에 의무자인 상대방은 이미 그의 권리를 행사하지 아니할 것으로 믿을 만한 정당한 사유가 있게 되거나 행사하지 아니할 것으로 추인케 할 경우에 새삼스럽게 그 권리를 행사하는 것이 신의성실의 원칙에 반하는 결과가 될 때 그 권리행사를 허용하지 않는 것을 의미한다(대판 1988.4.27, 87누915). 판례에 의하면 대법원은 실권의 법리를 신의성실의 원칙의 파생원칙으로 보고 있다.

오답의 이유

① 현재 '법적 안정성설'이 통설과 판례의 입장이다.
④ 조세법률관계에서 과세관청의 행위에 대하여 신의성실의 원칙이 적용되기 위하여는, 첫째, 과세관청이 납세자에게 신뢰의 대상이 되는 공적인 견해 표명을 하여야 하고, 둘째, 납세자가 과세관청의 견해 표명이 정당하다고 신뢰한 데 대하여 납세자에게 귀책사유가 없어야 하며, 셋째, 납세자가 그 견해 표명을 신뢰하고 이에 따라 무엇인가 행위를 하여야 하고, 넷째, 과세관청이 위 견해 표명에 반하는 처분을 함으로써 납세자의 이익이 침해되는 결과가 초래되어야 할 것이고, 한편, 조세법령의 규정내용 및 행정규칙 자체는 과세관청의 공적 견해 표명에 해당하지 아니한다(대판 2003.9.5, 2001두403)

08

영역 행정절차와 행정공개 > 정보공개와 개인정보보호 　　난도 **중**

정답의 이유

③ 공공기관의 정보공개에 관한 법률 제21조 제1항

오답의 이유

① 공공기관의 정보공개에 관한 법률 제10조 제1항

> **제10조(정보공개의 청구방법)** ① 정보의 공개를 청구하는 자(이하 "청구인"이라 한다)는 해당 정보를 보유하거나 관리하고 있는 공공기관에 다음 각 호의 사항을 적은 정보공개 청구서를 제출하거나 말로써 정보의 공개를 청구할 수 있다.
> 1. 청구인의 성명·생년월일·주소 및 연락처(전화번호·전자우편주소 등을 말한다. 이하 이 조에서 같다). 다만, 청구인이 법인 또는 단체인 경우에는 그 명칭, 대표자의 성명, 사업자등록번호 또는 이에 준하는 번호, 주된 사무소의 소재지 및 연락처를 말한다.
> 2. 청구인의 주민등록번호(본인임을 확인하고 공개 여부를 결정할 필요가 있는 정보를 청구하는 경우로 한정한다)
> 3. 공개를 청구하는 정보의 내용 및 공개방법

② 공공기관의 정보공개에 관한 법률 제11조 제3항

> **제11조(정보공개 여부의 결정)** ③ 공공기관은 공개 청구된 공개 대상 정보의 전부 또는 일부가 제3자와 관련이 있다고 인정할 때에는 그 사실을 제3자에게 지체 없이 통지하여야 하며, 필요한 경우에는 그의 의견을 들을 수 있다.

④ 공공기관의 정보공개에 관한 법률 제21조 제2항

> **제21조(제3자의 비공개 요청 등)** ② 제1항에 따른 비공개 요청에도 불구하고 공공기관이 공개 결정을 할 때에는 공개 결정 이유와 공개 실시일을 분명히 밝혀 지체 없이 문서로 통지하여야 하며, 제3자는 해당 공공기관에 문서로 이의신청을 하거나 행정심판 또는 행정소송을 제기할 수 있다. 이 경우 이의신청은 통지를 받은 날부터 7일 이내에 하여야 한다.

120 시대에듀 | 군무원 행정법

09

영역 행정의 실효성 확보수단 > 행정벌 　난도 **중**

정답의 이유

① 통고처분과 고발의 법적 성질 및 효과 등을 조세범칙사건의 처리 절차에 관한 조세범 처벌절차법 관련 규정들의 내용과 취지에 비추어 보면, 지방국세청장 또는 세무서장이 조세범 처벌절차법 제 17조 제1항에 따라 <u>통고처분을 거치지 아니하고 즉시 고발하였다</u>면 이로써 조세범칙사건에 대한 <u>조사 및 처분 절차는 종료되고 형사사건 절차로 이행</u>되어 지방국세청장 또는 세무서장으로서는 동일한 조세범칙행위에 대하여 <u>더 이상 통고처분(→ 무효)을 할 권한이 없다</u>. 따라서 지방국세청장 또는 세무서장이 조세범칙행위에 대하여 고발을 한 후에 동일한 조세범칙행위에 대하여 통고처분을 하였더라도, 이는 법적 권한 소멸 후에 이루어진 것으로서 특별한 사정이 없는 한 효력이 없고, <u>조세범칙행위자가 이러한 통고처분을 이행하였더라도 조세범 처벌절차법 제15조 제3항에서 정한 일사부재리의 원칙이 적용될 수 없다</u>(대판 2016.9.28. 2014도 10748).

오답의 이유

② 도로교통법 제118조에서 규정하는 경찰서장의 통고처분은 행정소송의 대상이되는 행정처분이 아니므로 그 처분의 취소를 구하는 소송은 부적법하고, 도로교통법상의 통고처분을 받은 자가 그 처분에 대하여 이의가 있는 경우에는 통고처분에 따른 범칙금의 납부를 이행하지 아니함으로써 경찰서장의 즉결심판청구에 의하여 법원의 심판을 받을 수 있게 될 뿐이다(대판 1995.6.29. 95누4674).

③ 통고처분은 상대방의 임의의 승복을 그 발효요건으로 하기 때문에 그 자체만으로는 통고이행을 강제하거나 상대방에게 아무런 권리 의무를 형성하지 않으므로 행정심판이나 행정소송의 대상으로서의 처분성을 부여할 수 없고, 통고처분에 대하여 이의가 있으면 통고내용을 이행하지 않음으로써 고발되어 형사재판절차에서 통고처분의 위법·부당함을 얼마든지 다툴 수 있기 때문에 관세법 제38조 제3항 제2호가 법관에 의한 재판받을 권리를 침해한다든가 적법절차의 원칙에 저촉된다고 볼 수 없다(헌재 1998.5.28. 96헌바4 전합).

④ 관세청장 또는 세관장은 관세범에 대하여 통고처분을 할 수 있고, 범죄의 정상이 징역형에 처하여질 것으로 인정되는 때에는 즉시 고발하여야 하며, 관세범인이 통고를 이행할 수 있는 자금능력이 없다고 인정되거나 주소 및 거소의 불명 기타의 사유로 인하여 통고를 하기 곤란하다고 인정되는 때에도 즉시 고발하여야 하는 바, 이들 규정을 종합하여 보면, <u>통고처분을 할 것인지의 여부는 관세청장 또는 세관장의 재량에 맡겨져 있고, 따라서 관세청장 또는 세관장이 관세범에 대하여 통고처분을 하지 아니한 채 고발하였다는 것만으로는 그 고발 및 이에 기한 공소의 제기가 부적법하게 되는 것은 아니다</u>(대판 2007.5.11. 2006도1993).

10

정답 ④

영역 행정법 서론 > 행정법 　난도 **하**

정답의 이유

④ 헌법재판소는 헌법의 수호와 국민의 기본권 보장을 사명으로 하는 국가기관이므로 비록 고도의 정치적 결단에 의하여 행해지는 국가작용이라고 할지라도 그것이 국민의 기본권 침해와 직접 관련되는 경우에는 당연히 헌법재판소의 심판대상이 된다(헌재 1996.2.29. 93헌마186).

오답의 이유

①·②·③ 대통령의 긴급재정경제명령은 국가긴급권의 일종으로서 고도의 정치적 결단에 의하여 발동되는 행위이고 그 결단을 존중하여야 할 필요성이 있는 행위라는 의미에서 이른바 통치행위에 속한다고 할 수 있으나, 통치행위를 포함하여 모든 국가작용은 국민의 기본권적 가치를 실현하기 위한 수단이라는 한계를 반드시 지켜야 한다(헌재 1996.2.29. 93헌마186).

11

정답 ①

영역 일반행정작용법 > 기타행정행위 　난도 **중**

정답의 이유

① 국가공무원법 제2조 제2항 제2호, 교육공무원법 제2조 제1항 제1호, 제3항, 제8조, 제26조 제1항, 제34조 제2항, 교육공무원임용령 제5조의2 제4항에 의하면, 일정한 자격을 갖추고 소정의 절차에 따라 대학의 장에 의하여 임용된 조교는 법정된 근무기간 동안 신분이 보장되는 교육공무원법상의 교육공무원 내지 국가공무원법상의 특정직공무원 지위가 부여되고, <u>근무관계는 사법상의 근로계약관계가 아닌 공법상 근무관계에 해당한다</u>(대판 2019.11.14. 2015두52531).

오답의 이유

② 행정규칙의 내용이 상위법령이나 법의 일반원칙에 반하는 것이라면 법치국가원리에서 파생되는 법질서의 통일성과 모순금지 원칙에 따라 그것은 법질서상 당연무효이고, 행정내부적 효력도 인정될 수 없다(대판 2020.5.28. 2017두66541).

③ 계약직공무원에 관한 현행 법령의 규정에 비추어 볼 때, 계약직공무원 채용계약해지의 의사표시는 <u>일반공무원에 대한 징계처분과는 달라서 항고소송의 대상이 되는 처분 등의 성격을 가진 것으로 인정되지 아니하고</u>, 일정한 사유가 있을 때에 국가 또는 지방자치단체가 채용계약 관계의 한쪽 당사자로서 대등한 지위에서 행하는 의사표시로 취급되는 것으로 이해되므로, 이를 징계해고 등에서와 같이 그 징계사유에 한하여 효력 유무를 판단하여야 하거나, 행정처분과 같이 <u>행정절차법에 의하여 근거와 이유를 제시하여야 하는 것은 아니다</u>(대판 2002.11.26. 2002두5948).

④ 대판 1995.11.14. 95누2036

12

영역 특별행정작용법 > 군사행정법　　　　　난도 **중**

정답의 이유

④ 공익근무요원소집처분은 보충역편입처분을 받은 공익근무요원소집대상자에게 기초적 군사훈련과 구체적인 복무기관 및 복무분야를 정한 공익근무요원으로서의 복무를 명하는 구체적인 행정처분이므로, 위 두 처분은 후자의 처분이 전자의 처분을 전제로 하는 것이기는 하나 각각 단계적으로 별개의 법률효과를 발생하는 독립된 행정처분이라고 할 것이므로, 따라서 보충역편입처분의 기초가 되는 신체등위 판정에 잘못이 있다는 이유로 이를 다투기 위하여는 신체등위 판정을 기초로 한 보충역편입처분에 대하여 쟁송을 제기하여야 할 것이며, 그 처분을 다투지 아니하여 이미 불가쟁력이 생겨 그 효력을 다툴 수 없게 된 경우에는, 병역처분변경신청에 의하는 경우는 별론으로 하고, 보충역편입처분에 하자가 있다고 할지라도 그것이 당연무효라고 볼만한 특단의 사정이 없는 한 그 위법을 이유로 공익근무요원소집처분의 효력을 다툴 수 없다(대법 2002.12.10. 2001두5422).

오답의 이유

① 현역입영통지서 수령을 거절(예비적 공소사실)하였을 뿐 이를 적법하게 수령하였다고 볼 수 없다는 이유로 현역병입영대상자인 피고인이 현역입영통지서를 받았음에도 정당한 사유 없이 입영기일부터 3일이 경과하여도 입영하지 않았다는 이 사건 주위적 공소사실에 대하여는 그 범죄의 증명이 없는 때에 해당(→ 처벌이 인정되지 않는다)한다고 판단한 것은 정당하고, 거기에 상고이유 주장과 같이 병역의무부과통지서의 송달에 관한 법리를 오해하여 판결에 영향을 미친 위법이 있다고 할 수 없다(대판 2009.6.25. 2009도3387).

② 송달은 병역의무자의 현실적인 수령행위를 전제로 하고 있다고 보아야 하므로, 병역의무자가 현역입영통지의 내용을 이미 알고 있는 경우에도 여전히 현역입영통지서의 송달은 필요하고, 다른 법령상의 사유가 없는 한 병역의무자로부터 근거리에 있는 책상 등에 일시 현역입영통지서를 둔 것만으로는 병역의무자의 현실적인 수령행위가 있었다고 단정할 수 없다(대판 2009.6.25. 2009도3387).

③ 입영하여 현역으로 복무하는 자에 대한 병적을 당해 군 참모총장이 관리한다는 것은 입영 및 복무의 근거가 된 현역병입영통지처분이 적법함을 전제로 하는 것으로서 그 처분이 위법한 경우까지를 포함하는 의미는 아니라고 할 것이므로, 현역입영대상자로서는 현실적으로 입영을 하였다고 하더라도, 입영 이후의 법률관계에 영향을 미치고 있는 현역병입영통지처분 등을 한 관할지방병무청장을 상대로 위법을 주장하여 그 취소를 구할 소송상의 이익이 있다(대판 2003.12.26. 2003두1875).

13

영역 행정절차와 행정공개 > 행정절차법　　　　　난도 **하**

정답의 이유

④ 행정절차법 제11조 제6항

> **제11조(대표자)** ⑥ 다수의 대표자가 있는 경우 그 중 1인에 대한 행정청의 행위는 모든 당사자 등에게 효력이 있다. 다만, 행정청의 통지는 대표자 모두에게 하여야 그 효력이 있다.

오답의 이유

① 다수의 당사자 등이 공동으로 행정절차에 관한 행위를 할 때에는 대표자를 선정할 수 있다(행정절차법 제11조 제1항).

② 대표자는 각자 그를 대표자로 선정한 당사자 등을 위하여 행정절차에 관한 모든 행위를 할 수 있다. 다만, 행정절차를 끝맺는 행위에 대하여는 당사자 등의 동의를 받아야 한다(행정절차법 제11조 제4항).

③ 대표자가 있는 경우에는 당사자 등은 그 대표자를 통하여서만 행정절차에 관한 행위를 할 수 있다(행정절차법 제11조 제5항).

14

영역 행정의 실효성 확보수단 > 행정상 강제　　　　　난도 **중**

정답의 이유

② 항고소송의 대상이 되는 행정처분이라 함은 행정청의 공법상의 행위로서 특정사항에 대하여 법규에 의한 권리의 설정 또는 의무의 부담을 명하거나 기타 법률상 효과를 발생하게 하는 등 국민의 구체적인 권리의무에 직접적 변동을 초래하는 행위를 말하는 것이고, 행정권 내부에서의 행위나 알선, 권유, 사실상의 통지 등과 같이 상대방 또는 기타 관계자들의 법률상 지위에 직접적인 법률적 변동을 일으키지 아니하는 행위 등은 항고소송의 대상이 될 수 없다. … 보고명령 및 관련서류 제출명령을 이행하기 위하여 위 시정지시에 따른 시정조치의 이행이 사실상 강제되어 있다고 할 것이고, 만일 피고의 위 명령을 이행하지 않는 경우 시정명령을 받거나 법인설립허가가 취소될 수 있고, 자신이 운영하는 사회복지시설에 대한 개선 또는 사업정지 명령을 받거나 그 시설의 장의 교체 또는 시설의 폐쇄와 같은 불이익을 받을 위험 … 의무의 부담을 명하거나 기타 법률상 효과를 발생하게 하는 것으로서 항고소송의 대상이 되는 행정처분에 해당한다고 해석함이 상당하다(대판 2008.4.24. 2008두3500).

오답의 이유

① 교도소장이 수형자 甲을 '접견내용 녹음·녹화 및 접견 시 교도관 참여대상자'로 지정한 사안에서, 위 지정행위는 수형자의 구체적 권리의무에 직접적 변동을 가져오는 행정청의 공법상 행위로서 항고소송의 대상이 되는 '처분'에 해당한다고 본 원심판단을 정당한

것으로 수긍한 사례이다(대판 2014.2.13, 2013두20899).

③ 교도소 수형자에게 소변을 받아 제출하게 한 것은, 형을 집행하는 우월적인 지위에서 외부와 격리된 채 형의 집행에 관한 지시, 명령을 복종하여야 할 관계에 있는 자에게 행해진 것으로서 그 목적 또한 교도소 내의 안전과 질서유지를 위하여 실시하였고, 일방적으로 강제하는 측면이 존재하며, 응하지 않을 경우 직접적인 징벌 등의 제재는 없다고 하여도 불리한 처우를 받을 수 있다는 심리적 압박이 존재하리라는 것을 충분이 예상할 수 있는 점에 비추어, 권력적 사실행위로서 헌법재판소법 제68조 제1항의 공권력의 행사에 해당한다(헌재 2006.7.27, 2005헌마277).

15

정답 ①

영역 특별행정작용법 > 규제행정법　　　　　　　난도 **상**

정답의 이유

① 환경정책기본법은 오염원인자 책임원칙과 환경오염의 피해에 대한 무과실책임을 정하고 있다. … 방사능에 오염된 고철은 원자력안전법 등의 법령에 따라 처리되어야 하고 유통되어서는 안 된다. 사업활동 등을 하던 중 고철을 방사능에 오염시킨 자는 원인자로서 관련 법령에 따라 고철을 처리함으로써 오염된 환경을 회복·복원할 책임을 진다. 이러한 조치를 취하지 않고 방사능에 오염된 고철을 타인에게 매도하는 등으로 유통시킴으로써 거래 상대방이나 전전 취득한 자가 방사능오염으로 피해를 입게 되면 그 원인자는 방사능오염 사실을 모르고 유통시켰더라도 환경정책기본법 제44조 제1항에 따라 피해자에게 피해를 배상할 의무가 있다(대판 2018.9.13, 2016다35802).

오답의 이유

② 토양은 폐기물 기타 오염물질에 의하여 오염될 수 있는 대상일 뿐 오염토양이라 하여 동산으로서 '물질'인 폐기물에 해당한다고 할 수 없고, 나아가 오염토양은 법령상 절차에 따른 정화 대상이 될 뿐 법령상 금지되거나 그와 배치되는 개념인 투기나 폐기 대상이 된다고 할 수 없다. 따라서 오염토양 자체의 규율에 관하여는 '사람의 생활이나 사업 활동에 필요하지 아니하게 된 물질'의 처리를 목적으로 하는 구 폐기물관리법에서 처리를 위한 별도의 근거 규정을 두고 있지 아니한 이상 구 폐기물관리법의 규정은 성질상 적용될 수 없고, 이는 오염토양이 구 폐기물관리법상의 폐기물이나 구성요소인 오염물질과 섞인 상태로 되어 있다거나 그 부분 오염토양이 정화작업 등의 목적으로 해당 부지에서 반출되어 동산인 '물질'의 상태를 일시 갖추게 되었더라도 마찬가지이다(대판 2011.5.26, 2008도2907).

③ 대판 2019.12.24, 2019두45579

④ 불법행위로 영업을 중단한 자가 영업 중단에 따른 손해배상을 구하는 경우 영업을 중단하지 않았으면 얻었을 순이익과 이와 별도로 영업 중단과 상관없이 불가피하게 지출해야 하는 비용도 특별한 사정이 없는 한 손해배상의 범위에 포함될 수 있다. 위와 같은 순이익과 비용의 배상을 인정하는 것은 이중배상에 해당하지 않는다. 이러한 법리는 환경정책기본법 제44조 제1항에 따라 그 피해의 배상을 인정하는 경우에도 적용된다(대판 2018.9.13, 2016다35802).

📡 적중레이더

환경규제기본법의 법원

현대 산업사회에 있어서 무질서하고 과도한 개발 사업으로 인하여 생활환경과 자연환경에 심각한 부작용이 발생하면서, 모든 국민이 건강하고 쾌적한 환경에서 생활할 수 있도록 하기 위하여 국가는 환경보전을 위하여 노력하여야 하므로(헌법 제35조 제1항), 이러한 헌법 규정에 기초하여 다양한 환경규제행정법이 도입되게 되었는바, 「환경정책기본법」을 비롯하여 「환경영향평가법」, 「대기환경보전법」, 「물환경보전법」, 「폐기물관리법」 등 다양한 환경규제행정법이 있다.

16

정답 ①

영역 행정의 실효성 확보수단 > 행정벌　　　　　　난도 **중**

정답의 이유

① 행정법규 위반에 대하여 가하는 제재조치는 행정목적의 달성을 위하여 행정법규 위반이라는 객관적 사실에 착안하여 가하는 제재이므로 반드시 현실적인 행위자가 아니라도 법령상 책임자로 규정된 자에게 부과되고 특별한 사정이 없는 한 위반자에게 고의나 과실이 없더라도 부과할 수 있다(대판 2012.5.10, 2012두1297).

오답의 이유

② 일정한 법규위반 사실이 행정처분의 전제사실이 되는 한편 이와 동시에 형사법규의 위반 사실이 되는 경우에 행정처분과 형벌은 각기 그 권력적 기초, 대상, 목적을 달리하고 있으므로 동일한 행위에 관하여 독립적으로 행정처분이나 형벌을 과하거나 이를 병과할 수 있는 것이고 법규가 예외적으로 형사소추선행의 원칙을 규정하고 있지 아니한 이상 형사판결 확정에 앞서 일정한 위반사실을 들어 행정처분을 하였다고 하여 절차적 위반이 있다고 할 수 없다(대판 1986.7.8, 85누1002).

17

정답 ①

영역 행정상 쟁송 > 행정심판 난도 **하**

정답의 이유

① 행정심판법 제4조 제3항

> **제4조(특별행정심판 등)** ③ 관계 행정기관의 장이 특별행정심판 또는 이 법에 따른 행정심판 절차에 대한 특례를 신설하거나 변경하는 법령을 제정 · 개정할 때에는 미리 중앙행정심판위원회와 협의하여야 한다.

오답의 이유

② · ③ 행정심판법 제3조

> **제3조(행정심판의 대상)** ① 행정청의 처분 또는 부작위에 대하여는 다른 법률에 특별한 규정이 있는 경우 외에는 이 법에 따라 행정심판을 청구할 수 있다.
> ② 대통령의 처분 또는 부작위에 대하여는 다른 법률에서 행정심판을 청구할 수 있도록 정한 경우 외에는 행정심판을 청구할 수 없다.

④ 행정심판법 제2조

> **제2조(정의)** 이 법에서 사용하는 용어의 뜻은 다음과 같다.
> 4. "행정청"이란 행정에 관한 의사를 결정하여 표시하는 국가 또는 지방자치단체의 기관, 그 밖에 법령 또는 자치법규에 따라 행정권한을 가지고 있거나 위탁을 받은 공공단체나 그 기관 또는 사인(私人)을 말한다.

18

정답 ①

영역 행정상 쟁송 > 행정소송 난도 **중**

정답의 이유

① 구 노동위원회법 제19조의2 제1항의 규정은 행정처분의 성질을 가지는 지방노동위원회의 처분에 대하여 중앙노동위원장을 상대로 행정소송을 제기할 경우의 전치요건에 관한 규정이라 할 것이므로 당사자가 지방노동위원회의 처분에 대하여 불복하기 위하여는 처분 송달일로부터 10일 이내에 중앙노동위원회에 재심을 신청하고 중앙노동위원회의 재심판정서 송달일로부터 15일 이내에 중앙노동위원장을 피고로 하여 재심판정취소의 소를 제기하여야 할 것이다(대판 1995.9.15, 95누6724).

오답의 이유

② 지방의회를 대표하고 의사를 정리하며 회의장 내의 질서를 유지하고 의회의 사무를 감독하며 위원회에 출석하여 발언할 수 있는 등의 직무권한을 가지는 지방의회 의장에 대한 불신임의결은 의장으로서의 권한을 박탈하는 행정처분의 일종으로서 항고소송의 대상이 된다(대결 1994.10.11, 94두23).

③ 조례가 집행행위의 개입 없이도 그 자체로서 직접 국민의 구체적인 권리의무나 법적 이익에 영향을 미치는 등의 법률상 효과를 발생하는 경우 그 조례는 항고소송의 대상이 되는 행정처분에 해당하고, 이러한 조례에 대한 무효확인소송을 제기함에 있어서 피고적격이 있는 처분 등을 행한 행정청은, 행정주체인 지방자치단체 또는 지방자치단체의 내부적 의결기관으로서 지방자치단체의 의사를 외부에 표시한 권한이 없는 지방의회가 아니라, 지방자치단체의 집행기관으로서 조례로서의 효력을 발생시키는 공포권이 있는 지방자치단체의 장이다. … 교육에 관한 조례의 무효확인소송을 제기함에 있어서는 그 집행기관인 시 · 도 교육감을 피고로 하여야 한다. … 경기 가평군 가평읍 상색국민학교 두밀분교를 폐지하는 내용의 이 사건 조례는 위 두밀분교의 취학아동과의 관계에서 영조물인 특정의 국민학교를 구체적으로 이용할 이익을 직접적으로 상실하게 하는 것이므로 항고소송의 대상이 되는 행정처분이라고 전제한 다음, 이 사건과 같이 교육에 관한 조례무효확인 소송의 정당한 피고는 시 · 도의 교육감이라 할 것이므로 지방의회를 피고로 한 이 사건 소는 부적법하다고 판단한 것은 정당하고, 거기에 논지와 같은 조례무효확인 소송에 있어서의 피고적격에 관한 법리오해의 위법이 있다고 할 수 없다(대판 1996.9.20, 95누8003).

④ 대결 2003.10.9, 2003무23

19

정답 ②

영역 행정상 쟁송 > 행정소송 난도 **중**

정답의 이유

② 원자로 및 관계 시설의 부지사전승인처분은 건설허가 전에 신청자의 편의를 위하여 미리 그 건설허가의 일부 요건을 심사하여 행하는 사전적 부분 건설허가처분의 성격을 갖고 있는 것이어서 나중에 건설허가처분이 있게 되면 그 건설허가처분에 흡수되어 독립된 존재가치를 상실함으로써 그 건설허가처분만이 쟁송의 대상이 되는 것이므로, 부지사전승인처분의 취소를 구하는 소는 소의 이익을 잃게 되고, 따라서 부지사전승인처분의 위법성은 나중에 내려진 건설허가처분의 취소를 구하는 소송에서 이를 다투면 된다(대판 1998.9.4, 97누19588).

오답의 이유

① 소음 · 진동배출시설에 대한 설치허가가 취소된 후 그 배출시설이 어떠한 경위로든 철거되어 다시 복구 등을 통하여 배출시설을 가동할 수 없는 상태라면 이는 배출시설 설치허가의 대상이 되지 아니하므로 외형상 설치허가취소행위가 잔존하고 있다고 하여도 특단의 사정이 없는 한 이제 와서 굳이 위 처분의 취소를 구할 법률상의 이익이 없다(대판 2002.1.11, 2000두2457).

③ 법인이 법인세의 과세표준을 신고하면서 배당, 상여 또는 기타소득으로 소득처분한 금액은 당해 법인이 신고기일에 소득처분의 상대방에게 지급한 것으로 의제되어 그때 원천징수하는 소득세의 납

세의무가 성립·확정되며, 그 후 과세관청이 직권으로 상대방에 대한 소득처분을 경정하면서 일부 항목에 대한 증액과 다른 항목에 대한 감액을 동시에 한 결과 전체로서 소득처분금액이 감소된 경우에는 그에 따른 소득금액변동통지가 납세자인 당해 법인에 불이익을 미치는 처분이 아니므로 당해 법인은 그 소득금액변동통지의 취소를 구할 이익이 없다(대판 2012.4.13. 2009두5510).

④ 대집행계고처분 취소소송의 변론종결 전에 대집행영장에 의한 통지절차를 거쳐 사실행위로서 대집행의 실행이 완료된 경우에는 행위가 위법한 것이라는 이유로 손해배상이나 원상회복 등을 청구하는 것은 별론으로 하고 처분의 취소를 구할 법률상 이익은 없다(대판 1993.6.8. 93누6164).

20

정답 ③

영역 행정상 쟁송 > 행정심판　　난도 **중**

정답의 이유

③ 복효적 행정행위, 특히 제3자효를 수반하는 행정행위에 대한 행정심판청구에 있어서 그 청구를 인용하는 내용의 재결로 인하여 비로소 권리이익을 침해받게 되는 자는 그 인용재결에 대하여 다툴 필요가 있고, 그 인용재결은 원처분과 내용을 달리하는 것이므로 그 인용재결의 취소를 구하는 것은 원처분에는 없는 재결에 고유한 하자를 주장하는 셈이어서 당연히 항고소송의 대상이 된다(대판 2001.5.29. 99두10292).

오답의 이유

①·② 행정심판에 대한 재결에 대하여도 그 재결 자체에 고유한 위법이 있음을 이유로 하는 경우에는 항고소송을 제기하여 그 취소를 구할 수 있고(행정소송법 제19조 단서), 여기에서 말하는 '재결 자체에 고유한 위법'이란 그 재결자체에 주체, 절차, 형식 또는 내용상의 위법이 있는 경우를 의미하는데, 행정심판청구가 부적법하지 않음에도 각하한 재결은 심판청구인의 실체심리를 받을 권리를 박탈한 것으로서 원처분에 없는 고유한 하자가 있는 경우에 해당하고, 따라서 위 재결은 취소소송의 대상이 된다(대판 2001.7.27. 99두2970).

④ 대판 1996.2.13. 95누8027

21

정답 ③

영역 행정절차와 행정공개 > 정보공개와 개인정보보호　　난도 **중**

정답의 이유

③ 회의록 중 발언내용 이외에 해당 발언자의 인적 사항까지 공개된다면 정화위원들이나 출석자들은 자신의 발언내용에 관한 공개에 대한 부담으로 인한 심리적 압박 때문에 위 정화위원회의 심의절차에서 솔직하고 자유로운 의사교환을 할 수 없고, 심지어 당사자나 외부의 의사에 영합하는 발언을 하거나 침묵으로 일관할 우려

가 있다. 따라서 학교환경위생구역 내 금지행위(숙박시설) 해제결정에 관한 학교환경위생정화위원회의 회의록에 기재된 발언내용에 대한 해당 발언자의 인적 사항 부분에 관한 정보는 공공기관의 정보공개에 관한 법률 제7조 제1항 제5호 소정의 비공개 대상에 해당한다(대판 2003.8.22. 2002두12946).

오답의 이유

① 정보공개법의 입법 목적, 정보공개의 원칙, 위 비공개 대상 정보의 규정 형식과 취지 등을 고려하면, 법원 이외의 공공기관이 위 규정이 정한 '진행 중인 재판에 관련된 정보'에 해당한다는 사유로 정보공개를 거부하기 위하여는 반드시 그 정보가 진행 중인 재판의 소송기록 그 자체에 포함된 내용의 정보일 필요는 없으나, 재판에 관련된 일체의 정보가 그에 해당하는 것은 아니고 진행 중인 재판의 심리 또는 재판 결과에 구체적으로 영향을 미칠 위험이 있는 정보에 한정된다고 보는 것이 타당하다(대판 2018.9.28. 2017두69892).

② 행정처분의 취소를 구하는 항고소송에 있어 처분청은 당초 처분의 근거로 삼은 사유와 기본적 사실관계가 동일성이 있다고 인정되는 한도 내에서는 다른 사유를 추가하거나 변경할 수도 있으나 기본적 사실관계가 동일하다는 것은 처분사유를 법률적으로 평가하기 이전의 구체적인 사실에 착안하여 그 기초인 사회적 사실관계가 기본적인 점에서 동일한 것을 말하며, 처분청이 처분 당시에 적시한 구체적 사실을 변경하지 아니하는 범위 내에서 단지 그 처분의 근거법령만을 추가·변경하거나 당초의 처분사유를 구체적으로 표시하는 것에 불과한 경우에는 새로운 처분사유를 추가하거나 변경하는 것이라고 볼 수 없다(대판 2007.2.8. 2006두4899).

④ 같은 법 제7조 제1항 제5호에서의 '감사·감독·검사·시험·규제·입찰계약·기술개발·인사관리·의사결정과정 또는 내부검토과정에 있는 사항'은 비공개 대상 정보를 예시적으로 열거한 것이라고 할 것이므로 의사결정과정에 제공된 회의관련자료나 의사결정과정이 기록된 회의록 등은 의사가 결정되거나 의사가 집행된 경우에는 더 이상 의사결정과정에 있는 사항 그 자체라고는 할 수 없으나, 의사결정과정에 있는 사항에 준하는 사항으로서 비공개 대상 정보에 포함될 수 있다(대판 2003.8.22. 2002두12946).

22

정답 ③

영역 행정구제법 > 손해전보제도　　난도 **중**

정답의 이유

③ • 지자체 담당공무원: 공무원에게 부과된 직무상 의무의 내용이 단순히 공공 일반의 이익을 위한 것이거나 행정기관 내부의 질서를 규율하기 위한 것이 아니고 전적으로 또는 부수적으로 사회구성원 개인의 안전과 이익을 보호하기 위하여 설정된 것이라면, 공무원이 그와 같은 직무상 의무를 위반함으로 인하여 피해자가 입은 손해에 대하여는 상당인과관계가 인정되는 범위 내에

서 국가가 배상책임을 지는 것이고, 이때 상당인과관계의 유무를 판단함에 있어서는 일반적인 결과 발생의 개연성은 물론 직무상 의무를 부과하는 법령 기타 행동규범의 목적이나 가해행위의 태양 및 피해의 정도 등을 종합적으로 고려하여야 하며, 이는 지방자치단체와 그 소속 공무원에 대하여도 마찬가지이다. 유흥주점에 감금된 채 윤락을 강요받으며 생활하던 여종업원들이 유흥주점에 화재가 났을 때 미처 피신하지 못하고 유독가스에 질식해 사망한 사안에서, 지방자치단체의 담당공무원이 위 유흥주점의 용도변경, 무허가 영업 및 시설기준에 위배된 개축에 대하여 시정명령 등 식품위생법상 취하여야 할 조치를 게을리 한 직무상 의무위반행위와 위 종업원들의 사망 사이에 상당인과관계가 존재하지 않는다.

- 소방공무원: 유흥주점에 감금된 채 윤락을 강요받으며 생활하던 여종업원들이 유흥주점에 화재가 났을 때 미처 피신하지 못하고 유독가스에 질식해 사망한 사안에서, 소방공무원이 위 유흥주점에 대하여 화재 발생 전 실시한 소방점검 등에서 구 소방법상 방염 규정 위반에 대한 시정조치 및 화재 발생 시 대피에 장애가 되는 잠금장치의 제거 등 시정조치를 명하지 않은 직무상 의무 위반은 현저히 불합리한 경우에 해당하여 위법하고, 이러한 직무상 의무 위반과 위 사망의 결과 사이에 상당인과관계가 존재한다(대판 2008.4.10, 2005다48994).

오답의 이유

① 국·공립대학 교원에 대한 재임용거부처분이 재량권을 일탈·남용한 것으로 평가되어 그것이 불법행위가 됨을 이유로 국·공립대학 교원 임용권자에게 손해배상책임을 묻기 위해서는 당해 재임용거부가 국·공립대학 교원 임용권자의 고의 또는 과실로 인한 것이라는 점이 인정되어야 한다. 그리고 위와 같은 고의·과실이 인정되려면 국·공립대학 교원 임용권자가 객관적 주의의무를 결하여 그 재임용거부처분이 객관적 정당성을 상실하였다고 인정될 정도에 이르러야 한다.

② 입법부가 법률로써 행정부에게 특정한 사항을 위임했음에도 불구하고 행정부가 정당한 이유 없이 이를 이행하지 않는다면 권력분립의 원칙과 법치국가 내지 법치행정의 원칙에 위배되는 것으로서 위법함과 동시에 위헌적인 것이 되는바, … 위 법률의 규정들은 군법무관의 보수의 내용을 법률로써 일차적으로 형성한 것이고, 위 법률들에 의해 상당한 수준의 보수청구권이 인정되는 것이므로, 위 보수청구권은 단순한 기대이익을 넘어서는 것으로서 법률의 규정에 의해 인정된 재산권의 한 내용이 되는 것으로 봄이 상당하고, 따라서 행정부가 정당한 이유 없이 시행령을 제정하지 않은 것은 위 보수청구권을 침해하는 불법행위에 해당한다(대판 2007.11.29, 2006다3561).

④ 공무원의 행위를 원인으로 한 국가배상책임을 인정하기 위하여는 '공무원이 직무를 집행하면서 고의 또는 과실로 법령을 위반하여 타인에게 손해를 입힌 때'라고 하는 국가배상법 제2조 제1항의 요

건이 충족되어야 한다. 여기서 '법령을 위반하여'라고 함은 엄격하게 형식적 의미의 법령에 명시적으로 공무원의 행위의무가 정하여져 있음에도 이를 위반하는 경우만을 의미하는 것은 아니고, 인권존중·권력남용금지·신의성실과 같이 공무원으로서 마땅히 지켜야 할 준칙이나 규범을 지키지 아니하고 위반한 경우를 비롯하여 널리 그 행위가 객관적인 정당성을 결여하고 있는 경우도 포함한다(대판 2015.8.27, 2012다204587).

국가배상법 제2조와의 비교

구분	국가배상법 제2조	국가배상법 제5조
헌법상 근거 규정	있음(헌법 제29조)	없음
성격	과실책임	무과실책임
이중배상청구 제한규정 (동법 제2조 제1항 단서)	적용 긍정	적용 긍정
배상기준규정 (동법 제3조)	적용 긍정	적용 긍정

23
정답 ②

영역 일반행정작용법 > 행정행위   난도 하

정답의 이유

② 징수처분의 취소를 구하는 부분의 소는 전심절차를 거치지 않았는데, 과세처분의 무효선언을 구하는 의미에서 그 취소를 구하는 소송이라도 전심절차를 거쳐야 하므로 이 부분 소는 부적법하다고 판단하여 이를 각하하였는 바, 이러한 원심판단은 정당하고 소론과 같은 채증법칙위배나 심리미진, 이유불비의 위법이 없으니 논지는 이유없다(대판 1990.8.28, 90누1892).

오답의 이유

① 사정재결에는 무효등확인심판에는 적용되지 않는다(행정심판법 제44조 제3항). 따라서 취소심판, 의무이행심판(사정재결), 취소소송(사정판결)에서 인정된다.

③ 행정소송법 제38조 제1항이 무효확인 판결에 관하여 취소판결에 관한 규정을 준용함에 있어서 같은 법 제30조 제2항을 준용한다고 규정하면서도 같은 법 제34조는 이를 준용한다는 규정을 두지 않고 있으므로, 행정처분에 대하여 무효확인 판결이 내려진 경우에는 그 행정처분이 거부처분인 경우에도 행정청에 판결의 취지에 따른 재처분의무가 인정될 뿐 그에 대하여 간접강제까지 허용되는 것은 아니라고 할 것이다(대결 1998.12.24, 98무37).

④ 행정처분의 당연무효를 선언하는 의미에서 그 취소를 청구하는 행정소송을 제기하는 경우에도 소원의 전치와 제소기간의 준수등 취소소송의 제소요건을 갖추어야 한다(대판 1984.5.29, 84누175).

((•)) 적중레이더

무효와 취소의 구별실익

구분	무효	취소
공정력, 존속력, 강제력	×	○
선결문제	심사 가능	효력 부인 (위법성 판단은 가능)
하자승계	승계○ (모든 후행행위에 승계)	원칙적으로 승계○ (선행행위와 후행행위가 결합하여 하나의 법률효과를 발생하는 경우)
하자의 치유와 전환	치유 부정/ 전환 인정	치유 인정/ 전환 부정
신뢰보호의 원칙	×	○
쟁송형태	무효등확인심판, 무효등확인소송	취소심판, 취소소송
쟁송제기 기간의 제한	불가쟁력× → 제한×	불가쟁력○ → 제한○
사정판결, 사정재결	×	○
간접강제	×	○
예외적 행정심판전치주의	적용×	적용○

※ 국가배상청구소송, 집행부정지원칙은 구별실익에 해당하지 않음

24

정답 ③

영역 행정의 실효성 확보수단 > 행정상 강제 　　난도 **중**

[정답의 이유]

③ 건축주 등이 장기간 시정명령을 이행하지 아니하였더라도, 그 기간 중에는 시정명령의 이행 기회가 제공되지 아니하였다가 뒤늦게 시정명령의 이행 기회가 제공된 경우라면, 시정명령의 이행 기회 제공을 전제로 한 1회분의 이행강제금만을 부과할 수 있고, 시정명령의 이행 기회가 제공되지 아니한 과거의 기간에 대한 이행강제금까지 한꺼번에 부과할 수는 없다. 그리고 이를 위반하여 이루어진 이행강제금 부과처분은 과거의 위반행위에 대한 제재가 아니라 행정상의 간접강제 수단이라는 이행강제금의 본질에 반하여 구 건축법 제80조 제1항, 제4항 등 법규의 중요한 부분을 위반한 것으로서, 그러한 하자는 중대할 뿐만 아니라 객관적으로도 명백하다(대판 2016.7.14, 2015두46598).

[오답의 이유]

① 현행 건축법상 위법건축물에 대한 이행강제수단으로 대집행과 이행강제금이 인정되고 있는데, 양 제도는 각각의 장·단점이 있으므로 행정청은 개별사건에 있어서 위반내용, 위반자의 시정의지 등을 감안하여 대집행과 이행강제금을 선택적으로 활용할 수 있으

며, 이처럼 그 합리적인 재량에 의해 선택하여 활용하는 이상 중첩적인 제재에 해당한다고 볼 수 없다(헌재 2004.2.26, 2001헌바80 병합).

② 건축법 제108조, 제110조에 의한 형사처벌의 대상이 되는 행위와 이 사건 법률조항에 따라 이행강제금이 부과되는 행위는 기초적 사실관계가 동일한 행위가 아니라 할 것이므로 이런 점에서도 이 사건 법률조항이 헌법 제13조 제1항의 이중처벌금지의 원칙에 위반되지 아니한다(헌재 2011.10.25, 2009헌바140 전합).

④ 부동산의 소유권이전을 내용으로 하는 계약을 체결하고 반대급부의 이행을 완료한 날로부터 3년 이내에 소유권이전등기를 신청하지 아니한 등기권리자 등(이하 '장기미등기자'라 한다)에 대하여 부과되는 이행강제금은 소유권이전등기신청의무 불이행이라는 과거의 사실에 대한 제재인 과징금과 달리, 장기미등기자에게 등기신청의무를 이행하지 아니하면 이행강제금이 부과된다는 심리적 압박을 주어 의무의 이행을 간접적으로 강제하는 행정상의 간접강제 수단에 해당한다. 따라서 장기미등기자가 이행강제금 부과 전에 등기신청의무를 이행하였다면 이행강제금의 부과로써 이행을 확보하고자 하는 목적은 이미 실현된 것이므로 부동산실명법 제6조 제2항에 규정된 기간이 지나서 등기신청의무를 이행한 경우라 하더라도 이행강제금을 부과할 수 없다(대판 2016.6.23, 2015두36454).

25

정답 ③

영역 행정법 서론 > 사인의 공법행위 　　난도 **하**

[정답의 이유]

③ 행정청은 신청에 구비서류의 미비 등 흠이 있는 경우에는 보완에 필요한 상당한 기간을 정하여 지체 없이 신청인에게 보완을 요구하여야 한다(행정절차법 제17조 제5항).

[오답의 이유]

① 행정청에 처분을 구하는 신청은 문서로 하여야 한다. 다만, 다른 법령 등에 특별한 규정이 있는 경우와 행정청이 미리 다른 방법을 정하여 공시한 경우에는 그러하지 아니하다(행정절차법 제17조 제1항).

② 행정청은 신청에 필요한 구비서류, 접수기관, 처리기간, 그 밖에 필요한 사항을 게시(인터넷 등을 통한 게시를 포함한다)하거나 이에 대한 편람을 갖추어 두고 누구나 열람할 수 있도록 하여야 한다(행정절차법 제17조 제3항).

④ 행정청은 신청인의 편의를 위하여 다른 행정청에 신청을 접수하게 할 수 있다. 이 경우 행정청은 다른 행정청에 접수할 수 있는 신청의 종류를 미리 정하여 공시하여야 한다(행정절차법 제17조 제7항).

2020 | 7급 기출문제 해설

☑ 점수 (　)점/100점　☑ 문제편 103쪽

영역 분석

일반행정작용법	6문항	★★★★★	24%
행정의 실효성 확보수단	5문항	★★★★★	20%
행정상 쟁송	5문항	★★★★★	20%
행정법 서론	3문항	★★★	12%
행정조직법	3문항	★★★	12%
특별행정작용법	2문항	★★	8%
행정절차와 행정공개	1문항	★	4%

빠른 정답

01	02	03	04	05	06	07	08	09	10
②	③	①	③	④	②	③	②	④	④
11	**12**	**13**	**14**	**15**	**16**	**17**	**18**	**19**	**20**
②	④	③	①	②	②	①	③	④	②
21	**22**	**23**	**24**	**25**					
④	③	①	④	①					

01

정답 ②

영역 행정의 실효성 확보수단 > 행정상 강제　　난도 하

정답의 이유

② 법관의 재판에 법령의 규정을 따르지 아니한 잘못이 있다 하더라도 이로써 바로 그 재판상 직무행위가 국가배상법 제2조 제1항에서 말하는 위법한 행위로 되어 국가의 손해배상책임이 발생하는 것은 아니고, 그 국가배상책임이 인정되려면 당해 법관이 위법 또는 부당한 목적을 가지고 재판을 하였다거나 법이 법관의 직무수행상 준수할 것을 요구하고 있는 기준을 현저하게 위반하는 등 법관이 그에게 부여된 권한의 취지에 명백히 어긋나게 이를 행사하였다고 인정할 만한 특별한 사정이 있어야 한다(대판 2003.7.11. 99다24218).

오답의 이유

① 자기책임설의 입장에서는 국가책임이 기본이며, 국가가 책임을 지더라도 이는 공무원의 책임을 대신지는 것이 아니라 국가가 사용자로서 자신의 고유한 책임을 지는 것이다.

③ 과실의 객관화란 주의의무위반 여부를 행위공무원 개개인의 주의력을 기준으로 하지 않고, 평균적 공무원의 주의력을 기준으로 판단하려는 것이다. 따라서 특정 공무원 개인의 지식·능력·경험의 여하에 따라 주관적으로 정해지는 것은 아니다.

📡 적중레이더

과실의 객관화

• 의미: 고의 또는 과실을 공무원 개인의 주관적 인식만을 기준으로 판단하면 과실의 증명이 어려워 국민의 권익구제가 용이하지 않게 된다. 따라서 과실의 객관화를 통해 과실의 의미를 객관화하여 국가의 책임범위를 확대하고 피해자의 권리구제를 용이하게 하는 것을 의미한다.

• 판단 기준: 과실 유무를 해당 공무원 개인의 주의의무를 기준으로 하는 것이 아니라, 당해 직무를 담당하는 '평균적 공무원의 주의의무'를 기준으로 판단하는 것으로 통설의 입장이다.

02

정답 ③

영역 행정상 쟁송 > 행정소송　　난도 중

정답의 이유

③ 행정소송법 제4조 제3호에 규정된 부작위위법확인의 소는 행정청이 당사자의 법규상 또는 조리상의 권리에 기한 신청에 대하여 상당한 기간 내에 신청을 인용하는 적극적 처분 또는 각하하거나 기각하는 등의 소극적 처분을 하여야 할 법률상 응답의무가 있음에도 불구하고 이를 하지 아니하는 경우 부작위가 위법하다는 것을 확인함으로써 행정청의 응답을 신속하게 하여 부작위 또는 무응답이라고 하는 소극적 위법상태를 제거하는 것을 목적으로 하는 제도이다(대판 1993.4.23. 92누17099). 판례는 '절차적 심리설'을 취하며, 이는 부작위의 위법 여부만을 심판한다는 것이다.

① • 처분 등을 취소하는 확정판결은 제3자에 대하여도 효력이 있다(행정소송법 제29조 제1항).
   • 부작위위법확인소송은 행정소송법 제38조 제2항에 의해 준용된다.

② 부작위위법확인의 소는 부작위상태가 계속되는 한 그 위법의 확인을 구할 이익이 있다고 보아야 하므로 원칙적으로 제소기간의 제한을 받지 않는다. 그러나 행정소송법 제38조 제2항이 제소기간을 규정한 같은 법 제20조를 부작위위법확인소송에 준용하고 있는 점에 비추어 보면, 행정심판 등 전심절차를 거친 경우에는 행정소송법 제20조가 정한 제소기간 내에 부작위위법확인의 소를 제기하여야 한다(대판 2009.7.23, 2008두10560).

④ 행정소송법상 행정청으로 하여금 일정한 행정처분을 하도록 명하는 이른바 이행판결을 구하는 소송은 허용되지 않는다(대판 1989.5.23, 88누8135).

적중레이더

부작위위법확인소송 심리 및 판결
• 심리의 범위: 심리의 범위가 신청의 실체적 내용까지 미치는지에 관해 절차적 심리설(소극설, 응답의무설)과 실체적 심리설(적극설, 특정처분의무설)이 대립한다. 판례는 부작위의 위법성을 확인하는 데 그치고 실체적 내용까지 심리할 수 없다면서 절차적 심리설의 입장을 취하고 있다.
• 위법판단의 기준시: 취소소송에서는 위법판단의 기준시에 대해 처분시설이 통설이나, 부작위위법확인소송의 경우 처분이 존재하지 않으므로 판결 시(사실심의 종결 시)설이 통설이다.
• 판결의 효력: 사정판결에 관한 규정은 준용되지 않으며 간접강제에 관한 규정은 준용되고 제3자효, 기속력은 인정되지만 형성력은 존재하지 않는다고 보는 것이 통설이다.

03

정답 ①

영역 행정의 실효성 확보수단 > 서설   난도 **중**

① 산업단지관리공단의 지위, 입주계약 및 변경계약의 효과, 입주계약 및 변경계약 체결 의무와 그 의무를 불이행한 경우의 형사적 내지 행정적 제재, 입주계약해지의 절차, 해지통보에 수반되는 법적 의무 및 그 의무를 불이행한 경우의 형사적 내지 행정적 제재 등을 종합적으로 고려하면, 입주변경계약 취소는 행정청인 관리권자로부터 관리업무를 위탁받은 산업단지관리공단이 우월적 지위에서 입주기업체들에게 일정한 법률상 효과를 발생하게 하는 것으로서 항고소송의 대상이 되는 행정처분에 해당한다(대판 2017.6.15, 2014두46843).

② 어업권면허에 선행하는 우선순위결정은 행정청이 우선권자로 결정된 자의 신청이 있으면 어업권면허처분을 하겠다는 것을 약속하는 행위로서 강학상 확약에 불과하고 행정처분은 아니므로, 우선순위결정에 공정력이나 불가쟁력과 같은 효력은 인정되지 아니하며, 따라서 우선순위결정이 잘못되었다는 이유로 종전의 어업권면허처분이 취소되면 행정청은 종전의 우선순위결정을 무시하고 다시 우선순위를 결정한 다음 새로운 우선순위결정에 기하여 새로운 어업권면허를 할 수 있다(대판 1995.1.20, 94누6529).

③ 다수설과 판례의 입장이다.

④ 사실행위는 직접적인 권리·의무의 변동을 가져오지 않는다. 그러나 사실행위로 인한 국가배상청구권은 인정될 수 있다.

04

정답 ③

영역 일반행정작용법 > 행정행위   난도 **중**

③ 국토계획법이 정한 용도지역 안에서의 건축허가는 건축법 제11조 제1항에 의한 건축허가와 국토계획법 제56조 제1항의 개발행위허가의 성질을 아울러 갖는데, 개발행위허가는 허가기준 및 금지요건이 불확정개념으로 규정된 부분이 많아 그 요건에 해당하는지 여부는 행정청의 재량판단의 영역에 속한다. 그러므로 그에 대한 사법심사는 행정청의 공익판단에 관한 재량의 여지를 감안하여 원칙적으로 재량권의 일탈이나 남용이 있는지 여부만을 대상으로 하고, 사실오인과 비례·평등의 원칙 위반 여부 등이 그 판단 기준이 된다(대판 2017.3.15, 2016두55490).

①·② 행정행위가 그 재량성의 유무 및 범위와 관련하여 이른바 기속행위 내지 기속재량행위와 재량행위 내지 자유재량행위로 구분된다고 할 때, 그 구분은 당해 행위의 근거가 된 법규의 체재·형식과 그 문언, 당해 행위가 속하는 행정 분야의 주된 목적과 특성, 당해 행위 자체의 개별적 성질과 유형 등을 모두 고려하여 판단하여야 하고, 이렇게 구분되는 양자에 대한 사법심사는, 전자의 경우 그 법규에 대한 원칙적인 기속성으로 인하여 법원이 사실인정과 관련 법규의 해석·적용을 통하여 일정한 결론을 도출한 후 그 결론에 비추어 행정청이 한 판단의 적법 여부를 독자의 입장에서 판정하는 방식에 의하게 되나, 후자의 경우 행정청의 재량에 기한 공익판단의 여지를 감안하여 법원은 독자의 결론을 도출함이 없이 당해 행위에 재량권의 일탈·남용이 있는지 여부만을 심사하게 되고, 이러한 재량권의 일탈·남용 여부에 대한 심사는 사실오인, 비례·평등의 원칙 위배, 당해 행위의 목적 위반이나 동기의 부정 유무 등을 그 판단 대상으로 한다(대판 2001.2.9, 98두17593).

④ 자유재량에 있어서도 그 범위의 넓고 좁은 차이는 있더라도 법령의 규정뿐만 아니라 관습법 또는 일반적 조리에 의한 일정한 한계가 있는 것으로서 위 한계를 벗어난 재량권의 행사는 위법하다고 하지 않을 수 없다(대판 1990.8.28, 89누8255).

📡 적중레이더

기속행위와 재량행위의 비교

구분	기속행위	재량행위
위반 효과	위법	부당 또는 위법(부당: 단순히 재량을 그르친 행위)
행정심판	가능	가능
행정소송	원칙적 심사	제한적 심사(재량권의 한계를 일탈·남용한 경우에 한하여 심사 가능)
부관의 가부	불가능	가능
개인적공권	행정개입청구권	무하자재량행사청구권

※ 불가변력: 기속행위와 재량행위 구별 실익에 해당 하지 않음(통설) → 불가변력은 상급청의 판단을 전제로 할 뿐이지, 그 판단이 기속행위인지 재량행위인지는 불문함

구별기준

학설	내용
요건재량설	• 요건이 다의적인 경우: 재량행위 • 요건이 일의적인 경우: 기속행위
효과재량설	• 수익적 효과: 재량행위 • 침익적 효과: 기속행위
법률문언설 (판례, 통설)	• 하여야 한다: 기속행위 • 할 수 있다: 재량행위 • 판례: 법률문언설(원칙)+효과재량설(예외)

05

영역 행정조직법 > 지방자치법　　　　　난도 **하**

정답의 이유

④ 전결과 같은 행정권한의 내부위임은 법령상 처분권자인 행정관청이 내부적인 사무처리의 편의를 도모하기 위하여 그의 보조기관 또는 하급 행정관청으로 하여금 그의 권한을 사실상 행사하게 하는 것으로서 법률이 위임을 허용하지 않는 경우에도 인정되는 것이므로, 설사 행정관청 내부의 사무처리규정에 불과한 전결규정에 위반하여 원래의 전결권자 아닌 보조기관 등이 처분권자인 행정관청의 이름으로 행정처분을 하였다고 하더라도 그 처분이 권한 없는 자에 의하여 행하여진 무효의 처분이라고는 할 수 없다(대판 1998.2.27, 97누1105).

오답의 이유

① 권한의 위임이 권한에 대한 법적귀속의 변경인 이상 그것은 법률이 그 위임을 허용하고 있는 경우에 한하여 인정된다고 할 것이다(대판 1986.12.9, 86누569).

② 국가사무로서 지방자치단체의 장에게 위임된 이른바 '기관위임사무'에 해당하므로, 시·도지사가 지방자치단체의 조례에 의하여 이를 구청장 등에게 재위임할 수는 없고, 행정권한의 위임 및 위탁에 관한 규정 제4조에 의하여 위임기관의 장의 승인을 얻은 후 지방자치단체의 장이 제정한 규칙이 정하는 바에 따라 재위임하는 것만이 가능하다(대판 1995.8.22, 94누5694 전합).

③ 수임 및 수탁사무의 처리가 부당한지 여부의 판단은 위법성 판단과 달리 합목적적·정책적 고려도 포함되므로, 위임 및 위탁기관이 그 사무처리에 관하여 일반적인 지휘·감독을 하는 경우는 물론이고 나아가 수임 및 수탁사무의 처리가 부당하다는 이유로 그 사무처리를 취소하는 경우에도 광범위한 재량이 허용된다고 보아야 한다(대판 2017.9.21, 2016두55629).

📡 적중레이더

권한의 위임

• 법적근거: 권한의 위임은 법령상 권한 자체의 귀속 변경을 초래하므로, 반드시 법적근거가 있어야 한다. 따라서 법령의 근거가 없는 권한의 위임은 무효이다.

• 범위: 권한의 '일부'에 대해서만 가능하다. 권한의 전부에 대하여 위임이 가능하다면, 위임관청은 존재할 이유가 없어지기 때문이다.

• 효과: 권한의 위임이 있는 경우에는 그 권한 자체가 수임관청의 권한이 되므로, 그 법적효과도 수임관청에게 귀속된다.

06

영역 일반행정작용법 > 행정행위　　　　　난도 **중**

정답의 이유

② 구 학원의 설립·운영에 관한 법률 제5조 제2항에 의한 학원의 설립인가는 강학상의 이른바 허가에 해당하는 것으로서 그 인가를 받은 자에게 특별한 권리를 부여하는 것은 아니고 일반적인 금지를 특정한 경우에 해제하여 학원을 설립할 수 있는 자유를 회복시켜 주는 것에 불과한 것이기는 하지만 위 법률 제5조 제2항 후단의 규정에 근거한 같은법 시행령 제10조 제1항은 설립자의 변경을 변경인가사항으로 규정하고 있어 학원의 수인가자의 지위(이른바 인가권)의 양도는 허용된다(대판 1992.4.14, 91다39986).

오답의 이유

① 건축허가는 대물적 성질을 갖는 것이어서 행정청으로서는 허가를 할 때에 건축주 또는 토지 소유자가 누구인지 등 인적 요소에 관하여는 형식적 심사만 한다. 건축주가 토지 소유자로부터 토지사용승낙서를 받아 그 토지 위에 건축물을 건축하는 대물적(對物的)

시대에듀 | 군무원 행정법

성질의 건축허가를 받았다가 착공에 앞서 건축주의 귀책사유로 해당 토지를 사용할 권리를 상실한 경우, 건축허가의 존재로 말미암아 토지에 대한 소유권 행사에 지장을 받을 수 있는 <u>토지 소유자로서는 건축허가의 철회를 신청할 수 있다고 보아야 한다.</u> 따라서 토지 소유자의 위와 같은 <u>신청을 거부한 행위는 항고소송의 대상</u>이 된다(대판 2017.3.15, 2014두41190).

③ 대판 1982.7.27, 81누174

④ 대판 2006.8.25, 2004두2974

(⸱)) 적중레이더

허가의 특징

- 허가는 상대적 금지에 대해서만 가능하며, 절대적 금지의 경우에는 인정되지 않는다(도박, 마약, 미성년자 흡연에 대한 허가 → 불가).
- 실정법상으로 허가 외에도 인가, 면허, 등록, 지정, 승인 등의 용어로 사용되고 있다.
  - 허가의 신청 후 법률 등이 변경된 경우에 행정처분은 개정된 법률 등에 따라 처분을 함이 원칙(대판 1996.8.20, 95누10877)
  - 법률 등의 근거 없이 행정청이 허가 요건을 임의대로 추가할 수 는 없음
  - 허가는 사실행위(예 입산금지 해제)와 법률행위(예 매매금지 해제)를 대상으로 함
  - 대인적 허가는 타인에게 이전이 불가능(예 운전면허, 의사면허)
  - 대물적 허가는 타인에게 이전이 가능(예 주유소허가, 건축허가)
  - 법률 등에서 규정한 사유 이외의 사유를 들어 허가를 거부할 수 없음이 원칙이나 중대한 공익(환경 또는 문화재 등)상 필요가 있는 경우에는 법률의 근거가 없어도 허가를 거부할 수 있음

07

정답 ③

영역 일반행정작용법 > 기타행정행위   난도 **상**

정답의 이유

③ 행정절차법 제46조 제1항

> **제46조(행정예고)** ① 행정청은 정책, 제도 및 계획(이하 "정책 등"이라 한다)을 수립·시행하거나 변경하려는 경우에는 이를 예고하여야 한다. 다만, 다음 각 호의 어느 하나에 해당하는 경우에는 예고를 하지 아니할 수 있다.
> 1. 신속하게 국민의 권리를 보호하여야 하거나 예측이 어려운 특별한 사정이 발생하는 등 긴급한 사유로 예고가 현저히 곤란한 경우
> 2. 법령 등의 단순한 집행을 위한 경우
> 3. 정책 등의 내용이 국민의 권리·의무 또는 일상생활과 관련이 없는 경우
> 4. 정책 등의 예고가 공공의 안전 또는 복리를 현저히 해칠 우려가 상당한 경우

오답의 이유

① 행정절차법 제22조 제1항

> **제22조(의견청취)** ① 행정청이 처분을 할 때 다음 각 호의 어느 하나에 해당하는 경우에는 청문을 한다
> 1. 다른 법령 등에서 청문을 하도록 규정하고 있는 경우
> 2. 행정청이 필요하다고 인정하는 경우
> 3. 다음 각 목의 처분 시 제21조 제1항 제6호에 따른 의견제출기한 내에 당사자 등의 신청이 있는 경우
>   가. 인허가 등의 취소
>   나. 신분·자격의 박탈
>   다. 법인이나 조합 등의 설립허가의 취소

② 행정절차법 제22조 제2항

> **제22조(의견청취)** ② 행정청이 처분을 할 때 다음 각 호의 어느 하나에 해당하는 경우에는 공청회를 개최한다.
> 3. 국민생활에 큰 영향을 미치는 처분으로서 대통령령으로 정하는 처분에 대하여 대통령령으로 정하는 수 이상의 당사자 등이 공청회 개최를 요구하는 경우

④ 행정청은 처분을 하는 때에는 당사자에게 그 근거와 이유를 제시하여야 한다고 규정하고 있는바, 일반적으로 당사자가 근거규정 등을 명시하여 신청하는 인·허가 등을 거부하는 처분을 함에 있어 당사자가 그 근거를 알 수 있을 정도로 상당한 이유를 제시한 경우에는 당해 처분의 근거 및 이유를 구체적 조항 및 내용까지 명시하지 않았더라도 그로 말미암아 그 처분이 위법한 것이 된다고 할 수 없다(대판 2002.5.17, 2000두8912).

(⸱)) 적중레이더

행정절차법 제23조(처분의 이유 제시) ① 행정청은 처분을 할 때에는 다음 각 호의 어느 하나에 해당하는 경우를 제외하고는 당사자에게 그 근거와 이유를 제시하여야 한다.
1. 신청 내용을 모두 그대로 인정하는 처분인 경우
2. 단순·반복적인 처분 또는 경미한 처분으로서 당사자가 그 이유를 명백히 알 수 있는 경우
3. 긴급히 처분을 할 필요가 있는 경우

08

정답 ②

영역 행정상 쟁송 > 행정소송 　　난도 **중**

정답의 이유

② 사증발급의 법적 성질, 출입국관리법의 입법 목적, 사증발급 신청인의 대한민국과의 실질적 관련성, 상호주의원칙 등을 고려하면, 우리 출입국관리법의 해석상 외국인에게는 사증발급 거부처분의 취소를 구할 법률상 이익이 인정되지 않는다(대판 2018.5.15. 2014두42506).

오답의 이유

① 국민권익위원회가 소방청장에게 인사와 관련하여 부당한 지시를 한 사실이 인정된다며 이를 취소할 것을 요구하기로 의결하고 그 내용을 통지하자 소방청장이 국민권익위원회 조치요구의 취소를 구하는 소송을 제기한 사안에서, 처분성이 인정되는 국민권익위원회의 조치요구에 불복하고자 하는 소방청장으로서는 조치요구의 취소를 구하는 항고소송을 제기하는 것이 유효·적절한 수단으로 볼 수 있으므로 소방청장이 예외적으로 당사자능력과 원고적격을 가진다고 한 사례이다(대판 2018.8.1. 2014두35379).

③ 당사자의 신청을 받아들이지 않은 거부처분이 재결에서 취소된 경우에 행정청은 종전 거부처분 또는 재결 후에 발생한 새로운 사유를 내세워 다시 거부처분을 할 수 있다. 그 재결의 취지에 따라 이전의 신청에 대하여 다시 어떠한 처분을 하여야 할지는 처분을 할 때의 법령과 사실을 기준으로 판단하여야 하기 때문이다. 또한 행정청이 재결에 따라 이전의 신청을 받아들이는 후속처분을 하였더라도 후속처분이 위법한 경우에는 재결에 대한 취소소송을 제기하지 않고도 곧바로 후속처분에 대한 항고소송을 제기하여 다툴 수 있다. 나아가 거부처분을 취소하는 재결이 있더라도 그에 따른 후속처분이 있기까지는 제3자의 권리나 이익에 변동이 있다고 볼 수 없고 후속처분 시에 비로소 제3자의 권리나 이익에 변동이 발생하며, 재결에 대한 항고소송을 제기하여 재결을 취소하는 판결이 확정되더라도 그와 별도로 후속처분이 취소되지 않는 이상 후속처분으로 인한 제3자의 권리나 이익에 대한 침해 상태는 여전히 유지된다. 이러한 점들을 종합하면, 거부처분이 재결에서 취소된 경우 재결에 따른 후속처분이 아니라 그 재결의 취소를 구하는 것은 실효적이고 직접적인 권리구제수단이 될 수 없어 분쟁해결의 유효적절한 수단이라고 할 수 없으므로 법률상 이익이 없다(대판 2017.10.31. 2015두45045).

④ 병무청장이 병역법 제81조의2 제1항에 따라 병역의무 기피자의 인적사항 등을 인터넷 홈페이지에 게시하는 등의 방법으로 공개한 경우 병무청장의 공개결정을 항고소송의 대상이 되는 행정처분으로 보아야 한다(대판 2019.6.27. 2018두49130).

09

정답 ④

영역 행정의 실효성 확보수단 > 행정상 강제 　　난도 **중**

정답의 이유

④ 개발제한구역의 지정 및 관리에 관한 특별조치법 제30조 제1항, 제30조의2 제1항 및 제2항의 규정에 의하면 시정명령을 받은 후 그 시정명령의 이행을 하지 아니한 자에 대하여 이행강제금을 부과할 수 있고, 이행강제금을 부과하기 전에 상당한 기간을 정하여 그 기한까지 이행되지 아니할 때에 이행강제금을 부과·징수한다는 뜻을 문서로 계고하여야 하므로, 이행강제금의 부과·징수를 위한 계고는 시정명령을 불이행한 경우에 취할 수 있는 절차라 할 것이고, 따라서 이행강제금을 부과·징수할 때마다 그에 앞서 시정명령 절차를 다시 거쳐야 할 필요는 없다(대판 2013.12.12. 2012두20397).

오답의 이유

① 대판 1997.2.14. 96누15428

② 이행강제금은 부작위의무나 비대체적 작위의무 위반의 경우뿐만 아니라 대체적 작위의무 위반에 대하여도 부과될 수 있는 것이므로, 이 사건 법률조항에서 이행강제금을 규정하고 있다고 하여 이행강제금 제도의 본질에 반한다고 할 수 없다(헌재 2011.10.25. 2009헌바140).

③ 직접강제의 대상이 되는 의무에는 제한이 없다.

10

정답 ④

영역 행정조직법 > 지방자치법 　　난도 **중**

정답의 이유

④ 지방자치법 제192조 제3항에 따르면 법령에 위반된다고 인정되는 때에 제소를 지시하거나 직접 제소 및 집행정지결정을 신청할 수 있다.

> **제192조(지방의회 의결의 재의와 제소)** ① 지방의회의 의결이 법령에 위반되거나 공익을 현저히 해친다고 판단되면 시·도에 대하여는 주무부장관이, 시·군 및 자치구에 대하여는 시·도지사가 재의를 요구하게 할 수 있고, 재의요구를 받은 지방자치단체의 장은 의결사항을 이송받은 날부터 20일 이내에 지방의회에 이유를 붙여 재의를 요구하여야 한다.
> ③ 지방자치단체의 장은 제3항에 따라 재의결된 사항이 법령에 위반된다고 판단되면 재의결된 날부터 20일 이내에 대법원에 소를 제기할 수 있다. 이 경우 필요하다고 인정되면 그 의결의 집행을 정지하게 하는 집행정지결정을 신청할 수 있다.

① 영유아보육법이 보육시설 종사자의 정년에 관한 규정을 두거나 이를 지방자치단체의 조례에 위임한다는 규정을 두고 있지 않음에도 보육시설 종사자의 정년을 규정한 '서울특별시 중구 영유아 보육 조례 일부개정조례안' 제17조 제3항은, 법률의 위임 없이 헌법이 보장하는 직업을 선택하여 수행할 권리의 제한에 관한 사항을 정한 것이어서 그 효력을 인정할 수 없으므로, 위 조례안에 대한 재의결은 무효이다(대판 2009.5.28, 2007추134).

② 지방자치법 제188조 제1항

제188조(위법·부당한 명령·처분의 시정) ① 지방자치단체의 사무에 관한 그 장의 명령이나 처분이 법령에 위반되거나 현저히 부당하여 공익을 해친다고 인정되면 시·도에 대하여는 주무부장관이, 시·군 및 자치구에 대하여는 시·도지사가 기간을 정하여 서면으로 시정할 것을 명하고, 그 기간에 이행하지 아니하면 이를 취소하거나 정지할 수 있다.
⑤ 제1항부터 제4항까지의 규정에 따른 자치사무에 관한 명령이나 처분에 대한 주무부장관 또는 시·도지사의 시정명령, 취소 또는 정지는 법령을 위반한 것에 한정한다.

③ 법률에서 조례에 위임하는 방식에 관해서는 법률상 제한이 없다. 조례의 제정권자인 지방의회는 선거를 통해서 지역적인 민주적 정당성을 지니고 있는 주민의 대표기관이다. 헌법 제117조 제1항은 지방자치단체에 포괄적인 자치권을 보장하고 있다. 따라서 조례에 대한 법률의 위임은 법규명령에 대한 법률의 위임과 같이 반드시 구체적으로 범위를 정하여 할 필요가 없다. 법률이 주민의 권리의무에 관한 사항에 관하여 구체적으로 범위를 정하지 않은 채 조례로 정하도록 포괄적으로 위임한 경우에도 지방자치단체는 법령에 위반되지 않는 범위 내에서 주민의 권리의무에 관한 사항을 조례로 제정할 수 있다(대판 2017.12.5, 2016추5162).

11

영역 행정법 서론 > 행정상 법률관계   난도 하

② 국가나 지방자치단체에 근무하는 청원경찰은 국가공무원법이나 지방공무원법상의 공무원은 아니지만, 다른 청원경찰과는 달리 그 임용권자가 행정기관의 장이고, 국가나 지방자치단체로부터 보수를 받으며, 산업재해보상보험법이나 근로기준법이 아닌 공무원연금법에 따른 재해보상과 퇴직급여를 지급받고, 직무상의 불법행위에 대하여도 민법이 아닌 국가배상법이 적용되는 등의 특징이 있으며 그외 임용자격, 직무, 복무의무 내용 등을 종합하여 볼때, 그 근무관계를 사법상의 고용계약관계로 보기는 어려우므로 그에 대한 징계처분의 시정을 구하는 소는 행정소송의 대상이지 민사소송의 대상이 아니다(대판 1993.7.13, 92다47564).

① 변상금의 체납 시 국세징수법에 의하여 강제징수토록 하고 있는 점 등에 비추어 보면 국유재산의 관리청이 그 무단점유자에 대하여 하는 변상금부과처분은 순전히 사경제 주체로서 행하는 사법상의 법률행위라 할 수 없고 이는 관리청이 공권력을 가진 우월적 지위에서 행한 것으로서 행정소송의 대상이 되는 행정처분이라고 보아야 한다(대판 1988.2.23, 87누1046).

③ 구 예산회계법에 따라 체결되는 계약은 사법상의 계약이라고 할 것이고 동법 제70조의5의 입찰보증금은 낙찰자의 계약체결의무 이행의 확보를 목적으로 하여 그 불이행시에 이를 국고에 귀속시켜 국가의 손해를 전보하는 사법상의 손해배상 예정으로서의 성질을 갖는 것이라고 할 것이므로 입찰보증금의 국고귀속조치는 국가가 사법상의 재산권의 주체로서 행위하는 것이지 공권력을 행사하는 것이거나 공권력작용과 일체성을 가진 것이 아니라 할 것이므로 이에 관한 분쟁은 행정소송이 아닌 민사소송의 대상이 될 수밖에 없다고 할 것이다(대판 1983.12.27, 81누366).

④ 조세채무는 법률의 규정에 의하여 정해지는 법정채무로서 당사자가 그 내용 등을 임의로 정할 수 없고, 조세채무관계는 공법상의 법률관계이고 그에 관한 쟁송은 원칙적으로 행정사건으로서 행정소송법의 적용을 받는다(대판 2007.12.14, 2005다11848).

적중레이더

공법과 사법의 구별

구분	공법(공법관계)	사법(사법관계)
절차법	• 행정심판의 인정 • 행정법원의 관할 • 행정소송법 적용	• 행정심판 없음 • 민사법원의 관할 • 민사소송법 적용
실체법	• 공법·공법원리의 적용 • 공정력 등 우월적 효력 긍정 • 단기의 소멸시효(5년) • 불법행위 시 국가배상법 적용	• 사법·사법원리의 적용 • 공정력 등 우월적 효력 부정 • 장기의 소멸시효(10년) • 불법행위 시 민법 적용
행정절차법	처분 등의 절차에 적용	사적 자치가 적용
집행법	• 자력강제 • 행정벌 가능	• 타력강제 • 행정벌 불가

12

영역 일반행정작용법 > 행정행위　　　　　　　난도 **중**

정답의 이유

④ 행정청이 도시 및 주거환경정비법 등 관련 법령에 근거하여 행하는 조합설립인가처분은 단순히 사인들의 조합설립행위에 대한 보충행위로서의 성질을 갖는 것에 그치는 것이 아니라 법령상 요건을 갖출 경우 도시 및 주거환경정비법상 주택재건축사업을 시행할 수 있는 권한을 갖는 행정주체(공법인)로서의 지위를 부여하는 일종의 설권적 처분의 성격을 갖는다고 보아야 한다(대판 2009.9.24, 2008다60568).

오답의 이유

① 관세법 제78조 소정의 보세구역의 설영특허는 보세구역의 설치, 경영에 관한 권리를 설정하는 이른바 공기업의 특허로서 그 특허의 부여여부는 행정청의 자유재량에 속하며, 특허기간이 만료된 때에 특허는 당연히 실효되는 것이어서 특허기간의 갱신은 실질적으로 권리의 설정과 같으므로 그 갱신여부도 특허관청의 자유재량에 속한다(대판 1989.5.9, 88누4188).

② 대판 1994.9.9, 94다4592

③ 개인택시운송사업면허는 특정인에게 권리나 이익을 부여하는 행정행위로서 법령에 특별한 규정이 없는 한 재량행위이고, 위 법과 그 시행규칙의 범위 내에서 면허를 위하여 필요한 기준을 정하는 것 역시 행정청의 재량에 속하는 것이므로, … 택시 이외의 운전경력자에게 반사적인 불이익이 초래된다는 결과만을 들어 그러한 행정청의 조치가 불합리 혹은 부당하여 재량권을 일탈·남용한 위법이 있다고 볼 수는 없다(대판 2009.7.9, 2008두11983).

13

영역 일반행정작용법 > 행정상 입법　　　　　　난도 **하**

정답의 이유

③ 행정부에 의한 법규사항의 제정은 입법부의 권한 내지 의무를 침해하고 자의적인 시행령 제정으로 국민들의 자유와 권리를 침해할 수 있기 때문에 엄격한 헌법적 기속을 받게 하는 것이다. 그런데 법률이 행정부가 아니거나 행정부에 속하지 않는 공법적 기관의 정관에 특정 사항을 정할 수 있다고 위임하는 경우에는 그러한 권력분립의 원칙을 훼손할 여지가 없다. 이는 자치입법에 해당되는 영역이므로 자치적으로 정하는 것이 바람직하다. 따라서 법률이 정관에 자치법적 사항을 위임한 경우에는 헌법 제75조, 제95조가 정하는 포괄적인 위임입법의 금지는 원칙적으로 적용되지 않는다(헌재 2006.3.30, 2005헌바31).

오답의 이유

① 대판 2013.9.12, 2011두10584

② 대판 2017.12.5, 2016추5162

④ 법규명령의 위임의 근거가 되는 법률에 대하여 위헌결정이 선고되면 그 위임규정에 근거하여 제정된 법규명령도 원칙적으로 효력을 상실한다(대판 1998.4.10, 96다52359).

14

영역 행정의 실효성 확보수단 > 행정벌　　　　　난도 **하**

정답의 이유

① 대판 1980.10.14, 80누380

오답의 이유

② 고의 또는 과실이 없는 질서위반행위는 과태료를 부과하지 아니한다(질서위반행위규제법 제7조).

③ 자신의 행위가 위법하지 아니한 것으로 오인하고 행한 질서위반행위는 그 오인에 정당한 이유가 있는 때에 한하여 과태료를 부과하지 아니한다(질서위반행위규제법 제8조).

④ 행정청은 당사자가 납부기한까지 과태료를 납부하지 아니한 때에는 납부기한을 경과한 날부터 체납된 과태료에 대하여 100분의 3에 상당하는 가산금을 징수한다(질서위반행위규제법 제24조 제1항).

15

영역 행정의 실효성 확보수단 > 행정상 강제　　　난도 **상**

정답의 이유

② 공익사업을 위한 토지 등의 취득 및 보상에 관한 법률(이하 '토지보상법'이라고 한다) 제72조의 문언, 연혁 및 취지 등에 비추어 보면, 위 규정이 정한 수용청구권은 토지보상법 제74조 제1항이 정한 잔여지 수용청구권과 같이 손실보상의 일환으로 토지소유자에게 부여되는 권리로서 그 청구에 의하여 수용효과가 생기는 형성권의 성질을 지니므로, 토지소유자의 토지수용청구를 받아들이지 아니한 토지수용위원회의 재결에 대하여 토지소유자가 불복하여 제기하는 소송은 토지보상법 제85조 제2항에 규정되어 있는 '보상금의 증감에 관한 소송'에 해당하고, 피고는 토지수용위원회가 아니라 사업시행자로 하여야 한다(대판 2015.4.9, 2014두46669).

오답의 이유

① 청구인들의 주장 및 관계인들의 의견요지 가. 청구인들의 주장 (1) 헌법 제23조 제3항이 '공공필요에 의한 재산권의 수용 … 에 대[하여는] … 정당한 보상을 지급하여야 한다'고 규정하고 있는 것은, 피수용재산의 객관적인 가치를 기준으로 하는 완전보상을 뜻하는 것으로서 그 보상의 시기나 방법에 어떤 제한이 가해져서는 아니된다는 취지이다. 토지수용법 제46조 제1항이 '손실액의 산정은 수용 … 재결 당시의 가격을 기준으로 하되 … 인근토지의 거래가격을 … 고려한 적정가격으로 하여야 한다'고 규정한 것은

헌법의 위와 같은 완전보상의 원칙을 구체적으로 명시한 것이다 (헌재 1995.4.20, 93헌바20 등).

③ 공익사업을 위한 토지 등의 취득 및 보상에 관한 법률에 의한 보상합의는 공공기관이 사경제주체로서 행하는 사법상 계약의 실질을 가지는 것으로서, 당사자 간의 합의로 같은 법 소정의 손실보상의 기준에 의하지 아니한 손실보상금을 정할 수 있으며, 이와 같이 같은 법이 정하는 기준에 따르지 아니하고 손실보상액에 관한 합의를 하였다고 하더라도 그 합의가 착오 등을 이유로 적법하게 취소되지 않는 한 유효하다(대판 2013.8.22, 2012다3517).

④ 택지개발사업지구 내 비닐하우스에서 화훼소매업을 하던 甲과 乙이 재결절차를 거치지 않고 사업시행자를 상대로 주된 청구인 영업손실보상금 청구에 생활대책대상자 선정 관련청구소송을 병합하여 제기한 사안에서, 영업손실보상금청구의 소가 재결절차를 거치지 않아 부적법하여 각하되는 이상, 이에 병합된 생활대책대상자 선정 관련청구소송 역시 소송요건을 흠결하여 부적법하므로 각하되어야 한다고 한 사례이다(대판 2011.9.29, 2009두10963).

16

정답 ②

영역 일반행정작용법 > 행정행위 　　　　　　　 난도 **중**

정답의 이유

② 통지행위는 법률행위와 같이 효과의사를 표시하는 행위가 아니라 어떠한 사실에 대한 관념이나 의사를 표시하는 행위. 즉 '관념의 표시행위'로서 일정한 법적 효과를 발생시킨다는 점에서 준법률행위적 행정행위이다. 토지수용에 있어서의 사업인정의 고시는 통지에 해당하지만, 이러한 통지는 그 자체가 독립된 행정행위의 성질을 가진다. 이미 성립한 행정행위의 효력발생요건으로서의 교부나 송달은 그 자체가 독립한 행정행위가 아닌 점에서 통지와 구별된다.

오답의 이유

① 수리란 타인의 행정청에 대한 행위를 유효하다고 받아들이는 행위를 말한다. 따라서 행정행위로서 행하는 수리는 하나의 의사작용으로 일정한 법적 효과가 부여된다는 점에서 단순한 사실로서의 도달이나 접수(판단을 하지 않고 단지 받아 두는 행위)와 구별된다.

③ 공증은 특정한 사실 또는 법률관계의 존재를 공적으로 증명하는 행위를 의미한다. 선거인명부에의 등록은 공증으로 준법률행위적 행정행위이며, 법령에 정해진 바에 따라 권리행사의 요건이 된다.

④ 확인은 특정한 사실, 법률관계의 존재 여부, 정당성 여부 등을 공적으로 확정하는 효과가 있다. 따라서 이러한 확인행위에는 불가변력 즉, 실질적 존속력이 발생한다.

17 ※ 개정·변경된 내용으로 선지 교체

정답 ①

영역 행정조직법 > 지방자치법 　　　　　　　 난도 **하**

정답의 이유

① • 지방자치단체는 법령의 범위 안에서 그 사무에 관하여 조례를 제정할 수 있다. 다만, 주민의 권리 제한 또는 의무 부과에 관한 사항이나 벌칙을 정할 때에는 법률의 위임이 있어야 한다(지방자치법 제28조 제1항).

• 지방자치단체가 조례를 제정할 수 있는 사항은 지방자치단체의 고유사무인 자치사무와 개별 법령에 따라 지방자치단체에 위임된 단체위임사무에 한정된다. 국가사무가 지방자치단체의 장에게 위임되거나 상위 지방자치단체의 사무가 하위 지방자치단체의 장에게 위임된 기관위임사무에 관한 사항은 원칙적으로 조례의 제정범위에 속하지 않는다(대판 2017.12.5, 2016추5162).

오답의 이유

② 지방자치법 제3조 제1항

③ 지방자치법 제12조 제3항

④ 지방자치법 제34조 제1항

18

정답 ③

영역 행정상 쟁송 > 행정쟁송 개관 　　　　　　　 난도 **하**

정답의 이유

③ 당사자소송은 국가·공공단체 그 밖의 권리주체를 피고로 한다(행정소송법 제39조). 그리고 취소소송의 피고는 행정청이다.

오답의 이유

① • 법원은 필요하다고 인정할 때에는 직권으로 증거조사를 할 수 있고, 당사자가 주장하지 아니한 사실에 대하여도 판단할 수 있다(행정소송법 제26조).

• 제14조 내지 제17조, 제22조, 제25조, 제26조, 제30조 제1항, 제32조 및 제33조의 규정은 당사자소송의 경우에 준용한다(행정소송법 제44조 제1항).

② 원고가 고의 또는 중대한 과실 없이 행정소송으로 제기하여야 할 사건을 민사소송으로 잘못 제기한 경우, 수소법원으로서는 만약 그 행정소송에 대한 관할도 동시에 가지고 있다면 이를 행정소송으로 심리·판단하여야 하고, 그 행정소송에 대한 관할을 가지고 있지 아니하다면 당해 소송이 이미 행정소송으로서의 전심절차 및 제소기간을 도과하였거나 행정소송의 대상이 되는 처분 등이 존재하지도 아니한 상태에 있는 등 행정소송으로서의 소송요건을 결하고 있음이 명백하여 행정소송으로 제기되었더라도 어차피 부적법하게 되는 경우가 아닌 이상 이를 부적법한 소라고 하여 각하할 것이 아니라 관할법원에 이송하여야 한다(대판 1997.5.30, 95다28960).

19

영역 행정법 서론 > 행정법   난도 **하**

정답의 이유

④ 지방자치단체는 법령의 범위에서 그 사무에 관하여 조례를 제정할 수 있다. 다만, 주민의 권리 제한 또는 의무 부과에 관한 사항이나 벌칙을 정할 때에는 법률의 위임이 있어야 한다(지방자치법 제28조 제1항).

오답의 이유

① 행정법은 다양한 개별법령으로 구성되어 있어서 단일화 되어 있지 못하다.

② 프리츠 베르너(Fritz Werner)는 「구체화된 헌법으로서의 행정법」에서 위와 같은 언급을 하였다.

③ 헌법 제75조

📡 **적중레이더**

자치법규(조례 · 규칙)
• 지방자치법상 자치법규에는 지방의회가 제정한 조례와 지방자치단체장이 정한 규칙이 있다.
• 자치법규는 상위규범인 헌법, 법률, 명령에 위반되어서는 안 된다. 판례는 지방자치단체의 사무에 관한 조례와 규칙 중 조례가 상위규범이라고 명시한다.

20

정답 ②

영역 행정법 서론 > 행정법   난도 **상**

정답의 이유

② 국세징수법상 관허사업 제한 규정이 부당결부금지 원칙에 반한다(위헌)는 판례는 존재하지 않는다. 그러나 학설은 위헌설과 합헌설로 나뉜다. 현재는 법률이 개정되었다.

제112조(사업에 관한 허가 등의 제한) ① 관할 세무서장은 납세자가 허가 · 인가 · 면허 및 등록 등(이하 이 조에서 "허가 등"이라 한다)을 받은 사업과 관련된 소득세, 법인세 및 부가가치세를 체납한 경우 해당 사업의 주무관청에 그 납세자에 대하여 허가 등의 갱신과 그 허가 등의 근거 법률에 따른 신규 허가 등을 하지 아니할 것을 요구할 수 있다. 다만, 재난, 질병 또는 사업의 현저한 손실, 그 밖에 대통령령으로 정하는 사유가 있는 경우에는 그러하지 아니하다.

오답의 이유

① 입법정책만으로 헌법상의 공정경쟁의 원리와 기회균등의 원칙을 훼손하는 것은 부적절하며, 국가유공자의 가족의 공직 취업기회를 위하여 매년 많은 일반 응시자들에게 불합격이라는 심각한 불이익을 입게 하는 것은 정당화될 수 없다. 이 사건 조항의 차별로 인한 불평등 효과는 입법목적과 그 달성수단 간의 비례성을 현저히 초

과하는 것이므로, 이 사건 조항은 청구인들과 같은 일반 공직시험 응시자들의 평등권을 침해한다(헌재 2006.2.23, 2004헌마675).

③ 행정청이 조합설립추진위원회의 설립승인 심사에서 위법한 행정처분을 한 선례가 있다고 하여 그러한 기준을 따라야 할 의무가 없는 점 등에 비추어, 평등의 원칙이나 신뢰보호의 원칙 또는 자기구속의 원칙 등에 위배되고 재량권을 일탈 · 남용하여 자의적으로 조합설립추진위원회 승인처분을 한 것으로 볼 수 없다고 한 사례이다(대판 2009.6.25, 2008두13132).

④ 같은 정도의 비위를 저지른 자들 사이에 있어서도 그 직무의 특성 등에 비추어, 개전의 정이 있는지 여부에 따라 징계의 종류의 선택과 양정에 있어서 차별적으로 취급하는 것은, 사안의 성질에 따른 합리적 차별로서 이를 자의적 취급이라고 할 수 없는 것이어서 평등원칙 내지 형평에 반하지 아니한다(대판 1999.8.20, 99두2611).

21

정답 ④

영역 행정상 쟁송 > 행정심판   난도 **중**

정답의 이유

④ 행정심판법 제30조 제1항

제30조(집행정지) ① 심판청구는 처분의 효력이나 그 집행 또는 절차의 속행(續行)에 영향을 주지 아니한다.

오답의 이유

① 행정심판법 제51조

제51조(행정심판 재청구의 금지) 심판청구에 대한 재결이 있으면 그 재결 및 같은 처분 또는 부작위에 대하여 다시 행정심판을 청구할 수 없다.

② 행정심판법 제37조 제1항의 규정에 의하면 재결은 행정청을 기속하는 효력을 가지므로 재결청이 취소심판의 청구가 이유 있다고 인정하여 처분청에게 처분의 취소를 명하면 처분청으로서는 그 재결의 취지에 따라 처분을 취소하여야 하지만, 그렇다고 하여 그 재결의 취지에 따른 취소처분이 위법할 경우 그 취소처분의 상대방이 이를 항고소송으로 다툴 수 없는 것은 아니다(대판 1993.9.28, 92누15093).

③ 행정심판법 제47조 제1항

제47조(재결의 범위) ① 위원회는 심판청구의 대상이 되는 처분 또는 부작위 외의 사항에 대하여는 재결하지 못한다(→ 불고불리원칙).
② 위원회는 심판청구의 대상이 되는 처분보다 청구인에게 불리한 재결을 하지 못한다(→ 불이익변경금지원칙).

22

영역 특별행정작용법 > 규제행정법   난도 **상**

정답의 이유

③ 허가가 규제지역 내의 모든 국민에게 전반적으로 토지거래의 자유를 금지하고 일정한 요건을 갖춘 경우에만 금지를 해제하여 <u>계약 체결의 자유를 회복시켜 주는 성질의 것이라고 보는 것은 위 법의 입법취지를 넘어선 지나친 해석</u>이라고 할 것이고, 규제지역 내에서도 토지거래의 자유가 인정되나 다만 위 허가를 허가 전의 <u>유동적 무효 상태에 있는 법률행위의 효력을 완성시켜 주는 인가적 성질을 띤 것이라고 보는 것이 타당하다</u>(대판 1991.12.24, 90다12243 전합).

오답의 이유

① 표준지로 선정된 토지의 공시지가에 불복하기 위하여는 구 지가공시 및 토지등의 평가에 관한 법률 제8조 제1항 소정의 이의절차를 거쳐 처분청인 건설부장관을 상대로 그 공시지가 결정의 취소를 구하는 행정소송을 제기하여야 하는 것이지 그러한 절차를 밟지 아니한 채 그 표준지에 대한 조세부과처분의 취소를 구하는 소송에서 그 공시지가의 위법성을 다툴 수는 없다(대판 1997.2.28, 96누10225).

② 시장·군수 또는 구청장의 개별토지가격결정은 관계법령에 의한 토지초과이득세, 택지초과소유부담금 또는 개발부담금 산정의 기준이 되어 <u>국민의 권리나 의무 또는 법률상 이익에 직접적으로 관계되는 것으로서 행정소송법 제2조 제1항 제1호 소정의 행정청이 행하는 구체적 사실에 관한 법집행으로서의 공권력행사이므로 항고소송의 대상이 되는 행정처분에 해당한다</u>(대판 1994.2.8, 93누111).

④ 토지거래계약허가를 받은 자는 5년의 범위 이내에서 대통령령이 정하는 기간 동안 그 토지를 허가받은 목적대로 이용하여야 하는 의무도 부담하며, 같은 법에 따른 토지이용의무를 이행하지 아니하는 경우 이행강제금을 부과당하게 되는 등 <u>토지거래계약에 관한 허가구역의 지정</u>은 개인의 권리 내지 법률상의 이익을 구체적으로 규제하는 효과를 가져오게 하는 <u>행정청의 처분에 해당하고, 따라서 이에 대하여는 원칙적으로 항고소송을 제기할 수 있다</u>(대판 2006.12.22, 2006두12883).

23

정답 ①

영역 특별행정작용법 > 급부행정법   난도 **중**

정답의 이유

① 국공립학교 운동장은 '공용물'로서 직접 행정주체가 자신의 사용에 제공함을 목적으로 하기 때문에 원칙적으로는 자유사용의 대상이 되지 않는다.

오답의 이유

② <u>도로의 특별사용은 반드시 독점적, 배타적인 것이 아니라 그 사용목적에 따라서는 도로의 일반사용과 병존이 가능한 경우도 있고 이러한 경우에는 도로점용부분이 동시에 일반공중의 교통에 공용되고 있다고 하여 도로점용이 아니라고 말할 수 없다</u>(대판 1991.4.9, 90누8855).

④ <u>하천의 점용허가권은 특허에 의한 공물사용권의 일종으로서 하천의 관리주체에 대하여 일정한 특별사용을 청구할 수 있는 채권에 지나지 아니하고 대세적 효력이 있는 물권이라 할 수 없다</u>(대판 2015.1.29, 2012두27404).

24

정답 ④

영역 행정상 쟁송 > 행정소송   난도 **하**

정답의 이유

④ 민중소송 및 기관소송은 법률이 정한 경우에 법률에 정한 자에 한하여 제기할 수 있다(행정소송법 제45조).

오답의 이유

① 공직선거법 제222조와 제224조에서 규정하고 있는 선거소송은 집합적 행위로서의 선거에 관한 쟁송으로서 선거라는 일련의 과정에서 선거에 관한 규정을 위반한 사실이 있고, 그로써 선거의 결과에 영향을 미쳤다고 인정하는 때에 선거의 전부나 일부를 무효로 하는 소송이다. 이는 선거를 적법하게 시행하고 그 결과를 적정하게 결정하도록 함을 목적으로 하므로, 행정소송법 제3조 제3호에서 규정한 민중소송 즉 국가 또는 공공단체의 기관이 법률을 위반한 행위를 한 때에 직접 자기의 법률상 이익과 관계없이 그 시정을 구하기 위하여 제기하는 소송에 해당한다(대판 2016.11.24, 2016수64).

② 민중소송 또는 기관소송으로써 처분 등의 취소를 구하는 소송에는 그 성질에 반하지 아니하는 한 취소소송에 관한 규정을 준용한다(행정소송법 제46조 제1항).

(((•))) 적중레이더

행정쟁송의 종류(내용에 따른 분류)

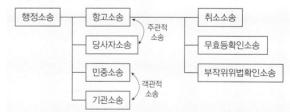

영역 행정절차와 행정공개 > 정보공개와 개인정보보호 난도 **중**

정답의 이유

① 공공기관의 정보공개에 관한 법률 제9조 제1항, 제10조, 같은법 시행령 제12조 등 관련 규정들의 취지를 종합할 때, 공개 청구된 정보의 공개 여부를 결정하는 법적인 의무와 권한을 가진 주체는 <u>공공기관의 장이고, 정보공개심의회는 공공기관의 장이 정보의 공 개 여부를 결정하기 곤란하다고 보아 의견을 요청한 사항의 자문 에 응하여 심의하는 것이며,</u> 그의 구성을 위하여 공공기관의 장이 소속 공무원 또는 임·직원 중에서 정보공개심의회의 위원을 지명 하는 것이 원칙이나, 다만 필요한 경우에는 공무원이나 임·직원 이었던 자 또는 외부전문가를 위원으로 위촉할 수 있되, 그 필요성 여부나 외부전문가의 수 등에 관한 판단과 결정은 공공기관의 장 이 그의 권한으로 할 수 있다는 것이 같은법 시행령 규정의 취지 이다(대판 2002.3.15, 2001추95).

오답의 이유

② 국민에는 자연인은 물론 법인, 권리능력 없는 사단·재단도 포함 되고, 법인, 권리능력 없는 사단·재단 등의 경우에는 설립목적을 불문하며, 한편 정보공개청구권은 법률상 보호되는 구체적인 권리 이므로 청구인이 공공기관에 대하여 정보공개를 청구하였다가 거 부처분을 받은 것 자체가 법률상 이익의 침해에 해당한다(대판 2003.12.12, 2003두8050).

③ 공공기관의 정보공개에 관한 법률상 비공개 대상 정보의 입법 취 지에 비추어 살펴보면, 같은 법 제7조 제1항 제5호에서의 '감사· 감독·검사·시험·규제·입찰계약·기술개발·인사관리·의사 결정과정 또는 내부검토과정에 있는 사항'은 비공개 대상 정보를 예시적으로 열거한 것이라고 할 것이므로 의사결정과정에 제공된 회의관련자료나 의사결정과정이 기록된 회의록 등은 의사가 결정 되거나 의사가 집행된 경우에는 더 이상 의사결정과정에 있는 사 항 그 자체라고는 할 수 없으나, 의사결정과정에 있는 사항에 준하 는 사항으로서 비공개 대상 정보에 포함될 수 있다(대판 2003. 8.22, 2002두12946).

④ 헌법 제10조의 인간의 존엄과 가치, 행복추구권과 헌법 제17조의 사생활의 비밀과 자유에서 도출되는 개인정보자기결정권은 자신 에 관한 정보가 언제 누구에게 어느 범위까지 알려지고 또 이용되 도록 할 것인지를 정보주체가 스스로 결정할 수 있는 권리이다. 개 인정보자기결정권의 보호대상이 되는 개인정보는 개인의 신체, 신 념, 사회적 지위, 신분 등과 같이 인격주체성을 특징짓는 사항으로 서 개인의 동일성을 식별할 수 있게 하는 일체의 정보를 의미하며, 반드시 개인의 내밀한 영역에 속하는 정보에 국한되지 않고 공적 생활에서 형성되었거나 이미 공개된 개인정보까지도 포함한다(대 판 2016.3.10, 2012다105482).

2019 추가채용 기출문제 해설

☑ 점수 (   )점/100점 ☑ 문제편 110쪽

영역 분석

일반행정작용법	9문항	★★★★★★★★★	36%
행정법 서론	6문항	★★★★★★	24%
행정절차와 행정공개	4문항	★★★★	16%
행정조직법	2문항	★★	8%
행정의 실효성 확보수단	2문항	★★	8%
행정구제법	2문항	★★	8%

빠른 정답

01	02	03	04	05	06	07	08	09	10
④	①	④	①	②	②	①	①	③	②
11	12	13	14	15	16	17	18	19	20
④	④	④	③	④	②	③	③	②	①
21	22	23	24	25					
②	③	①	②	②					

01

정답 ④

영역 행정법 서론 > 행정상 법률관계 난도 하

[정답의 이유]

④ 국유재산법 제31조, 제32조 제3항, 산림법 제75조 제1항의 규정 등에 의하여 국유잡종재산에 관한 관리 처분의 권한을 위임받은 기관이 국유잡종재산을 대부하는 행위는 국가가 사경제 주체로서 상대방과 대등한 위치에서 행하는 사법상의 계약이고, 행정청이 공권력의 주체로서 상대방의 의사 여하에 불구하고 일방적으로 행하는 행정처분이라고 볼 수 없으며, 국유잡종재산에 관한 대부료의 납부고지 역시 사법상의 이행청구에 해당하고, 이를 행정처분이라고 할 수 없다(대판 2000.2.11, 99다61675).

[오답의 이유]

① 국유재산의 관리청이 행정재산의 사용 · 수익을 허가한 다음 그 사용 · 수익하는 자에 대하여 하는 사용료 부과는 순전히 사경제주체로서 행하는 사법상의 이행청구라 할 수 없고, 이는 관리청이 공권력을 가진 우월적 지위에서 행한 것으로서 항고소송의 대상이 되는 행정처분이라 할 것이다(대판 1996.2.13, 95누11023).

② 산업단지관리공단의 지위, 입주계약 및 변경계약의 효과, 입주계약 및 변경계약 체결 의무와 그 의무를 불이행한 경우의 형사적 내지 행정적 제재, 입주계약해지의 절차, 해지통보에 수반되는 법적 의무 및 그 의무를 불이행한 경우의 형사적 내지 행정적 제재 등을 종합적으로 고려하면, 입주변경계약 취소는 행정청인 관리권자로부터 관리업무를 위탁받은 산업단지관리공단이 우월적 지위에서 입주기업체들에게 일정한 법률상 효과를 발생하게 하는 것으로서 항고소송의 대상이 되는 행정처분에 해당한다(대판 2017.6.15, 2014두46843).

③ 중학교 의무교육의 위탁관계는 초 · 중등교육법 제12조 제3항, 제4항 등 관련 법령에 의하여 정해지는 공법적 관계로서, 대등한 당사자 사이의 자유로운 의사를 전제로 사익 상호 간의 조정을 목적으로 하는 민법 제688조의 수임인의 비용상환청구권에 관한 규정이 그대로 준용된다고 보기도 어렵다(대판 2015.1.29, 2012두7387).

(📶) **적중레이더**

공법관계 vs 사법관계

공법관계	사법관계
행정법과 행정소송법 적용 → 국가배상법 적용	민법과 민사소송법 적용 → 민법상 손해배상
자력강제(행정대집행법) → 단속 · 명령규정	민사집행법 → 효력 · 능력규정
· 국유재산 중 행정재산의 대부행위(대판 2006.3.9, 2004다31074) · 국유재산 관리청의 행정재산의 사용 · 수익자에 대한 사용료부과처분(대판 1996.2.13, 95누11023) · 행정청인 국방부장관, 관악구청장, 서울특별시장의 입찰참가자격제한처분은 행정처분 · 서울시 통근버스 교통사고 · 국가의 한국토지주택공사에 대한 감독관계(특별감독관계에 해당) · 국가나 지방자치단체에 근무하는 "청원경찰"에 대한 징계처분(대판 1993.7.13, 92다47564)	· 국유재산의 대부료 납부고지(대판 2000.2.11, 99다61675) · 폐천부지를 양여하는 행위(공용폐지=잡종재산) · 기부채납 받은 공유재산을 무상으로 기부자에게 사용을 허용하는 행위(대판 1994.1.25, 93누7365) · 한국토지개발공사 입찰참가자격제한조치(대결 1995.2.28, 94두36) · 서울시 직영버스 교통사고 · 청원주에 의해 고용된 청원경찰(헌재 2010.2.25, 2008헌바160) · 한국조폐공사의 직원에 대한 파면행위(대판 1978.4.25, 78다414)

02

영역 일반행정작용법 > 기타행정행위　　　난도 **중**

정답의 이유

① 절차집중효설(관련법령의 절차적 요건까지 갖출 것을 요하지 않고, 실체적 요건의 구비 여부를 요함)이 다수설. 판례의 입장이기 때문에 '주민의 의견청취'라는 '절차적 요건'이 반드시 필요한 것은 아니다.

오답의 이유

② 공유수면점용허가를 필요로 하는 채광계획 인가신청에 대하여도, 공유수면 관리청이 재량적 판단에 의하여 공유수면점용을 허가 여부를 결정할 수 있고, 그 결과 공유수면점용을 허용하지 않기로 결정하였다면, 채광계획 인가관청은 이를 사유로 하여 채광계획을 인가하지 아니할 수 있는 것이다(대판 2002.10.11, 2001두151). 따라서 공유수면점용 불허가결정을 근거로, 채광계획인가는 할 수 없다.

④ 사업시행자가 주택건설사업계획 승인을 받음으로써 도로점용허가가 의제된 경우에 관리청이 도로점용료를 부과하지 않아 그 점용료를 납부할 의무를 부담하지 않게 되었다고 하더라도 특별한 사정이 없는 한 사업시행자가 그 점용료 상당액을 법률상 원인 없이 부당이득하였다고 볼 수는 없다고 할 것이다(대판 2013.6.13, 2012다87010). 즉, 부관(부담)이 없으면, 납부의무가 당연히 발생하는 것은 아니다(→ 의무 없어서 부당이득 ×).

(((•))) **적중레이더**

인 · 허가 의제
주된 인 · 허가를 받으면, 다른 법률에 따른 관련 인 · 허가 등을 함께 받은 것으로 간주하며 각종 개발사업을 시행하는 경우 농지전용허가, 산지전용허가, 도로점용허가 등 여러 법률에 규정된 인 · 허가를 받아야 하는 번거로움을 해소하기 위해 도입되었다.

03

영역 행정법 서론 > 행정법　　　난도 **중**

정답의 이유

④ 텔레비전 방송수신료는 대다수 국민의 재산권 보장의 측면이나 한국방송공사에게 보장된 방송자유의 측면에서 국민의 기본권 실현에 관련된 영역에 속하고, 수신료금액의 결정은 납부의무자의 범위 등과 함께 수신료에 관한 본질적인 중요한 사항이므로 국회가 스스로 행하여야 하는 사항에 속하는 것임에도 불구하고 한국방송공사법 제36조 제1항에서 국회의 결정이나 관여를 배제한 채 한국방송공사로 하여금 수신료금액을 결정해서 문화관광부장관의 승인을 얻도록 한 것은 법률유보원칙에 위반된다(헌재 1999.5.27, 98헌바70).

오답의 이유

① 전부유보설에 따르면(법률유보의 영역을 전체급부행위로 확장) 법치국가를 헌법원리로 제시하여 의회민주주의의 정당성을 강조하고 있다. 또한 의회민주주의는 기본권 보장을 위해 요구된다.

② 법률유보원칙은 입법과 행정 사이의 권한의 문제이다.

③ 법률유보의 원칙은 법률에 근거한 규율을 의미한다. 따라서 법규명령을 통한 규율도 인정한다.

(((•))) **적중레이더**

법률유보 vs 법률우위

법률유보의 원칙	법률우위의 원칙
• 적극적 원칙 • 형식적 의미의 법률 • 적용에 있어 학설의 대립	• 소극적 원칙 • 모든 법(행정규칙 제외) • 모든 영역에 적용

법률유보의 적용범위에 관한 학설

침해 유보설	행정작용 가운데 국민의 자유와 권리를 제한 내지 침해하거나 새로운 의무를 부과하는 경우에는 반드시 법률의 근거를 요한다고 보는 입장으로 행정에 대한 자유를 중요시 함	특별권력관계(예 수형자)에는 법률유보가 적용되지 않는다.
권력행정 유보	행정작용의 침익성 · 수익성 여부를 가리지 않고 행정권의 일방적 의사에 의해 국민의 권리와 의무를 결정하게 되는 모든 권력적 행정작용은 법률의 근거를 요한다고 보는 입장	침해유보설의 틀을 벗어나지 못한다.
급부행정 유보설 (= 사회 유보설)	현대국가에서의 국가적 급부활동의 성격 및 중요성과 그에 대한 국민생활의 밀접한 관련성을 기초로, 급부의 부당한 거부 또는 배분은 실질적으로 침해행정 못지않게 침익적 성격을 가지므로 침해행정뿐만 아니라 급부행정에 있어서도 법률유보의 원칙의 적용이 필요하다는 입장이며 행정을 통한 자유를 중요시 함	법률의 수권(授權)이 없는 경우에 행정기관은 국민에게 급부를 행할 수 없게 되므로 국민의 지위를 오히려 약화시킨다.
중요사항 유보설 (=본질성설, 본질사항 유보설)	• 국가 및 사회생활에 있어서 중요하고도 본질적인 사항에 관해서는 그것이 일반권력관계이든 특별권력관계이든, 권력관계이든 비권력관계이든 상관없이 반드시 법률에 의해야 한다는 입장 • 독일 연방헌법재판소의 칼카르(Kallkar) 결정을 통하여 정립된 이론으로, 우리 헌법재판소도 기본적으로 중요사항유보설의 입장을 취하고 있음	구체적 타당성을 강조한다.

신침해 유보설	원칙적으로 침해유보설의 입장을 취하면서 특별 권력관계에 있어 법률유보의 적용을 긍정하나, 급부행정의 영역에 있어서는 법률유보가 필수적인 것은 아니라고 보는 입장으로 조직법적 근거나 예산에 근거해서도 급부행정은 가능하다고 함	특별권력관계에도 법률유보가 적용된다.
전부 유보설	국민주권주의와 의회민주주의 사상에 기초한 이론으로서 모든 행정작용에는 법률의 근거가 필요하다고 보아 행정권의 고유영역을 부정하게 됨으로써 권력분립의 원칙에 반할 수 있고 오늘날 현대 행정의 양적 증가 및 다양성에 비추어 볼 때 인정하기 힘든 점이 있음	• 국민주권주의와 의회민주주의를 강조한다. • 권력분립에 위반되므로 이상론에 불과하다는 비판을 받는다.

04 정답 ①

영역 일반행정작용법 > 기타행정행위   난도 **하**

[정답의 이유]

① 공공용지의 취득 및 손실보상에 관한 특례법에 의하여 공공용지를 협의취득한 사업시행자가 그 양도인과 사이에 체결한 매매계약은 공공기관이 사경제주체로서 행한 사법상 매매이다(대판 1999.11.26, 98다47245). 즉, 민사관계이다(+환매권 행사, 환매금액 증감 등 포함)

(( )) 적중레이더

공법상 계약의 종류 – 주체에 따른 분류

행정주체 상호 간	• 국가와 공공단체, 공공단체 상호 간(지방교육자치에 관한 법률에 의한 교육사무위탁) • 지방자치단체 상호 간(도로 · 하천의 경비부담에 관한 협의) • 공공시설의 관리에 관한 합의 등
행정주체와 사인 간	• 임의적 공용부담계약(사유지를 도로 · 학교 · 공원 등의 부지로 제공하는 계약 등 소위 기부채납) • 행정사무의 위탁계약(별정우체국의 지정) • 공법상 보조금지급계약(수출보조금교부계약) • 지방자치단체와 사기업 간의 공해방지 및 환경보전을 위한 환경보전협정 • 특별행정법관계의 설정합의(전문직 공무원의 채용계약, 서울특별시립무용단원의 위촉, 광주시립합창단원의 재위촉, 국립중앙극장 전속단원 채용계약, 공중보건의사 채용계약, 자원입대, 학령아동의 취학)
사인 상호 간	• 공무수탁사인과 사인 간에 체결한 계약 • 사업시행자와 토지소유자 및 관계인 사이의 협의(판례는 사법상 계약으로 봄)

05 정답 ②

영역 행정법 서론 > 법률사실과 법률요건   난도 **상**

[정답의 이유]

② 행정기본법 제6조 제1항에 따르면 행정에 관한 기간의 계산에 관하여는 이 법 또는 다른 법령 등에 특별한 규정이 있는 경우를 제외하고는 민법을 준용한다.
   • 이 법에 따른 기간을 계산할 때에는 첫날을 산입한다(국회법 제168조). 즉, 국회회기는 초일불산입원칙의 예외이다.
   • 이 법에 따른 급여를 받을 권리는 급여의 사유가 발생한 날부터 5년간 행사하지 아니하면 시효로 인하여 소멸한다(공무원연금법 제88조 제1항).

[오답의 이유]

① 금전의 급부를 목적으로 하는 국가의 권리로서 시효에 관하여 다른 법률에 규정이 없는 것은 5년 동안 행사하지 아니하면 시효로 인하여 소멸한다(국가재정법 제96조 제1항).
③ 국가재정법 제96조 제3항
④ 이 법 또는 세법에서 규정하는 기간의 계산은 이 법 또는 그 세법에 특별한 규정이 있는 것을 제외하고는 민법에 따른다(국세기본법 제4조).

(( )) 적중레이더

초일불산입원칙에 대한 예외(초일을 산입하는 경우)
   • 연령계산(민법 제158조)
   • 민원처리기간(민원처리에 관한 법률 제19조 제2항)
   • 영(零)시부터 기간이 시작하는 경우(민법 제157조 단서)
   • 사망신고기간(가족관계의 등록 등에 관한 법률 제37조 제1항)
   • 출생신고기간(가족관계의 등록 등에 관한 법률 제37조 제1항)
   • 국회회기기간(국회법 제168조)
   • 공소시효기간(형법 제85조 및 형사소송법 제66조 제1항)
   • 구속기간(형법 제85조 및 형사소송법 제66조 제1항)

06 정답 ②

영역 행정법 서론 > 행정상 법률관계   난도 **하**

[정답의 이유]

② 강원도의회는 행정주체가 아닌 "의결기관"이다.

[오답의 이유]

① 대한민국 → 국가로서의 행정주체
③ 도시 및 주거환경 정비법상의 주택재건축 정비사업조합 → 공공단체 중 공공사단(조합)
④ 한국토지주택공사 → 공공단체 중 영조물 법인

행정주체 인정여부

구분	해당 ○	해당 ×
지방자치 단체	① 보통지방자치단체 • 광역자치단체: 특별시, 광역시, 도, 특별자치도 • 기초자치단체 – 특별시나 광역시가 아닌 시, 군 – 특별시나 광역시에 설치된 구(자치구)	② 특별지방자치단체: 지방자치단체조합 • 특별시나 광역시가 아닌 시(일반 구) 예 제주시, 서귀포시: 행정상 시 • 읍, 면, 동, 리
공공조합	① 농지개량조합: 현재는 한국농어촌공사 ② 도시 및 주거환경 정비법상 주택재개발사업조합 ③ 도시개발법상 도시개발조합	–
공법상 재단	① 한국학술진흥재단 ② 한국과학재단	–
영조물 법인	① 각종 공사: 한국방송공사 등 ② 각종 공단: 시설관리공단 등	국·공립대학교(예외: 서울대학교) ※ 서울대학교는 단순 영조물이었으나 관련 법률 제정으로 법인화
비고	① 읍, 면, 동: 행정주체 부정 ② 특별시, 광역시가 아닌 일반구: 행정주체 부정(예 수원시 팔달구, 전주시 덕진구, 성남시 분당구 등) ③ 제주특별자치도의 시와 군: 행정주체 부정 ④ 서울대학교: 행정주체에 해당	

07
정답 ①

영역 일반행정작용법 > 기타행정행위   난도 **하**

정답의 이유

① 행정기관은 행정지도의 상대방이 행정지도에 따르지 아니하였다는 것을 이유로 불이익한 조치를 하여서는 아니 된다(행정절차법 제48조 제2항).

오답의 이유

② 행정지도의 상대방은 해당 행정지도의 방식·내용 등에 관하여 행정기관에 의견제출을 할 수 있다(행정절차법 제50조). → 의견제출권

③ 행정기관이 같은 행정목적을 실현하기 위하여 많은 상대방에게 행정지도를 하려는 경우에는 특별한 사정이 없으면 행정지도에 공통적인 내용이 되는 사항을 공표하여야 한다(행정절차법 제51조). → 공통사항 공표의무

④ 행정지도가 말로 이루어지는 경우에 상대방이 제1항의 사항을 적은 서면의 교부를 요구하면 그 행정지도를 하는 자는 직무 수행에 특별한 지장이 없으면 이를 교부하여야 한다(행정절차법 제49조 제2항). → 서면교부요구권

08
정답 ①

영역 행정법 서론 > 행정상 법률관계   난도 **하**

정답의 이유

① 피고적격은 소송에서 피고로서 본안판결을 받을 수 있는 자격으로, 무효등확인소송과 부작위위법확인소송에서도 이 규정을 준용한다. 행정소송에서의 피고인 행정청은 처분 등을 행한 행정청으로 원칙적으로 소송의 대상인 처분 등을 외부적으로 그의 명의로 행한 행정청을 말한다(대판 1994.6.14, 94누1197). 즉, 행정청은 행정주체가 아니다.

((•)) 적중레이더

행정주체 vs 행정청

구분	행정주체	행정청
권리능력 유무 (법인격 유무)	○	×
행위능력 유무	×	○
구체적인 예	국가, 공공단체, 공무수탁사인	대통령, 국무총리, 장관

09
정답 ③

영역 행정법 서론 > 행정상 법률관계   난도 **하**

정답의 이유

③ 고도의 정치성을 띤 국가행위에 대하여는 이른바 통치행위라 하여 법원 스스로 사법심사권의 행사를 억제하여 그 심사대상에서 제외하는 영역이 있을 수 있으나, 이와 같이 통치행위의 개념을 인정하더라도 과도한 사법심사의 자제가 기본권을 보장하고 법치주의 이념을 구현하여야 할 법원의 책무를 태만히 하거나 포기하는 것이 되지 않도록 그 인정을 지극히 신중하게 하여야 한다(대판 2010.12.16, 2010도5986 전합).

오답의 이유

① 대통령의 긴급재정경제명령은 국가긴급권의 일종으로서 고도의 정치적 결단에 의하여 발동되는 행위이고 그 결단을 존중하여야 할 필요성이 있는 행위라는 의미에서 이른바 통치행위에 속한다고 할 수 있으나, … 그것이 국민의 기본권 침해와 직접 관련되는 경우에는 당연히 헌법재판소의 심판대상이 된다(헌재 1996.2.29, 93헌마186).

② 기본권의 보장 및 법치주의의 이념에 비추어 보면, 비록 서훈취소가 대통령이 국가원수로서 행하는 행위라고 하더라도 법원이 사법심사를 자제하여야 할 고도의 정치성을 띤 행위라고 볼 수는 없다(대판 2015.4.23, 2012두26920).

④ 남북정상회담의 개최는 고도의 정치적 성격을 지니고 있는 행위라
할 것이므로 특별한 사정이 없는 한 그 당부를 심판하는 것은 사
법권의 내재적·본질적 한계를 넘어서는 것이 되어 적절하지 못하
다(대판 2004.3.26, 2003도7878).

📡 적중레이더

통치행위

고도의 정치성을 가지는 국가기관의 행위로서 법적 구속을 받지 않
으며 법원의 사법심사의 대상에서 제외되는 행위를 말한다. 통치행위
는 최상위의 국가지도의 문제로서 입법·사법·행정의 어느 영역에
도 속하지 않는 제4의 영역으로 분류되고 있다.

10
정답 ②

영역 일반행정작용법 > 행정행위   난도 **중**

정답의 이유

② 의견제출이란 "행정청이 어떠한 행정작용을 하기 전에 당사자등
이 의견을 제시하는 절차로, 청문이나 공청회에 해당하지 아니하
는 절차"를 말한다(행정절차법 제2조 제7호). 또한 동법 제22조 제
3항을 통하여 "'당사자에게 의무를 부과하거나 권익을 제한하는
처분'에 한하여 '당사자 등'에 대해서만 그리고, 법상 의견제출이
면제되는 경우(청문이나 공청회를 실시하는 경우 등)가 아닌 경우,
의견제출의 기회를 주어야 한다."고 명시하고 있다.

오답의 이유

① 행정절차법 제22조 제3항
③ 행정절차법 제22조 제4항
④ 건축법상의 공사중지명령에 대한 사전통지를 하고 의견제출의 기
회를 준다면 많은 액수의 손실보상금을 기대하여 공사를 강행할
우려가 있다는 사정이 사전통지 및 의견제출절차의 예외사유에 해
당하지 아니한다고 한 사례이다(대판 2004.5.28, 2004두1254).

📡 적중레이더

행정절차법 제22조(의견청취) ① 행정청이 처분을 할 때 다음 각 호
의 어느 하나에 해당하는 경우에는 청문을 한다.
  1. 다른 법령 등에서 청문을 하도록 규정하고 있는 경우
  2. 행정청이 필요하다고 인정하는 경우
  3. 다음 각 목의 처분 시 제21조 제1항 제6호에 따른 의견제출기
    한 내에 당사자 등의 신청이 있는 경우
    가. 인허가 등의 취소
    나. 신분·자격의 박탈
    다. 법인이나 조합 등의 설립허가의 취소
② 행정청이 처분을 할 때 다음 각 호의 어느 하나에 해당하는 경우
에는 공청회를 개최한다.
  1. 다른 법령 등에서 공청회를 개최하도록 규정하고 있는 경우

  2. 해당 처분의 영향이 광범위하여 널리 의견을 수렴할 필요가 있
    다고 행정청이 인정하는 경우
  3. 국민생활에 큰 영향을 미치는 처분으로서 대통령령으로 정하는
    처분에 대하여 대통령령으로 정하는 수 이상의 당사자 등이 공
    청회 개최를 요구하는 경우
③ 행정청이 당사자에게 의무를 부과하거나 권익을 제한하는 처분을
할 때 제1항 또는 제2항의 경우 외에는 당사자 등에게 의견제출의
기회를 주어야 한다.
④ 제1항부터 제3항까지의 규정에도 불구하고 제21조 제4항 각 호의
어느 하나에 해당하는 경우와 당사자가 의견진술의 기회를 포기한다
는 뜻을 명백히 표시한 경우에는 의견청취를 하지 아니할 수 있다.
⑤ 행정청은 청문·공청회 또는 의견제출을 거쳤을 때에는 신속히
처분하여 해당 처분이 지연되지 아니하도록 하여야 한다.
⑥ 행정청은 처분 후 1년 이내에 당사자 등이 요청하는 경우에는 청
문·공청회 또는 의견제출을 위하여 제출받은 서류나 그 밖의 물건
을 반환하여야 한다.

11 ※ 개정·변경된 내용으로 선지 교체
정답 ④

영역 행정조직법 > 지방자치법   난도 **중**

정답의 이유

④ 지방자치단체의 장이 주민의 의견을 듣기 위하여 필요하다고 판
단하는 경우에는 주민투표를 실시할 수 있다(주민투표법 제9조
제1항 제3호)

제9조(주민투표의 실시요건) ① 지방자치단체의 장은 다음 각 호의
어느 하나에 해당하는 경우에는 주민투표를 실시할 수 있다. 이 경
우 제1호 또는 제2호에 해당하는 경우에는 주민투표를 실시하여야
한다.
  1. 주민이 제2항에 따라 주민투표의 실시를 청구하는 경우
  2. 지방의회가 제5항에 따라 주민투표의 실시를 청구하는 경우
  3. 지방자치단체의 장이 주민의 의견을 듣기 위하여 필요하다고
    판단하는 경우

오답의 이유

① 헌법상의 권리가 아니고, 지방자치법상의 법률상 권리이다.
② 주민투표실시에 관한 지방자치법 제13조의2는 규정문언상 임의
규정으로 되어 있고, 실시 여부도 지방자치단체의 장의 재량사항
으로 되어 있으며 아직 주민투표법이 제정되지도 아니하였으며,
주민투표절차는 위에서 살펴본 바와 같이 청문절차의 일환이고 그
결과에 구속적 효력이 없다(헌재 1994.12.29, 94헌마201).
③ 국가정책에 관한 주민투표의 실시 요구는 일정사항에 있어서 관계
중앙행정기관의 장이 행정안전부장관과 협의하여 요구하는 것이
고, 지방자치단체의 장에게는 그러한 요구권이 없다.

12
정답 ④

영역 행정의 실효성 확보수단 > 행정상 강제　　　　난도 **중**

정답의 이유

④ "폐쇄"는 대체적 작위의무이므로 대체적 작위의무 위반에 따른 대집행이 가능하다. 위 행정대집행은 주된 목적이 조합의 위 사무실에 대한 사실상 불법사용을 중지시키기 위하여 사무실 내 조합의 물품을 철거하고 사무실을 폐쇄함으로써 군(郡) 청사의 기능을 회복하는 데 있으므로, 전체적으로 대집행의 대상이 되는 대체적 작위의무인 철거의무를 대상으로 한 것으로 적법한 공무집행에 해당한다고 볼 수 있다(대판 2011.4.28, 2007도7514).

오답의 이유

① 행정대집행법 제2조는 대집행의 대상이 되는 의무를 "법률(법률의 위임에 의한 명령, 지방자치단체의 조례를 포함한다. 이하 같다)에 의하여 직접 명령되었거나 또는 법률에 의거한 행정청의 명령에 의한 행위로서 타인이 대신하여 행할 수 있는 행위"라고 규정하고 있으므로, 대집행계고처분을 하기 위하여는 법령에 의하여 직접 명령되거나 법령에 근거한 행정청의 명령에 의한 의무자의 대체적 작위의무 위반행위가 있어야 한다(대판 1996.6.28, 96누4374). 즉, 법적 근거가 없으면 대집행을 할 수 없다.

② 행정청이 토지구획정리사업의 환지예정지를 지정하고 그 사업에 편입되는 건축물 등 지장물의 소유자 또는 임차인에게 지장물의 자진이전을 요구한 후 이에 응하지 않자 지장물의 이전에 대한 대집행을 계고하고 다시 대집행영장을 통지한 사안에서, 위 계고처분 등은 행정대집행법 제2조에 따라 명령된 지장물 이전의무가 없음에도 그러한 의무의 불이행을 사유로 행하여진 것으로 위법하다(대판 2010.6.24, 2010두1231).

③ 협의취득 시 건물소유자가 매매대상 건물에 대한 철거의무를 부담하겠다는 취지의 약정을 하였다고 하더라도 이러한 철거의무는 공법상의 의무가 될 수 없고, 이 경우에도 행정대집행법을 준용하여 대집행을 허용하는 별도의 규정이 없는 한 위와 같은 철거의무는 행정대집행법에 의한 대집행의 대상이 되지 않는다(대판 2006.10.13, 2006두7096).

📡 적중레이더

대집행
- **의미**: 대집행이란 대체적 작위의무(다른 사람이 대신하여 행할 수 있는 의무) 위반이 있는 경우 행정청이 의무자가 해야 할 일을 스스로 행하거나 또는 제3자로 하여금 행하게 함으로써 의무의 이행이 있었던 것과 같은 상태를 실현하고 그 비용을 의무자로부터 징수하는 행정작용을 말한다. 대집행에 관한 일반법으로는 행정대집행법이 있다.
- **요건**
  - 대체적 작위의무의 불이행
  - 다른 수단으로는 그 이행을 확보하기 곤란할 것
  - 불이행을 방치함이 심히 공익을 해할 것
  - 불가쟁력의 발생은 요건 ×

대체적 작위의무 해당 여부

대체적 작위의무에 해당하는 경우	대체적 작위의무에 해당하지 않는 경우
• 건물철거의무 • 건물청소의무 • 광고물 제거의무	• 비대체적 작위의무 　– 건물명도(인도)의무 　– 국유지퇴거의무 • 부작위의무 　– 매매금지의무 　– 입산금지의무 • 수인의무 　– 강제예방접종의무

공법관계 vs 사법관계

공법관계	사법관계
행정법과 행정소송법 적용 → 국가배상법 적용	민법과 민사소송법 적용 → 민법상 손해배상
자력강제(행정대집행법) → 단속 · 명령규정	민사집행법 → 효력 · 능력규정

13
정답 ④

영역 일반행정작용법 > 행정행위　　　　난도 **중**

정답의 이유

④ 재임용거부취지의 임용기간만료통지 → 강학상 통지

오답의 이유

① 공유수면매립면허 → 강학상 특허
② 조세부과처분 → 강학상 하명
③ 학교법인 임원선임에 대한 감독청의 취임승인 → 강학상 인가

📡 적중레이더

법률행위적 행정행위 vs 준법률행위적 행정행위
- **법률행위적 행정행위**: 행정청의 효과의사에 따라 일정한 법률효과가 발생하는 경우를 의미한다.
- **준법률행위적 행정행위**: 행정청의 효과의사와 관계없이 법률규정에 따라 일정한 법률효과가 발생하는 경우를 의미한다.
- 준법률행위적 행정행위는 기속행위임이 원칙이다.

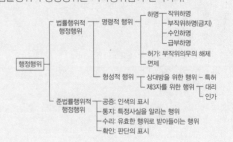

14

영역 일반행정작용법 > 행정상 입법　　　　　　난도 **중**

정답의 이유

③ 오늘날 의회의 입법독점주의에서 입법중심주의로 전환하여 일정한 범위 내에서 행정입법을 허용하게 된 동기가 사회적 변화에 대응한 입법수요의 급증과 종래의 형식적 권력분립주의로는 현대 사회에 대응할 수 없다는 기능적 권력분립론에 있다는 점 등을 감안하여 헌법 제40조와 헌법 제75조, 제95조의 의미를 살펴보면, 국회입법에 의한 수권이 입법기관이 아닌 행정기관에게 법률 등으로 구체적인 범위를 정하여 위임한 사항에 관하여는 당해 행정기관에게 법정립의 권한을 갖게 되고, 입법자가 규율의 형식도 선택할 수도 있다 할 것이므로, 헌법이 인정하고 있는 위임입법의 형식은 예시적인 것으로 보아야 할 것이고, 그것은 법률이 행정규칙에 위임하더라도 그 행정규칙은 위임된 사항만을 규율할 수 있으므로, 국회입법의 원칙과 상치되지도 않는다(헌재 2006.12.28, 2005헌바59).

적중레이더

법규명령과 행정규칙

구분	법규명령	행정규칙
법 형식	대통령령 · 총리령 · 부령 등	훈령 · 고시 등
권력적 기초	일반권력관계	특별행정법관계
법적 근거 (상위법령의 개별적 · 구체적 수권)	• 위임명령: 법적 근거 필요 • 집행명령: 법적 근거 불필요	법적 근거 불필요
성질	법규성(재판규범성, 대외적 구속력) 긍정	법규성(재판규범성, 대외적 구속력) 부정
위반의 효과	위법한 작용	곧바로 위법한 작용이 되는 것 ×
존재 형식	조문의 형식	조문의 형식 또는 구술
공포	공포 필요	공포 불필요
한계	법률유보의 원칙 · 법률 우위의 원칙 적용	법률우위의 원칙만 적용

15

영역 행정절차와 행정공개 > 정보공개와 개인정보보호　　　난도 **상**

정답의 이유

④ 300만 원 이하의 범위에서 상당한 금액을 손해액으로 하여 배상을 청구할 수 있다(개인정보 보호법 제39조의2 제1항). 또한 일반손해배상을 청구한 정보주체는 사실심 변론종결 시까지 법정손해배상의 청구로 변경할 수 있다(개인정보 보호법 제39조의2 제3항).

오답의 이유

① 개인정보를 처리하거나 처리하였던 자가 업무상 알게 된 개인정보를 누설하거나 권한 없이 다른 사람이 이용하도록 제공한 것이라는 사정을 알면서도 영리 또는 부정한 목적으로 개인정보를 제공받은 자라면, 개인정보를 처리하거나 처리하였던 자로부터 직접 개인정보를 제공받지 아니하더라도 개인정보 보호법 제71조 제5호의 '개인정보를 제공받은 자'에 해당한다(대판 2018.1.24, 2015도16508).

② 이미 공개된 개인정보를 정보주체의 동의가 있었다고 객관적으로 인정되는 범위 내에서 수집 · 이용 · 제공 등 처리를 할 때는 정보주체의 별도의 동의는 불필요하다고 보아야 하고, 별도의 동의를 받지 아니하였다고 하여 개인정보 보호법 제15조나 제17조를 위반한 것으로 볼 수 없다(대판 2016.8.17, 2014다235080).

③ 피해자의 의사와 무관하게 주민등록번호가 유출된 경우에는 조리상 주민등록번호의 변경을 요구할 신청권을 인정함이 타당하고, 구청장의 주민등록번호 변경신청 거부행위는 항고소송의 대상이 되는 행정처분에 해당한다(대판 2017.6.15, 2013두2945).

적중레이더

개인정보 보호법 제39조의2(법정손해배상의 청구) ① 제39조 제1항에도 불구하고 정보주체는 개인정보처리자의 고의 또는 과실로 인하여 개인정보가 분실 · 도난 · 유출 · 위조 · 변조 또는 훼손된 경우에는 300만 원 이하의 범위에서 상당한 금액을 손해액으로 하여 배상을 청구할 수 있다. 이 경우 해당 개인정보처리자는 고의 또는 과실이 없음을 입증하지 아니하면 책임을 면할 수 없다.

② 법원은 제1항에 따른 청구가 있는 경우에 변론 전체의 취지와 증거조사의 결과를 고려하여 제1항의 범위에서 상당한 손해액을 인정할 수 있다.

③ 제39조에 따라 손해배상을 청구한 정보주체는 사실심(事實審)의 변론이 종결되기 전까지 그 청구를 제1항에 따른 청구로 변경할 수 있다.

16

영역 행정조직법 > 지방자치법　　　　　　난도 **상**

㉠ 주민투표부의원

> **제18조(주민투표)** ① 지방자치단체의 장은 주민에게 과도한 부담을 주거나 중대한 영향을 미치는 지방자치단체의 주요 결정사항 등에 대하여 주민투표에 부칠 수 있다.

㉡ 규칙제정권

> **제29조(규칙)** 지방자치단체의 장은 법령 또는 조례의 범위에서 그 권한에 속하는 사무에 관하여 규칙을 제정할 수 있다.

ⓒ 재의요구권

> **제120조(지방의회의 의결에 대한 재의 요구와 제소)** ① 지방자치단체의 장은 지방의회의 의결이 월권이거나 법령에 위반되거나 공익을 현저히 해친다고 인정되면 그 의결사항을 이송받은 날부터 20일 이내에 이유를 붙여 재의를 요구할 수 있다.

ⓓ 소속직원에 대한 임면 및 지휘 · 감독

> **제118조(직원에 대한 임면권 등)** 지방자치단체의 장은 소속 직원(지방의회의 사무직원은 제외한다)을 지휘 · 감독하고 법령과 조례 · 규칙으로 정하는 바에 따라 그 임면 · 교육훈련 · 복무 · 징계 등에 관한 사항을 처리한다.

오답의 이유

ⓔ 청원의 접수 및 수리

> **제85조(청원서의 제출)** ① 지방의회에 청원을 하려는 자는 지방의회의원의 소개를 받아 청원서를 제출하여야 한다.
> ② 청원서에는 청원자의 성명(법인인 경우에는 그 명칭과 대표자의 성명을 말한다) 및 주소를 적고 서명 · 날인하여야 한다.

ⓕ 조례제정권

> **제28조(조례)** ① 지방자치단체는 법령의 범위에서 그 사무에 관하여 조례를 제정할 수 있다. 다만, 주민의 권리 제한 또는 의무 부과에 관한 사항이나 벌칙을 정할 때에는 법률의 위임이 있어야 한다.

ⓑ 행정감사권

> **제49조(행정사무 감사권 및 조사권)** ① 지방의회는 매년 1회 그 지방자치단체의 사무에 대하여 시 · 도에서는 14일의 범위에서, 시 · 군 및 자치구에서는 9일의 범위에서 감사를 실시하고, 지방자치단체의 사무 중 특정 사안에 관하여 본회의 의결로 본회의나 위원회에서 조사하게 할 수 있다.

ⓐ 예산의 심의 · 확정 및 결산의 승인

> **제47조(지방의회의 의결사항)** ① 지방의회는 다음 각 호의 사항을 의결한다.
>   2. 예산의 심의 · 확정
>   3. 결산의 승인

17

정답 ③

영역 행정절차와 행정공개 > 정보공개와 개인정보보호   난도 **상**

정답의 이유

③ 공공기관이 보유 · 관리하고 있는 정보가 제3자와 관련이 있는 경우 그 정보공개여부를 결정함에 있어 공공기관이 제3자와의 관계에서 거쳐야 할 절차를 규정한 것에 불과할 뿐, 제3자의 비공개요

청이 있다는 사유만으로 정보공개법상 정보의 비공개사유에 해당한다고 볼 수 없다(대판 2008.9.25, 2008두8680).

📡 적중레이더

공공기관의 정보공개에 관한 법률 제5조(정보공개 청구권자) ① 모든 국민은 정보의 공개를 청구할 권리를 가진다.

관련 판례
"모든 국민"에는 자연인은 물론 법인, 권리능력 없는 사단 · 재단도 포함되고, 법인, 권리능력 없는 사단 · 재단 등의 경우에는 설립목적을 불문한다(대판 2003.12.12, 2003두8050).

18

정답 ③

영역 행정절차와 행정공개 > 정보공개와 개인정보보호   난도 **중**

정답의 이유

③ 개인정보자기결정권의 보호대상이 되는 개인정보는 개인의 신체, 신념, 사회적 지위, 신분 등과 같이 개인의 인격주체성을 특징짓는 사항으로서 그 개인의 동일성을 식별할 수 있게 하는 일체의 정보라고 할 수 있고, 반드시 개인의 내밀한 영역이나 사사(私事)의 영역에 속하는 정보에 국한되지 않고 공적 생활에서 형성되었거나 이미 공개된 개인정보까지 포함한다. 또한 그러한 개인정보를 대상으로 한 조사 · 수집 · 보관 · 처리 · 이용 등의 행위는 모두 원칙적으로 개인정보자기결정권에 대한 제한에 해당한다(헌재 2005.7.21, 2003헌마282 등 병합).

19

정답 ②

영역 일반행정작용법 > 행정행위   난도 **하**

정답의 이유

② 행정행위의 취소는 일단 유효하게 성립한 행정행위를 그 행위에 위법 또는 부당한 하자가 있음을 이유로 소급하여 그 효력을 소멸시키는 별도의 행정처분이고, 행정행위의 철회는 적법요건을 구비하여 완전히 효력을 발하고 있는 행정행위를 사후적으로 그 행위의 효력의 전부 또는 일부를 장래에 향해 소멸시키는 행정처분이므로, 행정행위의 취소사유는 행정행위의 성립 당시에 존재하였던 하자를 말하고, 철회사유는 행정행위가 성립된 이후에 새로이 발생한 것으로서 행정행위의 효력을 존속시킬 수 없는 사유를 말한다(대판 2003.5.30, 2003다6422).

오답의 이유

① · ③ 행정행위의 취소는 일단 유효하게 성립한 행정행위를 그 행위에 위법 또는 부당한 하자가 있음을 이유로 소급하여 그 효력을 소멸시키는 별도의 행정처분이고, 행정행위의 철회는 적법요건을 구비하여 완전히 효력을 발하고 있는 행정행위를 사후적으로 그 행위의 효력의 전부 또는 일부를 장래에 향해 소멸시키는 행정처

분이다(대판 2003.5.30, 2003다6422).

④ 수익적 행정처분의 하자가 당사자의 사실은폐나 기타 사위의 방법에 의한 신청행위에 기인한 것이라면 당사자는 처분에 의한 이익이 위법하게 취득되었음을 알아 취소가능성도 예상하고 있었다 할 것이므로, 그 자신이 처분에 관한 신뢰이익을 원용할 수 없음은 물론 행정청이 이를 고려하지 아니하였더라도 재량권의 남용이 되지 아니한다.(2014.11.27, 2013두16111).

((•)) 적중레이더

행정행위의 취소와 철회

구분	취소	철회
권한자	• 직권취소: 처분청 • 쟁송취소: 행정심판위원회, 법원	처분청
사유	원시적 하자	후발적인 새로운 사정

효과	• 직권취소
	  – 다수설: 부담적 행정행위 → 소급효, 수익적 행정행위 → 장래효
	  – 판례: 원칙상 소급효
	• 쟁송취소: 소급효가 원칙
		장래효

근거	• 직권취소: 근거 불필요(통설 · 판례) • 쟁송취소: 실정법에 있음	근거 불필요(통설 · 판례)

20
정답 ①

영역 행정의 실효성 확보수단 > 서설 　　　　난도 **중**

[정답의 이유]

① 과징금부과처분은 제재적 행정처분으로서 … 공공복리를 증진한다는 행정목적의 달성을 위하여 행정법규 위반이라는 객관적 사실에 착안하여 가하는 제재이므로 반드시 현실적인 행위자가 아니라도 법령상 책임자로 규정된 자에게 부과되고 원칙적으로 위반자의 고의 · 과실을 요하지 아니하나…(대판 2014.10.15, 2013두5005)

[오답의 이유]

② 행정대집행법 제2조

> **제2조(대집행과 그 비용징수)** 법률에 의하여 직접명령되었거나 또는 법률에 의거한 행정청의 명령에 의한 행위로서 타인이 대신하여 행할 수 있는 행위를 의무자가 이행하지 아니하는 경우 다른 수단으로써 그 이행을 확보하기 곤란하고 또한 그 불이행을 방치함이 심히 공익을 해할 것으로 인정될 때에는 당해 행정청은 스스로 의무자가 하여야 할 행위를 하거나 또는 제3자로 하여금 이를 하게 하여 그 비용을 의무자로부터 징수할 수 있다.

③ 헌재 2003.7.24, 2001헌가25

④ 이행강제금은 대체적 작위의무의 위반에 대하여도 부과될 수 있다(헌재 2004.2.26, 2002헌바26 등 병합).

((•)) 적중레이더

행정의 실효성 확보수단의 종류

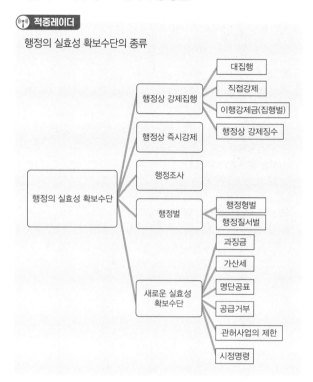

21
정답 ②

영역 일반행정작용법 > 행정행위 　　　　난도 **중**

[정답의 이유]

② 정부의 수도권 소재 공공기관의 지방이전 시책을 추진하는 과정에서 도지사가 도내 특정시를 혁신도시 최종입지로 선정한 행위는 항고소송의 대상이 되는 행정처분이 아니라고 본 사례이다(대판 2007.11.15, 2007두10198).

[오답의 이유]

① 헌재 2000.6.1, 99헌마538 등 병합

④ 대판 1981.2.10, 80누317

22

영역 행정구제법 > 행정쟁송제도　　　　　　　　　　**난도중**

정답의 이유

③ 직접 처분이 가능하다고 하더라도 간접강제를 할 수 없는 것은 아니다.

오답의 이유

① 행정청은 재결의 기속력을 받는다. 따라서 행정소송을 제기하지 못한다.

② 청구인이 경제적 능력으로 인해 대리인을 선임할 수 없는 경우에는 위원회에 국선대리인을 선임하여 줄 것을 신청할 수 있다(행정심판법 제18조의2 제1항).

④ 행정심판법 제6조 제1항

> **제6조(행정심판위원회의 설치)** ① 다음 각 호의 행정청 또는 그 소속 행정청(행정기관의 계층구조와 관계없이 그 감독을 받거나 위탁을 받은 모든 행정청을 말하되, 위탁을 받은 행정청은 그 위탁받은 사무에 관하여는 위탁한 행정청의 소속 행정청으로 본다. 이하 같다)의 처분 또는 부작위에 대한 행정심판의 청구(이하 "심판청구"라 한다)에 대하여는 다음 각 호의 행정청에 두는 행정심판위원회에서 심리·재결한다.
> 1. 감사원, 국가정보원장, 그 밖에 대통령령으로 정하는 대통령 소속기관의 장

(((•))) 적중레이더

행정심판 vs 행정소송

구분	행정심판	행정소송
성질	약식 쟁송	정식 쟁송
대상	부당, 위법한 처분	위법한 처분
절차	구술 또는 서면심리 (비공개원칙)	구술심리 (공개원칙)
기관	행정심판위원회	법원
기간	• 처분이 있음을 안 날: 90일 • 처분이 있은 날: 180일	• 처분이 있음을 안 날: 90일 • 처분이 있은 날: 1년
의무이행심판 인정	긍정	부정
오고지·불고지 규정	있음	없음
공통점	• 국민의 권리구제수단 • 대심주의원칙 + 직권심리주의 가미 • 불이익변경금지의 원칙 • 집행부정지의 원칙 • 사정재결·사정판결의 인정 • 당사자의 신청에 의해 절차 개시되면 법률상 이익을 가진 자만 제기 가능	

23

영역 행정절차와 행정공개 > 행정절차법　　　　　　　　**난도중**

정답의 이유

① 입법예고기간은 예고할 때 정하되, 특별한 사정이 없으면 40일(자치법규는 20일) 이상으로 한다(행정절차법 제43조).

오답의 이유

② 행정절차법 제42조 제2항

③ 행정절차법 제42조 제3항

④ 행정절차법 제42조 제5항, 제6항

> **제42조(예고방법)** ① 행정청은 입법안의 취지, 주요 내용 또는 전문(全文)을 다음 각 호의 구분에 따른 방법으로 공고하여야 하며, 추가로 인터넷, 신문 또는 방송 등을 통하여 공고할 수 있다.
> 1. 법령의 입법안을 입법예고하는 경우: 관보 및 법제처장이 구축·제공하는 정보시스템을 통한 공고
> 2. 자치법규의 입법안을 입법예고하는 경우: 공보를 통한 공고
> ② 행정청은 대통령령을 입법예고하는 경우 국회 소관 상임위원회에 이를 제출하여야 한다.
> ③ 행정청은 입법예고를 할 때에 입법안과 관련이 있다고 인정되는 중앙행정기관, 지방자치단체, 그 밖의 단체 등이 예고사항을 알 수 있도록 예고사항을 통지하거나 그 밖의 방법으로 알려야 한다.
> ④ 행정청은 제1항에 따라 예고된 입법안에 대하여 온라인공청회 등을 통하여 널리 의견을 수렴할 수 있다. 이 경우 제38조의2 제3항부터 제5항까지의 규정을 준용한다.
> ⑤ 행정청은 예고된 입법안의 전문에 대한 열람 또는 복사를 요청받았을 때에는 특별한 사유가 없으면 그 요청에 따라야 한다.
> ⑥ 행정청은 제5항에 따른 복사에 드는 비용을 복사를 요청한 자에게 부담시킬 수 있다.

24

영역 일반행정작용법 > 행정행위　　　　　　　　　　　**난도하**

정답의 이유

② 해산명령은 의무를 부과하기 때문에 강학상 하명이다.

(((•))) 적중레이더

하명의 특징

• 하명은 침익적이므로 법률상 근거가 필요하며 기속행위임이 원칙이다.

• 법률에서 하명을 규정하고 있는 법규하명도 가능하다.

• 사실행위(예 입산금지)와 법률행위(예 매매금지) 모두를 대상으로 한다.

• 특정인뿐만 아니라 불특정 다수인을 상대로 하는 일반처분 형태로도 가능하다. 예 입산금지

25

영역 행정구제법 > 행정쟁송제도 　　　　　 난도 **하**

정답의 이유

② 행정심판법 제44조

> **제44조(사정재결)** ① 위원회는 심판청구가 이유가 있다고 인정하는 경우에도 이를 인용(認容)하는 것이 공공복리에 크게 위배된다고 인정하면 그 심판청구를 기각하는 재결을 할 수 있다. 이 경우 위원회는 재결의 주문(主文)에서 그 처분 또는 부작위가 위법하거나 부당하다는 것을 구체적으로 밝혀야 한다.
> ② 위원회는 제1항에 따른 재결을 할 때에는 청구인에 대하여 상당한 구제방법을 취하거나 상당한 구제방법을 취할 것을 피청구인에게 명할 수 있다.
> ③ 제1항과 제2항은 무효등확인심판에는 적용하지 아니한다.

오답의 이유

③ · ④ 사정판결은 취소소송에 있어 심리의 결과가 위법하면 이를 취소함이 원칙이지만 원고의 청구가 이유 있는 경우에도 예외적으로 공익을 고려하여 기각판결을 하는 경우를 의미한다.

((•)) 적중레이더

행정소송법 제28조(사정판결) ① 원고의 청구가 이유있다고 인정하는 경우에도 처분 등을 취소하는 것이 현저히 공공복리에 적합하지 아니하다고 인정하는 때에는 법원은 원고의 청구를 기각할 수 있다. 이 경우 법원은 그 판결의 주문에서 그 처분 등이 위법함을 명시하여야 한다.
② 법원이 제1항의 규정에 의한 판결을 함에 있어서는 미리 원고가 그로 인하여 입게 될 손해의 정도와 배상방법 그 밖의 사정을 조사하여야 한다.
③ 원고는 피고인 행정청이 속하는 국가 또는 공공단체를 상대로 손해배상, 제해시설의 설치 그 밖에 적당한 구제방법의 청구를 당해 취소소송등이 계속된 법원에 병합하여 제기할 수 있다.

2019 | 기출문제 해설

☑ 점수 (   )점/100점 ☑ 문제편 117쪽

영역 분석

일반행정작용법	8문항	★★★★★★★★	32%
행정구제법	6문항	★★★★★★	24%
행정법 서론	4문항	★★★★	16%
행정절차와 행정공개	4문항	★★★★	16%
행정의 실효성 확보수단	3문항	★★★	12%

빠른 정답

01	02	03	04	05	06	07	08	09	10
②	③	③	②	③	④	③	②	②	④
11	12	13	14	15	16	17	18	19	20
③	②	④	①	②	④	②	③	④	②
21	22	23	24	25					
④	③	③	②	②					

01
정답 ②

영역 행정절차와 행정공개 > 정보공개와 개인정보보호   난도 상

정답의 이유

② 피청구인이 청구인에 대한 형사재판이 확정된 후 그 중 제1심 공판정심리의 녹음물을 폐기한 행위는 법원행정상의 구체적인 사실행위에 불과할 뿐 이를 헌법소원심판의 대상이 되는 공권력의 행사로 볼 수 없다(2012.3.29, 2010헌마599 전합).

오답의 이유

① 공공기관의 정보공개에 관한 법률의 입법 목적, 정보공개의 원칙, 비공개 대상 정보의 규정 형식과 취지 등을 고려하면, 법원 이외의 공공기관이 정보공개법 제9조 제1항 제4호에서 정한 '진행 중인 재판에 관련된 정보'에 해당한다는 사유로 정보공개를 거부하기 위하여는 반드시 그 정보가 진행 중인 재판의 소송기록 자체에 포함된 내용일 필요는 없다. 그러나 재판에 관련된 일체의 정보가 그에 해당하는 것은 아니고 진행 중인 재판의 심리 또는 재판결과에 구체적으로 영향을 미칠 위험이 있는 정보에 한정된다고 보는 것이 타당하다(대판 2011.11.24, 2009두19021).

③ 방송법이라는 특별법에 의하여 설립 운영되는 한국방송공사(KBS)는 공공기관의 정보공개에 관한 법률 시행령 제2조 제4호의 '특별법에 의하여 설립된 특수법인'으로서 정보공개의무가 있는 공공기관의 정보공개에 관한 법률 제2조 제3호의 '공공기관'에 해당한다고 판단한 원심판결을 수긍한 사례이다(대판 2010.12.23, 2008두13101).

④ 국민의 정보공개 청구는 정보공개법 제9조에 정한 비공개 대상 정보에 해당하지 아니하는 한 원칙적으로 폭넓게 허용되어야 하지만, 실제로는 해당 정보를 취득 또는 활용할 의사가 전혀 없이 정보공개 제도를 이용하여 사회통념상 용인될 수 없는 부당한 이득을 얻으려 하거나, 오로지 공공기관의 담당공무원을 괴롭힐 목적으로 정보공개 청구를 하는 경우처럼 권리의 남용에 해당하는 것이 명백한 경우에는 정보공개 청구권의 행사를 허용하지 아니하는 것이 옳다(대판 2014.12.24, 2014두9349).

02
정답 ③

영역 일반행정작용법 > 행정상 입법   난도 상

정답의 이유

③ 지하철공사의 근로자가 지하철 연장운행 방해행위로 유죄판결을 받았으나, 그 후 공사와 노조가 위 연장운행과 관련하여 조합간부 및 조합원의 징계를 최소화하며 해고자가 없도록 한다는 내용의 합의를 한 경우, 이는 적어도 해고의 면에서는 그 행위자를 면책하기로 한다는 합의로 풀이되므로, 공사가 취업규칙에 근거하여 위 근로자에 대하여 한 당연퇴직 조치는 위 면책합의에 배치된다고 판단한 사례이다(대판 2007.10.25, 2007두2067).

오답의 이유

① 대판 2009.2.12, 2008다56262

② 일반적으로 법률의 위임에 의하여 효력을 갖는 법규명령의 경우, 구법에 위임의 근거가 없어 무효였더라도 사후에 법개정으로 위임의 근거가 부여되면 그때부터는 유효한 법규명령이 되나, 반대로 구법의 위임에 의한 유효한 법규명령이 법개정으로 위임의 근거가 없어지게 되면 그때부터 무효인 법규명령이 된다(대판 2012.7.5, 2010다72076).

④ 대판 2006.5.25, 2003두11988

03

영역 일반행정작용법 > 행정행위　　　　난도 상

정답의 이유

③ 운행시간과 구역을 제한하여 행한 택시영업의 허가는 법률효과의 일부 배제로 볼 수 있다.

(적중레이더)

부관의 사후변경이 허용되는 범위

행정처분에 이미 부담이 부가되어 있는 상태에서 그 의무의 범위 또는 내용 등을 변경하는 부관의 사후변경은 (1) 법률에 명문의 규정이 있거나 (2) 그 변경이 미리 유보되어 있는 경우 또는 (3) 상대방의 동의가 있는 경우에 한하여 허용되는 것이 원칙이지만, (4) 사정변경으로 인하여 당초에 부담을 부가한 목적을 달성할 수 없게 된 경우에도 그 목적달성에 필요한 범위 내에서 예외적으로 허용된다(대판 1997.5.30, 97누2627).

04

영역 일반행정작용법 > 행정상 입법　　　　난도 중

정답의 이유

② 우리나라는 구체적 규범통제 방식을 원칙으로 하며, 명령이나 규칙이 헌법이나 법률에 위반됨이 대법원에서 확정된 경우에는 일단 당해 사건의 당사자에 한하여 적용되지 않는다(개별적 효력). 즉, 무효로 판시된 당해 명령이나 규칙이 일반적(국민 전체)으로 효력이 부인되는 것은 아니다.

오답의 이유

① 부패방지 및 국민권익위원회의 설치와 운영에 관한 법률 제28조 제1항 제2호

③ 행정소송법 제6조

④ 행정규칙이 법령의 규정에 의하여 행정관청에 법령의 구체적 내용을 보충할 권한을 부여한 경우나 재량권 행사의 준칙인 규칙이 그 정한 바에 따라 되풀이 시행되어 행정관행이 이룩되게 되면, 평등의 원칙이나 신뢰보호의 원칙에 따라 행정기관은 그 상대방에 대한 관계에서 그 규칙에 따라야 할 자기구속을 당하게 되는 경우에는 대외적인 구속력을 가지게 되는바, 이러한 경우에는 헌법소원의 대상이 될 수도 있다(헌재 2001.5.31, 99헌마413).

05

영역 행정법 서론 > 행정상 법률관계　　　　난도 상

정답의 이유

③ 건축법 제79조는 시정명령에 대하여 규정하고 있으나, 동법이나 동법 시행령 어디에서도 일반국민에게 그러한 시정명령을 신청할 권리를 부여하고 있지 않을 뿐만 아니라, 피청구인에게 건축법 위반이라고 인정되는 건축물의 건축주 등에 대하여 시정명령을 할 것인지와, 구체적인 시정명령의 내용을 무엇으로 할 것인지에 대하여 결정할 재량권을 주고 있으며, 달리 이 사건에서 시정명령을 해야 할 법적 의무가 인정된다고 볼 수 없다(헌재 2010.4.20, 2010헌마189).

오답의 이유

① 공무원연금법상의 각종 급여는 헌법 규정만으로는 이를 실현할 수 없고 법률에 의하여 구체적으로 형성할 것을 필요로 하는바, 연금수급권의 구체적 내용. 즉 수급 요건, 수급권자의 범위, 급여금액 등은 법률에 의하여 비로소 확정될 것이므로 연금수급권을 형성함에 있어 입법자는 광범위한 형성의 자유를 가진다(헌재 2011. 12.29, 2011헌바41).

② 행정처분에 있어서 불이익처분의 상대방은 직접 개인적 이익의 침해를 받은 자로서 원고적격이 인정되지만 수익처분의 상대방은 그의 권리나 법률상 보호되는 이익이 침해되었다고 볼 수 없으므로 달리 특별한 사정이 없는 한 취소를 구할 이익이 없다(대판 1995.8.22, 94누8129).

④ 경찰은 범죄의 예방, 진압 및 수사와 함께 국민의 생명, 신체 및 재산의 보호 기타 공공의 안녕과 질서유지를 직무로 하고 있고, 직무의 원활한 수행을 위하여 경찰관 직무집행법, 형사소송법 등 관계법령에 의하여 여러 가지 권한이 부여되어 있으므로, 구체적인 직무를 수행하는 경찰관으로서는 제반 상황에 대응하여 자신에게 부여된 여러 가지 권한을 적절하게 행사하여 필요한 조치를 할 수 있고, 그러한 권한은 일반적으로 경찰관의 전문적 판단에 기한 합리적인 재량에 위임되어 있으나, 경찰관에게 권한을 부여한 취지와 목적에 비추어 볼 때 구체적인 사정에 따라 경찰관이 권한을 행사하여 필요한 조치를 하지 아니하는 것이 현저하게 불합리하다고 인정되는 경우에는 권한의 불행사는 직무상 의무를 위반한 것이 되어 위법하게 된다(대판 2016.4.15, 2013다20427).

(적중레이더)

사회권적 기본권

사회권적 기본권의 성격을 가지는 연금수급권 등은 헌법에 근거한 직접적이며 구체적인 권리인 개인적 공권이 아니므로 헌법 규정만으로 실현될 수 없고, 이를 구체화하는 법률이 있어야만 구체적인 권리로서의 개인적 공권으로 인정될 수 있다.

영역 행정절차와 행정공개 > 정보공개와 개인정보보호   난도 **하**

정답의 이유

④ 정보공개 청구권은 법률상 보호되는 구체적인 권리이므로 청구인이 공공기관에 대하여 정보공개를 청구하였다가 거부처분을 받은 것 자체가 법률상 이익의 침해에 해당한다고 할 것이고, 거부처분을 받은 것 이외에 추가로 어떤 법률상의 이익을 가질 것을 요구하는 것은 아니다(대판 2004.9.23, 2003두1370).

오답의 이유

① 구 공공기관의 정보공개에 관한 법률 제6조 제1항은 "모든 국민은 정보의 공개를 청구할 권리를 가진다."고 규정하고 있는데, 여기에서 말하는 국민에는 자연인은 물론 법인, 권리능력 없는 사단·재단도 포함되고, 법인, 권리능력 없는 사단·재단 등의 경우에는 설립목적을 불문한다(대판 2003.12.12, 2003두8050).

② 공공기관의 정보공개에 관한 법률 제2조 제1호

③ 청구인이 정보공개와 관련한 공공기관의 비공개 결정 또는 부분공개 결정에 대하여 불복이 있거나 정보공개 청구 후 20일이 경과하도록 정보공개 결정이 없는 때에는 공공기관으로부터 정보공개 여부의 결정 통지를 받은 날 또는 정보공개 청구 후 20일이 경과한 날부터 30일 이내에 해당 공공기관에 문서로 이의신청을 할 수 있다(공공기관의 정보공개에 관한 법률 제18조 제1항).

((•)) **적중레이더**

공공기관의 정보공개에 관한 법률상 정보공개 청구권자 및 불복제도
- 정보공개 청구권자: 모든 국민, 비영리법인도 포함
- 불복제도: 이의신청, 행정심판, 행정소송. 다만 이의신청과 행정심판은 임의적 전심절차

영역 행정구제법 > 행정쟁송제도   난도 **하**

정답의 이유

③ 소송요건의 존부 여부는 법원의 직권조사사항이므로 당사자가 주장·입증할 필요가 없다.

오답의 이유

① 행정소송의 소송요건에는 원고 적격, 피고 적격, 대상 적격(처분성), 제소기간, 소의 이익(다툴 실익) 등이 있다.

② 소송요건이 흠결되면 각하판결을 한다.

④ 소송요건의 구비 여부를 심리하는 것은 요건심리에 해당하며, 요건심리 후 본안심리가 개시된다.

((•)) **적중레이더**

행정소송에서 직권심리주의의 의미

행정소송에 있어서도 행정소송법 제14조에 의하여 민사소송법 제188조가 준용되어 법원은 당사자가 신청하지 아니한 사항에 대하여는 판결할 수 없는 것이고, 행정소송법 제26조에서 직권심리주의를 채용하고 있으나 이는 행정소송에 있어서 원고의 청구범위를 초월하여 그 이상의 청구를 인용할 수 있다는 의미가 아니라 원고의 청구범위를 유지하면서 그 범위 내에서 필요에 따라 주장외의 사실에 관하여도 판단할 수 있다는 뜻이다(대판 1987.11.10, 86누491).

영역 일반행정작용법 > 기타행정행위   난도 **중**

정답의 이유

② 계약직공무원 채용계약해지의 의사표시는 일반공무원에 대한 징계처분과는 달라서 항고소송의 대상이 되는 처분 등의 성격을 가진 것으로 인정되지 아니하고, 일정한 사유가 있을 때에 국가 또는 지방자치단체가 채용계약 관계의 한쪽 당사자로서 대등한 지위에서 행하는 의사표시로 취급되는 것으로 이해되므로, 이를 징계해고 등에서와 같이 그 징계사유에 한하여 효력 유무를 판단하여야 하거나, 행정처분과 같이 행정절차법에 의하여 근거와 이유를 제시하여야 하는 것은 아니다(대판 2002.11.26, 2002두5948).

오답의 이유

① 어업권면허에 선행하는 우선순위결정은 행정청이 우선권자로 결정된 자의 신청이 있으면 어업권면허처분을 하겠다는 것을 약속하는 행위로서 강학상 확약에 불과하고 행정처분은 아니므로, 우선순위결정에 공정력이나 불가쟁력과 같은 효력은 인정되지 아니하며, 따라서 우선순위결정이 잘못되었다는 이유로 종전의 어업권면허처분이 취소되면 행정청은 종전의 우선순위결정을 무시하고 다시 우선순위를 결정한 다음 새로운 우선순위결정에 기하여 새로운 어업권면허를 할 수 있다(대판 1995.1.20, 94누6529).

③ 행정관청이 토지거래계약신고에 관하여 공시된 기준지가를 기준으로 매매가격을 신고하도록 행정지도하여 왔고 그 기준가격 이상으로 매매가격을 신고한 경우에는 거래신고서를 접수하지 않고 반려하는 것이 관행화되어 있다 하더라도 이는 법에 어긋나는 관행이라 할 것이므로 그와 같은 위법한 관행에 따라 허위신고행위에 이르렀다고 하여 그 범법행위가 사회상규에 위배되지 않는 정당한 행위라고는 볼 수 없다(대판 1992.4.24, 91도1609).

④ 구 국가를 당사자로 하는 계약에 관한 법률 제11조 규정 내용과 국가가 일방당사자가 되어 체결하는 계약의 내용을 명확히 하고 국가가 사인과 계약을 체결할 때 적법한 절차에 따를 것을 담보하려는 규정의 취지 등에 비추어 보면, 국가가 사인과 계약을 체결할 때에는 국가계약법령에 따른 계약서를 따로 작성하는 등 요건과 절차를 이행하여야 할 것이고, 설령 국가와 사인 사이에 계약이 체

결되었더라도 이러한 법령상 요건과 절차를 거치지 아니한 계약은 효력이 없다(대판 2015.1.15, 2013다215133).

09

영역 행정절차와 행정공개 > 정보공개와 개인정보보호   난도 **하**

정답의 이유

② "개인정보처리자"란 업무를 목적으로 개인정보파일을 운용하기 위하여 스스로 또는 다른 사람을 통하여 개인정보를 처리하는 공 공기관, 법인, 단체 및 개인 등을 말한다(개인정보 보호법 제2조 제 5호). 따라서 민간에 의하여 처리되는 정보도 이 법의 개인정보 보 호 대상이 된다.

오답의 이유

① "개인정보"란 살아 있는 개인에 관한 정보로서 성명, 주민등록번 호 및 영상 등을 통하여 개인을 알아볼 수 있는 정보(해당 정보만 으로는 특정 개인을 알아볼 수 없더라도 다른 정보와 쉽게 결합하 여 알아볼 수 있는 것을 포함한다)를 말한다(개인정보 보호법 제2 조 제1호). 따라서 사자(死者)나 법인의 정보는 개인정보 보호법의 적용대상이 되지 않는다.

③ 누구든지 의견제출 또는 청문을 통하여 알게 된 사생활이나 경영 상 또는 거래상의 비밀을 정당한 이유 없이 누설하거나 다른 목적 으로 사용하여서는 아니 된다(행정절차법 제37조 제6항).

④ 정보주체는 개인정보처리자가 이 법을 위반한 행위로 손해를 입으 면 개인정보처리자에게 손해배상을 청구할 수 있다. 이 경우 그 개 인정보처리자는 고의 또는 과실이 없음을 입증하지 아니하면 책임 을 면할 수 없다(개인정보 보호법 제39조 제1항).

10

영역 일반행정작용법 > 기타행정행위   난도 **하**

정답의 이유

④ 행정계획이라 함은 행정에 관한 전문적 · 기술적 판단을 기초로 하 여 도시의 건설 · 정비 · 개량 등과 같은 특정한 행정목표를 달성하 기 위하여 서로 관련되는 행정수단을 종합 · 조정함으로써 장래의 일정한 시점에 있어서 일정한 질서를 실현하기 위한 활동기준으로 설정된 것이다(대판 1996.11.29, 96누8567). 즉, 판례는 행정계획 의 개념을 직접적으로 정의하고 있다.

오답의 이유

① 비구속적 행정계획안이라도 국민의 기본권에 직접적으로 영향을 끼치고 앞으로 법령의 뒷받침에 의하여 그대로 실시될 것이 틀림 없을 것으로 예상되는 경우에는 예외적으로 헌법소원의 대상이 될 수 있다(헌재 2000.6.1, 99헌마538).

② 위법한 행정계획으로 인하여 구체적으로 손해를 입은 경우에는 국 가배상법에 따라 국가를 상대로 손해배상(국가배상)을 청구할 수 있다(국민 입장).

③ 택지개발 예정지구 지정처분은 건설교통부장관이 법령의 범위 내 에서 도시지역의 시급한 주택난 해소를 위한 택지를 개발 · 공급할 목적으로 주택정책상의 전문적 · 기술적 판단에 기초하여 행하는 일종의 행정계획으로서 재량행위라고 할 것이므로 그 재량권의 일 탈 · 남용이 없는 이상 그 처분을 위법하다고 할 수 없다(대판 1997.9. 26, 96누10096).

((‿)) **적중레이더**

행정계획의 처분성 인정여부

처분성 인정	처분성 부정
• 도시계획결정 = 도시관리계획 • 관리처분계획	• 도시기본계획 • 대학입시기본계획 • 농어촌도로기본계획 • 하수도정비기본계획 • 국토개발"종합"계획 • 광역도시계획 • 환지계획

11

영역 일반행정작용법 > 행정행위   난도 **상**

정답의 이유

③ 무효인 토지거래계약에 대하여 토지거래허가를 받았다면 토지거 래계약이 무효이므로 그에 대한 토지거래허가처분도 무효가 된다.

오답의 이유

① 토지거래허가에서 허가는 인가에 해당하며, 인가의 대상은 법률행 위를 대상으로 하며 사실행위는 제외된다. 법률행위에는 공법상 법률행위와 사법상 법률행위 모두 포함된다. 사안의 경우에는 사 법상 법률행위를 대상으로 한 경우에 해당한다.

② 토지거래허가는 인가에 해당하므로 토지거래계약은 행정청의 토 지거래허가를 받아야 그에 대한 법률적 효과가 완성된다(인가의 보충성).

④ 건축법상 건축허가는 허가에 해당하며, 토지거래허가는 인가에 해 당한다(대판 1991.12.24, 90다12243 전합).

12

영역 행정절차와 행정공개 > 행정절차법　　　　**난도** 중

정답의 이유

② 행정청은 대통령령을 입법예고하는 경우 국회 소관 상임위원회에 이를 제출하여야 한다(행정절차법 제42조 제2항). 부령은 이에 해당하지 않는다.

오답의 이유

① 행정절차법 제3조 제2항 제5호

> **제3조(적용 범위)** ② 이 법은 다음 각 호의 어느 하나에 해당하는 사항에 대하여는 적용하지 아니한다.
> 1. 국회 또는 지방의회의 의결을 거치거나 동의 또는 승인을 받아 행하는 사항
> 2. 법원 또는 군사법원의 재판에 의하거나 그 집행으로 행하는 사항
> 3. 헌법재판소의 심판을 거쳐 행하는 사항
> 4. 각급 선거관리위원회의 의결을 거쳐 행하는 사항
> 5. 감사원이 감사위원회의의 결정을 거쳐 행하는 사항
> 6. 형사(刑事), 행형(行刑) 및 보안처분 관계 법령에 따라 행하는 사항
> 7. 국가안전보장·국방·외교 또는 통일에 관한 사항 중 행정절차를 거칠 경우 국가의 중대한 이익을 현저히 해칠 우려가 있는 사항
> 8. 심사청구, 해양안전심판, 조세심판, 특허심판, 행정심판, 그 밖의 불복절차에 따른 사항
> 9. 병역법에 따른 징집·소집, 외국인의 출입국·난민인정·귀화, 공무원 인사 관계 법령에 따른 징계와 그 밖의 처분, 이해 조정을 목적으로 하는 법령에 따른 알선·조정·중재(仲裁)·재정(裁定) 또는 그 밖의 처분 등 해당 행정작용의 성질상 행정절차를 거치기 곤란하거나 거칠 필요가 없다고 인정되는 사항과 행정절차에 준하는 절차를 거친 사항으로서 대통령령으로 정하는 사항

③ 행정절차법 제40조 제2항

> **제40조(신고)** ② 제1항에 따른 신고가 다음 각 호의 요건을 갖춘 경우에는 신고서가 접수기관에 도달된 때에 신고 의무가 이행된 것으로 본다.
> 1. 신고서의 기재사항에 흠이 없을 것
> 2. 필요한 구비서류가 첨부되어 있을 것
> 3. 그 밖에 법령 등에 규정된 형식상의 요건에 적합할 것

④ • 행정청은 행정절차법 제40조 제2항 각 호의 요건을 갖추지 못한 신고서가 제출된 경우에는 지체 없이 상당한 기간을 정하여 신고인에게 보완을 요구하여야 한다(행정절차법 제40조 제3항).
　• 행정청은 신고인이 제3항에 따른 기간 내에 보완을 하지 아니하였을 때에는 그 이유를 구체적으로 밝혀 해당 신고서를 되돌려 보내야 한다(행정절차법 제40조 제4항).

13

영역 일반행정작용법 > 기타행정행위　　　　**난도** 중

정답의 이유

④ 행정의 자동결정은 행정행위에 해당한다(통설). 견해의 대립은 있으나 행정행위의 자동결정의 행정행위로서의 성격을 인정하는 데 어려움이 있는 것은 아니다.

오답의 이유

① 신호등에 의한 교통신호, 컴퓨터를 통한 중·고등학생의 학교 배정 등은 행정의 자동결정에 해당한다.

② 행정의 자동결정도 행정법상 일반원칙 등의 법적 한계를 준수하여야 한다(통설).

③ 지방자치단체장이 교통신호기를 설치하여 그 관리권한이 도로교통법 제71조의2 제1항의 규정에 의하여 관할 지방경찰청장에게 위임되어 지방자치단체 소속 공무원과 지방경찰청 소속 공무원이 합동근무하는 교통종합관제센터에서 그 관리업무를 담당하던 중 위 신호기가 고장난 채 방치되어 교통사고가 발생한 경우, 국가배상법 제2조 또는 제5조에 의한 배상책임을 부담하는 것은 지방경찰청장이 소속된 국가가 아니라, 그 권한을 위임한 지방자치단체장이 소속된 지방자치단체라고 할 것이나, 한편 국가배상법 제6조 제1항은 같은 법 제2조, 제3조 및 제5조의 규정에 의하여 국가 또는 지방자치단체가 손해를 배상할 책임이 있는 경우에 공무원의 선임·감독 또는 영조물의 설치·관리를 맡은 자와 공무원의 봉급·급여 기타의 비용 또는 영조물의 설치·관리의 비용을 부담하는 자가 동일하지 아니한 경우에는 그 비용을 부담하는 자도 손해를 배상하여야 한다고 규정하고 있으므로 교통신호기를 관리하는 지방경찰청장 산하 경찰관들에 대한 봉급을 부담하는 국가도 국가배상법 제6조 제1항에 의한 배상책임을 부담한다(대판 1999.6.25. 99다11120).

14

영역 행정구제법 > 행정쟁송제도　　　　**난도** 상

정답의 이유

① 공무원연금관리공단의 인정에 의하여 퇴직연금을 지급받아 오던 중 구 공무원연금법령의 개정 등으로 퇴직연금 중 일부 금액의 지급이 정지된 경우에는 당연히 개정된 법령에 따라 퇴직연금이 확정되는 것이지 같은 법 제26조 제1항에 정해진 공무원연금관리공단의 퇴직연금 결정과 통지에 의하여 비로소 그 금액이 확정되는 것이 아니므로, 공무원연금관리공단이 퇴직연금 중 일부 금액에 대하여 지급거부의 의사표시를 하였다고 하더라도 그 의사표시는 퇴직연금 청구권을 형성·확정하는 행정처분이 아니라 공법상의 법률관계의 한쪽 당사자로서 그 지급의무의 존부 및 범위에 관하여 나름대로의 사실상·법률상 의견을 밝힌 것일 뿐이어서, 이를

행정처분이라고 볼 수는 없고, 이 경우 미지급퇴직연금에 대한 지급청구권은 공법상 권리로서 그의 지급을 구하는 소송은 공법상의 법률관계에 관한 소송인 공법상 당사자소송에 해당한다(대판 2004.7.8, 2004두244).

오답의 이유

② 고용보험 및 산업재해보상보험의 보험료징수 등에 관한 법률 제4조, 제16조의2, 제17조, 제19조, 제23조의 각 규정에 의하면, 사업주가 당연가입자가 되는 고용보험 및 산재보험에서 보험료 납부의무 부존재확인의 소는 공법상의 법률관계 자체를 다투는 소송으로서 공법상 당사자소송이다(대판 2016.10.13, 2016다221658).

③ 공법상의 법률관계에 관한 당사자소송에서는 그 법률관계의 한쪽 당사자를 피고로 하여 소송을 제기하여야 한다(행정소송법 제3조 제2호, 행정소송법 제39조). 다만 원고가 고의 또는 중대한 과실 없이 당사자소송으로 제기하여야 할 것을 항고소송으로 잘못 제기한 경우에, 당사자소송으로서의 소송요건을 결하고 있음이 명백하여 당사자소송으로 제기되었더라도 어차피 부적법하게 되는 경우가 아닌 이상, 법원으로서는 원고가 당사자소송으로 소 변경을 하도록 하여 심리 · 판단하여야 한다(대판 2016.5.24, 2013두14863).

④ 지방자치단체가 보조금 지급결정을 하면서 일정 기한 내에 보조금을 반환하도록 하는 교부조건을 부가한 사안에서, 보조사업자의 지방자치단체에 대한 보조금 반환의무는 행정처분인 위 보조금 지급결정에 부가된 부관상 의무이고, 이러한 부관상 의무는 보조사업자가 지방자치단체에 부담하는 공법상 의무이므로, 보조사업자에 대한 지방자치단체의 보조금반환청구는 공법상 권리관계의 일방 당사자를 상대로 하여 공법상 의무이행을 구하는 청구로서 행정소송법 제3조 제2호에 규정한 당사자소송의 대상이라고 한 사례이다(대판 2011.6.9, 2011다2951).

15

정답 ②

영역 행정구제법 > 손해전보제도 난도 **상**

정답의 이유

② 국가배상법 제5조 소정의 공공의 영조물이란 공유나 사유임을 불문하고 행정주체에 의하여 특정 공공의 목적에 공여된 유체물 또는 물적 설비를 의미하므로 사실상 군민의 통행에 제공되고 있던 도로 옆의 암벽으로부터 떨어진 낙석에 맞아 소외인이 사망하는 사고가 발생하였다고 하여도 동 사고지점 도로가 피고 군에 의하여 노선인정 기타 공용개시가 없었으면 이를 영조물이라 할 수 없다(대판 1981.7.7, 80다2478).

오답의 이유

① · ④ 국가배상법 제5조 제1항에 정하여진 '영조물 설치 · 관리상의 하자'라 함은 공공의 목적에 공여된 영조물이 그 용도에 따라 통상 갖추어야 할 안전성을 갖추지 못한 상태에 있음을 말하는바, 영조물의 설치 및 관리에 있어서 항상 완전무결한 상태를 유지할 정도

의 고도의 안전성을 갖추지 아니하였다고 하여 영조물의 설치 또는 관리에 하자가 있다고 단정할 수 없는 것이고, 영조물의 설치자 또는 관리자에게 부과되는 방호조치의무는 영조물의 위험성에 비례하여 사회통념상 일반적으로 요구되는 정도의 것을 의미하므로 영조물인 도로의 경우도 다른 생활필수시설과의 관계나 그것을 설치하고 관리하는 주체의 재정적 · 인적 · 물적 제약 등을 고려하여 그것을 이용하는 자의 상식적이고 질서 있는 이용방법을 기대한 상대적인 안전성을 갖추는 것으로 족하다(대판 2002.8.23, 2002다9158).

③ 가변차로에 설치된 신호등의 용도와 오작동 시에 발생하는 사고의 위험성과 심각성을 감안할 때, 만일 가변차로에 설치된 두 개의 신호기에서 서로 모순되는 신호가 들어오는 고장을 예방할 방법이 없음에도 그와 같은 신호기를 설치하여 그와 같은 고장을 발생하게 한 것이라면, 그 고장이 자연재해 등 외부요인에 의한 불가항력에 기인한 것이 아닌 한 그 자체로 설치 · 관리자의 방호조치의무를 다하지 못한 것으로서 신호등이 그 용도에 따라 통상 갖추어야 할 안전성을 갖추지 못한 상태에 있었다고 할 것이고, 따라서 설령 적정전압보다 낮은 저전압이 원인이 되어 위와 같은 오작동이 발생하였고 그 고장은 현재의 기술수준상 부득이한 것이라고 가정하더라도 그와 같은 사정만으로 손해발생의 예견가능성이나 회피가능성이 없어 영조물의 하자를 인정할 수 없는 경우라고 단정할 수 없다고 한 사례이다(대판 2001.7.27, 2000다56822).

16

정답 ④

영역 행정구제법 > 손해전보제도 난도 **중**

정답의 이유

④ 국가배상법 제2조 제1항의 "직무를 집행함에 당하여"라 함은 직접 공무원의 직무집행행위이거나 그와 밀접한 관계에 있는 행위를 포함하고, 이를 판단함에 있어서는 행위 자체의 외관을 객관적으로 관찰하여 공무원의 직무행위로 보여질 때에는 비록 그것이 실질적으로 직무행위가 아니거나 또는 행위자로서는 주관적으로 공무집행의 의사가 없었다고 하더라도 그 행위는 공무원이 "직무를 집행함에 당하여" 한 것으로 보아야 한다(대판 1995.4.21, 93다14240).

오답의 이유

① 근대는 국가의 경우 국가무책임 사상에 기초하여 국가배상책임을 부담하지 않았다.

② 국가배상청구는 위법한 행정작용을 전제로 하므로 단순히 부당한 정도에 불과한 경우에는 위법하지 않으므로 국가배상이 인정되지 않는다.

③ 헌법은 공무원의 위법한 직무행위로 인한 손해배상청구권만 규정하고 있다(헌법 제29조).

국가배상과 손실보상의 비교

구분	국가배상	손실보상
의의	위법한 행정작용으로 인하여 국민에게 생명, 신체, 재산상 손해가 발생한 경우	적법한 행정작용으로 인하여 국민에게 재산상 손해가 발생한 경우
정신적 손해 (위자료)	긍정	부정
법적 근거	헌법 제29조 / 일반법: 국가배상법	헌법 제23조 제3항 / 일반법 ×
법적 성질	민사소송(판례)	민사소송(원칙, 판례)
이념	개인주의	단체주의

17

정답 ②

영역 행정구제법 > 행정쟁송제도　　　　난도 **중**

정답의 이유

② 신청은 행정청에게 권력적인 처분을 할 것을 요구하는 것이므로 사경제적 계약 체결의 요구 또는 비권력적 사실행위의 요구는 포함되지 않는다.

오답의 이유

① 행정소송법 제36조

③ 행정처분의 직접 상대방이 아닌 제3자도 행정처분의 취소를 구할 법률상 이익이 있는 경우에는 원고적격이 인정된다 할 것이나, 법률상 이익은 당해 처분의 근거법률에 의하여 보호되는 직접적이고 구체적 이익이 있는 경우를 말하고, 간접적이거나 사실적, 경제적 이해관계를 가지는 데 불과한 경우는 포함되지 아니한다(대판 1993.4.23. 92누17099).

④ 부작위위법확인의 소는 부작위상태가 계속되는 한 그 위법의 확인을 구할 이익이 있다고 보아야 하므로 원칙적으로 제소기간의 제한을 받지 않는다. 그러나 행정소송법 제38조 제2항이 제소기간을 규정한 같은 법 제20조를 부작위위법확인소송에 준용하고 있는 점에 비추어 보면, 행정심판 등 전심절차를 거친 경우에는 행정소송법 제20조가 정한 제소기간 내에 부작위위법확인의 소를 제기하여야 한다(대판 2009.7.23. 2008두10560).

18

정답 ③

영역 행정법 서론 > 행정법　　　　난도 **중**

정답의 이유

③ 평등의 원칙은 본질적으로 같은 것을 자의적으로 다르게 취급함을 금지하는 것이고, 위법한 행정처분이 수차례에 걸쳐 반복적으로 행하여졌다 하더라도 그러한 처분이 위법한 것인 때에는 행정청에 대하여 자기구속력을 갖게 된다고 할 수 없다(대판 2009.6.25. 2008두13132).

오답의 이유

① 한 사람이 여러 종류의 자동차운전면허를 취득하는 경우뿐 아니라 이를 취소 또는 정지하는 경우에 있어서도 서로 별개의 것으로 취급하는 것이 원칙이나 자동차운전면허는 그 성질이 대인적 면허일 뿐만 아니라 도로교통법 시행규칙 제26조 별표 14에 의하면, 제1종 대형면허 소지자는 제1종 보통면허로 운전할 수 있는 자동차와 원동기장치자전거를, 제1종 보통면허 소지자는 원동기장치자전거까지 운전할 수 있도록 규정하고 있어서 제1종 보통면허로 운전할 수 있는 차량의 음주운전은 당해 운전면허뿐만 아니라 제1종 대형면허로도 가능하고, 또한 제1종 대형면허나 제1종 보통면허의 취소에는 당연히 원동기장치자전거의 운전까지 금지하는 취지가 포함된 것이어서 이들 세 종류의 운전면허는 서로 관련된 것이라고 할 것이므로 제1종 보통면허로 운전할 수 있는 차량을 음주운전한 경우에 이와 관련된 면허인 제1종 대형면허와 원동기장치자전거 면허까지 취소할 수 있는 것으로 보아야 한다(대판 1994.11.25. 94누9672).

② 재량권 행사의 준칙인 행정규칙이 그 정한 바에 따라 되풀이 시행되어 행정관행이 이루어지게 되면 평등의 원칙이나 신뢰보호의 원칙에 따라 행정기관은 그 상대방에 대한 관계에서 그 규칙에 따라야 할 자기구속을 받게 되므로, 이러한 경우에는 특별한 사정이 없는 한 그를 위반하는 처분은 평등의 원칙이나 신뢰보호의 원칙에 위배되어 재량권을 일탈·남용한 위법한 처분이 된다(대판 2009. 12.24. 2009두7967).

④ 지방자치단체장이 사업자에게 주택사업계획승인을 하면서 그 주택사업과는 아무런 관련이 없는 토지를 기부채납하도록 하는 부관을 주택사업계획승인에 붙인 경우, 그 부관은 부당결부금지의 원칙에 위반되어 위법하지만, 지방자치단체장이 승인한 사업자의 주택사업계획은 상당히 큰 규모의 사업임에 반하여, 사업자가 기부채납한 토지 가액은 그 100분의 1 상당의 금액에 불과한 데다가, 사업자가 그 동안 그 부관에 대하여 아무런 이의를 제기하지 아니하다가 지방자치단체장이 업무착오로 기부채납한 토지에 대하여 보상협조요청서를 보내자 그때서야 비로소 부관의 하자를 들고 나온 사정에 비추어 볼 때 부관의 하자가 중대하고 명백하여 당연무효라고는 볼 수 없다고 한 사례이다(대판 1997.3.11. 96다49650).

19

영역 행정구제법 > 행정쟁송제도　　　　　　**난도** 하

[정답의 이유]

④ 행정심판법 제29조 제3항 본문

[오답의 이유]

① "부작위"란 행정청이 당사자의 신청에 대하여 상당한 기간 내에 일정한 처분을 하여야 할 법률상 의무가 있는 데도 처분을 하지 아니하는 것을 말한다(행정심판법 제2조 제2호).

② 여러 명의 청구인이 공동으로 심판청구를 할 때에는 청구인들 중에서 3명 이하의 선정대표자를 선정할 수 있다(행정심판법 제15조 제1항).

③ 재결은 제23조에 따라 피청구인 또는 위원회가 심판청구서를 받은 날부터 60일 이내에 하여야 한다. 다만, 부득이한 사정이 있는 경우에는 위원장이 직권으로 30일을 연장할 수 있다(행정심판법 제45조 제1항).

> **(((•))) 적중레이더**
>
> **행정심판법 제29조(청구의 변경)** ③ 제1항 또는 제2항에 따른 청구의 변경은 서면으로 신청하여야 한다. 이 경우 피청구인과 참가인의 수만큼 청구변경신청서 부본을 함께 제출하여야 한다.

20

정답 ②

영역 행정의 실효성 확보수단 > 행정상 강제　　　　　　**난도** 하

[정답의 이유]

② 비대체적 작위의무 또는 부작위의무를 이행하지 아니하는 경우에 그 의무자에게 심리적 압박을 가하여 의무의 이행을 강제하기 위하여 과하는 금전벌은 이행강제금(집행벌)이다.

[오답의 이유]

① 행정상 강제집행은 권력적 사실행위이므로 법률에 근거하여서만 가능하다(통설).

③ 대집행은 계고, 통지, 실행, 비용징수의 절차로 진행된다.

④ 대집행의 계고나 강제징수의 독촉은 준법률행위적 행정행위인 통지에 해당하며 모두 처분성이 인정된다.

> **(((•))) 적중레이더**
>
> **대집행**
>
> | 의미 | 대집행이란 대체적 작위의무(다른 사람이 대신하여 행할 수 있는 의무) 위반이 있는 경우 행정청이 의무자가 해야 할 일을 스스로 행하거나 또는 제3자로 하여금 행하게 함으로써 의무의 이행이 있었던 것과 같은 상태를 실현하고 그 비용을 의무자로부터 징수하는 행정작용을 말하며, 대집행에 관한 일반법으로는 행정대집행법이 있음 |
> |---|---|

요건	• 대체적 작위의무의 불이행 • 다른 수단으로는 그 이행을 확보하기 곤란할 것 • 불이행을 방치함이 심히 공익을 해할 것 • 불가쟁력의 발생은 요건 ×

21

정답 ④

영역 일반행정작용법 > 행정행위　　　　　　**난도** 중

[정답의 이유]

④ 제소기간이 경과하여 선행행위에 불가쟁력이 발생한 경우 선행행위와 후행행위가 목적의 동일성이 인정되는 경우에 하자의 승계는 문제될 수 있다.

[오답의 이유]

① 하자의 승계를 인정해야 선행행위의 위법을 다툴 수 있게 되어 국민의 권리를 보호하고 구제하는 범위가 넓어지게 된다.

② 선행행위가 무효인 경우에는 선행행위의 하자는 후행행위에 당연히 승계된다(대판 2019.1.31, 2017두40372).

③ 조세의 부과처분과 압류 등의 체납처분은 별개의 행정처분으로서 독립성을 가지므로 부과처분에 하자가 있더라도 그 부과처분이 취소되지 아니하는 한 그 부과처분에 의한 체납처분은 위법이라고 할 수는 없다(대판 1987.9.22, 87누383).

> **(((•))) 적중레이더**
>
> **하자승계 인정 여부**
>
> | 구분 | | 구체적인 예 |
> |---|---|---|
> | 하자승계 긍정 | 동일 | • 행정대집행에 있어 계고처분과 대집행영장의 통지, 실행, 대집행 비용의 납부명령의 각 행위
• 조세체납처분절차상 독촉, 압류, 매각, 청산(충당)의 각 행위
• 개별공시지가결정과 개발부담금부과처분
• 암매장분묘개장명령과 후행 계고처분사이
• 안경사시험의 합격취소처분과 안경사면허시험취소처분
• 독촉과 가산금, 중가산금 징수처분
• 무효인 조례와 그 조례에 근거한 지방세부과처분
• 한의사시험자격인정과 한의사면허처분
• 기준고시처분과 토지수용처분
• 귀속재산의 임대처분과 후행 매각처분
• 환지예정지지정처분과 공작물이전명령 |
> | | 별개 | • 개별공시지가결정과 과세처분 사건
• 표준공시지가결정과 수용재결 사건
• 친일반민족행위진상규명위원회의 최종발표와 지방보훈지청장의 독립유공자법 적용배제자 결정 |

하자승계 부정	• 표준지공시지가결정과 개별토지가격결정 • 표준지공시지가결정과 조세부과처분(과세처분) • 표준공시지가결정과 개별공시지가결정 • 건물철거명령과 계고처분: 하명과 계고처분 • 조세부과처분과 독촉처분: 하명과 독촉처분 • 도시계획결정과 수용재결 • 토지수용법상 사업인정과 수용재결 • 택지개발계획승인과 수용재결 • 지방의회의결과 지방세부과처분 • 토지등급설정과 과세처분 • 택지개발예정지구의 지정과 택지개발계획승인 • 수강거부와 수료처분 • 직위해제처분과 면직처분 • 변상판정과 변상명령 • 보충역편입처분과 공익근무요원소집 • 농지전용부담금처분과 압류처분 • 사업계획승인처분과 도시계획시설변경처분 • 액화석유가스판매허가와 사업개시신고거부 처분 • 취득세 신고와 징수처분 • 토지구획정리사업 시행인가처분과 환지청산 금처분

22

영역 행정의 실효성 확보수단 > 행정상 강제 　　　난도 **하**

[정답의 이유]

③ 건물의 소유자에게 위법건축물을 일정기간까지 철거할 것을 명함
과 아울러 불이행할 때에는 대집행한다는 내용의 철거대집행 계고
처분을 고지한 후 이에 불응하자 다시 제2차, 제3차 계고서를 발
송하여 일정기간까지의 자진철거를 촉구하고 불이행하면 대집행
을 한다는 뜻을 고지하였다면 행정대집행법상의 건물철거의무는
제1차 철거명령 및 계고처분으로서 발생하였고 제2차, 제3차의 계
고처분은 새로운 철거의무를 부과한 것이 아니고 다만 대집행기한
의 연기통지에 불과하므로 행정처분이 아니다(대판 1994.10.28.
94누5144).

[오답의 이유]

① 법률(법률의 위임에 의한 명령, 지방자치단체의 조례를 포함한다)
에 의하여 직접명령되었거나 또는 법률에 의거한 행정청의 명령에
의한 행위로서 타인이 대신하여 행할 수 있는 행위를 의무자가 이
행하지 아니하는 경우 다른 수단으로써 그 이행을 확보하기 곤란
하고 또한 그 불이행을 방치함이 심히 공익을 해할 것으로 인정될
때에는 당해 행정청은 스스로 의무자가 하여야 할 행위를 하거나
또는 제삼자로 하여금 이를 하게 하여 그 비용을 의무자로부터 징
수할 수 있다(행정대집행법 제2조).

② 계고서라는 명칭의 1장의 문서로서 일정기간 내에 위법건축물의
자진철거를 명함과 동시에 그 소정 기한 내에 자진철거를 하지 아

니할 때에는 대집행할 뜻을 미리 계고한 경우라도 건축법에 의한
철거명령과 행정대집행법에 의한 계고처분은 독립하여 있는 것으
로서 각 그 요건이 충족되었다고 볼 것이다(대판 1992.6.12. 91누
13564).

④ 토지에 관한 도로구역 결정이 고시된 후 구 토지수용법 제18조의2
제2항에 위반하여 공작물을 축조하고 물건을 부가한 자에 대하여
관리청은 이러한 위반행위에 의하여 생긴 유형적 결과의 시정을
명하는 행정처분을 하여 이에 따르지 않는 경우에는 행정대집행의
방법으로 그 의무 내용을 실현할 수 있는 것이고, 이러한 행정대집
행의 절차가 인정되는 경우에는 따로 민사소송의 방법으로 공작물
의 철거, 수거 등을 구할 수는 없다(대판 2000.5.12. 99다18909).

23

영역 행정법 서론 > 행정상 법률관계 　　　난도 **하**

[정답의 이유]

라. 국가나 지방자치단체에 근무하는 청원경찰은 국가공무원법이나
지방공무원법상의 공무원은 아니지만, 다른 청원경찰과는 달리
그 임용권자가 행정기관의 장이고, 국가나 지방자치단체로부터
보수를 받으며, 산업재해보상보험법이나 근로기준법이 아닌 공무
원연금법에 따른 재해보상과 퇴직급여를 지급받고, 직무상의 불
법행위에 대하여도 민법이 아닌 국가배상법이 적용되는 등의 특
질이 있으며 그 외 임용자격, 직무, 복무의무 내용 등을 종합하여
볼 때, 그 근무관계를 사법상의 고용계약관계로 보기는 어려우므
로 그에 대한 징계처분의 시정을 구하는 소는 행정소송의 대상이
지 민사소송의 대상이 아니다(대판 1993.7.13. 92다47564).

마. 국유재산법 제51조 제1항에 의한 국유재산의 무단점유자에 대한
변상금부과는 대부나 사용, 수익 허가 등을 받은 경우에 납부하여
야 할 대부료 또는 사용료 상당액 외에도 그 징벌적 의미에서 국
가측이 일방적으로 그 2할 상당액을 추가하여 변상금을 징수토록
하고 있으며 그 체납 시에는 국세징수법에 의하여 강제징수토록
하고 있는 점 등에 비추어 보면 그 부과처분은 관리청이 공권력을
가진 우월적 지위에서 행하는 것으로서 행정처분이라고 보아야
하고, 그 부과처분에 의한 변상금징수권은 공법상의 권리로서 사
법상의 채권과는 그 성질을 달리하므로 국유재산의 무단점유자에
대하여 국가가 민법상의 부당이득금반환청구를 하는 경우 국유재산
법 제51조 제1항이 적용되지 않는다(대판 1992.4.14. 91다42197).

[오답의 이유]

가. 국유재산법 제31조, 제32조 제3항, 산림법 제75조 제1항의 규정
등에 의하여 국유잡종재산에 관한 관리 처분의 권한을 위임받은
기관이 국유잡종재산을 대부하는 행위는 국가가 사경제 주체로서
상대방과 대등한 위치에서 행하는 사법상의 계약이고, 행정청이
공권력의 주체로서 상대방의 의사 여하에 불구하고 일방적으로
행하는 행정처분이라고 볼 수 없으며, 국유잡종재산에 관한 대부

료의 납부고지 역시 사법상의 이행청구에 해당하고, 이를 행정처분이라고 할 수 없다(대판 2000.2.11, 99다61675).

나. 예산회계법에 따라 체결되는 계약은 사법상의 계약이라고 할 것이고 동법 제70조의5의 입찰보증금은 낙찰자의 계약체결의무이행의 확보를 목적으로 하여 그 불이행시에 이를 국고에 귀속시켜 국가의 손해를 전보하는 사법상의 손해배상 예정으로서의 성질을 갖는 것이라고 할 것이므로 입찰보증금의 국고귀속조치는 국가가 사법상의 재산권의 주체로서 행위하는 것이지 공권력을 행사하는 것이거나 공권력작용과 일체성을 가진 것이 아니라 할 것이므로 이에 관한 분쟁은 행정소송이 아닌 민사소송의 대상이 될 수밖에 없다고 할 것이다(대판 1983.12.27, 81누366).

다. 판례는 창덕궁 비원 안내원의 채용계약은 공법상 계약이 아니라 사법상 계약에 해당한다고 보았다.

24
정답 ②

영역 행정의 실효성 확보수단 > 행정상 강제   난도 중

정답의 이유

② 질서위반행위규제법은 과태료의 부과대상인 질서위반행위에 대하여도 책임주의 원칙을 채택하여 제7조에서 "고의 또는 과실이 없는 질서위반행위는 과태료를 부과하지 아니한다."고 규정하고 있으므로, 질서위반행위를 한 자가 자신의 책임 없는 사유로 위반행위에 이르렀다고 주장하는 경우 법원으로서는 그 내용을 살펴 행위자에게 고의나 과실이 있는지를 따져보아야 한다(대결 2011.7.14, 2011마364).

오답의 이유

① 행정청이 질서위반행위에 대하여 과태료를 부과하고자 하는 때에는 미리 당사자(제11조 제2항에 따른 고용주 등을 포함한다)에게 대통령령으로 정하는 사항을 통지하고, 10일 이상의 기간을 정하여 의견을 제출할 기회를 주어야 한다. 이 경우 지정된 기일까지 의견 제출이 없는 경우에는 의견이 없는 것으로 본다(질서위반행위규제법 제16조 제1항).

③ 행정청의 과태료 부과에 불복하는 당사자는 과태료 부과 통지를 받은 날부터 60일 이내에 해당 행정청에 서면으로 이의제기를 할 수 있다. 이의제기가 있는 경우에는 행정청의 과태료 부과처분은 그 효력을 상실한다(질서위반행위규제법 제20조 제1항·제2항).

④ 행정청의 과태료 처분이나 법원의 과태료 재판이 확정된 후 법률이 변경되어 그 행위가 질서위반행위에 해당하지 아니하게 된 때에는 변경된 법률에 특별한 규정이 없는 한 과태료의 징수 또는 집행을 면제한다(질서위반행위규제법 제3조 제3항).

((•)) 적중레이더

과태료 부과

질서위반행위규제법이 제정되기 이전에는 행정질서유지를 위한 의무위반이라는 객관적 사실에 대하여 과하는 제재로 부과에 고의·과실을 요하지 않는다고 보았으나, 현행 질서위반행위규제법이 제정되면서 과태료의 부과에는 주관적인 요소인 고의·과실을 요하게 되었다.

행정형벌과 행정질서벌

구분	행정형벌	행정질서벌
제재 수단	형법상 형벌 (징역, 벌금, 과료 등)	과태료
형법총칙	적용 긍정(원칙)	적용 부정(원칙)
죄형법정 주의	적용 ○	적용 ○ (질서위반행위규제법 제6조)
고의 또는 과실	필요 ○	필요 ○ (질서위반행위규제법 제7조)
절차	형사소송법(원칙)	질서위반행위규제법

- 질서위반행위규제법이 제정되기 전 판례는 과태료의 경우에는 고의 또는 과실을 요하지 않는다고 판시하였다(대판 2000.5.26, 98두5972).
- 또한 판례에서 과태료는 행정상의 질서유지를 위한 행정질서벌, 죄형법정주의가 적용되지 않는다고 판시하였다(헌재 1998.5.28, 96헌바83).

25
정답 ②

영역 행정법 서론 > 법률사실과 법률요건   난도 중

정답의 이유

② 개발부담금 부과처분이 취소된 이상 그 후의 부당이득으로서의 과오납금 반환에 관한 법률관계는 단순한 민사 관계에 불과한 것이고, 행정소송 절차에 따라야 하는 관계로 볼 수 없다(대판 1995.12.22, 94다51253).

오답의 이유

① 민법 제741조

③ 대판 2002.11.8, 2001두8780

④ 대판 1995.4.28, 94다55019

((•)) 적중레이더

공법상 부당이득 사례

- 공무원의 봉급과액수령
- 조세나 수수료 등의 과오납
- 연금 무자격자의 연금수령
- 착오로 인한 사유지의 국공유지 편입

2018 기출문제 해설

✔ 점수 (   )점/100점 ✔ 문제편 124쪽

영역 분석

일반행정작용법	8문항	★★★★★★★★	32%
행정구제법	6문항	★★★★★★	24%
행정법 서론	4문항	★★★★	16%
행정절차와 행정공개	3문항	★★★	12%
행정의 실효성 확보수단	2문항	★★	8%
행정조직법	1문항	★	4%
특별행정작용법	1문항	★	4%

빠른 정답

01	02	03	04	05	06	07	08	09	10
④	①	②	①	③	④	④	②	②	②
11	12	13	14	15	16	17	18	19	20
②	②	①	④	④	①	②	③	③	③
21	22	23	24	25					
③	①	①	①	④					

01
정답 ④

영역 행정의 실효성 확보수단 > 행정상 강제   난도 하

정답의 이유

④ 이행강제금에 대한 구제절차로 특별한 불복절차가 마련되어 있는 경우는 항고소송의 대상이 되지 않는 비송사건절차법의 대상이고, 특별한 불복절차가 마련되어 있지 않은 경우 행정소송의 대상이다. 건축법상의 이행강제금은 특별불복절차를 규정하고 있지 않으므로 항고쟁송을 통해 다투어야 한다.

오답의 이유

① 이행강제금은 장래의 의무이행을 확보하기 위한 강제수단인 반면, 행정벌은 과거의 의무위반에 대한 제재라는 점에서 그 제도적 취지를 달리한다.

② 현행 건축법상 위법건축물에 대한 이행강제수단으로 대집행과 이행강제금이 인정되고 있는데, 양 제도는 각각의 장·단점이 있으므로 행정청은 개별사건에 있어서 위반내용, 위반자의 시정의지 등을 감안하여 대집행과 이행강제금을 선택적으로 활용할 수 있으

며, 이처럼 그 합리적인 재량에 의해 선택하여 활용하는 이상 중첩적인 제재에 해당한다고 볼 수 없다(헌재 2004.2.26, 2001헌바80).

③ 구 건축법상의 이행강제금은 구 건축법의 위반행위에 대하여 시정명령을 받은 후 시정기간 내에 당해 시정명령을 이행하지 아니한 건축주 등에 대하여 부과되는 간접강제의 일종으로서 그 이행강제금 납부의무는 상속인 기타의 사람에게 승계될 수 없는 일신전속적인 성질의 것이므로 이미 사망한 사람에게 이행강제금을 부과하는 내용의 처분이나 결정은 당연무효이다(대결 2006.12.8, 2006마470).

📡 적중레이더

이행강제금(집행벌)의 특징

• 행정상 강제집행 중 유일한 간접적 강제수단에 해당한다.
• 이행강제금은 처벌이 아니므로 행정형벌과는 달리 반복 부과할 수 있다.
• 과거 의무 위반에 대한 제재인 행정벌과는 달리 장래 의무이행 확보수단에 해당한다.
• 이행강제금은 처벌이 아니므로 고의 또는 과실이 없어도 부과할 수 있다.
• 이행강제금과 행정벌은 목적과 기능을 달리하므로 병과할 수 있다. 병과하더라도 일사부재리원칙에 위반되지 않는다.
• 헌법재판소는 대체적 작위의무 위반에 대해서도 이행강제금을 부과할 수 있다고 판시하였다(헌재 2004.2.26, 2001헌바80).
• 현행법상 대체적 작위의무를 불이행한 경우에 이행강제금을 부과한 규정이 존재한다(건축법 제80조).

02
정답 ①

영역 일반행정작용법 > 행정상 입법   난도 하

정답의 이유

① 조례가 집행행위의 개입 없이도 그 자체로서 직접 국민의 구체적인 권리·의무나 법적 이익에 영향을 미치는 등의 법률상 효과를 발생하는 경우 그 조례는 항고소송의 대상이 되는 행정처분에 해당한다(대판 1996.9.20, 95누8003).

오답의 이유

② 입법부가 법률로써 행정부에게 특정한 사항을 위임했음에도 불구

하고 행정부가 정당한 이유 없이 이를 이행하지 않는다면 권력분립의 원칙과 법치국가 내지 법치행정의 원칙에 위배되는 것으로서 위법함과 동시에 위헌적인 것이 되는바, 구 군법무관임용법과 군법무관임용 등에 관한 법률이 명문으로 군법무관의 보수의 구체적 내용을 시행령에 위임하고 있는 이상, 행정부가 정당한 이유 없이 시행령을 제정하지 않은 것은 위 보수청구권을 침해하는 불법행위에 해당한다(대판 2007.11.29, 2006다3561).

③ 상급행정기관이 하급행정기관에 대하여 업무처리지침이나 법령의 해석적용에 관한 기준을 정하여서 발하는 이른바 행정규칙은 일반적으로 행정조직 내부에서만 효력을 가질 뿐 대외적인 구속력을 갖는 것은 아니지만, 법령의 규정이 특정행정기관에게 그 법령내용의 구체적 사항을 정할 수 있는 권한을 부여하면서 그 권한행사의 절차나 방법을 특정하고 있지 아니한 관계로 수임행정기관이 행정규칙의 형식으로 그 법령의 내용이 될 사항을 구체적으로 정하고 있다면 그와 같은 행정규칙, 규정은 행정규칙이 갖는 일반적 효력으로서가 아니라, 행정기관에 법령의 구체적 내용을 보충할 권한을 부여한 법령규정의 효력에 의하여 그 내용을 보충하는 기능을 갖게 된다 할 것이므로 이와 같은 행정규칙, 규정은 당해 법령의 위임한계를 벗어나지 아니하는 한 그것들과 결합하여 대외적인 구속력이 있는 법규명령으로서의 효력을 갖게 된다(대판 1987.9.29, 86누484).

④ 법률이 주민의 권리의무에 관한 사항에 관하여 구체적으로 아무런 범위도 정하지 아니한 채 조례로 정하도록 포괄적으로 위임하였다고 하더라도, 행정관청의 명령과는 달라, 조례도 주민의 대표기관인 지방의회의 의결로 제정되는 지방자치단체의 자주법인 만큼, 지방자치단체가 법령에 위반되지 않는 범위 내에서 주민의 권리의무에 관한 사항을 조례로 제정할 수 있는 것이다(대판 1991.8.27, 90누6613).

03

정답 ②

영역 행정법 서론 > 행정법 　　　　　　난도 **하**

정답의 이유

ㄴ. 외국에의 국군의 파병결정은 그 성격상 국방 및 외교에 관련된 고도의 정치적 결단을 요하는 문제로서, 헌법과 법률이 정한 절차를 지켜 이루어진 것임이 명백하므로, 대통령과 국회의 판단은 존중되어야 하고 우리 재판소가 사법적 기준만으로 이를 심판하는 것은 자제되어야 한다(헌재 2004.4.29, 2003헌마814).

오답의 이유

ㄱ. 남북정상회담의 개최과정에서 재정경제부장관에게 신고하지 아니하거나 통일부장관의 협력사업 승인을 얻지 아니한 채 북한 측에 사업권의 대가 명목으로 송금한 행위 자체는 헌법상 법치국가의 원리와 법 앞에 평등원칙 등에 비추어 볼 때 사법심사의 대상이 된다(대판 2004.3.26, 2003도7878).

ㄷ. 구 상훈법 제8조는 서훈취소의 요건을 구체적으로 명시하고 있고 절차에 관하여 상세하게 규정하고 있다. 그리고 서훈취소는 서훈수여의 경우와는 달리 이미 발생된 서훈대상자 등의 권리 등에 영향을 미치는 행위로서 관련 당사자에게 미치는 불이익의 내용과 정도 등을 고려하면 사법심사의 필요성이 크다. 따라서 기본권의 보장 및 법치주의의 이념에 비추어 보면, 비록 서훈취소가 대통령이 국가원수로서 행하는 행위라고 하더라도 법원이 사법심사를 자제하여야 할 고도의 정치성을 띤 행위라고 볼 수는 없다(대판 2015.4.23, 2012두26920).

04

정답 ①

영역 일반행정작용법 > 행정행위 　　　　　　난도 **하**

정답의 이유

① 개발부담금을 정산하게 되면 당초의 부과처분은 그 정산에 의하여 증액 또는 감액되게 되는바, 그 변경된 개발부담금을 부과받은 사업시행자가 부과종료시점지가의 산정에 위법이 있음을 이유로 당해 증액 또는 감액된 개발부담금 부과처분의 취소를 구하는 경우에도 부과종료시점지가 산정의 기초가 된 개별공시지가결정에 위법사유가 있음을 독립된 불복사유로 주장할 수 있다(대판 1997.4.11, 96누9096).

오답의 이유

② 조세의 부과처분과 압류 등의 체납처분은 별개의 행정처분으로서 독립성을 가지므로 부과처분에 하자가 있더라도 그 부과처분이 취소되지 아니하는 한 그 부과처분에 의한 체납처분은 위법이라고 할 수는 없다(대판 1987.9.22, 87누383).

③ 도시계획의 수립에 있어서 도시계획법 제16조의2 소정의 공청회를 열지 아니하고 공공용지의 취득 및 손실보상에 관한 특례법 제8조 소정의 이주대책을 수립하지 아니하였더라도 이는 절차상의 위법으로서 취소사유에 불과하고 그 하자가 도시계획결정 또는 도시계획사업시행인가를 무효라고 할 수 있을 정도로 중대하고 명백하다고는 할 수 없으므로 이러한 위법을 선행처분인 도시계획결정이나 사업시행인가단계에서 다투지 아니하였다면 그 쟁송기간이 이미 도과한 후인 수용재결단계에 있어서는 도시계획수립행위의 위와 같은 위법을 들어 재결처분의 취소를 구할 수는 없다고 할 것이다(대판 1990.1.23, 87누947).

④ 구 경찰공무원법 제50조 제1항에 의한 직위해제처분과 같은 제3항에 의한 면직처분은 후자가 전자의 처분을 전제로 한 것이기는 하나 각각 단계적으로 별개의 법률효과를 발생하는 행정처분이어서 선행 직위해제처분의 위법사유가 면직처분에는 승계되지 아니한다 할 것이므로 선행된 직위해제처분의 위법사유를 들어 면직처분의 효력을 다툴 수는 없다(대판 1984.9.11, 84누191).

05

영역 일반행정작용법 > 기타행정행위　　난도 **하**

정답의 이유

③ 위법한 행정지도에 따라 행한 사인의 위법행위는 법령에 정함이 없는 한 위법성이 조각될 수 없다는 것이 판례의 입장이다(대판 1994.6.14, 93도3247).

오답의 이유

① 행정지도는 그 목적 달성에 필요한 최소한도에 그쳐야 하며, 행정지도의 상대방의 의사에 반하여 부당하게 강요하여서는 아니 된다(행정절차법 제48조 제1항).

② 행정기관은 행정지도의 상대방이 행정지도에 따르지 아니하였다는 것을 이유로 불이익한 조치를 하여서는 아니 된다(행정절차법 제48조 제2항).

④ 행정지도가 행정기관의 권한 범위 내에서 이루어진 정당한 행위인 경우에는 당해 행정지도는 위법성이 없으므로 비록 손해가 발생하였다 하더라도 그 손해에 대하여 배상책임이 없다.

06

정답 ④

영역 일반행정작용법 > 기타행정행위　　난도 **하**

정답의 이유

④ 도시계획과 같이 장기성, 종합성이 요구되는 행정계획에 있어서 그 계획이 일단 확정된 후 어떤 사정의 변동이 있다 하여 지역주민에게 일일이 그 계획의 변경을 청구할 권리를 인정해 줄 수도 없는 것이므로 그 변경 거부행위를 항고소송의 대상이 되는 행정처분에 해당한다고 볼 수 없다(대판 1994.1.28, 93누22029).

오답의 이유

① 행정주체가 행정계획을 입안·결정함에 있어서 이익형량을 전혀 행하지 아니하거나 이익형량의 고려대상에 마땅히 포함시켜야 할 사항을 누락한 경우 또는 이익형량을 하였으나 정당성과 객관성이 결여된 경우에는 그 행정계획결정은 형량에 하자가 있어 위법하게 된다(대판 2007.4.12, 2005두1893).

② 비구속적 행정계획안이나 행정지침이라도 국민의 기본권에 직접적으로 영향을 끼치고, 앞으로 법령의 뒷받침에 의하여 그대로 실시될 것이 틀림없을 것으로 예상될 수 있을 때에는, 공권력행위로서 예외적으로 헌법소원의 대상이 될 수 있다(헌재 2000.6.1, 99헌마538).

③ 폐기물처리사업계획의 적정통보를 받은 자는 장래 일정한 기간 내에 관계 법령이 규정하는 시설 등을 갖추어 폐기물처리업허가신청을 할 수 있는 법률상 지위에 있다고 할 것인바, 관계행정청으로부터 폐기물처리사업계획의 적정통보를 받은 원고가 폐기물처리업허가를 받기 위해서는 이 사건 부동산에 대한 용도지역을 '농림지역 또는 준농림지역'에서 '준도시지역(시설용지지구)'으로 변경하

는 국토이용계획변경이 선행되어야 하고, 원고의 위 계획변경신청을 관계행정청이 거부한다면 이는 실질적으로 원고에 대한 폐기물처리업허가신청을 불허하는 결과가 되므로, 원고는 위 국토이용계획변경의 입안 및 결정권자인 관계행정청에 대하여 그 계획변경을 신청할 법규상 또는 조리상 권리를 가진다고 할 것이다(대판 2003. 9.23, 2001두10936).

📡 **적중레이더**

행정재량과 계획재량

행정재량과 계획재량이 동일한지 여부에 대해 견해의 대립이 존재한다. 양자의 개념을 구별하는 것이 일반적인 입장이며 판례의 태도는 명확하지 않다.

07

정답 ④

영역 행정구제법 > 행정쟁송제도　　난도 **중**

정답의 이유

④ 사정재결은 '재결'의 일종으로 기각재결에 해당한다. 사정재결은 위원회가 심리의 결과 그 심판청구가 이유 있다고 인정하는 경우에도 이를 인용하는 것이 공공복리에 크게 위배된다고 인정하면 그 심판청구를 기각하는 재결을 말한다.

오답의 이유

①·②·③ 행정심판법이 명문으로 규정하고 있는 '재결의 효력'은 기속력이지만, 해석상 형성력, 불가변력이 인정된다.

📡 **적중레이더**

재결의 의의 및 성질

• 의의: 재결이란 심판청구사건에 대한 심리의 결과에 따라 최종적인 법적 판단을 하는 행위, 즉 심판청구사건에 대한 행정심판위원회의 종국적 판단인 의사표시를 말한다.

• 성질
 – 확인행위: 재결은 행정상의 법률관계에 관한 분쟁에 대하여 행정심판위원회가 일정한 절차를 거쳐 판단·확정하는 것이므로 확인행위의 성질을 가짐
 – 준사법적 행위: 재결은 심판청구를 전제로 분쟁에 대한 판단을 행한다는 점에서 법원의 판결과 성질이 비슷하므로 준사법적 행위에 해당함
 – 기속행위: 재결은 기속행위의 성질을 가짐

영역 행정법 서론 > 법률사실과 법률요건 | 난도 **하**

정답의 이유

② 전역지원의 의사표시가 진의 아닌 의사표시라 하더라도 그 무효에 관한 법리를 선언한 민법 제107조 제1항 단서의 규정은 그 성질상 사인의 공법행위에는 적용되지 않는다 할 것이므로 그 표시된 대로 유효한 것으로 보아야 한다(대판 1994.1.11. 93누10057).

오답의 이유

① 대판 1994.1.11. 93누10057

③ 공무원의 사직서 제출이 감사기관이나 상급관청 등의 강박에 의한 경우에는 그 정도가 의사결정의 자유를 박탈할 정도에 이른 것이라면 그 의사표시가 무효로 될 것이다.

④ 공무원이 사직의 의사표시를 하여 의원면직처분을 하는 경우 그 사직의 의사표시는 외부적, 객관적으로 표시된 바에 따라 효력이 발생하는 것이고, 공무원이 범법행위를 저질러 수사기관에서 조사를 받는 과정에서 사직을 조건으로 내사종결하기로 하고 수사기관과 소속행정청의 직원 등이 당해 공무원에게 사직을 권고, 종용함에 있어 가사 이에 불응하는 경우 형사입건하여 구속하겠다고 하고 또한 형사처벌을 받은 결과 징계파면을 당하면 퇴직금조차 지급받지 못하게 될 것이라고 하는 등 강경한 태도를 취하였더라도 이는 범법행위에 따른 객관적 상황을 고지한 것에 불과하고, 공무원 자신이 그 범법행위로 인하여 징계파면이 될 경우 퇴직금조차 받지 못하게 될 것을 우려하여 사직서를 작성, 제출한 것이라면 특단의 사정이 없는 한 위와 같은 사직종용 사실만으로는 사직의사결정이 강요에 의한 것으로 볼 수 없다(대판 1990.11.27. 90누257).

📡 적중레이더

사인의 공법행위의 하자에 따른 행정행위의 효력

• 행정행위의 단순한 "사실상의 동기"인 경우: 사인의 공법행위가 행정행위의 단순한 "사실상의 동기"인 경우 원칙적으로 그 흠결은 행정행위의 효과에 영향이 없다.

• "행정행위의 요건 또는 필수적 전제조건"인 경우
  – 사인의 공법행위에 무효원인이 있으면, 이에 따른 행정행위도 무효임
  – 사인의 공법행위에 취소사유가 있다면, 이에 따른 행정행위는 유효하며, 단지 취소할 수 있는 원인에 그친다고 보아야 함
  – 사인의 공법행위가 행정행위의 단순한 사실상의 동기인 경우 즉, 행정행위의 전제요건이 아닌 경우에는 행정행위의 효과에 영향이 없음

영역 일반행정작용법 > 기타행정행위 | 난도 **하**

정답의 이유

② 행정절차법 제3조 제1항에 따르면 처분, 신고, 행정상 입법예고, 행정예고절차 및 행정지도절차에 적용되며, 공법상 계약에 관한 규정은 두고 있지 않다.

오답의 이유

① 공익사업을 위한 토지 등의 취득 및 보상에 관한 법령에 의한 협의취득은 사법상의 법률행위이므로 당사자 사이의 자유로운 의사에 따라 채무불이행책임이나 매매대금 과부족금에 대한 지급의무를 약정할 수 있다(대판 2012.2.23. 2010다91206).

③ 서울특별시립무용단 단원의 위촉은 공법상의 계약이라고 할 것이고, 따라서 그 단원의 해촉에 대하여는 공법상의 당사자소송으로 그 무효확인을 청구할 수 있다(대판 1995.12.22. 95누4636).

④ 국유재산 등의 관리청이 하는 행정재산의 사용·수익에 대한 허가는 순전히 사경제주체로서 행하는 사법상의 행위가 아니라 관리청이 공권력을 가진 우월적 지위에서 행하는 행정처분으로서 특정인에게 행정재산을 사용할 수 있는 권리를 설정하여 주는 강학상 특허에 해당한다(대판 2006.3.9. 2004다31074).

📡 적중레이더

공법상 계약과 사법상 계약의 구별

공법상 계약 – 당사자소송	사법상 계약 – 민사소송
• 목포시립교향악단의 악장 위촉 • 국립중앙극장 전속단체 출연 단원 채용계약 • 광주광역시 문화예술관장의 단원 위촉 • 서울시립무용단원의 위촉 • 전문직공무원인 공중보건의사의 채용 해지 • 지방전문직공무원 채용계약 해지 • 서울특별시 경찰국 산하 서울대공전술연구소 연구위원 채용 해지 • 국방홍보원장 같은 계약직 공무원 채용해지 • 옴부즈맨 채용계약	• 창덕궁 "비원"안내원 채용계약 • "잡종"재산인 국유림의 대부 • "전화"가입계약 • 국, 공립병원 "전공의" 임용계약 • 토지수용에 있어서 "협의" 취득 • 행정대집행의 타자집행

영역 일반행정작용법 > 행정행위 | 난도 **하**

정답의 이유

② 행정행위의 취소는 일단 유효하게 성립한 행정행위를 그 행위에 위법 또는 부당한 하자가 있음을 이유로 소급하여 그 효력을 소멸시키는 별도의 행정처분이고, 행정행위의 철회는 적법요건을 구비하여 완전히 효력을 발하고 있는 행정행위를 사후적으로 그 행위

의 효력의 전부 또는 일부를 장래에 향해 소멸시키는 행정처분이 므로, 행정행위의 취소사유는 행정행위의 성립 당시에 존재하였던 하자를 말하고, 철회사유는 행정행위가 성립된 이후에 새로이 발생한 것으로서 행정행위의 효력을 존속시킬 수 없는 사유를 말한다(대판 2003.5.30, 2003다6422).

오답의 이유

① 일정한 행정처분으로 국민이 일정한 이익과 권리를 취득하였을 경우에 종전 행정처분을 취소하는 행정처분은 이미 취득한 국민의 기존 이익과 권리를 박탈하는 별개의 행정처분으로 취소될 행정처분에 하자 또는 취소해야 할 공공의 필요가 있어야 하고, 나아가 행정처분에 하자 등이 있다고 하더라도 취소해야 할 공익상 필요와 취소로 당사자가 입게 될 기득권과 신뢰보호 및 법률생활 안정의 침해 등 불이익을 비교·교량한 후 공익상 필요가 당사자가 입을 불이익을 정당화할 만큼 강한 경우에 한하여 취소할 수 있는 것이다(대판 2012.3.29, 2011두23375).

③ 행정처분을 한 처분청은 그 처분의 성립에 하자가 있는 경우 이를 취소할 별도의 법적 근거가 없다고 하더라도 직권으로 이를 취소할 수 있다(대판 2002.5.28, 2001두9653).

④ 행정행위의 철회는 처분청만 할 수 있으며, 감독청은 명문의 규정이 없는 한 철회권을 행사할 수 없다. 행정행위의 철회는 처분청이 행하는 자기권한의 정당한 행사인데, 이를 감독청이 행하는 것은 정당한 감독권의 행사로 볼 수 없기 때문이다.

((•)) 적중레이더

행정행위의 취소사유와 철회사유의 구별기준

행정행위의 취소는 일단 유효하게 성립한 행정행위를 그 행위에 위법 또는 부당한 하자가 있음을 이유로 소급하여 그 효력을 소멸시키는 별도의 행정처분이고, 행정행위의 철회는 적법요건을 구비하여 완전히 효력을 발하고 있는 행정행위를 사후적으로 그 행위의 효력의 전부 또는 일부를 장래에 향해 소멸시키는 행정처분이므로, 행정행위의 취소사유는 행정행위의 성립 당시에 존재하였던 하자를 말하고, 철회사유는 행정행위가 성립된 이후에 새로이 발생한 것으로서 행정행위의 효력을 존속시킬 수 없는 사유를 말한다. 행정청이 종교단체에 대하여 기본재산 전환인가를 함에 있어 인가조건을 부가하고 그 불이행시 인가를 취소할 수 있도록 한 경우, 인가조건의 의미는 철회권을 유보한 것이다(대판 2003.5.30, 2003다6422).

취소, 철회, 실효의 비교

구분	취소	철회	실효
하자	원시적 하자	후발적 하자	후발적 하자
행사 여부	취소권 행사	철회권 행사	없음
효과	소급효 원칙	장래효 원칙	장래효 원칙

11

정답 ②

영역 행정구제법 > 행정쟁송제도　　　　난도 중

정답의 이유

② 토지에 관한 소유권보존등기 또는 소유권이전등기를 신청하려면 토지대장을 등기소에 제출해야 하는 점 등을 종합해 보면, 토지대장은 토지의 소유권을 제대로 행사하기 위한 전제요건으로서 토지소유자의 실체적 권리관계에 밀접하게 관련되어 있으므로, 이러한 토지대장을 직권으로 말소한 행위는 국민의 권리관계에 영향을 미치는 것으로서 항고소송의 대상이 되는 행정처분에 해당한다(대판 2013.10.24, 2011두13286).

오답의 이유

① 민원사무처리에 관한 법률 제18조 제1항에서 정한 거부처분에 대한 이의신청은 행정청의 위법 또는 부당한 처분이나 부작위로 침해된 국민의 권리 또는 이익을 구제함을 목적으로 하여 행정청과 별도의 행정심판기관에 대하여 불복할 수 있도록 한 절차인 행정심판과는 달리, 민원사무처리법에 의하여 민원사무처리를 거부한 처분청이 민원인의 신청 사항을 다시 심사하여 잘못이 있는 경우 스스로 시정하도록 한 절차이다. 이에 따라, 민원 이의신청을 받아들이는 경우에는 이의신청 대상인 거부처분을 취소하지 않고 바로 최초의 신청을 받아들이는 새로운 처분을 하여야 하지만, 이의신청을 받아들이지 않는 경우에는 다시 거부처분을 하지 않고 그 결과를 통지함에 그칠 뿐이다. 따라서 이의신청을 받아들이지 않는 취지의 기각 결정 내지는 그 취지의 통지는, 종전의 거부처분을 유지함을 전제로 한 것에 불과하고 또한 거부처분에 대한 행정심판이나 행정소송의 제기에도 영향을 주지 못하므로, 결국 민원 이의신청인의 권리·의무에 새로운 변동을 가져오는 공권력의 행사나 이에 준하는 행정작용이라고 할 수 없어, 독자적인 항고소송의 대상이 된다고 볼 수 없다고 봄이 타당하다(대판 2012.11.15, 2010두8676).

③ 수도권매립지관리공사는 행정소송법에서 정한 행정청 또는 그 소속기관이거나 그로부터 제재처분의 권한을 위임받은 공공기관에 해당하지 않으므로, 수도권매립지관리공사가 한 위 제재처분은 행정소송의 대상이 되는 행정처분이 아니라 단지 특정 사업자를 자신이 시행하는 입찰에 참가시키지 않겠다는 뜻의 사법상의 효력을 가지는 통지에 불과하다(대결 2010.11.26, 2010무137).

④ 중소기업 정보화지원사업에 따른 지원금 출연을 위하여 중소기업청장이 체결하는 협약은 공법상 대등한 당사자 사이의 의사표시의 합치로 성립하는 공법상 계약에 해당하는 점, 구 중소기업 기술혁신 촉진법 제32조 제1항은 제10조가 정한 기술혁신사업과 제11조가 정한 산학협력 지원 사업에 관하여 출연한 사업비의 환수에 적용될 수 있을 뿐 이와 근거 규정을 달리하는 중소기업 정보화지원사업에 관하여 출연한 지원금에 대하여는 적용될 수 없고 달리 지원금 환수에 관한 구체적인 법령상 근거가 없는 점 등을 종합하

면, 협약의 해지 및 그에 따른 환수통보는 공법상 계약에 따라 행정청이 대등한 당사자의 지위에서 하는 의사표시로 보아야 하고, 이를 행정청이 우월한 지위에서 행하는 공권력의 행사로서 행정처분에 해당한다고 볼 수는 없다(대판 2015.8.27, 2015두41449).

12

정답 ②

영역 행정법 서론 > 법률사실과 법률요건   난도 중

정답의 이유

② 건축주 등은 신고제하에서도 건축신고가 반려될 경우 당해 건축물의 건축을 개시하면 시정명령, 이행강제금, 벌금의 대상이 되거나 당해 건축물을 사용하여 행할 행위의 허가가 거부될 우려가 있어 불안정한 지위에 놓이게 된다. 따라서 건축신고 반려행위가 이루어진 단계에서 당사자로 하여금 반려행위의 적법성을 다투어 그 법적 불안을 해소한 다음 건축행위에 나아가도록 함으로써 장차 있을지도 모르는 위험에서 미리 벗어날 수 있도록 길을 열어 주고, 위법한 건축물의 양산과 그 철거를 둘러싼 분쟁을 조기에 근본적으로 해결할 수 있게 하는 것이 법치행정의 원리에 부합한다. 그러므로 건축신고 반려행위는 <u>항고소송의 대상이 된다고 보는 것이 옳다</u>(대판 2010.11.18, 2008두167 전합).

오답의 이유

① 행정요건적 신고에 있어서 수리란 신고를 유효한 것으로 판단하고 법령에 의하여 처리할 의사로 이를 수령하는 수동적 행위이므로 수리행위에 신고필증 교부 등의 행위가 꼭 필요한 것은 아니다.

③ 행정법상의 신고를 자기완결적 신고와 행정요건적 신고로 나누는 것이 일반적이지만, '정보제공적 신고'와 '금지해제적 신고'로 나누는 견해도 있다. '정보제공형 신고'란 행정청에게 행정의 대상이 되는 사실에 관한 정보를 제공하는 기능을 갖는 신고를 말하며 사실파악형 신고라고도 한다. 정보제공적 신고는 언제나 자기완결적 신고에 해당한다. 정보제공형 신고의 대상이 되는 행위를, 신고 없이 행한 경우에는 법령에 규정이 있는 경우에 한하여 과태료 등의 제재의 대상이 되지만, 그 행위 자체가 위법한 행위가 되는 것은 아니다. 반면에 '금지해제적 신고'란 영업활동이나 건축활동 등 사적 활동을 규제하는 기능을 갖는 신고를 말하며 규제적 신고라고도 한다. 금지해제적 신고는 자기완결적 신고인 경우도 있고 행정요건적 신고인 경우도 있다. 금지해제적 신고의 대상이 된 행위를 신고 없이 한 경우에는 위법한 행위가 되어 행정벌의 대상이 되고, 시정조치의 대상이 된다.

④ 식품위생법 제25조 제3항에 의한 영업양도에 따른 지위승계신고를 수리하는 허가관청의 행위는 단순히 양도·양수인 사이에 이미 발생한 사법상의 사업양도의 법률효과에 의하여 양수인이 그 영업을 승계하였다는 사실의 신고를 접수하는 행위에 그치는 것이 아니라, 영업허가자의 변경이라는 법률효과를 발생시키는 행위라고 할 것이다(대판 1995.2.24, 94누9146).

📡 적중레이더

수리를 요하는 신고와 수리를 요하지 않는 신고

구분	수리를 요하지 않는 신고	수리를 요하는 신고
효력시기	신고 시 법적효과 발생	수리 시 법적 효과 발생
수리거부	수리거부 하더라도 처분성 부정	수리거부 할 경우 처분성 인정
신고필증	확인적 의미	법적 의미
명문규정	행정절차법에 규정 있음	행정절차법에 규정 없음
판례의 태도	• 경미한 건축신고(대문, 담장, 주차장 설치 등) • 수산제조업 신고 • 의원, 치과의원, 한의원 개설신고 • 종교단체가 설치한 납골탑 주변시설 신고 • 체육시설법상 골프장 이용료 변경 신고 • 체육시설법상 당구장 영업신고(주택 근처) • 공동주택 옥외운동시설 변경신고(테니스장을 배드민턴장으로 변경) • 조산소 개설신고 • 식품위생법상 공중숙박업 개설신고 • 식품위생법상 목욕장업 개설신고	• 건축주명의변경신고 • 원근해 어업 시 어선, 어구 등 신고 • 식품위생법상 영업양도에 따른 지위승계신고 • 액화석유가스충전사업의 지위승계신고 • 관광사업의 양도, 양수에 의한 지위승계신고 • 개발제한구역 내 골프 연습장 신고(환경 보호) • 학교보건법상 당구장 영업신고(학생 보호) • 일반적인 납골탑설치 신고 • 사회단체등록신고 • 체육시설법상 볼링장업 신고 • 식품위생법상 영업허가 명의변경신고 • 채석허가 수허가자 명의변경신고

13

정답 ①

영역 행정절차와 행정공개 > 행정절차법   난도 하

정답의 이유

① 행정절차법 제21조(처분의 사전통지) 제1항은 행정청은 당사자에게 의무를 과하거나 권익을 제한하는 처분을 하는 경우에는 미리 처분의 제목, 당사자의 성명 또는 명칭과 주소, 처분하고자 하는 원인이 되는 사실과 처분의 내용 및 법적 근거, 그에 대하여 의견을 제출할 수 있다는 뜻과 의견을 제출하지 아니하는 경우의 처리방법, 의견제출기관의 명칭과 주소, 의견제출기한 등을 당사자 등에게 통지하도록 하고 있는바, 신청에 따른 처분이 이루어지지 아니한 경우에는 아직 당사자에게 권익이 부과되지 아니하였으므로 특별한 사정이 없는 한 신청에 대한 거부처분이라고 하더라도 직접 당사자의 권익을 제한하는 것은 아니어서 신청에 대한 거부처분을 여기에서 말하는 '당사자의 권익을 제한하는 처분'에 해당한 <u>다고 할 수 없는 것이어서 처분의 사전통지대상이 된다고 할 수 없다</u>(대판 2003.11.28, 2003두674).

② 행정청이 당사자에게 의무를 과하거나 권익을 제한하는 처분을 함에 있어서는 당사자 등에게 처분의 사전통지를 하고 의견제출의 기회를 주어야 하며, 여기서 당사자라 함은 행정청의 처분에 대하여 직접 그 상대가 되는 자를 의미한다 할 것이고, 한편 구 식품위생법 제25조 제2항, 제3항의 각 규정에 의하면, 지방세법에 의한 압류재산 매각절차에 따라 영업시설의 전부를 인수함으로써 그 영업자의 지위를 승계한 자가 관계 행정청에 이를 신고하여 행정청이 이를 수리하는 경우에는 종전의 영업자에 대한 영업허가 등은 그 효력을 잃는다 할 것인데, 위 규정들을 종합하면 위 행정청이 구 식품위생법 규정에 의하여 영업자지위승계신고를 수리하는 처분은 종전의 영업자의 권익을 제한하는 처분이라 할 것이고 따라서 종전의 영업자는 그 처분에 대하여 직접 그 상대가 되는 자에 해당한다고 봄이 상당하므로, 행정청으로서는 위 신고를 수리하는 처분을 함에 있어서 행정절차법 규정 소정의 당사자에 해당하는 종전의 영업자에 대하여 위 규정 소정의 행정절차를 실시하고 처분을 하여야 한다(대판 2003.2.14, 2001두7015).

③ 국가공무원법상 직위해제처분은 구 행정절차법 제3조 제2항 제9호, 구 행정절차법 시행령 제2조 제3호에 의하여 당해 행정작용의 성질상 행정절차를 거치기 곤란하거나 불필요하다고 인정되는 사항 또는 행정절차에 준하는 절차를 거친 사항에 해당하므로, 처분의 사전통지 및 의견청취 등에 관한 행정절차법의 규정이 별도로 적용되지 않는다(대판 2014.5.16, 2012두26180). 직위해제처분은 비위에 대한 조사 등으로 그 직무를 계속하기 곤란한 사정이 있어 잠정적으로 직위를 부여하지 않는 조치로서, 징벌적 제재로서의 징계 등에서 요구되는 것과 같은 동일한 절차적 보장을 요구할 수는 없기 때문이다.

④ 건축법의 공사중지명령에 대한 사전통지를 하고 의견제출의 기회를 준다면 많은 액수의 손실보상금을 기대하여 공사를 강행할 우려가 있다는 사정은 사전통지 및 의견제출절차의 예외사유에 해당하지 아니한다(대판 2004.5.28, 2004두1254).

((•)) 적중레이더

사전통지의 범위
영업시간 제한 등 처분의 대상인 대규모점포 중 개설자의 직영매장 이외에 개설자에게서 임차하여 운영하는 임대매장이 병존하는 경우, 임대매장의 임차인이 개설자와 별도로 처분상대방이 되는지 여부: 소극영업시간 제한 등 처분의 대상인 대규모점포 중 개설자의 직영매장 이외에 개설자로부터 임차하여 운영하는 임대매장이 병존하는 경우에도, 전체 매장에 대하여 법령상 대규모점포 등의 유지·관리 책임을 지는 개설자만이 그 처분상대방이 되고, 임대매장의 임차인이 이와 별도로 처분상대방이 되는 것은 아니라고 할 것이다. … 이 사건 대규모점포 중 개설자가 직영하지 않는 임대매장이 존재하더라도 대규모점포에 대한 영업시간 제한 등 처분의 상대방은 오로지 대규모점포 개설자인 원고들이다. 따라서 위와 같은 절차도 원고들을 상대로 거치면 충분하고, 그 밖에 임차인들을 상대로 별도의 사전통지 등 절차를 거칠 필요가 없다(대판 2015.11.19, 2015두295 전합).

14 정답 ④

영역 행정절차와 행정공개 > 정보공개와 개인정보보호 **난도 중**

④ • 판결에 의하여 취소되는 처분이 당사자의 신청을 거부하는 것을 내용으로 하는 경우에는 그 처분을 행한 행정청은 판결의 취지에 따라 다시 이전의 신청에 대한 처분을 하여야 한다(행정소송법 제30조 제2항).
   • 행정청이 제30조 제2항의 규정에 의한 처분을 하지 아니하는 때에는 제1심수소법원은 당사자의 신청에 의하여 결정으로써 상당한 기간을 정하고 행정청이 그 기간 내에 이행하지 아니하는 때에는 그 지연기간에 따라 일정한 배상을 할 것을 명하거나 즉시 손해배상을 할 것을 명할 수 있다(행정소송법 제34조 제1항).

① · ② · ③ 대판 2003.12.12, 2003두8050

((•)) 적중레이더

재처분의무에 위반한 경우
• 직접처분의 경우: 피청구인인 행정청이 재결에 따른 처분을 하지 않는 경우에는 행정심판위원회는 당사자가 신청하면 기간을 정해 서면으로 시정을 명하고 그 기간에 이행하지 않으면 직접 처분할 수 있다. 다만, 그 처분의 성질이나 그 밖의 불가피한 사유로 행정심판위원회가 직접 처분을 할 수 없는 경우는 그렇지 않다(행정심판법 제50조 제1항). 행정심판위원회가 직접 처분을 한 경우에는 피청구인인 행정청은 행정심판위원회가 한 처분을 해당 행정청이 한 것으로 보아, 관계 법령에 따라 관리·감독 등 필요한 조치를 해야 한다(행정심판법 제50조 제2항).
• 간접강제의 경우: 위원회는 피청구인이 처분을 하지 아니하면 청구인의 신청에 의하여 결정으로 상당한 기간을 정하고 피청구인이 그 기간 내에 이행하지 아니하는 경우에는 그 지연기간에 따라 일정한 배상을 하도록 명하거나 즉시 배상을 할 것을 명할 수 있다(행정심판법 제50조의2 제1항).

15

영역 일반행정작용법 > 행정상 입법   난도 **하**

정답의 이유

④ 헌법이 인정하고 있는 위임입법의 형식은 예시적인 것으로 보아야 할 것이고, 그것은 법률이 행정규칙에 위임하더라도 그 행정규칙은 위임된 사항만을 규율할 수 있으므로, 국회입법의 원칙과 상치되지도 않는다. 다만 행정규칙은 법규명령과 같은 엄격한 제정 및 개정절차를 요하지 아니하므로, 재산권 등과 같은 기본권을 제한하는 작용을 하는 법률이 입법위임을 할 때에는 대통령령, 총리령, 부령 등 법규명령에 위임함이 바람직하고, 고시와 같은 형식으로 입법위임을 할 때에는 적어도 행정규제기본법 제4조 제2항 단서에서 정한 바와 같이 법령이 전문적 · 기술적 사항이나 경미한 사항으로서 업무의 성질상 위임이 불가피한 사항에 한정된다 할 것이고, 그러한 사항이라 하더라도 포괄위임금지의 원칙상 법률의 위임은 반드시 구체적 · 개별적으로 한정된 사항에 대하여 행하여져야 한다(헌재 2006.12.28, 2005헌바59).

오답의 이유

①·② 고시 또는 공고의 법적 성질은 일률적으로 판단될 것이 아니라 고시에 담겨진 내용에 따라 구체적인 경우마다 달리 결정된다고 보아야 한다. 즉, 고시가 일반 · 추상적 성격을 가질 때는 법규명령 또는 행정규칙에 해당하지만, 고시가 구체적인 규율의 성격을 갖는다면 행정처분에 해당한다(헌재 1998.4.30, 97헌마141).

③ 통상 고시 또는 공고에 의하여 행정처분을 하는 경우에는 그 처분의 상대방이 불특정 다수인이고, 그 처분의 효력이 불특정 다수인에게 일률적으로 적용되는 것이므로, 그 행정처분에 이해관계를 갖는 자는 고시 또는 공고가 있었다는 사실을 현실적으로 알았는지 여부에 관계없이 고시가 효력을 발생하는 날에 행정처분이 있음을 알았다고 보아야 하고, 따라서 그에 대한 취소소송은 그 날로부터 90일 이내에 제기하여야 한다(대판 2006.4.14, 2004두3847).

16

영역 행정조직법 > 공무원법   난도 **중**

정답의 이유

① 공무원이 소속 장관으로부터 받은 "직상급자와 다투고 폭언하는 행위 등에 대하여 엄중 경고하니 차후 이러한 사례가 없도록 각별히 유념하기 바람"이라는 내용의 서면에 의한 경고가 공무원의 신분에 영향을 미치는 국가공무원법상의 징계의 종류에 해당하지 아니하고, 근무충실에 관한 권고행위 내지 지도행위로서 그 때문에 공무원으로서의 신분에 불이익을 초래하는 법률상의 효과가 발생하는 것도 아니므로, 경고가 국가공무원법상의 징계처분이나 행정소송의 대상이 되는 행정처분이라고 할 수 없어 그 취소를 구할 법률상의 이익이 없다(대판 1991.11.12, 91누2700).

오답의 이유

② 경찰공무원이 그 단속의 대상이 되는 신호위반자에게 먼저 적극적으로 돈을 요구하고, 다른 사람이 볼 수 없도록 돈을 접어 건네주도록 전달방법을 구체적으로 알려주었으며, 동승자에게 신고시 범칙금 처분을 받게 된다는 등 비위신고를 막기 위한 말까지 하고 금품을 수수한 경우, 비록 그 받은 돈이 1만 원에 불과하더라도 위 금품수수행위를 징계사유로 하여 당해 경찰공무원을 해임처분한 것은 징계재량권의 일탈 · 남용이라 할 수 없다(대판 2006.12.21, 2006두16274).

③ 국가공무원법 제63조에 규정된 품위유지의무란 공무원이 직무의 내외를 불문하고, 국민의 수임자로서의 직책을 맡아 수행해 나가기에 손색이 없는 인품에 걸맞게 본인은 물론 공직사회에 대한 국민의 신뢰를 실추시킬 우려가 있는 행위를 하지 않아야 할 의무라고 해석할 수 있고, 이러한 품위유지의무 위반에 대하여 징계권자는 재량권의 남용에 해당하지 않는 범위에서 징계권을 행사할 수 있다(대판 2017.11.9, 2017두47472).

④ 당해 공무원의 동의 없는 지방공무원법 제29조의3의 규정에 의한 전출명령은 위법하여 취소되어야 하므로, 그 전출명령이 적법함을 전제로 내린 징계처분은, 그 전출명령이 공정력에 의하여 취소되기 전까지는 유효하다고 하더라도, 징계양정에 있어 재량권을 일탈하여 위법하다(대판 2001.12.11, 99두1823).

17

영역 일반행정작용법 > 행정행위   난도 **중**

정답의 이유

ㄴ. 현행 행정쟁송제도 아래서는 부관 그 자체만을 독립된 쟁송의 대상으로 할 수 없는 것이 원칙이나, 행정행위의 부관 중에서도 행정행위에 부수하여 그 행정행위의 상대방에게 일정한 의무를 부과하는 행정청의 의사표시인 부담의 경우에는 다른 부관과는 달리 행정행위의 불가분적인 요소가 아니고, 그 존속이 본체인 행정행위의 존재를 전제로 하는 것일 뿐이므로 부담 그 자체로서 행정쟁송의 대상이 될 수 있다(대판 1992.1.21, 91누1264).

ㅁ. 조건과 부담의 구분은 때때로 용이하지 않는 경우가 있는바, 그 구분이 명확하지 않은 때에는 조건보다 부담이 유리하므로 부담으로 추정함이 타당하다.

오답의 이유

ㄱ. 부관은 재량행위에만 붙일 수 있고, 기속행위에는 붙일 수 없다는 것이 통설과 판례의 입장이다.

ㄷ. 행정처분에 이미 부담이 부가되어 있는 상태에서 그 의무의 범위 또는 내용 등을 변경하는 부관의 사후변경은, 법률에 명문의 규정이 있거나 그 변경이 미리 유보되어 있는 경우 또는 상대방의 동의가 있는 경우에 한하여 허용되는 것이 원칙이지만, 사정변경으로 인하여 당초에 부담을 부가한 목적을 달성할 수 없게 된 경우

에도 그 목적달성에 필요한 범위 내에서 예외적으로 허용된다(대
판 1997.5.30, 97누2627).

ㄹ. 수익적 행정처분에 있어서는 법령에 특별한 근거규정이 없다고
하더라도 그 부관으로서 부담을 붙일 수 있고, 그와 같은 부담은
행정청이 행정처분을 하면서 일방적으로 부가할 수도 있지만 <u>부
담을 부가하기 이전에 상대방과 협의하여 부담의 내용을 협약의
형식으로 미리 정한 다음 행정처분을 하면서 이를 부가할 수도 있
다</u>(대판 2009.2.12, 2005다65500).

> **(((•))) 적중레이더**
>
> **부관 vs 부담**
> • 부관: 주된 행정행위의 수익적 효과를 제한하거나 요건을 보충하
> 기 위한 행정청의 종된 의사표시를 말한다.
> • 부담: 행정청이 행정행위를 하면서 상대방에게 작위의무, 부작위
> 의무, 급부의무, 수인의무를 부과하는 경우이다. 부담의 경우에도
> 부관의 일종이므로 주된 행정행위의 존속을 전제로 하지만 그 자
> 체로 하나의 독립된 행정행위 성질을 갖는다고 볼 수 있다. 하명의
> 일종이기 때문이다(통설).

18 정답 ③

영역 행정구제법 > 행정쟁송제도　　난도 **하**

[정답의 이유]

③ 정부조직법 제6조 제1항은 법문상 권한의 위임 및 재위임의 근거
규정임이 명백하고, 동법에 근거한 행정권한의 위임 및 위탁에 관
한 규정 제4조 역시 재위임에 관한 일반적인 근거규정에 해당한다
(대판 1990.2.27, 89누5287).

[오답의 이유]

① 권한의 위임은 법령상의 권한 자체의 귀속의 변경을 초래하므로,
반드시 법적 근거가 있어야 한다. 따라서 법령의 근거가 없는 권한
의 위임은 무효이다.

② 권한의 위임은 권한의 일부에 대해서만 가능하다. 권한의 전부에
대하여 위임이 가능하다면, 위임관청은 존재할 이유가 없어지기
때문이다.

④ 내부위임이나 대리권을 수여받은 데 불과하여 원행정청 명의나 대
리관계를 밝히지 아니하고는 그의 명의로 처분 등을 할 권한이 없
는 행정청이 권한 없이 그의 명의로 한 처분에 대하여도 처분명의
자인 행정청이 피고가 되어야 한다(대판 1994.6.14, 94누1197).

19 정답 ③

영역 행정절차와 행정공개 > 행정절차법　　난도 **중**

[정답의 이유]

③ 행정절차법에 따르면, 인허가 등을 취소 처분이 있는 경우에 청문
을 한다(행정절차법 제22조 제1항 제3호 가목).

[오답의 이유]

①·②·④ 행정절차법 제22조 제1항

> **제22조(의견청취)** ① 행정청이 처분을 할 때 다음 각 호의 어느 하나
> 에 해당하는 경우에는 청문을 한다.
> 1. 다른 법령 등에서 청문을 하도록 규정하고 있는 경우
> 2. 행정청이 필요하다고 인정하는 경우
> 3. 다음 각 목의 처분을 하는 경우
>   가. 인허가 등의 취소
>   나. 신분·자격의 박탈
>   다. 법인이나 조합 등의 설립허가의 취소

> **(((•))) 적중레이더**
>
> **청문**
> • 의의: 청문이란 행정청이 어떠한 처분을 하기에 앞서 당사자 등의
> 의견을 직접 듣고 증거를 조사하는 절차를 말한다(행정절차법 제2
> 조 제5호).
> • 우리나라의 행정절차법상의 청문
> – 정식청문·비공개청문: 우리나라의 행정절차법이 정식청문·비
> 공개청문을 원칙으로 하고 있다는 것에 대해서는 의견의 일치가
> 있는 것으로 보임
> – 사실심형 청문: 행정절차법 제31조 제2항은 당사자 등은 의견
> 을 진술하고 증거를 제출할 수 있으며, "참고인이나 감정인 등에
> 게 질문할 수 있다"고 규정하고 있는바, 동 조항의 해석을 둘러
> 싸고 우리나라의 행정절차법상의 청문이 진술형 청문과 사실심
> 형 청문 중 어느 것을 원칙으로 하고 있는지에 관하여는 견해의
> 대립이 있음

20 정답 ③

영역 특별행정작용법 > 급부행정법　　난도 **중**

[정답의 이유]

③ 도로의 특별사용은 반드시 독점적, 배타적인 것이 아니라 그 사용
목적에 따라서는 도로의 일반사용과 병존이 가능한 경우도 있고
이러한 경우에는 도로점용부분이 동시에 일반공중의 교통에 공용
되고 있다고 하여 <u>도로점용이 아니라고 말할 수 없다</u>(대판 1991.
4.9, 90누8855).

① 행정재산은 공유물로서 이른바 사법상의 거래의 대상이 되지 아니하는 불융통물이므로 이러한 행정재산을 관재당국이 모르고 매각처분하였다 할지라도 그 매각처분은 무효이다(대판 1967.6.27, 67다806).

② 행정재산에 대한 공용폐지의 의사표시는 명시적이든 묵시적이든 상관이 없으나 적법한 의사표시가 있어야 하고, 행정재산이 사실상 본래의 용도에 사용되지 않고 있다는 사실만으로 용도폐지의 의사표시가 있었다고 볼 수는 없다(대판 1997.3.14, 96다43508).

④ 국유재산법 제51조 제1항에 의한 국유재산의 무단점유자에 대한 변상금부과는 대부나 사용, 수익허가 등을 받은 경우에 납부하여야 할 대부료 또는 사용료 상당액 외에도 그 징벌적 의미에서 국가측이 일방적으로 그 2할 상당액을 추가하여 변상금을 징수토록 하고 있으며 그 체납 시에는 국세징수법에 의하여 강제징수토록 하고 있는 점 등에 비추어 보면 그 부과처분은 관리청이 공권력을 가진 우월적 지위에서 행하는 것으로서 행정처분이라고 보아야 하고, 그 부과처분에 의한 변상금징수권은 공법상의 권리로서 사법상의 채권과는 그 성질을 달리하므로 국유재산의 무단점유자에 대하여 국가가 민법상의 부당이득금반환청구를 하는 경우 국유재산법 제51조 제1항이 적용되지 않는다(대판 1992.4.14, 91다42197).

(((•))) 적중레이더

공물의 인정 여부

공물 ○	공물 ×
• 여의도 광장 • 도로 • 교통신호기 • 매향리 사격장 • 도로의 맨홀 • 경찰견, 경찰마	• 공사 중이며 아직 완성되지 않아 일반 공중의 이용에 제공되지 않는 옹벽(대판 1998.10.23, 98다17381) • 사실상 군민의 통행에 제공되는 도로이지만 행정청의 노선인정 기타 공용개시행위가 없는 경우(대판 1981.7.7, 80다2478) • 공물예정지에 불과한 시 명의의 종합운동장 예정부지나 그 지상의 자동차경주를 위한 안전시설(대판 1995.1.24, 94다4532) • 현금

21

정답 ③

영역 행정구제법 > 손해전보제도   난도 **중**

정답의 이유

③ 공익사업을 위한 토지 등의 취득 및 보상에 관한 법률 제8조 제1항이 사업시행자에게 이주대책의 수립·실시의무를 부과하고 있다고 하여 그 규정 자체만에 의하여 이주자에게 사업시행자가 수립한 이주대책상의 아파트 입주권 등을 받을 수 있는 구체적인 권리(수분양권)가 직접 발생하는 것이라고는 도저히 볼 수 없으며, 사업시행자가 이주대책에 관한 구체적인 계획을 수립하여 이를 해당자에게 통지 내지 공고한 후, 이주자가 수분양권을 취득하기를 희망하여 이주대책에 정한 절차에 따라 사업시행자에게 이주대책대상자 선정신청을 하고 사업시행자가 이를 받아들여 이주대책대상자로 확인·결정하여야만 비로소 구체적인 수분양권이 발생하게 된다(대판 1994.5.24, 92다35783 전합).

오답의 이유

① 이주대책은 헌법 제23조 제3항에 규정된 정당한 보상에 포함되는 것이라기보다는 이에 부가하여 이주자들에게 종전의 생활상태를 회복시키기 위한 생활보상의 일환으로서 국가의 정책적인 배려에 의하여 마련된 제도라고 볼 것이다. 따라서 이주대책의 실시 여부는 입법자의 입법정책적 재량의 영역에 속한다(헌재 2006.2.23, 2004헌마19).

② 이주대책의 실시 여부는 입법자의 입법정책적 재량의 영역에 속하므로 공익사업을 위한 토지 등의 취득 및 보상에 관한 법률 시행령 제40조 제3항 제3호가 이주대책의 대상자에서 세입자를 제외하고 있는 것이 세입자의 재산권을 침해하는 것이라 볼 수 없다(헌재 2006.2.23, 2004헌마19).

④ 특정한 공익사업의 사업시행자가 보상하여야 하는 손실은, 동일한 소유자에게 속하는 일단의 토지 중 일부를 사업시행자가 그 공익사업을 위하여 취득하거나 사용함으로 인하여 잔여지에 발생하는 것임을 전제로 한다. 따라서 이러한 잔여지에 대하여 현실적 이용상황 변경 또는 사용가치 및 교환가치의 하락 등이 발생하였더라도, 그 손실이 토지의 일부가 공익사업에 취득되거나 사용됨으로 인하여 발생하는 것이 아니라면 특별한 사정이 없는 한 토지보상법 제73조 제1항 본문에 따른 잔여지 손실보상 대상에 해당한다고 볼 수 없다(대판 2017.7.11, 2017두40860).

22

정답 ①

영역 행정구제법 > 손해전보제도   난도 **하**

정답의 이유

① 국가배상법에는 영조물 점유자의 면책규정이 없는 데 반하여 민법에는 공작물의 점유자가 손해의 방지에 필요한 주의를 해태하지 아니한 때에는 그 소유자가 손해를 배상할 책임이 있다(민법 제758조 제1항)고 규정하여 공작물 점유자의 면책규정을 두고 있다.

오답의 이유

② 국가배상법 제5조 제1항 소정의 '공공의 영조물'이라 함은 국가 또는 지방자치단체에 의하여 특정 공공의 목적에 공여된 유체물 내지 물적 설비를 말하며, 국가 또는 지방자치단체가 소유권, 임차권 그 밖의 권한에 기하여 관리하고 있는 경우뿐만 아니라 사실상의 관리를 하고 있는 경우도 포함된다(대판 1998.10.23, 98다17381).

③ 국가배상법 제5조 소정의 영조물의 설치·관리상의 하자라 함은 영조물의 설치 및 관리에 불완전한 점이 있어 이 때문에 영조물 자체가 통상 갖추어야 할 안전성을 갖추지 못한 상태에 있는 것을 말하는 것이다(대판 1994.11.22, 94다32924).

④ 고등학교 3학년 학생이 교사의 단속을 피해 담배를 피우기 위하여 3층 건물 화장실 밖의 난간을 지나다가 실족하여 사망한 경우, 학교 관리자에게 그와 같은 이례적인 사고가 있을 것을 예상하여 복도나 화장실 창문에 난간으로의 출입을 막기 위하여 출입금지장치나 추락위험을 알리는 경고표지판을 설치할 의무가 있다고 볼 수는 없으므로 학교시설의 설치·관리상의 하자가 없다(대판 1997.5.16, 96다54102).

23

정답 ①

정답의 이유

① 행정소송법 제28조 제1항에 따르면 원고의 청구가 이유 있다고 인정하는 경우에도 처분 등을 취소하는 것이 현저히 공공복리에 적합하지 아니하다고 인정하는 때에는 법원은 원고의 청구를 기각할 수 있는데, 이를 사정판결이라고 한다.

24

정답 ①

정답의 이유

① 과세관청의 공적 견해표명이 있었는지의 여부를 판단하는 데 있어 반드시 행정조직상의 형식적인 권한분장에 구애될 것은 아니고 담당자의 조직상의 지위와 임무, 당해 언동을 하게 된 구체적인 경위 및 그에 대한 납세자의 신뢰가능성에 비추어 실질에 의하여 판단하여야 한다(대판 1996.1.23, 95누13746).

오답의 이유

② 신뢰보호원칙과 관련하여 상대방에게 신뢰를 주는 행정청의 공적인 견해표명인 선행조치는 법령, 행정행위, 행정상 확약, 행정지도 등 사실행위 및 기타 국민이 신뢰를 형성하게 될 일체의 조치가 포함되며, 명시적 표시, 묵시적 표시, 적극적 표시, 소극적 표시를 불문한다. 그 표시의 형식이 반드시 문서로 행하여질 필요도 없으며 구두로도 가능하다.

③ 귀책사유라 함은 행정청의 견해표명의 하자가 상대방 등 관계자의 사실은폐나 기타 사위의 방법에 의한 신청행위 등 부정행위에 기인한 것이거나 그러한 부정행위가 없다고 하더라도 하자가 있음을 알았거나 중대한 과실로 알지 못한 경우 등을 의미한다고 해석함이 상당하고, 귀책사유의 유무는 상대방과 그로부터 신청행위를 위임받은 수임인 등 관계자 모두를 기준으로 판단하여야 한다(대판 2002.11.8, 2001두1512).

④ 행정청이 상대방에게 장차 어떤 처분을 하겠다고 확약 또는 공적인 의사 표명을 하였다고 하더라도, 그 자체에서 상대방으로 하여금 언제까지 처분의 발령을 신청하도록 유효기간을 두었는데도 그 기간 내에 상대방의 신청이 없었다거나 확약 또는 공적인 의사표명이 있은 후에 사실적·법률적 상태가 변경되었다면, 그와 같은 확약 또는 공적인 의사표명은 행정청의 별다른 의사표시를 기다리지 않고 실효된다(대판 1996.8.20, 95누10877).

25

정답 ④

정답의 이유

④ 65세대의 공동주택을 건설하려는 사업주체(지역주택조합)에게 주택건설촉진법 제33조에 의한 주택건설사업계획의 승인처분을 함에 있어 그 주택단지의 진입도로 부지의 소유권을 확보하여 진입도로 등 간선시설을 설치하고 그 부지 소유권 등을 기부채납하며 그 주택건설사업 시행에 따라 폐쇄되는 인근 주민들의 기존 통행로를 대체하는 통행로를 설치하고 그 부지 일부를 기부채납하도록 조건을 붙인 경우, 주택건설촉진법과 같은 법 시행령 및 주택건설기준 등에 관한 규정 등 관련 법령의 관계 규정에 의하면 그와 같은 조건을 붙였다 하여도 다른 특별한 사정이 없는 한 필요한 범위를 넘어 과중한 부담을 지우는 것으로서 형평의 원칙 등에 위배되는 위법한 부관이라 할 수 없다(대판 1997.3.14, 96누16698).

오답의 이유

① 재량권행사의 준칙인 규칙이 그 정한 바에 따라 되풀이 시행되어 행정관행이 이루어진 경우에 자기구속 원칙이 적용된다. 재량준칙이 공표된 것만으로는 행정관행이 성립하기 전까지는 자기구속원칙이 적용되지 않는다(대판 2009.12.24, 2009두7967).

② 재량권행사의 준칙인 규칙이 그 정한 바에 따라 되풀이 시행되어 행정관행이 이룩되게 되면, 평등의 원칙이나 신뢰보호의 원칙에 따라 행정기관은 그 상대방에 대한 관계에서 그 규칙에 따라야 할 자기구속을 당하게 되고, 그러한 경우에는 대외적인 구속력을 가지게 된다 할 것이다(헌재 1990.9.3, 90헌마13).

③ 재량준칙은 일반적으로 행정조직 내부에서만 효력을 가질 뿐 대외적인 구속력을 갖는 것은 아니므로 행정처분이 이를 위반하였다고 하여 그러한 사정만으로 곧바로 위법하게 되는 것은 아니고, 다만 그 재량준칙이 정한 바에 따라 되풀이 시행되어 행정관행이 이루어지게 되면 평등의 원칙이나 신뢰보호의 원칙에 따라 행정기관은 상대방에 대한 관계에서 그 규칙에 따라야 할 자기구속을 받게 되므로, 이러한 경우에는 특별한 사정이 없는 한 그에 반하는 처분은 평등의 원칙이나 신뢰보호의 원칙에 어긋나 재량권을 일탈·남용한 위법한 처분이 된다(대판 2013.11.14, 2011두28783).

2017 기출문제 해설

☑ 점수 (　　)점/100점　☑ 문제편 130쪽

영역 분석

영역	문항		비율
행정구제법	7문항	★★★★★★★	28%
행정법 서론	6문항	★★★★★★	24%
행정절차와 행정공개	4문항	★★★★	16%
일반행정작용법	3문항	★★★	12%
행정의 실효성 확보수단	2문항	★★	8%
특별행정작용법	2문항	★★	8%
행정조직법	1문항	★	4%

빠른 정답

01	02	03	04	05	06	07	08	09	10
③	②	④	④	①	③	④	②	①	②
11	12	13	14	15	16	17	18	19	20
③	①	④	②	④	④	②	①	②	①
21	22	23	24	25					
①	③	②	①	③					

01

정답 ③

영역 행정법 서론 > 행정법　난도 **하**

정답의 이유

③ 대통령의 계엄선포는 고도의 정치적 · 군사적 성격을 가진 것으로서 그 당, 부당 내지 필요성 여부는 계엄해제요구권을 가진 국회만이 판단할 수 있는 것이고 당연무효가 아닌 한 사법심사의 대상이 되지 못한다(대판 1980.8.26. 80도1278).

오답의 이유

① 외국에의 국군의 파병결정은 그 성격상 국방 및 외교에 관련된 고도의 정치적 결단을 요하는 문제로서, 헌법과 법률이 정한 절차를 지켜 이루어진 것임이 명백하므로, 대통령과 국회의 판단은 존중되어야 하고 우리 재판소가 사법적 기준만으로 이를 심판하는 것은 자제되어야 한다(헌재 2004.4.29. 2003헌마814).

② 우리 헌법 제64조 제2항 · 제3항 · 제4항에서 "국회는 의원의 자격을 심사하며, 의원을 징계할 수 있다. 의원을 제명하려면 국회재적의원 3분의 2 이상의 찬성이 있어야 하며 이들 처분에 대하여는 법원에 제소할 수 없다"고 규정하여 국회의원의 자격과 관련된 '법률상 쟁송'에 대해서는 사법심사를 부정하고 있는바, 이는 대표적인 국회의 통치행위 중의 하나에 해당한다.

④ 비록 고도의 정치적 결단에 의하여 행해지는 국가작용이라고 할지라도 그것이 국민의 기본권 침해와 직접 관련되는 경우에는 당연히 헌법재판소의 심판대상이 된다(헌재 1996.2.29. 93헌마186).

((●)) 적중레이더

통치행위의 의의

고도의 정치적 성격으로 인하여, 사법심사의 대상으로 하기에 일정한 한계가 있을 뿐만 아니라, 그에 대한 판결이 있는 경우에도 집행이 곤란한 국가작용을 말한다. 통치행위는 행정작용에 국한하여 논의되는 것은 아니지만, 주로 대통령의 활동과 관련하여 문제된다.

02

정답 ②

영역 행정구제법 > 행정쟁송제도　난도 **중**

정답의 이유

② 소송요건의 존부는 사실심 변론종결 시를 기준으로 판단한다. 소제기 당시에는 소송요건이 결여되어 있어도 사실심 변론종결 시까지 이를 구비하면 된다.

오답의 이유

① 행정심판위원회의 재결과 법원의 확정판결은 기판력의 인정여부에 있어서 본질적인 차이가 있다. 재결과 확정판결이 비슷한 효력이 있다고 할 수는 없다.

③ 도로교통법 제118조에서 규정하는 경찰서장의 통고처분은 행정소송의 대상이 되는 행정처분이 아니므로 그 처분의 취소를 구하는 소송은 부적법하다(대판 1995.6.29. 95누4674).

④ 전심절차를 밟지 아니한 채 증여세부과처분취소소송을 제기하였다면 제소 당시로 보면 전치요건을 구비하지 못한 위법이 있다 할 것이지만, 소송계속 중 심사청구 및 심판청구를 하여 각 기각결정을 받았다면 원심변론종결일 당시에는 위와 같은 전치요건 흠결의 하자는 치유되었다고 볼 것이다(대판 1987.4.28. 86누29).

03

영역 특별행정작용법 > 군사행정법   난도 **중**

정답의 이유

ㄹ. 병무청은 국방부의 외청에 해당하여, 병무청장은 부령을 발할 수 없다. 병무청장의 관련 업무에 대해서는 관할 중앙행정기관인 국방부장관이 부령을 발할 수 있을 뿐이다.

오답의 이유

ㄱ. 우리나라의 군(軍)은 국군(國軍)만을 인정하고 미국과 같이 주방위군 등을 인정하지 않으므로, 병역징집의 주체는 국가이다.

ㄴ. 우리나라에서 병역의무자가 군부대에 들어가는 방법인 입영에는 징집, 소집 또는 지원의 방법이 있지만, 강제징집이 원칙이고, 지원병제도도 허용하고 있다.

ㄷ. 병무청장의 병역처분에 의하여 병역의무를 지는 국민의 법적 지위가 구체화된다.

ㅁ. 병무청장은 국방부의 외청으로서 국방부 소속이다.

04

정답 ④

영역 일반행정작용법 > 행정상 입법   난도 **중**

정답의 이유

④ 법령보충적 행정규칙은 상위법령과 결합되어 일체가 되는 한도 내에서 상위법령의 일부가 됨으로써 대외적 구속력이 발생되는 것일 뿐, 그 행정규칙 자체는 대외적 구속력을 갖는 것이 아니다(헌재 2004.10.28, 99헌바91).

오답의 이유

① 법규명령은 일반적·추상적 규율로서 그 자체로는 구체적으로 국민의 권리·의무에 직접 변동을 가져오지 않으므로 항고소송의 대상이 될 수 없는 것이 원칙이지만, 법규명령이 집행행위를 매개하지 않고 그 자체로 직접 국민의 권리·의무의 변동을 야기하는 소위 '처분적 법규'일 때에는 예외적으로 항고소송의 대상이 될 수도 있다.

② 명령·규칙 등이 별도의 집행행위를 기다리지 않고 그 자체에 의하여 직접 기본권을 침해하는 것인 때에는 헌법소원심판의 대상이 될 수 있다(헌재 1990.1.15, 89헌마178).

③ 법규명령이 법률에 위반되었는지 여부가 재판의 전제가 된 경우에는 모든 법원에 판단권이 있으나, 대법원만이 이를 최종적으로 심사할 권한을 갖는다(헌법 제107조 제2항).

적중레이더

법규명령과 행정규칙

명령 중에는 법규(=국민에 대하여 직접 효력이 발생하는 법규범)로서의 효력이 인정되는 법규명령과 법규로서의 효력이 인정되지 않는 비법규명령이 있는데, 후자를 행정규칙이라고 한다. 결국 법규명령과 행정규칙의 본질적인 차이는 법규로서의 성질이 있는지 여부에 있다.

05

정답 ①

영역 행정구제법 > 손해전보제도   난도 **상**

정답의 이유

① 비재산적 법익침해에 대한 희생보상청구권의 경우 감염병의 예방 및 관리에 관한 법률과 같은 개별 법률에서 인정하고 있는 경우는 있지만, 보상규정이 없음에도 불구하고 희생보상청구권이 인정될 수 있는지에 대하여는 견해가 대립되고 있으며, 판례 역시 명시적인 입장을 취하고 있지 않다.

오답의 이유

③ 행정상 손실보상청구권의 법적 성질에 대하여 학설은 다수설인 공권설과 소수설인 사권설로 나뉘어 있으며, 판례는 원칙적으로 사권설의 입장이나(대판 1998.2.27, 97다46450), 예외적으로 몇몇 판례에 있어서 공권설을 취한 경우도 있다.

④ 징발물이 국유재산 또는 공유재산인 경우에는 보상을 하지 아니한다(징발법 제20조).

적중레이더

수용적 침해보상 법리

- 의의: 적법한 행정작용의 비정형적·비의욕적인 부수적 결과로, 타인의 재산권에 수용적 영향을 가하는 침해. 적법한 행정활동의 의도되지 않은 부수적 효과로 발생했기 때문에 사인의 재산권에 대한 손실을 보상해 주기 위하여 관습법적으로 발전되어온 희생보상제도의 하나로 독일에서 고안되었다.
- 수용유사적 침해는 침해 자체가 위법하지만, 수용적 침해는 적법한 행정작용에 의한 것이다.
- 손실보상을 위한 법적 근거가 없음. 대법원도 아직 채택하고 있지 않다.

06

정답 ③

영역 행정의 실효성 확보수단 > 행정벌   난도 **중**

정답의 이유

③ 과태료는 행정청의 과태료 부과처분이나 법원의 과태료 재판이 확정된 후 5년간 징수하지 아니하거나 집행하지 아니하면 시효로 인하여 소멸한다(질서위반행위규제법 제15조 제1항).

① 신분에 의하여 성립하는 질서위반행위에 신분이 없는 자가 가담한 때에는 신분이 없는 자에 대하여도 질서위반행위가 성립한다(질서위반행위규제법 제12조 제2항).

② 행정청이 질서위반행위에 대하여 과태료를 부과하고자 하는 때에는 미리 당사자(질서위반행위규제법 제11조 제2항에 따른 고용주 등을 포함한다)에게 대통령령으로 정하는 사항을 통지하고, 10일 이상의 기간을 정하여 의견을 제출할 기회를 주어야 한다. 이 경우 지정된 기일까지 의견 제출이 없는 경우에는 의견이 없는 것으로 본다(질서위반행위규제법 제16조 제1항).

④ 자신의 행위가 위법하지 아니한 것으로 오인하고 행한 질서위반행위는 그 오인에 정당한 이유가 있는 때에 한하여 과태료를 부과하지 아니한다(질서위반행위규제법 제8조).

적중레이더

행정형벌과 행정질서벌의 구별

구분	행정형벌	행정질서벌
제재 수단	형법상 형벌 (징역, 벌금 등)	과태료
형법총칙 적용 여부	적용 ○	적용 ×
죄형법정주의 적 용 여부	적용 ○	적용 ○
고의 또는 과실 필요 여부	필요 ○	필요 ○
과벌 절차	형사소송절차	질서위반행위규제법
대상행위	직접적으로 행정목적 을 침해하는 행위	간접적으로 행정목적의 달성에 장해를 미칠 위험성이 있는 행위

07

정답 ④

영역 행정법 서론 > 행정상 법률관계   난도 **하**

④ 학령아동의 초등학교 취학은 상대방의 강제적 동의에 의하여 성립하는 특별권력관계이다.

① · ② · ③ 공무원 채용관계의 설정, 국공립대학교 입학, 국공립도서관 이용관계의 설정은 모두 상대방의 임의적 동의에 의하여 성립하는 특별권력관계이다.

08

정답 ②

영역 행정구제법 > 행정쟁송제도   난도 **중**

② 적법한 건축물에 철거명령이 내려진 경우 원고가 취소소송을 제기하면서 이와 병행하여 집행정지를 신청하지 않는다면 후에 비록 철거명령이 위법하다 하여 취소되더라도 행정대집행에 의하여 이미 철거가 끝나버리면 취소소송은 아무런 실익이 없게 되는바, 취소소송과 병행하여 처분 등의 효력이나 그 집행 또는 절차의 속행의 전부 또는 일부의 정지조치를 취해 둘 필요가 있다.

① · ③ 처분의 효력정지는 처분 등의 집행 또는 절차의 속행을 정지함으로써 목적을 달성할 수 있는 경우에는 허용되지 아니한다(행정소송법 제23조 제2항).

적중레이더

행정소송법 제23조(집행정지) ① 취소소송의 제기는 처분 등의 효력이나 그 집행 또는 절차의 속행에 영향을 주지 아니한다.
② 취소소송이 제기된 경우에 처분 등이나 그 집행 또는 절차의 속행으로 인하여 생길 회복하기 어려운 손해를 예방하기 위하여 긴급한 필요가 있다고 인정할 때에는 본안이 계속되고 있는 법원은 당사자의 신청 또는 직권에 의하여 처분 등의 효력이나 그 집행 또는 절차의 속행의 전부 또는 일부의 정지(이하 "집행정지"라 한다)를 결정할 수 있다. 다만, 처분의 효력정지는 처분 등의 집행 또는 절차의 속행을 정지함으로써 목적을 달성할 수 있는 경우에는 허용되지 아니한다.

09

정답 ①

영역 특별행정작용법 > 군사행정법   난도 **하**

① 병역법은 상근예비역소집(제21조), 승선근무예비역(제21조의2), 전환복무(제25조), 사회복무요원(제26조 이하), 예술 · 체육요원(제33조의7 이하) 등 많은 형태로 병역의무에 대한 특례를 인정하고 있다.

② 현역병이 징역 · 금고 · 구류의 형이나 군기교육처분을 받은 경우 또는 복무를 이탈한 경우에는 그 형의 집행일수, 군기교육처분일수 또는 복무이탈일수는 현역 복무기간에 산입(算入)하지 아니한다(병역법 제18조 제3항).

③ 국방의 의무는 국방을 위한 직·간접의 병력 형성 의무를 그 내용으로 하는데, 직접적인 병력 형성 의무란 군인으로서의 징집연령에 달한 경우 징집의무에 따를 의무를 의미하며, 간접적인 병력형성의무란 예비군 복무의무, 민방위대원소집 응소의무 등과 같이 기타 국방상 필요한 군사적 조치에 협력할 의무를 말한다.

④ 군 복무 중 재해로 인하여 발생한 손실에 대해서는 관련 법률이 정하는 바에 의하여 보상금을 지급한다(병역법 제75조 제1항 제1호).

10 정답 ②

영역 행정법 서론 > 법률사실과 법률요건 난도 **중**

정답의 이유

② 공법상 부당이득반환청구권의 법적 성질에 관하여는 학설이 대립되고 있으나 판례는 이를 사권으로 보고 있고 국가재정법이 정한 금전채권에 대한 5년의 시효기간은 국민과 국가 간의 사법상 금전채권에 대해서도 적용된다고 본다.

오답의 이유

① 금전채권의 소멸시효에 관해서 국가재정법(제96조)과 지방재정법(제82조)은 다른 법률에 특별한 규정이 없는 한 5년간 행사하지 아니하면 소멸시효가 완성한다고 규정하고 있다.

③ 구 국유재산법에서는 변상금 및 연체료의 부과권과 징수권을 구별하여 제척기간이나 소멸시효의 적용 대상으로 규정하고 있지 않으므로, 변상금 부과권 및 연체료 부과권도 모두 국가재정법 제96조 제1항에 따라 5년의 소멸시효가 적용된다. 그리고 구 국유재산법 제51조 제2항, 구 국유재산법 시행령 제56조 제5항, 제44조 제3항의 규정에 의하면, 변상금 납부의무자가 변상금을 기한 내에 납부하지 아니하는 때에는 국유재산의 관리청은 변상금 납부기한을 경과한 날부터 60월을 초과하지 않는 범위 내에서 연체료를 부과할 수 있고, 연체료 부과권은 변상금 납부기한을 경과한 날부터 60월이 될 때까지 날짜의 경과에 따라 그때그때 발생하는 것이므로, 소멸시효도 각 발생일부터 순차로 5년이 경과하여야 완성된다(대판 2014.4.10. 2012두16787).

④ 소멸시효의 중단은 소멸시효의 기초가 되는 권리의 불행사라는 사실상태와 맞지 않은 사실이 생긴 것을 이유로 소멸시효의 진행을 차단케 하는 제도인 만큼 납세고지에 의한 국세징수권자의 권리행사에 의하여 이미 발생한 소멸시효중단의 효력은 그 과세처분(납세고지)이 취소되었다 하여 사라지지 않음은 물론 과세처분이 취소되어 소급하여 그 효력을 상실하였다고 해서 이에 기한 국세체납처분에 의한 압류처분이 실효되어 당연무효가 된다고 할 수도 없으므로 그 압류로 인한 소멸시효중단의 효력도 사라지지 않는다(대판 1988.2.23. 85누820).

11 정답 ③

영역 행정법 서론 > 법률사실과 법률요건 난도 **하**

정답의 이유

③ 체육시설의 설치·이용에 관한 법률 제20조에 의한 골프장 이용료 변경신고서는 그 신고 자체가 위법하거나 그 신고에 무효사유가 없는 한 이것이 도지사에게 제출하여 접수된 때에 신고가 있었다고 볼 것이고, 도지사의 수리행위가 있어야만 신고가 있었다고 볼 것은 아니다(대판 1993.7.6. 93마635).

오답의 이유

①·②·④ 골프장 회원 모집 계획 신고, 납골당 설치 신고, 양수인·양도인 지위승계 신고는 모두 '수리를 요하는 신고'이다.

12 정답 ①

영역 행정조직법 > 공무원법 난도 **중**

정답의 이유

① 시보 임용 기간 중에 있는 공무원이 근무성적·교육훈련성적이 나쁘거나 국가공무원법 또는 국가공무원법에 따른 명령을 위반하여 공무원으로의 자질이 부족하다고 판단되는 경우에는 제68조(의사에 반한 신분 조치)와 제70조(직권면직)에도 불구하고 면직시키거나 면직을 제청할 수 있다(국가공무원법 제29조 제3항).

오답의 이유

② 5급 공무원을 신규 채용하는 경우에는 1년, 6급 이하의 공무원을 신규 채용하는 경우에는 6개월 간 각각 시보(試補)로 임용하고 그 기간의 근무성적·교육훈련성적과 공무원으로서의 자질을 고려하여 정규 공무원으로 임용한다(국가공무원법 제29조 제1항).

③ 모든 공무원은 법령을 준수하며 성실히 직무를 수행하여야 한다(국가공무원법 제56조).

④ 지방공무원 시보 임용 당시에는 지방공무원법 제31조 제4호의 공무원 임용결격자에 해당하였으나, 정규 지방공무원 임용 당시에는 그 결격사유가 해소되었다면, 같은 법 제28조 제1항에서 규정하고 있는 시보 임용기간을 거침이 없이 곧바로 정규 지방공무원으로

임용하였음을 이유로 정규 지방공무원 임용행위를 취소할 수 있음은 별론으로 하고, 정규 지방공무원 임용행위를 당연무효라고 볼 수 없다(법제처 법령해석).

13
정답 ④

영역 행정의 실효성 확보수단 > 행정상 강제   난도 **중**

정답의 이유

④ 개발제한구역 내 불법 건축된 교회 건물은 합법화될 가능성이 없고, 도시의 무질서한 확장을 방지하기 위한 공익필요성이 크므로 대집행이 가능하다(대판 2000.6.23, 98두3112).

오답의 이유

① 대판 1990.12.7, 90누5405
② 대판 1991.3.12, 90누10070
③ 대판 1987.3.10, 86누860

📡 **적중레이더**

대집행의 법적 근거와 요건

- 대집행이란 의무자가 대체적 작위의무를 이행하지 않는 경우에 행정청이 의무자가 하여야 할 행위를 스스로 행하거나 또는 제3자로 하여금 하게 함으로써 의무의 이행이 있는 것과 동일한 상태를 실현시킨 후, 그 비용을 의무자로부터 징수하는 것을 말한다(행정대집행법 제2조).
- 법적 근거: 대집행의 일반법으로는 행정대집행법이 있고, 그 밖에 개별법에서 개별적인 대집행에 대하여 규정하고 있다(예 건축법 제85조).
- 대집행의 요건
  - 공법상 대체적 작위의무의 불이행이 있을 것
  - 다른 수단으로는 그 이행을 확보하기 곤란할 것
  - 그 불이행을 방치함이 심히 공익을 해치는 것으로 인정될 것

14
정답 ②

영역 행정절차와 행정공개 > 정보공개와 개인정보보호   난도 **하**

정답의 이유

② 공공기관의 정보공개에 관한 법률 제15조 제1항

오답의 이유

① 오로지 상대방을 괴롭힐 목적으로 정보공개를 구하고 있다는 등의 특별한 사정이 없는 한 정보공개의 청구가 신의칙에 반하거나 권리남용에 해당한다고 볼 수 없다(대판 2006.8.24, 2004두2783).
③ 검찰보존사무규칙은 비록 법무부령으로 되어 있으나, 그중 불기소 사건기록 등의 열람 · 등사에 대하여 제한하고 있는 부분은 위임 근거가 없어 행정기관 내부의 사무처리준칙으로서 행정규칙에 불과하므로, 위 규칙에 의한 열람 · 등사의 제한을 구 정보공개법 제

7조 제1항 제1호의 '다른 법률 또는 법률에 의한 명령에 의하여 비공개사항으로 규정된 경우'에 해당한다고 볼 수 없다(대판 2004. 9.23, 2003두1370).
④ 법원이 행정청의 정보공개거부처분의 위법 여부를 심리한 결과 공개를 거부한 정보에 비공개 대상 정보에 해당하는 부분과 공개가 가능한 부분이 혼합되어 있고 공개청구의 취지에 어긋나지 아니하는 범위 안에서 두 부분을 분리할 수 있음을 인정할 수 있을 때에는, 위 정보 중 공개가 가능한 부분을 특정하고 판결의 주문에 행정청의 위 거부처분 중 공개가 가능한 정보에 관한 부분만을 취소한다고 표시하여야 한다(대판 2003.3.11, 2001두6425).

15
정답 ④

영역 일반행정작용법 > 행정행위   난도 **중**

오답의 이유

① 행정처분에 부담인 부관을 붙인 경우 부관의 무효화에 의하여 본체인 행정처분 자체의 효력에도 영향이 있게 될 수는 있지만, 그 처분을 받은 사람이 부담의 이행으로 사법상 매매 등의 법률행위를 한 경우에는 그 부관은 특별한 사정이 없는 한 법률행위를 하게 된 동기 내지 연유로 작용하였을 뿐이므로 이는 법률행위의 취소사유가 될 수 있음은 별론으로 하고 그 법률행위 자체를 당연히 무효화하는 것은 아니다(대판 2009.6.25, 2006다18174).
② 현행 행정쟁송제도 아래서는 부관 그 자체만을 독립된 쟁송의 대상으로 할 수 없는 것이 원칙이나 행정행위의 부관 중에서도 행정행위에 부수하여 그 행정행위의 상대방에게 일정한 의무를 부과하는 행정청의 의사표시인 부담의 경우에는 다른 부관과는 달리 행정행위의 불가분적인 요소가 아니고, 그 존속이 본체인 행정행위의 존재를 전제로 하는 것일 뿐이므로 부담 그 자체로서 행정쟁송의 대상이 될 수 있다(대판 1992.1.21, 91누1264).
③ 법률효과의 일부배제의 법적성질과 관련하여 우리 판례는 "공유수면매립준공인가 중 매립지 일부에 대하여 한 국가귀속처분은 법률효과의 일부배제에 해당하는 부관이다(대판 1991.12.13, 90누8503)"라고 판시하여 부관의 일종으로 보고 있다.

📡 **적중레이더**

기타 부관의 구별개념

- 수정부담: 상대방이 신청한 것과는 다르게 행정행위의 내용을 정하는 것으로 부관이 아니라고 보는 것이 일반적이며 수정허가로 본다.
- 행정행위의 내용상 제한: 영업구역의 설정 등 행정행위의 내용 자체를 제한하는 것으로 부관이 아니다.

16

영역 행정법 서론 > 행정법 　　　　　　　　　　　난도 **하**

정답의 이유

가. 행정절차법 제4조 제2항의 내용으로 신뢰보호의 원칙을 설명한 것이다.

나. 경찰관 직무집행법 제1조 제2항의 내용으로 비례의 원칙을 설명한 것이다.

17

정답 ②

영역 행정구제법 > 행정쟁송제도 　　　　　　　　　난도 **하**

정답의 이유

② 내부위임의 경우 취소소송의 피고는 원칙적으로 위임청이 되므로, 서울지방경찰청장이 피고가 된다.

📡 적중레이더

행정청의 권한행사

- **권한의 위임**: 상급행정관청이 법령에 근거하여 권한의 일부를 하급행정관청에 이전하고 수임기관의 권한으로서 수임기관이 자기의 명의와 책임하에 행사하도록 하는 것을 말한다.
- **내부위임**: 행정편의상 행정기관 내부적으로만 직무권한을 하급관청에 이전시키는 것으로 외부적으로는 상급관청의 행위로 간주된다. 내부위임은 현명주의가 적용되지 않는다는 점에서 대리와 구별되고, 상급관청의 이름으로 사무처리가 행하여진다는 점에서 위임과 구별된다.
- **행정관청의 대리**: 행정관청 A의 권한의 전부 또는 일부를 타 기관 A'(대리기관이라고 함)가 피대리관청인 A를 위한 것임을 표시하고 행위하여, 그 법적 효과를 피대리관청인 A에게 발생하게 하는 권한행사방식을 말한다.

18

정답 ①

영역 행정법 서론 > 행정상 법률관계 　　　　　　　난도 **중**

정답의 이유

① 공무수탁사인과 관련하여 소득세원천징수의무자가 공무수탁사인인가에 대해 논란이 있으나 판례는 소득세원천징수행위가 행정처분에 해당하지 않는다고 판시하고 있는바, 공무수탁사인으로 보지 않고 있다.

오답의 이유

② 공무수탁사인의 위법한 처분으로 인하여 권익을 침해받은 자는 공무수탁사인을 피고로 하여 행정쟁송을 제기할 수 있다.

③ 교육법에 의하여 학위를 수여하는 사립대학총장은 별정우체국장, 원양어선의 선장 등과 더불어 대표적인 공무수탁사인에 해당한다.

④ 국가배상법 제2조 제1항

📡 적중레이더

공무수탁사인

- 별정우체국장
- 호적 · 경찰사무를 행하는 선박의 선장
- 학위를 수여하는 사립대학교의 장
- 소득세법상의 원천징수의무자: 소득세법상의 원천징수의무자인 사기업을 행정주체로서의 공무수탁사인으로 볼 수 있는지가 문제되는바, 우리의 판례는 소득세의 원천징수의무자를 행정주체가 아닌 것으로 판시하였다(대판 1990.3.23, 89누4789).

19

정답 ②

영역 일반행정작용법 > 행정행위 　　　　　　　　　난도 **중**

정답의 이유

② 표준공시지가결정 – 수용재결(대판 2008.8.21, 2007두13845) 사이에는 하자의 승계가 인정된다.

오답의 이유

①·③·④ 직위해제 – 직권면직, 보충역편입처분 – 사회복무요원 소집처분, 상이등급결정 – 상이등급개정 사이에는 하자의 승계가 부정된다.

📡 적중레이더

하자의 승계를 부정한 판례

- 공무원의 직위해제처분과 면직처분 사이(대판 1984.9.11, 84누191)
- 구 병역법상 보충역편입처분과 공익근무요원소집처분(대판 2002.12.20, 2001두5422)
- 토지등급의 설정 또는 수정처분과 과세처분 사이(대판 1995.3.28, 93누23565)
- 과세처분과 체납처분 사이(대판 1987.9.22, 87누383)
- 도시계획결정과 수용재결처분 사이(대판 1990.1.23, 87누947)
- 택지개발예정지구지정처분과 택지개발계획승인처분 사이(대판 2000.10.13, 99두653)
- 농지전용부담금부과처분과 압류처분 사이(헌재 2004.1.29, 2002헌바73)

20

영역 행정구제법 > 손해전보제도   난도 **상**

정답의 이유

① 구청 공무원 갑이 주택정비계장으로 부임하기 이전에 그의 처 등과 공모하여 을에게 무허가건물철거 세입자들에 대한 아파트 입주권 매매행위를 한 경우 이는 갑이 개인적으로 저지른 행위에 불과하고 당시 근무하던 세무과에서 수행하던 지방세 부과, 징수 등 본래의 직무와는 관련이 없는 행위로서 외형상으로도 직무범위 내에 속하는 행위라고 볼 수 없다(대판 1993.1.15, 92다8514).

오답의 이유

② 서울특별시 소속 건설담당직원이 무허가건물이 철거되면 그 소유자에게 시영아파트입주권이 부여될 것이라고 허위의 확인을 하여 주었기 때문에 그 소유자와의 사이에 처음부터 그 이행이 불가능한 아파트입주권 매매계약을 체결하여 매매대금을 지급한 경우, 매수인이 입은 손해는 그 아파트입주권 매매계약이 유효한 것으로 믿고서 출연한 매매대금으로서 이는 매수인이 시영아파트입주권을 취득하지 못함으로 인하여 발생한 것이 아니라 공무원의 허위의 확인행위로 인하여 발생된 것으로 보아야 하므로, 공무원의 허위 확인행위와 매수인의 손해 발생 사이에는 상당인과관계가 있다고 본 사례이다(대판 1996.11.29, 95다21709).

③ 피해자가 손해를 입은 동시에 이익을 얻은 경우에는 손해배상액에서 그 이익에 상당하는 금액을 빼야 한다(국가배상법 제3조의2 제1항).

④ 군인·군무원·경찰공무원 또는 예비군대원이 전투·훈련 등 직무집행과 관련하여 전사(戰死)·순직(殉職)하거나 공상(公傷)을 입은 경우에 본인이나 그 유족이 다른 법령에 따라 재해보상금·유족연금·상이연금 등의 보상을 지급받을 수 있을 때에는 이 법 및 민법에 따른 손해배상을 청구할 수 없다(국가배상법 제2조 제1항 단서).

21
정답 ①

영역 행정절차와 행정공개 > 정보공개와 개인정보보호   난도 **중**

정답의 이유

① 공공기관의 정보공개에 관한 법률 제11조 제1항, 제18조 제1항

> **제11조(정보공개 여부의 결정)** ① 공공기관은 제10조에 따라 정보공개의 청구를 받으면 그 청구를 받은 날부터 10일 이내에 공개 여부를 결정하여야 한다.
>
> **제18조(이의신청)** ① 청구인이 정보공개와 관련한 공공기관의 비공개 결정 또는 부분 공개 결정에 대하여 불복이 있거나 정보공개 청구 후 20일이 경과하도록 정보공개 결정이 없는 때에는 공공기관으로부터 정보공개 여부의 결정 통지를 받은 날 또는 정보공개 청구 후 20일이 경과한 날부터 30일 이내에 해당 공공기관에 문서로 이의신청을 할 수 있다.

22
정답 ③

영역 행정구제법 > 행정쟁송제도   난도 **상**

정답의 이유

무효등확인소송 (행정소송법 제38조 제1항)	부작위위법확인소송 (행정소송법 제38조 제2항)
취소소송의 규정이 대부분 적용되나, ① (㉠ 예외적 행정심판전치주의, 제18조 제1항 단서) ② (㉡ 제소기간, 제20조) ③ 재량처분의 취소 ④ 사정판결 등에 관한 규정은 준용되지 않는다.	취소소송의 규정이 대부분 적용되나, ① (㉢ 처분변경으로 인한 소의 변경, 제22조) ② (㉣ 집행정지 및 집행정지의 취소, 제23조·제24조) ③ 사정판결 ④ 사정판결 시 피고의 소송비용부담 등에 관한 규정은 준용되지 않는다.

(((●))) 적중레이더

판결의 효력

구분	재결	판결
기속력	○	○
형성력	○	○
기판력	×	○

23
정답 ②

영역 행정구제법 > 행정쟁송제도   난도 **하**

정답의 이유

② 행정처분취소청구를 기각하는 판결이 확정되면 그 처분이 적법하다는 점에 관하여 기판력이 생기고 그 소의 원고뿐만 아니라 관계 행정기관도 이에 기속된다 할 것이므로 면직처분이 위법하지 아니하다는 점이 판결에서 확정된 이상 원고가 다시 이를 무효라 하여 그 무효확인을 소구할 수는 없다(대판 1992.12.8, 92누6891).

24
정답 ①

영역 행정절차와 행정공개 > 행정절차법   난도 **중**

정답의 이유

① 행정절차법 제21조 제1항은 행정청은 당사자에게 의무를 과하거나 권익을 제한하는 처분을 하는 경우에는 미리 처분의 제목, 당사자의 성명 또는 명칭과 주소, 처분하고자 하는 원인이 되는 사실과 처분의 내용 및 법적 근거, 그에 대하여 의견을 제출할 수 있다는 뜻과 의견을 제출하지 아니하는 경우의 처리방법, 의견제출기관의 명칭과 주소, 의견제출기한 등을 당사자 등에게 통지하도록 하고 있는바, 신청에 따른 처분이 이루어지지 아니한 경우에는 아직 당사자에게 권익이 부과되지 아니하였으므로 특별한 사정이 없는 한

2017 기출문제 해설 **177**

신청에 대한 거부처분이라고 하더라도 직접 당사자의 권익을 제한 하는 것은 아니어서 신청에 대한 거부처분을 여기에서 말하는 '당 사자의 권익을 제한하는 처분'에 해당한다고 할 수 없는 것이어서 처분의 사전통지대상이 된다고 할 수 없다(대판 2003.11.28, 2003 두674).

오답의 이유

② 통고처분을 할 것인지의 여부는 관세청장 또는 세관장의 재량에 맡겨져 있고, 따라서 관세청장 또는 세관장이 관세범에 대하여 통 고처분을 하지 아니한 채 고발하였다는 것만으로는 그 고발 및 이에 기한 공소의 제기가 부적법하게 되는 것은 아니다(대판 2007.5.11, 2006도1993).

③ 행정절차법 제21조 제4항 · 제6항

④ 행정절차법 제2조 제4호가 행정절차법의 당사자를 행정청의 처분 에 대하여 직접 그 상대가 되는 당사자로 규정하고, 도로법 제25 조 제3항 도로구역을 결정하거나 변경할 경우 이를 고시에 의하도 록 하면서, 그 도면을 일반인이 열람할 수 있도록 한 점 등을 종합 하여 보면, 도로구역을 변경한 이 사건 처분은 행정절차법 제21조 제1항의 사전통지나 제22조 제3항의 의견청취의 대상이 되는 처 분은 아니라고 할 것이다(대판 2008.6.12, 2007두1767).

25
정답 ③

영역 행정절차와 행정공개 > 행정절차법   난도 **중**

정답의 이유

③ 행정청이 당사자와 사이에 도시계획사업의 시행과 관련한 협약을 체결하면서 관계 법령 및 행정절차법에 규정된 청문의 실시 등 의 견청취절차를 배제하는 조항을 두었다고 하더라도, 국민의 행정참 여를 도모함으로써 행정의 공정성 · 투명성 및 신뢰성을 확보하고 국민의 권익을 보호한다는 행정절차법의 목적 및 청문제도의 취지 등에 비추어 볼 때, 위와 같은 협약의 체결로 청문의 실시에 관한 규정의 적용을 배제할 수 있다고 볼 만한 법령상의 규정이 없는 한, 이러한 협약이 체결되었다고 하여 청문의 실시에 관한 규정의 적용이 배제된다거나 청문을 실시하지 않아도 되는 예외적인 경우 에 해당한다고 할 수 없다(대판 2004.7.8, 2002두8350).

오답의 이유

① 다른 법령 등에서 청문을 하도록 규정하고 있는 경우에는 당사자 의 신청이 없더라도 청문을 한다(행정절차법 제22조 제1항 제1호).

② 행정청은 청문을 하려면 청문이 시작되는 날부터 10일 전까지 제 1항 각 호의 사항을 당사자 등에게 통지하여야 한다(행정절차법 제21조 제2항).

④ 행정청은 처분 후 1년 이내에 당사자 등이 요청하는 경우에는 청 문 · 공청회 또는 의견제출을 위하여 제출받은 서류나 그 밖의 물 건을 반환하여야 한다(행정절차법 제22조 제6항).

2016 기출문제 해설

☑ 점수 (　　)점/100점　☑ 문제편 135쪽

영역 분석

행정구제법	8문항	★★★★★★★★	32%
일반행정작용법	7문항	★★★★★★★	28%
행정법 서론	5문항	★★★★★	20%
행정절차와 행정공개	3문항	★★★	12%
행정의 실효성 확보수단	1문항	★	4%
행정조직법	1문항	★	4%

빠른 정답

01	02	03	04	05	06	07	08	09	10
③	③	④	④	④	②	③	③	④	①
11	12	13	14	15	16	17	18	19	20
④	④	②	③	④	④	③	④	②	②
21	22	23	24	25					
①	①	④	①	③					

01

정답 ③

영역 행정법 서론 > 행정법　　　난도 하

정답의 이유

③ 남북정상회담의 개최과정에서 재정경제부장관에게 신고하지 아니하거나 통일부장관의 협력사업승인을 얻지 아니한 채 북한 측에 사업권의 대가 명목으로 송금한 행위 자체는 헌법상 법치국가의 원리와 법 앞에 평등원칙 등에 비추어 볼 때 사법심사의 대상이 된다(대판 2004.3.26, 2003도7878).

오답의 이유

① 남북정상회담의 개최는 고도의 정치적 성격을 지니고 있는 행위라 할 것이므로 특별한 사정이 없는 한 그 당부를 심판하는 것은 사법권의 내재적·본질적 한계를 넘어서는 것이 되어 적절하지 못하다(대판 2004.3.26, 2003도7878).

② 대통령의 긴급재정경제명령은 국가긴급권의 일종으로서 고도의 정치적 결단에 의하여 발동되는 통치행위에 속한다고 할 수 있으나, 통치행위를 포함하여 모든 국가작용은 국민의 기본권적 가치를 실현하기 위한 수단이라는 한계를 반드시 지켜야 하는 것이고,

헌법재판소는 헌법의 수호와 국민의 기본권 보장을 사명으로 하는 국가기관이므로 비록 고도의 정치적 결단에 의하여 행해지는 국가작용이라고 할지라도 그것이 국민의 기본권 침해와 직접 관련되는 경우에는 당연히 헌법재판소의 심판대상이 된다(헌재 1996.2.29, 93헌마186).

④ 비상계엄의 선포나 확대가 국헌문란의 목적을 달성하기 위하여 행하여진 경우에는 법원은 그 자체가 범죄행위에 해당하는지의 여부에 관하여 심사할 수 있다(대판 1997.4.17, 96도3376).

((•)) 적중레이더

통치행위의 근거

• 이론적 근거: 권력분립설, 사법자제설, 재량행위설 등
• 판례: 통치행위를 인정하면서도, 대법원은 기본적으로 사법자제설을 취하면서, 권력분립설에 입각. 헌법재판소는 사법자제설을 취하면서, 국민의 기본권침해와 직접관련성이 있으면 심판대상성 인정

02

정답 ③

영역 행정법 서론 > 행정상 법률관계　　　난도 중

정답의 이유

③ 국가는 국유재산의 무단점유자를 상대로 변상금 부과·징수권의 행사와 별도로 국유재산의 소유자로서 민사상 부당이득반환청구의 소를 제기할 수 있다(대판 2014.7.16, 2011다76402).

오답의 이유

①·④ 구 국유재산법 제51조 제1항에 의한 국유재산의 무단점유자에 대한 변상금부과는 행정청이 공권력을 가진 우월적 지위에서 행하는 것으로서 행정처분이라고 보아야 한다(대판 1992.4.14, 91다42197).

② 국유재산의 무단점유 등에 대한 변상금징수의 요건은 국유재산법 제51조 제1항에 명백히 규정되어 있으므로 변상금을 징수할 것인가는 처분청의 재량을 허용하지 않는 기속행위이다(대판 2000.1.28, 97누4098).

적중레이더

변상금

- 변상금이란 사용허가나 대부계약 없이 국유재산 또는 공유재산을 사용·수익하거나 점유한 자에게 부과하는 금액(국유재산법 제2조 제9호)이다.
- 변상금은 "무단점유자"에게 부과된다. 단 ① 등기부나 그 밖의 공부(公簿)상의 명의인을 정당한 소유자로 믿고 상당한 대가를 지급하고 권리를 취득한 자(취득자의 상속인과 그 포괄승계인을 포함한다)의 재산이 취득 후에 공유재산 또는 물품으로 판명되어 지방자치단체에 귀속된 경우, ② 국가나 지방자치단체가 재해대책 등 불가피한 사유로 일정 기간 공유재산 또는 물품을 점유하게 하거나 사용·수익하게 한 경우는 징수하지 않는다(공유재산법 제81조 제1항).

03
정답 ④

영역 행정절차와 행정공개 > 행정절차법　　　　　난도 **하**

정답의 이유

④ 행정절차법은 제3조(적용 범위) 제1항에서 처분, 신고, 행정상 입법예고, 행정예고 및 행정지도절차에 관하여 행정절차법이 적용됨을 규정하고 있다. ⓒ 고지는 제26조에, ⓔ 온라인공청회는 제38조의2에 규정되어 있다.

오답의 이유

⊙ 철회 및 직권취소와 ⓛ 행정쟁송에 대해서는 행정절차법에 규정이 없다.

04
정답 ④

영역 행정절차와 행정공개 > 정보공개와 개인정보보호　　난도 **중**

정답의 이유

④ 학술·연구를 위하여 일시적으로 국내에 방문하는 외국인은 정보공개를 청구할 수 있다(공공기관의 정보공개에 관한 법률 시행령 제3조 제1호).

> **제3조(외국인의 정보공개 청구)** 법 제5조 제2항에 따라 정보공개를 청구할 수 있는 외국인은 다음 각 호의 어느 하나에 해당하는 자로 한다.
> 1. 국내에 일정한 주소를 두고 거주하거나 학술·연구를 위하여 일시적으로 체류하는 사람
> 2. 국내에 사무소를 두고 있는 법인 또는 단체

오답의 이유

① 공공기관의 정보공개에 관한 법률 제4조 제3항

> **제4조(적용범위)** ③ 국가안전보장에 관련되는 정보 및 보안 업무를 관장하는 기관에서 국가안전보장과 관련된 정보의 분석을 목적으로 수집하거나 작성한 정보에 대해서는 이 법을 적용하지 아니한다.

② 공공기관의 정보공개에 관한 법률 제11조 제3항

> **제11조(정보공개 여부의 결정)** ③ 공공기관은 공개 청구된 공개 대상 정보의 전부 또는 일부가 제3자와 관련이 있다고 인정할 때에는 그 사실을 제3자에게 지체 없이 통지하여야 하며, 필요한 경우에는 그의 의견을 들을 수 있다.

③ 공공기관의 정보공개에 관한 법률 제9조 제1항 제8호

> **제9조(비공개 대상 정보)** ① 공공기관이 보유·관리하는 정보는 공개 대상이 된다. 다만, 다음 각 호의 어느 하나에 해당하는 정보는 공개하지 아니할 수 있다.
> 8. 공개될 경우 부동산 투기, 매점매석 등으로 특정인에게 이익 또는 불이익을 줄 우려가 있다고 인정되는 정보

05
정답 ④

영역 행정구제법 > 손해전보제도　　　　　　　　난도 **하**

정답의 이유

④ 공익사업에 필요한 토지 등의 취득 또는 사용으로 인하여 토지소유자나 관계인이 입은 손실은 사업시행자가 보상하여야 한다(공익사업을 위한 토지 등의 취득 및 보상에 관한 법률 제61조).

오답의 이유

① 행정상 손실보상의 대상이 되기 위해서는 그 손실이 특별한 희생으로부터 발생하여야 한다. 따라서 사회적인 제약의 경우에는 원칙적으로 손실보상의 대상이 되지 않는다.

② 행정상 손실보상은 적법행위로 인한 손실에 대해서만 인정되고, 위법행위로 인한 손해에 대해서는 행정상 손해배상이 문제될 뿐 손실보상의 대상이 될 수 없다.

③ 행정상 손해배상은 재산적·비재산적 손해를 모두 포함하지만, 행정상 손실보상은 재산적 손실만을 대상으로 한다.

06

영역 행정구제법 > 행정소송　　　　　난도 **중**

정답의 이유

② 공익근무요원 소집해제신청을 거부한 후에 원고가 계속하여 공익
　근무요원으로 복무함에 따라 복무기간만료를 이유로 소집해제처
　분을 한 경우, 원고가 입게 되는 권리와 이익의 침해는 소집해제처
　분으로 해소되었으므로 위 거부처분의 취소를 구할 소의 이익이
　없다(대판 2005.5.13, 2004두4369).

오답의 이유

① 현역입영대상자로서는 현실적으로 입영을 하였다고 하더라도, 입
　영 이후의 법률관계에 영향을 미치고 있는 현역병입영통지처분 등
　을 한 관할지방병무청장을 상대로 위법을 주장하여 그 취소를 구
　할 소송상의 이익이 있다(대판 2003.12.26, 2003두1875).

③ 징계처분으로서 감봉처분이 있은 후 공무원의 신분이 상실된 경우
　에도 위법한 감봉처분의 취소가 필요한 경우에는 위 감봉처분의
　취소를 구할 소의 이익이 있다(대판 1977.7.12, 74누147).

④ 원고들이 불합격처분의 취소를 구하는 이 사건 소송계속 중 당해
　연도의 입학시기가 지났더라도 당해연도의 합격자로 인정되면 다
　음연도의 입학시기에 입학할 수도 있다고 할 것이므로 원고들로서
　는 피고의 불합격처분의 적법 여부를 다툴만한 법률상의 이익이
　있다(대판 1990.8.28, 89누8255).

07

영역 행정구제법 > 행정소송　　　　　난도 **상**

정답의 이유

③ 과세표준과 세액을 감액하는 경정처분은 당초 부과처분과 별개 독
　립의 과세처분이 아니라 그 실질은 당초 부과처분의 변경이고, 그
　에 의하여 세액의 일부취소라는 납세자에게 유리한 효과를 가져오
　는 처분이라 할 것이므로 그 경정결정으로도 아직 취소되지 않고
　남아 있는 부분이 위법하다 하여 다투는 경우 항고소송의 대상은
　당초의 부과처분 중 경정결정에 의하여 취소되지 않고 남은 부분
　이고, 경정결정이 항고소송의 대상이 되는 것은 아니다(대판 1993.
　11.9, 93누9989).

오답의 이유

① · ② 과세처분이 있은 후 증액경정처분이 있는 경우, 그 증액경정
　처분은 당초의 처분을 그대로 둔 채 당초 처분에서의 과세표준 및
　세액을 초과하는 부분만을 추가로 확정하는 것이 아니라 당초의
　처분에서의 과세표준 및 세액을 포함시켜 전체로서의 하나의 과세
　표준과 세액을 다시 결정하는 것이므로, 당초 처분은 증액경정처
　분에 흡수되어 당연히 소멸하고 그 증액경정처분만이 쟁송의 대상
　이 된다(대판 2001.12.27, 2000두10083).

④ 당초처분이 있은 뒤 감액경정처분이 행하여진 경우 감액경정처분
　은 당초처분의 일부를 취소하는 효력을 갖는 것에 불과하며, 당초
　처분과 별개 독립된 것이 아니고 실질적으로 당초처분의 변경이
　다. 따라서 항고소송의 대상이 되는 것은 당초처분 중 경정결정에
　의하여 취소되지 않고 남아 있는 부분, 즉 감액된 당초처분이며,
　제소기간의 준수 및 기타 적법한 전심절차를 거쳤는지 여부도 당
　초처분을 기준으로 판단하여야 한다.

((·)) 적중레이더

경정처분

과세처분 등을 한 뒤 그 처분을 증액 또는 감액하는 내용의 처분을
말하는데 이때 당초의 처분과 경정처분 중에서 어느 것이 항고소송
의 대상이 되는지가 문제이다.

국세기본법 제22조의3(경정 등의 효력) ① 세법에 따라 당초 확정된
세액을 증가시키는 경정(更正)은 당초 확정된 세액에 관한 이 법 또
는 세법에서 규정하는 권리 · 의무관계에 영향을 미치지 아니한다.
② 세법에 따라 당초 확정된 세액을 감소시키는 경정은 그 경정으로
감소되는 세액 외의 세액에 관한 이 법 또는 세법에서 규정하는 권
리 · 의무관계에 영향을 미치지 아니한다.

08

영역 행정구제법 > 행정심판　　　　　난도 **하**

정답의 이유

③ 행정심판법 제13조에 따르면 행정심판을 제기할 수 있는 자(청구
　인 적격자)는 '정당한 이익이 있는 자'가 아니라 '법률상 이익이 있
　는 자'이다.

제13조(청구인적격) ① 취소심판은 처분의 취소 또는 변경을 구할
법률상 이익이 있는 자가 청구할 수 있다. 처분의 효과가 기간의 경
과, 처분의 집행, 그 밖의 사유로 소멸된 뒤에도 그 처분의 취소로 회
복되는 법률상 이익이 있는 자의 경우에도 또한 같다.
② 무효등확인심판은 처분의 효력 유무 또는 존재 여부의 확인을 구
할 법률상 이익이 있는 자가 청구할 수 있다.
③ 의무이행심판은 처분을 신청한 자로서 행정청의 거부처분 또는
부작위에 대하여 일정한 처분을 구할 법률상 이익이 있는 자가 청구
할 수 있다.

오답의 이유

① 행정심판법 제28조 제1항

제28조(심판청구의 방식) ① 심판청구는 서면으로 하여야 한다.

② 행정심판법 제30조 제1항

> 제30조(집행부정지의 원칙) ① 심판청구는 처분의 효력이나 그 집행 또는 절차의 속행(續行)에 영향을 주지 아니한다.

④ 행정심판법 제16조 제1항

> 제16조(청구인의 지위승계) ① 청구인이 사망한 경우에는 상속인이나 그 밖에 법령에 따라 심판청구의 대상에 관계되는 권리나 이익을 승계한 자가 청구인의 지위를 승계한다.

09
정답 ④

| 영역 행정구제법 > 손해전보제도 | 난도 중 |

정답의 이유

④ 편도 2차선 도로의 1차선상에 교통사고의 원인이 될 수 있는 크기의 돌멩이가 방치되어 있는 경우, 도로의 점유·관리자가 그에 대한 관리 가능성이 없다는 입증을 하지 못하는 한 이는 도로의 관리·보존상의 하자에 해당한다(대판 1998.2.10, 97다32536).

오답의 이유

① 공물의 관리상 필요한 예산의 부족 등과 같은 재정적 제약은 배상책임 판단에 있어서 참작사유가 될 수는 있으나 공물의 안정성 판단의 절대적 요건은 아니다(대판 1967.2.21, 66다1723).

② 국가배상법 제5조 제1항 소정의 '공공의 영조물'에는 국가 또는 지방자치단체가 소유권, 임차권 그 밖의 권한에 기하여 관리하고 있는 경우뿐만 아니라 사실상의 관리를 하고 있는 경우도 포함한다(대판 1995.1.24, 94다45302).

③ 국가배상법 제5조 영조물의 설치·관리의 하자로 인한 배상책임의 경우에는 제2조의 공무원의 직무상 불법행위로 인한 손해배상책임의 경우와 달리 '무과실책임'이며, '민법상 면책규정이 적용되지 않음'에 주의하여야 한다.

10
정답 ①

| 영역 행정의 실효성 확보수단 > 행정상 강제 | 난도 하 |

정답의 이유

① 고의 또는 과실이 없는 질서위반행위는 과태료를 부과하지 아니한다(질서위반행위규제법 제7조).

오답의 이유

② 과태료 부과처분에 대하여 불복하는 당사자는 과태료 부과통지를 받은 날로부터 60일 이내에 해당 행정청에 서면으로 이의제기를 할 수 있으며, 이의제기가 있는 경우에는 당해 행정청의 과태료 부과처분은 그 효력을 상실하므로(질서위반행위규제법 제20조 제1항·제2항), 과태료 부과처분은 항고소송의 대상이 되는 행정처분에 해당하지 않는다.

③ 질서위반행위규제법 제42조 제1항

> 제42조(과태료 재판의 집행) ① 과태료 재판은 검사의 명령으로써 집행한다. 이 경우 그 명령은 집행력 있는 집행권원과 동일한 효력이 있다.

④ 질서위반행위규제법 제20조 제1항

> 제20조(이의제기) ① 행정청의 과태료 부과에 불복하는 당사자는 제17조 제1항에 따른 과태료 부과 통지를 받은 날부터 60일 이내에 해당 행정청에 서면으로 이의제기를 할 수 있다.

11
정답 ④

| 영역 일반행정작용법 > 기타행정행위 | 난도 중 |

정답의 이유

④ 사업승인과 관련하여 이익을 형량한 결과, 공익에 해가 가지 않을 정도의 경미한 흠이 있는 경우에는 관련된 이익들을 상호 교량하여 흠이 있는 사업승인결정의 취소여부를 결정하여야 하고, 사업승인을 무조건 취소하여야 하는 것은 아니다.

오답의 이유

① 형량의 대상에 당연히 포함시켜야 할 사항을 빠뜨린 경우를 형량의 하자 중 형량의 흠결이라 한다.

② 형량을 하기는 하였으나, 관련된 이익의 의미 내용을 잘못 판단하여 형량의 정당성을 결여하였거나 형량과정에 있어서 형량의 객관성을 결여한 경우를 형량의 하자 중 오형량이라고 한다.

③ 행정계획을 수립하거나 사업승인을 함에 있어서 형량을 전혀 하지 않은 경우를 형량의 하자 중 형량의 해태라고 한다.

12
정답 ④

| 영역 행정법 서론 > 행정상 법률관계 | 난도 중 |

정답의 이유

④ 특별권력관계를 기본관계와 경영수행관계로 나누는 견해에 따르면, 공무원에 대한 직무상 명령은 경영수행관계에 해당하므로 사법심사가 불가능하다.

오답의 이유

① 특별권력관계에서도 법률유보의 원칙과 사법심사는 일반적으로 적용된다. 다만 특별권력관계를 설정한 목적을 달성하기 위하여 필요하고 합리적인 범위 내에서 법률에 근거하여 일반국민에게 허용되지 아니하는 특별한 제한이 가능할 수 있다.

일반권력관계 VS 특별권력관계

구분	일반권력관계	특별권력관계
개념	국민이 국가 · 지방자치단체 등 행정주체의 일반통치권에 복종하는 지위에서 당연히 성립하는 법률관계	특별한 목적을 위해 특별한 법률상의 원인에 근거하여 성립되는 관계로서 권력주체가 구체적인 법률의 근거 없이도 특정신분자를 포괄적으로 지배하는 권한을 가지고, 그 신분자는 이에 복종하는 법률관계
권력적 기초	일반권력(일반통치권)	특별권력(특별통치권)
목적	일반적 공행정목적	특별한 공행정목적
관계	행정주체와 국민 간의 관계(외부관계)	특별권력주체와 구성원 간의 관계(내부관계)
성질	일반적 권리 · 의무관계	포괄적 지배 · 복종관계
성립	당연 성립	법률규정+상대방의 동의
법치주의	전면적 적용	적용배제 · 제한(불침투이론)
제재	행정벌	징계벌
행정규칙	행정규칙의 법규성 부정	특별명령이론에 따라 행정규칙의 법규성 긍정

13

정답 ②

영역 일반행정작용법 > 행정행위　　　난도 **하**

정답의 이유

② 환경부장관 또는 시 · 도지사는 배출시설로부터 나오는 특정대기유해물질이나 특별대책지역의 배출시설로부터 나오는 대기오염물질로 인하여 환경기준의 유지가 곤란하거나 주민의 건강 · 재산, 동식물의 생육에 심각한 위해를 끼칠 우려가 있다고 인정되면 대통령령으로 정하는 바에 따라 특정대기유해물질을 배출하는 배출시설의 설치 또는 특별대책지역에서의 배출시설 설치를 제한할 수 있다(대기환경보전법 제23조 제8항). 즉, 기속행위가 아니라 기속재량행위이다.

오답의 이유

① 행정행위를 기속행위와 재량행위로 구분하는 경우 양자에 대한 사법심사는, 전자의 경우 그 법규에 대한 원칙적인 기속성으로 인하여 법원이 사실인정과 관련 법규의 해석 · 적용을 통하여 일정한 결론을 도출한 후 그 결론에 비추어 행정청이 한 판단의 적법 여부를 독자의 입장에서 판정하는 방식에 의하게 되나, 후자의 경우 행정청의 재량에 기한 공익판단의 여지를 감안하여 법원은 독자의 결론을 도출함이 없이 해당 행위에 재량권의 일탈 · 남용이 있는지 여부만을 심사하게 되고, 이러한 재량권의 일탈 · 남용 여부에 대한 심사는 사실오인, 비례 · 평등의 원칙 위배 등을 그 판단 대상으로 한다(대판 2007.6.14, 2005두1466).

③ 법무부장관은 귀화신청인이 법률이 정하는 귀화요건을 갖추었다고 하더라도 귀화를 허가할 것인지 여부에 관하여 재량권을 가진다(대판 2010.7.15, 2009두19069).

④ 행정소송법 제27조

> **제27조(재량처분의 취소)** 행정청의 재량에 속하는 처분이라도 재량권의 한계를 넘거나 그 남용이 있는 때에는 법원은 이를 취소할 수 있다.

14

정답 ③

영역 일반행정작용법 > 행정행위　　　난도 **중**

정답의 이유

③ 세액산출근거가 기재되지 아니한 납세고지서에 의한 부과처분은 강행법규에 위반하여 취소대상이 된다 할 것이므로 이와 같은 하자는 납세의무자가 전심절차에서 이를 주장하지 아니하였거나, 그 후 부과된 세금을 자진 납부하였다거나, 또는 조세채권의 소멸시효 기간이 만료되었다 하여 치유되는 것이라고는 할 수 없다(대판 1985.4.9, 84누431).

오답의 이유

① 비과세관행이 성립하려면, 상당한 기간에 걸쳐 과세를 하지 아니한 객관적 사실이 존재할 뿐만 아니라, 과세관청 자신이 그 사항에 관하여 과세할 수 있음을 알면서도 어떤 특별한 사정 때문에 과세하지 않는다는 의사가 있어야 하며, 위와 같은 공적 견해나 의사는 명시적 또는 묵시적으로 표시되어야 하지만 묵시적 표시가 있다고 하기 위해서는 단순한 과세누락과는 달리 과세관청이 상당기간의 불과세 상태에 대하여 과세하지 않겠다는 의사표시를 한 것으로 볼 수 있는 사정이 있어야 한다(대판 1995.11.14, 95누10181).

② 행정조사기본법 제3조 제2항 제5호

> **제3조(적용범위)** ② 다음 각 호의 어느 하나에 해당하는 사항에 대하여는 이 법을 적용하지 아니한다.
> 　5. 조세 · 형사 · 행형 및 보안처분에 관한 사항

④ 과세처분을 취소하는 판결이 확정되면 그 과세처분은 처분 시에 소급하여 소멸하므로 그 뒤에 과세관청에서 그 과세처분을 경정하는 경정처분을 하였다면 이는 존재하지 않는 과세처분을 경정한 것으로서 그 하자가 중대하고 명백한 당연무효의 처분이다(대판 1989.5.9, 88다카16096).

15

영역 행정구제법 > 행정소송   난도 **중**

정답의 이유

④ 무효등확인소송에 대하여 행정소송법은 거부처분취소판결의 간접 강제에 관한 규정인 제34조를 준용하는 규정을 두고 있지 않은 반면, 부작위위법확인소송에 대해서는 거부처분취소판결의 간접강제에 관한 규정을 준용하고 있다.

오답의 이유

① 행정처분의 적법 여부는 특별한 사정이 없는 한 그 처분 당시를 기준으로 하여 판단하여야 한다(대판 1989.3.28, 88누12257).

② 사정판결은 무효등확인소송에 준용규정이 없다. 사정판결이 무효 등확인소송에 대해서도 가능할 것인가에 대하여 견해 대립이 있으나 다수설과 판례는 효력을 존치시킬 행정행위가 없으므로 적용되지 않는다고 본다.

③ 어떠한 행정처분에 위법한 하자가 있다는 이유로 그 취소를 소구한 행정소송에서 그 행정처분을 취소하는 판결이 선고되어 확정된 경우에 처분행정청이 그 행정소송의 사실심변론종결 이전의 사유를 내세워 다시 확정판결에 저촉되는 행정처분을 하는 것은 확정판결의 기판력에 저촉되어 허용될 수 없고 이와 같은 행정처분은 그 하자가 명백하고 중대한 경우에 해당되어 당연무효이다(대판 1989.9.12, 89누985).

16

영역 행정조직법 > 공무원법   난도 **중**

정답의 이유

④ 근로기준법 등의 입법 취지, 지방공무원법과 지방공무원징계 및 소청규정의 여러 규정에 비추어 볼 때, 채용계약상 특별한 약정이 없는 한, 지방계약직공무원에 대하여 지방공무원법, 지방공무원징계 및 소청규정에 정한 징계절차에 의하지 않고서는 보수를 삭감할 수 없다고 봄이 상당하다(대판 2008.6.12, 2006두16328).

오답의 이유

① 공무원이 한 사직 의사표시의 철회나 취소는 그에 터 잡은 의원면직처분이 있을 때까지 할 수 있는 것이고, 일단 면직처분이 있고 난 이후에는 철회나 취소할 여지가 없다(대판 2001.8.24, 99두9971).

② 국가공무원법 제14조 제7항

> **제14조(소청심사위원회의 결정)** ⑦ 소청심사위원회의 취소명령 또는 변경명령 결정은 그에 따른 징계나 그 밖의 처분이 있을 때까지는 종전에 행한 징계처분 또는 제78조의2에 따른 징계부가금(이하 "징계부가금"이라 한다) 부과처분에 영향을 미치지 아니한다.

③ 국가공무원법 제16조 제1항

> **제16조(행정소송과의 관계)** ① 제75조에 따른 처분, 그 밖에 본인의 의사에 반한 불리한 처분이나 부작위(不作爲)에 관한 행정소송은 소청심사위원회의 심사 · 결정을 거치지 아니하면 제기할 수 없다.

17

영역 행정절차와 행정공개 > 행정절차법   난도 **하**

정답의 이유

③ 행정절차법상 의견제출에는 공청회와 청문회가 포함되지 않는다(행정절차법 제2조 제7호).

> **제2조(정의)** 이 법에서 사용하는 용어의 뜻은 다음과 같다.
> 7. "의견제출"이란 행정청이 어떠한 행정작용을 하기 전에 당사자 등이 의견을 제시하는 절차로서 청문이나 공청회에 해당하지 아니하는 절차를 말한다.

오답의 이유

① 행정절차법 제15조 제1항

> **제15조(송달의 효력 발생)** ① 송달은 다른 법령 등에 특별한 규정이 있는 경우를 제외하고는 해당 문서가 송달받을 자에게 도달됨으로써 그 효력이 발생한다.

② 행정절차법 제29조

> **제29조(청문 주재자의 제척 · 기피 · 회피)** ① 청문 주재자가 다음 각 호의 어느 하나에 해당하는 경우에는 청문을 주재할 수 없다.
> 1. 자신이 당사자 등이거나 당사자 등과 「민법」 제777조 각 호의 어느 하나에 해당하는 친족관계에 있거나 있었던 경우
> 2. 자신이 해당 처분과 관련하여 증언이나 감정(鑑定)을 한 경우
> 3. 자신이 해당 처분의 당사자 등의 대리인으로 관여하거나 관여하였던 경우
> 4. 자신이 해당 처분업무를 직접 처리하거나 처리하였던 경우
> 5. 자신이 해당 처분업무를 처리하는 부서에 근무하는 경우. 이 경우 부서의 구체적인 범위는 대통령령으로 정한다.
> ② 청문 주재자에게 공정한 청문 진행을 할 수 없는 사정이 있는 경우 당사자 등은 행정청에 기피신청을 할 수 있다. 이 경우 행정청은 청문을 정지하고 그 신청이 이유가 있다고 인정할 때에는 해당 청문 주재자를 지체 없이 교체하여야 한다.
> ③ 청문 주재자는 제1항 또는 제2항의 사유에 해당하는 경우에는 행정청의 승인을 받아 스스로 청문의 주재를 회피할 수 있다.

④ 행정절차법 제22조 제4항

> 제22조(의견청취) ④ 제1항부터 제3항까지의 규정에도 불구하고 제21조 제4항 각 호의 어느 하나에 해당하는 경우와 당사자가 의견진술의 기회를 포기한다는 뜻을 명백히 표시한 경우에는 의견청취를 하지 아니할 수 있다.

18

정답 ④

영역 일반행정작용법 > 행정상 입법　　　**난도** 하

정답의 이유

④ 국민의 기본권을 제한하거나 침해할 소지가 있는 사항에 관한 위임입법의 경우에는, 급부행정의 영역에 비하여 그 구체성 내지 명확성 요건이 엄격하게 요구되며, 다양한 사실관계를 규율하거나 사실관계가 수시로 변화될 것이 예상되는 때에는 위임의 명확성 요건이 완화된다(대판 2000.10.19, 98두6265; 헌재 1997.12.24, 95헌마390).

오답의 이유

① 조례의 제정권자인 지방의회는 선거를 통해서 그 지역적인 민주적 정당성을 지니고 있는 주민의 대표기관이고 헌법이 지방자치단체에 포괄적인 자치권을 보장하고 있는 취지로 볼 때, 조례에 대한 법률의 위임은 법규명령에 대한 법률의 위임과 같이 반드시 구체적으로 범위를 정하여 할 필요가 없으며 포괄적인 것으로 족하다(헌재 1995.4.20, 92헌마264).

② 법률이 공법적 단체 등의 정관에 자치법적 사항을 위임한 경우에는 포괄적인 위임입법의 금지는 원칙적으로 적용되지 않는다고 봄이 상당하고, 그렇다 하더라도 그 사항이 국민의 권리·의무에 관련되는 것일 경우에는 적어도 국민의 권리·의무에 관한 기본적이고 본질적인 사항은 국회가 정하여야 한다(대판 2007.10.12, 2006두14476).

③ 위임입법의 경우 그 한계는 예측가능성인바, 이러한 예측가능성의 유무는 당해 특정조항 하나만을 가지고 판단할 것은 아니고 관련 법조항 전체를 유기적·체계적으로 종합 판단하여야 하며 각 대상 법률의 성질에 따라 구체적·개별적으로 검토하여 법률조항과 법률의 입법 취지를 종합적으로 고찰할 때 합리적으로 그 대강이 예측될 수 있는 것이라면 위임의 한계를 일탈하지 아니한 것이다(대판 2007.10.26, 2007두9884).

(((•))) 적중레이더

포괄위임금지원칙에 대한 예외(→ 포괄위임이 가능한 경우)
- 법률이 조례에 위임하는 경우, 조례는 자치법규에 해당함(헌재 1995.4.20, 92헌마264)
- 법률이 공법적 단체 등의 정관에 자치법적 사항을 위임한 경우(대판 2007.10.12, 2006두14476)

19

정답 ②

영역 행정법 서론 > 행정상 법률관계　　　**난도** 중

정답의 이유

② 석유판매업 등록은 원칙적으로 대물적 처분의 성격을 가지는바, 석유판매업자의 지위를 승계한 자는 종전 석유판매업자가 유사석유제품을 판매함으로써 받게 되는 사업정지 등 제재처분의 승계가 포함되어 그 지위를 승계한 자에 해당하므로, 석유판매업자의 지위를 승계한 자에 대해서도 사업정지 등의 제재처분을 취할 수 있다(대판 2003.10.12, 2003두8005).

오답의 이유

① 구 국가유공자 등 예우 및 지원에 관한 법률에 의하여 국가유공자와 유족으로 등록되어 보상금을 받고, 교육보호 등 각종 보호를 받을 수 있는 권리는 국가유공자와 유족에 대한 응분의 예우와 국가유공자에 준하는 군경 등에 대한 지원을 행함으로써 이들의 생활안정과 복지향상을 도모하기 위하여 당해 개인에게 부여되어진 일신전속적인 권리이어서, 같은 법 규정에 비추어 상속의 대상으로도 될 수 없다고 할 것이므로, 전상군경 등록 거부처분 취소 청구소송은 원고의 사망과 동시에 종료하였고, 원고의 상속인들에 의하여 승계될 여지는 없다(대판 2003.8.19, 2003두5037).

③ 공중위생영업과 관련한 위반행위에 대하여 영업소에 대한 영업정지 또는 영업장폐쇄명령은 모두 대물적 처분의 성격을 가지는바, 만일 어떠한 공중위생영업에 대하여 그 영업을 정지할 위법사유가 있다면, 관할 행정청은 그 영업이 양도·양수되었다 하더라도 그 업소의 양수인에 대하여 영업정지처분을 할 수 있다(대판 2001.6.29, 2001두1611).

④ 공권은 강행법규가 존재하며 법률상 보호되는 이익이 존재하므로 공권의 침해가 있는 경우 소송을 통해 구제가 가능하나, 반사적 이익은 법의 보호를 받는 이익(= 법률상의 보호이익)이 아니므로, 이러한 이익이 침해된 때에는 소송을 통하여 구제받을 수 없다.

20

정답 ②

영역 일반행정작용법 > 행정행위　　　**난도** 중

정답의 이유

② 어느 행정처분에 대하여 그 행정처분의 근거가 된 법률이 위헌이라는 이유로 무효확인청구의 소가 제기된 경우에는 다른 특별한 사정이 없는 한 법원으로서는 그 법률이 위헌인지 여부에 대하여는 판단할 필요 없이 그 무효확인청구를 기각하여야 한다(대판 1994.10.28, 92누9463).

① 행정처분의 근거가 된 법률에 대하여 헌법재판소의 위헌결정이 있기 이전에 행정처분이 있었으나, 당해 행정처분에 대한 강제집행 단계에서 행정처분의 근거가 된 법률에 대하여 위헌결정이 있었다면, 그 처분에 대한 강제집행행위는 이미 법률적인 근거가 없어 허용되지 않는다(대판 2002.8.23, 2001두2959).

③ 일반적으로 법률이 헌법에 위반된다는 사정은 헌법재판소의 위헌결정이 있기 전에는 객관적으로 명백한 것이라고 할 수는 없으므로 헌법재판소의 위헌결정 전에 행정처분의 근거되는 당해 법률이 헌법에 위반된다는 사유는 특별한 사정이 없는 한 그 행정처분의 취소소송의 전제가 될 수 있을 뿐 당연무효사유는 아니라고 봄이 상당하다(대판 2014.3.27, 2011두24057).

④ 법률이나 법률조항에 대한 헌법재판소의 위헌결정은 법원 기타 국가기관 및 지방자치단체를 기속하므로(헌법재판소법 제47조 제1항), 행정기관이 위헌으로 선고된 법률을 적용하여 처분 등을 하면 그 행위는 처음부터 법적 효과를 발생하지 못하여 당연무효가 된다.

21 정답 ①

영역 행정법 서론 > 행정상 법률관계   난도 중

정답의 이유

① 내용적 구속력과 기속력은 구별된다. 행정행위가 적법, 유효한 경우에 발생하는 내용적 구속력은 행정행위 상대방에게 인정되는 효력이고, 행정행위가 쟁송취소(인용재결, 인용판결)되어 인정되는 효력은 기속력이며 이는 행정청 및 관계 행정청에 대한 효력이다.

오답의 이유

② 대통령이 담화를 발표하고 이에 따라 국방부장관이 삼청교육 관련 피해자들에게 그 피해를 보상하겠다고 공고하고 피해신고까지 받음으로써, 상대방은 그 약속이 이행될 것에 대한 강한 신뢰를 가지게 되고, 이러한 신뢰는 단순한 사실상의 기대를 넘어 법적으로 보호받아야 할 이익이라고 보아야 할 것이다(대판 2003.11.28, 2002다72156).

③ 처분 등을 취소하는 확정판결은 제3자에 대하여도 효력이 있다(행정소송법 제29조 제1항). 또한 동 규정은 무효등확인소송(제38조 제1항), 부작위위법확인소송(제38조 제2항)에도 준용되므로, 이들 소송의 확정판결 역시 제3자에 대하여 효력이 인정된다.

④ 불가쟁력과 불가변력은 상호 독립적이므로 불가쟁력이 발생한 행정행위이더라도 불가변력이 발생하는 행정행위(예 확인행위, 준사법(司法)적 행위)가 아닌 한 처분청은 직권으로 취소·변경할 수 있다(판례·통설).

((•)) 적중레이더

행정행위의 효력

구속력		행정행위가 법정요건(성립요건과 효력요건)을 갖추어 행하여진 경우에 그 내용에 따라 상대방·관계인 및 행정청을 구속하는 실체법적 효과가 발생하는 힘
공정력		비록 행정행위에 하자가 있는 경우에도 그 하자가 중대하고 명백하여 당연무효인 경우를 제외하고는 권한 있는 기관에 의하여 취소될 때까지는 일응 유효한 것으로 보아 누구든지(상대방은 물론 제3의 국가기관) 그 효력을 부인하지 못하는 힘
구성요건적 효력		유효한 행정행위가 존재하는 이상 처분청 이외의 모든 국가기관은 그의 존재를 존중하며, 스스로의 판단의 기초로 삼아야 하는 효력
존속력		일단 행정행위가 행해진 후 제소기간의 경과 등 일정한 사유가 발생하면 상대방 등이 더 이상 효력을 다툴 수 없게 되고, 또한 일정한 행정행위에 대해서는 행정청 자신도 이를 취소·철회할 수 없게 되는 힘
	불가쟁력 (형식적 존속력)	행정행위에 대하여 쟁송기간이 경과하거나, 쟁송수단을 모두 거친 경우에는 행정행위의 상대방 및 기타 이해관계인이 더 이상 그 행정행위의 효력을 다툴 수 없게 되는 효력
	불가변력 (실질적 존속력)	일정한 행정행위의 경우 행정행위가 행해지면 성질상 행정청 자신도 직권으로 자유로이 취소·변경할 수 없는 효력

22 정답 ①

영역 행정구제법 > 행정쟁송제도   난도 중

정답의 이유

① 공법상 계약은 복수 당사자의 반대방향의 의사의 합치가 요구되는 데 반하여, 공법상 합동행위는 복수 당사자의 동일한 방향의 의사의 합치가 요구된다는 점에서 구별된다.

오답의 이유

② 공법상 계약은 비권력적 행정작용으로서 권력작용인 행정행위와 달리 당사자의 의사의 합치에 의해서 성립하는 것이므로 법률의 명시적 근거 없이도 체결이 가능하다.

③ 공법상 계약을 규율하는 일반법은 없으며, 특히 행정절차법상 공법상 계약을 규율하는 규정은 없다. 판례 또한 공법상 계약의 해지 등에 관하여 행정절차법상의 처분의 근거와 이유를 제시할 필요가 없다고 본다.

④ 공법상 계약은 양 당사자가 대등한 지위에서 행하는 계약의 일종이므로, 행정행위에 인정되는 공정력이 인정되지 않는다.

공법상 계약과 타 개념과의 구별

사법상 계약과 구별	공법상의 계약은 공법적 효과의 발생을 목적으로 한다는 점에서, 사법적 효과의 발생을 목적으로 하는 사법상의 계약과 구별된다.
행정행위와 구별	공법상 계약은 복수 당사자 간의 의사합치로써 이루어진다는 점에서 행정주체가 우월한 의사력을 가지고 행하는 권력적 단독행위인 행정행위와 구별된다.
공법상 합동행위와 구별	공법상 계약은 그 당사자 간의 반대방향의 의사합치로 성립하고, 그 법적 효과는 쌍방의 당사자에 대하여 각각 반대의 의미(일방이 권리를 가지며, 타방은 의무를 진다)를 가진다는 점에서 그 법적 효과가 당사자 쌍방에 대하여 같은 의미를 갖는 공법상 합동행위와 구별된다.
행정계약과 구별	공법상 계약과 행정주체의 사법상 계약을 합하여 행정계약(행정주체가 당사자로 되어 있는 모든 계약을 포함)이라고 부르는 점에서 공법상 계약과 구별된다.

23
정답 ④

영역 일반행정작용법 > 행정행위
난도 **중**

정답의 이유

④ 침익적 행정행위의 취소는 상대방에게 이익이므로 원칙적으로 자유로우나 수익적 행정행위의 취소에 있어서는 취소 자체가 불이익처분이므로 취소의 상대방에 대하여 사전에 통지하고 의견제출의 기회를 주어야 하며 개별법에서 청문이나 공청회를 개최하도록 하고 있는 경우에는 청문이나 공청회를 개최하여야 한다. 즉, 수익적 행정행위의 취소일 경우 행정절차법상 처분의 절차가 적용된다.

오답의 이유

① 불가쟁력이 발생한 행정행위라도 불가변력이 발생하지 않았다면 권한 있는 기관은 이를 취소·변경할 수 있으므로, 위법한 침익적 행정행위에 대해서 불가쟁력이 발생한 경우라 하더라도 처분행정청은 위법한 행정행위로 인한 피해를 제거하기 위하여 직권으로 취소가 가능하다.

② 행정행위에 단순위법의 흠이 존재하는 경우라도 단순위법의 흠이 치유된 경우에는 그 위법을 이유로 당해 행정행위를 직권취소할 수 없다.

③ 행정행위의 직권취소는 행정행위의 성립상의 위법한 하자를 원인으로 하므로 법적 근거가 없어도 처분청의 직권취소가 가능하다(대판 2006.5.25, 2003두4669).

24
정답 ①

영역 행정구제법 > 행정심판
난도 **중**

정답의 이유

① 행정심판의 재결은 그 재결 자체에 고유한 위법이 있음을 이유로 하는 경우에 한하여 재결취소소송 또는 재결무효확인소송을 제기할 수 있을 뿐, 재결 자체에 대하여 다시 행정심판을 청구할 수는 없다.

오답의 이유

② 행정심판법 제31조 제1항

> **제31조(임시처분)** ① 위원회는 처분 또는 부작위가 위법·부당하다고 상당히 의심되는 경우로서 처분 또는 부작위 때문에 당사자가 받을 우려가 있는 중대한 불이익이나 당사자에게 생길 급박한 위험을 막기 위하여 임시지위를 정하여야 할 필요가 있는 경우에는 직권으로 또는 당사자의 신청에 의하여 임시처분을 결정할 수 있다.

③ 행정심판법 제5조 제3호

> **제5조(행정심판의 종류)** 행정심판의 종류는 다음 각 호와 같다.
>   1. 취소심판: 행정청의 위법 또는 부당한 처분을 취소하거나 변경하는 행정심판
>   2. 무효등확인심판: 행정청의 처분의 효력 유무 또는 존재 여부를 확인하는 행정심판
>   3. 의무이행심판: 당사자의 신청에 대한 행정청의 위법 또는 부당한 거부처분이나 부작위에 대하여 일정한 처분을 하도록 하는 행정심판

④ 행정심판법 제47조 제2항

> **제47조(재결의 범위)** ② 위원회는 심판청구의 대상이 되는 처분보다 청구인에게 불리한 재결을 하지 못한다.

25
정답 ③

영역 일반행정작용법 > 행정행위
난도 **상**

정답의 이유

③ 특정인에게 권리나 이익을 부여하는 이른바 수익적 행정처분은 법령에 특별한 규정이 없는 한 재량행위이고, 구 전염병예방법 제54조의2 제2항에 의하여 보건복지가족부장관에게 예방접종으로 인한 질병, 장애 또는 사망의 인정 권한을 부여한 것은, 예방접종과 장애 등 사이에 인과관계가 있는지를 판단하는 것은 고도의 전문적 의학 지식이나 기술이 필요한 점과 전국적으로 일관되고 통일적인 해석이 필요한 점을 감안한 것으로 역시 보건복지가족부장관의 재량에 속하는 것이다(대판 2014.5.16, 2014두274).

① 재량이란 법령이 행정행위의 요건에 관한 판단이나 효과의 선택에 관하여 행정청에게 선택의 여지(= 재량권)를 인정하고 있어 일정한 법적 한계 내에서 선택의 자유가 인정되는 것을 말하는 것이므로, 법률효과의 측면에서 인정된다.

② 행정청에게 재량이 인정되는지 여부는 법규정의 해석을 통하여 도출할 수도 있다.

④ 어느 행정행위가 기속행위인지 재량행위인지는 이를 일률적으로 규정지을 수는 없는 것이고, 당해 처분의 근거가 된 규정의 형식이나 체재 또는 문언에 따라 개별적으로 판단해야 한다(대판 2013.12. 12, 2011두3388).

((¹)) 적중레이더

판단여지와 재량

구분	판단여지	재량
개념	"만약 ~한다면"(요건규정)	"~할 수 있다"(효과규정)
행정법규	불확정개념 예 공익, 상당한 이유	재량(결정재량 + 선택재량)
본질	포섭(법의 인식작용)	법효과의 선택(의지작용)
인정근거	행정의 전문성 및 기술성 존중	행정의 합목적적인 공익수행
사법심사	• 원칙: 전면적인 사법심사의 대상이 됨 • 예외: 행정의 전문적 판단존중, 법원의 사실상 자제(판단여지)	• 원칙: 사법심사의 대상에서 제외 • 예외: 재량일탈·남용 등 → 사법심사

((¹)) 적중레이더

재량의 구별기준에 관한 학설

• 요건재량설: 법규정 중 요건면에 재량, 효과면은 기속 인정

• 효과재량설: 법규정 중 요건면에 기속, 효과면은 재량 인정

• 판단여지설: 법규정 중 요건면에 존재하는 불확정개념에 대하여 원칙적으로 기속개념(사법심사 가능), 예외적으로 판단여지 인정(사법심사 불가), 효과면에 재량 인정

2015 기출문제 해설

☑ 점수 (   )점/100점　☑ 문제편 141쪽

영역 분석

일반행정작용법	11문항	★★★★★★★★★★★	44%
행정구제법	5문항	★★★★★	20%
행정법 서론	4문항	★★★★	16%
행정절차와 행정공개	2문항	★★	8%
행정의 실효성 확보수단	2문항	★★	8%
행정조직법	1문항	★	4%

빠른 정답

01	02	03	04	05	06	07	08	09	10
①	④	②	③	②	①	④	①	④	③
11	12	13	14	15	16	17	18	19	20
③	③	②	①	①	③	①	②	④	③
21	22	23	24	25					
③	②	①	②	④					

01

정답 ①

영역 행정조직법 > 지방자치법　　　　　난도상

정답의 이유

① 법률이 주민의 권리·의무에 관한 사항에 관하여 구체적으로 아무런 범위도 정하지 아니한 채 조례로 정하도록 포괄적으로 위임하였다고 하더라도, 행정관청의 명령과는 달라, 조례도 주민의 대표기관인 지방의회의 의결로 제정되는 지방자치단체의 자주법인 만큼, 지방자치단체가 법령에 위반되지 않는 범위 내에서 주민의 권리·의무에 관한 사항을 조례로 제정할 수 있는 것이다(대판 1991.8.27, 90누6613).

오답의 이유

② 지방자치법 제120조 제1항
③ 지방자치법 제120조 제2항
④ 지방자치법 제120조 제3항

제120조(지방의회의 의결에 대한 재의요구와 제소) ① 지방자치단체의 장은 지방의회의 의결이 월권이거나 법령에 위반되거나 공익을 현저히 해친다고 인정되면 그 의결사항을 이송받은 날부터 20일 이내에 이유를 붙여 재의를 요구할 수 있다.
② 제1항의 요구에 대하여 재의한 결과 재적의원 과반수의 출석과 출석의원 3분의 2 이상의 찬성으로 전과 같은 의결을 하면 그 의결사항은 확정된다.
③ 지방자치단체의 장은 제2항에 따라 재의결된 사항이 법령에 위반된다고 인정되면 대법원에 소를 제기할 수 있다.

02

정답 ④

영역 일반행정작용법 > 행정행위　　　　　난도중

정답의 이유

④ 어떤 행정법규 위반행위에 대하여 이를 단지 간접적으로 행정상의 질서에 장해를 줄 위험성이 있음에 불과한 경우로 보아 행정질서벌인 과태료를 과할 것인가 아니면 직접적으로 행정목적과 공익을 침해한 행위로 보아 행정형벌을 과할 것인가, 그리고 행정형벌을 과할 경우 그 법정형의 형종과 형량을 어떻게 정할 것인가는 당해 위반행위가 위의 어느 경우에 해당하는가에 대한 법적 판단을 그르친 것이 아닌 한 그 처벌내용은 기본적으로 입법권자가 제반사정을 고려하여 결정할 입법재량에 속하는 문제라고 할 수 있다(헌재 1997.8.21, 93헌바51).

오답의 이유

①·② 행정행위가 그 재량성의 유무 및 범위와 관련하여 이른바 기속행위 내지 기속재량행위와 재량행위 내지 자유재량행위로 구분된다고 할 때, 그 구분은 당해 행위의 근거가 된 법규의 체재·형식과 그 문언, 당해 행위가 속하는 행정 분야의 주된 목적과 특성, 당해 행위 자체의 개별적 성질과 유형 등을 모두 고려하여 판단하여야 하고, 이렇게 구분되는 양자에 대한 사법심사는, 전자의 경우 그 법규에 대한 원칙적인 기속성으로 인하여 법원이 사실인정과 관련 법규의 해석·적용을 통하여 일정한 결론을 도출한 후 그 결론에 비추어 행정청이 한 판단의 적법 여부를 독자의 입장에서 판정하는 방식에 의하게 되나, 후자의 경우 행정청의 재량에 기한 공익판단의 여지를 감안하여 법원은 독자의 결론을 도출함이 없이

당해 행위에 재량권의 일탈·남용이 있는지 여부만을 심사하게 되고, 이러한 재량권의 일탈·남용 여부에 대한 심사는 사실오인, 비례·평등의 원칙 위배, 당해 행위의 목적 위반이나 동기의 부정 유무 등을 그 판단 대상으로 한다(대판 2001.2.9, 98두17593).

③ 대판 2007.7.12, 2007두6663

03
정답 ②

정답의 이유

② 행정절차법은 사전통지의 예외사항을 규정하고 있다.

> 제21조(처분의 사전통지) ④ 다음 각 호의 어느 하나에 해당하는 경우에는 제1항에 따른 통지를 하지 아니할 수 있다.
> 1. 공공의 안전 또는 복리를 위하여 긴급히 처분을 할 필요가 있는 경우
> 2. 법령 등에서 요구된 자격이 없거나 없어지게 되면 반드시 일정한 처분을 하여야 하는 경우에 그 자격이 없거나 없어지게 된 사실이 법원의 재판 등에 의하여 객관적으로 증명된 경우
> 3. 해당 처분의 성질상 의견청취가 현저히 곤란하거나 명백히 불필요하다고 인정될 만한 상당한 이유가 있는 경우

오답의 이유

① 행정절차법 제2조 제5호
③ 행정절차법 제23조 제1항

> 제23조(처분의 이유 제시) ① 행정청은 처분을 할 때에는 다음 각 호의 어느 하나에 해당하는 경우를 제외하고는 당사자에게 그 근거와 이유를 제시하여야 한다.
> 1. 신청 내용을 모두 그대로 인정하는 처분인 경우
> 2. 단순·반복적인 처분 또는 경미한 처분으로서 당사자가 그 이유를 명백히 알 수 있는 경우
> 3. 긴급히 처분을 할 필요가 있는 경우

04
정답 ③

정답의 이유

③ 남북정상회담의 개최는 고도의 정치적 성격을 지니고 있는 행위라 할 것이므로 특별한 사정이 없는 한 그 당부를 심판하는 것은 사법권의 내재적·본질적 한계를 넘어서는 것이 되어 적절하지 못하지만, 남북정상회담의 개최과정에서 재정경제부장관에게 신고하지 아니하거나 통일부장관의 협력사업 승인을 얻지 아니한 채 북한 측에 사업권의 대가 명목으로 송금한 행위 자체는 헌법상 법치

국가의 원리와 법 앞에 평등원칙 등에 비추어 볼 때 사법심사의 대상이 된다고 판단한 원심판결을 수긍한 사례이다(대판 2004.3.26, 2003도7878).

오답의 이유

① 헌법재판소는 자이툰부대(일반사병) 이라크 파병결정사건(헌재 2004.4.29, 2003헌마814)에서 파병결정을 고도의 정치적 결단을 요하는 통치행위로 보면서도 국민의 기본권침해 여부에 대한 언급 없이 사법심사의 대상이 아니라고 보아 각하하였다.

② 대통령의 긴급재정경제명령은 국가긴급권의 일종으로서 고도의 정치적 결단에 의하여 발동되는 행위이고 그 결단을 존중하여야 할 필요성이 있는 행위라는 의미에서 이른바 통치행위에 속한다고 할 수 있으나, 통치행위를 포함하여 모든 국가작용은 국민의 기본권적 가치를 실현하기 위한 수단이라는 한계를 반드시 지켜야 하는 것이고, 헌법재판소는 헌법의 수호와 국민의 기본권 보장을 사명으로 하는 국가기관이므로 비록 고도의 정치적 결단에 의하여 행해지는 국가작용이라고 할지라도 그것이 국민의 기본권 침해와 직접 관련되는 경우에는 당연히 헌법재판소의 심판대상이 된다(헌재 1996.2.29, 93헌마186).

④ 대법원은 비상계엄의 선포나 확대가 국헌문란의 목적을 위해 행하여진 경우(대판 1997.4.17, 96도3376)의 통치행위성을 인정하지 않았다.

05
정답 ②

정답의 이유

② 어업권면허에 선행하는 우선순위결정은 강학상 확약에 불과하고 행정처분은 아니므로, 우선순위결정에 공정력이나 불가쟁력과 같은 효력은 인정되지 아니한다(대판 1995.1.20, 94누6529).

오답의 이유

① 판례는 원자로시설부지 사전승인의 법적 성격을 사전적 부분건설 허가라고 하여, 예비결정과 부분허가의 성격을 모두 가지고 있다고 판시하면서 처분성을 긍정하였다(대판 1998.9.4, 97누19588).

③ 건축주명의변경신고 수리거부행위는 양수인의 권리의무에 직접 영향을 미치는 것으로서 취소소송의 대상이 되는 처분이라고 하지 않을 수 없다(대판 1992.3.31, 91누4911).

④ 농지개량조합과 그 직원과의 관계는 사법상의 근로계약관계가 아닌 공법상의 특별권력관계이고, 그 조합의 직원에 대한 징계처분의 취소를 구하는 소송은 행정소송사항에 속한다(대판 1995.6.9, 94누10870). 다만, 2000년 1월부터는 농지개량조합이 '농업기반개발공사'의 조직으로 통폐합되어 현재 농지개량조합은 존재하지 않는다.

06

영역 행정법 서론 > 행정상 법률관계　　　　　　　　**난도 하**

정답의 이유

① 국유재산법 제31조, 제32조 제3항, 산림법 제75조 제1항의 규정 등에 의하여 국유잡종재산에 관한 관리 처분의 권한을 위임받은 기관이 국유잡종재산을 대부하는 행위는 국가가 사경제 주체로서 상대방과 대등한 위치에서 행하는 사법상의 계약이고, 행정청이 공권력의 주체로서 상대방의 의사 여하에 불구하고 일방적으로 행하는 행정처분이라고 볼 수 없으며, 국유잡종재산에 관한 대부료의 납부고지 역시 사법상의 이행청구에 해당하고, 이를 행정처분이라고 할 수 없다(대판 2000.2.11, 99다61675).

오답의 이유

②·③·④ 공공하수도의 이용관계(대판 2003.6.24, 2001두8865), 국가나 지방자치단체에서 근무하는 청원경찰의 근무관계(대판 1993.7.23, 92다47564), 징발권자인 국가와 피징발자와의 관계(대판 1991.10.22, 90다20503)는 모두 공법관계이다.

(((•))) 적중레이더

공법관계와 사법관계

- 판례가 공법관계로 본 경우
  - 행정재산의 사용·수익에 대한 허가(대판 1998.2.27, 97누1105)
  - 행정재산의 사용·수익하는 자에 대한 사용료 부과행위(대판 1996.2.13, 95누11023)
  - 행정재산의 사용·수익의 취소(대판 1997.4.11, 96누17325)
  - 수도료의 부과·징수와 이에 따른 수도료의 납부관계(대판 1977.2.22, 76다2517)
  - 국유재산의 관리청이 그 무단점유자에 대하여 하는 변상금부과처분(대판 1988.2.23, 87누1046)
  - 국가나 지방자치단체에 근무하는 청원경찰의 근무관계(대판 1993.7.13, 92다47564)
  - 공무원연금관리공단의 급여에 관한 결정(대판 1996.12.6, 96누6417)
  - 농지개량조합과 그 직원과의 관계(대판 1995.6.9, 94누10870)
  - 공중보건의사의 채용계약관계(대판 1996.5.31, 95누10617)
  - 지방자치단체의 철거건물소유자에 대한 시영아파트 분양권 부여 및 세입자에 대한 지원대책 등의 업무(대판 1994.9.30, 94다11767)
  - 도시재개발사업에 의한 재개발조합의 관리·처분계획(대판 2002.12.10, 2001두6333)
  - 귀속재산처리법에 의하여 귀속재산을 매각하는 행위(대판 1991.6.25, 91다10435)
  - 국가인권위원회의 성희롱결정 및 시정조치의 권고(대판 2005.7.8, 2005두487)

- 판례가 사법관계로 본 경우
  - 국유임야 대부·매각행위 및 대부료부과조치(대판 1993.12.7, 91누11612)
  - 전화가입계약(대판 1982.12.28, 82누441)
  - 조세부과처분이 당연무효임을 전제로 하여 이미 납부한 세금의 반환을 청구하는 것(대판 1995.4.28, 94다55019)
  - 환매권(대판 1992.4.24, 92다4673)
  - 입찰보증금의 국고귀속조치(대판 1983.12.27, 81누366)
  - 국유잡종재산(현 일반재산) 대부행위, 국유잡종재산(현 일반재산)에 관한 대부료의 납부고지(대판 2000.2.11, 99다61675)
  - 한국조폐공사 직원의 근무관계(대판 1978.4.25, 78다414)
  - 서울특별시지하철공사의 임원과 직원의 근무관계(대판 1989.9.12, 89누2103)
  - 공무원 및 사립학교교직원·의료보험관리공단직원의 근무관계(대판 1993.11.23, 93누15212)
  - 주한미군 한국인 직원의료보험조합의 근무관계(대판 1987.12.8, 87누884)
  - 조합의 직원이 조합에 대하여 갖는 급여청구권(대판 1967.11.14, 67다2271)
  - 공설시장 점포에 대한 시장의 사용허가 및 그 취소행위(대판 1962.10.18, 62누117)
  - 사립학교 교원에 대한 학교법인의 해임처분(대판 1993.2.12, 92누13707)
  - 잡종재산(현 일반재산)의 국유림을 대부하는 행위 및 잡종재산(현 일반재산)에 관한 사용료의 납입고지(대판 1995.5.12, 94누5281)
  - 한국전력공사 사장이 한국전력공사의 회계규정에 의거하여 입찰참가자격을 제한하는 부정당업자 제재처분(대판 1985.8.20, 85누371)
  - 종합유선방송법상의 종합유선방송위원회의 사무국 직원들의 근로관계(대판 2001.12.24, 2001다54038)
  - 고궁(창덕궁 비원) 안내원의 채용계약(대판 1995.10.13, 95다184)

07

정답 ④

영역 행정구제법 > 행정소송　　　　　　　　**난도 중**

정답의 이유

④ 조례가 집행행위의 개입 없이도 그 자체로서 직접 국민의 구체적인 권리의무나 법적 이익에 영향을 미치는 등의 법률상 효과를 발생하는 경우 그 조례는 항고소송의 대상이 되는 행정처분에 해당하고, 이러한 조례에 대한 무효확인소송을 제기함에 있어서 행정소송법 제38조 제1항, 제13조에 의하여 피고적격이 있는 처분 등을 행한 행정청은, 행정주체인 지방자치단체 또는 지방자치단체의 내부적 의결기관으로서 지방자치단체의 의사를 외부에 표시한 권한이 없는 지방의회가 아니라, 구 지방자치법 제19조 제2항, 제92

조에 의하여 지방자치단체의 집행기관으로서 조례로서의 효력을 발생시키는 공포권이 있는 지방자치단체의 장이다(대판 1996.9. 20, 95누8003).

오답의 이유

① 성업공사가 체납압류된 재산을 공매하는 것은 세무서장의 공매권한 위임에 의한 것으로 보아야 할 것이므로, 성업공사가 한 그 공매처분에 대한 취소 등의 항고소송을 제기함에 있어서는 수임청으로서 실제로 공매를 행한 성업공사를 피고로 하여야 하고, 위임청인 세무서장은 피고적격이 없다. 세무서장의 위임에 의하여 성업공사가 한 공매처분에 대하여 피고 지정을 잘못하여 피고적격이 없는 세무서장을 상대로 그 공매처분의 취소를 구하는 소송이 제기된 경우, 법원으로서는 석명권을 행사하여 피고를 성업공사로 경정하게 하여 소송을 진행하여야 한다(대판 1997.2.28, 96누1757).
② 행정소송법 제13조 제1항
③ 취소소송의 피고적격에 관한 규정은 무효등확인소송에도 준용되어 처분 등을 행한 행정청이 피고가 된다(행정소송법 제38조 제1항).

08 정답 ①

영역 행정구제법 > 행정소송　　　　난도 중

정답의 이유

① 공중보건의사 채용계약 해지의 의사표시에 대하여는 대등한 당사자 간의 소송형식인 공법상의 당사자소송으로 그 의사표시의 무효확인을 청구할 수 있는 것이지, 이를 항고소송의 대상이 되는 행정처분이라는 전제하에서 그 취소를 구하는 항고소송을 제기할 수는 없다(대판 1996.5.31, 95누10617).

오답의 이유

② 부당이득반환청구소송은 민사소송으로 제기하여야 한다(대판 1995. 4.28, 94다55019).
③ 구 공무원연금법상의 퇴직급여는 공무원연금관리공단의 지급결정으로 구체적 권리가 발생하는 것이므로 공무원연금관리공단의 급여결정은 행정처분으로서 이에 대해서는 항고소송을 제기하여야 한다(대판 1996.12.6, 96누6417).
④ 국유임야 대부시 대부료 부과처분에 대한 소송은 민사소송으로 해결하고 있다.

09 정답 ④

영역 행정구제법 > 행정소송　　　　난도 중

정답의 이유

④ 부작위위법확인소송은 손해배상과는 경합이 가능하나 헌법소원과는 경합이 불가능하다. 헌법소원의 보충성 원칙에 따라 행정처분에 대한 사전구제절차(부작위위법확인소송)를 거치더라도 재판에

대한 헌법소원은 불가능하므로 결국 부작위위법확인소송의 제기가 가능한 경우 헌법소원은 제기할 수 없다.

오답의 이유

② 부작위위법확인소송은 처분의 신청을 한 자로서 부작위의 위법확인을 구할 법률상 이익이 있는 자만이 제기할 수 있다 할 것이며 이를 통하여 구하는 행정청의 응답행위는 행정소송법 제2조 제1항 제1호 소정의 처분에 관한 것이라야 하므로 당사자가 행정청에 대하여 어떠한 행정행위를 하여 줄 것을 신청하지 아니하였거나 신청을 하였더라도 당사자가 행정청에 대하여 그러한 행정행위를 하여 줄 것을 요구할 수 있는 법규상 또는 조리상 권리를 갖고 있지 아니하든지 또는 행정청이 당사자의 신청에 대하여 거부처분을 한 경우에는 원고적격이 없거나 항고소송의 대상인 위법한 부작위가 있다고 볼 수 없어 그 부작위위법확인의 소는 부적법하다(대판 1993.4.23, 92누17099).
③ 행정소송법 제37조

10 정답 ③

영역 행정의 실효성 확보수단 > 행정상 강제　　　　난도 중

정답의 이유

③ 이행강제금의 납부는 일신전속적인 것으로 상속인 기타의 사람에게 승계될 수 없으며 이행강제금을 부과 받은 사람이 이의를 제기하여 비송사건절차법에 의한 재판절차가 개시된 후에 그 이의한 사람이 사망한 경우 사건 자체가 목적을 잃고 절차가 종료된다(대판 2006.12.8, 2006마470).

오답의 이유

① 이행강제금(집행벌)이란 의무자가 작위의무, 부작위의무 또는 수인의무를 불이행하는 경우 일정한 기한 내에 의무를 이행하지 않으면 금전적 불이익을 과할 것을 계고함으로써 의무자에게 심리적 압박을 가하여 그 의무의 이행을 간접적으로 강제하는 수단을 말한다.
② 이행강제금(집행벌)이 행정상 강제집행의 수단으로서 장래의 의무이행을 확보하기 위한 목적을 가지는 데 반해, 행정벌은 과거의 의무위반에 대한 제재를 주된 목적으로 한다는 점에서 구별된다. 따라서 이행강제금(집행벌)과 행정벌은 그 목적을 달리하므로 양자를 병과할 수 있다. 또한 이행강제금(집행벌)은 의무의 이행이 있기까지 반복적으로 부과할 수 있지만 무제한 부과할 수 있는 것은 아니며 횟수의 제한이 존재한다.
④ 이행강제금(집행벌)은 의무자의 신체·재산에 직접적으로 실력을 가하여 의무이행상태를 실현하는 것이 아니라, 일정한 기한 내에 의무를 이행하지 않으면 금전적 불이익을 과할 것을 계고함으로써 의무자에게 심리적 압박을 가하여 그 의무의 이행을 간접적으로 강제하는 수단을 말한다.

11

영역 일반행정작용법 > 행정행위   난도 **하**

정답의 이유

③ 판례에 의하면 행정행위의 부관은 재량행위에만 붙일 수 있고 기속행위에는 붙일 수 없다. 하지만 현재의 유력한 견해는 기속행위라 하더라도 부관을 붙일 수 있다는 법적 근거가 있거나 법률요건 충족적 부관의 경우에는 부관을 붙일 수 있고, 귀화허가 등은 재량행위이지만 성질상 부관을 붙일 수 없으므로 획일적으로 부관의 가능성을 논함은 무의미하며 개별 검토해야 한다고 한다. 단, 이러한 견해에서도 기속행위의 경우 법효과제한적 부관에 대해서는 부관의 부가가 불가능하다고 본다.

오답의 이유

① 판례는 부담을 제외한 나머지 부관에 대해서는 부관이 붙은 행정행위 전체의 취소를 통해서만 부관을 다툴 수 있다는 태도를 취하고 있다(대판 1986.8.19. 86누202).

④ 대법원은 일관되게 부담만이 독립하여 항고소송의 대상이 될 수 있으며(대판 1992.2.21. 91누1264), 기타의 부관은 독립하여 항고소송의 대상이 될 수 없다는 입장이다(대판 1993.10.8. 93누2032; 대판 2001.6.15. 99두509).

12

영역 일반행정작용법 > 행정행위   난도 **중**

정답의 이유

③ 도시기본계획은 도시의 기본적인 공간구조와 장기발전방향을 제시하는 종합계획으로서 그 계획에는 토지이용계획, 환경계획, 공원녹지계획 등 장래의 도시개발의 일반적인 방향이 제시되지만, 그 계획은 도시계획입안의 지침이 되는 것에 불과하여 일반 국민에 대한 직접적인 구속력은 없다(대판 2002.10.11. 2000두8226).

오답의 이유

① 판례는 근로기준법상 평균임금결정의 처분성을 긍정하였다(대판 2002.10.25. 2000두9717).

② 판례는 공무원연금법상 재직기간합산처분의 처분성을 긍정하였다(대판 2002.11.8. 2001두7695).

④ 판례는 서울교육대학장의 학생에 대한 퇴학처분의 처분성을 긍정하였다(대판 1991.11.22. 91누2144).

13

영역 일반행정작용법 > 기타행정행위   난도 **하**

정답의 이유

② 행정계획은 그 종류와 내용이 매우 다양하고 상이한바, 모든 종류의 계획에 적합한 하나의 법적 성격을 부여하는 것은 불가능하다. 따라서 행정계획은 개별법에 규정되어 있다.

오답의 이유

① 정당하게 도시계획결정 등의 처분을 하였다고 하더라도 이를 관보에 게재하지 아니하였다면 대외적 효력은 발생하지 않는다(대판 1985.12.10. 85누186).

③ 현행 행정절차법상 명시적인 행정계획의 수립(확정)절차는 없다. 다만 간접적으로 행정계획의 행정예고와 처분성을 갖는 계획의 경우 처분에 관한 절차규정이 적용된다.

④ 계획재량에서 행정주체가 가지는 형성의 자유는 무제한적인 것이 아니라 그 행정계획에 관련되는 자들의 이익을 공익과 사익 사이에서는 물론이고 공익 상호 간과 사익 상호 간에도 정당하게 비교교량하여야 한다는 제한이 있다(대판 2006.4.28. 2003두11056). 따라서 계획재량에도 한계가 있으며 법률로부터 자유로운 행위는 아니다.

14

영역 일반행정작용법 > 행정상 입법   난도 **하**

정답의 이유

① 법규명령 중 위임명령의 경우 구체적 범위를 정한 위임이 있어야 하나 집행명령의 경우에는 상위법의 명시적 근거가 없는 경우에도 발할 수 있다.

(((•))) 적중레이더

위임명령과 집행명령

구분	위임명령	집행명령
의의	상위법령에 의해 개별적·구체적으로 위임된 사항에 관하여 발하는 명령	상위법령의 규정범위 안에서 그 시행에 관한 세부적 사항을 정하는 명령
근거	위임명령은 상위법령에 근거가 있는 경우에만 발할 수 있음	집행명령은 상위법령의 명시적 근거가 없는 경우에도 발할 수 있음
규정 여부	새로운 입법사항(법규사항)에 관해서도 규정 가능	새로운 입법사항에 관해서는 규정 불가능

15
정답 ①

정답의 이유

① 재개발조합설립인가신청에 대한 행정청의 조합설립인가처분은 단순히 사인들의 조합설립행위에 대한 보충행위로서의 성질을 가지는 것이 아니라 법령상 일정한 요건을 갖추는 경우 행정주체(공법인)의 지위를 부여하는 일종의 설권적 처분의 성질을 가진다고 봄이 상당하다(대판 2010.1.28, 2009두4845).

오답의 이유

② 대판 1996.9.12, 96마1088

③ 공유수면매립면허는 설권행위인 특허의 성질을 갖는 것이므로 원칙적으로 행정청의 자유재량에 속하며, 일단 실효된 공유수면매립면허의 효력을 회복시키는 행위도 특단의 사정이 없는 한 새로운 면허부여와 같이 면허관청의 자유재량에 속한다고 할 것이므로 공유수면매립법 부칙 제4항의 규정에 의하여 위 법 시행 전에 같은 법 제25조 제1항의 규정에 의하여 효력이 상실된 매립면허의 효력을 회복시키는 처분도 특단의 사정이 없는 한 면허관청의 자유재량에 속하는 행위라고 봄이 타당하다(대판 1989.9.12, 88누9206).

④ 대판 2000.9.8, 98후3057

16
정답 ③

정답의 이유

③ 지방식품의약품안전청장이 수입 녹용 중 전지 3대를 절단부위로부터 5cm까지의 부분을 절단하여 측정한 회분함량이 기준치를 0.5% 초과하였다는 이유로 수입 녹용 전부에 대하여 전량 폐기 또는 반송 처리를 지시한 경우, 녹용 수입업자가 입게 될 불이익이 의약품의 안전성과 유효성을 확보함으로써 국민보건의 향상을 기하고 고가의 한약재인 녹용에 대하여 부적합한 수입품의 무분별한 유통을 방지하려는 공익상 필요보다 크다고는 할 수 없으므로 폐기 등 지시처분이 재량권을 일탈·남용한 경우에 해당하지 않는다(대판 2006.4.14, 2004두3854).

오답의 이유

① 대판 2010.4.8, 2009두22997

② 대판 1995.12.22, 95누4636

④ 여객자동차운수사업법에 따른 개인택시운송사업면허는 특정인에게 권리나 이익을 부여하는 재량행위이고, 행정청이 면허 발급 여부를 심사함에 있어 이미 설정된 면허기준의 해석상 당해 신청이 면허발급의 우선순위에 해당함이 명백함에도 불구하고 이를 제외시켜 면허거부처분을 하였다면 특별한 사정이 없는 한 그 거부처분은 재량권을 남용한 위법한 처분이다(대판 2002.1.22, 2001두8414).

관련 판례

폐기물처리업에 대하여 관할 관청의 사전 적정통보를 받고 막대한 비용을 들여 허가요건을 갖춘 다음 허가신청을 하였음에도 청소업자의 난립으로 효율적인 청소업무의 수행에 지장이 있다는 이유로 한 불허가처분이 신뢰보호의 원칙에 반하여 재량권을 남용한 위법한 처분이다(대판 1998.5.8, 98두4061).

17
정답 ①

정답의 이유

① 우리나라에서 부작위위법확인소송은 인정되지만 부작위위법확인심판은 인정되지 않는다.

오답의 이유

② 의무이행심판은 당사자의 신청에 대한 행정청의 위법 또는 부당한 거부처분이나 부작위에 대하여 일정한 처분을 하도록 하는 행정심판이다.

③ 무효등확인심판의 성질에 관해서는 준형성적 쟁송설이 통설이다. 이 견해는 무효등확인심판이 실질적으로는 확인쟁송이나, 형식적으로는 처분의 효력유무 등을 직접 소송의 대상으로 한다는 점에서 형성적 쟁송으로서의 성질을 아울러 가지는 것으로 본다.

④ 취소심판은 행정청의 위법 또는 부당한 처분의 취소 또는 변경을 하는 심판으로, 법률관계를 성립시킨 처분의 효력을 다투어 그 취소변경에 의해 당해 법률관계를 소멸 또는 변경시키는 성질의 심판이라고 보는 형성적 쟁송설이 통설이다.

18
정답 ②

정답의 이유

② 삼권분립의 원칙, 법치행정의 원칙을 당연한 전제로 하고 있는 우리 헌법하에서 행정권의 행정입법 등 법집행의무는 헌법적 의무라고 보아야 한다. 왜냐하면 행정입법이나 처분의 개입 없이도 법률이 집행될 수 있거나 법률의 시행여부나 시행시기까지 행정권에 위임된 경우는 별론으로 하고, 이 사건과 같이 치과전문의제도의 실시를 법률 및 대통령령이 규정하고 있고 그 실시를 위하여 시행규칙의 개정 등이 행해져야 함에도 불구하고 행정권이 법률의 시행에 필요한 행정입법을 하지 아니하는 경우에는 행정권에 의하여 입법권이 침해되는 결과가 되기 때문이다. 따라서 보건복지부장관에게는 헌법에서 유래하는 행정입법의 작위의무가 있다(헌재 1998.7.16, 96헌마246).

③ 행정소송은 구체적 사건에 대한 법률상 분쟁을 법에 의하여 해결함으로써 법적 안정을 기하자는 것이므로 부작위법확인소송의 대상이 될 수 있는 것은 구체적 권리의무에 관한 분쟁이어야 하고 추상적인 법령에 관하여 제정의 여부 등은 그 자체로서 국민의 구체적인 권리의무에 직접적 변동을 초래하는 것이 아니어서 그 소송의 대상이 될 수 없다.

19 정답 ④

영역 행정절차와 행정공개 > 정보공개와 개인정보보호   난도 중

[정답의 이유]

④ 공공기관의 정보공개에 관한 법률은 국민을 정보공개청구권자로, 지방자치단체를 국민에 대응하는 정보공개의무자로 상정하고 있다고 할 것이므로, 지방자치단체는 공공기관의 정보공개에 관한 법률 제5조에서 정한 정보공개청구권자인 '국민'에 해당되지 아니한다(서울행정법원 2005.10.12, 2005구합10484).

[오답의 이유]

① 국민의 알 권리, 특히 국가정보에의 접근의 권리는 우리 헌법상 기본적으로 표현의 자유와 관련하여 인정되는 것으로 그 권리의 내용에는 일반 국민 누구나 국가에 대하여 보유·관리하고 있는 정보의 공개를 청구할 수 있는 이른바 일반적인 정보공개청구권이 포함되고, 이 청구권은 공공기관의 정보공개에 관한 법률이 1998.1.1. 시행되기 전에는 구 사무관리규정 제33조 제2항과 행정정보공개운영지침에서 구체화되어 있었다(대판 1999.9.21, 97누5114).

② 대판 2004.12.9, 2003두12707

③ 헌재 2004.12.16, 2002헌마579

20 정답 ③

영역 행정구제법 > 행정심판   난도 중

[정답의 이유]

③ 행정심판법 제37조 제2항, 같은 법 시행령 제27조의2 제1항의 규정에 따라 행정심판위원회가 직접 처분을 하기 위하여는 처분의 이행을 명하는 재결이 있었음에도 당해 행정청이 아무런 처분을 하지 아니하였어야 하므로, 당해 행정청이 어떠한 처분을 하였다면 그 처분이 재결의 내용에 따르지 아니하였다고 하더라도 행정심판위원회가 직접 처분을 할 수는 없다(대판 2002.7.23, 2000두9151).

[오답의 이유]

① 재결이란 심판청구사건에 대한 심리의 결과에 따라 최종적인 법적 판단을 하는 행위, 즉 심판청구사건에 대한 행정심판위원회의 종국적 판단인 의사표시를 말한다.

② 행정심판위원회는 심판청구의 대상이 되는 처분 또는 부작위 외의 사항에 대하여는 재결하지 못한다(행정심판법 제47조 제1항).

④ 행정심판위원회는 심판청구의 대상이 되는 처분보다 청구인에게 불리한 재결을 하지 못한다(행정심판법 제47조 제2항).

21 정답 ③

영역 행정법 서론 > 행정상 법률관계   난도 중

[정답의 이유]

③ 행정개입청구권은 사전예방적 성격과 사후구제적 성격 모두를 갖고 있다.

[오답의 이유]

② 도시계획법, 건축법, 도로법 등 관계 법령상 주민에게 도로상 장애물의 철거를 신청할 수 있는 권리를 인정한 근거 법규가 없을 뿐 아니라 조리상 이를 인정할 수도 없고, 따라서 행정청이 인접 토지 소유자의 장애물 철거요구를 거부한 행위는 항고소송의 대상이 되는 거부처분에 해당될 수 없다(대판 1996.1.23, 95누1378).

④ 대판 1999.12.7, 97누17568

22 정답 ②

영역 행정법 서론 > 법률사실과 법률요건   난도 하

[정답의 이유]

② 보존재산인 문화재보호구역 내의 국유 토지는 시효취득의 대상이 아니다(대판 1994.5.10, 93다23442).

[오답의 이유]

① 공유수면이라 함은 하천, 바다, 호수 기타 공공의 용에 사용되는 수류 또는 수면으로서 국가의 소유에 속하는 자연공물을 말하고, 매립이라 함은 공유수면에 토사, 토적 기타 물건을 인위적으로 투입하고 물을 제거하여 육지로 조성하는 행위를 말하는 것이므로, 공유수면에 매립공사를 시행하였으나 그중 일부가 원래의 수면형태로 남아 있다면 그 부분은 주변이 매립지로 바뀌었다고 하여도 공유수면성을 상실하지 않는다고 할 것이다(대판 1992.4.28, 91누4300).

③ 시효취득의 대상이 될 수 없는 자연공물이란 자연의 상태 그대로 공공용에 제공될 수 있는 실체를 갖추고 있는 것을 말하므로, 원래 자연상태에서는 전·답에 불과하였던 토지 위에 수리조합이 저수지를 설치한 경우라면 이는 자연공물이라고 할 수 없을 뿐만 아니라 국가가 직접 공공목적에 제공한 것도 아니어서 비록 일반공중의 공동이용에 제공된 것이라 하더라도 국유재산법상의 행정재산에 해당하지 아니하므로 시효취득의 대상이 된다(대판 2010.11.25, 2010다37042).

④ 공물의 용도폐지 의사표시는 명시적이든 묵시적이든 불문하나 적법한 의사표시이어야 하고 단지 사실상 공물로서의 용도에 사용되지 아니하고 있다는 사실이나 무효인 매도행위를 가지고 용도폐지의 의사표시가 있다고 볼 수 없다(대판 1983.6.14, 83다카181).

23

영역 일반행정작용법 > 행정상 입법   난도 중

정답의 이유

① 시행규칙에서 시행령의 위임에 의한 것임을 명시하지 않은 경우에도 시행령과의 위임관계가 인정된다(대판 1999.12.24, 99두5658).

오답의 이유

② 헌재 1998.2.27, 97헌마64

③ 대판 1994.1.28, 93누17218

④ 헌법 제75조는 "대통령은 법률에서 구체적으로 범위를 정하여 위임받은 사항에 관하여 대통령령을 발할 수 있다."고 규정하고 있으므로 법률의 위임은 반드시 구체적 · 개별적으로 한정된 사항에 관하여 행해져야 할 것이고, 여기서 구체적이라는 것은 일반적 · 추상적이어서는 안 된다는 것을, 범위를 정한다는 것은 포괄적 · 전면적이어서는 아니 된다는 것을 각각 의미하고, 이러한 구체성의 정도는 규제대상의 종류와 성격에 따라 달라진다고 할 것이므로 보건위생 등 급부행정 영역에서 기본권 침해 영역보다 구체성의 요구가 다소 약화되어도 무방하다고 해석된다(대판 1995.12.8, 95카기16).

24

정답 ②

영역 일반행정작용법 > 기타행정행위   난도 중

정답의 이유

② 행정계획은 매우 기술적이고 포괄적인 성격의 행정작용이며, 처분성이 부정되는 경우가 많아서 입법적 통제나 사법적 통제가 곤란한 측면이 있다. 따라서 행정계획은 수립과정에서 절차적 통제가 특히 중요한 의미를 갖는다.

오답의 이유

① 행정계획이라 함은 행정에 관한 전문적 · 기술적 판단을 기초로 하여 도시의 건설 · 정비 · 개량 등과 같은 특정한 행정목표를 달성하기 위하여 서로 관련되는 행정수단을 종합 · 조정함으로써 장래의 일정한 시점에 있어서 일정한 질서를 실현하기 위한 활동기준으로 설정된 것으로서, 도시계획법 등 관계 법령에는 추상적인 행정목표와 절차만이 규정되어 있을 뿐 행정계획의 내용에 대하여는 별다른 규정을 두고 있지 아니하므로 행정주체는 구체적인 행정계획을 입안 · 결정함에 있어서 비교적 광범위한 형성의 자유를 가진다(대판 2000.3.23, 98두2768).

③ 행정계획에 있어서는 다수의 상충하는 사익과 공익들의 조정에 따르는 다양한 결정가능성과 그 미래전망적인 성격으로 인하여 그에 대한 입법적 규율은 상대적으로 제한될 수밖에 없다. 따라서 행정청이 행정계획을 수립함에 있어서는 일반 재량행위의 경우에 비하여 더욱 광범위한 판단 여지 내지는 형성의 자유, 즉 계획재량이 인정되는바, 이 경우 일반적인 행정행위의 요건을 규정하는 경우

보다 추상적이고 불확정적인 개념을 사용하여야 할 필요성이 더욱 커진다(헌재 2007.10.4, 2006헌바91).

④ 목적-수단 규범형식을 취하고 있는 계획규범은 행정주체에게 구체적인 행정계획을 입안 · 결정함에 있어서 비교적 광범위한 형성의 자유를 인정하고 있는바, 이를 계획재량이라고 한다.

📡 적중레이더

행정재량과 계획재량

구분	행정재량(일반행정법규)	계획재량(행정계획법규)
규범구조	조건-효과모형 (조건프로그램)	목적-수단모형 (목적프로그램)
판단대상	구체적 사실의 적용에의 문제	구체적 목적달성에의 문제
형량대상	부분적 이해관계만의 고려	전체적 이해관계인 모두 고려
재량범위	상대적으로 좁음 (선택재량과 결정재량)	상대적으로 넓음 (목적설정과 수단선택의 형성의 자유)
위법성 판단	재량권의 내적 · 외적 한계 기준 (재량권의 남용 · 일탈 → 재량하자)	재량권 행사의 절차적 하자 기준 (형량명령이론 → 형량하자)
통제방법	사후적 통제 중심	사전적 통제 중심 (절차적 통제)

25

정답 ④

영역 행정의 실효성 확보수단 > 행정상 강제   난도 하

정답의 이유

④ 제2차, 제3차의 계고처분은 새로운 철거의무를 부과한 것이 아니고 다만 대집행기한의 연기 통지에 불과하므로 행정처분이 아니다(대판 1994.10.28, 94누5144).

오답의 이유

① 대집행은 대체적 작위의무 및 공법상의 의무에 한정되며, 비대체적 작위의무와 부작위의무는 그 대상에서 제외된다.

② 대판 1992.9.8, 91누13090

③ 건축법에 위반하여 건축한 것이어서 철거의무가 있는 건물이라 하더라도 그 철거의무를 대집행하기 위한 계고처분을 하려면 다른 방법으로는 이행의 확보가 어렵고 불이행을 방치함이 심히 공익을 해하는 것으로 인정될 때에 한하여 허용되고 이러한 요건의 주장 입증책임은 처분 행정청에 있다(대판 1993.9.14, 92누16690).

196 시대에듀 | 군무원 행정법

2014 | 기출문제 해설

☑ 점수 (   )점/100점 ☑ 문제편 146쪽

영역 분석

행정법 서론	10문항	★★★★★★★★★★	40%
일반행정작용법	7문항	★★★★★★★	28%
행정의 실효성 확보수단	4문항	★★★★	16%
행정구제법	2문항	★★	8%
행정절차와 행정공개	1문항	★	4%
특별행정작용법	1문항	★	4%

빠른 정답

01	02	03	04	05	06	07	08	09	10
③	①	③	④	②	②	②	②	②	③
11	12	13	14	15	16	17	18	19	20
③	④	①	②	①	③	③	④	④	③
21	22	23	24	25					
②	④	②	②	①					

01

정답 ③

영역 행정법 서론 > 행정   난도 중

정답의 이유

③ 대통령의 대법원장 임명은 실질적 · 형식적 의미의 행정이다.

오답의 이유

① 형식적 의미의 행정이나 실질적 의미로는 사법이다.
② 형식적 의미의 행정이나 실질적 의미로는 사법이다.
④ 형식적 의미의 행정이나 실질적 의미로는 입법이다.

적중레이더

실질적 의미의 행정

소극설 (공제설)	• 국가작용 중 입법과 사법을 제외한 나머지를 행정이라고 보는 입장 • 행정의 실질적인 내용도 적극적으로 밝히지 못한다는 단점
적극설	법의 지배를 받으면서 현실적 · 구체적으로 국가목적의 적극적인 실현을 향하여 행하여지는 전체로서의 통일성을 가진 계속적인 형성 활동
그 밖의 학설	• 결과실현설(양태설) • 부정설(기관양태설과 법단계설) • 개념징표설(묘사설 – 포르스트 호프)

02

정답 ①

영역 행정법 서론 > 행정법상 일반원칙   난도 하

정답의 이유

① 지방자치단체장이 사업자에게 주택사업계획승인을 하면서 그 주택사업과는 아무런 관련이 없는 토지를 기부채납하도록 하는 부관을 주택사업계획승인에 붙인 경우, 그 부관은 부당결부금지의 원칙에 위반되어 위법하다(대판 1997.3.11, 96다49650).

03

정답 ③

영역 행정법 서론 > 행정상 법률관계   난도 상

정답의 이유

③ 수도요금 징수관계(대판 1977.2.22, 76다2517), 국유재산의 무단점유자에 대한 변상금 부과(대판 1988.2.23, 87누1046), 국가나 지방자치단체에 근무하는 청원경찰관계(대판 1993.7.13, 92다47564), 공무원연금관리공단의 급여결정(대판 1996.12.6, 96누6417), 국립극장의 무료이용관계는 공법관계에 해당한다. 나머지는 사법관계에 해당한다.

04

| 영역 행정법 서론 > 행정상 법률관계 | 난도 하 |

정답의 이유

특별권력관계는 공법상 특별한 목적의 범위 내에서 성립하는 권력관계로, 권력주체와 특정신분자 간에 지배 권한 및 복종관계가 형성되는 것을 말한다.

④ 조세부과처분은 국가 등 행정주체의 통치권과 국민 사이에 당연히 성립하는 일반권력관계에 해당한다.

적중레이더

특별권력관계의 종류

공법상의 근무관계	특정인이 특별한 법률원인에 의하여 국가 또는 공공단체를 위해 포괄적으로 근무할 의무를 지는 것을 내용으로 하는 윤리적 관계 예 국가와 국가공무원, 지방자치단체와 지방공무원의 근무관계 등
공법상의 영조물 이용관계	공공복리를 위하여 설치 · 관리되는 영조물의 이용관계 중에서 공공적 · 윤리적 성격을 가지는 이용관계를 말하며, 국영철도의 이용관계, 시영버스의 이용관계 등 순수한 사법적 · 경제적 이용관계는 포함되지 않음 예 국공립학교에서 학생의 재학관계, 감염병환자의 국공립병원 이용관계, 교도소에 수용 중인 재소자관계 등
공법상의 특별감독관계	국가 등 행정주체와 특별한 법률관계에 있으므로 국가로부터 특별한 감독을 받는 관계 예 공공조합, 특허기업자 등이 국가의 특별한 감독을 받는 관계
공법상의 사단관계	예 공공조합과 그 조합원의 관계

05

| 영역 일반행정작용법 > 행정상 입법 | 난도 중 |

정답의 이유

② 집행명령은 상위법령을 집행하기 위하여 필요한 구체적인 절차 · 형식만을 규정할 수 있고, 상위법령에 규정이 없는 새로운 국민의 권리 · 의무에 관한 사항은 규정할 수 없다.

오답의 이유

① 법규명령이 행정청의 집행행위를 매개함이 없이 직접적으로 국민의 권리와 의무에 영향을 미치는 경우 처분성이 인정된다.

③ 법률의 위임에 의하여 효력을 갖는 법규명령의 경우, 구법에 위임의 근거가 없어 무효였더라도 사후에 법개정으로 위임의 근거가 부여되면 그때부터는 유효한 법규명령이 된다(대판 1995.6.30, 93추83).

④ 대판 1983.9.13, 82누285; 대판 1989.11.14, 89누5676

06

| 영역 행정법 서론 > 행정상 법률관계 | 난도 중 |

정답의 이유

② 불가쟁력이 발생한 경우라도 위법한 침익행위는 행정행위의 상대방 및 기타 이해관계인들에게 영향을 미치므로 처분청은 위법성을 원인으로 하여 이를 직권으로 취소 · 철회할 수 있다.

오답의 이유

① 불가쟁력은 적법한 행정행위나 단순 위법의 취소사유가 있는 하자 있는 행정행위에 한해서 발생한다.

③ 제소기간이 이미 도과하여 불가쟁력이 생긴 행정처분에 대하여는 개별 법규에서 그 변경을 요구할 신청권을 규정하고 있거나 관계 법령의 해석상 그러한 신청권이 인정될 수 있는 등 특별한 사정이 없는 한 국민에게 그 행정처분의 변경을 구할 신청권이 있다 할 수 없다(대판 2007.4.26, 2005두11104).

④ 불가쟁력은 행정행위의 상대방 및 그 밖의 이해관계인에 대한 구속력인 데 반하여 불가변력은 처분행정청 등 행정기관에 대한 구속력으로, 논리필연적 관계가 없으며 상호 독립적이다.

07

| 영역 행정절차와 행정공개 > 행정절차법 | 난도 중 |

정답의 이유

② 행정청은 직권으로 또는 당사자의 신청에 따라 여러 개의 사안을 병합하거나 분리하여 청문을 할 수 있다(행정절차법 제32조).

오답의 이유

① 청문 주재자는 직권으로 또는 당사자의 신청에 따라 필요한 조사를 할 수 있으며, 당사자 등이 주장하지 아니한 사실에 대하여도 조사할 수 있다(행정절차법 제33조 제1항).

③ 행정절차법 제28조 제3항

④ 행정절차법 제29조 제1항 제2호

> **제29조(청문 주재자의 제척 · 기피 · 회피)** ① 청문 주재자가 다음 각 호의 어느 하나에 해당하는 경우에는 청문을 주재할 수 없다.
> 1. 자신이 당사자 등이거나 당사자 등과 「민법」 제777조 각 호의 어느 하나에 해당하는 친족관계에 있거나 있었던 경우
> 2. 자신이 해당 처분과 관련하여 증언이나 감정(鑑定)을 한 경우
> 3. 자신이 해당 처분의 당사자 등의 대리인으로 관여하거나 관여하였던 경우
> 4. 자신이 해당 처분업무를 직접 처리하거나 처리하였던 경우
> 5. 자신이 해당 처분업무를 처리하는 부서에 근무하는 경우. 이 경우 부서의 구체적인 범위는 대통령령으로 정한다.

08

영역 일반행정작용법 > 행정행위　　　　　　　　　난도 **중**

정답의 이유

② 일반적으로 기속행위나 기속적 재량행위에는 부관을 붙일 수 없고, 부관을 붙였다 하더라도 이는 무효이다(대판 1988.4.27, 87누1106).

오답의 이유

① 부관이란 행정행위의 효과를 제한하기 위하여 주된 의사표시의 내용에 부가된 종된 의사표시 또는 행정행위의 효과를 제한 또는 보충하기 위하여 주된 행위에 부가된 종된 규율을 말한다.

③ 행정행위의 부관은 행정행위의 일반적인 효력이나 효과를 제한하기 위하여 의사표시의 주된 내용에 부가되는 종된 의사표시이지 그 자체로서 직접 법적 효과를 발생하는 독립된 처분이 아니므로 현행 행정쟁송제도 아래서는 부관 그 자체만을 독립된 쟁송의 대상으로 할 수 없는 것이 원칙이나 행정행위의 부관 중에서도 행정행위에 부수하여 그 행정행위의 상대방에게 일정한 의무를 부과하는 행정청의 의사표시인 부담의 경우에는 다른 부관과는 달리 행정행위의 불가분적인 요소가 아니고 그 존속이 본체인 행정행위의 존재를 전제로 하는 것일 뿐이므로 부담 그 자체로서 행정쟁송의 대상이 될 수 있다(대판 1992.1.21, 91누1264).

④ 행정처분에 이미 부담이 부가되어 있는 상태에서 그 의무의 범위 또는 내용 등을 변경하는 부관의 사후변경은, 법률에 명문의 규정이 있거나 그 변경이 미리 유보되어 있는 경우 또는 상대방의 동의가 있는 경우에 한하여 허용되는 것이 원칙이지만, 사정변경으로 인하여 당초에 부담을 부가한 목적을 달성할 수 없게 된 경우에도 그 목적달성에 필요한 범위 내에서 예외적으로 허용된다(대판 1997.5.30, 97누2627).

09

정답 ②

영역 행정의 실효성 확보수단 > 새로운 의무이행 확보수단　　난도 **중**

정답의 이유

② 행정법상 의무불이행이 있는 경우에 행정기관이 직접 의무자의 신체·재산에 실력을 가하여 의무자가 스스로 의무를 이행한 것과 같은 상태를 실현하는 작용은 직접강제이다. 행정상 강제징수는 국민이 국가 등 행정주체에 대해 부담하고 있는 행정법상 금전급부의무의 불이행이 있는 경우에 행정청이 의무자의 재산에 실력을 가하여 의무의 이행이 있었던 것과 같은 상태를 실현하는 행정작용을 말한다.

10

정답 ③

영역 일반행정작용법 > 행정행위　　　　　　　　　난도 **중**

정답의 이유

③ 하명을 위반한 법률행위의 효력 자체는 유효하며 다만 처벌의 대상이 될 수 있다.

오답의 이유

① 위법한 하명에 의하여 권리·이익을 침해당한 자는 행정쟁송에 의하여 그 취소·변경을 구할 수 있으며 손해가 있으면 행정상 손해배상청구를 할 수 있다.

② 하명은 특정인에 대해서 뿐만 아니라 불특정 다수인에 대해서 행해지는 경우도 있는데 불특정 다수인에 대한 하명의 예로는 도로의 통행금지를 들 수 있다. 이처럼 불특정 다수인에 대해서 행해지는 하명은 일반처분으로서의 성질을 가진다.

④ 하명의 대상은 통행금지나 교통장해물 제거 등과 같은 사실행위가 일반적이나 총포거래금지, 영업행위금지 등과 같은 법률행위일 수도 있다.

11

정답 ③

영역 행정법 서론 > 행정법　　　　　　　　　　　난도 **하**

정답의 이유

③ 대통령의 비상계엄의 선포나 확대 행위는 고도의 정치적·군사적 성격을 지니고 있는 행위라 할 것이므로, 그것이 누구에게도 일견하여 헌법이나 법률에 위반되는 것으로서 명백하게 인정될 수 있는 등 특별한 사정이 있는 경우라면 몰라도, 그러하지 아니한 이상 그 계엄선포의 요건 구비 여부나 선포의 당·부당을 판단할 권한이 사법부에는 없다고 할 것이나, 비상계엄의 선포나 확대가 국헌문란의 목적을 달성하기 위하여 행하여진 경우에는 법원은 그 자체가 범죄행위에 해당하는지의 여부에 관하여 심사할 수 있다(대판 1997.4.17, 96도3376).

오답의 이유

① 통치행위란 고도의 정치적 성격으로 인하여, 사법심사의 대상으로 하기에 일정한 한계가 있을 뿐만 아니라, 그에 대한 판결이 있는 경우에도 집행이 곤란한 국가작용을 말한다.

② 통치행위라 하더라도 헌법과 법률에 위배된 경우에는 탄핵소추 등 정치적 통제의 대상이 된다.

④ 남북정상회담의 개최는 고도의 정치적 성격을 지니고 있는 행위라 할 것이므로 특별한 사정이 없는 한 그 당부를 심판하는 것은 사법권의 내재적·본질적 한계를 넘어서는 것이 되어 적절하지 못하지만, 남북정상회담의 개최과정에서 재정경제부장관(현 기획재정부장관)에게 신고하지 아니하거나 통일부장관의 협력사업 승인을 얻지 아니한 채 북한 측에 사업권의 대가 명목으로 송금한 행위 자체는 헌법상 법치국가의 원리와 법 앞에 평등원칙 등에 비추어

2014 기출문제 해설　**199**

볼 때 사법심사의 대상이 된다(대판 2004.3.26, 2003도7878).

12

정답 ④

영역 특별행정작용법 > 급부행정법　　　　　　　난도 **중**

정답의 이유

④ 공물의 용도폐지 의사표시는 명시적이든 묵시적이든 불문하나 적법한 의사표시이어야 하고 단지 사실상 공물로서의 용도에 사용되지 아니하고 있다는 사실이나 무효인 매도행위를 가지고 용도폐지의 의사표시가 있다고 볼 수 없다(대판 1983.6.14, 83다카181).

오답의 이유

① 공물(公物)이란 국가 또는 공공단체 등의 행정주체에 의하여 직접 행정목적을 위하여 제공된 개개의 유체물을 말한다.

② 일반재산(구 잡종재산)의 경우 개정 전 법에는 시효취득을 부정하는 규정을 두고 있었으나 헌법재판소의 위헌결정(헌재 1991.5.13, 89헌가97)에 의해 그 규정이 폐지되었으므로 현재 일반재산(구 잡종재산)에 대해서는 취득시효를 인정한다.

③ 자연공물이 성립하기 위해서는 그 형체적 요소만 있으면 충분하고, 행정주체의 특별한 의사표시를 필요로 하지 아니한다.

13
정답 ①

영역 일반행정작용법 > 행정행위　　　　　　　난도 **하**

정답의 이유

① 하자의 승계를 논의하기 위한 전제조건으로는 선행행위와 후행행위가 모두 처분일 것, 선행행위의 하자가 무효가 아닌 취소사유일 것, 선행행위의 하자에 불가쟁력이 발생하였을 것 등이 있다.

📶 적중레이더

하자의 승계

• 하자의 승계가 부정되는 예(원칙)
– 과세처분과 체납처분 간
– 하명처분과 대집행 계고 간
– 사업인정처분과 수용재결처분 간
– 도시관리계획결정과 수용재결처분 간
– 지방의회에서의 의안의 의결과 지방세부과 간
– 변상판정과 변상명령 간
– 감사원의 시정요구결정과 그에 따른 행정처분취소 간
– 액화석유가스판매사업허가처분과 사업개시신고반려처분 간
– 도시계획시설변경 · 지적승인고시처분과 사업계획승인처분 간
– 병역법상 보충역편입처분과 공익근무요원소집처분 간

• 하자의 승계가 긍정되는 예(예외)
– 표준지공시지가결정과 수용재결 간
– 개별공시지가결정과 과세처분 간
– 조세체납처분에서의 독촉 · 재산압류 · 매각 · 충당의 각 행위 간

– 행정대집행에 있어서의 계속 · 통지 · 실행 · 비용징수의 각 행위 간
– 무효인 조례와 그에 근거한 지방세부과처분 간
– 토지구획정리사업에 있어서의 환지예정지지정처분과 공작물이전명령 간
– 암매장분묘개장명령과 후행계고처분 간
– 귀속재산의 임대처분과 후행매각처분 간
– 한지의사시험자격인정과 한지의사면허처분 간
– 국립보건원장의 안경사국가시험합격무효처분과 보건복지부장관의 안경사면허처분 취소 간

14
정답 ②

영역 행정법 서론 > 행정법상 일반원칙　　　　　　　난도 **중**

정답의 이유

② 운전면허취소처분의 적법 여부는 운전면허 행정처분기준만에 의하여 판단할 것이 아니라 도로교통법의 규정 내용과 취지에 따라 판단해야 할 것이므로, 비록 위 운전면허 행정처분기준에서 자동차를 이용하여 범죄행위를 한 경우를 운전면허의 취소사유로 하면서 그 범죄행위로 살인 및 시체유기, 강도, 강간, 방화, 유괴 · 불법감금만을 규정하고 강제추행을 규정하고 있지 아니하더라도, 자동차를 운전하여 범죄행위를 한 자의 운전면허를 취소 · 정지함으로써 다시 자동차를 이용하여 범죄행위를 못하도록 하려는 도로교통법의 규정 내용과 취지 등에 비추어 보면, 일반시민의 교통의 편의를 담당하고 있는 개인택시운전사로서 불특정 다수의 승객을 매일 운송하여야 하는 개인택시운전사가 승객인 피해자를 강제추행한 점 등의 사정에 의하면 개인택시운전사가 자동차를 이용하여 동종의 범죄를 재범할 위험성이 상당히 크므로 당해 운전면허취소처분은 적법하고, 또 그에 있어 재량권의 일탈 · 남용도 없다(대판 1997. 10.24, 96누17288).

오답의 이유

① 대판 2001.8.24, 2000두7704
③ 대판 1967.5.2, 67누24
④ 대판 2001.7.27, 99두9490

15
정답 ①

영역 행정법 서론 > 행정법상 일반원칙　　　　　　　난도 **중**

정답의 이유

① 상급행정기관이 하급행정기관에 대하여 업무처리지침이나 법령의 해석적용에 관한 기준을 정하여 발하는 이른바 '행정규칙이나 내부지침'은 일반적으로 행정조직 내부에서만 효력을 가질 뿐 대외적인 구속력을 갖는 것은 아니므로 행정처분이 그에 위반하였다고 하여 그러한 사정만으로 곧바로 위법하게 되는 것은 아니다. 다만, 재량권 행사의 준칙인 행정규칙이 그 정한 바에 따라 되풀이 시행

되어 행정관행이 이루어지게 되면 평등의 원칙이나 신뢰보호의 원칙에 따라 행정기관은 그 상대방에 대한 관계에서 그 규칙에 따라야 할 자기구속을 받게 되므로, 이러한 경우에는 특별한 사정이 없는 한 그를 위반하는 처분은 평등의 원칙이나 신뢰보호의 원칙에 위배되어 재량권을 일탈 · 남용한 위법한 처분이 된다(대판 2009. 12.24, 2009두7967).

16
정답 ③

영역 일반행정작용법 > 기타행정행위   난도 **중**

정답의 이유

③ 행정지도가 말로 이루어지는 경우에 상대방이 제1항의 사항을 적은 서면의 교부를 요구하면, 그 행정지도를 하는 자는 직무 수행에 특별한 지장이 없으면 이를 교부하여야 한다(행정절차법 제49조 제2항). 즉, 행정지도는 구두로도 가능하다.

오답의 이유

① 행정절차법 제48조 제1항
② 행정절차법 제49조 제1항
④ 행정절차법 제50조

17
정답 ③

영역 행정의 실효성 확보수단 > 행정상 강제   난도 **상**

정답의 이유

③ 대집행의 대상이 될 수 없는 것은 3개이다.
- 장례식장 사용중지의무는 비대체적 부작위의무에 대한 것이므로 대집행의 대상이 아니다(대판 2005.9.28, 2005두7464).
- 도시공원시설 점유자의 퇴거 및 명도의무는 비대체적 의무이므로 대집행의 대상이 아니다(대판 1998.10.23, 97누157).
- 사법상의 법률관계는 행정대집행의 대상이 아니므로 협의취득에 의한 건물소유자가 매매대상건물의 철거를 이행하겠다는 약정을 불이행한 경우 대집행의 대상이 될 수 없다(대판 2006.10. 13, 2006두7096).

오답의 이유

- 공유재산 대부계약의 해지에 따른 원상회복으로 행정대집행의 방법에 의하여 그 지상물을 철거시킬 수 있다(대판 2001.10.12, 2001두4078).

18
정답 ④

영역 행정구제법 > 손해전보제도   난도 **하**

정답의 이유

④ 주한미국군대 및 한국증원군대(카투사) 구성원 등의 공무집행 중 행위와 이들이 소유 · 점유 · 관리하는 시설 등의 설치 또는 관리의

하자로 인한 피해자는 국가배상법의 규정에 따라 대한민국에 대하여 배상을 청구할 수 있다.

오답의 이유

① 행정상 손해배상이란 공무원의 위법한 직무행위 또는 공공의 영조물의 설치 · 관리의 하자로 인하여 개인에게 손해가 발생한 경우, 국가 등이 그 손해를 보전하는 것을 말한다.
② 국가배상법 제2조 제1항

> **제2조(배상책임)** ① 국가나 지방자치단체는 공무원 또는 공무를 위탁받은 사인(이하 "공무원"이라 한다)이 직무를 집행하면서 고의 또는 과실로 법령을 위반하여 타인에게 손해를 입히거나, 「자동차손해배상 보장법」에 따라 손해배상의 책임이 있을 때에는 이 법에 따라 그 손해를 배상하여야 한다. 다만, 군인 · 군무원 · 경찰공무원 또는 예비군대원이 전투 · 훈련 등 직무 집행과 관련하여 전사(戰死) · 순직(殉職)하거나 공상(公傷)을 입은 경우에 본인이나 그 유족이 다른 법령에 따라 재해보상금 · 유족연금 · 상이연금 등의 보상을 지급받을 수 있을 때에는 이 법 및 「민법」에 따른 손해배상을 청구할 수 없다.

③ 판례는 집행관, 소집 중인 예비군, 시청소차운전수, 통장, 교통할아버지, 지방자치단체에 근무하는 청원경찰 등을 공무원에 포함시키나 의용소방대원, 시영버스운전수는 공무원의 범위에서 제외한다.

19
정답 ④

영역 행정구제법 > 행정소송   난도 **중**

정답의 이유

④ 행정처분의 당연무효를 구하는 소송에 있어서는 그 무효를 구하는 사람에게 그 행정처분에 존재하는 하자가 중대하고도 명백하다는 것을 주장 · 입증할 책임이 있다(대판 1984.2.28, 82누154).

오답의 이유

① 행정처분의 직접 상대방이 아닌 제3자라 하더라도 당해 행정처분으로 인하여 법률상 보호되는 이익을 침해당한 경우에는 그 처분의 취소나 무효확인을 구하는 행정소송을 제기하여 그 당부의 판단을 받을 자격 즉 원고적격이 있고, 여기에서 말하는 법률상 보호되는 이익은 당해 처분의 근거 법규 및 관련 법규에 의하여 보호되는 개별적 · 직접적 · 구체적 이익을 말하며, 원고적격은 소송요건의 하나이므로 사실심 변론종결 시는 물론 상고심에서도 존속하여야 하고 이를 흠결하면 부적법한 소가 된다(대판 2007.4.12, 2004두7924).
② 행정청은 기본적 사실관계의 동일성이 있다고 인정되는 한도 내에서만 다른 처분사유를 추가 · 변경할 수 있다고 할 것이나, 이는 사실심 변론종결 시까지만 허용된다(대판 1999.8.20, 98두17043).
③ 행정소송에 있어서 특단의 사정이 있는 경우를 제외하면 당해 행정처분의 적법성에 관하여는 당해 처분청이 이를 주장 · 입증하여야 하고, 행정소송에 있어서 직권주의가 가미되어 있다고 하여도

여전히 당사자주의, 변론주의를 기본구조로 하는 이상 행정처분의 위법을 들어 그 취소를 청구함에 있어서는 직권조사사항을 제외하고는 그 취소를 구하는 자가 위법된 구체적인 사항을 먼저 주장하여야 한다(대판 1995.7.28, 94누12807).

20
정답 ③

영역 행정의 실효성 확보수단 > 행정상 강제　　　난도 중

정답의 이유

③ 독촉 없이 이루어진 압류처분에 대해서는 무효로 본 판례도 있고, 취소로 본 판례도 있으므로 상대적으로 틀린 문장으로 볼 수 있다.

오답의 이유

① 대판 1993.4.27, 92누12117

② 판례는 과세관청이 체납처분으로서 행하는 압류재산에 대한 공매의 법적 성격을 공법상 대리로서 행정행위 내지 처분으로 보고 있다(대판 1984.9.25, 84누201).

④ 독촉은 이행 기간을 정하여 금전급부의무의 이행을 최고하고 의무가 이행되지 않을 경우에 행정상 강제징수할 뜻을 알리는 것으로서 준법률행위적 행정행위인 통지에 해당한다.

🎯 적중레이더

독촉 없이 이루어진 압류처분에 대한 판례

- 무효로 본 경우: 상속인이 상속 재산의 한도 내에서 승계한 피상속인의 체납국세의 납부의무를 이행하지 아니하는 경우 그 징수를 위해서 하는 압류는 반드시 상속재산에만 한정된다고 할 수 없고 상속인의 고유재산에 대해서도 압류할 수 있다. 이 사건 상속 재산에 대한 압류는 그 압류 이전에 피상속인이나 그 상속인인 원고에 대하여 부과될 이 사건 양도소득세에 관하여 적법한 납세고지나 독촉이 없었으므로 무효이다(대판 1982.8.24, 81누162).

- 취소로 본 경우: 조세의 부과처분과 압류 등의 체납처분은 별개의 행정처분으로서 독립성을 가지므로 부과처분에 하자가 있더라도 그 부과처분이 취소되지 아니하는 한 그 부과처분에 의한 체납처분은 위법이라고 할 수는 없지만, 체납처분은 부과처분의 집행을 위한 절차에 불과하므로 그 부과처분에 중대하고도 명백한 하자가 있어 무효인 경우에는 그 부과처분의 집행을 위한 체납처분도 무효라 할 것이다. 납세의무자가 세금을 납부기한까지 납부하지 아니하자 과세청이 그 징수를 위하여 압류처분에 이른 것이라면 비록 독촉절차 없이 압류처분을 하였다 하더라도 이러한 사유만으로는 압류처분을 무효로 되게 하는 중대하고도 명백한 하자로는 되지 않는다(대판 1987.9.22, 87누383).

21
정답 ②

영역 일반행정작용법 > 기타행정행위　　　난도 중

정답의 이유

② 행정주체가 행정계획을 입안·결정함에 있어서 이익형량을 전혀 행하지 아니하거나 이익형량의 고려 대상에 마땅히 포함시켜야 할 사항을 누락한 경우 또는 이익형량을 하였으나 정당성과 객관성이 결여된 경우에는 그 행정계획결정은 형량에 하자가 있어 위법하게 된다(대판 2007.4.12, 2005두1893).

오답의 이유

① 도시계획의 수립에 있어서 도시계획법 제16조의2 소정의 공청회를 열지 아니하고 공공용지의 취득 및 손실보상에 관한 특례법 제8조 소정의 이주대책을 수립하지 아니하였더라도 이는 절차상의 위법으로서 취소사유에 불과하고 그 하자가 도시계획결정 또는 도시계획사업시행인가를 무효라고 할 수 있을 정도로 중대하고 명백하다고는 할 수 없다(대판 1990.1.23, 87누947).

③ 행정계획이라 함은 행정에 관한 전문적·기술적 판단을 기초로 하여 도시의 건설·정비·개량 등과 같은 특정한 행정목표를 달성하기 위하여 서로 관련되는 행정수단을 종합·조정함으로써 장래의 일정한 시점에 있어서 일정한 질서를 실현하기 위한 활동기준으로 설정된 것으로서, 도시계획법 등 관계 법령에는 추상적인 행정목표와 절차만이 규정되어 있을 뿐 행정계획의 내용에 대하여는 별다른 규정을 두고 있지 아니하므로 행정주체는 구체적인 행정계획을 입안·결정함에 있어서 비교적 광범위한 형성의 자유를 가진다(대판 1996.11.29, 96누8567).

④ 도시재개발법에 의한 재개발조합은 조합원에 대한 법률관계에서 적어도 특수한 존립목적을 부여받은 특수한 행정주체로서 국가의 감독하에 그 존립 목적인 특정한 공공사무를 행하고 있다고 볼 수 있는 범위 내에서는 공법상의 권리의무 관계에 서 있는 것이므로 분양신청 후에 정하여진 관리처분계획의 내용에 관하여 다툼이 있는 경우에는 그 관리처분계획은 토지 등의 소유자에게 구체적이고 결정적인 영향을 미치는 것으로서 조합이 행한 처분에 해당하므로 항고소송의 방법으로 그 무효확인이나 취소를 구할 수 있다(대판 2002.12.10, 2001두6333).

22
정답 ④

영역 행정법 서론 > 행정법상 일반원칙　　　난도 중

정답의 이유

④ 병무청 담당부서의 담당공무원에게 공적 견해의 표명을 구하는 정식의 서면질의 등을 하지 아니한 채 총무과 민원팀장에 불과한 공무원이 민원봉사차원에서 상담에 응하여 안내한 것을 신뢰한 경우, 신뢰보호원칙이 적용되지 아니한다(대판 2003.12.26, 2003두1875).

① 헌법재판소의 위헌결정은 행정청이 개인에 대하여 신뢰의 대상이 되는 공적인 견해를 표명한 것이라고 할 수 없으므로 그 결정에 관련한 개인의 행위에 대하여는 신뢰보호의 원칙이 적용되지 아니한다(대판 2003.6.27, 2002두6965).

② 종교법인이 도시계획구역 내 생산녹지로 답인 토지에 대하여 종교회관 건립을 이용목적으로 하는 토지거래계약의 허가를 받으면서 담당공무원이 관련 법규상 허용된다 하여 이를 신뢰하고 건축준비를 하였으나 그 후 당해 지방자치단체장이 다른 사유를 들어 토지형질변경허가신청을 불허가 한 것은 신뢰보호원칙에 반한다(대판 1997.9.12, 96누18380).

③ 폐기물처리업에 대하여 사전에 관할 관청으로부터 적정통보를 받고 막대한 비용을 들여 허가요건을 갖춘 다음 허가신청을 하였음에도 다수 청소업자의 난립으로 안정적이고 효율적인 청소업무의 수행에 지장이 있다는 이유로 한 불허가처분이 신뢰보호의 원칙 및 비례의 원칙에 반하는 것으로서 재량권을 남용한 위법한 처분이다(대판 1998.5.8, 98두4061).

23

영역 일반행정작용법 > 행정행위 　　　　난도 **중**

정답의 이유

② 행정행위를 한 처분청은 그 처분 당시에 그 행정처분에 별다른 하자가 없었고 또 그 처분 후에 이를 취소할 별도의 법적 근거가 없다 하더라도 원래의 처분을 그대로 존속시킬 필요가 없게 된 사정변경이 생겼거나 또는 중대한 공익상의 필요가 발생한 경우에는 별개의 행정행위로 이를 철회하거나 변경할 수 있다(대판 1992. 1.17, 91누3130).

오답의 이유

① 철회는 후발적 하자를 전제로 하며 장래효 원칙이다.

③ 수익적 행정행위의 취소 또는 철회는 국민에 입장에서는 침익적이므로 비례원칙을 적용할 수 있다. 하지만 침익적 행정행위의 취소 또는 철회는 반대로 국민의 입장에서 수익적이므로 비례원칙을 적용할 가능성이 상대적으로 낮다고 할 것이다.

④ 철회권은 처분청만 갖는다. 감독청은 특별한 규정이 없는 한 철회권이 없다.

24

영역 행정의 실효성 확보수단 > 행정상 강제 　　　　난도 **중**

정답의 이유

② 영장주의가 행정상 즉시강제에도 적용되는지에 관하여는 논란이 있으나, 행정상 즉시강제는 상대방의 임의이행을 기다릴 시간적 여유가 없을 때 하명 없이 바로 실력을 행사하는 것으로서, 그 본질상 급박성을 요건으로 하고 있어 법관의 영장을 기다려서는 그 목적을 달성할 수 없다고 할 것이므로, 원칙적으로 영장주의가 적용되지 않는다고 보아야 할 것이다(헌재 2002.10.31, 2000헌가12).

오답의 이유

① 행정상 즉시강제는 당사자의 신체나 재산에 대한 실력행사인 점에서 권력적 사실행위의 성질을 갖는다. 따라서 행정쟁송의 대상인 처분성이 인정된다(예 무기사용, 강제접종).

③ 행정상 즉시강제와 같은 사실행위는 그 실행이 완료된 이후에는 그 행위의 위법을 이유로 하여 손해배상 또는 원상회복 청구를 하는 것은 별론으로 하고, 그 사실행위의 취소를 구하는 것은 권리보호의 이익이 없다(대판 1965.5.31, 65누25).

④ 행정상 즉시강제는 소극목적의 원칙, 공공의 원칙, 비례의 원칙, 평등의 원칙, 책임의 원칙, 보충의 원칙 등의 일반원칙을 준수하여야 한다. 따라서 재산에 대한 법익의 위해를 제거하기 위하여 사람의 신체를 구속하는 것은 비례의 원칙에 위배되어 허용되지 않는다.

25

영역 행정법 서론 > 행정상 법률관계 　　　　난도 **하**

정답의 이유

① 행정개입청구권이란 행정법규에 행정권의 발동의무가 부과되어 있는 경우 행정청의 부작위로 인하여 권익을 침해당한 자가 행정주체에 대해 행정권의 발동을 요구하는 공권을 말한다. 행정개입청구권은 법규가 처음부터 기속행위로 규정되어 있는 경우 단순히 기속행위의 발동을 청구할 수 있는 권리로서 본인에 대한 행정권의 발동을 요구하는 행정행위발급청구권과 제3자에 대한 행정의 개입을 요구하는 행정개입청구권으로 분류된다.

(((ᴾ))) 적중레이더

무하자재량행사청구권과 행정개입청구권의 인정 범위

무하자재량행사청구권	행정개입청구권
하자 없는 재량권 행사 요구	구체적인 특정처분을 요구
형식적 · 절차적 권리, 소극적 권리이자 적극적 권리	실체적 · 실질적 권리, 적극적 권리
재량행위에서 인정	기속행위에서 인정. 단, 재량권이 영으로 수축되는 경우에도 인정

2013 기출문제 해설

☑ 점수 ( )점/100점 ☑ 문제편 151쪽

영역 분석

행정법 서론	11문항	★★★★★★★★★★★	44%
일반행정작용법	5문항	★★★★★	20%
행정구제법	5문항	★★★★★	20%
행정절차와 행정공개	2문항	★★	8%
행정의 실효성 확보수단	1문항	★	4%
행정조직법	1문항	★	4%

빠른 정답

01	02	03	04	05	06	07	08	09	10
①	④	④	④	④	①	④	④	①	②
11	12	13	14	15	16	17	18	19	20
①	②	②	④	②	①	②	④	④	④
21	22	23	24	25					
④	②	①	①	②					

01
정답 ①

영역 행정법 서론 > 법률사실과 법률요건 난도 중

정답의 이유

① 시청의 착오에 의한 사유지의 도로편입은 공법상 사무관리가 아니라 공법상 부당이득에 해당한다. 사무관리란 법률상 의무없는 자가 타인을 위해서 사무의 성질을 좇아 가장 본인에게 이익이 되는 방법으로 타인의 사무를 관리하는 것을 말한다.

📡 적중레이더

공법상 사무관리
• 의의: 법률상 의무 없이 타인의 사무를 관리하는 행위이다.
• 민법 제734조의 유추적용: 공법상 사무관리에 관한 일반법이 없으므로 특별규정이 없는 한 민법이 유추적용한다.
• 유형: 국가의 특별감독하에 있는 사업에 감독권을 행사하여 강제적으로 관리하는 경우가 있고, 자연재해시 상점의 물건처분. 행려병자나 사자의 보호관리 등이 해당한다.

02
정답 ④

영역 행정법 서론 > 행정상 법률관계 난도 중

정답의 이유

④ 국·공유재산 중 보존재산은 공물로서 융통성이 없으며, 따라서 매각의 대상이 되지 아니한다.

오답의 이유

② 권력관계란 국가 등 행정주체가 개인에 대해 일방적으로 명령·강제 또는 일방적으로 법률관계를 형성·변경·소멸시키는 등 행정주체에 우월적 지위가 인정되는 법률관계로서 본래적 공법관계라고도 한다. 이러한 권력관계에는 공정력, 존속력 등의 효력이 인정되고 법률의 구속을 받으며, 원칙적으로 법일반원리적 규정 이외에는 사법규정의 적용이 배제된다.

📡 적중레이더

행정상 법률관계

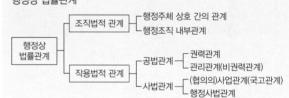

03
정답 ④

영역 행정법 서론 > 행정 난도 중

정답의 이유

④ 개념징표설에 의할때, 행정은 개별사안에 대하여 구체적인 조치를 행하는 작용이다. 개념징표설은 행정의 의의에 대해 긍정설을 취하면서도 개념정의의 방식에 의한 접근 대신 행정의 본질적 성격을 특징지을 수 있는 개념징표 발견을 통한 접근방법을 사용하는데, 행정은 너무도 방대하고 다양하기 때문에 행정의 개념을 정의하기보다는 행정의 특징적 요소 내지 징표를 묘사할 수밖에 없다고 본다.

04

영역 행정법 서론 > 행정　　　　　　　　　　　　　**난도 중**

[정답의 이유]

④ 국회사무총장의 직원 임명은 실질적 의미에서는 행정이지만, 형식적 의미에서는 입법(= 실정법상 입법부의 권한으로 되어 있는 작용)에 해당한다.

[오답의 이유]

① 세무서장에 의한 세금부과처분은 실질적 의미의 행정임과 동시에 형식적 의미의 행정에 해당한다.
② 법무부장관의 귀화허가는 실질적 의미의 행정임과 동시에 형식적 의미의 행정에 해당한다.
③ 대통령의 대법관 임명은 실질적 의미의 행정임과 동시에 형식적 의미의 행정에 해당한다.

(((•))) 적중레이더

형식적 + 실질적 의미의 행정

"형식적 의미의 행정" 동시에 "실질적 의미의 행정"
• 허가 · 인가 · 특허, 운전면허 등
• 각종 처분 등(**예** 조세부과처분)
• 각종 처분의 취소, 철회
• 공증 = 각종 증명서 발급
• 공무원 신규 임명
• 대통령의 대법원장 · 대법관 임명
• 정부의 예산편성 및 집행
• 병력의 취득, 관리
• 군 당국의 징발처분
• 토지수용, 행정대집행
• 조세체납처분

05

영역 행정절차와 행정공개 > 정보공개와 개인정보보호　　**난도 중**

[정답의 이유]

④ 직무를 수행한 공무원의 성명과 직위는 비공개 대상 정보에 대한 예외사항으로 규정되어 있으므로 공개정보에 해당한다(공공기관의 정보공개에 관한 법률 제9조 제1항 제6호 라목).

[오답의 이유]

① 공공기관의 정보공개에 관한 법률 제11조 제1항
② 공공기관의 정보공개에 관한 법률 제8조의2
③ 공공기관의 정보공개에 관한 법률 제4조 제2항

06

영역 행정의 실효성 확보수단 > 행정상 강제　　　　　**난도 하**

[정답의 이유]

① 고의 또는 과실이 없는 질서위반행위는 과태료를 부과하지 아니한다(질서위반행위규제법 제7조).

[오답의 이유]

② 질서위반행위규제법 제12조 제1항
③ 질서위반행위규제법 제15조 제1항
④ 질서위반행위규제법 제8조

07

영역 일반행정작용법 > 행정상 입법　　　　　　　　　**난도 중**

[정답의 이유]

④ 법규명령을 제정할 때에는 원칙적으로 사전에 행정입법을 예고하여야 하고(행정절차법 제41조), 예고된 법규명령안에 대해서 국민은 누구든지 의견을 제출할 수 있다(행정절차법 제44조). 따라서 현행법상 법규명령의 적법성에 대하여 국민이 직접적으로 통제하는 수단은 없으나, 공청회나 청원 등의 수단으로 간접적으로 통제하는 것은 인정되고 있다.

[오답의 이유]

① 중앙행정기관의 장은 법률에서 위임한 사항이나 법률을 집행하기 위하여 필요한 사항을 규정한 대통령령 · 총리령 · 부령 · 훈령 · 예규 · 고시 등이 제정 · 개정 또는 폐지되었을 때에는 10일 이내에 이를 국회 소관 상임위원회에 제출하여야 한다. 다만, 대통령령의 경우에는 입법예고를 할 때(입법예고를 생략하는 경우에는 법제처장에게 심사를 요청할 때를 말한다)에도 그 입법예고안을 10일 이내에 제출하여야 한다(국회법 제98조의2 제1항).
② 법규명령을 발함에 있어 절차적 통제방법으로 법제처의 심사를 받도록 하고, 특히 대통령령의 경우에는 국무회의 심의를 거치도록 하고 있는데 이는 대표적인 법규명령의 적법성 확보방법이라 할 수 있다.
③ 법규명령이 법률에 위반된다고 인정되는 경우에도 국회가 직접 그 효력을 소멸시킬 수는 없으며, 당해 법규명령이 구체적 사건에 적용되어 그 위헌 · 위법성이 재판의 전제가 된 경우 법원이 그 적용을 배제할 수 있다.

08

| 영역 행정법 서론 > 행정상 법률관계 | 난도 중 |

정답의 이유

④ 상대방 또는 제3자가 행정행위에 의하여 부과된 의무를 이행하지 않을 때에 자력으로 행정행위의 내용을 강제하고 실현할 수 있는 힘을 자력집행력이라 하며, 자력집행력의 근거에 대하여는 견해가 대립하나 별도의 수권법규가 필요하다는 법규설(법적 실효성)이 통설이다.

오답의 이유

① 행정행위의 법률적합성에 대한 설명이다.
② 공정력에 대한 설명이다.
③ 불가쟁력에 대한 설명이다.

09

| 영역 행정법 서론 > 행정법 | 난도 중 |

정답의 이유

① 신침해유보설은 원칙적으로 침해유보설의 입장을 취하면서 그 적용범위를 확장하려는 견해이다. 이 설은 법률을 형식적 법률에 한정하지 않고 조직법이나 예산을 포함시켜 그에 근거하여 급부행정을 할 수 있다고 한다. 그 근거로는 행정권 역시 입법권과 같이 민주적 정당성이 있음을 들고 있다.

10

| 영역 일반행정작용법 > 행정행위 | 난도 하 |

정답의 이유

② 행정행위를 하면서 일정한 사실이 발생하게 되면 동 행정행위를 철회하겠다는 취지의 부관을 붙인 경우 유보된 사실의 발생과 더불어 행정청이 철회권을 행사할 수 있는데 이를 철회권의 유보라고 한다. 철회권이 유보되어 있다고 하더라도 유보된 사실이 발생해야 행정행위를 철회할 수 있으며, 이 경우에도 공익과 사익을 비교형량해 보아야 한다.

11

| 영역 일반행정작용법 > 기타행정행위 | 난도 중 |

정답의 이유

① 물가억제를 위한 권고는 규제적 행정지도에 해당한다.

오답의 이유

② 노사 간 협의의 알선은 조정적 행정지도에 해당한다.
③ · ④ 생활지도와 우량품종의 재배권장은 조성적 행정지도에 해당한다.

12

| 영역 행정구제법 > 손해전보제도 | 난도 중 |

정답의 이유

② 통설과 판례는 행정행위의 위법성을 확인하는 문제가 선결문제인 경우(국가배상청구소송) 민사법원이 행정행위의 위법성 여부를 선결문제로 심리할 수 있다는 적극설(유효성 추정설)의 입장을 취하고 있다.

오답의 이유

① 국가배상법은 외국인이 피해자인 경우에는 해당 국가와 상호 보증이 있을 때에만 적용한다(국가배상법 제7조).
③ 생명 · 신체의 침해로 인한 국가배상을 받을 권리는 양도하거나 압류하지 못한다(국가배상법 제4조).
④ 군인 · 군무원 · 경찰공무원 또는 예비군대원이 전투 · 훈련 등 직무 집행과 관련하여 전사(戰死) · 순직(殉職)하거나 공상(公傷)을 입은 경우에 본인이나 그 유족이 다른 법령에 따라 재해보상금 · 유족연금 · 상이연금 등의 보상을 지급받을 수 있을 때에는 국가배상법 및 민법에 따른 손해배상을 청구할 수 없다(국가배상법 제2조 제1항 단서).

13

| 영역 일반행정작용법 > 기타행정행위 | 난도 하 |

정답의 이유

② 행정기관은 행정지도의 상대방이 행정지도에 따르지 아니하였다는 것을 이유로 불이익한 조치를 하여서는 아니 된다(행정절차법 제48조 제2항). 따라서 최소한의 불이익한 조치도 취해서는 안 된다.

오답의 이유

① 행정절차법 제51조
③ 행정지도는 그 목적 달성에 필요한 최소한도에 그쳐야 하며, 행정지도의 상대방의 의사에 반하여 부당하게 강요하여서는 아니 된다(행정절차법 제48조 제1항).
④ 행정절차법 제49조 제1항

14

영역 행정구제법 > 행정심판 　　　　　　　　　난도 **중**

정답의 이유

④ 무효등확인심판에는 행정심판법상 사정재결이 적용되지 않는다 (행정심판법 제44조 제3항).

오답의 이유

① 행정심판법 제36조 제1항 제2호
② 행정심판법 제27조 제1항

> 제27조(심판청구의 기간) ① 행정심판은 처분이 있음을 알게 된 날 부터 90일 이내에 청구하여야 한다.

③ 선정대표자가 선정되면 다른 청구인들은 그 선정대표자를 통해서 만 그 사건에 관한 행위를 할 수 있다(행정심판법 제15조 제4항).

15

정답 ②

영역 행정구제법 > 손해전보제도 　　　　　　　　난도 **중**

정답의 이유

② 이주대책은 정당한 보상에 포함되는 것이라기보다는 이에 부가하 여 이주자들에게 종전의 생활상태를 회복시키기 위한 생활보상의 일환으로서 그 실시 여부는 입법자의 입법정책적 재량의 영역에 속한다(헌재 2006.2.23, 2004헌마19).

오답의 이유

① 이주대책의 대상자에서 세입자를 제외하고 있는 것이 세입자의 재 산권을 침해하는 것이라 볼 수 없다(헌재 2006.2.23, 2004헌마19).
③ 이주대책의 대상이 되는 주거용 건축물이란 '공익사업을 위한 관 계 법령에 의한 고시 등이 있은 날' 당시 건축물의 용도가 주거용 인 건물을 의미한다고 해석되므로, 그 당시 주거용 건물이 아니었 던 건물이 그 이후에 주거용으로 용도 변경된 경우에는 건축 허가 를 받았는지 여부에 상관없이 수용재결 내지 협의계약 체결 당시 주거용으로 사용된 건물이라 할지라도 이주대책대상이 되는 주거 용 건축물이 될 수 없다(대판 2009.2.26, 2007두13340).
④ 공공용지의 취득 및 손실보상에 관한 특례법에서 사업시행자에게 이주대책을 수립 · 실시할 의무를 부과하고 있다고 하여 그 규정 자체만에 의하여 이주자에게 사업시행자가 수립한 이주대책상의 택지 분양권이나 아파트 입주권 등을 분양받을 수 있는 구체적인 권리(수분양권)가 직접 발생하는 것이라고는 볼 수 없고, 사업시행 자가 이주대책에 관한 구체적인 계획을 수립하여 이를 이주자에게 통지하거나 공고한 후 이주자가 수분양권을 취득하기를 희망하여 이주대책에 정한 절차에 따라 사업시행자에게 이주대책 대상자 선 정신청을 하고 사업시행자가 그 신청을 받아들여 이주대책 대상자 로 확인 · 결정을 하여야만 비로소 구체적인 수분양권이 발생하게 된다(대판 1995.6.30, 94다14391).

16

정답 ①

영역 일반행정작용법 > 기타행정행위 　　　　　　난도 **상**

정답의 이유

① 행정사법은 행정작용의 수행에 있어서 행정주체에게 법적 형식에 대한 선택가능성이 있는 비권력적 행정분야의 경우에만 인정될 수 있다.

오답의 이유

② 행정사법은 사법관계이나 공적 목적을 수행하는 한도에서 공법적 규율이 가해진다.
③ 행정사법은 선택가능성이 없는 권력적 행정분야인 경찰행정이나 조세행정의 경우에는 인정될 수 없다.
④ 행정사법은 경제적 수익이 아닌 공익 목적의 달성을 직접적인 목 적으로 한다.

17

정답 ②

영역 행정법 서론 > 행정법 　　　　　　　　　　난도 **중**

정답의 이유

② 전부유보설은 모든 행정작용은 법률의 근거를 요한다고 보는 견해 로서 현재 우리나라에서는 주장자가 거의 없으며 통설이 아니다.

오답의 이유

① 침해유보설은 국민의 자유, 권리를 제한 또는 침해하거나 새로운 의무를 부과하는 행정작용은 법률의 근거를 요한다고 본다.
③ 급부행정유보설은 침해행정은 물론 수익적 행정활동인 급부행정 의 전반에 대해서 법률의 근거를 요한다고 본다.
④ 본질성설은 국가의 조직이나 국민의 기본권에 관하여 중요한 본질적 인 사항에 관해서만은 법률에 의하여야 하고, 그 밖의 사항에 대해서만 위임이 가능하다는 견해이다.

18

정답 ④

영역 행정구제법 > 행정소송 　　　　　　　　　난도 **중**

정답의 이유

④ 환경영향평가 대상지역 밖의 주민이라 할지라도 공유수면매립면 허처분 등으로 인하여 그 처분 전과 비교하여 수인한도를 넘는 환 경피해를 받거나 받을 우려가 있는 경우에는, 공유수면매립면허처 분 등으로 인하여 환경상 이익에 대한 침해 또는 침해우려가 있다 는 것을 입증함으로써 그 처분 등의 무효 확인을 구할 원고적격을 인정받을 수 있다(대판 2006.3.16, 2006두330).

오답의 이유

① 농지개량조합과 그 직원과의 관계는 사법상의 근로계약관계가 아닌 공법상의 특별권력관계이고, 그 조합의 직원에 대한 징계처분의 취소를 구하는 소송은 행정소송사항에 속한다(대판 1995.6.9. 94누10870).

② 국가 소속 선박검사관이나 시 소속 공무원들이 직무상 의무를 위반하여 시설이 불량한 선박에 대하여 선박중간검사에 합격하였다 하여 선박검사증서를 발급하고, 해당 법규에 규정된 조치를 취함이 없이 계속 운항하게 함으로써 화재사고가 발생한 것이라면, 화재사고와 공무원들의 직무상 의무위반행위와의 사이에는 상당인과관계가 있고 따라서 피고들은 그로 인한 손해배상 책임을 부담하여야 한다(대판 1993.2.12. 91다43466).

③ 가변차로에 설치된 신호등의 용도와 오작동 시에 발생하는 사고의 위험성과 심각성을 감안할 때, 만일 가변차로에 설치된 두 개의 신호기에서 서로 모순되는 신호가 들어오는 고장을 예방할 방법이 없음에도 그와 같은 신호기를 설치하여 그와 같은 고장을 발생하게 한 것이라면, 그 고장이 자연재해 등 외부요인에 의한 불가항력에 기인한 것이 아닌 한 그 자체로 설치·관리자의 방호조치의무를 다하지 못한 것으로서 신호등이 그 용도에 따라 통상 갖추어야 할 안전성을 갖추지 못한 상태에 있었다고 할 것이고, 따라서 설령 적정전압보다 낮은 저전압이 원인이 되어 위와 같은 오작동이 발생하였고 그 고장은 현재의 기술수준상 부득이한 것이라고 가정하더라도 그와 같은 사정만으로 손해발생의 예견가능성이나 회피가능성이 없어 영조물의 하자를 인정할 수 없는 경우라고 단정할 수 없다(대판 2001.7.27. 2000다56822).

19
정답 ④

영역 행정법 서론 > 행정법상 일반원칙　　　　난도 중

정답의 이유

④ 공익목적 달성에 지장이 없는 한 음식점 영업허가를 거부하는 것보다 부관을 붙여서 허가하는 것이 최소침해의 원칙(= 필요성의 원칙)에 부합한다.

오답의 이유

① 행정조치의 정도가 공익상 필요의 정도와 균형을 유지해야 한다는 원칙은 상당성의 원칙을 설명한 것이다.

② 행정기관의 조치가 그 의도하는 목적을 달성할 수 있는 수단이어야 한다는 원칙은 적합성의 원칙을 설명한 것이다.

③ 일정한 목적을 달성할 수 있는 수단이 여러 가지 있는 경우에 그 중에서 관계자에게 가장 적은 부담을 주는 수단을 선택해야 한다는 원칙은 필요성의 원칙을 설명한 것이다.

(•) 적중레이더

비례의 원칙의 내용

적합성의 원칙	행정목적을 달성하기 위하여 행하는 행정작용은 그 달성하고자 하는 목적에 적합하게 행사되어야 한다는 원칙
필요성의 원칙	행정목적을 달성하기 위하여 행하는 행정작용은 그 목적달성을 위하여 필요한 최소한의 범위 내에서 허용된다는 원칙(최소침해·최소수단·최소간섭의 원칙)
상당성의 원칙	행정목적(공익·질서유지)의 실현과 그로 인한 국민의 기본권의 침해·제한 간에는 합리적인 형량이 요구된다는 원칙(협의의 비례원칙·이익형량의 원칙·적량성의 원칙·균형성의 원칙)

20
정답 ④

영역 행정법 서론 > 행정　　　　난도 중

정답의 이유

④ 독일의 행정법학자인 오토 마이어(Otto Mayer)가 말한 '헌법은 변하여도 행정법은 변하지 않는다.'라는 표현은 행정법의 기술적, 전문적 성격으로 인한 헌법에 대한 행정법의 무감수성을 표현한 것이라고 일반적으로 해석되고 있다. 오늘날 사회적 법치국가에 있어서의 행정법은 헌법형성적 가치관념 또는 기본원리와 무관하게 존재하는 것이 아니고, 이러한 가치관념 또는 기본원리가 일정한 실정법의 원리로 구체화되어 행정을 구속하는 행정법의 기본원리를 구성하고 있는 것으로 보는 것이 일반적인 견해이다. 그럼에도 불구하고 행정법의 기술적, 절차적인 영역에서는 여전히 오토 마이어의 입장이 일면 타당성을 갖는다.

오답의 이유

① 행정법을 헌법의 구체화법이라고 하는 것은 행정법은 헌법에 위반될 수 없다는 행정법의 헌법에의 기속과 행정법에 의하여 헌법이념이 실현된다는 의미 및 행정법에서 헌법이 그 중심에 있다는 의미를 가진다.

② 오늘날 법치행정의 원리는 형식적 의미의 법치행정만을 의미하는 것이 아니라 실질적 의미의 법치행정을 의미하므로, 법률의 내용까지도 헌법에 합치되지 않으면 안 된다.

③ 헌법원리로서의 권력분립원칙은 국가의 기능을 입법, 사법, 행정으로 구분하고, 이들 기능을 각각 별도의 기관인 입법부, 사법부, 행정부에서 수행하도록 함으로써 국가기능의 분리가 국가기관의 분리로 연결되도록 한 것이다.

21

영역 행정법 서론 > 법률사실과 법률요건　　　　난도 **하**

[정답의 이유]

④ 인·허가의제 효과를 수반하는 건축신고는 일반적인 건축신고와는 달리, 특별한 사정이 없는 한 행정청이 그 실체적 요건에 관한 심사를 한 후 수리하여야 하는 이른바 '수리를 요하는 신고'로 보는 것이 옳다(대판 2011.1.20, 2010두14954 전합).

[오답의 이유]

① 행정절차법 제40조 제3항

> **제40조(신고)** ① 법령 등에서 행정청에 일정한 사항을 통지함으로써 의무가 끝나는 신고를 규정하고 있는 경우 신고를 관장하는 행정청은 신고에 필요한 구비서류, 접수기관, 그 밖에 법령 등에 따른 신고에 필요한 사항을 게시(인터넷 등을 통한 게시를 포함한다)하거나 이에 대한 편람을 갖추어 두고 누구나 열람할 수 있도록 하여야 한다.
> ② 제1항에 따른 신고가 다음 각 호의 요건을 갖춘 경우에는 신고서가 접수기관에 도달된 때에 신고 의무가 이행된 것으로 본다.
> 　1. 신고서의 기재사항에 흠이 없을 것
> 　2. 필요한 구비서류가 첨부되어 있을 것
> 　3. 그 밖에 법령 등에 규정된 형식상의 요건에 적합할 것
> ③ 행정청은 제2항 각 호의 요건을 갖추지 못한 신고서가 제출된 경우에는 지체 없이 상당한 기간을 정하여 신고인에게 보완을 요구하여야 한다.

② 자기완결적 신고는 신고 자체로 효과가 완성되고 행정청의 별도의 수리를 요하지 않으며 수리 또는 수리거부행위가 신고자의 법적지위에 불안을 야기하지 않으므로 행정청의 이러한 수리 및 수리거부행위는 처분(행정청이 행하는 구체적 사실에 관한 법집행으로서의 공권력의 행사 또는 그 거부와 그 밖에 이에 준하는 행정작용)성이 없다.

③ 사업양수에 의한 지위승계신고를 수리하는 허가관청의 행위는 단순히 양도, 양수자 사이에 발생한 사법상의 사업양도의 법률효과에 의하여 양수자가 사업을 승계하였다는 사실의 신고를 접수하는 행위에 그치는 것이 아니라 실질에 있어서 양도자의 사업허가를 취소함과 아울러 양수자에게 적법히 사업을 할 수 있는 법규상 권리를 설정하여 주는 행위로서 사업허가자의 변경이라는 법률효과를 발생시키는 행위이므로 허가관청이 법 제7조 제2항에 의한 사업양수에 의한 지위승계신고를 수리하는 행위는 행정처분에 해당한다(대판 1993.6.8, 91누11544).

(((•))) 적중레이더

신고의 유형

수리를 요하지 않는 신고 (자기완결적 신고)	• 신고는 일정한 법률사실 또는 법률관계에 관하여 관계행정청에 일방적으로 통고를 하는 것을 뜻하는 것으로서 법에 별도의 규정이 있거나 다른 특별한 사정이 없는 한 행정청에 대한 통고로서 그치는 것이고, 그에 대한 행정청의 별다른 처분(반사적 결정)을 기다릴 필요가 없는 것이 원칙이다. • 수리를 요하지 않는 신고에 대하여는 행정청의 형식적 심사만 인정되므로, 적법신고는 일정한 사항을 통지함으로써 효력이 발생하고 의무가 끝나는 것이어서 적법한 신고서가 접수기관에 도달한 때에 신고의무가 이행된 것으로 보아야 한다(행정절차법 제40조 참조).
수리를 요하는 신고 (행정요건적 신고)	• 신고는 수리를 요하지 않는 신고를 원칙으로 하나, 예외적으로 신고의 효과가 발생하기 위하여 행정청의 수리를 요하는 경우도 있다. 이를 행정요건적 신고라고 한다. • 판례는 수리를 요하는 신고는 형식적 심사뿐만 아니라 실질적(실체적) 심사도 함으로써, 적법한 형식적 신고가 있다 하더라도 실질적(실체적) 심사에 의하여 행정청의 별도의 행정조치인 수리가 있어야만 신고의 효력이 발생한다(대판 2011.1.20, 2010두14954)고 본다.

22

영역 행정구제법 > 행정소송　　　　난도 **중**

[정답의 이유]

② A가 관련법에서 정한 요건을 구비하여 행정청에 음식점 영업허가 신청을 하였으나 거부당하였다면 이러한 거부는 위법한 거부처분에 해당하므로 A는 행정심판으로 거부처분취소심판, 의무이행심판을 청구할 수 있고, 행정소송으로 거부처분취소소송을 제기할 수 있다.

23

영역 행정법 서론 > 행정법　　　　난도 **하**

[정답의 이유]

① 성문법주의 국가에서 행정관습법은 행정에 관한 성문법 및 행정법의 일반원칙이 존재하지 않거나 불완전한 경우에 보충적으로 행정법의 법원성이 인정된다(보충적 효력설).

② 헌법에 의하여 체결·공포된 조약과 일반적으로 승인된 국제법규는 국내법과 같은 효력을 가진다(헌법 제6조 제1항).

③ 행정법은 그 존재형식도 다양하고 그 내용도 방만하여 하나의 통일된 법전의 형식을 취하지 못하고 있다.

④ 특정 지방자치단체의 초·중·고등학교에서 실시하는 학교급식을 위해 위 지방자치단체에서 생산되는 우수 농수축산물과 이를 재료로 사용하는 가공식품을 우선적으로 사용하도록 하고 그러한 우수 농산물을 사용하는 자를 선별하여 식재료나 식재료 구입비의 일부를 지원하며 지원을 받은 학교는 지원금을 반드시 우수농산물을 구입하는 데 사용하도록 하는 것을 내용으로 하는 위 지방자치단체의 조례안이 내국민대우원칙을 규정한 '1994년 관세 및 무역에 관한 일반협정'(General Agreement on Tariffs and Trade 1994)에 위반되어 그 효력이 없다(대판 2005.9.9, 2004추10).

24
정답 ①

영역 행정절차와 행정공개 > 행정절차법　　　난도 **중**

① 처분기준을 공표하는 것이 해당 처분의 성질상 현저히 곤란하거나 공공의 안전 또는 복리를 현저히 해치는 것으로 인정될 만한 상당한 이유가 있는 경우에는 처분기준을 공표하지 아니할 수 있다(행정절차법 제20조 제3항).

② 행정절차법 제33조 제1항

③ 행정절차법 제46조 제3항

④ 행정청은 처분을 할 때에는 신청 내용을 모두 그대로 인정하는 처분, 단순·반복적인 처분 또는 경미한 처분으로서 당사자가 그 이유를 명백히 알 수 있는 경우, 긴급히 처분을 할 필요가 있는 경우 중 어느 하나에 해당하는 경우를 제외하고는 당사자에게 그 근거와 이유를 제시하여야 한다(행정절차법 제23조 제1항).

25
정답 ②

영역 행정조직법 > 지방자치법　　　난도 **중**

② 지방자치단체가 자치조례를 제정할 수 있는 사항은 자치단체의 고유사무인 자치사무와 개별법령에 의하여 지방자치단체에 위임된 단체위임사무에 한하는 것이고, 국가사무가 지방자치단체의 장에게 위임된 기관위임사무는 원칙적으로 자치조례의 제정범위에 속하지 않는다 할 것이고, 다만 기관위임사무에 있어서도 그에 관한 개별법령에서 일정한 사항을 조례로 정하도록 위임하고 있는 경우에는 위임받은 사항에 관하여 개별법령의 취지에 부합하는 범위 내에서 이른바 위임조례를 정할 수 있다(대판 2000.5.30, 99추85).

① 기본권의 보장에 관한 각 헌법규정의 해석상 국민(또는 국민과 유사한 지위에 있는 외국인과 사법인)만이 기본권의 주체라 할 것이고, 국가나 국가기관 또는 국가조직의 일부나 공법인은 기본권의 '수범자(受範者)'이지 기본권의 주체로서 그 '소지자'가 아니고 오히려 국민의 기본권을 보호 내지 실현해야 할 책임과 의무를 지니고 있는 지위에 있을 뿐이므로, 공법인인 지방자치단체의 의결기관인 청구인 의회는 기본권의 주체가 될 수 없다(헌재 1998.3.26, 96헌마345).

③ 조례의 제정권자인 지방의회는 선거를 통해서 그 지역적인 민주적 정당성을 지니고 있는 주민의 대표기관이고 헌법이 지방자치단체에 포괄적인 자치권을 보장하고 있는 취지로 볼 때, 조례에 대한 법률의 위임은 법규명령에 대한 법률의 위임과 같이 반드시 구체적으로 범위를 정하여 할 필요가 없으며 포괄적인 것으로 족하다(헌재 1995.4.20, 92헌마264).

2012 | 기출문제 해설

☑ 점수 (　　)점/100점　　☑ 문제편 156쪽

영역 분석

일반행정작용법	12문항	★★★★★★★★★★★★	48%
행정구제법	8문항	★★★★★★★★	32%
행정법 서론	3문항	★★★	12%
행정절차와 행정공개	1문항	★	4%
행정의 실효성 확보수단	1문항	★	4%

빠른 정답

01	02	03	04	05	06	07	08	09	10
④	③	①	③	①	②	①	②	①	②
11	**12**	**13**	**14**	**15**	**16**	**17**	**18**	**19**	**20**
④	③	③	①	②	①	②	③	②	②
21	**22**	**23**	**24**	**25**					
①	④	③	④	①					

01

정답 ④

영역 일반행정작용법 > 기타행정행위　　　난도 중

정답의 이유

④ 확약에 관한 이론적 근거에는 신뢰보호설, 본처분권한내재설이 있는데, '본처분에 대한 권한이 있는 행정청은 확약을 발할 수 있는 권한 또한 가지게 된다.'는 본처분권한내재설이 다수설이다. 따라서 본처분에 대한 권한이 있는 행정청은 확약에 관한 별도의 법적 근거가 필요하지 않다.

오답의 이유

② 신뢰보호설은 신의칙 내지 신뢰보호의 원칙을 확약의 허용근거로 보는 견해이다.

③ 독일 행정절차법은 서면에 의할 것을 확약의 효력발생요건으로 정하고 있으나 이에 관한 명문의 규정이 없는 우리나라의 경우 구술에 의한 확약도 가능하다.

📡 적중레이더

확약

확약(Zusicherung)이란 행정청이 자기구속을 할 의도로서 장래에 향하여 일정한 행정행위의 발급 또는 불발급을 약속하는 의사표시를 말한다(예 자진납세자에게는 일정률 이하의 과세를 하겠다는 약속, 각종 인허가의 발급약속 등). 한편 각종 인허가의 발급약속을 실무상 내인가(內認可) 또는 내허가(內許可)라고도 한다. 확약의 성질에 관하여 행정행위설(다수설)과 독자적 행위형식설의 견해가 있으나, 판례는 확약의 행정행위성(처분성)을 부정하는 경향이 있다(대판 1995.1.20, 94누6529).

02

정답 ③

영역 일반행정작용법 > 행정행위　　　난도 중

정답의 이유

③ 재량처분의 사법심사에 관한 명문규정은 행정소송법 제27조에 명시되어 있다.

> 제27조(재량처분의 취소) 행정청의 재량에 속하는 처분이라도 재량권의 한계를 넘거나 그 남용이 있는 때에는 법원은 이를 취소할 수 있다.

03

정답 ①

영역 일반행정작용법 > 행정행위　　　난도 중

정답의 이유

① 인가의 대상은 반드시 법적행위(공법행위, 사법행위 불문)이어야 하며, 사실행위는 해당되지 않는다.

오답의 이유

② 인가의 대상이 되는 기본행위가 무효일 경우 이를 토대로 이루어진 인가행위도 당연무효가 된다.

③ 인가는 신청에 의하여 행해지므로 쌍방적 행정행위이며, 상대방의 출원이 필요요건이므로 수정인가는 인정되지 않는다.

④ 허가는 원칙적으로 행위의 적법요건이지 유효요건은 아니므로 무허가로 한 행위는 특별한 규정이 없는 한 행정벌이나 강제집행의 대상이 될 뿐, 사법상 효력에는 영향이 없어 유효하다. 그러나 무인가행위는 무효로서 사법적 효력마저도 부인된다.

04
정답 ③

영역 일반행정작용법 > 행정상 입법   난도중

정답의 이유
③ 법규명령의 위임근거가 되는 법률에 대하여 위헌결정이 선고되면 그 위임에 근거하여 제정된 법규명령도 원칙적으로 효력을 상실한다(대판 2001.6.12, 2000다18547).

오답의 이유
① 판례는 "제재적 행정처분의 기준이 부령의 형식으로 규정되어 있더라도 그것은 행정청 내부의 사무처리준칙을 정한 것에 지나지 아니하다(대판 2007.9.20, 2007두6946)."라고 판시하여 부령 형식으로 규정된 제재적 처분기준을 행정규칙으로 보았다.
② 위임명령은 헌법상의 일반적 근거만으로는 제정할 수 없고, 구체적으로 범위를 정하여 수권한 상위법령에 근거하여야 발할 수 있다. 따라서 모법의 위임 취지에 어긋나거나 위임근거가 없는 위임명령의 효력은 무효이다(헌재 1993.5.13, 92헌마80).

05
정답 ①

영역 행정구제법 > 행정심판   난도상

정답의 이유
① 행정심판 당사자의 절차적 권리에는 행정심판위원회의 위원 또는 직원에 대한 기피신청권, 자료열람청구권, 구술심리신청권, 물적증거제출권, 보충서면제출권, 증거조사신청권, 답변서요구권이 있다. 회피신청권은 위원의 권리이지 행정심판 당사자의 권리가 아니다. 회피신청권을 기피신청권으로 고쳐야 옳은 설명이다.

(🔊) 적중레이더

행정심판 당사자의 기피신청권과 행정심판위원회 위원의 회피신청권
• 행정심판 당사자의 기피신청권: 당사자는 위원에게 공정한 심리 · 의결을 기대하기 어려운 사정이 있으면 위원장에게 기피신청을 할 수 있다(행정심판법 제10조 제2항).
• 행정심판위원회 위원의 회피신청권: 위원회의 회의에 참석하는 위원이 제척사유 또는 기피사유에 해당되는 것을 알게 되었을 때에는 스스로 그 사건의 심리 · 의결에서 회피할 수 있다. 이 경우 회피하고자 하는 위원은 위원장에게 그 사유를 소명하여야 한다(행정심판법 제10조 제7항).

06
정답 ②

영역 일반행정작용법 > 행정행위   난도중

정답의 이유
② 피한정후견인인 공무원의 행위는 무효사유에 해당한다.

(🔊) 적중레이더

무효사유와 취소사유

무효사유	취소사유
• 공무원이 아니거나 대리권이 없는 자의 행위 • 권한이 소멸된 이후의 행위 • 타 기관의 필요적 협력을 거치지 않은 행위 • 권한 외의 행위(예 경찰관의 조세부과) • 의사능력 없는 자의 행위 • 저항할 수 없는 강박에 의한 행위	• 적법한 위임을 받지 않은 행위 • 권한을 초과한 행위 • 증수뢰 · 부정신고 · 부정행위에 의한 행위 • 필요적 자문을 결여한 행위 • 착오에 의한 행위 • 사기 · 강박에 의한 행위

07
정답 ①

영역 일반행정작용법 > 행정행위   난도중

정답의 이유
① 정지조건부 행정행위는 조건의 성취여부가 정해지기 전에는 효력이 발생하지 않은 불완전한 상태에 있다가, 조건이 성취된 이후에 행정행위의 효력이 발하게 된다. 실효란 아무런 하자 없이 유효하게 성립된 행정행위가 일정한 사유의 발생으로 인해 효력이 소멸하는 것을 말하기 때문에 정지조건부 행정행위는 실효사유에 해당하지 않는다.

(🔊) 적중레이더

실효의 원인
• 행정행위의 대상 소멸: 상대방의 사망, 목적물의 멸실 등
• 행정행위의 목적 달성: 1개월 영업정지기간의 경과 등
• 부관의 성취: 해제조건의 성취, 기한도래 등

정답의 이유

② 구 청소년보호법 제49조 제1항, 제2항에 따른 같은 법 시행령 제40조 [별표 6]의 위반행위의 종별에 따른 과징금처분기준은 법규명령이기는 하나 모법의 위임규정의 내용과 취지 및 헌법상의 과잉금지의 원칙과 평등의 원칙 등에 비추어 같은 유형의 위반행위라 하더라도 그 규모나 기간·사회적 비난 정도·위반행위로 인하여 다른 법률에 의하여 처벌받은 다른 사정·행위자의 개인적 사정 및 위반행위로 얻은 불법이익의 규모 등 여러 요소를 종합적으로 고려하여 사안에 따라 적정한 과징금의 액수를 정하여야 할 것이므로 그 수액은 정액이 아니라 최고한도액이다(대판 2001.3.9, 99두5207).

오답의 이유

① 공공기관의 운영에 관한 법률 제39조 제3항에서 부령에 위임한 것은 '입찰참가자격의 제한기준 등에 관하여 필요한 사항'일 뿐이고, 이는 그 규정의 문언상 입찰참가자격을 제한하면서 그 기간의 정도와 가중·감경 등에 관한 사항을 의미하는 것이지 처분의 요건까지를 위임한 것이라고 볼 수는 없다. 따라서 이 사건 규칙 조항에서 위와 같이 처분의 요건을 완화하여 정한 것은 상위법령의 위임 없이 규정한 것이므로 이는 행정기관 내부의 사무처리준칙을 정한 것에 지나지 않는다(대판 2013.9.12, 2011두10584).

③ 상위법령의 시행에 필요한 세부적 사항을 정하기 위하여 행정관청이 일반적 직권에 의하여 제정하는 이른바 집행명령은 근거법령인 상위법령이 폐지되면 특별한 규정이 없는 이상 실효되는 것이나, 상위법령이 개정됨에 그친 경우에는 개정법령과 성질상 모순, 저촉되지 아니하고 개정된 상위법령의 시행에 필요한 사항을 규정하고 있는 이상 그 집행명령은 상위법령의 개정에도 불구하고 당연히 실효되지 아니하고 개정법령의 시행을 위한 집행명령이 제정, 발효될 때까지는 여전히 그 효력을 유지한다(대판 1989.9.12, 88누6962).

④ '2014년도 건물 및 기타물건 시가표준액 조정기준'의 각 규정들은 일정한 유형의 위반 건축물에 대한 이행강제금의 산정기준이 되는 시가표준액에 관하여 행정자치부(현 행정안전부)장관으로 하여금 정하도록 한 위 건축법 및 지방세법령의 위임에 따른 것으로서 그 법령 규정의 내용을 보충하고 있으므로, 그 법령 규정과 결합하여 대외적인 구속력이 있는 법규명령으로서의 효력을 가지고, 그중 증·개축 건물과 대수선 건물에 관한 특례를 정한 '증·개축 건물 등에 대한 시가표준액 산출요령'의 규정들도 마찬가지라고 보아야 한다(대판 2017.5.31, 2017두30764).

정답의 이유

① 국토의 계획 및 이용에 관한 법률상 토지거래허가는 법률에 기반한 행정객체의 법적 행위를 행정청이 승인하여 법적 효력을 완성시켜주는 행위로서 '인가'에 해당한다(대판 1991.12.24, 90다12243).

정답의 이유

② 대인적 허가의 경우에는 특별한 규정이 없는 한 원칙적으로 허가의 승계가 인정되지 아니하나, 대물적 허가의 경우에는 허가의 효과가 승계된다(대판 1986.7.22, 86누203).

오답의 이유

① 허가는 자연적 자유를 회복시켜주는 행위이므로, 자연적 자유의 회복에 필요한 요건을 갖춘 신청이 있으면, 관할행정청은 원칙적으로 이를 허가하여야 하는 기속행위의 성질을 갖는다는 것이 전통적인 통설이었으나 최근에는 기속행위일 수도 있고 재량행위일 수도 있다는 것이 판례의 입장이다.

③ 보통 허가는 신청에 의해 이루어지나 신청이 없이도 불특정 다수인을 대상으로 일반허가가 이루어질 수 있다는 점을 고려하면, 출원은 허가의 필요요건이 아니다.

④ 허가는 자연적 자유를 회복시켜주는 명령적 행정행위에 해당하고, 새로운 권리를 창설하는 형성적 행정행위는 특허에 해당한다. 참고로 기존에는 허가를 명령적 행정행위로 보는 견해가 일반적이었지만, 최근 유력설은 허가가 단순히 자연적 자유의 회복에 그치는 것이 아니라 헌법상의 자유권을 회복시켜 주는 형성적 행정행위의 성질을 함께 가지고 있다고 보고 있다.

정답의 이유

④ 법률의 개정에 관한 사항은 청원 처리의 예외 사유가 아니다.

오답의 이유

①·②·③ 청원법 제6조

제6조(청원 처리의 예외) 청원기관의 장은 청원이 다음 각 호의 어느 하나에 해당하는 경우에는 처리를 하지 아니할 수 있다. 이 경우 사유를 청원인(제11조 제3항에 따른 공동청원의 경우에는 대표자를 말한다)에게 알려야 한다.

1. 국가기밀 또는 공무상 비밀에 관한 사항
2. 감사 · 수사 · 재판 · 행정심판 · 조정 · 중재 등 다른 법령에 의한 조사 · 불복 또는 구제절차가 진행 중인 사항
3. 허위의 사실로 타인으로 하여금 형사처분 또는 징계처분을 받게 하는 사항
4. 허위의 사실로 국가기관 등의 명예를 실추시키는 사항
5. 사인간의 권리관계 또는 개인의 사생활에 관한 사항
6. 청원인의 성명, 주소 등이 불분명하거나 청원내용이 불명확한 사항

12
정답 ③

영역 행정구제법 > 손해전보제도 · 난도 **중**

정답의 이유

③ 헌법 제29조 제2항에 규정된 이중배상금지대상은 '군인 · 군무원 · 경찰공무원 기타 법률이 정하는 자'이고, 국가배상법 제2조 제1항에 규정된 이중배상금지대상은 '군인 · 군무원 · 경찰공무원 또는 예비군대원'이다. 공익근무요원은 어느 규정에도 속하지 않아 이중배상금지대상에 포함되지 않는다.

적중레이더

헌법과 국가배상법의 비교

구분	헌법	국가배상법
국가배상책임 주체	국가 또는 공공단체	국가 또는 지방자치단체
이중배상/ 청구제한 규정	있음(군인, 군무원, 경찰공무원)	있음(군인, 군무원, 경찰공무원, 예비군 대원)

헌법 제29조 ① 공무원의 직무상 불법행위로 손해를 받은 국민은 법률이 정하는 바에 의하여 국가 또는 공공단체에 정당한 배상을 청구할 수 있다. 이 경우 공무원 자신의 책임은 면제되지 아니한다.
② 군인 · 군무원 · 경찰공무원 기타 법률이 정하는 자가 전투 · 훈련 등 직무집행과 관련하여 받은 손해에 대하여는 법률이 정하는 보상 외에 국가 또는 공공단체에 공무원의 직무상 불법행위로 인한 배상은 청구할 수 없다.

13
정답 ③

영역 일반행정작용법 > 행정행위 · 난도 **중**

정답의 이유

③ 주택재건축사업의 시행인가는 상대방에게 권리나 이익을 부여하는 효과를 가진 이른바 수익적 행정처분으로서 법령에 행정처분의 요건에 관하여 일의적으로 규정되지 아니한 이상 행정청의 재량행위에 속하므로, 처분청으로서는 법령상의 제한에 근거한 것이 아니라 하더라도 공익상 필요 등에 의하여 필요한 범위 내에서 여러 조건을 부과할 수 있다(대판 1997.3.14, 96누16698).

오답의 이유

④ 행정행위의 취소는 일단 유효하게 성립한 행정행위를 그 행위에 위법 또는 부당한 하자가 있음을 이유로 소급하여 그 효력을 소멸시키는 별도의 행정처분이고, 행정행위의 철회는 적법요건을 구비하여 완전히 효력을 발하고 있는 행정행위를 사후적으로 그 행위의 효력의 전부 또는 일부를 장래에 향해 소멸시키는 행정처분이므로, 행정행위의 취소사유는 행정행위의 성립 당시에 존재하였던 하자를 말하고, 철회사유는 행정행위가 성립된 이후에 새로이 발생한 것으로서 행정행위의 효력을 존속시킬 수 없는 사유를 말한다. 행정청이 종교단체에 대하여 기본재산전환인가를 함에 있어 인가조건을 부가하고 그 불이행시 인가를 취소할 수 있도록 한 경우, 인가조건의 의미는 철회권을 유보한 것이라고 볼 수 있다(대판 2003.5.30, 2003다6422).

14
정답 ①

영역 행정법 서론 > 행정법상 일반원칙 · 난도 **하**

정답의 이유

① 비례의 원칙 세 가지 요소 중 어느 하나라도 충족되지 않으면 바로 위법한 행정행위가 된다.

오답의 이유

④ 비례의 원칙은 헌법상 법치국가의 원리에서 나온 헌법 원칙이면서 행정법의 일반 원칙이므로 그에 위반하는 행위는 위헌 · 위법이 된다.

15
정답 ②

영역 행정법 서론 > 행정법 · 난도 **중**

정답의 이유

② 국제법우위설, 국내법우위설, 동위설은 국제법과 국내법관계 일원론에 해당하는 학설이다.

오답의 이유

① 일반적으로 승인된 국제법규는 우리나라 의회에 의한 입법절차를 거침이 없이 그 자체로 국내법과 같은 효력을 가짐에 주의하여야 한다(= 수용이론).

③ 헌법에 의하여 체결·공포된 조약과 일반적으로 승인된 국제법규는 국내법과 같은 효력을 가지므로(헌법 제6조 제1항), 그것이 국내행정에 관한 사항이면 그 범위에서 행정법의 법원이 된다.

16

정답 ①

영역 행정의 실효성 확보수단 > 행정상 강제   난도 **하**

정답의 이유

① 제2차, 제3차 계고처분은 새로운 의무를 부과하는 것이 아니고 다만 대집행기한의 연기통지에 불과하므로 행정처분이 아니다(대판 1994.10.28, 94누5144).

오답의 이유

② 계고와 통지는 예외적인 생략이 가능하다. 즉, 비상시 또는 위험이 절박하거나 당해 행위의 급속한 실시를 요하여 계고절차를 취할 수 없는 경우 계고 없이 대집행이 가능하다.

③ 군수가 군사무위임조례의 규정에 따라 무허가 건축물에 대한 철거대집행사무를 하부행정기관인 읍·면에 위임하였다면, 읍·면장에게는 관할구역 내의 무허가건축물에 대하여 그 철거대집행을 위한 계고처분을 할 권한이 있다(대판 1997.2.14, 96누15428).

④ 대집행 실행의 종료 후에는 계고·통지 등의 무효확인 또는 취소를 구할 실익이 없으므로 각하한다.

📡 적중레이더

대집행의 절차

- 계고(행정대집행법 제3조 제1항)(통지 → 행정소송의 대상)
- 통지(행정대집행법 제3조 제2항, 제3항)(준법률행위적 행정행위, 비상 또는 절박한 경우 생략 가능)
- 대집행의 실행(행정대집행법 제4조)(→ 권력적 사실행위)

17

정답 ②

영역 행정절차와 행정공개 > 행정절차법   난도 **중**

정답의 이유

② 법령에서 정한 이유제시를 하지 않은 경우 일반적으로 취소사유가 된다.

오답의 이유

① 우리 행정절차법에는 약간의 실체적인 사항도 규정하고 있다(제4조 신의성실 및 신뢰보호, 제25조 처분의 정정 등).

③ 개별법 - 민원처리에 관한 법률 - 행정절차법순으로 적용된다. 행정절차법은 행정절차에 관한 일반법이다.

④ 정보통신망을 이용한 송달은 송달받을 자가 동의하는 경우에만 한다. 이 경우 송달받을 자는 송달받을 전자우편주소 등을 지정하여야 한다(행정절차법 제14조 제3항).

18

정답 ③

영역 행정구제법 > 손해전보제도   난도 **중**

정답의 이유

③ 수용대상토지의 보상가격을 정함에 있어 표준지공시지가를 기준으로 비교한 금액이 수용대상토지의 수용사업인정 전의 개별공시지가보다 적은 경우가 있다고 하더라도 이것만으로 지가공시 및 토지 등의 평가에 관한 법률 제9조, 토지수용법 제46조가 정당한 보상 원리를 규정한 헌법 제23조 제3항에 위배되어 위헌이라고 할 수는 없다(대판 2001.3.27, 99두7968).

오답의 이유

① 헌법 제23조 제3항은 "공공필요에 의한 재산권의 수용·사용 또는 제한 및 그에 대한 보상은 법률로써 하되, 정당한 보상을 지급하여야 한다."라고 규정하고 있는바, 이 헌법의 규정은 보상청구권의 근거에 관하여서뿐만 아니라 보상의 기준과 방법에 관하여서도 법률에 유보하고 있는 것으로 보아야 할 것이다(대판 2005.7.29, 2003두2311).

② 토지수용으로 인한 손실보상액을 산정함에 있어서 당해 공공사업의 시행을 직접 목적으로 하는 계획의 승인·고시로 인한 가격변동은 이를 고려함이 없이 수용재결 당시의 가격을 기준으로 하여 적정가격을 정하여야 하나, 당해 공공사업과는 관계없는 다른 사업의 시행으로 인한 개발이익은 이를 배제하지 아니한 가격으로 평가하여야 한다(대판 1999.1.15, 98두8896).

④ 헌법 제23조 제1항 및 제13조 제2항에 의하여 보호되는 재산권은 사적유용성 및 그에 대한 원칙적 처분권을 내포하는 재산가치 있는 구체적 권리이므로 구체적인 권리가 아닌 단순한 이익이나 재화의 획득에 관한 기회 등은 재산권 보장의 대상이 아니라 할 것이다(헌재 1997.11.27, 97헌바10). 즉, 기대이익은 재산권의 보호 대상에서 제외된다.

19

정답 ②

영역 행정구제법 > 행정소송   난도 **하**

정답의 이유

② 행정소송법 제29조는 "처분 등을 취소하는 확정판결은 제3자에 대하여도 효력이 있다."라고 규정하고 있다.

오답의 이유

① 기속력은 당사자인 행정청과 관계행정청이 판결의 취지에 따라 행동해야 하는 의무를 발생시키는 효과를 말한다. 이에 저촉되는 행위는 위법하며, 판례는 무효로 본다(대판 2002.12.11, 2002무22).

③ 행정처분의 적법여부는 그 행정처분이 행하여진 때의 법령과 사실을 기준으로 하여 판단하는 것이므로 거부처분 후에 법령이 개정·시행된 경우에는 개정된 법령 및 허가기준을 새로운 사유로 들어 다시 이전의 신청에 대한 거부처분을 할 수 있으며 그러한 처

분도 행정소송법 제30조 제2항에 규정된 재처분에 해당된다(대판 1998.1.7, 97두22).

④ 사정판결의 경우 처분의 위법 여부는 처분 시를 기준으로 판단하고, 사정판결의 필요성 여부는 판결시를 기준으로 판결한다.

20

영역 일반행정작용법 > 행정상 입법　　　　　난도 **중**

정답의 이유

② 법률이 주민의 권리의무에 관한 사항에 관하여 구체적으로 아무런 범위도 정하지 아니한 채 조례로 정하도록 포괄적으로 위임하였다고 하더라도, 행정관청의 명령과는 달리, 조례도 주민의 대표기관인 지방의회의 의결로 제정되는 지방자치단체의 자주법인 만큼, 지방자치단체가 <u>법령에 위반되지 않는 범위 내에서 주민의 권리의무에 관한 사항을 조례로 제정할 수 있는 것이다</u>(대판 1991.8.27, 90누6613).

오답의 이유

① 수임된 입법권을 전면적으로 하위명령에 다시 위임하는 것은 수권법을 개정하는 것이 되므로 허용될 수 없으나, 일반적인 요강을 정한 다음 그의 세부적인 사항의 보충을 하위명령에 다시 위임하는 것은 허용된다(헌재 1996.2.29, 94헌마213).

③ 집행명령도 법규명령의 일종이므로 공포되어야 효력이 발생한다.

④ 법률에서 위임받은 사항을 전혀 규정하지 않고 재위임하는 것은 백지재위임금지의 법리에 반할 뿐 아니라 수권법의 내용변경을 초래하는 것이 되고, 부령의 제정·개정절차가 대통령령에 비하여 보다 용이한 점을 고려할 때 재위임에 의한 부령의 경우에도 위임에 의한 대통령령에 가해지는 헌법상의 제한이 당연히 적용되어야 할 것이므로 법률에서 위임을 받은 사항을 전혀 규정하지 아니하고 그대로 재위임하는 것은 허용되지 않으며 위임받은 사항에 관하여 대강을 정하고 그중의 특정사항을 범위를 정하여 하위법령에 다시 위임하는 경우에만 재위임이 허용된다(헌재 1996.2.29, 94헌마213).

21

영역 행정법 서론 > 법률사실과 법률요건　　　　　난도 **중**

정답의 이유

① 행정청은 요건을 갖추지 못한 신청서가 제출된 경우 상당한 기간을 정해 신청서의 보완을 명해야 한다. 이때 행정청의 보완 요구는 구체적이어야 한다.

오답의 이유

② 사인의 공법행위는 행정주체의 공권력 발동행위인 행정행위와 다르며, 따라서 공정력·존속력·강제력 등은 인정되지 않는다.

③ 판례는 전역지원의 의사표시가 진의 아닌 의사표시라 하더라도 그 무효에 관한 법리를 선언한 민법 제107조 제1항 단서의 규정은 그 성질상 사인의 공법행위에는 적용되지 않는다 할 것이므로 그 표시된 대로 유효한 것으로 보아야 한다고 판시한 바 있다(대판 1994.1.11, 93누10057).

④ 행정요건적 신고의 경우 그에 대한 수리와 수리거부행위는 처분성이 인정된다.

22

영역 일반행정작용법 > 행정상 입법　　　　　난도 **하**

정답의 이유

④ 헌법상 긴급재정경제명령권, 긴급재정경제처분권, 긴급명령권 및 계엄선포권은 국가긴급권에 해당된다.

오답의 이유

① 비상계엄지역에서 계엄사령관은 작전상 부득이한 경우에는 국민의 재산을 파괴 또는 소각(燒却)할 수 있다(계엄법 제9조 제3항).

② 헌법 제77조

> **제77조** ④ 계엄을 선포한 때에는 대통령은 지체 없이 국회에 통고하여야 한다.
> ⑤ 국회가 재적의원 과반수의 찬성으로 계엄의 해제를 요구한 때에는 대통령은 이를 해제하여야 한다.

③ 대통령의 긴급재정경제명령은 국가긴급권의 일종으로서 고도의 정치적 결단에 의하여 발동되는 행위이고 그 결단을 존중하여야 할 필요성이 있는 행위라는 의미에서 이른바 통치행위에 속한다고 할 수 있으나, 통치행위를 포함하여 모든 국가작용은 국민의 기본권적 가치를 실현하기 위한 수단이라는 한계를 반드시 지켜야 하는 것이고, 헌법재판소는 헌법의 수호와 국민의 기본권 보장을 사명으로 하는 국가기관이므로 비록 고도의 정치적 결단에 의하여 행해지는 국가작용이라고 할지라도 그것이 국민의 기본권 침해와 직접 관련되는 경우에는 당연히 헌법재판소의 심판대상이 된다(헌재 1996.2.29, 93헌마186).

23

영역 행정구제법 > 손해전보제도　　　　　난도 **중**

정답의 이유

③ 국가배상법 제5조 제1항 소정의 "공공의 영조물"이라 함은 국가 또는 지방자치단체에 의하여 특정 공공의 목적에 공여된 유체물 내지 물적 설비를 지칭하며, 특정 공공의 목적에 공여된 물이라 함은 일반 공중의 자유로운 사용에 직접적으로 제공되는 공공용물에 한하지 아니하고, 행정주체 자신의 사용에 제공되는 공용물도 포함하며 국가 또는 지방자치단체가 소유권, 임차권 그 밖의 권한에

기하여 관리하고 있는 경우뿐만 아니라 <u>사실상의 관리를 하고 있는 경우도 포함한다</u>(대판 1995.1.24, 94다45302).

오답의 이유

① 600년 또는 1,000년 발생빈도의 강우량에 의한 하천의 범람이 있는 경우 불가항력으로 인한 면책이 인정된다(대판 2003.10.23, 2001다48057).

② 영조물은 본래의 의미의 영조물(인적 · 물적 시설의 종합체)을 의미하는 것이 아니라, 직접 행정목적에 제공된 공물을 의미한다(통설 · 판례). 영조물은 민법 제758조의 공작물보다 넓은 개념이다.

④ 영조물은 직접 행정목적에 제공된 공물을 의미하므로, 이와는 무관한 국유의 일반재산(구 잡종재산)은 영조물에 포함되지 않는다. 국가배상법 제5조는 영조물의 하자로 인한 책임에 관한 내용이므로 국유일반재산은 국가배상법 제5조의 적용대상이 되지 않는다.

24

정답 ④

영역 행정구제법 > 행정소송 　　　　　　　　　　 난도 **하**

정답의 이유

④ 소송의 당사자는 법률상 직접적이고 구체적인 이익을 가진 권리주체만이 될 수 있다.

오답의 이유

① 행정처분에 대한 무효확인과 취소청구는 서로 양립할 수 없는 청구로서 주위적 · 예비적 청구로서만 병합이 가능하고 선택적 청구로서의 병합이나 단순 병합은 허용되지 아니한다(대판 1999.8.20, 97누6889).

② 제3자를 소송에 참가시키는 결정이 있으면 제3자는 참가인의 지위를 취득한다. 이때 제3자는 행정소송법 제16조 제4항에 따라 민사소송법 제67조의 규정이 준용되어 필요적 공동소송에서의 공동소송인에는 준하는 지위에 서게 되나, 당사자에 대하여 독자적인 청구를 하는 것이 아니므로 강학상 공동소송적 보조참가인의 지위에 있다고 보는 것이 통설이다.

③ 행정소송법 제16조

제16조(제3자의 소송참가) ① 법원은 소송의 결과에 따라 권리 또는 이익의 침해를 받을 제3자가 있는 경우에는 당사자 또는 제3자의 신청 또는 직권에 의하여 결정으로써 그 제3자를 소송에 참가시킬 수 있다.

25

정답 ①

영역 행정구제법 > 행정심판 　　　　　　　　　　 난도 **중**

정답의 이유

① 법원이 필요하다고 인정할 때에는 직권으로 증거조사를 할 수 있고, 당사자가 주장하지 않은 사실에 대해서도 판단할 수 있다(행정소송법 제26조). 그러나 이 규정은 원고의 청구의 범위를 넘어서서 그 이상의 판단을 할 수 있다는 것이 아니라, 원고의 청구범위 내에서 공익상 필요에 따라 주장 외의 사실을 판단할 수 있다는 의미라는 것이 판례의 입장이다.

오답의 이유

② 감사원법에 의한 심사청구는 감사원의 직무수행에 도움을 주고 행정운영의 개선을 기하고자 하는 취지에 불과하기 때문에 행정심판에 해당하지 않는다(대판 1990.10.26, 90누5528).

(((•))) 적중레이더

행정심판위원회의 종류

처분행정청 소속의 행정심판위원회	• 감사원, 국가정보원장, 그 밖에 대통령령으로 정하는 대통령 소속기관의 장 • 국회사무총장 · 법원행정처장 · 헌법재판소 사무처장 및 중앙선거관리위원회 사무총장 • 국가인권위원회, 그 밖에 지위 · 성격의 독립성과 특수성 등이 인정되어 대통령령으로 정하는 행정청
국민권익위원회 소속의 중앙행정 심판위원회	• 처분행정청 소속 행정심판위원회 외의 국가 행정기관의 장 또는 그 소속 행정청 • 특별시장 · 광역시장 · 특별자치시장 · 도지사 · 특별자치도지사(특별시 · 광역시 · 도 또는 특별자치도의 교육감을 포함) 또는 특별시 · 광역시 · 특별자치시 · 도 · 특별자치도의 의회(의장, 위원회의 위원장, 사무처장 등 의회 소속 모든 행정청을 포함) • 지방자치법에 따른 지방자치단체조합 등 관계 법률에 따라 국가 · 지방자치단체 · 공공법인 등이 공동으로 설립한 행정청
시 · 도지사 소속의 행정심판위원회	• 시 · 도 소속 행정청 • 시 · 도의 관할구역에 있는 시 · 군 · 자치구의 장, 소속 행정청 또는 시 · 군 · 자치구의 의회(의장, 위원회의 위원장, 사무국장, 사무과장 등 의회 소속 모든 행정청을 포함) • 시 · 도의 관할구역에 있는 둘 이상의 지방자치단체(시 · 군 · 자치구를 말함) · 공공법인 등이 공동으로 설립한 행정청
직근 상급행정기관 소속의 행정심판위원회	대통령령으로 정하는 국가행정기관 소속 특별지방행정기관의 장

2011 기출문제 해설

☑ 점수 (   )점/100점 ☑ 문제편 161쪽

영역 분석

일반행정작용법	9문항	★★★★★★★★★	36%
행정구제법	5문항	★★★★★	20%
행정법 서론	4문항	★★★★	16%
행정의 실효성 확보수단	3문항	★★★	12%
행정절차와 행정공개	2문항	★★	8%
행정조직법	1문항	★	4%
특별행정작용법	1문항	★	4%

빠른 정답

01	02	03	04	05	06	07	08	09	10
②	④	④	①	②	②	④	①	①	②
11	**12**	**13**	**14**	**15**	**16**	**17**	**18**	**19**	**20**
④	④	①	③	②	③	①	③	②	④
21	**22**	**23**	**24**	**25**					
②	②	④	④	①					

01

정답 ②

영역 행정법 서론 > 행정   난도 중

정답의 이유

② 행정은 주체를 기준으로 국가행정, 자치행정, 위임행정으로 분류할 수 있다.

(((•))) 적중레이더

행정의 분류

주체에 의한 분류	국가행정, 자치행정, 위임행정		
목적에 의한 분류	조직행정(행정조직)		
	작용행정 (행정작용)	국가목적적 행정	외무행정, 군사행정, 재무행정, 사법행정
		사회목적적 행정 (내무행정)	경찰행정(질서행정)
			복리 행정 · 급부행정, 규제행정, 공용부담행정
수단에 의한 분류	권력행정		
	비권력적 행정	관리행정, 국고행정	
내용에 의한 분류	질서행정, 급부행정, 유도행정, 계획행정, 공과행정, 조달행정		
효과에 의한 분류	부담적 행정, 수익적 행정, 복효적 행정		

02

정답 ④

영역 일반행정작용법 > 행정행위   난도 중

정답의 이유

④ 공정력은 권한 있는 기관에 의하여 취소될 때까지 유효한 것으로 통용되는 힘이므로 행정소송이 제기되더라도 처분의 효력이 정지되는 것은 아니다.

오답의 이유

① 통설적 견해인 유효성 추정설에 의하면 공정력이란 행정행위가 당연무효가 아닌 한 권한 있는 기관에 의해 취소되기 전까지는 일응 유효하게 추정된다는 유효성 추정력 또는 유효성 통용력에 불과하다고 보므로 공정력은 입증책임의 분배와는 관계가 없다고 보고 있다(입증책임무관설).

② 공정력은 법적안정성을 위한 제도이며 집행부정지 원칙은 남소방지를 위한 것이므로 양자는 관련성이 없다(통설).

03

정답 ④

영역 일반행정작용법 > 행정행위　　　　　　　　　난도 **중**

정답의 이유

④ 구성요건적 효력이란 유효한 행정행위가 존재하는 이상 처분청 이외의 모든 국가기관은 그의 존재를 존중하며, 스스로의 판단의 기초로 삼아야 하는 효력을 말한다.

04

정답 ①

영역 행정법 서론 > 행정법상 일반원칙　　　　　　난도 **하**

정답의 이유

① 법률우위의 원칙이 모든 행정영역에 적용된다는 것에는 논란의 여지가 없지만, 법률유보의 원칙의 적용범위에 대하여는 견해의 대립이 있다.

오답의 이유

③ 신뢰보호의 이론적 근거로는 신의칙설, 법적안정성설 등이 있지만 오늘날 다수설 및 판례는 법적안정성설을 취하고 있다. 신의칙설은 신뢰보호의 근거를 신의성실(신의칙)의 원칙에서 구하는 견해이고, 법적안정성설은 법적안정성 내지 법적안정성을 하나의 요소

로 하는 법치국가원칙에서 신뢰보호원칙을 인정하는 근거를 구하는 입장이다.

05

정답 ②

영역 일반행정작용법 > 행정상 입법　　　　　　　난도 **하**

정답의 이유

② 법규명령은 법규성이 있고, 일반적·대외적·양면적 구속력이 있으므로 이에 위반하면 위법효과가 발생한다. 따라서 하급기관이 제정한 법규명령이라도 법규성이 있으므로 모든 국가기관을 구속한다.

오답의 이유

④ 재판의 전제됨 없이 법규명령 자체가 직접 소송의 대상(헌법소원)이 되어 위법한 경우 그 효력이 상실되는 것을 직접통제로 보기 때문에 법규명령이 헌법소원(헌법재판소법 제68조 제1항)의 대상이 되어 위헌이 된 경우라면, 해당 법규명령은 위헌결정 이후에는 무효로 다루어지고, 이런 경우 헌법재판소의 직접통제로 볼 수 있다.

06

정답 ②

영역 일반행정작용법 > 행정상 입법　　　　　　　난도 **중**

정답의 이유

② 행정절차법 제41조는 행정상 입법예고의 예외사항을 규정하고 있다.

> **제41조(행정상 입법예고)** ① 법령 등을 제정·개정 또는 폐지(이하 "입법"이라 한다)하려는 경우에는 해당 입법안을 마련한 행정청은 이를 예고하여야 한다. 다만, 다음 각 호의 어느 하나에 해당하는 경우에는 예고를 하지 아니할 수 있다.
> 1. 신속한 국민의 권리 보호 또는 예측 곤란한 특별한 사정의 발생 등으로 입법이 긴급을 요하는 경우
> 2. 상위 법령 등의 단순한 집행을 위한 경우
> 3. 입법내용이 국민의 권리·의무 또는 일상생활과 관련이 없는 경우
> 4. 단순한 표현·자구를 변경하는 경우 등 입법내용의 성질상 예고의 필요가 없거나 곤란하다고 판단되는 경우
> 5. 예고함이 공공의 안전 또는 복리를 현저히 해칠 우려가 있는 경우

오답의 이유

③ 집행명령이란 상위법령의 규정범위 안에서 그 시행에 관한 세부적 사항을 정하는 명령으로, 상위법령의 명시적 근거가 없는 경우에도 발할 수 있다.

07

정답 ④

| 영역 일반행정작용법 > 행정행위 | 난도 **하** |

정답의 이유

④ 하명, 허가, 면제는 명령적 행정행위이고, 대리는 형성적 행정행위이다.

08

정답 ①

| 영역 일반행정작용법 > 행정행위 | 난도 **하** |

정답의 이유

① 과세처분의 취소는 상대방에게 유리하기 때문에 제한 없이 취소가 가능하다.

오답의 이유

② '부담적 행정행위의 취소'의 취소는 상대방에게 유리한 '부담적 행정행위의 취소'를 취소하는 것이므로 취소권의 제한이 있다.

09

정답 ①

| 영역 일반행정작용법 > 행정행위 | 난도 **하** |

정답의 이유

① 철회권 유보란 행정행위의 주된 내용에 부가되어 있는 특정의 사유가 발생하는 경우에 행정행위를 철회하여 그의 효력을 소멸시킬 수 있음을 정한 부관이다. 철회권은 유보된 사실의 발생이 있더라도 철회권의 행사가 자유로운 것은 아니다. 즉, 철회의 일반적 요건이 충족되어야만 행할 수 있고 일정한 조리상의 한계도 있다(다수설·판례).

10

정답 ②

| 영역 일반행정작용법 > 행정행위 | 난도 **중** |

정답의 이유

② 행정처분에 부담인 부관을 붙인 경우 부관의 무효화에 의하여 본체인 행정처분 자체의 효력에도 영향이 있게 될 수는 있지만, 그 처분을 받은 사람이 부담의 이행으로 사법상 매매 등의 법률행위를 한 경우에는 그 부관은 특별한 사정이 없는 한 법률행위를 하게 된 동기 내지 연유로 작용하였을 뿐이므로 이는 법률행위의 취소사유가 될 수 있음은 별론으로 하고 그 법률행위 자체를 당연히 무효화하는 것은 아니다(대판 2009.6.25, 2006다18174).

11

정답 ④

| 영역 행정법 서론 > 행정법상 일반원칙 | 난도 **중** |

정답의 이유

행정법상 실권의 법리란 행정기관이 위법상태를 장기간 묵인·방치함으로써 개인이 당해 법상태의 존속을 신뢰한 경우에는 행정기관은 뒤늦게 위법성을 주장하지 못하고, 행정기관의 취소권은 소멸된다는 이론이다.

④ 택시운전사가 1983.4.5 운전면허정지기간 중의 운전행위를 하다가 적발되어 형사처벌을 받았으나 행정청으로부터 아무런 행정조치가 없어 안심하고 계속 운전업무에 종사하고 있던 중 행정청이 위 위반행위가 있은 이후에 장기간에 걸쳐 아무런 행정조치를 취하지 않은 채 방치하고 있다가 3년여가 지난 1986.7.7에 와서 이를 이유로 행정제재를 하면서 가장 무거운 운전면허를 취소하는 행정처분을 하였다면 이는 행정청이 그간 별다른 행정조치가 없을 것이라고 믿은 신뢰의 이익과 그 법적안정성을 빼앗는 것이 되어 매우 가혹할 뿐만 아니라 비록 그 위반행위가 운전면허취소사유에 해당한다 할지라도 그와 같은 공익상의 목적만으로는 위 운전사가 입게 될 불이익에 견줄 바 못 된다 할 것이다(대판 1987.9.8, 87누373).

오답의 이유

① 현행 행정절차법은 실권의 법리를 규정하고 있지 않다.

② 실권 또는 실효의 법리는 법의 일반원리인 신의성실의 원칙에 바탕을 둔 파생원칙인 것이므로 공법관계 가운데 관리관계는 물론이고 권력관계에도 적용되어야 함을 배제할 수는 없다 하겠으나 그것은 본래 권리행사의 기회가 있음에도 불구하고 권리자가 장기간에 걸쳐 그의 권리를 행사하지 아니하였기 때문에 의무자인 상대방은 이미 그의 권리를 행사하지 아니할 것으로 믿을 만한 정당한 사유가 있게 되거나 행사하지 아니할 것으로 추인케 할 경우에 새삼스럽게 그 권리를 행사하는 것이 신의성실의 원칙에 반하는 결과가 될 때 그 권리행사를 허용하지 않는 것을 의미한다(대판 1988.4.27, 87누915).

③ 철회사유 발생 시, 행정청이 일정기간 철회권을 행사하지 않은 경우에 신뢰보호원칙에 근거하여 행정청은 자유롭게 그 행위를 철회할 수 없다.

12

정답 ④

영역 행정법 서론 > 행정법상 일반원칙   난도**하**

정답의 이유

④ 신뢰보호의 원칙이란 개인이 행정기관의 어떤 적극적 또는 소극적 언동의 정당성 · 존속성에 대하여 준 신뢰가 보호할 가치가 있는 이익인 경우에 그 신뢰를 보호해 주는 원칙을 말한다. 이러한 신뢰 보호의 원칙은 급부행정 영역에서 주로 문제되기 시작하여 전 행 정영역으로 확대되어 가는 경향을 띠고 있으며, 오늘날 공 · 사법 을 포함한 모든 분야에 적용되는 헌법상의 기본원칙이다.

13

정답 ①

영역 행정의 실효성 확보수단 > 행정상 강제   난도**중**

정답의 이유

① 행정기관의 장은 행정조사의 목적, 법령준수의 실적, 자율적인 준 수를 위한 노력, 규모와 업종 등을 고려하여 명백하고 객관적인 기 준에 따라 행정조사의 대상을 선정하여야 한다(행정조사기본법 제 8조 제1항).

오답의 이유

② 현장조사는 조사대상자(대리인 및 관리책임이 있는 자를 포함한다) 가 동의한 경우에는 해가 뜨기 전이나 해가 진 뒤에도 할 수 있다 (행정조사기본법 제11조 제2항 제1호).

③ 행정기관은 법령 등에서 행정조사를 규정하고 있는 경우에 한하여 행정조사를 실시할 수 있다. 다만, 조사대상자의 자발적인 협조를 얻어 실시하는 행정조사의 경우에는 그러하지 아니하다(행정조사 기본법 제5조).

④ 행정기관은 유사하거나 동일한 사안에 대하여는 공동조사 등을 실 시함으로써 행정조사가 중복되지 아니하도록 하여야 한다(행정조 사기본법 제4조 제3항).

14

정답 ③

영역 행정절차와 행정공개 > 행정절차법   난도**중**

정답의 이유

③ 청문에 대한 설명이다(행정절차법 제2조 제5호). 공청회란 행정청 이 공개적인 토론을 통하여 어떠한 행정작용에 대하여 당사자 등, 전문지식과 경험을 가진 사람, 그 밖의 일반인으로부터 의견을 널 리 수렴하는 절차를 말한다(행정절차법 제2조 제6호).

오답의 이유

① 행정절차법 제2조 제1호

② 행정절차법 제2조 제2호

④ 행정절차법 제2조 제7호

15

정답 ②

영역 행정절차와 행정공개 > 정보공개와 개인정보보호   난도**중**

정답의 이유

② 제3자의 비공개 요청에도 불구하고 공공기관이 공개 결정을 하는 때에는 공개 결정 이유와 공개 실시일을 분명히 밝혀 지체 없이 문서로 통지하여야 하며, 제3자는 해당 공공기관에 문서로 이의신 청을 하거나 행정심판 또는 행정소송을 제기할 수 있다. 이 경우 이의신청은 통지를 받은 날부터 7일 이내에 하여야 한다(공공기관 의 정보공개에 관한 법률 제21조 제2항).

오답의 이유

① 공공기관의 정보공개에 관한 법률 제14조

③ 공공기관의 정보공개에 관한 법률 제13조 제1항

④ 공공기관의 정보공개에 관한 법률 제5조 제1항

> **제5조(정보공개 청구권자)** ① 모든 국민은 정보의 공개를 청구할 권 리를 가진다.

16

정답 ③

영역 행정의 실효성 확보수단 > 행정상 강제   난도**하**

정답의 이유

③ 신분에 의하여 성립하는 질서위반행위에 신분이 없는 자가 가담한 때에는 신분이 없는 자에 대하여도 질서위반행위가 성립한다(질서 위반행위규제법 제12조 제2항).

오답의 이유

① 질서위반행위규제법 제2조 제1호

② 질서위반행위규제법 제12조 제1항

④ 질서위반행위규제법 제7조

17

정답 ①

영역 행정구제법 > 행정소송   난도**하**

정답의 이유

① 대집행요건 충족의 주장 · 입증책임은 권한발생사실이므로 행정청 에 있다는 것이 판례의 입장이다(대판 1982.5.11, 81누232).

오답의 이유

③ 통설 · 판례에 의하면 항고소송에서도 민사소송의 입증책임 분배 의 일반원칙인 법률요건분류설이 그대로 적용된다고 한다. 법률요 건분류설에 따르면 행정행위의 적법사유는 권한발생의 요건사실 이므로 피고 행정청이 입증책임을 지고, 권한멸각사실인 재량권의 일탈 · 남용사실 등은 원고가 입증책임을 지게 된다.

18

영역 행정구제법 > 손해전보제도　　　난도 중

정답의 이유

③ 법령상 작위의무가 존재하지 않는 경우, 조리에 의한 작위의무를 인정할 수 있는가에 대해 학설은 대립하고 있으나, 판례는 형식적 의미의 법령에 근거가 없더라도 위험방지의 작위의무를 인정할 수 있다고 하여 조리상 작위의무를 인정하고 있다(대판 2004.6.25, 2003다 69652).

오답의 이유

① 행정지도가 강제성을 띠지 않은 비권력적 작용으로서 행정지도의 한계를 일탈하지 아니하였다면, 그로 인하여 상대방에게 어떤 손해가 발생하더라도 행정기관은 그에 대한 손해배상책임이 없다(대판 2008.9.25, 2006다18228).

④ 대판 1993.1.15, 92다8514

19

영역 행정구제법 > 행정소송　　　난도 중

정답의 이유

② 소송촉진 등에 관한 특례법 제6조에서는 국가를 상대로 하는 재산권의 청구에 관하여는 가집행선고를 할 수 없다는 규정을 두고 있었으나, 이 규정은 평등원칙에 위반된다고 헌법재판소가 위헌결정을 하여 1990년에 삭제되었다. 그런데 행정소송법 제43조에서는 여전히 "국가를 상대로 하는 당사자소송의 경우에는 가집행선고를 할 수 없다."라고 규정하고 있기 때문에 이에 관해 학설의 대립이 있다. 또한 이와 관련해서 공법상 당사자소송에서 재산권의 청구를 인용하는 판결을 한 경우에 가집행선고가 가능하다고 판시한 바 있다(대판 2000.11.28, 99두3416). 문제에서는 판례 입장을 묻고 있으므로 판례에 따르면 국가를 상대로 하는 당사자소송의 경우에는 가집행선고가 가능하다.

오답의 이유

① 행정소송법 제45조

③ 행정소송법 제10조 제2항

20

영역 일반행정작용법 > 행정행위　　　난도 중

정답의 이유

④ 행정행위가 취소사유에 불과하다면 공정력이 발생하게 되므로 권한 있는 기관에 의해 취소되기 전까지는 유효성이 추정 또는 통용되기 때문에 형사법원은 당해 행정행위의 효력을 부인할 수 없다. 따라서 운전면허처분은 위법하지만 유효한 처분이 되므로 운전행위가 무면허운전이 되는 것은 아니다.

오답의 이유

① 비록 행정행위에 하자가 있는 경우에도 그 하자가 중대하고 명백하여 당연무효인 경우를 제외하고는 권한 있는 기관에 의하여 취소될 때까지는 일응 유효한 것으로 보아 누구든지(상대방은 물론 제3의 국가기관까지도) 그 효력을 부인하지 못한다.

② 공정력에 의해 법원이 행정행위의 효력을 부인할 수는 없지만 행정행위의 위·적법여부는 당해 행정행위가 취소인지 무효인지에 관계없이 판단 가능하다.

③ 사인의 공법행위는 행위주체가 사인이므로 행정행위와는 달리 공정력, 확정력 등이 인정되지 않는다.

21

영역 행정구제법 > 행정소송　　　난도 중

정답의 이유

② 중앙행정기관의 장이 피고인 경우 취소소송을 제기하는 경우에는 대법원 소재지를 관할하는 행정법원을 제1심 관할법원으로 할 수 있다(행정소송법 제9조 제2항).

오답의 이유

① 행정소송법 제9조 제3항

③ 행정소송법 제13조 제1항

> 제13조(피고적격) ① 취소소송은 다른 법률에 특별한 규정이 없는 한 그 처분 등을 행한 행정청을 피고로 한다. 다만, 처분 등이 있은 뒤에 그 처분 등에 관계되는 권한이 다른 행정청에 승계된 때에는 이를 승계한 행정청을 피고로 한다.
> ② 제1항의 규정에 의한 행정청이 없게 된 때에는 그 처분 등에 관한 사무가 귀속되는 국가 또는 공공단체를 피고로 한다.

④ 공직선거법 제222조

> 제222조(선거소송) ① 대통령선거 및 국회의원선거에 있어서 선거의 효력에 관하여 이의가 있는 선거인·정당(候補者를 추천한 政黨에 한한다) 또는 후보자는 선거일부터 30일 이내에 당해 선거구선거관리위원회위원장을 피고로 하여 대법원에 소를 제기할 수 있다.

22

정답 ②

영역 행정의 실효성 확보수단 > 행정상 강제   난도 **중**

[정답의 이유]

② 행정처분에 대한 쟁송제기기간 내에도 행정상의 강제집행을 할 수 있다.

[오답의 이유]

① 위임 및 위탁기관은 수임 및 수탁기관의 수임 및 수탁사무 처리에 대하여 지휘·감독하고, 그 처리가 위법하거나 부당하다고 인정될 때에는 이를 취소하거나 정지시킬 수 있다(행정권한의 위임 및 위탁에 관한 규정 제6조).

③ 행정청이 상대방에게 장차 어떤 처분을 하겠다고 확약 또는 공적인 의사표명을 하였다고 하더라도, 그 자체에서 상대방으로 하여금 언제까지 처분의 발령을 신청하도록 유효기간을 두었는데도 그 기간 내에 상대방의 신청이 없었다거나 확약 또는 공적인 의사표명이 있은 후에 사실적·법률적 상태가 변경되었다면, 그와 같은 확약 또는 공적인 의사표명은 행정청의 별다른 의사표시를 기다리지 않고 실효된다(대판 1996.8.20, 95누10877).

④ 대법원은 사회안전법 사건(대판 1997.6.13, 96다56115)에서, 헌법재판소는 음반·비디오 및 게임물에 관한 법률에 대한 위헌법률심판제청사건(헌재 2002.10.31, 2000헌가12)에서 각각 원칙적으로는 영장을 요하나 예외적으로 행정목적의 달성을 위해 불가피한 경우에 한하여 영장주의가 적용되지 않는다는 절충설에 입각하여 판시하였다.

23

정답 ④

영역 행정구제법 > 행정소송   난도 **중**

[정답의 이유]

④ 피대리청인 광주광역시장이 피고가 된다.

[오답의 이유]

① 수임청인 부시장을 피고로 소송을 제기하여야 한다.

② 행정청에는 단독기관뿐만 아니라 합의제기관도 물론 포함된다. 판례는 '시·도 인사위원회는 독립된 합의제행정기관으로서 7급 지방공무원의 신규임용시험의 실시를 관장한다고 할 것이므로, 그 관서장인 시·도 인사위원회 위원장은 그의 명의로 한 7급 지방공무원의 신규임용시험 불합격결정에 대한 취소소송의 피고 적격을 가진다(대판 1997.3.28, 95누7055).'고 판시하였다.

③ 대리권을 수여받은 데 불과하여 그 자신의 명의로는 행정처분을 할 권한이 없는 행정청의 경우 대리관계를 밝힘이 없이 그 자신의 명의로 행정처분을 하였다면 그에 대하여는 처분명의자인 당해 행정청이 항고소송의 피고가 되어야 하는 것이 원칙이지만, 비록 대리관계를 명시적으로 밝히지는 아니하였다 하더라도 처분명의자가 피대리 행정청 산하의 행정기관으로서 실제로 피대리 행정청으

로부터 대리권한을 수여받아 피대리 행정청을 대리한다는 의사로 행정처분을 하였고 처분명의자는 물론 그 상대방도 그 행정처분이 피대리 행정청을 대리하여 한 것임을 알고서 이를 받아들인 예외적인 경우에는 피대리 행정청이 피고가 되어야 한다(대판 2006.2.23, 2005부4). 따라서 위 부과처분에 대한 항고소송의 피고 적격은 근로복지공단에 있다.

24

정답 ④

영역 행정조직법 > 지방자치법   난도 **중**

[오답의 이유]

① 지방자치단체의 구성은 지방자치법에 규정되어 있다.

② 지방자치단체는 법령을 위반하여 사무를 처리할 수 없으며, 시·군 및 자치구는 해당 구역을 관할하는 시·도의 조례를 위반하여 사무를 처리할 수 없다(지방자치법 제12조 제3항).

③ 지방자치단체의 장은 주민에게 과도한 부담을 주거나 중대한 영향을 미치는 지방자치단체의 주요 결정사항 등에 대하여 주민투표에 부칠 수 있다(지방자치법 제18조 제1항).

25

정답 ①

영역 특별행정작용법 > 규제행정법   난도 **중**

[정답의 이유]

① 신뢰보호의 원칙은 환경행정법의 기본원칙에 해당하지 않는다.

((•)) 적중레이더

환경행정법의 기본원칙
- 사전배려의 원칙
- 존속보호의 원칙
- 원인자책임의 원칙
- 협동원칙과 공동부담의 원칙

2010 기출문제 해설

☑ 점수 (   )점/100점   ☑ 문제편 166쪽

영역 분석

일반행정작용법	8문항	★★★★★★★★	32%
행정구제법	8문항	★★★★★★★★	32%
행정법 서론	6문항	★★★★★★	24%
행정절차와 행정공개	3문항	★★★	12%

빠른 정답

01	02	03	04	05	06	07	08	09	10
④	③	③	②	①	①	④	①	①	②
11	12	13	14	15	16	17	18	19	20
②	②	②	②	④	③	④	①	②	③
21	22	23	24	25					
③	①	③	①	③					

01

정답 ④

영역 일반행정작용법 > 행정행위   난도 중

정답의 이유

④ 공정력은 비록 행정행위에 하자가 있는 경우에도 그 하자가 중대하고 명백하여 당연무효인 경우를 제외하고는 권한 있는 기관에 의하여 취소될 때까지는 이를 유효한 것으로 보아 누구든지(상대방은 물론 제3의 국가기관 포함) 그 효력을 부인하지 못하는 힘을 의미한다. 따라서 처음부터 행정행위라 할 만한 실체조차 존재하지 않는 부존재와 행정행위의 하자가 중대하고 명백하여 무효인 경우에는 공정력이 인정되지 않는다. 이러한 경우에까지 공정력을 인정하면 행정청에게 지나친 특권을 부여하고 그 결과 국민에게는 큰 부담이 되기 때문이다.

오답의 이유

① 대판 1979.4.10, 79다262

02

정답 ③

영역 행정절차와 행정공개 > 정보공개와 개인정보보호   난도 중

정답의 이유

③ 청구인이 정보공개와 관련한 공공기관의 비공개 결정 또는 부분공개 결정에 대하여 불복이 있거나 정보공개 청구 후 20일이 경과하도록 정보공개 결정이 없는 때에는 공공기관으로부터 정보공개 여부의 결정 통지를 받은 날 또는 정보공개 청구 후 20일이 경과한 날부터 30일 이내에 해당 공공기관에 문서로 이의신청을 할 수 있다(공공기관의 정보공개에 관한 법률 제18조 제1항).

오답의 이유

① 정보의 공개를 청구하는 자는 해당 정보를 보유하거나 관리하고 있는 공공기관에 대하여 정보공개 청구서를 제출하거나 말로써 정보의 공개를 청구할 수 있다(공공기관의 정보공개에 관한 법률 제10조 제1항).

② • 공공기관은 정보공개의 청구를 받으면 그 청구를 받은 날부터 10일 이내에 공개 여부를 결정하여야 한다(공공기관의 정보공개에 관한 법률 제11조 제1항).
  • 공공기관은 부득이한 사유로 규정된 기간 이내에 공개 여부를 결정할 수 없는 때에는 그 기간이 끝나는 날의 다음 날부터 기산하여 10일의 범위에서 공개 여부 결정기간을 연장할 수 있다(공공기관의 정보공개에 관한 법률 제11조 제2항).

④ 공공기관의 정보공개에 관한 법률 시행령 제2조 제1호에 따르면 '대통령령으로 정하는 기관'으로서의 공공기관에는 유아교육법, 초·중등교육법, 고등교육법에 따른 각급 학교 또는 그 밖의 다른 법률에 따라 설치된 학교가 포함되며 여기에서 유아교육법, 초·중등교육법, 고등교육법에 따른 각급 학교 또는 그 밖의 다른 법률에 따라 설치된 학교에는 초·중등학교, 대학·대학교가 있고, 국·공립학교와 사립학교를 불문한다. 따라서 사립고등학교도 공공기관의 정보공개에 관한 법률에서 말하는 '공공기관'에 포함된다.

03

정답 ③

영역 행정구제법 > 행정소송　　　　난도 **중**

정답의 이유

③ 해양수산항만 명칭결정은 행정기관 내부의 행위에 지나지 않으므로 그로 인해 경상남도나 진해시가 어떤 법적 불이익을 받는다고 할 수 없고, 따라서 경상남도나 진해시의 권리 · 의무나 법률 관계에도 직접 영향을 미친다고 할 수 없으므로 이 사건 심판청구는 권한쟁의심판청구의 대상이 되는 처분성을 갖추지 못한다 할 것이다(헌재 2008.3.27, 2006헌라1).

오답의 이유

① 도시관리계획결정은 특정 개인의 권리 내지 법률상의 이익을 개별적이고 구체적으로 규제하는 효과를 가져오게 하는 행정청의 처분이라 할 것이고, 이는 행정소송의 대상이 된다(대판 1982.3.9, 80누105).

② 토지구획정리사업법 제57조, 제62조 등의 규정상 환지예정지 지정이나 환지처분은 그에 의하여 직접 토지소유자 등의 권리의무가 변동되므로 이를 항고소송의 대상이 되는 처분이라고 볼 수 있다(대판 1999.8.20, 97누6889).

④ 공무원연금관리공단의 급여에 관한 결정은 국민의 권리에 직접 영향을 미치는 것이어서 행정처분에 해당한다(대판 1996.12.6, 96누6417).

04

정답 ②

영역 행정절차와 행정공개 > 행정절차법　　　　난도 **중**

정답의 이유

② 행정청은 대통령령을 입법예고하는 경우 국회 소관 상임위원회에 이를 제출하여야 한다(행정절차법 제42조 제2항).

오답의 이유

① 행정절차법 제43조

③ 행정절차법 제42조 제4항

④ 행정절차법 제42조 제5항

05

정답 ①

영역 일반행정작용법 > 기타행정행위　　　　난도 **하**

정답의 이유

① 행정계획의 처분성 여부는 개별 행정계획마다 검토해야 한다는 개별적 검토설이 다수설이다. 판례도 각각의 사례를 개별적으로 검토하여 처분성을 인정하거나 부정하고 있다.

오답의 이유

② 도시계획법 등 관계법령에는 추상적인 행정목표와 절차만이 규정되어 있을 뿐 행정계획의 내용에 대하여는 별다른 규정을 두고 있지 아니하므로 행정주체는 구체적인 행정계획을 입안 · 결정함에 있어서 비교적 광범위한 형성의 자유를 가진다(대판 1996.11.29, 96누8567).

06

정답 ①

영역 행정법 서론 > 행정법　　　　난도 **중**

정답의 이유

① 재량행위에 있어서는 법령상의 근거가 없다고 하더라도 부관을 붙일 수 있는데, 그 부관의 내용은 적법하고 이행 가능하여야 하며 비례의 원칙 및 평등의 원칙에 적합하고 행정처분의 본질적 효력을 해하지 아니하는 한도의 것이어야 한다(대판 1997.3.14, 96누16698).

(((•))) 적중레이더

법률유보의 원칙 vs 법률우위의 원칙

구분	법률유보의 원칙	법률우위의 원칙
법률	형식적 의미의 법률	성문법과 불문법 (행정규칙 ×)
적용범위	일부 영역 (학설 대립 有)	모든 영역
법률적합성 원칙과의 관계	적극적 (입법과 행정 사이 권한의 문제)	소극적 (법 단계질서의 문제)

07

정답 ④

영역 일반행정작용법 > 기타행정행위　　　　난도 **중**

정답의 이유

④ 행정기관은 행정지도의 상대방이 행정지도에 따르지 아니하였다는 것을 이유로 불이익한 조치를 하여서는 아니 된다(행정절차법 제48조 제2항).

오답의 이유

① 행정지도로 인한 손해에 대하여는 원칙적으로 국가배상이 인정될 수 없지만 예외적으로 도시계획사업과 관련하여 서울시 공무원이 행정지도를 한 사안에서 손해배상책임을 인정한 바 있으며, 비록 고등법원 판결이기는 하나 행정청이 법령의 근거 없이 책의 판매 금지를 종용한 사건에서 인과관계를 긍정하여 피해자의 손해배상 청구를 인정한 경우가 있다.

③ 행정절차법 제48조 제1항

08

| 영역 행정구제법 > 행정소송 | 난도 중 |

정답의 이유

① 지방의회 의원에 대한 제명의결 취소소송 계속 중 의원의 임기가 만료된 사안에서, 제명의결의 취소로 의원의 지위를 회복할 수는 없다 하더라도 제명의결시부터 임기만료일까지의 기간에 대한 월 정수당의 지급을 구할 수 있는 등 여전히 그 제명의결의 취소를 구할 법률상 이익이 있다(대판 2009.1.30, 2007두13487).

오답의 이유

② 입영으로 그 처분의 목적이 달성되어 실효되었다는 이유로 다툴 수 없도록 한다면, 병역법상 현역입영대상자로서는 현역병입영통 지처분이 위법하다 하더라도 법원에 의하여 그 처분의 집행이 정 지되지 아니하는 이상 현실적으로 입영을 할 수밖에 없으므로 현 역병입영통지처분에 대하여는 불복을 사실상 원천적으로 봉쇄하 는 것이 되고, 또한 현역입영대상자가 입영하여 현역으로 복무하 는 과정에서 현역병입영통지처분 외에는 별도의 다른 처분이 없으 므로 입영한 이후에는 불복할 아무런 처분마저 없게 되는 결과가 되며, 나아가 입영하여 현역으로 복무하는 자에 대한 병적을 당해 군 참모총장이 관리한다는 것은 입영 및 복무의 근거가 된 현역병 입영통지처분이 적법함을 전제로 하는 것으로서 그 처분이 위법한 경우까지를 포함하는 의미는 아니라고 할 것이므로, 현역입영대상 자로서는 현실적으로 입영을 하였다고 하더라도, 입영 이후의 법 률관계에 영향을 미치고 있는 현역병입영통지처분 등을 한 관할지 방병무청장을 상대로 위법을 주장하여 그 취소를 구할 소송상의 이익이 있다(대판 2003.12.26, 2003두1875).

③ 고등학교졸업이 대학입학자격이나 학력인정으로서의 의미밖에 없 다고 할 수 없으므로 고등학교졸업 학력검정고시에 합격하였다 하 여 고등학교 학생으로서의 신분과 명예가 회복될 수 없는 것이니 퇴학처분을 받은 자로서는 퇴학처분의 위법을 주장하여 그 취소를 구할 소송상의 이익이 있다(대판 1992.7.14, 91누4737).

④ 대판 1996.2.23, 95누2685

09

| 영역 일반행정작용법 > 행정행위 | 난도 중 |

정답의 이유

① 하명은 침익적 행정행위이기 때문에 반드시 법적 근거가 있어야 하는 기속행위이며, 또한 명령적 행위이다.

오답의 이유

② 하명의 대상은 통행금지나 교통장해물 제거 등과 같은 사실행위가 일반적이나 총포거래금지, 영업행위금지 등과 같은 법률행위일 수 도 있다.

③ 하명에 의해 과해진 의무를 이행하지 않는 자에 대해서는 행정상 의 강제집행이 행해지거나 또는 행정상의 제재가 과해질 뿐, 하명 위반의 법률행위 효력 자체가 무효로 되는 것은 아니다.

10

| 영역 일반행정작용법 > 행정행위 | 난도 중 |

정답의 이유

② 법률요건이 충족되는 경우에도 허가를 거부한다면 기본권을 부당 하게 제한하는 것이므로 허가는 원칙적으로 기속행위이다. 하지만 판례는 석유판매업허가, 산림훼손허가, 건축허가 등을 기속재량행 위로 보면서 기속재량행위는 원칙적으로 법적 요건을 충족하면 법 적 효과를 부여해야 하는 기속행위지만, 예외적으로 중대한 공익 상의 필요가 있을 경우 거부할 수 있는 행위로 본다.

오답의 이유

③ 허가는 원칙적으로 행위의 적법요건이지 유효요건은 아니므로 무 허가로 한 행위는 특별한 규정이 없는 한 행정벌이나 강제집행의 대상이 될 뿐, 사법상 효력에는 영향이 없어 유효하다.

④ 허가의 대상은 사실행위(예 건축허가)가 대부분이나, 법률행위(예 무기매매허가)일 때도 있다.

11

| 영역 일반행정작용법 > 행정행위 | 난도 중 |

정답의 이유

② 주차금지구역의 지정은 대물적 행정행위가 아니라 물적 행정행위 이다. 대물적 행정행위는 물건에 대한 행정행위를 의미하나, 물적 행정행위는 일반처분을 의미한다.

((•)) 적중레이더

대인적 · 대물적 · 물적 행정행위

대인적 행정행위	행정행위 상대방의 주관적 사정을 고려하여 행해지 는 행정행위 예 운전면허, 의사면허 등
대물적 행정행위	그 행위의 대상인 물건이나 시설의 객관적 사정을 고 려하여 물건 소유자 등에게 직접적인 법적 효과를 발 생시키는 행위 예 자동차검사, 건축물 준공검사, 공중위생업소 폐쇄 명령, 건물철거명령
물적 행정행위	직접 물건에 대하여 규율하는 행위이고 관련 사람들 에게는 간접적인 법적 효과를 발생시키는 행위 예 주차금지구역의 지정, 교통표지판

12

영역 행정법 서론 > 행정상 법률관계   난도 **중**

정답의 이유

② 불행사의 제한은 개인적 공권의 특징으로 볼 수 없다. 개인적 공권이란 행정객체인 개인이 국가 등 행정주체에 대하여 직접 자기를 위하여 일정한 이익을 주장할 수 있는 법률상의 힘을 의미한다. 행정법에서 공권이라고 하면 일반적으로 개인적 공권을 의미한다.

📡 적중레이더

개인적 공권의 특수성

이전의 제한	사권은 원칙적으로 자유롭게 이전할 수 있으나, 공권은 그 공익적 성격과 일신전속성 때문에 양도·상속 등 이전성이 제한되는 경우가 많다.
포기의 제한	공권은 공익적 견지에서 인정되는 것이므로 원칙적으로 사전에 임의로 포기할 수 없다.
대행의 제한	투표권, 선거권 등과 같이 공권은 그 성질이 일신전속적인 것이라 타인이 이를 대리하거나 대행할 수 없는 경우가 많다.
시효제도의 특수성	공권의 소멸시효는 사권보다 단기인 것이 보통이며, 공법상 금전채권의 소멸시효 기간은 5년이다.
보호의 특수성	위법한 행정작용으로 인하여 개인적 공권이 침해된 경우에는 그 개인은 행정소송이나 행정심판에 의하여 그 취소나 변경을 구할 수 있고 그로 인해 손해를 받은 경우에는 국가배상을 청구할 수 있다.

13

영역 행정구제법 > 손해전보제도   난도 **중**

정답의 이유

② 사업시행자는 재결신청의 청구를 받았을 때에는 그 청구를 받은 날부터 60일 이내에 대통령령으로 정하는 바에 따라 관할 토지수용위원회에 재결을 신청하여야 한다(공익사업을 위한 토지 등의 취득 및 보상에 관한 법률 제30조 제2항).

오답의 이유

④ 공익사업을 위한 토지 등의 취득 및 보상에 관한 법률 제28조 제1항

14

영역 행정구제법 > 행정심판   난도 **상**

정답의 이유

② 취소소송의 제기는 처분 등의 효력이나 그 집행 또는 절차의 속행에 영향을 미치지 아니하는바, 이를 집행부정지의 원칙이라고 한다(행정심판법 제30조 제1항). 현행법이 집행부정지의 원칙을 택한 것은 공행정의 원활하고 영속적인 수행을 위한 정책적인 고려의 결과이며, 행정객체의 권리보호와는 거리가 멀다.

오답의 이유

④ 행정심판법 제30조 제2항 단서

15

영역 행정법 서론 > 행정상 법률관계   난도 **중**

정답의 이유

④ 원래 행정처분을 한 처분청은 그 행위에 하자가 있는 경우에는 원칙적으로 별도의 법적 근거가 없더라도 스스로 이를 직권으로 취소할 수 있는 것이고, 행정처분에 대한 법정의 불복기간이 지나면 직권으로도 취소할 수 없게 되는 것은 아니다(대판 1995.9.15, 95누6311).

📡 적중레이더

불가쟁력과 불가변력의 차이점

구분	불가쟁력	불가변력
상대방	상대방 및 이해관계인 구속	처분청 등 행정기관 구속
성질	절차법적 효력	실체법적 효력
효력발생 범위	모든 행정행위	일정한 행정행위
효력의 독립성	불가쟁력 발생 → 불가변력 발생 × (직권취소는 가능)	불가변력 발생 → 불가쟁력 발생 × (쟁송제기는 가능)

16

영역 행정법 서론 > 행정   난도 **중**

정답의 이유

③ 공법과 사법의 구별은 선험적·추상적 또는 유형적 구분이 아니라 실정법제도상의 경험적·구체적 구분에 대한 문제이다.

오답의 이유

② 영·미의 행정법은 행정입법의 제정절차, 행정구제 등 행정절차법을 중심으로 발전하였다.

17

영역 일반행정작용법 > 기타행정행위 　　　　　난도 **하**

[정답의 이유]

④ 어업권면허에 선행하는 우선순위결정은 행정청이 우선권자로 결정된 자의 신청이 있으면 어업권면허처분을 하겠다는 것을 약속하는 행위로서 **강학상 확약**에 불과하다(대판 1995.1.20, 94누6529).

[오답의 이유]

① 교과서 검·인정은 헌법재판소는 특허로 해석하고 통설은 확인행위로 해석한다. 헌법재판소는 '교과서에 관련된 국정 또는 검·인정제도의 법적 성질은 인간의 자연적 자유의 제한에 대한 해제인 허가의 성질을 갖는다기보다는 어떠한 책자에 대하여 교과서라는 특수한 지위를 부여하거나 인정하는 제도이기 때문에 가치창설적인 형성적 행위로서 특허의 성질을 갖는 것으로 보아야 할 것이며, 그렇게 본다면 국가가 그에 대한 재량권을 갖는 것은 당연하다고 할 것이다(헌재 1992.11.12, 89헌마88).'라고 판시하였다.

② 공법상 계약에 해당한다.

③ 통지에 해당한다.

18

영역 행정구제법 > 손해전보제도 　　　　　난도 **중**

[정답의 이유]

① 판례는 집행관, 소집 중인 예비군, 시청소차운전수, 통장, 교통할아버지, 지방자치단체에 근무하는 청원경찰 등을 공무원에 포함시키나 ㉠ 시영버스운전수, ㉢ 의용소방대원은 공무원의 범위에서 제외한다.

19

영역 행정구제법 > 손해전보제도 　　　　　난도 **하**

[정답의 이유]

② 공익사업을 위한 토지 등의 취득 및 보상에 관한 법률 제63조에는 현물보상의 원칙이 아니라 현금보상의 원칙이 규정되어 있다.

((•)) 적중레이더

공익사업을 위한 토지 등의 취득 및 보상에 관한 법률상 손실보상의 원칙

- 사업시행자 보상의 원칙
- 사전보상의 원칙(선불의 원칙)
- 현금보상의 원칙
- 개인별 보상의 원칙(개별불의 원칙)
- 사업시행 이익과 상계금지의 원칙
- 전액일시불의 원칙
- 시가보상의 원칙
- 완전보상의 원칙

20

영역 행정법 서론 > 행정상 법률관계 　　　　　난도 **중**

[정답의 이유]

③ 현대행정에서 공법과 사법은 명확하게 구별하기는 어려운 것이 사실이며, 경우에 따라서 공법에 사법이 적용되기도 하고, 사법에 공법이 적용되기도 한다.

21

영역 행정구제법 > 행정쟁송제도 　　　　　난도 **중**

[정답의 이유]

③ 공법상 계약은 공법적 효과의 발생을 목적으로 하는 복수 당사자 간의 반대방향의 의사의 합치로 이루어지는 비권력적인 공법행위를 말한다.

[오답의 이유]

④ 대판 1995.5.31, 95누10617

22

영역 행정법 서론 > 법률사실과 법률요건 　　　　　난도 **중**

[정답의 이유]

① 수리를 요하지 않는 신고가 부적법한 경우에는 행정청이 이를 수리하더라도 신고의 효력이 발생하지 않는다.

[오답의 이유]

② 사인의 공법행위에 적용될 통칙적 규정은 존재하지 않는다.

④ 전역지원의 의사표시가 진의 아닌 의사표시라 하더라도 그 무효에 관한 법리를 선언한 민법 제107조 제1항 단서의 규정은 그 성질상 사인의 공법행위에는 적용되지 않는다 할 것이므로 그 표시된 대로 유효한 것으로 보아야 한다(대판 1994.1.11, 93누10057).

23

영역 행정구제법 > 행정소송 　　　　　난도 **중**

[정답의 이유]

③ 취소소송은 처분 등이 있음을 안 날부터 90일 이내에 제기하여야 한다(행정소송법 제20조 제1항).

[오답의 이유]

④ 우리나라는 집행부정지 원칙을 택하고 있으므로 행정소송을 제기하여도 처분의 집행은 중단되지 않는다.

24

영역 행정절차와 행정공개 > 행정절차법　　　　난도 **중**

정답의 이유

① 우리 행정절차법은 원칙적으로 절차규정을 입법화하고 있으나, 일부규정은 실체적 조항도 포함하고 있어 '절차법적인 조항만으로 이루어졌다'는 것은 틀린 내용이다.

오답의 이유

② 사전통지의 면제사유에 해당하는 경우와 당사자가 의견진술의 기회를 포기한다는 뜻을 명백히 표시한 경우에는 의견청취를 하지 아니할 수 있다(행정절차법 제22조 제4항).

③ 행정절차법 제23조 제1항

④ 행정절차법 제21조 제1항

25

영역 일반행정작용법 > 행정상 입법　　　　난도 **하**

정답의 이유

③ 지시: 상급기관이 직권 또는 하급기관의 문의에 의하여 하급기관에 개별적·구체적으로 발하는 명령

오답의 이유

① 고시: 법령이 정하는 바에 따라 일정한 사항을 일반에게 알리기 위한 문서

② 훈령: 상급기관이 하급기관에 대하여 장기간에 걸쳐 그 권한의 행사를 일반적으로 지시하기 위하여 발하는 명령

④ 예규: 행정사무의 통일을 기하기 위하여 반복적 행정사무의 처리기준을 제시하는 법규문서 외의 문서로서 조문형식 또는 시행문형식에 의하여 작성

2009 | 기출문제 해설

☑ 점수 ( )점/100점 ☑ 문제편 170쪽

영역 분석

일반행정작용법	8문항	★★★★★★★★	32%
행정구제법	7문항	★★★★★★★	28%
행정법 서론	4문항	★★★★	16%
행정절차와 행정공개	3문항	★★★	12%
행정의 실효성 확보수단	2문항	★★	8%
특별행정작용법	1문항	★	4%

빠른 정답

01	02	03	04	05	06	07	08	09	10
③	②	③	②	②	④	②	③	②	①
11	**12**	**13**	**14**	**15**	**16**	**17**	**18**	**19**	**20**
②	③	④	②	②	④	③	②	②	④
21	**22**	**23**	**24**	**25**					
①	①	④	④	③					

01

정답 ③

영역 특별행정작용법 > 규제행정법 난도 **중**

[정답의 이유]

③ 수용적 침해란 적법한 행정작용의 이형적·비의욕적인 부수적 결과로서 타인의 재산권에 가해진 침해를 말한다. 구체적 예로는 지하철공사의 장기화로 인하여 인근 상점이 입는 손해, 도로예정구역으로 고시되었으나 공사를 함이 없이 장기간 방치됨으로 인하여 고시지역 내의 가옥주가 입는 손해, 쓰레기적치장 등 공공시설의 경영으로 인근 주민이 받은 손실 등이 있다.

[오답의 이유]

② 수용유사적 침해란 위법한 공용침해의 경우. 즉 공공의 필요에 의한 공권적 침해이기는 하나 보상에 관한 규정을 두고 있지 않아 위법한 경우에 수용에 준하여 손실보상을 해주어야 한다는 것을 의미한다.

적중레이더

각종 구제제도의 성립요건

구분	위법, 적법 여부	유책, 무책 여부
국가배상	위법	유책
손실보상	적법	무책
수용유사침해	위법	무책
수용적 침해	적법	무책

02

정답 ②

영역 행정법 서론 > 행정법상 일반원칙 난도 **중**

[정답의 이유]

② 주택사업계획승인에 주택사업과는 아무런 관련이 없는 토지를 기부채납하도록 하는 부관을 붙인 것은 부당결부금지의 원칙과 관련이 있다. 부당결부금지의 원칙이란 행정기관이 공권력적 조치를 취함에 있어 그것과 실질적(내용적)인 관련이 없는 반대급부를 결부시켜서는 안 된다는 것이다.

[오답의 이유]

① 일반적으로 조세 법률관계에서 과세관청의 행위에 대하여 신의성실의 원칙이 적용되기 위하여는 과세관청이 납세자에게 신뢰의 대상이 되는 공적인 견해표명을 하여야 하고, 또한 국세기본법 제18조 제3항에서 말하는 비과세 관행이 성립하려면 상당한 기간에 걸쳐 과세를 하지 아니한 객관적 사실이 존재할 뿐만 아니라 과세관청 자신이 그 사항에 관하여 과세할 수 있음을 알면서도 어떤 특별한 사정 때문에 과세하지 않는다는 의사가 있어야 하며 위와 같은 공적 견해나 의사는 명시적 또는 묵시적으로 표시되어야 하지만 묵시적 표시가 있다고 하기 위하여는 단순한 과세누락과는 달리 과세관청이 상당기간의 불과세상태에 대하여 과세하지 않겠다는 의사표시를 한 것으로 볼 수 있는 사정이 있어야 하고, 이 경우 특히 과세관청의 의사표시가 일반론적인 견해표명에 불과한 경우에는 위 원칙의 적용을 부정하여야 할 것이다(대판 1995.11.14, 95누10181).

④ 수익적 행정처분의 하자가 당사자의 사실은폐나 기타 사위의 방법에 의한 신청행위에 기인한 것이라면 당사자는 처분에 의한 이익이 위법하게 취득되었음을 알아 취소가능성도 예상하고 있었다 할 것이므로, 그 자신이 처분에 관한 신뢰이익을 원용할 수 없음은 물론 행정청이 이를 고려하지 아니하였다고 하여도 재량권의 남용이 되지 않는다(대판 2006.5.25, 2003두4669).

03
정답 ③

영역 행정법 서론 > 행정상 법률관계　　　　　난도 **하**

정답의 이유

③ 구 국유재산법 제31조 제3항, 구 국유재산법 시행령 제33조 제2항의 규정에 의하여 국유일반재산(구 국유잡종재산)에 관한 관리 처분의 권한을 위임받은 기관이 국유일반재산(구 국유잡종재산)을 대부하는 행위는 국가가 사경제 주체로서 상대방과 대등한 위치에서 행하는 사법상의 계약이지 행정청이 공권력의 주체로서 상대방의 의사 여하에 불구하고 일방적으로 행하는 행정처분이라고 볼 수 없고, 국유일반재산(구 국유잡종재산)에 관한 사용료의 납입고지 역시 사법상의 이행청구에 해당하는 것으로서 이를 항고소송의 대상이 되는 행정처분이라고 할 수 없다(대판 1995.5.12, 94누5281).

04
정답 ②

영역 행정구제법 > 손해전보제도　　　　　난도 **중**

정답의 이유

② 적법한 공행정 작용의 결과 예기치 않은 재산상의 손실이 발생한 경우에 이러한 손실을 보상하고자 하는 이론은 '수용적 침해이론'이다.

오답의 이유

① 공공용지의 취득 및 손실보상에 관한 특례법 제8조 제1항은 "사업시행자는 공공사업의 시행에 필요한 토지 등을 제공함으로 인하여 생활근거를 상실하게 되는 자를 위하여 대통령령이 정하는 바에 따라 이주대책을 수립 실시한다."고 규정하고 있는바, 위 특례법상의 이주대책은 공공사업의 시행에 필요한 토지 등을 제공함으로 인하여 생활의 근거를 상실하게 되는 이주자들을 위하여 사업시행자가 '기본적인 생활시설이 포함된' 택지를 조성하거나 그 지상에 주택을 건설하여 이주자들에게 이를 '그 투입비용 원가만의 부담하에' 개별 공급하는 것으로서, 그 본래의 취지에 있어 이주자들에 대하여 종전의 생활상태를 원상으로 회복시키면서 동시에 인간다운 생활을 보장하여 주기 위한 이른바 생활보상의 일환으로 국가의 적극적이고 정책적인 배려에 의하여 마련된 제도라 할 것이다(대판 1994.5.24, 92다35783).

05
정답 ②

영역 일반행정작용법 > 행정행위　　　　　난도 **하**

정답의 이유

② 부담은 다른 부관과 달리 그 존속이 본체인 행정행위의 존재를 전제로 하는 것일 뿐 행정행위의 불가분적인 요소는 아니어서 주된 행정행위와 독립하여 별도로 소송제기가 가능하며 부담에 대해서 독자적인 강제집행도 가능하다. 하지만 기한은 독립적으로 쟁송제기가 불가능하다.

06
정답 ④

영역 일반행정작용법 > 기타행정행위　　　　　난도 **중**

오답의 이유

① 행정지도가 말로 이루어지는 경우에 상대방이 서면의 교부를 요구하면 그 행정지도를 하는 자는 직무수행에 특별한 지장이 없으면 이를 교부하여야 한다(행정절차법 제49조 제2항).

② 행정지도는 법적 의무를 부과하는 것이 아니라 상대방의 임의적 협력을 전제로 하는 것이므로 비권력적 사실행위로서 법적 효과가 발생하지 않는다는 것이 다수설 및 판례(대판 1991.12.13, 91누1776)의 태도이다.

③ 행정지도는 처분성이 부정된다.

07
정답 ②

영역 일반행정작용법 > 행정행위　　　　　난도 **하**

정답의 이유

② 판례는 판단여지의 개념을 인정하지 아니하며, 판단여지를 재량문제로 보고 있다.

판단여지

판단여지론이란 제2차 대전 후 독일에서 바호프나 울레에 의하여 주장된 이론으로 행정법규의 요건에 불확정개념이 사용될 경우 그 개념의 해석·적용 시 그 개념의 범주 내에서 일정한 포섭의 자유가 인정되어, 그 자유의 한도 내에서 사법심사를 제한하려는 이론을 말한다. 사법심사가 제한되기 때문에 오늘날 일부 영역에서만 인정되고 있다.

판단여지 영역

구분	구체적인 예
구속적 가치평가 결정	• 예술, 문화 분야 등 • 도서류의 청소년유해성판정 • 문화재의 판정 등 종교, 도덕, 윤리, 문화 등 관련 결정
형성적 결정	• 도시계획행정 • 전쟁무기의 생산 및 수출 등의 외교정책 • 지방자치단체의 공공시설 설치결정
미래예측적 결정	• 환경행정: 위해의 평가 • 경제행정: 지역경제여건의 변화에 대한 예측 • 공공의 안정 등을 해할 우려가 있는 자에 대한 법무부장관의 출국금지명령
비대체적 결정 (= 고도의 전문적 결정)	• 시험평가결정 • 공무원의 근무성적평정 및 승진결정 • 시험유사적이고 교육적인 판단

08 정답 ③

영역 일반행정작용법 > 행정행위　　난도중

오답의 이유

① 조세의 납부독촉 – 통지
② 공무원의 임명행위 – 특허
④ 선거인 명부에의 등록행위 – 공증

09 정답 ②

영역 행정절차와 행정공개 > 행정절차법　　난도하

정답의 이유

② 우리나라 행정절차법에는 행정계획에 관한 절차가 규정되어 있지 않다.

오답의 이유

③ 행정절차법 제7조(행정청 간의 협조 등), 행정절차법 제8조(행정응원)
④ 행정절차법 제4조(신의성실 및 신뢰보호)

10 정답 ①

영역 행정의 실효성 확보수단 > 행정상 강제　　난도하

정답의 이유

① 토지·건물을 점유하고 있는 사람의 퇴거는 대체적 작위의무라고 할 수 없으므로 대집행의 대상이 될 수 없다.

11 정답 ②

영역 행정법 서론 > 행정상 법률관계　　난도하

정답의 이유

② 개인이 자기의 이익을 위하여 타인(제3자)에 대해 행정권을 발동할 것을 청구할 수 있는 공권을 협의의 행정개입청구권이라고 한다. 경찰법 분야에서 경찰의 출동을 청구하는 권리, 건축법 분야에서 행정청에 대해 위험한 건축물에 대한 시정조치를 구하는 권리, 환경법 분야에서 행정청에 대해 오염물질배출기업에 대한 개선명령발동을 구하는 권리 등을 그 예로 들 수 있다.

12 정답 ③

영역 행정구제법 > 행정소송　　난도하

정답의 이유

③ 우리나라 행정소송법은 행정소송 사항에 관해 개괄주의를 택하고 있다.

오답의 이유

① 행정소송법 제26조
② 행정소송법 제10조
④ 우리나라는 집행부정지 원칙을 채택하고 있다.

13 정답 ④

영역 행정구제법 > 행정심판　　난도상

정답의 이유

④ 대법원의 입장에 따르면 부작위위법확인소송에서 법원의 인용판결이 있으면, 환경부장관은 판결의 기속력에 따라 적극적으로 개선명령을 할 수도 있지만, 거부처분과 같은 소극적 처분을 할 수도 있다.

14

영역 행정의 실효성 확보수단 > 새로운 의무이행 확보수단　난도 **중**

정답의 이유

② 과징금이란 행정법상의 의무위반자에게 행정청이 과하는 금전상의 제재를 말한다. 따라서 과징금은 행정형벌(처벌)이 아니라는 것이 판례의 입장이다. 의무불이행 시 행정청이 강제로 실현하는 수단은 행정상 강제징수이다.

15

정답 ②

영역 행정절차와 행정공개 > 행정절차법　난도 **하**

정답의 이유

• 행정청은 공청회를 개최하려는 경우에는 공청회 개최 14일 전까지 당사자 등에게 통지하고 관보, 공보, 인터넷 홈페이지 또는 일간신문 등에 공고하는 등의 방법으로 널리 알려야 한다(행정절차법 제38조).
• 행정예고기간은 예고 내용의 성격 등을 고려하여 정하되, 20일 이상으로 한다(행정절차법 제46조 제3항).

16

정답 ④

영역 일반행정작용법 > 행정행위　난도 **중**

정답의 이유

④ 불가쟁력과 불가변력은 서로 별개의 개념이기 때문에 불가쟁력이 발생한 행정행위라도 처분청은 직권으로 취소 또는 철회할 수 있다.

17

정답 ③

영역 행정법 서론 > 행정　난도 **중**

정답의 이유

③ 사면은 형의 선고의 효력 또는 공소권을 상실시키거나, 형의 집행을 면제시키는 국가원수의 고유한 권한을 의미하며, 사법부의 판단을 변경하는 제도로서 권력분립의 원리에 대한 예외가 된다(헌재 2000.6.1. 97헌바74).

오답의 이유

① 행정은 개별적 · 구체적 사안에 대한 규율이다.
② 우리나라 헌법에 통치행위에 대한 명시적인 규정은 없다.
④ 행정법은 단속규정성(명령규범성)을 가지므로 일반적으로 위반하여도 유효하고 행정벌이나 강제집행의 대상이 될 뿐이다.

18

정답 ③

영역 행정구제법 > 행정소송　난도 **중**

정답의 이유

③ 어떠한 행정처분에 위법한 하자가 있다는 이유로 그 취소를 소구한 행정소송에서 그 행정처분을 취소하는 판결이 선고되어 확정된 경우에 처분행정청이 그 행정소송의 사실심변론종결 이전의 사유를 내세워 다시 확정판결에 저촉되는 행정처분을 하는 것은 확정판결의 기판력에 저촉되어 허용될 수 없고 이와 같은 행정처분은 그 하자가 명백하고 중대한 경우에 해당되어 당연무효이다(대판 1989.9.12. 89누985).

오답의 이유

① 행정소송법에는 기판력이 아니라 기속력이 규정되어 있다.
② 기판력에 관한 학설에는 기판력설과 특수효력설 등이 있다. 기판력설은 기속력이 기판력과 동일하다는 견해로, 행정소송법상 기속력에 관한 규정은 판결 자체의 효력으로서 당연한 것으로 보는 입장이다. 특수효력설은 취소판결의 실효성을 확보하기 위해 행정소송법이 취소판결에 특히 인정한 특수한 효력이라는 견해이다. 즉, 기속력은 판결 그 자체의 효력이 아니라 취소판결의 효과의 실질적인 보장을 위해 행정소송법이 특별히 인정한 효력이라는 것이다. 판례는 기판력으로 본 경우도 있고, 특수효력으로 본 경우도 있어 입장이 불분명하다.
④ 기속력의 이행확보로서 의무이행심판에 따른 처분명령재결이 있음에도 불구하고 당해 행정청이 재결의 내용에 따른 처분을 하지 아니하는 때에는 행정심판위원회는 당사자가 신청하면 기간을 정하여 서면으로 시정을 명하고, 그 기간에 이행하지 아니하면 직접처분을 할 수 있다(행정심판법 제50조 제1항 본문).

🛰 적중레이더

기판력과 기속력

구분	기판력	기속력
성질	소송법적 효력	실체법적 구속력
적용판결	인용판결과 기각판결에 발생	인용판결에 발생
인적범위	당사자와 후속법원을 구속	관계 행정청을 구속

19

정답 ②

영역 일반행정작용법 > 행정행위　난도 **하**

정답의 이유

② 공무원의 직위해제처분과 면직처분 간에는 하자 승계가 인정되지 않는다(대판 1984.9.11. 84누191).

20

영역 일반행정작용법 > 행정상 입법　　　　　난도 중

[정답의 이유]

④ 국가 등이 입법을 행하지 않음으로 손해가 발생한 경우 그 배상이 문제되는바 일반적으로 국가배상법상 직무의 범위에 작위 외에 부작위도 포함된다는 점에는 문제가 없다. 그러나 국가배상법이 정하는 요건을 일반적으로 갖추지 못하여 실제 배상을 받기는 용이하지 않게 될 것이다. 이러한 입법부작위와 관련하여 문제가 제기되는 것은 '진정입법부작위'이다. 따라서 진정입법부작위만을 그 대상으로 하여야 할 것이며 이때의 고의 또는 과실의 요건은 입법자의 작위의무의 인정여부, 상당한 기간의 지체 등과 관련하여 검토하게 될 것이다.

[오답의 이유]

① 부진정입법부작위를 대상으로 헌법소원을 제기하려면 그 입법부작위를 헌법소원의 대상으로 삼을 수는 없고, 결함이 있는 당해 입법규정 그 자체를 대상으로 하여 그것이 평등의 원칙에 위배된다는 등 헌법위반을 내세워 적극적인 헌법소원을 제기하여야 한다(헌재 2009.7.14, 2009헌마349).

② 행정소송은 구체적 사건에 대한 법률상 분쟁을 법에 의하여 해결함으로써 법적 안정을 기하자는 것이므로 부작위위법확인소송의 대상이 될 수 있는 것은 구체적 권리의무에 관한 분쟁이어야 하고 추상적인 법령에 관하여 제정의 여부 등은 그 자체로서 국민의 구체적인 권리의무에 직접적 변동을 초래하는 것이 아니어서 그 소송의 대상이 될 수 없다(대판 1992.5.8, 91누11261).

③ 행정입법부작위는 헌법소원의 대상이 될 수 있다(헌재 1998.7.16, 96헌마246).

21
정답 ①

영역 일반행정작용법 > 행정상 입법　　　　　난도 중

[정답의 이유]

① 법규명령을 위반한 행정행위는 위법하고, 위법성의 정도는 중대명백설에 따라 무효인지 취소인지가 결정된다. 즉, 무조건 무효사유가 되는 것은 아니다.

[오답의 이유]

② 행정규칙은 법규가 아니므로 법적 근거 없이도 제정이 가능하다.

③ 행정규칙은 국민과 직접적인 관련이 없기 때문에 처분성이 인정되지 않는 것이 원칙이지만 예외적으로 국민에게 영향을 미치는 행정규칙은 행정소송의 대상이 될 수 있다. 예외적으로 처분성이 인정되는 경우로는 재량준칙에 근거한 처분이 자기구속법리에 위반되는 경우, 행정규칙에 근거한 처분이 상대방의 권리·의무에 직접 영향을 미치는 경우, 법령보충적 행정규칙(행정규칙 형식의 법규명령) 등이 있다.

📡 적중레이더

법규명령과 행정규칙

구분	법규명령	행정규칙
구속력	양면적 구속력	일면적 구속력
법규성	○	×
공포	○	×
권력적 기초	일반권력관계	특별권력관계
위반의 효과	위법	위법 ×
법적 근거	• 법률유보의 원칙 ○ • 법률우위의 원칙 ○	• 법률유보의 원칙 × • 법률우위의 원칙 ○
형식	대통령령(시행령), 총리령·부령(시행규칙)	훈령·예규·지시·일일명령·고시 등

22
정답 ①

영역 행정구제법 > 손해전보제도　　　　　난도 중

[정답의 이유]

① 직무행위의 범위에 관해 공법설을 취하는 통설뿐만 아니라 사법(私法)설을 취하는 판례도 공행정작용인 이상 권력작용과 비권력적 작용까지 직무행위에 포함시키나 사경제적 작용은 제외시키고 있다.

[오답의 이유]

②·③ 국가배상법 제2조 소정의 '공무원'이라 함은 국가공무원법이나 지방공무원법에 의하여 공무원으로서의 신분을 가진 자에 국한하지 않고, 널리 공무를 위탁받아 실질적으로 공무에 종사하고 있는 일체의 자를 가리키는 것으로서, 공무의 위탁이 일시적이고 한정적인 사항에 관한 활동을 위한 것이어도 달리 볼 것은 아니다(대판 2001.1.5, 98다39060).

④ 국가배상법 제4조

23
정답 ④

영역 행정구제법 > 행정소송　　　　　난도 중

[정답의 이유]

④ 행정소송법상의 집행정지는 민사소송에서의 가처분과는 달리 적법한 본안소송이 계속 중일 것을 요하며, 이외에 행정소송법에 별도의 규정이 없으므로, 본안소송이 계속되는 한 항소심과 상고심에서도 집행정지를 신청할 수 있다.

[오답의 이유]

① 집행정지는 취소소송과 무효등확인소송에 인정되며, 부작위위법확인소송에는 허용되지 않는다.

② 행정소송법 제23조 제2항

③ 집행정지결정은 판결이 아니므로 기판력이 발생하지 않는다.

234 시대에듀 | 군무원 행정법

집행정지

위원회가 처분, 처분의 집행 또는 절차의 속행 때문에 중대한 손해가 생기는 것을 예방할 필요성이 긴급하다고 인정할 때에 직권으로 또는 당사자의 신청에 의하여 처분의 효력, 처분의 집행 또는 절차의 속행의 전부 또는 일부의 정지를 결정할 수 있는 것을 말한다.

24

정답 ④

영역 행정절차와 행정공개 > 행정절차법   난도 **중**

[정답의 이유]

④ 행정청에 대하여 처분을 구하는 신청을 할 때 전자문서로 하는 경우에는 행정청의 컴퓨터 등에 입력된 때에 신청한 것으로 본다(행정절차법 제17조 제2항).

[오답의 이유]

① 행정절차법 제4조
② 행정절차법 제27조의2
③ 행정절차법 제17조 제8항 본문

25

정답 ③

영역 행정구제법 > 행정소송   난도 **중**

[정답의 이유]

③ 위법·부당한 거부처분에 대해서는 취소심판, 취소소송, 의무이행심판 등을 통해서 구제받을 수 있다.

[오답의 이유]

① 행정청의 거분처분이 있었으므로 부작위위법확인소송을 청구할 수는 없다.
② 현행법상 의무이행소송은 인정되지 않는다.

2008 기출문제 해설

☑ 점수 (   )점/100점   ☑ 문제편 175쪽

영역 분석

행정법 서론	9문항	★★★★★★★★★	36%
일반행정작용법	5문항	★★★★★	20%
행정의 실효성 확보수단	5문항	★★★★★	20%
행정구제법	5문항	★★★★★	20%
행정조직법	1문항	★	4%

빠른 정답

01	02	03	04	05	06	07	08	09	10
②	①	①	①	②	④	②	③	③	④
11	12	13	14	15	16	17	18	19	20
②	③	②	①	②	①	③	③	③	④
21	22	23	24	25					
④	①	②	①	②					

01
정답 ②

영역 행정법 서론 > 행정   난도 중

정답의 이유

② 공무원의 징계처분은 형식적 · 실질적 의미의 행정에 속한다.

오답의 이유

① 행정심판의 재결 – 형식적 의미의 행정, 실질적 의미의 사법
③ 법규명령의 제정 – 형식적 의미의 행정, 실질적 의미의 입법
④ 국회사무총장의 직원 임명 – 형식적 의미의 입법, 실질적 의미의 행정

02
정답 ①

영역 행정법 서론 > 행정법   난도 하

정답의 이유

① 국가의 내부관계에는 법이 침투하지 못한다는 불침투성 이론은 특별권력관계이론의 바탕이 되고 있다.

오답의 이유

② 권력분립설은 권력분립의 원칙상 정치적 책임이 없는 사법부는 정치적 성격이 강한 통치행위에 대하여 심사할 수 없다는 견해이다. 내재적 한계설이라고도 불린다.
③ 재량행위설은 통치행위는 정치문제이고, 정치문제는 행정부의 (자유)재량행위에 속하므로 사법심사의 대상이 되지 않는다고 본다.
④ 독자성설은 통치행위는 국가지도적인 최상위의 행위로서 본래적으로 사법권의 판단에 적합한 사항이 아닌 독자적인 정치행위이므로 사법심사에서 제외된다고 본다.

03
정답 ①

영역 행정법 서론 > 행정법   난도 중

정답의 이유

① 전부유보설은 국민주권주의와 의회민주주의 사상에 기초한 것으로서 모든 행정작용에는 법률의 근거가 필요하다고 보는 입장으로, 이 설은 행정권의 고유영역을 부정하게 됨으로써 권력분립의 원칙에 반할 수 있고 오늘날 현대 행정의 양적 증가 및 다양성에 비추어 볼 때 인정하기 힘든 부분이 있다.

오답의 이유

② 의회유보설이란 중요한 사항 중에서 보다 중요한 것은 반드시 의회 스스로가 정하여야 함을 의미한다.
③ 급부행정유보설은 침해행정뿐만 아니라 급부행정에 있어서도 법률유보의 원칙 적용이 필요하다는 입장이다.
④ 신침해유보설은 원칙적으로 침해유보설의 입장을 취하면서, 특별권력관계에 법률유보의 적용을 긍정하나, 급부행정의 영역에 있어서는 법률유보가 필수적인 것은 아니라고 보는 입장이다.

04

정답 ①

영역 행정법 서론 > 행정상 법률관계　　　　난도 **하**

정답의 이유

① 조세부과처분은 일반권력관계에 해당한다.

적중레이더

특별권력관계의 종류

공법상의 근무관계	국가와 국가공무원의 관계, 지방자치단체와 지방 공무원의 관계
공법상 영조물 이용관계	국공립학교 학생의 재학관계, 감염병환자의 국공 립병원 이용관계, 교도소에 수용 중인 재소자관계
공법상 특별감독관계	공공조합, 특허기업자 등이 국가의 특별한 감독을 받는 관계
공법상의 사단관계	공공조합과 그 조합원의 관계

05

정답 ②

영역 행정법 서론 > 행정법　　　　난도 **중**

정답의 이유

② 행정법은 성문법이 원칙이며, 불문법은 보충적 효력을 가진다. 따라서 불문법계 국가에서는 행정법의 체계가 잡혀있기 어려우며, 그에 따라 행정절차가 획일적이지 못하고 국가의 권력 행위가 남용될 수 있다.

오답의 이유

① 불문법원에는 관습법, 판례법, 조리법 등이 있다.

③ 행정법은 헌법·민법·형법 등과 달리 '행정법'이라는 단일의 법전이 존재하지 않고, 행정에 관한 수많은 개개의 법령이 모여서 이루어져 있어 통칙적 규정이 없는 것이 특징이다.

④ 행정법의 법원이란 행정에 관한 법의 인식 근거 또는 존재 형식을 의미한다. 즉, 행정법은 어떠한 형식으로 존재하는지 또는 무엇을 통하여 행정법을 인식할 수 있는지의 문제가 이에 해당한다.

06

정답 ④

영역 행정법 서론 > 행정법상 일반원칙　　　　난도 **하**

정답의 이유

④ 자의금지의 원칙은 평등원칙 위반 여부의 판단기준이다.

적중레이더

비례원칙의 내용

적합성의 원칙	행정목적을 달성하기 위하여 행하는 행정작용은 그 달성하고자 하는 목적에 적합하게 행사되어야 한다 는 원칙
필요성의 원칙	행정목적을 달성하기 위하여 행하는 행정작용은 그 목적달성을 위하여 필요한 최소한의 범위 내에서 허 용된다는 원칙(=최소침해의 원칙)
상당성의 원칙	행정목적(공익·질서유지)의 실현과 그로 인한 국민 의 기본권의 침해·제한 간에는 합리적인 형량이 요 구된다는 원칙(=협의의 비례원칙)

07

정답 ②

영역 행정법 서론 > 행정법상 일반원칙　　　　난도 **중**

정답의 이유

② 신의칙설은 초기의 다수설이고, 현재는 법적 안정성설이 다수설 및 판례의 태도이다.

오답의 이유

④ 행정절차법 제4조

> **제4조(신의성실 및 신뢰보호)** ① 행정청은 직무를 수행할 때 신의(信義)에 따라 성실히 하여야 한다.
> ② 행정청은 법령 등의 해석 또는 행정청의 관행이 일반적으로 국민들에게 받아들여졌을 때에는 공익 또는 제3자의 정당한 이익을 현저히 해칠 우려가 있는 경우를 제외하고는 새로운 해석 또는 관행에 따라 소급하여 불리하게 처리하여서는 아니 된다.

08

정답 ③

영역 행정의 실효성 확보수단 > 새로운 의무이행 확보수단　　　　난도 **중**

정답의 이유

③ 과징금은 행정법상의 의무위반자에게 당해 위반행위로 경제적 이익이 발생한 경우에, 행정청이 그 이익을 박탈하기 위하여 과하는 금전적 제재를 말한다.

오답의 이유

① 행정법규 위반으로 인하여 인·허가의 철회나 정지처분을 하여야 하는 경우에 그 처분이 국민들에게 심한 불편을 주거나 공익을 해칠 우려가 있는 때에는 행정청은 그 인·허가의 철회나 정지처분에 갈음하여 과징금을 부과할 수 있다.

② 독점규제 및 공정거래에 관한 법률 제24조의2에 의한 부당내부거래에 대한 과징금은 행정상의 제재금으로서의 기본적 성격에 부당

이득환수적 요소도 부가되어 있는 것이라 할 것이고, 이를 두고 헌법 제13조 제1항에서 금지하는 국가형벌권 행사로서의 처벌에 해당한다고는 할 수 없다(헌재 2003.7.24, 2001헌가25).

09

정답 ③

영역 행정구제법 > 행정소송　　　　　　　난도 **중**

정답의 이유

③ 행정처분의 직접 상대방이 아닌 제3자라 하더라도 당해 행정처분으로 인하여 법률상 보호되는 이익을 침해당한 경우에는 그 처분에 대하여 행정소송을 제기하여 그 당부의 판단을 받을 자격이 있다 할 것이며, 여기에서 말하는 법률상 보호되는 이익이라 함은 당해 처분의 근거 법규 및 관련 법규에 의하여 보호되는 개별적·직접적·구체적 이익이 있는 경우를 말하고, 공익보호의 결과로 국민 일반이 공통적으로 가지는 일반적·간접적·추상적 이익이 생기는 경우에는 법률상 보호되는 이익이 있다고 할 수 없다(대판 2006.3.26, 2006두330 전합).

오답의 이유

① 우리나라 판례는 원칙적으로 법률상 보호이익구제설의 입장을 취하고 있다(대판 2006.3.26, 2006두330 전합).

② 처분의 취소나 효력 유무의 확인을 구할 법률상 이익의 유무는 그 처분의 성립시나 소 제기시가 아니라 사실심의 변론종결 시를 기준으로 판단하여야 한다(대판 1992.10.27, 91누9329).

④ 법인격 없는 단체도 구체적인 분쟁대상과 관련하여 권리(법률상 이익)를 가질 수 있는 범위 안에서 법률상 이익이 있는 자가 될 수 있다(대판 1967.1.31, 66다2334).

10

정답 ④

영역 일반행정작용법 > 행정행위　　　　　　난도 **중**

정답의 이유

④ 공정력은 그 적법성이 추정되는 것은 아니고 유효성이 추정되는 것이다. 공정력은 비록 행정행위에 하자가 있는 경우에도 그 하자가 중대하고 명백하여 당연무효인 경우를 제외하고는 권한 있는 기관에 의하여 취소될 때까지는 일응 유효한 것으로 보아 누구든지(상대방은 물론 제3의 국가기관 포함) 그 효력을 부인하지 못하는 힘을 의미한다.

오답의 이유

② 통설적 견해인 유효성 추정설에 의하면 공정력이란 행정행위가 당연무효가 아닌 한 권한 있는 기관에 의해 취소되기 전까지는 일응 유효하게 추정된다는 유효성 추정력 또는 유효성 통용력에 불과하다고 보므로 공정력은 입증책임의 분배와는 관계가 없다고 보고 있다(입증책임무관설).

11

정답 ②

영역 행정법 서론 > 법률사실과 법률요건　　　난도 **하**

정답의 이유

② 건물임대차 계약은 사법관계의 예이다.

오답의 이유

①·③·④ 사인의 공법행위는 사인이 공법적 효과 발생을 목적으로 하는 행위를 의미한다. 신청, 신고, 공무원의 사직의사표시, 선거, 투표 등이 이에 해당한다.

12

정답 ③

영역 행정법 서론 > 행정상 법률관계　　　　난도 **중**

정답의 이유

③ 주체설에 대한 설명이다. 신주체설은 공권력의 담당자인 행정주체에 대해서만 권리·권한을 부여하거나 의무를 부과하는 경우를 공법, 모든 권리주체에게 권리를 부여하고 의무를 부과하는 경우를 사법으로 보는 견해이다.

오답의 이유

② 복수기준설은 공법과 사법의 구별은 어느 하나의 기준을 통해서가 아니라 주체설과 이익설 및 권력설 등 여러 가지 기준을 통해서 해야 한다는 견해이다.

13

정답 ②

영역 일반행정작용법 > 행정행위　　　　　　난도 **중**

정답의 이유

② 하명에 의해 과해진 의무를 이행하지 않는 자에 대해서는 행정상의 강제집행이 행해지거나 또는 행정상의 제재가 과해질 뿐, 하명 위반의 법률행위의 효력 자체가 무효로 되는 것은 아니다.

14

정답 ①

영역 일반행정작용법 > 행정행위　　　　　　난도 **중**

정답의 이유

① 부관을 붙일 수 있는 경우에도 부관은 법령에 위반되어서는 안 되고, 주된 행정행위의 목적에 반하여서도 안 되며, 주된 행정행위와 실체적 관련성이 있어야 하는 등 내용상 한계를 갖는다.

오답의 이유

④ 부관의 성질이 조건인지 부담인지 불명확한 경우에는 원칙적으로 상대방에게 유리한 부담으로 해석해야 한다.

15

영역 일반행정작용법 > 행정행위   난도 **하**

정답의 이유

② 종래의 통설에 따르면 기속행위에는 그 성질상 부관을 붙일 수 없고, 재량행위에만 부관을 붙일 수 있다. 그러나 부관의 가능성은 입법의 목적·취지·내용 등을 고려하여 정할 문제이지 행위의 재량성 유무와 반드시 직결된 것이라 보기 어렵다는 견해도 있다. 그 예로 귀화허가(특허)와 같은 포괄적 신분설정 행위는 재량행위이지만 성질상 부관을 붙일 수 없다.

16

영역 일반행정작용법 > 기타행정행위   난도 **중**

정답의 이유

① 행정지도가 말로 이루어지는 경우에 상대방이 행정지도의 취지 및 내용과 신분을 적은 서면의 교부를 요구하면 그 행정지도를 하는 자는 직무 수행에 특별한 지장이 없으면 이를 교부하여야 한다(행정절차법 제49조 제2항). 따라서 행정지도를 꼭 문서로 해야 하는 것은 아니며, 구두로도 가능하다.

오답의 이유

② 행정지도의 상대방은 해당 행정지도의 방식·내용 등에 관하여 행정기관에 의견제출을 할 수 있다(행정절차법 제50조).

③ 행정지도는 그 목적 달성에 필요한 최소한도에 그쳐야 하며, 행정지도의 상대방의 의사에 반하여 부당하게 강요하여서는 아니 된다(행정절차법 제48조 제1항).

④ 행정기관은 행정지도의 상대방이 행정지도에 따르지 아니하였다는 것을 이유로 불이익한 조치를 하여서는 아니 된다(행정절차법 제48조 제2항).

17

영역 행정의 실효성 확보수단 > 행정상 강제   난도 **중**

정답의 이유

③ 종래에는 의무를 부과하는 법적 근거만으로도 강제집행이 가능하다고 보았으나 최근에는 의무를 명하는 행위(하명)와 의무내용을 강제적으로 실현하는 행위(행정상 강제집행)는 별개의 행정작용이므로 강제집행에는 별도의 법적 근거가 필요하다는 것이 통설이다.

오답의 이유

①·④ 행정상 강제집행에는 대집행, 이행강제금(집행벌), 직접강제, 강제징수 등이 있는데, 이 중 이행강제금(집행벌)은 간접적인 수단이다.

18

영역 행정의 실효성 확보수단 > 행정상 강제   난도 **하**

정답의 이유

③ 행정상 대집행의 일반법은 행정대집행법이다.

((•)) 적중레이더

대집행의 요건

- 공법상 대체적 작위의무의 불이행
- 다른 수단으로는 그 이행을 확보하기가 곤란할 것
- 불이행을 방치함이 심히 공익을 해할 것
- 불가쟁력의 발생은 요건 × (→ 쟁송제기기간 내에라도 대집행 가능)

19

영역 행정의 실효성 확보수단 > 행정상 강제   난도 **중**

정답의 이유

③ 독촉절차 없이 한 압류처분에 대해 학설은 무효로 보나, 판례는 그러한 경우에도 중대하고 명백한 하자로 인정하지 않고 있다(대판 1992.3.10, 91누6030).

오답의 이유

① 독촉이란 상당한 이행기간을 정하여 의무의 이행을 최고하고, 그 의무가 이행되지 않을 경우에는 강제징수할 뜻을 알리는 것으로서 준법률행위적 행정행위인 통지로 보는 것이 일반적이다.

20

영역 행정의 실효성 확보수단 > 행정상 강제   난도 **중**

정답의 이유

④ 통고처분은 조세범, 관세범, 출입국관리사범, 교통사범 등에 대하여 행정벌을 과함에 있어서 정식재판에 갈음하여 신속·간편하게 범칙금의 납부를 명하는 준사법적 행정행위이다.

((•)) 적중레이더

통고처분의 특징

- 형벌의 비범죄화 정신에 기초한 제도
- 통고처분권자: 경찰청장, 관세청장, 국세청장, 출입국관리소장 등 (검사 ×, 법원 ×)
- 상대방이 의무이행을 하지 않으면 통고처분은 효력을 상실 → 고발에 의해 형사소송절차 진행
- 상대방의 이의신청 → 형사소송절차 진행
- 통고처분은 행정소송의 대상이 되지 않음(판례)
- 통고처분 이행 시 일사부재리원칙상 검사는 소추 불가
- 통고처분은 형식적 의미의 행정, 실질적 의미의 사법(司法)에 해당

21

영역 행정구제법 > 행정소송   **난도** 하

[정답의 이유]

④ 집행정지는 공공복리에 중대한 영향을 미칠 우려가 있을 때에는 허용되지 아니한다(행정소송법 제23조 제3항).

((•)) 적중레이더

집행정지결정의 요건

- **적극적 요건**
  - 집행정지를 위하여는 대상이 되는 처분이 존재하여야 한다. 따라서 처분의 집행이 이미 완료되었거나, 그 목적이 달성되어 처분이 존재하지 않는 경우에는 집행정지가 불가능하다.
  - 심판청구가 위원회에 계속되어 있을 것을 요한다. 즉, 집행정지 신청은 심판청구와 동시에 또는 심판청구에 대한 위원회나 소위원회의 의결이 있기 전까지, 신청의 취지와 원인을 적은 서면을 위원회에 제출하여야 한다. ·다만, 심판청구서를 피청구인에게 제출한 경우로서 심판청구와 동시에 집행정지 신청을 할 때에는 심판청구서 사본과 접수증명서를 함께 제출하여야 한다.
  - 중대한 손해가 생기는 것을 예방할 필요가 있어야 한다.
  - 집행정지는 본안에 관한 재결을 기다릴 만한 시간적 여유가 없는 긴급한 필요가 있다고 인정될 때에만 허용된다.
- **소극적 요건**
  - 집행정지는 공공복리에 중대한 영향을 미칠 우려가 있을 때에는 허용되지 아니한다. 공공복리에 중대한 영향이 있는 것인지의 여부는 공공복리와 청구인의 손해를 비교·형량하여 개별적·구체적으로 판단하여야 한다.
  - 본안에서 이유 없음이 명백하지 않아야 한다.

22

영역 행정구제법 > 손해전보제도   **난도** 중

[정답의 이유]

① 공무원에게 고의 또는 중대한 과실이 있으면 국가나 지방자치단체는 그 공무원에게 구상할 수 있다(국가배상법 제2조 제2항).

[오답의 이유]

② 국가배상에 관하여 헌법은 배상주체를 국가·공공단체로 규정하고 있으나, 국가배상법은 국가·지방자치단체로 규정하여 국가와 지방자치단체 이외의 공공단체의 배상책임은 민법에 의하게 하고 있다.

③ 법령의 범위에 관해서는 성문법과 불문법을 포함한 모든 법규를 의미한다는 협의설과 협의설에서 말하는 법령 외에 인권·공서양속 등도 포함하여 당해 직무행위가 객관적으로 정당성을 상실한 경우까지를 의미한다는 광의설의 대립이 있다. 양설의 차이는 불문법으로 인정되지 않는 공서양속까지 포함되는가에 달려있는데

법령 개념을 넓게 보는 광의설이 다수설 및 판례의 입장이다.

④ 직무행위의 범위에 관하여 판례는 권력적 작용과 비권력적 작용까지 포함된다는 광의설을 취하고 있다.

23

영역 행정구제법 > 행정심판   **난도** 중

[정답의 이유]

② 당사자의 신청에 대한 행정청의 거부처분이나 부작위는 집행정지의 대상이 되지 않는다.

[오답의 이유]

① 행정소송법 제23조 제6항

③ 당사자와 검사는 과태료 재판에 대하여 즉시항고를 할 수 있다. 이 경우 항고는 집행정지의 효력이 있다(질서위반행위규제법 제38조 제1항).

④ 행정심판법 제30조 제2항 단서

((•)) 적중레이더

행정소송법 제23조(집행정지) ① 취소소송의 제기는 처분 등의 효력이나 그 집행 또는 절차의 속행에 영향을 주지 아니한다.

② 취소소송이 제기된 경우에 처분 등이나 그 집행 또는 절차의 속행으로 인하여 생길 회복하기 어려운 손해를 예방하기 위하여 긴급한 필요가 있다고 인정할 때에는 본안이 계속되고 있는 법원은 당사자의 신청 또는 직권에 의하여 처분 등의 효력이나 그 집행 또는 절차의 속행의 전부 또는 일부의 정지(이하 "執行停止"라 한다)를 결정할 수 있다. 다만, 처분의 효력정지는 처분 등의 집행 또는 절차의 속행을 정지함으로써 목적을 달성할 수 있는 경우에는 허용되지 아니한다.

③ 집행정지는 공공복리에 중대한 영향을 미칠 우려가 있을 때에는 허용되지 아니한다.

④ 제2항의 규정에 의한 집행정지의 결정을 신청함에 있어서는 그 이유에 대한 소명이 있어야 한다.

⑤ 제2항의 규정에 의한 집행정지의 결정 또는 기각의 결정에 대하여는 즉시항고할 수 있다. 이 경우 집행정지의 결정에 대한 즉시항고에는 결정의 집행을 정지하는 효력이 없다.

⑥ 제30조 제1항의 규정은 제2항의 규정에 의한 집행정지의 결정에 이를 준용한다.

24

영역 행정구제법 > 행정소송   **난도** 중

[정답의 이유]

- 취소소송은 다른 법률에 특별한 규정이 없는 한 그 처분 등을 행한 행정청을 피고로 한다(행정소송법 제13조 제1항).
- 취소소송의 제1심 관할법원은 피고의 소재지를 관할하는 행정법원으로 한다(행정소송법 제9조 제1항).

- 제1항에도 불구하고 국가의 사무를 위임 또는 위탁받은 공공단체 또는 그 장을 피고로 하는 취소소송을 제기하는 경우에는 대법원소재지를 관할하는 행정법원에 제기할 수 있다(행정소송법 제9조 제2항 제2호). → 따라서 피고는 부산광역시장, 관할법원은 부산지방법원과 서울행정법원이 될 수 있다.

25

영역 행정조직법 > 공무원법 · 난도 **하**

[정답의 이유]

② 특정직 공무원이란 법관·검사·외무공무원·경찰공무원·소방공무원·교육공무원·군인·군무원 및 국가정보원의 직원 등을 말하며, 그 밖에 특수분야의 업무를 담당하는 공무원 중 법률로써 특정직 공무원으로 지정하는 공무원이 이에 포함된다. 특정직 공무원은 일반직 공무원과는 달라서 직군·직렬별로 분류되지 않는다.

(📡) **적중레이더**

국가공무원법 제2조(공무원의 구분) ① 국가공무원(이하 "공무원"이라 한다)은 경력직공무원과 특수경력직공무원으로 구분한다.
② "경력직공무원"이란 실적과 자격에 따라 임용되고 그 신분이 보장되며 평생 동안(근무기간을 정하여 임용하는 공무원의 경우에는 그 기간 동안을 말한다) 공무원으로 근무할 것이 예정되는 공무원을 말하며, 그 종류는 다음 각 호와 같다.
   1. 일반직공무원: 기술·연구 또는 행정 일반에 대한 업무를 담당하는 공무원
   2. 특정직공무원: 법관, 검사, 외무공무원, 경찰공무원, 소방공무원, 교육공무원, 군인, 군무원, 헌법재판소 헌법연구관, 국가정보원의 직원, 경호공무원과 특수 분야의 업무를 담당하는 공무원으로서 다른 법률에서 특정직공무원으로 지정하는 공무원
③ "특수경력직공무원"이란 경력직공무원 외의 공무원을 말하며, 그 종류는 다음 각 호와 같다.
   1. 정무직공무원
      가. 선거로 취임하거나 임명할 때 국회의 동의가 필요한 공무원
      나. 고도의 정책결정 업무를 담당하거나 이러한 업무를 보조하는 공무원으로서 법률이나 대통령령(대통령비서실 및 국가안보실의 조직에 관한 대통령령만 해당한다)에서 정무직으로 지정하는 공무원
   2. 별정직공무원: 비서관·비서 등 보좌업무 등을 수행하거나 특정한 업무 수행을 위하여 법령에서 별정직으로 지정하는 공무원
④ 제3항에 따른 별정직공무원의 채용조건·임용절차·근무상한연령, 그 밖에 필요한 사항은 국회규칙, 대법원규칙, 헌법재판소규칙, 중앙선거관리위원회규칙 또는 대통령령(이하 "대통령령등"이라 한다)으로 정한다.

2008 기출문제 해설 **241**

인생의 실패는 성공이 얼마나 가까이 있는지도 모르고 포기했을 때 생긴다.

– 토마스 에디슨 –

좋은 책을 만드는 길, 독자님과 함께하겠습니다.

2025 시대에듀 군무원 기출이 답이다 행정법 17개년 기출문제집

개정7판1쇄 발행	2025년 01월 10일 (인쇄 2024년 09월 30일)
초 판 발 행	2018년 11월 05일 (인쇄 2018년 10월 10일)
발 행 인	박영일
책 임 편 집	이해욱
편 저	시대군무원시험연구소
편 집 진 행	박종옥 · 정유진
표지디자인	박종우
편집디자인	박지은 · 고현준
발 행 처	(주)시대고시기획
출 판 등 록	제10-1521호
주 소	서울시 마포구 큰우물로 75 [도화동 538 성지 B/D] 9F
전 화	1600-3600
팩 스	02-701-8823
홈 페 이 지	www.sdedu.co.kr

I S B N	979-11-383-7770-6 (13350)
정 가	20,000원